מחזור קורן לראש השנה • נוסח אשכנז

קורֵן ירושלים

מחזור קורן

מהדורת לובל

מוקדשת להמונים המתפללים ממחזור זה.
יהי רצון שתפילותיכם חיש יעלו וייענו לרצון
ויהיו מקור ברכה לכל אחד מכם
למשפחותיכם ולכלל ישראל

יהודית ודוד לובל ומשפחתם

ניו יורק

מהדורת לובל

מחזור קורן לראש השנה

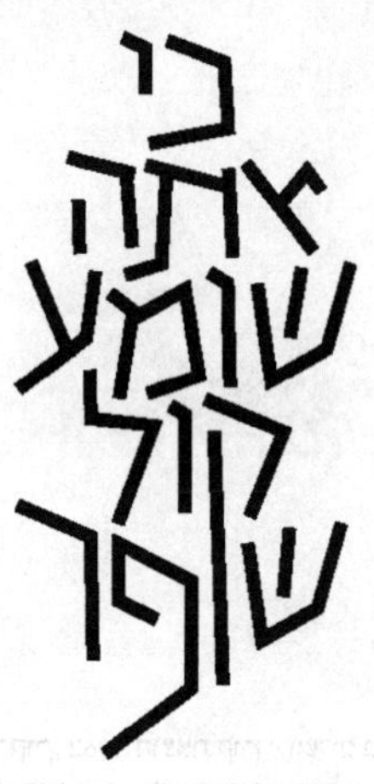

ערוך ומוגה בידי

הרב דוד פוקס

•

הוצאת קורן ירושלים

מחזור קורן לראש השנה
מהדורה רביעית © תשפ״ד (2024)
הוצאת קורן ירושלים
ת״ד 4044 ירושלים 9104001
www.korenpub.co.il

אשכנז, מהדורה אישית, כריכה קשה, מסת״ב: 978-965-301-778-8.
אשכנז, מהדורה אישית, כריכת עור בהיר, מסת״ב: 978-965-301-787-0
אשכנז, מהדורה אישית, כריכת עור כהה, מסת״ב: 978-965-301-793-1
סט מחזורים אשכנז, מהדורה אישית, עור חום, מסת״ב: 978-965-7812-34-1

Printed in PRC

רהצא5

תוכן

מבוא למהדורה הראשונה

במהדורה זאת של המחזור לימים הנוראים השתדלנו לחדש כמה דברים שהמתפלל צריך להם מאוד:

נוסח תפילות הקבע הוא כנוסח התפילות בסידור התפילה "דע לפני מי אתה עומד" שבהוצאתנו. נוסח זה סודר מתוך יחס מיוחד לתפילה ולתכניה בעזרתו ובהדרכתו של ר' מאיר מדן הי"ו. ידיעותיו המרובות בענייני תפילה ולשונותיה עשו את הנוסח למושלם, עד כמה שהיד מגעת.

הפיוטים ופירושם במחזור זה סודרו מחדש בהתאם למחזור המדעי שיצא לאור בהוצאתנו עבור מכון ליאו בק בניו־יורק בעריכת ד' גולדשמידט ז"ל. נוסח זה נקבע, כידוע, לאחר בדיקה בעשרות כתבי יד ודפוסים עתיקים. ד' גולדשמידט ז"ל פירש פירוש ממצה את כל פיוטי הימים הנוראים במהדורתו הנ"ל ואנו הבאנו פירוש זה לפיוטים שבמהדורתנו.

ניקוד הפיוטים עבר הגהה נוספת בידי ש' בהט. אברהם פרנקל בדק את הפירוש כדי להתאימו למהדורה זאת. בעריכת המחזור לפי הנהוג היום בקהילות ישראל השתתף יונה פרנקל. תודתנו נתונה להם על עבודתם הרבה.

המחזור סודר באות קוֹרֵן, הידועה במקוריותה, אשר בה נדפס התנ"ך והסידור במהדורת קוֹרֵן.

עניין מיוחד הראוי להדגשה הוא דרך הדפסתם של הפיוטים:

יש פיוטים, אשר יש בהם שני חלקים בכל בית. פיוטים כאלה מתאימים להיאמר על ידי החזן והציבור בחילופין – החזן פותח בטור הראשון והקהל עונה בטור השני, כגון: החזן פותח "אתה הוא אלהינו" והקהל עונה את סוף המשפט "בשמים ובארץ", וכן צריך להיות בכל שאר בתי הפיוט.

בגלל ענייני ניגון וסיבות אחרות נשתבשה צורת אמירה זאת ונהגו היום, כמעט בכל בתי הכנסת, שהקהל אומר את סופו של הבית עם תחילתו של הבית הבא (כגון "בשמים ובארץ גיבור ונערץ"), דבר שמנוגד להיגיון, כי כך מצרפים את הטעון הפרדה ומפרידים את הטעון צירוף (וכן קרה, לדאבוננו, גם בפיוטים אחרים כגון, "לאל עורך דין" או "האוחז ביד מדת משפט"). כדי לתקן

פגמים אלה ערכנו את הפיוטים כשסדר הדפסתם יבהיר כיצד על הציבור והחזן לאומרם.

פיוטים רבים אינם נאמרים היום בשלמותם. יש פיוטים שפגעה בהם הצנזורה הנוצרית (או שפחד מפני מלשינים גרם לקהילות להשמיט קטעים המדברים על הגויים) ויש פיוטים שקוצרו מטעמים אחרים. במהדורה זאת הבאנו פיוטים אלה בשלמותם (על פי מהדורת גולדשמידט, כאמור לעיל). כדי לא לבלבל את המתפלל, הדפסנו על רקע אפור את הקטעים שנהגו להשמיטם, וכך יוכל המתפלל לדלג ולמצוא בקלות את הנאמר על פי המנהג המקובל בבתי הכנסת בימינו.

אליהו קוֹרֵן
ירושלים, ה׳תשכ״ב

מבוא למהדורה החדשה

אֶת־ה׳ הֶאֱמַרְתָּ הַיּוֹם
לִהְיוֹת לְךָ לֵאלֹהִים וְלָלֶכֶת בִּדְרָכָיו
וְלִשְׁמֹר חֻקָּיו וּמִצְוֹתָיו וּמִשְׁפָּטָיו וְלִשְׁמֹעַ בְּקֹלוֹ (דברים כו, יז)

ביום זה כל קהילות ישראל ממליכות את ה׳ על העולם שברא, ולעומת זאת גם עומדות לפניו בדין. יום זה הוא גם היום שבו נברא האדם, המובדל משאר הנבראים בכוח הדיבור שניחן בו. באמצעות דיבור זה מוטל על האדם לחזור ולהמליך את ה׳, להצהיר לעולם ולומר בלבו פנימה שה׳ מלך על כל הארץ. האם ביכולתן של מילים פשוטות להכתיר את ה׳? האם ה׳ זקוק לעיצורים, תנועות והברות היוצאות מפי בן תמותה על מנת לישב על כס המלוכה? אלמלא אהבת ה׳ לעמו, כל מוצא פי האדם היה דומה להבל ורעות רוח. אולם הגיון לבנו ומבטא שפתינו רצויים ומקובלים לפני ה׳ יותר מכל קילוסי מעלה, כדברי ה׳ לעמו במדרש (במדבר רבה טו): ׳חייך שאני פוסל את כל כֵּלַיי שהבאתי, ובשביל אהבתך איני משתמש אלא בשלך׳.

הוצאת קורן קיבלה על עצמה את האחריות הכבדה לערוך את מילות התפילה בעלות הכוח הרוחני הכביר, למי שעומד לאומרן בראש השנה לפני בוראו. מלאכות רבות כרוכות בהכנת מחזור תפילה – בירור קפדני של נוסח התפילות, הגהה מדוקדקת, תכנון המבנה ועימוד מחושב. מטרתם של כל אלה לשרת את המתפלל. כמובן, אין בזה כדי להחליף את כוונת הלב, אך בהחלט עשינו את מרב המאמצים בכלים שברשותנו, להעצים את המעמד הרם הזה.

על עיקר עריכת נוסח התפילות ותוכן ההערות שקד שעות רבות הרב דוד פוקס שעות רבות בכישרונו הייחודי, והרב חנן בניהו סייע וייעץ לו. את המחזור עימדה אסתר באר על פי העקרונות שקבע אליהו קורן ז״ל. למלאכת ההגהה נרתמו הרב ברוך ברנר, נאור קהלני ואפרת גרוס, ועל עיצוב הכריכה עמל אליהו משגב.

מן הראוי לציין כמה הבדלים בין המהדורה הקודמת של המחזור ובין מהדורה זו:

- שיפרנו את העריכה ואת העיצוב, והוספנו הנחיות רבות הפותחות את קטעי התפילה.
- אין פירוש או ביאור לפיוטים.
- את כל הפיוטים וחלקי הפיוטים שאומרים בקצת קהילות והופיעו בעבר באפור, העברנו לסוף המחזור.
- במקומות שיש בהם הבדלים בין נוסח אשכנז ונוסח ספרד, הוספנו הנחיות והשלמנו את חלקי התפילה, כדי לסייע למתפלל להתמצא בתפילה גם כששליח הציבור מתפלל בנוסח שאינו שלו. לדוגמה, בנוסח אשכנז הוספנו בפסוקי דזמרה מזמורים שאומרים רק בנוסח ספרד.

הוצאת קורן עשתה את מרב המאמצים כדי שישראל ׳לא ייכשלו בלשונם... ואל יאמר פיהם דבר שלא ברצונך׳. אנו תקווה שלא נפלה תקלה מתחת ידינו, ושסייענו למחלים פני ה׳, שאמרי פיהם יהיו לרצון.

׳מְלֹךְ עַל כָּל הָעוֹלָם כֻּלּוֹ בִּכְבוֹדֶךָ׳

יהושע מילר, עורך ראשי
ירושלים, ר״ח אלול ה׳תשע״ה

ערב ראש השנה

התרת נדרים

נוהגים להתיר נדרים בערב ראש השנה לאחר תפילת שחרית.

המבקש התרה, עומד לפני שלושה אנשים (ויש הנוהגים לפני עשרה) ואומר 'שִׁמְעוּ נָא רַבּוֹתַי', ויש המשמיטים את המופיע בסוגריים.

שִׁמְעוּ נָא רַבּוֹתַי (דַּיָּנִים מֻמְחִים), כָּל נֶדֶר אוֹ שְׁבוּעָה אוֹ אִסָּר אוֹ קוֹנָם אוֹ חֵרֶם שֶׁנָּדַרְתִּי אוֹ נִשְׁבַּעְתִּי בְּהָקִיץ אוֹ בַחֲלוֹם, אוֹ נִשְׁבַּעְתִּי בְּשֵׁמוֹת הַקְּדוֹשִׁים שֶׁאֵינָם נִמְחָקִים וּבְשֵׁם הוי״ה בָּרוּךְ הוּא, וְכָל מִינֵי נְזִירוּת שֶׁקִּבַּלְתִּי עָלַי (וַאֲפִלּוּ נְזִירוּת שִׁמְשׁוֹן), וְכָל שׁוּם אִסּוּר וַאֲפִלּוּ אִסּוּר הֲנָאָה שֶׁאָסַרְתִּי עָלַי אוֹ עַל אֲחֵרִים בְּכָל לָשׁוֹן שֶׁל אִסּוּר בֵּין בִּלְשׁוֹן אִסּוּר אוֹ חֵרֶם אוֹ קוֹנָם, וְכָל שׁוּם קַבָּלָה אֲפִלּוּ שֶׁל מִצְוָה שֶׁקִּבַּלְתִּי עָלַי בֵּין בִּלְשׁוֹן נֶדֶר בֵּין בִּלְשׁוֹן נְדָבָה בֵּין בִּלְשׁוֹן שְׁבוּעָה בֵּין בִּלְשׁוֹן נְזִירוּת בֵּין בְּכָל לָשׁוֹן, וְגַם הַנַּעֲשֶׂה בִּתְקִיעַת כָּף. בֵּין כָּל נֶדֶר וּבֵין כָּל נְדָבָה וּבֵין שׁוּם מִנְהָג שֶׁל מִצְוָה שֶׁנָּהַגְתִּי אֶת עַצְמִי, וְכָל מוֹצָא שְׂפָתַי שֶׁיָּצָא מִפִּי אוֹ שֶׁנָּדַרְתִּי וְגָמַרְתִּי בְלִבִּי לַעֲשׂוֹת שׁוּם מִצְוָה מֵהַמִּצְוֹת אוֹ אֵיזוֹ הַנְהָגָה טוֹבָה אוֹ אֵיזֶה דָבָר טוֹב שֶׁנָּהַגְתִּי שָׁלֹשׁ פְּעָמִים, וְלֹא הִתְנֵיתִי שֶׁיְּהֵא בְּלִי נֶדֶר. הֵן דָּבָר שֶׁעָשִׂיתִי, הֵן עַל עַצְמִי הֵן עַל אֲחֵרִים, הֵן אוֹתָן הַיְדוּעִים לִי הֵן אוֹתָן שֶׁכְּבָר שָׁכַחְתִּי. בְּכֻלְּהוֹן אִתְחֲרַטְנָא בְהוֹן מֵעִקָּרָא, וְשׁוֹאֵל וּמְבַקֵּשׁ אֲנִי מִמַּעֲלַתְכֶם הַתָּרָה עֲלֵיהֶם, כִּי יָרֵאתִי פֶּן אֶכָּשֵׁל וְנִלְכַּדְתִּי, חַס וְשָׁלוֹם, בַּעֲוֹן נְדָרִים וּשְׁבוּעוֹת וּנְזִירוֹת וַחֲרָמוֹת וְאִסּוּרִין וְקוֹנָמוֹת וְהַסְכָּמוֹת. וְאֵין אֲנִי תוֹהֵא, חַס וְשָׁלוֹם, עַל קִיּוּם הַמַּעֲשִׂים הַטּוֹבִים הָהֵם שֶׁעָשִׂיתִי, רַק אֲנִי מִתְחָרֵט עַל קַבָּלַת הָעִנְיָנִים בִּלְשׁוֹן נֶדֶר אוֹ שְׁבוּעָה אוֹ נְזִירוּת אוֹ אִסּוּר אוֹ חֵרֶם אוֹ קוֹנָם אוֹ הַסְכָּמָה אוֹ קַבָּלָה בְלֵב, וּמִתְחָרֵט אֲנִי עַל זֶה שֶׁלֹּא אָמַרְתִּי הִנְנִי עוֹשֶׂה דָבָר זֶה בְּלִי נֶדֶר וּשְׁבוּעָה וּנְזִירוּת וְחֵרֶם וְאִסּוּר וְקוֹנָם וְקַבָּלָה בְלֵב.

לָכֵן אֲנִי שׁוֹאֵל הַתָּרָה בְּכֻלְּהוֹן.

אֲנִי מִתְחָרֵט עַל כָּל הַנִּזְכָּר, בֵּין אִם הָיוּ הַמַּעֲשִׂים מִדְּבָרִים הַנּוֹגְעִים בְּמָמוֹן, בֵּין מֵהַדְּבָרִים הַנּוֹגְעִים בְּגוּף, בֵּין מֵהַדְּבָרִים הַנּוֹגְעִים אֶל הַנְּשָׁמָה.

בְּכֻלְּהוֹן אֲנִי מִתְחָרֵט עַל לְשׁוֹן נֶדֶר וּשְׁבוּעָה וּנְזִירוּת וְאִסּוּר וְחֵרֶם וְקוֹנָם וְקַבָּלָה בְּלֵב.

וְהִנֵּה מִצַּד הַדִּין הַמִּתְחָרֵט וְהַמְבַקֵּשׁ הַתָּרָה צָרִיךְ לִפְרֹט הַנֶּדֶר, אַךְ דְּעוּ נָא רַבּוֹתַי, כִּי אִי אֶפְשָׁר לְפָרְטָם, כִּי רַבִּים הֵם. וְאֵין אֲנִי מְבַקֵּשׁ הַתָּרָה עַל אוֹתָם הַנְּדָרִים שֶׁאֵין לְהַתִּיר אוֹתָם, עַל כֵּן יִהְיוּ נָא בְעֵינֵיכֶם כְּאִלּוּ הָיִיתִי פּוֹרְטָם.

הדיינים אומרים שלוש פעמים:

הַכֹּל יִהְיוּ מֻתָּרִים לָךְ, הַכֹּל מְחוּלִים לָךְ, הַכֹּל שְׁרוּיִים לָךְ. אֵין כָּאן לֹא נֶדֶר וְלֹא שְׁבוּעָה וְלֹא נְזִירוּת וְלֹא חֵרֶם וְלֹא אִסּוּר וְלֹא קוֹנָם וְלֹא נִדּוּי וְלֹא שַׁמְתָּא וְלֹא אָרוּר. אֲבָל יֵשׁ כָּאן מְחִילָה וּסְלִיחָה וְכַפָּרָה. וּכְשֵׁם שֶׁמַּתִּירִים בְּבֵית דִּין שֶׁל מַטָּה, כָּךְ יִהְיוּ מֻתָּרִים מִבֵּית דִּין שֶׁל מַעְלָה.

המבקש התרה, אומר:

הֲרֵי אֲנִי מוֹסֵר מוֹדָעָה לִפְנֵיכֶם, וַאֲנִי מְבַטֵּל מִכָּאן וּלְהַבָּא כָּל הַנְּדָרִים וְכָל שְׁבוּעוֹת וּנְזִירוּת וְאִסּוּרִין וְקוֹנָמוֹת וַחֲרָמוֹת וְהַסְכָּמוֹת וְקַבָּלָה בְּלֵב שֶׁאֲקַבֵּל עָלַי בְּעַצְמִי, הֵן בְּהָקִיץ הֵן בַּחֲלוֹם, חוּץ מִנִּדְרֵי תַעֲנִית בִּשְׁעַת מִנְחָה. וּבְאִם אֶשְׁכַּח לְתְנַאי מוֹדָעָה הַזֹּאת וְאֶדֹּר מֵהַיּוֹם עוֹד, מֵעַתָּה אֲנִי מִתְחָרֵט עֲלֵיהֶם וּמַתְנֶה עֲלֵיהֶם שֶׁיִּהְיוּ כֻּלָּן בְּטֵלִין וּמְבֻטָּלִין, לָא שְׁרִירִין וְלָא קַיָּמִין, וְלָא יְהוֹן חָלִין כְּלָל וּכְלָל. בְּכֻלְּהוֹן אִתְחֲרַטְנָא בְּהוֹן מֵעַתָּה וְעַד עוֹלָם.

פרוזבול

בשנת השמיטה כל חוב ממוני שאדם חייב לחברו, נשמט ואסור לגבותו.

מי שרוצה בכל זאת לגבות את חובותיו, צריך למסור בפני בית דין פרוזבול, ולקבל ממנו רשות לגבותם. הפרוזבול נמסר לקראת סוף שנת השמיטה, ומקובל לעשותו בערב ראש השנה (ויש המחמירים ומוסרים פרוזבול אף בערב ראש השנה שלפני השמיטה).

מי שמוסר את הפרוזבול, עומד בפני בית הדין ואומר את נוסח ההצהרה המובא בשטר. אם הדיינים קיבלו את דבריו, הם חותמים על השטר ונותנים אותו לבעל החובות.

בְּמוֹתַב תְּלָתָא בֵּי דִינָא כַּחֲדָא הֲוֵינָא, וּבָא לְפָנֵינוּ (פלוני בֶּן פלוני) וְאָמַר לָנוּ:

הֵן שָׁנָה זוֹ הִיא שְׁנַת הַשְּׁבִיעִית, וְיֵשׁ לִי חוֹבוֹת בִּשְׁטָר וּבְעַל פֶּה עַל אֵיזֶה אֲנָשִׁים ו/אוֹ חֲבָרוֹת, וַהֲרֵינִי מוֹסֵר בִּפְנֵיכֶם פְּרוֹזְבּוֹל זֶה וְכָל חוֹב שֶׁיֵּשׁ לִי לָכֶם, הַדַּיָּנִים שֶׁבִּפְנֵיהֶם אֲנִי מַצְהִיר, וַהֲרֵינִי מַרְשֶׁה אֶתְכֶם לִגְבּוֹת כָּל חוֹב שֶׁיֵּשׁ לִי, וּמֵעַתָּה הֱיוּ אַתֶּם דַּיָּנִים וּגְבוּ אוֹתוֹ בִּשְׁבִילִי. וְאִם לֹא תִגְבּוּהוּ אַתֶּם, מֵעַתָּה כֵּיוָן שֶׁמָּסַרְתִּי פְּרוֹזְבּוֹל זֶה, אֶגְבֶּה אֲנִי כָּל חוֹב שֶׁיֵּשׁ לִי עַד הַיּוֹם אֵצֶל כָּל אָדָם כָּל זְמַן שֶׁאֶרְצֶה.

וַאֲנוּ, בֵּית הַדִּין הַחֲתוּמִים מַטָּה, כֵּיוָן שֶׁרָאִינוּ דְּבָרָיו נְכוֹנִים, וְהוֹאִיל וּמָסַר לְפָנֵינוּ דִּבְרֵי פְּרוֹזְבּוֹל כְּתַקָּנַת הִלֵּל וַחֲזָ"ל, קָבַעְנוּ שֶׁלֹּא תְשַׁמֵּט שְׁבִיעִית חוֹבוֹתָיו וְיוּכַל לִגְבּוֹתָם כָּל עֵת שֶׁיִּרְצֶה. וּבָאנוּ עַל הֶחָתוּם, יוֹם ______ לְחֹדֶשׁ אֱלוּל שְׁנַת ______, פֹּה בְּ______.

נְאֻם:

נְאֻם:

נְאֻם:

עירוב תחומין

״וּמַדֹּתֶם מִחוּץ לָעִיר אֶת־פְּאַת־קֵדְמָה אַלְפַּיִם בָּאַמָּה... וְהָעִיר בַּתָּוֶךְ, זֶה יִהְיֶה לָהֶם מִגְרְשֵׁי הֶעָרִים״ (במדבר לה, ה). מכאן למדו חכמים (עירובין נא ע״א) שלכל מקום יישוב ישנו תחום של אלפיים אמה, ואין לצאת ממנו בשבת וביום טוב. אך אדם יכול להגדיר מקום אחר כמקום שביתתו, וכך לשנות את גבולות התחום שבו הוא רשאי ללכת (רמב״ם, עירובין פ״ו ה״א). פעולה זו נקראת ׳עירוב תחומין׳.

מניח מזון המספיק לשתי סעודות, במרחק פחות מאלפיים אמה
מהמקום שיקבל בו שבת או יום טוב ומהמקום שרוצה להגיע אליו בשבת,
ומברך:

בָּרוּךְ אַתָּה יהוה אֱלֹהֵינוּ מֶלֶךְ הָעוֹלָם
אֲשֶׁר קִדְּשָׁנוּ בְּמִצְוֹתָיו וְצִוָּנוּ עַל מִצְוַת עֵרוּב.

ואומר:

בארמית: **בְּדֵין עֵרוּבָא יְהֵא שְׁרֵא לִי**
לְמֵיזַל מֵאַתְרָא הָדֵין תְּרֵין אַלְפִין אַמִּין
לְכָל רוּחָא.

או בעברית: **בְּעֵרוּב זֶה יְהֵא מֻתָּר לִי**
לָלֶכֶת מִמָּקוֹם זֶה אַלְפַּיִם אַמָּה
לְכָל רוּחַ.

עירוב חצרות (בשבת)

מדין תורה, בשבת אסור להוציא חפץ מרשות היחיד לרשות הרבים ולהפך או לטלטלו ארבע אמות בתחום רשות הרבים (שבת צו ע״ב). וחכמים אסרו לטלטל גם ברשות היחיד, המשותפת לכמה יהודים, אם לא השתתפו לפני שבת ב׳עירוב חצרות׳ (רמב״ם, עירובין פ״א ה״ב–ה״ו).

במקומות רבים נוהגים שהרב המקומי מערב לכל תושבי השכונה או העיר,
ויש שמערערים על המנהג.

במקום שאין בו עירוב תקין, אדם הבקי בהלכות עירובין מערב לכולם
ומברך:

בָּרוּךְ אַתָּה יהוה אֱלֹהֵינוּ מֶלֶךְ הָעוֹלָם
אֲשֶׁר קִדְּשָׁנוּ בְּמִצְוֹתָיו וְצִוָּנוּ עַל מִצְוַת עֵרוּב.

ואומר:

בארמית: בְּדֵין עֵרוּבָא יְהֵא שְׁרֵא לַנָא לְטַלְטוּלֵי
וּלְאַפּוֹקֵי וּלְעַיּוֹלֵי מִן הַבָּתִּים לֶחָצֵר
וּמִן הֶחָצֵר לַבָּתִּים
וּמִבַּיִת לְבַיִת לְכָל הַבָּתִּים שֶׁבֶּחָצֵר.

או בעברית: בְּעֵרוּב זֶה יְהֵא מֻתָּר לָנוּ לְטַלְטֵל
לְהַכְנִיס וּלְהוֹצִיא מִן הַבָּתִּים לֶחָצֵר
וּמִן הֶחָצֵר לַבָּתִּים
וּמִבַּיִת לְבַיִת לְכָל הַבָּתִּים שֶׁבֶּחָצֵר.

עירוב תבשילין

אם ראש השנה חל ביום חמישי אסור להכין אוכל מיום טוב לשבת,
אלא אם כן הניחו 'עירובי תבשילין' (שו"ע תקכז, א).

המערב לוקח בערב ראש השנה פת ותבשיל שהוא מייעד לאכלם בשבת,
ומברך:

בָּרוּךְ אַתָּה יהוה אֱלֹהֵינוּ מֶלֶךְ הָעוֹלָם
אֲשֶׁר קִדְּשָׁנוּ בְּמִצְוֹתָיו וְצִוָּנוּ עַל מִצְוַת עֵרוּב.

ואומר:

בארמית: בְּדֵין עֵרוּבָא יְהֵא שְׁרֵא לַנָא
לְמֵיפָא וּלְבַשָּׁלָא וּלְאַטְמָנָא וּלְאַדְלָקָא שְׁרָגָא
וּלְמֶעְבַּד כָּל צָרְכָּנָא מִיּוֹמָא טָבָא לְשַׁבְּתָא
לָנוּ וּלְכָל יִשְׂרָאֵל הַדָּרִים בָּעִיר הַזֹּאת.

או בעברית: בְּעֵרוּב זֶה יְהֵא מֻתָּר לָנוּ
לֶאֱפוֹת וּלְבַשֵּׁל וּלְהַטְמִין וּלְהַדְלִיק נֵר
וּלְהָכִין כָּל צָרְכֵּנוּ מִיּוֹם טוֹב לְשַׁבָּת
לָנוּ וּלְכָל יִשְׂרָאֵל הַדָּרִים בָּעִיר הַזֹּאת.

הדלקת נרות

בשני הלילות מדליקים נרות ומברכים עליהם שתי ברכות.

בלילה השני (וכן בראשון, אם מדליקים נרות לאחר השקיעה)
אין להדליק גפרור, אלא להעביר אש מנר שהודלק קודם החג.

בָּרוּךְ אַתָּה יהוה אֱלֹהֵינוּ מֶלֶךְ הָעוֹלָם
אֲשֶׁר קִדְּשָׁנוּ בְּמִצְוֹתָיו
וְצִוָּנוּ לְהַדְלִיק נֵר שֶׁל (שַׁבָּת וְשֶׁל) יוֹם טוֹב.

נוהגים לברך ׳שֶׁהֶחֱיָנוּ׳ לפני הדלקת הנרות,
ויש שהורו לברך אחרי ההדלקה.

אם המדליק עתיד לקדש בעצמו, לא יברך ׳שֶׁהֶחֱיָנוּ׳ עד הקידוש.

בָּרוּךְ אַתָּה יהוה אֱלֹהֵינוּ מֶלֶךְ הָעוֹלָם
שֶׁהֶחֱיָנוּ וְקִיְּמָנוּ, וְהִגִּיעָנוּ לַזְּמַן הַזֶּה.

תפילה לאישה אחרי שהדליקה נרות:

יְהִי רָצוֹן מִלְּפָנֶיךָ יהוה אֱלֹהַי וֵאלֹהֵי אֲבוֹתַי, שֶׁתְּחוֹנֵן אוֹתִי (אישה נשואה מוסיפה: **וְאֶת אִישִׁי** / אם הוריה חיים: **וְאֶת אָבִי / וְאֶת אִמִּי** / אם יש לה ילדים: **וְאֶת בָּנַי וְאֶת בְּנוֹתַי**) **וְאֶת כָּל קְרוֹבַי, וְתִתֶּן לָנוּ וּלְכָל יִשְׂרָאֵל חַיִּים טוֹבִים וַאֲרֻכִּים, וְתִזְכְּרֵנוּ בְּזִכְרוֹן טוֹבָה וּבְרָכָה, וְתִפְקְדֵנוּ בִּפְקֻדַּת יְשׁוּעָה וְרַחֲמִים, וּתְבָרְכֵנוּ בְּרָכוֹת גְּדוֹלוֹת, וְתַשְׁלִים בָּתֵּינוּ וְתַשְׁכֵּן שְׁכִינָתְךָ בֵּינֵינוּ. וְזַכֵּנִי לְגַדֵּל בָּנִים וּבְנֵי בָנִים חֲכָמִים וּנְבוֹנִים, אוֹהֲבֵי יהוה יִרְאֵי אֱלֹהִים, אַנְשֵׁי אֱמֶת זֶרַע קֹדֶשׁ, בַּיהוה דְּבֵקִים וּמְאִירִים אֶת הָעוֹלָם בַּתּוֹרָה וּבְמַעֲשִׂים טוֹבִים וּבְכָל מְלֶאכֶת עֲבוֹדַת הַבּוֹרֵא. אָנָּא שְׁמַע אֶת תְּחִנָּתִי בָּעֵת הַזֹּאת בִּזְכוּת שָׂרָה וְרִבְקָה וְרָחֵל וְלֵאָה אִמּוֹתֵינוּ, וְהָאֵר נֵרֵנוּ שֶׁלֹּא יִכְבֶּה לְעוֹלָם וָעֶד, וְהָאֵר פָּנֶיךָ וְנִוָּשֵׁעָה. אָמֵן.**

מנחה לערב ראש השנה

"וַיְהִי בַּעֲלוֹת הַמִּנְחָה וַיִּגַּשׁ אֵלִיָּהוּ הַנָּבִיא וַיֹּאמַר" (מלכים א׳ יח, לו).
ראוי לומר גם לפני תפילת מנחה את פרשת קרבן התמיד (איגרת התשובה לר׳ יונה, ע).
רבים נוהגים לומר את סדר הקרבנות שלפני תפילת שחרית (עמ׳ 81-84),
פרט לפרשת תרומת הדשן ולסדר המערכה.
"אמר רבי אלעזר אמר רבי אבינא: כל האומר 'תְּהִלָּה לְדָוִד' בכל יום
שלש פעמים – מובטח לו שהוא בן העולם הבא" (ברכות ד ע"ב).

אַשְׁרֵי יוֹשְׁבֵי בֵיתֶךָ, עוֹד יְהַלְלוּךָ סֶּלָה: תהלים פד
אַשְׁרֵי הָעָם שֶׁכָּכָה לּוֹ, אַשְׁרֵי הָעָם שֶׁיהוה אֱלֹהָיו: תהלים קמד
תְּהִלָּה לְדָוִד תהלים קמה

אֲרוֹמִמְךָ אֱלוֹהַי הַמֶּלֶךְ, וַאֲבָרְכָה שִׁמְךָ לְעוֹלָם וָעֶד:
בְּכָל־יוֹם אֲבָרְכֶךָּ, וַאֲהַלְלָה שִׁמְךָ לְעוֹלָם וָעֶד:
גָּדוֹל יהוה וּמְהֻלָּל מְאֹד, וְלִגְדֻלָּתוֹ אֵין חֵקֶר:
דּוֹר לְדוֹר יְשַׁבַּח מַעֲשֶׂיךָ, וּגְבוּרֹתֶיךָ יַגִּידוּ:
הֲדַר כְּבוֹד הוֹדֶךָ, וְדִבְרֵי נִפְלְאֹתֶיךָ אָשִׂיחָה:
וֶעֱזוּז נוֹרְאֹתֶיךָ יֹאמֵרוּ, וּגְדוּלָּתְךָ אֲסַפְּרֶנָּה:
זֵכֶר רַב־טוּבְךָ יַבִּיעוּ, וְצִדְקָתְךָ יְרַנֵּנוּ:
חַנּוּן וְרַחוּם יהוה, אֶרֶךְ אַפַּיִם וּגְדָל־חָסֶד:
טוֹב־יהוה לַכֹּל, וְרַחֲמָיו עַל־כָּל־מַעֲשָׂיו:
יוֹדוּךָ יהוה כָּל־מַעֲשֶׂיךָ, וַחֲסִידֶיךָ יְבָרְכוּכָה:
כְּבוֹד מַלְכוּתְךָ יֹאמֵרוּ, וּגְבוּרָתְךָ יְדַבֵּרוּ:
לְהוֹדִיעַ לִבְנֵי הָאָדָם גְּבוּרֹתָיו, וּכְבוֹד הֲדַר מַלְכוּתוֹ:
מַלְכוּתְךָ מַלְכוּת כָּל־עֹלָמִים, וּמֶמְשַׁלְתְּךָ בְּכָל־דּוֹר וָדֹר:
סוֹמֵךְ יהוה לְכָל־הַנֹּפְלִים, וְזוֹקֵף לְכָל־הַכְּפוּפִים:

עֵינֵי־כֹל אֵלֶיךָ יְשַׂבֵּרוּ, וְאַתָּה נוֹתֵן־לָהֶם אֶת־אָכְלָם בְּעִתּוֹ:
פּוֹתֵחַ אֶת־יָדֶךָ, וּמַשְׂבִּיעַ לְכָל־חַי רָצוֹן:
צַדִּיק יהוה בְּכָל־דְּרָכָיו, וְחָסִיד בְּכָל־מַעֲשָׂיו:
קָרוֹב יהוה לְכָל־קֹרְאָיו, לְכֹל אֲשֶׁר יִקְרָאֻהוּ בֶאֱמֶת:
רְצוֹן־יְרֵאָיו יַעֲשֶׂה, וְאֶת־שַׁוְעָתָם יִשְׁמַע, וְיוֹשִׁיעֵם:
שׁוֹמֵר יהוה אֶת־כָּל־אֹהֲבָיו, וְאֵת כָּל־הָרְשָׁעִים יַשְׁמִיד:
‹ תְּהִלַּת יהוה יְדַבֶּר פִּי, וִיבָרֵךְ כָּל־בָּשָׂר שֵׁם קָדְשׁוֹ לְעוֹלָם וָעֶד:
תהלים קטו וַאֲנַחְנוּ נְבָרֵךְ יָהּ מֵעַתָּה וְעַד־עוֹלָם, הַלְלוּיָהּ:

חצי קדיש

ש״ץ: יִתְגַּדַּל וְיִתְקַדַּשׁ שְׁמֵהּ רַבָּא (קהל: אָמֵן)
בְּעָלְמָא דִּי בְרָא כִרְעוּתֵהּ
וְיַמְלִיךְ מַלְכוּתֵהּ
בְּחַיֵּיכוֹן וּבְיוֹמֵיכוֹן וּבְחַיֵּי דְכָל בֵּית יִשְׂרָאֵל
בַּעֲגָלָא וּבִזְמַן קָרִיב
וְאִמְרוּ אָמֵן. (קהל: אָמֵן)

קהל וש״ץ: יְהֵא שְׁמֵהּ רַבָּא מְבָרַךְ לְעָלַם וּלְעָלְמֵי עָלְמַיָּא.

ש״ץ: יִתְבָּרַךְ וְיִשְׁתַּבַּח וְיִתְפָּאַר וְיִתְרוֹמַם וְיִתְנַשֵּׂא
וְיִתְהַדָּר וְיִתְעַלֶּה וְיִתְהַלָּל
שְׁמֵהּ דְּקֻדְשָׁא בְּרִיךְ הוּא (קהל: בְּרִיךְ הוּא)
לְעֵלָּא מִן כָּל בִּרְכָתָא וְשִׁירָתָא, תֻּשְׁבְּחָתָא וְנֶחֱמָתָא
דַּאֲמִירָן בְּעָלְמָא
וְאִמְרוּ אָמֵן. (קהל: אָמֵן)

עמידה

״המתפלל צריך שיכוין בלבו פירוש המלות שמוציא בשפתיו; ויחשוב כאלו שכינה כנגדו ויסיר כל המחשבות הטורדות אותו עד שתשאר מחשבתו וכוונתו זכה בתפלתו״ (שו״ע צח, א)

פוסע שלוש פסיעות לפנים כמי שנכנס לפני המלך.
עומד ומתפלל בלחש מכאן ועד ׳וּכְשָׁנִים קַדְמֹנִיּוֹת׳ בעמ׳ 18.

כורע במקומות המסומנים ב׳, קד לפנים במילה הבאה וזוקף בשם (סידור השל״ה).

כִּי שֵׁם יהוה אֶקְרָא, הָבוּ גֹדֶל לֵאלֹהֵינוּ: דברים לב
אֲדֹנָי, שְׂפָתַי תִּפְתָּח, וּפִי יַגִּיד תְּהִלָּתֶךָ: תהלים נא

אבות

׳בָּרוּךְ אַתָּה יהוה, אֱלֹהֵינוּ וֵאלֹהֵי אֲבוֹתֵינוּ
אֱלֹהֵי אַבְרָהָם, אֱלֹהֵי יִצְחָק, וֵאלֹהֵי יַעֲקֹב
הָאֵל הַגָּדוֹל הַגִּבּוֹר וְהַנּוֹרָא, אֵל עֶלְיוֹן
גּוֹמֵל חֲסָדִים טוֹבִים, וְקוֹנֵה הַכֹּל
וְזוֹכֵר חַסְדֵי אָבוֹת
וּמֵבִיא גוֹאֵל לִבְנֵי בְנֵיהֶם לְמַעַן שְׁמוֹ בְּאַהֲבָה.
מֶלֶךְ עוֹזֵר וּמוֹשִׁיעַ וּמָגֵן.
׳בָּרוּךְ אַתָּה יהוה, מָגֵן אַבְרָהָם.

גבורות

אַתָּה גִּבּוֹר לְעוֹלָם, אֲדֹנָי
מְחַיֵּה מֵתִים אַתָּה, רַב לְהוֹשִׁיעַ
בארץ ישראל: מוֹרִיד הַטָּל
מְכַלְכֵּל חַיִּים בְּחֶסֶד, מְחַיֵּה מֵתִים בְּרַחֲמִים רַבִּים
סוֹמֵךְ נוֹפְלִים, וְרוֹפֵא חוֹלִים, וּמַתִּיר אֲסוּרִים
וּמְקַיֵּם אֱמוּנָתוֹ לִישֵׁנֵי עָפָר.

מִי כָמְוֹךָ, בַּעַל גְּבוּרוֹת
וּמִי דּוֹמֶה לָּךְ
מֶלֶךְ, מֵמִית וּמְחַיֶּה וּמַצְמִיחַ יְשׁוּעָה.
וְנֶאֱמָן אַתָּה לְהַחֲיוֹת מֵתִים.
בָּרוּךְ אַתָּה יהוה, מְחַיֵּה הַמֵּתִים.

בתפילת לחש ממשיך 'אַתָּה קָדוֹשׁ' בעמוד הבא.

קדושה

בחזרת שליח הציבור הקהל עומד ואומר קדושה.
במקומות המסומנים ב־°, המתפלל מתרומם על קצות אצבעותיו.

קהל ואחריו שליח הציבור:
נְקַדֵּשׁ אֶת שִׁמְךָ בָּעוֹלָם, כְּשֵׁם שֶׁמַּקְדִּישִׁים אוֹתוֹ בִּשְׁמֵי מָרוֹם
כַּכָּתוּב עַל יַד נְבִיאֶךָ, וְקָרָא זֶה אֶל־זֶה וְאָמַר ישעיה ו

קהל ואחריו שליח הציבור:
°קָדוֹשׁ, °קָדוֹשׁ, °קָדוֹשׁ, יהוה צְבָאוֹת, מְלֹא כָל־הָאָרֶץ כְּבוֹדוֹ:
לְעֻמָּתָם בָּרוּךְ יֹאמֵרוּ

קהל ואחריו שליח הציבור:
°בָּרוּךְ כְּבוֹד־יהוה מִמְּקוֹמוֹ: יחזקאל ג
וּבְדִבְרֵי קָדְשְׁךָ כָּתוּב לֵאמֹר

קהל ואחריו שליח הציבור:
°יִמְלֹךְ יהוה לְעוֹלָם, אֱלֹהַיִךְ צִיּוֹן לְדֹר וָדֹר, הַלְלוּיָהּ: תהלים קמו

שליח הציבור:
לְדוֹר וָדוֹר נַגִּיד גָּדְלֶךָ, וּלְנֵצַח נְצָחִים קְדֻשָּׁתְךָ נַקְדִּישׁ
וְשִׁבְחֲךָ אֱלֹהֵינוּ מִפִּינוּ לֹא יָמוּשׁ לְעוֹלָם וָעֶד
כִּי אֵל מֶלֶךְ גָּדוֹל וְקָדוֹשׁ אָתָּה.
בָּרוּךְ אַתָּה יהוה, הָאֵל הַקָּדוֹשׁ.

שליח הציבור ממשיך 'אַתָּה חוֹנֵן' בעמוד הבא.

קדושת השם

אַתָּה קָדוֹשׁ וְשִׁמְךָ קָדוֹשׁ
וּקְדוֹשִׁים בְּכָל יוֹם יְהַלְלוּךָ סֶּלָה.
בָּרוּךְ אַתָּה יהוה, הָאֵל הַקָּדוֹשׁ.

דעת

אַתָּה חוֹנֵן לְאָדָם דַּעַת, וּמְלַמֵּד לֶאֱנוֹשׁ בִּינָה.
חָנֵּנוּ מֵאִתְּךָ דֵּעָה בִּינָה וְהַשְׂכֵּל.
בָּרוּךְ אַתָּה יהוה, חוֹנֵן הַדָּעַת.

תשובה

הֲשִׁיבֵנוּ אָבִינוּ לְתוֹרָתֶךָ
וְקָרְבֵנוּ מַלְכֵּנוּ לַעֲבוֹדָתֶךָ
וְהַחֲזִירֵנוּ בִּתְשׁוּבָה שְׁלֵמָה לְפָנֶיךָ.
בָּרוּךְ אַתָּה יהוה, הָרוֹצֶה בִּתְשׁוּבָה.

סליחה

נוהגים להכות כנגד הלב במקומות המסומנים ב°.

סְלַח לָנוּ אָבִינוּ כִּי °חָטָאנוּ
מְחַל לָנוּ מַלְכֵּנוּ כִּי °פָשָׁעְנוּ
כִּי מוֹחֵל וְסוֹלֵחַ אָתָּה.
בָּרוּךְ אַתָּה יהוה, חַנּוּן הַמַּרְבֶּה לִסְלֹחַ.

גאולה

רְאֵה בְעָנְיֵנוּ, וְרִיבָה רִיבֵנוּ
וּגְאָלֵנוּ מְהֵרָה לְמַעַן שְׁמֶךָ
כִּי גוֹאֵל חָזָק אָתָּה.
בָּרוּךְ אַתָּה יהוה, גּוֹאֵל יִשְׂרָאֵל.

רפואה

רְפָאֵנוּ יהוה וְנֵרָפֵא
הוֹשִׁיעֵנוּ וְנִוָּשֵׁעָה
כִּי תְהִלָּתֵנוּ אָתָּה
וְהַעֲלֵה רְפוּאָה שְׁלֵמָה לְכָל מַכּוֹתֵינוּ

המתפלל על חולה מוסיף:

יְהִי רָצוֹן מִלְּפָנֶיךָ יהוה אֱלֹהַי וֵאלֹהֵי אֲבוֹתַי, שֶׁתִּשְׁלַח מְהֵרָה רְפוּאָה שְׁלֵמָה מִן הַשָּׁמַיִם, רְפוּאַת הַנֶּפֶשׁ וּרְפוּאַת הַגּוּף, לַחוֹלֶה פלוני בֶּן פלונית/ לַחוֹלָה פלונית בַּת פלונית בְּתוֹךְ שְׁאָר חוֹלֵי יִשְׂרָאֵל

כִּי אֵל מֶלֶךְ רוֹפֵא נֶאֱמָן וְרַחֲמָן אָתָּה.
בָּרוּךְ אַתָּה יהוה, רוֹפֵא חוֹלֵי עַמּוֹ יִשְׂרָאֵל.

ברכת השנים

בָּרֵךְ עָלֵינוּ יהוה אֱלֹהֵינוּ אֶת הַשָּׁנָה הַזֹּאת
וְאֶת כָּל מִינֵי תְבוּאָתָהּ, לְטוֹבָה
וְתֵן בְּרָכָה עַל פְּנֵי הָאֲדָמָה
וְשַׂבְּעֵנוּ מִטּוּבָהּ
וּבָרֵךְ שְׁנָתֵנוּ כַּשָּׁנִים הַטּוֹבוֹת.
בָּרוּךְ אַתָּה יהוה, מְבָרֵךְ הַשָּׁנִים.

קיבוץ גלויות

תְּקַע בְּשׁוֹפָר גָּדוֹל לְחֵרוּתֵנוּ
וְשָׂא נֵס לְקַבֵּץ גָּלֻיּוֹתֵינוּ
וְקַבְּצֵנוּ יַחַד מֵאַרְבַּע כַּנְפוֹת הָאָרֶץ.
בָּרוּךְ אַתָּה יהוה, מְקַבֵּץ נִדְחֵי עַמּוֹ יִשְׂרָאֵל.

השבת המשפט

הָשִׁיבָה שׁוֹפְטֵינוּ כְּבָרִאשׁוֹנָה
וְיוֹעֲצֵינוּ כְּבַתְּחִלָּה
וְהָסֵר מִמֶּנּוּ יָגוֹן וַאֲנָחָה
וּמְלֹךְ עָלֵינוּ אַתָּה יהוה לְבַדְּךָ בְּחֶסֶד וּבְרַחֲמִים
וְצַדְּקֵנוּ בַּמִּשְׁפָּט.
בָּרוּךְ אַתָּה יהוה, מֶלֶךְ אוֹהֵב צְדָקָה וּמִשְׁפָּט.

ברכת המינים

וְלַמַּלְשִׁינִים אַל תְּהִי תִקְוָה
וְכָל הָרִשְׁעָה כְּרֶגַע תֹּאבֵד
וְכָל אוֹיְבֵי עַמְּךָ מְהֵרָה יִכָּרֵתוּ
וְהַזֵּדִים מְהֵרָה תְעַקֵּר וּתְשַׁבֵּר
וּתְמַגֵּר וְתַכְנִיעַ בִּמְהֵרָה בְיָמֵינוּ.
בָּרוּךְ אַתָּה יהוה, שׁוֹבֵר אוֹיְבִים וּמַכְנִיעַ זֵדִים.

על הצדיקים

עַל הַצַּדִּיקִים וְעַל הַחֲסִידִים
וְעַל זִקְנֵי עַמְּךָ בֵּית יִשְׂרָאֵל, וְעַל פְּלֵיטַת סוֹפְרֵיהֶם
וְעַל גֵּרֵי הַצֶּדֶק, וְעָלֵינוּ
יֶהֱמוּ רַחֲמֶיךָ יהוה אֱלֹהֵינוּ
וְתֵן שָׂכָר טוֹב לְכָל הַבּוֹטְחִים בְּשִׁמְךָ בֶּאֱמֶת
וְשִׂים חֶלְקֵנוּ עִמָּהֶם
וּלְעוֹלָם לֹא נֵבוֹשׁ כִּי בְךָ בָּטָחְנוּ.
בָּרוּךְ אַתָּה יהוה, מִשְׁעָן וּמִבְטָח לַצַּדִּיקִים.

בניין ירושלים

וְלִירוּשָׁלַיִם עִירְךָ בְּרַחֲמִים תָּשׁוּב
וְתִשְׁכֹּן בְּתוֹכָהּ כַּאֲשֶׁר דִּבַּרְתָּ
וּבְנֵה אוֹתָהּ בְּקָרוֹב בְּיָמֵינוּ בִּנְיַן עוֹלָם
וְכִסֵּא דָוִד מְהֵרָה לְתוֹכָהּ תָּכִין.
בָּרוּךְ אַתָּה יהוה, בּוֹנֵה יְרוּשָׁלָיִם.

משיח בן דוד

אֶת צֶמַח דָּוִד עַבְדְּךָ מְהֵרָה תַצְמִיחַ
וְקַרְנוֹ תָּרוּם בִּישׁוּעָתֶךָ, כִּי לִישׁוּעָתְךָ קִוִּינוּ כָּל הַיּוֹם.
בָּרוּךְ אַתָּה יהוה, מַצְמִיחַ קֶרֶן יְשׁוּעָה.

שומע תפילה

שְׁמַע קוֹלֵנוּ יהוה אֱלֹהֵינוּ
חוּס וְרַחֵם עָלֵינוּ
וְקַבֵּל בְּרַחֲמִים וּבְרָצוֹן אֶת תְּפִלָּתֵנוּ
כִּי אֵל שׁוֹמֵעַ תְּפִלּוֹת וְתַחֲנוּנִים אָתָּה
וּמִלְּפָנֶיךָ מַלְכֵּנוּ רֵיקָם אַל תְּשִׁיבֵנוּ
כִּי אַתָּה שׁוֹמֵעַ תְּפִלַּת עַמְּךָ יִשְׂרָאֵל בְּרַחֲמִים.
בָּרוּךְ אַתָּה יהוה, שׁוֹמֵעַ תְּפִלָּה.

עבודה

רְצֵה יהוה אֱלֹהֵינוּ בְּעַמְּךָ יִשְׂרָאֵל, וּבִתְפִלָּתָם
וְהָשֵׁב אֶת הָעֲבוֹדָה לִדְבִיר בֵּיתֶךָ
וְאִשֵּׁי יִשְׂרָאֵל וּתְפִלָּתָם בְּאַהֲבָה תְקַבֵּל בְּרָצוֹן
וּתְהִי לְרָצוֹן תָּמִיד עֲבוֹדַת יִשְׂרָאֵל עַמֶּךָ.

וְתֶחֱזֶינָה עֵינֵינוּ בְּשׁוּבְךָ לְצִיּוֹן בְּרַחֲמִים.
בָּרוּךְ אַתָּה יהוה, הַמַּחֲזִיר שְׁכִינָתוֹ לְצִיּוֹן.

הודאה

כורע ב׳מודים׳ ואינו זוקף עד אמירת השם (סידור השל״ה).

ימוֹדִים אֲנַחְנוּ לָךְ
שָׁאַתָּה הוּא יהוה אֱלֹהֵינוּ
וֵאלֹהֵי אֲבוֹתֵינוּ לְעוֹלָם וָעֶד.
צוּר חַיֵּינוּ, מָגֵן יִשְׁעֵנוּ
אַתָּה הוּא לְדוֹר וָדוֹר.
נוֹדֶה לְּךָ וּנְסַפֵּר תְּהִלָּתֶךָ
עַל חַיֵּינוּ הַמְּסוּרִים בְּיָדֶךָ
וְעַל נִשְׁמוֹתֵינוּ הַפְּקוּדוֹת לָךְ
וְעַל נִסֶּיךָ שֶׁבְּכָל יוֹם עִמָּנוּ
וְעַל נִפְלְאוֹתֶיךָ וְטוֹבוֹתֶיךָ
שֶׁבְּכָל עֵת, עֶרֶב וָבֹקֶר וְצָהֳרָיִם.
הַטּוֹב, כִּי לֹא כָלוּ רַחֲמֶיךָ
וְהַמְרַחֵם, כִּי לֹא תַמּוּ חֲסָדֶיךָ
מֵעוֹלָם קִוִּינוּ לָךְ.

כששליח הציבור אומר ׳מודים׳,
הקהל אומר בלחש (סוטה מ ע״א):
ימוֹדִים אֲנַחְנוּ לָךְ
שָׁאַתָּה הוּא יהוה אֱלֹהֵינוּ
וֵאלֹהֵי אֲבוֹתֵינוּ
אֱלֹהֵי כָל בָּשָׂר
יוֹצְרֵנוּ, יוֹצֵר בְּרֵאשִׁית.
בְּרָכוֹת וְהוֹדָאוֹת
לְשִׁמְךָ הַגָּדוֹל וְהַקָּדוֹשׁ
עַל שֶׁהֶחֱיִיתָנוּ וְקִיַּמְתָּנוּ.
כֵּן תְּחַיֵּנוּ וּתְקַיְּמֵנוּ
וְתֶאֱסֹף גָּלֻיּוֹתֵינוּ
לְחַצְרוֹת קָדְשֶׁךָ
לִשְׁמֹר חֻקֶּיךָ וְלַעֲשׂוֹת רְצוֹנֶךָ
וּלְעָבְדְּךָ בְּלֵבָב שָׁלֵם
עַל שֶׁאֲנַחְנוּ מוֹדִים לָךְ.
בָּרוּךְ אֵל הַהוֹדָאוֹת.

וְעַל כֻּלָּם יִתְבָּרַךְ וְיִתְרוֹמַם שִׁמְךָ מַלְכֵּנוּ תָּמִיד לְעוֹלָם וָעֶד.
וְכֹל הַחַיִּים יוֹדוּךָ סֶּלָה, וִיהַלְלוּ אֶת שִׁמְךָ בֶּאֱמֶת
הָאֵל יְשׁוּעָתֵנוּ וְעֶזְרָתֵנוּ סֶלָה.
יבָּרוּךְ אַתָּה יהוה, הַטּוֹב שִׁמְךָ וּלְךָ נָאֶה לְהוֹדוֹת.

שלום

שָׁלוֹם רָב עַל יִשְׂרָאֵל עַמְּךָ תָּשִׂים לְעוֹלָם
כִּי אַתָּה הוּא מֶלֶךְ אָדוֹן לְכָל הַשָּׁלוֹם.
וְטוֹב בְּעֵינֶיךָ לְבָרֵךְ אֶת עַמְּךָ יִשְׂרָאֵל
בְּכָל עֵת וּבְכָל שָׁעָה בִּשְׁלוֹמֶךָ.
בָּרוּךְ אַתָּה יהוה, הַמְבָרֵךְ אֶת עַמּוֹ יִשְׂרָאֵל בַּשָּׁלוֹם.

שליח הציבור מסיים באמירת הפסוק הבא בלחש,
ויש הנוהגים לאומרו גם בסוף תפילת לחש של יחיד.

תהלים יט יִהְיוּ לְרָצוֹן אִמְרֵי־פִי וְהֶגְיוֹן לִבִּי לְפָנֶיךָ, יהוה צוּרִי וְגֹאֲלִי:

ברכות יז. אֱלֹהַי

נְצֹר לְשׁוֹנִי מֵרָע וּשְׂפָתַי מִדַּבֵּר מִרְמָה
וְלִמְקַלְלַי נַפְשִׁי תִדֹּם, וְנַפְשִׁי כֶּעָפָר לַכֹּל תִּהְיֶה.
פְּתַח לִבִּי בְּתוֹרָתֶךָ, וּבְמִצְוֹתֶיךָ תִּרְדֹּף נַפְשִׁי.
וְכָל הַחוֹשְׁבִים עָלַי רָעָה, מְהֵרָה הָפֵר עֲצָתָם וְקַלְקֵל מַחֲשַׁבְתָּם.
עֲשֵׂה לְמַעַן שְׁמֶךָ, עֲשֵׂה לְמַעַן יְמִינֶךָ
עֲשֵׂה לְמַעַן קְדֻשָּׁתֶךָ, עֲשֵׂה לְמַעַן תּוֹרָתֶךָ.
תהלים ס לְמַעַן יֵחָלְצוּן יְדִידֶיךָ, הוֹשִׁיעָה יְמִינְךָ וַעֲנֵנִי:
תהלים יט יִהְיוּ לְרָצוֹן אִמְרֵי־פִי וְהֶגְיוֹן לִבִּי לְפָנֶיךָ, יהוה צוּרִי וְגֹאֲלִי:

כורע ופוסע שלוש פסיעות לאחור. קד לשמאל, לימין ולפנים באמירת:

עֹשֶׂה שָׁלוֹם בִּמְרוֹמָיו
הוּא יַעֲשֶׂה שָׁלוֹם עָלֵינוּ וְעַל כָּל יִשְׂרָאֵל, וְאִמְרוּ אָמֵן.

יְהִי רָצוֹן מִלְּפָנֶיךָ יהוה אֱלֹהֵינוּ וֵאלֹהֵי אֲבוֹתֵינוּ
שֶׁיִּבָּנֶה בֵּית הַמִּקְדָּשׁ בִּמְהֵרָה בְיָמֵינוּ, וְתֵן חֶלְקֵנוּ בְּתוֹרָתֶךָ
וְשָׁם נַעֲבָדְךָ בְּיִרְאָה כִּימֵי עוֹלָם וּכְשָׁנִים קַדְמוֹנִיּוֹת.
מלאכי ג וְעָרְבָה לַיהוה מִנְחַת יְהוּדָה וִירוּשָׁלָםִ כִּימֵי עוֹלָם וּכְשָׁנִים קַדְמֹנִיּוֹת:

שליח הציבור חוזר על העמידה בקול רם (עמ׳ 11).

קדיש שלם

ש״ץ: יִתְגַּדַּל וְיִתְקַדַּשׁ שְׁמֵהּ רַבָּא (קהל: אָמֵן)
בְּעָלְמָא דִּי בְרָא כִרְעוּתֵהּ
וְיַמְלִיךְ מַלְכוּתֵהּ
בְּחַיֵּיכוֹן וּבְיוֹמֵיכוֹן וּבְחַיֵּי דְכָל בֵּית יִשְׂרָאֵל
בַּעֲגָלָא וּבִזְמַן קָרִיב
וְאִמְרוּ אָמֵן. (קהל: אָמֵן)

קהל וש״ץ: יְהֵא שְׁמֵהּ רַבָּא מְבָרַךְ לְעָלַם וּלְעָלְמֵי עָלְמַיָּא.

ש״ץ: יִתְבָּרַךְ וְיִשְׁתַּבַּח וְיִתְפָּאַר וְיִתְרוֹמַם וְיִתְנַשֵּׂא
וְיִתְהַדָּר וְיִתְעַלֶּה וְיִתְהַלָּל
שְׁמֵהּ דְּקֻדְשָׁא בְּרִיךְ הוּא (קהל: בְּרִיךְ הוּא)
לְעֵלָּא מִן כָּל בִּרְכָתָא וְשִׁירָתָא, תֻּשְׁבְּחָתָא וְנֶחֱמָתָא
דַּאֲמִירָן בְּעָלְמָא
וְאִמְרוּ אָמֵן. (קהל: אָמֵן)

תִּתְקַבַּל צְלוֹתְהוֹן וּבָעוּתְהוֹן דְּכָל יִשְׂרָאֵל
קֳדָם אֲבוּהוֹן דִּי בִשְׁמַיָּא
וְאִמְרוּ אָמֵן. (קהל: אָמֵן)

יְהֵא שְׁלָמָא רַבָּא מִן שְׁמַיָּא
וְחַיִּים, עָלֵינוּ וְעַל כָּל יִשְׂרָאֵל
וְאִמְרוּ אָמֵן. (קהל: אָמֵן)

כורע ופוסע שלוש פסיעות לאחור. קד לשמאל, לימין ולפנים באמירת:

עֹשֶׂה שָׁלוֹם בִּמְרוֹמָיו
הוּא יַעֲשֶׂה שָׁלוֹם עָלֵינוּ וְעַל כָּל יִשְׂרָאֵל
וְאִמְרוּ אָמֵן. (קהל: אָמֵן)

אומרים 'עָלֵינוּ' בעמידה ומשתחווים במקום המסומן ב°.

עָלֵינוּ לְשַׁבֵּחַ לַאֲדוֹן הַכֹּל, לָתֵת גְּדֻלָּה לְיוֹצֵר בְּרֵאשִׁית
שֶׁלֹּא עָשָׂנוּ כְּגוֹיֵי הָאֲרָצוֹת, וְלֹא שָׂמָנוּ כְּמִשְׁפְּחוֹת הָאֲדָמָה
שֶׁלֹּא שָׂם חֶלְקֵנוּ כָּהֶם וְגוֹרָלֵנוּ כְּכָל הֲמוֹנָם.
שֶׁהֵם מִשְׁתַּחֲוִים לְהֶבֶל וָרִיק וּמִתְפַּלְלִים אֶל אֵל לֹא יוֹשִׁיעַ.
°וַאֲנַחְנוּ כּוֹרְעִים וּמִשְׁתַּחֲוִים וּמוֹדִים
לִפְנֵי מֶלֶךְ מַלְכֵי הַמְּלָכִים, הַקָּדוֹשׁ בָּרוּךְ הוּא
שֶׁהוּא נוֹטֶה שָׁמַיִם וְיוֹסֵד אָרֶץ
וּמוֹשַׁב יְקָרוֹ בַּשָּׁמַיִם מִמַּעַל
וּשְׁכִינַת עֻזּוֹ בְּגָבְהֵי מְרוֹמִים.
הוּא אֱלֹהֵינוּ, אֵין עוֹד.
אֱמֶת מַלְכֵּנוּ, אֶפֶס זוּלָתוֹ
דברים ד כַּכָּתוּב בְּתוֹרָתוֹ, וְיָדַעְתָּ הַיּוֹם וַהֲשֵׁבֹתָ אֶל־לְבָבֶךָ
כִּי יהוה הוּא הָאֱלֹהִים בַּשָּׁמַיִם מִמַּעַל וְעַל־הָאָרֶץ מִתָּחַת
אֵין עוֹד:

עַל כֵּן נְקַוֶּה לְּךָ יהוה אֱלֹהֵינוּ, לִרְאוֹת מְהֵרָה בְּתִפְאֶרֶת עֻזֶּךָ
לְהַעֲבִיר גִּלּוּלִים מִן הָאָרֶץ, וְהָאֱלִילִים כָּרוֹת יִכָּרֵתוּן
לְתַקֵּן עוֹלָם בְּמַלְכוּת שַׁדַּי.
וְכָל בְּנֵי בָשָׂר יִקְרְאוּ בִשְׁמֶךָ לְהַפְנוֹת אֵלֶיךָ כָּל רִשְׁעֵי אָרֶץ.
יַכִּירוּ וְיֵדְעוּ כָּל יוֹשְׁבֵי תֵבֵל
כִּי לְךָ תִּכְרַע כָּל בֶּרֶךְ, תִּשָּׁבַע כָּל לָשׁוֹן.
לְפָנֶיךָ יהוה אֱלֹהֵינוּ יִכְרְעוּ וְיִפֹּלוּ, וְלִכְבוֹד שִׁמְךָ יְקָר יִתֵּנוּ
וִיקַבְּלוּ כֻלָּם אֶת עֹל מַלְכוּתֶךָ
וְתִמְלֹךְ עֲלֵיהֶם מְהֵרָה לְעוֹלָם וָעֶד.
כִּי הַמַּלְכוּת שֶׁלְּךָ הִיא וּלְעוֹלְמֵי עַד תִּמְלֹךְ בְּכָבוֹד
שמות טו כַּכָּתוּב בְּתוֹרָתֶךָ, יהוה יִמְלֹךְ לְעֹלָם וָעֶד:

► וְנֶאֱמַר, וְהָיָה יהוה לְמֶלֶךְ עַל־כָּל־הָאָרֶץ זכריה יד
בַּיּוֹם הַהוּא יִהְיֶה יהוה אֶחָד וּשְׁמוֹ אֶחָד:

יש מוסיפים:

אַל־תִּירָא מִפַּחַד פִּתְאֹם וּמִשֹּׁאַת רְשָׁעִים כִּי תָבֹא: משלי ג
עֻצוּ עֵצָה וְתֻפָר, דַּבְּרוּ דָבָר וְלֹא יָקוּם, כִּי עִמָּנוּ אֵל: ישעיה ח
וְעַד־זִקְנָה אֲנִי הוּא, וְעַד־שֵׂיבָה אֲנִי אֶסְבֹּל ישעיה מו
אֲנִי עָשִׂיתִי וַאֲנִי אֶשָּׂא וַאֲנִי אֶסְבֹּל וַאֲמַלֵּט:

קדיש יתום

אבל: יִתְגַּדַּל וְיִתְקַדַּשׁ שְׁמֵהּ רַבָּא (קהל: אָמֵן)
בְּעָלְמָא דִּי בְרָא כִרְעוּתֵהּ
וְיַמְלִיךְ מַלְכוּתֵהּ
בְּחַיֵּיכוֹן וּבְיוֹמֵיכוֹן וּבְחַיֵּי דְכָל בֵּית יִשְׂרָאֵל
בַּעֲגָלָא וּבִזְמַן קָרִיב, וְאִמְרוּ אָמֵן. (קהל: אָמֵן)

קהל ואבל: יְהֵא שְׁמֵהּ רַבָּא מְבָרַךְ לְעָלַם וּלְעָלְמֵי עָלְמַיָּא.

אבל: יִתְבָּרַךְ וְיִשְׁתַּבַּח וְיִתְפָּאַר וְיִתְרוֹמַם וְיִתְנַשֵּׂא
וְיִתְהַדָּר וְיִתְעַלֶּה וְיִתְהַלָּל
שְׁמֵהּ דְּקֻדְשָׁא בְּרִיךְ הוּא (קהל: בְּרִיךְ הוּא)
לְעֵלָּא מִן כָּל בִּרְכָתָא וְשִׁירָתָא, תֻּשְׁבְּחָתָא וְנֶחֱמָתָא
דַּאֲמִירָן בְּעָלְמָא, וְאִמְרוּ אָמֵן. (קהל: אָמֵן)

יְהֵא שְׁלָמָא רַבָּא מִן שְׁמַיָּא
וְחַיִּים, עָלֵינוּ וְעַל כָּל יִשְׂרָאֵל, וְאִמְרוּ אָמֵן. (קהל: אָמֵן)

כורע ופוסע שלוש פסיעות לאחור. קד לשמאל, לימין ולפנים באמירת:

עֹשֶׂה שָׁלוֹם בִּמְרוֹמָיו, הוּא יַעֲשֶׂה שָׁלוֹם
עָלֵינוּ וְעַל כָּל יִשְׂרָאֵל, וְאִמְרוּ אָמֵן. (קהל: אָמֵן)

בבתי כנסת המתפללים בנוסח ספרד,
נוהגים להוסיף כאן את המזמור ׳לְדָוִד, ה׳ אוֹרִי וְיִשְׁעִי׳ (עמ׳ 50) וקדיש יתום.

וּבַחֹדֶשׁ הַשְּׁבִיעִי
בְּאֶחָד לַחֹדֶשׁ
מִקְרָא־קֹדֶשׁ יִהְיֶה לָכֶם
כָּל־מְלֶאכֶת עֲבֹדָה
לֹא תַעֲשׂוּ

יוֹם תְּרוּעָה

יִהְיֶה לָכֶם

במדבר כט, א

תִּקְעוּ בַחֹדֶשׁ שׁוֹפָר בַּכֵּסֶה לְיוֹם חַגֵּנוּ
כִּי חֹק לְיִשְׂרָאֵל הוּא מִשְׁפָּט לֵאלֹהֵי יַעֲקֹב

תהלים פא, ד-ה

ערבית לראש השנה

יש נוהגים לומר פיוט זה, שחיברו ר׳ אברהם חזן, תלמידו של הרמב״ן.

המנהג המקובל הוא לאומרו רק בלילה הראשון, אך יש שאומרים אותו
בשני הלילות: בראשון חותמים כל בית בסוגר ׳תִּכְלֶה שָׁנָה וְקִלְלוֹתֶיהָ׳
ובשני – ׳תָּחֵל שָׁנָה וּבִרְכוֹתֶיהָ׳ (׳שיח יצחק׳ קמז, בשם ׳זה השולחן׳).

אם ליל א׳ של ראש השנה חל בשבת, יש האומרים את הפיוט אחרי קבלת שבת (עמ׳ 30),
וכן מנהג הספרדים.

אָחוֹת קְטַנָּה, תְּפִלּוֹתֶיהָ
עוֹרְכָה וְעוֹנָה תְהִלּוֹתֶיהָ
אֵל נָא רְפָא נָא לְמַחֲלוֹתֶיהָ. תִּכְלֶה שָׁנָה וְקִלְלוֹתֶיהָ.

בְּנֹעַם מִלִּים לְךָ תִּקְרָאֶה
וְשִׁיר וְהִלּוּלִים, כִּי לְךָ נָאֶה
עַל מָה תַּעְלִים עֵינְךָ, וְתִרְאֶה
זָרִים אוֹכְלִים נַחֲלוֹתֶיהָ. תִּכְלֶה שָׁנָה וְקִלְלוֹתֶיהָ.

רְעֵה אֶת צֹאנְךָ אֲרָיוֹת זֵרוּ
וּשְׁפֹךְ חֲרוֹנְךָ בְּאוֹמְרִים עָרוּ
וְכַנַּת יְמִינְךָ פָּרְצוּ וְאָרוּ
לֹא הִשְׁאִירוּ עוֹלְלוֹתֶיהָ. תִּכְלֶה שָׁנָה וְקִלְלוֹתֶיהָ.

הָקֵם מִשְׁפְּלוּת לְרֹאשׁ מַמְלֶכֶת
כִּי בְּבוֹר גָּלוּת נַפְשָׁהּ נִתֶּכֶת
וּכְרֻם זֻלּוּת לִבָּהּ שׁוֹפֶכֶת
בְּדַלֵּי דַלּוּת מִשְׁכְּנוֹתֶיהָ. תִּכְלֶה שָׁנָה וְקִלְלוֹתֶיהָ.

מָתַי תַּעֲלֶה בְּתֹךְ מִבּוֹר
מִבֵּית כֶּלֶא עֻלָּהּ תִּשְׁבֹּר
וְהַפְלֵא פֶלֶא בְּצֵאתְךָ כְּגִבּוֹר
לְהָתֵם וְכַלֵּה מַכְּלוֹתֶיהָ. תִּכְלֶה שָׁנָה וְקִלְלוֹתֶיהָ.

חִילָהּ קָבְעוּ הַגּוֹי כֻּלּוֹ
וְטוֹבָהּ שָׂבְעוּ, וּבָזְזוּ אִישׁ לוֹ
וְלִבָּהּ קָרְעוּ, וּבְכָל זֹאת, לֹא
מִמֵּךְ נָעוּ מַעְגְּלוֹתֶיהָ. תִּכְלֶה שָׁנָה וְקִלְלוֹתֶיהָ.

זְמִירָהּ שָׁבַת, וְחֶשְׁקָהּ תַּגְבִּיר
לַחְפֹּץ קִרְבַת דּוֹדָהּ, וְתַעֲבִיר
מִלֵּב דַּאֲבַת נַפְשָׁהּ וְתָסִיר
לְבַקֵּשׁ אַהֲבַת כְּלוּלוֹתֶיהָ. תִּכְלֶה שָׁנָה וְקִלְלוֹתֶיהָ.

נְחֵה בְנַחַת לְנֵוֵה רִבְצָהּ
רַב נְזַנַּחַת מִדּוֹד חֶפְצָהּ
וְהוּא כְּפֹרַחַת עָלְתָה נִצָּהּ
לֹא הִבְשִׁילוּ אַשְׁכְּלוֹתֶיהָ. תִּכְלֶה שָׁנָה וְקִלְלוֹתֶיהָ.

חִזְקוּ וְגִילוּ כִּי שֹׁד גָּמַר
לְצוּר הוֹחִילוּ, בְּרִיתוֹ שָׁמַר
לָכֶם, וְתַעֲלוּ לְצִיּוֹן, וְאָמַר
סֹלּוּ סֹלּוּ מְסִלּוֹתֶיהָ. תָּחֵל שָׁנָה וּבִרְכוֹתֶיהָ.

בבתי כנסת המתפללים בנוסח ספרד, אומרים מזמור זה. אמירתו בערב שבת נזכרת בהנהגות האר״י. לאחריו אומרים נוסח מקוצר של ׳לְכָה דוֹדִי׳: שני הבתים הראשונים ושני האחרונים.

תהלים כט מִזְמוֹר לְדָוִד, הָבוּ לַיהוה בְּנֵי אֵלִים, הָבוּ לַיהוה כָּבוֹד וָעֹז: הָבוּ לַיהוה כְּבוֹד שְׁמוֹ, הִשְׁתַּחֲווּ לַיהוה בְּהַדְרַת־קֹדֶשׁ: קוֹל יהוה עַל־הַמָּיִם, אֵל־הַכָּבוֹד הִרְעִים, יהוה עַל־מַיִם רַבִּים: קוֹל־יהוה בַּכֹּחַ, קוֹל יהוה בֶּהָדָר: קוֹל יהוה שֹׁבֵר אֲרָזִים, וַיְשַׁבֵּר יהוה אֶת־אַרְזֵי הַלְּבָנוֹן: וַיַּרְקִידֵם כְּמוֹ־עֵגֶל, לְבָנוֹן וְשִׂרְיוֹן כְּמוֹ בֶן־רְאֵמִים: קוֹל־יהוה חֹצֵב לַהֲבוֹת אֵשׁ: קוֹל יהוה יָחִיל מִדְבָּר, יָחִיל יהוה מִדְבַּר קָדֵשׁ: › קוֹל יהוה יְחוֹלֵל אַיָּלוֹת וַיֶּחֱשֹׂף יְעָרוֹת, וּבְהֵיכָלוֹ, כֻּלּוֹ אֹמֵר כָּבוֹד: יהוה לַמַּבּוּל יָשָׁב, וַיֵּשֶׁב יהוה מֶלֶךְ לְעוֹלָם: יהוה עֹז לְעַמּוֹ יִתֵּן, יהוה יְבָרֵךְ אֶת־עַמּוֹ בַשָּׁלוֹם:

אָנָּא, בְּכֹחַ גְּדֻלַּת יְמִינְךָ, תַּתִּיר צְרוּרָה. קַבֵּל רִנַּת עַמְּךָ, שַׂגְּבֵנוּ, טַהֲרֵנוּ, נוֹרָא.
נָא גִבּוֹר, דּוֹרְשֵׁי יִחוּדְךָ כְּבָבַת שָׁמְרֵם. בָּרְכֵם, טַהֲרֵם, רַחֲמֵם, צִדְקָתְךָ תָּמִיד גָּמְלֵם.
חֲסִין קָדוֹשׁ, בְּרֹב טוּבְךָ נַהֵל עֲדָתֶךָ. יָחִיד גֵּאֶה, לְעַמְּךָ פְּנֵה, זוֹכְרֵי קְדֻשָּׁתֶךָ.
שַׁוְעָתֵנוּ קַבֵּל וּשְׁמַע צַעֲקָתֵנוּ, יוֹדֵעַ תַּעֲלוּמוֹת.
בָּרוּךְ שֵׁם כְּבוֹד מַלְכוּתוֹ לְעוֹלָם וָעֶד.

לְכָה דוֹדִי לִקְרַאת כַּלָּה, פְּנֵי שַׁבָּת נְקַבְּלָה.
לְכָה דוֹדִי לִקְרַאת כַּלָּה, פְּנֵי שַׁבָּת נְקַבְּלָה.

שָׁמוֹר וְזָכוֹר בְּדִבּוּר אֶחָד
הִשְׁמִיעָנוּ אֵל הַמְּיֻחָד
יהוה אֶחָד וּשְׁמוֹ אֶחָד
לְשֵׁם וּלְתִפְאֶרֶת וְלִתְהִלָּה.
לְכָה דוֹדִי לִקְרַאת כַּלָּה, פְּנֵי שַׁבָּת נְקַבְּלָה.

לִקְרַאת שַׁבָּת לְכוּ וְנֵלְכָה
כִּי הִיא מְקוֹר הַבְּרָכָה
מֵרֹאשׁ מִקֶּדֶם נְסוּכָה
סוֹף מַעֲשֶׂה בְּמַחֲשָׁבָה תְּחִלָּה.
לְכָה דוֹדִי לִקְרַאת כַּלָּה, פְּנֵי שַׁבָּת נְקַבְּלָה.

יָמִין וּשְׂמֹאל תִּפְרֹצִי
וְאֶת יהוה תַּעֲרִיצִי
עַל יַד אִישׁ בֶּן פַּרְצִי
וְנִשְׂמְחָה וְנָגִילָה.
לְכָה דוֹדִי לִקְרַאת כַּלָּה, פְּנֵי שַׁבָּת נְקַבְּלָה.

הקהל עומד ופונה אל פתח בית הכנסת כדי לקבל את פני הכלה (משנ״ב רסב, י).
באמירת ׳בּוֹאִי כַלָּה׳ הראשון קד לשמאל ובשני לימין (סידור יעב״ץ בשם אביו).

בּוֹאִי בְשָׁלוֹם עֲטֶרֶת בַּעְלָהּ
גַּם בְּשִׂמְחָה וּבְצָהֳלָה
תּוֹךְ אֱמוּנֵי עַם סְגֻלָּה
בּוֹאִי כַלָּה, בּוֹאִי כַלָּה.
לְכָה דוֹדִי לִקְרַאת כַּלָּה, פְּנֵי שַׁבָּת נְקַבְּלָה.

קבלת שבת

אם ראש השנה חל בשבת, נוהגים לומר 'מִזְמוֹר שִׁיר לְיוֹם הַשַּׁבָּת'
לפני תפילת ערבית של א' של ראש השנה (ספר המנהיג).

ביום חול מתחילים 'בָּרְכוּ' בעמ' 32.

תהלים צב מִזְמוֹר שִׁיר לְיוֹם הַשַּׁבָּת:
טוֹב לְהֹדוֹת לַיהוה, וּלְזַמֵּר לְשִׁמְךָ עֶלְיוֹן:
לְהַגִּיד בַּבֹּקֶר חַסְדֶּךָ, וֶאֱמוּנָתְךָ בַּלֵּילוֹת:
עֲלֵי־עָשׂוֹר וַעֲלֵי־נָבֶל, עֲלֵי הִגָּיוֹן בְּכִנּוֹר:
כִּי שִׂמַּחְתַּנִי יהוה בְּפָעֳלֶךָ, בְּמַעֲשֵׂי יָדֶיךָ אֲרַנֵּן:
מַה־גָּדְלוּ מַעֲשֶׂיךָ יהוה, מְאֹד עָמְקוּ מַחְשְׁבֹתֶיךָ:
אִישׁ־בַּעַר לֹא יֵדָע, וּכְסִיל לֹא־יָבִין אֶת־זֹאת:
בִּפְרֹחַ רְשָׁעִים כְּמוֹ עֵשֶׂב, וַיָּצִיצוּ כָּל־פֹּעֲלֵי אָוֶן
לְהִשָּׁמְדָם עֲדֵי־עַד:
וְאַתָּה מָרוֹם לְעֹלָם יהוה:
כִּי הִנֵּה אֹיְבֶיךָ יהוה, כִּי־הִנֵּה אֹיְבֶיךָ יֹאבֵדוּ
יִתְפָּרְדוּ כָּל־פֹּעֲלֵי אָוֶן:
וַתָּרֶם כִּרְאֵים קַרְנִי, בַּלֹּתִי בְּשֶׁמֶן רַעֲנָן:
וַתַּבֵּט עֵינִי בְּשׁוּרָי, בַּקָּמִים עָלַי מְרֵעִים תִּשְׁמַעְנָה אָזְנָי:
• צַדִּיק כַּתָּמָר יִפְרָח, כְּאֶרֶז בַּלְּבָנוֹן יִשְׂגֶּה:
שְׁתוּלִים בְּבֵית יהוה, בְּחַצְרוֹת אֱלֹהֵינוּ יַפְרִיחוּ:
עוֹד יְנוּבוּן בְּשֵׂיבָה, דְּשֵׁנִים וְרַעֲנַנִּים יִהְיוּ:
לְהַגִּיד כִּי־יָשָׁר יהוה, צוּרִי, וְלֹא־עַוְלָתָה בּוֹ:

תהלים צג יהוה מָלָךְ, גֵּאוּת לָבֵשׁ
לָבֵשׁ יהוה עֹז הִתְאַזָּר אַף־תִּכּוֹן תֵּבֵל בַּל־תִּמּוֹט:

נָכוֹן כִּסְאֲךָ מֵאָז, מֵעוֹלָם אָתָּה:
נָשְׂאוּ נְהָרוֹת יהוה, נָשְׂאוּ נְהָרוֹת קוֹלָם, יִשְׂאוּ נְהָרוֹת דָּכְיָם:
• מִקֹּלוֹת מַיִם רַבִּים, אַדִּירִים מִשְׁבְּרֵי־יָם, אַדִּיר בַּמָּרוֹם יהוה:
עֵדֹתֶיךָ נֶאֶמְנוּ מְאֹד, לְבֵיתְךָ נַאֲוָה־קֹדֶשׁ, יהוה לְאֹרֶךְ יָמִים:

קדיש יתום

אבל: יִתְגַּדַּל וְיִתְקַדַּשׁ שְׁמֵהּ רַבָּא (קהל: אָמֵן)
בְּעָלְמָא דִּי בְרָא כִרְעוּתֵהּ
וְיַמְלִיךְ מַלְכוּתֵהּ
בְּחַיֵּיכוֹן וּבְיוֹמֵיכוֹן וּבְחַיֵּי דְכָל בֵּית יִשְׂרָאֵל
בַּעֲגָלָא וּבִזְמַן קָרִיב, וְאִמְרוּ אָמֵן. (קהל: אָמֵן)

קהל ואבל: יְהֵא שְׁמֵהּ רַבָּא מְבָרַךְ לְעָלַם וּלְעָלְמֵי עָלְמַיָּא.

אבל: יִתְבָּרַךְ וְיִשְׁתַּבַּח וְיִתְפָּאַר וְיִתְרוֹמַם וְיִתְנַשֵּׂא
וְיִתְהַדָּר וְיִתְעַלֶּה וְיִתְהַלָּל
שְׁמֵהּ דְּקֻדְשָׁא בְּרִיךְ הוּא (קהל: בְּרִיךְ הוּא)
לְעֵלָּא לְעֵלָּא מִכָּל בִּרְכָתָא
וְשִׁירָתָא, תֻּשְׁבְּחָתָא וְנֶחֱמָתָא
דַּאֲמִירָן בְּעָלְמָא, וְאִמְרוּ אָמֵן. (קהל: אָמֵן)

יְהֵא שְׁלָמָא רַבָּא מִן שְׁמַיָּא
וְחַיִּים, עָלֵינוּ וְעַל כָּל יִשְׂרָאֵל, וְאִמְרוּ אָמֵן. (קהל: אָמֵן)

כורע ופוסע שלוש פסיעות לאחור. קד לשמאל, לימין ולפנים באמירת:

עֹשֶׂה הַשָּׁלוֹם בִּמְרוֹמָיו
הוּא יַעֲשֶׂה שָׁלוֹם עָלֵינוּ
וְעַל כָּל יִשְׂרָאֵל, וְאִמְרוּ אָמֵן. (קהל: אָמֵן)

ערבית לראש השנה

"מֵעֶרֶב עַד־עֶרֶב תִּשְׁבְּתוּ שַׁבַּתְּכֶם" (ויקרא כג, לב).

קריאת שמע וברכותיה

שליח הציבור כורע בתיבת 'בָּרְכוּ' וזוקף בשם. הקהל כורע בתיבת 'בָּרוּךְ' וזוקף בשם, ושליח הציבור כורע שוב כאשר הוא חוזר אחריהם.

ש"ץ: 

בָּרְכוּ

אֶת יהוה הַמְבֹרָךְ.

קהל: בָּרוּךְ יהוה הַמְבֹרָךְ לְעוֹלָם וָעֶד.

ש"ץ: בָּרוּךְ יהוה הַמְבֹרָךְ לְעוֹלָם וָעֶד.

'בְּחָכְמָה פּוֹתֵחַ שְׁעָרִים' – כמו שכתוב (ישעיה כו, ב):
"פִּתְחוּ שְׁעָרִים וְיָבֹא גוֹי־צַדִּיק" (אבודרהם).

בָּרוּךְ אַתָּה יהוה אֱלֹהֵינוּ מֶלֶךְ הָעוֹלָם
אֲשֶׁר בִּדְבָרוֹ מַעֲרִיב עֲרָבִים, בְּחָכְמָה פּוֹתֵחַ שְׁעָרִים
וּבִתְבוּנָה מְשַׁנֶּה עִתִּים וּמַחֲלִיף אֶת הַזְּמַנִּים
וּמְסַדֵּר אֶת הַכּוֹכָבִים בְּמִשְׁמְרוֹתֵיהֶם בָּרָקִיעַ כִּרְצוֹנוֹ.
בּוֹרֵא יוֹם וָלָיְלָה, גּוֹלֵל אוֹר מִפְּנֵי חֹשֶׁךְ וְחֹשֶׁךְ מִפְּנֵי אוֹר
◂ וּמַעֲבִיר יוֹם וּמֵבִיא לָיְלָה, וּמַבְדִּיל בֵּין יוֹם וּבֵין לָיְלָה
יהוה צְבָאוֹת שְׁמוֹ.
אֵל חַי וְקַיָּם תָּמִיד, יִמְלֹךְ עָלֵינוּ לְעוֹלָם וָעֶד.
בָּרוּךְ אַתָּה יהוה, הַמַּעֲרִיב עֲרָבִים.

מנהג אשכנז לומר ׳אַהֲבָה רַבָּה׳ בשחרית ו׳אַהֲבַת עוֹלָם׳ בערבית – כיוון שבבוקר האדם מודה על החסדים שה׳ גמל עמו, ובערב מתפלל על חסדים לעתיד (צל״ח, ברכות יב ע״א).

אַהֲבַת עוֹלָם בֵּית יִשְׂרָאֵל עַמְּךָ אָהָבְתָּ
תּוֹרָה וּמִצְוֹת, חֻקִּים וּמִשְׁפָּטִים, אוֹתָנוּ לִמַּדְתָּ
עַל כֵּן יהוה אֱלֹהֵינוּ בְּשָׁכְבֵנוּ וּבְקוּמֵנוּ נָשִׂיחַ בְּחֻקֶּיךָ
וְנִשְׂמַח בְּדִבְרֵי תוֹרָתֶךָ וּבְמִצְוֹתֶיךָ לְעוֹלָם וָעֶד
◂ כִּי הֵם חַיֵּינוּ וְאֹרֶךְ יָמֵינוּ, וּבָהֶם נֶהְגֶּה יוֹמָם וָלָיְלָה.
וְאַהֲבָתְךָ אַל תָּסִיר מִמֶּנּוּ לְעוֹלָמִים.
בָּרוּךְ אַתָּה יהוה, אוֹהֵב עַמּוֹ יִשְׂרָאֵל.

״יקרא קריאת שמע בכוונה – באימה, ביראה, ברתת וזיע״ (שו״ע סא, א).
קריאת שמע צריכה כוונה מיוחדת בכל שלוש פרשיותיה. מי שאינו יכול לכוון בכולן חייב לכוון בפסוק הראשון, ואם לא התכוון צריך לחזור ולקרוא שוב.
בקריאת שמע שלוש פרשיות: ׳שְׁמַע׳, שעניינה קבלת עול מלכות שמים; ׳וְהָיָה אִם־שָׁמֹעַ׳, שעניינה קבלת עול מצוות; ׳ציצית׳, שיש בה הזכרת יציאת מצרים ובחירת ה׳ בעם ישראל (משנה, ברכות יג ע״א).

המתפלל ביחידות אומר:

אֵל מֶלֶךְ נֶאֱמָן

מכסה את עיניו בידו ואומר בכוונה ובקול רם:

דברים ו **שְׁמַע יִשְׂרָאֵל, יהוה אֱלֹהֵינוּ, יהוה ׀ אֶחָד:**

בלחש: **בָּרוּךְ שֵׁם כְּבוֹד מַלְכוּתוֹ לְעוֹלָם וָעֶד.**

דברים ו **וְאָהַבְתָּ אֵת יהוה אֱלֹהֶיךָ, בְּכָל־לְבָבְךָ וּבְכָל־נַפְשְׁךָ וּבְכָל־**
מְאֹדֶךָ: וְהָיוּ הַדְּבָרִים הָאֵלֶּה, אֲשֶׁר אָנֹכִי מְצַוְּךָ הַיּוֹם, עַל־לְבָבֶךָ:
וְשִׁנַּנְתָּם לְבָנֶיךָ וְדִבַּרְתָּ בָּם, בְּשִׁבְתְּךָ בְּבֵיתֶךָ וּבְלֶכְתְּךָ בַדֶּרֶךְ,
וּבְשָׁכְבְּךָ וּבְקוּמֶךָ: וּקְשַׁרְתָּם לְאוֹת עַל־יָדֶךָ וְהָיוּ לְטֹטָפֹת בֵּין
עֵינֶיךָ: וּכְתַבְתָּם עַל־מְזֻזוֹת בֵּיתֶךָ וּבִשְׁעָרֶיךָ:

דברים יא וְהָיָה אִם־שָׁמֹעַ תִּשְׁמְעוּ אֶל־מִצְוֹתַי אֲשֶׁר אָנֹכִי מְצַוֶּה אֶתְכֶם
הַיּוֹם, לְאַהֲבָה אֶת־יהוה אֱלֹהֵיכֶם וּלְעָבְדוֹ, בְּכָל־לְבַבְכֶם וּבְכָל־
נַפְשְׁכֶם: וְנָתַתִּי מְטַר־אַרְצְכֶם בְּעִתּוֹ, יוֹרֶה וּמַלְקוֹשׁ, וְאָסַפְתָּ דְגָנֶךָ
וְתִירֹשְׁךָ וְיִצְהָרֶךָ: וְנָתַתִּי עֵשֶׂב בְּשָׂדְךָ לִבְהֶמְתֶּךָ, וְאָכַלְתָּ וְשָׂבָעְתָּ:
הִשָּׁמְרוּ לָכֶם פֶּן־יִפְתֶּה לְבַבְכֶם, וְסַרְתֶּם וַעֲבַדְתֶּם אֱלֹהִים אֲחֵרִים
וְהִשְׁתַּחֲוִיתֶם לָהֶם: וְחָרָה אַף־יהוה בָּכֶם, וְעָצַר אֶת־הַשָּׁמַיִם
וְלֹא־יִהְיֶה מָטָר, וְהָאֲדָמָה לֹא תִתֵּן אֶת־יְבוּלָהּ, וַאֲבַדְתֶּם מְהֵרָה
מֵעַל הָאָרֶץ הַטֹּבָה אֲשֶׁר יהוה נֹתֵן לָכֶם: וְשַׂמְתֶּם אֶת־דְּבָרַי
אֵלֶּה עַל־לְבַבְכֶם וְעַל־נַפְשְׁכֶם, וּקְשַׁרְתֶּם אֹתָם לְאוֹת עַל־יֶדְכֶם,
וְהָיוּ לְטוֹטָפֹת בֵּין עֵינֵיכֶם: וְלִמַּדְתֶּם אֹתָם אֶת־בְּנֵיכֶם לְדַבֵּר בָּם,
בְּשִׁבְתְּךָ בְּבֵיתֶךָ וּבְלֶכְתְּךָ בַדֶּרֶךְ, וּבְשָׁכְבְּךָ וּבְקוּמֶךָ: וּכְתַבְתָּם
עַל־מְזוּזוֹת בֵּיתֶךָ וּבִשְׁעָרֶיךָ: לְמַעַן יִרְבּוּ יְמֵיכֶם וִימֵי בְנֵיכֶם עַל
הָאֲדָמָה אֲשֶׁר נִשְׁבַּע יהוה לַאֲבֹתֵיכֶם לָתֵת לָהֶם, כִּימֵי הַשָּׁמַיִם
עַל־הָאָרֶץ:

במדבר טו וַיֹּאמֶר יהוה אֶל־מֹשֶׁה לֵּאמֹר: דַּבֵּר אֶל־בְּנֵי יִשְׂרָאֵל וְאָמַרְתָּ
אֲלֵהֶם, וְעָשׂוּ לָהֶם צִיצִת עַל־כַּנְפֵי בִגְדֵיהֶם לְדֹרֹתָם, וְנָתְנוּ עַל־
צִיצִת הַכָּנָף פְּתִיל תְּכֵלֶת: וְהָיָה לָכֶם לְצִיצִת, וּרְאִיתֶם אֹתוֹ
וּזְכַרְתֶּם אֶת־כָּל־מִצְוֹת יהוה וַעֲשִׂיתֶם אֹתָם, וְלֹא תָתֻרוּ אַחֲרֵי
לְבַבְכֶם וְאַחֲרֵי עֵינֵיכֶם, אֲשֶׁר־אַתֶּם זֹנִים אַחֲרֵיהֶם: לְמַעַן תִּזְכְּרוּ
וַעֲשִׂיתֶם אֶת־כָּל־מִצְוֹתָי, וִהְיִיתֶם קְדֹשִׁים לֵאלֹהֵיכֶם: אֲנִי יהוה
אֱלֹהֵיכֶם, אֲשֶׁר הוֹצֵאתִי אֶתְכֶם מֵאֶרֶץ מִצְרַיִם, לִהְיוֹת לָכֶם
לֵאלֹהִים, אֲנִי יהוה אֱלֹהֵיכֶם:

אֱמֶת

שליח הציבור חוזר ואומר:

‹ יהוה אֱלֹהֵיכֶם אֱמֶת

"כל שלא אמר אמת ויציב שחרית ואמת ואמונה ערבית – לא יצא ידי חובתו, שנאמר (תהלים צב, ג): 'לְהַגִּיד בַּבֹּקֶר חַסְדֶּךָ וֶאֱמוּנָתְךָ בַּלֵּילוֹת'" (ברכות יב ע"א).

"ברכת אמת ויציב כולה על חסד שעשה עם אבותינו היא, שהוציאם ממצרים ובקע להם הים והעבירם, וברכת אמת ואמונה מדבר בה אף על העתידות, שאנו מצפים שיקיים לנו הבטחתו ואמונתו לגאלנו מיד מלכים ומיד עריצים ולשום נפשנו בחיים, ולהדריכנו על במות אויבינו, כל אלה הנסים התדירים תמיד" (רש"י שם).

וֶאֱמוּנָה כָּל זֹאת וְקַיָּם עָלֵינוּ
כִּי הוּא יהוה אֱלֹהֵינוּ וְאֵין זוּלָתוֹ, וַאֲנַחְנוּ יִשְׂרָאֵל עַמּוֹ.
הַפּוֹדֵנוּ מִיַּד מְלָכִים, מַלְכֵּנוּ הַגּוֹאֲלֵנוּ מִכַּף כָּל הֶעָרִיצִים.
הָאֵל הַנִּפְרָע לָנוּ מִצָּרֵינוּ
וְהַמְשַׁלֵּם גְּמוּל לְכָל אוֹיְבֵי נַפְשֵׁנוּ.
הָעוֹשֶׂה גְדוֹלוֹת עַד אֵין חֵקֶר, וְנִפְלָאוֹת עַד אֵין מִסְפָּר.
הַשָּׂם נַפְשֵׁנוּ בַּחַיִּים, וְלֹא־נָתַן לַמּוֹט רַגְלֵנוּ: תהלים סו
הַמַּדְרִיכֵנוּ עַל בָּמוֹת אוֹיְבֵינוּ
וַיָּרֶם קַרְנֵנוּ עַל כָּל שׂוֹנְאֵינוּ.
הָעוֹשֶׂה לָּנוּ נִסִּים וּנְקָמָה בְּפַרְעֹה
אוֹתוֹת וּמוֹפְתִים בְּאַדְמַת בְּנֵי חָם.
הַמַּכֶּה בְעֶבְרָתוֹ כָּל בְּכוֹרֵי מִצְרָיִם
וַיּוֹצֵא אֶת עַמּוֹ יִשְׂרָאֵל מִתּוֹכָם לְחֵרוּת עוֹלָם.
הַמַּעֲבִיר בָּנָיו בֵּין גִּזְרֵי יַם סוּף
אֶת רוֹדְפֵיהֶם וְאֶת שׂוֹנְאֵיהֶם בִּתְהוֹמוֹת טִבַּע
וְרָאוּ בָנָיו גְּבוּרָתוֹ, שִׁבְּחוּ וְהוֹדוּ לִשְׁמוֹ
◂ וּמַלְכוּתוֹ בְּרָצוֹן קִבְּלוּ עֲלֵיהֶם.
מֹשֶׁה וּבְנֵי יִשְׂרָאֵל, לְךָ עָנוּ שִׁירָה בְּשִׂמְחָה רַבָּה
וְאָמְרוּ כֻלָּם
מִי־כָמֹכָה בָּאֵלִם יהוה שמות טו
מִי כָּמֹכָה נֶאְדָּר בַּקֹּדֶשׁ
נוֹרָא תְהִלֹּת עֹשֵׂה פֶלֶא:

מַלְכוּתְךָ רָאוּ בָנֶיךָ, בּוֹקֵעַ יָם לִפְנֵי מֹשֶׁה
זֶה אֵלִי עָנוּ, וְאָמְרוּ
שמות טו יהוה יִמְלֹךְ לְעֹלָם וָעֶד:
וְנֶאֱמַר
ירמיה לא כִּי־פָדָה יהוה אֶת־יַעֲקֹב
וּגְאָלוֹ מִיַּד חָזָק מִמֶּנּוּ:
בָּרוּךְ אַתָּה יהוה, גָּאַל יִשְׂרָאֵל.

בשבתות ובימים טובים אומרים ברכות קריאת שמע כביום חול בשינוי החתימה של ברכת 'הַשְׁכִּיבֵנוּ' (סדר רב עמרם גאון), מפני שהשבת שומרת ומגנה, ואין צורך בשמירה נוספת מלבדה (טור, רסז):

הַשְׁכִּיבֵנוּ יהוה אֱלֹהֵינוּ לְשָׁלוֹם
וְהַעֲמִידֵנוּ מַלְכֵּנוּ לְחַיִּים
וּפְרֹשׂ עָלֵינוּ סֻכַּת שְׁלוֹמֶךָ
וְתַקְּנֵנוּ בְּעֵצָה טוֹבָה מִלְּפָנֶיךָ
וְהוֹשִׁיעֵנוּ לְמַעַן שְׁמֶךָ.
וְהָגֵן בַּעֲדֵנוּ
וְהָסֵר מֵעָלֵינוּ אוֹיֵב, דֶּבֶר וְחֶרֶב וְרָעָב וְיָגוֹן
וְהָסֵר שָׂטָן מִלְּפָנֵינוּ וּמֵאַחֲרֵינוּ, וּבְצֵל כְּנָפֶיךָ תַּסְתִּירֵנוּ
כִּי אֵל שׁוֹמְרֵנוּ וּמַצִּילֵנוּ אָתָּה
כִּי אֵל מֶלֶךְ חַנּוּן וְרַחוּם אָתָּה.
וּשְׁמֹר צֵאתֵנוּ וּבוֹאֵנוּ לְחַיִּים וּלְשָׁלוֹם
מֵעַתָּה וְעַד עוֹלָם.
וּפְרֹשׂ עָלֵינוּ סֻכַּת שְׁלוֹמֶךָ.
בָּרוּךְ אַתָּה יהוה
הַפּוֹרֵשׂ סֻכַּת שָׁלוֹם עָלֵינוּ וְעַל כָּל עַמּוֹ יִשְׂרָאֵל וְעַל יְרוּשָׁלָיִם.

נוהגים שהקהל עומד ואומר פסוקים אלה
(אך הגר״א נהג שלא לאומרם כדי לא להפסיק בין גאולה לתפילה).

בשבת:

וְשָׁמְרוּ בְנֵי־יִשְׂרָאֵל אֶת־הַשַּׁבָּת שמות לא
לַעֲשׂוֹת אֶת־הַשַּׁבָּת לְדֹרֹתָם בְּרִית עוֹלָם:
בֵּינִי וּבֵין בְּנֵי יִשְׂרָאֵל, אוֹת הִוא לְעֹלָם
כִּי־שֵׁשֶׁת יָמִים עָשָׂה יהוה אֶת־הַשָּׁמַיִם וְאֶת־הָאָרֶץ
וּבַיּוֹם הַשְּׁבִיעִי שָׁבַת וַיִּנָּפַשׁ:

הקהל ואחריו שליח הציבור:

תִּקְעוּ בַחֹדֶשׁ שׁוֹפָר, בַּכֶּסֶה לְיוֹם חַגֵּנוּ: תהלים פא
כִּי חֹק לְיִשְׂרָאֵל הוּא, מִשְׁפָּט לֵאלֹהֵי יַעֲקֹב:

חצי קדיש

ש״ץ: יִתְגַּדַּל וְיִתְקַדַּשׁ שְׁמֵהּ רַבָּא (קהל: אָמֵן)
בְּעָלְמָא דִּי בְרָא כִרְעוּתֵהּ
וְיַמְלִיךְ מַלְכוּתֵהּ
בְּחַיֵּיכוֹן וּבְיוֹמֵיכוֹן וּבְחַיֵּי דְכָל בֵּית יִשְׂרָאֵל
בַּעֲגָלָא וּבִזְמַן קָרִיב, וְאִמְרוּ אָמֵן. (קהל: אָמֵן)

קהל וש״ץ: יְהֵא שְׁמֵהּ רַבָּא מְבָרַךְ לְעָלַם וּלְעָלְמֵי עָלְמַיָּא.

ש״ץ: יִתְבָּרַךְ וְיִשְׁתַּבַּח וְיִתְפָּאַר וְיִתְרוֹמַם וְיִתְנַשֵּׂא
וְיִתְהַדָּר וְיִתְעַלֶּה וְיִתְהַלָּל
שְׁמֵהּ דְּקֻדְשָׁא בְּרִיךְ הוּא (קהל: בְּרִיךְ הוּא)
לְעֵלָּא לְעֵלָּא מִכָּל בִּרְכָתָא וְשִׁירָתָא, תֻּשְׁבְּחָתָא וְנֶחֱמָתָא
דַּאֲמִירָן בְּעָלְמָא, וְאִמְרוּ אָמֵן. (קהל: אָמֵן)

עמידה

״המתפלל צריך שיכוין בלבו פירוש המלות שמוציא בשפתיו; ויחשוב כאלו שכינה כנגדו ויסיר כל המחשבות הטורדות אותו עד שתשאר מחשבתו וכוונתו זכה בתפלתו״ (שו״ע צח, א).

פוסע שלוש פסיעות לפנים כמי שנכנס לפני המלך. עומד ומתפלל בלחש מכאן ועד ׳וּכְשָׁנִים קַדְמֹנִיּוֹת׳ בעמ׳ 44.

כורע במקומות המסומנים ב°, קד לפנים במילה הבאה וזוקף בשם.

תהלים נא אֲדֹנָי, שְׂפָתַי תִּפְתָּח, וּפִי יַגִּיד תְּהִלָּתֶךָ:

אבות

°בָּרוּךְ אַתָּה יהוה, אֱלֹהֵינוּ וֵאלֹהֵי אֲבוֹתֵינוּ
אֱלֹהֵי אַבְרָהָם, אֱלֹהֵי יִצְחָק, וֵאלֹהֵי יַעֲקֹב
הָאֵל הַגָּדוֹל הַגִּבּוֹר וְהַנּוֹרָא, אֵל עֶלְיוֹן
גּוֹמֵל חֲסָדִים טוֹבִים, וְקוֹנֵה הַכֹּל
וְזוֹכֵר חַסְדֵי אָבוֹת
וּמֵבִיא גוֹאֵל לִבְנֵי בְנֵיהֶם לְמַעַן שְׁמוֹ בְּאַהֲבָה.

זָכְרֵנוּ לְחַיִּים, מֶלֶךְ חָפֵץ בַּחַיִּים
וְכָתְבֵנוּ בְּסֵפֶר הַחַיִּים, לְמַעַנְךָ אֱלֹהִים חַיִּים.

מֶלֶךְ עוֹזֵר וּמוֹשִׁיעַ וּמָגֵן.
°בָּרוּךְ אַתָּה יהוה, מָגֵן אַבְרָהָם.

אם שכח לומר ׳זָכְרֵנוּ לְחַיִּים׳, אינו חוזר.

גבורות

אַתָּה גִּבּוֹר לְעוֹלָם, אֲדֹנָי
מְחַיֵּה מֵתִים אַתָּה, רַב לְהוֹשִׁיעַ

בארץ ישראל: מוֹרִיד הַטָּל

מְכַלְכֵּל חַיִּים בְּחֶסֶד, מְחַיֵּה מֵתִים בְּרַחֲמִים רַבִּים
סוֹמֵךְ נוֹפְלִים, וְרוֹפֵא חוֹלִים, וּמַתִּיר אֲסוּרִים
וּמְקַיֵּם אֱמוּנָתוֹ לִישֵׁנֵי עָפָר.

מִי כָמוֹךָ, בַּעַל גְּבוּרוֹת, וּמִי דּוֹמֶה לָּךְ
מֶלֶךְ, מֵמִית וּמְחַיֶּה וּמַצְמִיחַ יְשׁוּעָה.
מִי כָמוֹךָ אַב הָרַחֲמִים, זוֹכֵר יְצוּרָיו לְחַיִּים בְּרַחֲמִים.
וְנֶאֱמָן אַתָּה לְהַחֲיוֹת מֵתִים.
בָּרוּךְ אַתָּה יהוה, מְחַיֵּה הַמֵּתִים.

אם שכח לומר 'מִי כָמוֹךָ אַב הָרַחֲמִים', אינו חוזר.

קדושת השם

אַתָּה קָדוֹשׁ וְשִׁמְךָ קָדוֹשׁ
וּקְדוֹשִׁים בְּכָל יוֹם יְהַלְלוּךָ סֶּלָה.

וּבְכֵן תֵּן פַּחְדְּךָ יהוה אֱלֹהֵינוּ עַל כָּל מַעֲשֶׂיךָ
וְאֵימָתְךָ עַל כָּל מַה שֶּׁבָּרָאתָ
וְיִירָאוּךָ כָּל הַמַּעֲשִׂים, וְיִשְׁתַּחֲווּ לְפָנֶיךָ כָּל הַבְּרוּאִים
וְיֵעָשׂוּ כֻלָּם אֲגֻדָּה אַחַת לַעֲשׂוֹת רְצוֹנְךָ בְּלֵבָב שָׁלֵם
כְּמוֹ שֶׁיָּדַעְנוּ יהוה אֱלֹהֵינוּ שֶׁהַשָּׁלְטָן לְפָנֶיךָ
עֹז בְּיָדְךָ וּגְבוּרָה בִּימִינֶךָ
וְשִׁמְךָ נוֹרָא עַל כָּל מַה שֶּׁבָּרָאתָ.

וּבְכֵן תֵּן כָּבוֹד יהוה לְעַמֶּךָ
תְּהִלָּה לִירֵאֶיךָ, וְתִקְוָה (טוֹבָה) לְדוֹרְשֶׁיךָ
וּפִתְחוֹן פֶּה לַמְיַחֲלִים לָךְ
שִׂמְחָה לְאַרְצֶךָ, וְשָׂשׂוֹן לְעִירֶךָ
וּצְמִיחַת קֶרֶן לְדָוִד עַבְדֶּךָ
וַעֲרִיכַת נֵר לְבֶן יִשַׁי מְשִׁיחֶךָ
בִּמְהֵרָה בְיָמֵינוּ.

וּבְכֵן צַדִּיקִים יִרְאוּ וְיִשְׂמָחוּ, וִישָׁרִים יַעֲלֹזוּ
וַחֲסִידִים בְּרִנָּה יָגִילוּ, וְעוֹלָתָה תִּקְפָּץ פִּיהָ
וְכָל הָרִשְׁעָה כֻּלָּהּ כְּעָשָׁן תִּכְלֶה
כִּי תַעֲבִיר מֶמְשֶׁלֶת זָדוֹן מִן הָאָרֶץ.

וְתִמְלֹךְ אַתָּה יהוה לְבַדֶּךָ עַל כָּל מַעֲשֶׂיךָ
בְּהַר צִיּוֹן מִשְׁכַּן כְּבוֹדֶךָ
וּבִירוּשָׁלַיִם עִיר קָדְשֶׁךָ
כַּכָּתוּב בְּדִבְרֵי קָדְשֶׁךָ
יִמְלֹךְ יהוה לְעוֹלָם, אֱלֹהַיִךְ צִיּוֹן לְדֹר וָדֹר, הַלְלוּיָהּ: תהלים קמו

קָדוֹשׁ אַתָּה וְנוֹרָא שְׁמֶךָ
וְאֵין אֱלוֹהַּ מִבַּלְעָדֶיךָ
כַּכָּתוּב, וַיִּגְבַּהּ יהוה צְבָאוֹת בַּמִּשְׁפָּט ישעיה ה
וְהָאֵל הַקָּדוֹשׁ נִקְדַּשׁ בִּצְדָקָה:
בָּרוּךְ אַתָּה יהוה, הַמֶּלֶךְ הַקָּדוֹשׁ.

אם שכח לומר את הפיסקאות המתחילות ׳וּבְכֵן תֵּן פַּחְדְּךָ׳, אינו חוזר,
אך אם חתם ׳הָאֵל הַקָּדוֹשׁ׳ כברוב ימות השנה, חוזר לראש.

קדושת היום

אַתָּה בְחַרְתָּנוּ מִכָּל הָעַמִּים
אָהַבְתָּ אוֹתָנוּ וְרָצִיתָ בָּנוּ
וְרוֹמַמְתָּנוּ מִכָּל הַלְּשׁוֹנוֹת
וְקִדַּשְׁתָּנוּ בְּמִצְוֹתֶיךָ
וְקֵרַבְתָּנוּ מַלְכֵּנוּ לַעֲבוֹדָתֶךָ
וְשִׁמְךָ הַגָּדוֹל וְהַקָּדוֹשׁ עָלֵינוּ קָרָאתָ.

במוצאי שבת אומרים:

וַתּוֹדִיעֵנוּ יהוה אֱלֹהֵינוּ אֶת מִשְׁפְּטֵי צִדְקֶךָ, וַתְּלַמְּדֵנוּ לַעֲשׂוֹת חֻקֵּי רְצוֹנֶךָ, וַתִּתֶּן לָנוּ יהוה אֱלֹהֵינוּ מִשְׁפָּטִים יְשָׁרִים וְתוֹרוֹת אֱמֶת, חֻקִּים וּמִצְוֹת טוֹבִים, וַתַּנְחִילֵנוּ זְמַנֵּי שָׂשׂוֹן וּמוֹעֲדֵי קֹדֶשׁ וְחַגֵּי נְדָבָה, וַתּוֹרִישֵׁנוּ קְדֻשַּׁת שַׁבָּת וּכְבוֹד מוֹעֵד וַחֲגִיגַת הָרֶגֶל. וַתַּבְדֵּל יהוה אֱלֹהֵינוּ בֵּין קֹדֶשׁ לְחֹל, בֵּין אוֹר לְחֹשֶׁךְ, בֵּין יִשְׂרָאֵל לָעַמִּים, בֵּין יוֹם הַשְּׁבִיעִי לְשֵׁשֶׁת יְמֵי הַמַּעֲשֶׂה. בֵּין קְדֻשַּׁת שַׁבָּת לִקְדֻשַּׁת יוֹם טוֹב הִבְדַּלְתָּ, וְאֶת יוֹם הַשְּׁבִיעִי מִשֵּׁשֶׁת יְמֵי הַמַּעֲשֶׂה קִדַּשְׁתָּ, הִבְדַּלְתָּ וְקִדַּשְׁתָּ אֶת עַמְּךָ יִשְׂרָאֵל בִּקְדֻשָּׁתֶךָ.

בשבת מוסיפים את המילים שבסוגריים.

וַתִּתֶּן לָנוּ יהוה אֱלֹהֵינוּ בְּאַהֲבָה
אֶת יוֹם (הַשַּׁבָּת הַזֶּה וְאֶת יוֹם) הַזִּכָּרוֹן הַזֶּה, יוֹם (זִכְרוֹן) תְּרוּעָה
(בְּאַהֲבָה) מִקְרָא קֹדֶשׁ, זֵכֶר לִיצִיאַת מִצְרָיִם.

אֱלֹהֵינוּ וֵאלֹהֵי אֲבוֹתֵינוּ
יַעֲלֶה וְיָבוֹא וְיַגִּיעַ, וְיֵרָאֶה וְיֵרָצֶה וְיִשָּׁמַע
וְיִפָּקֵד וְיִזָּכֵר זִכְרוֹנֵנוּ וּפִקְדוֹנֵנוּ וְזִכְרוֹן אֲבוֹתֵינוּ
וְזִכְרוֹן מָשִׁיחַ בֶּן דָּוִד עַבְדֶּךָ, וְזִכְרוֹן יְרוּשָׁלַיִם עִיר קָדְשֶׁךָ
וְזִכְרוֹן כָּל עַמְּךָ בֵּית יִשְׂרָאֵל, לְפָנֶיךָ
לִפְלֵיטָה לְטוֹבָה, לְחֵן וּלְחֶסֶד וּלְרַחֲמִים, לְחַיִּים וּלְשָׁלוֹם
בְּיוֹם הַזִּכָּרוֹן הַזֶּה.
זָכְרֵנוּ יהוה אֱלֹהֵינוּ בּוֹ לְטוֹבָה, וּפָקְדֵנוּ בוֹ לִבְרָכָה
וְהוֹשִׁיעֵנוּ בוֹ לְחַיִּים.
וּבִדְבַר יְשׁוּעָה וְרַחֲמִים חוּס וְחָנֵּנוּ, וְרַחֵם עָלֵינוּ וְהוֹשִׁיעֵנוּ
כִּי אֵלֶיךָ עֵינֵינוּ, כִּי אֵל מֶלֶךְ חַנּוּן וְרַחוּם אָתָּה.

אֱלֹהֵינוּ וֵאלֹהֵי אֲבוֹתֵינוּ
מְלֹךְ עַל כָּל הָעוֹלָם כֻּלּוֹ בִּכְבוֹדֶךָ
וְהִנָּשֵׂא עַל כָּל הָאָרֶץ בִּיקָרֶךָ
וְהוֹפַע בַּהֲדַר גְּאוֹן עֻזֶּךָ עַל כָּל יוֹשְׁבֵי תֵבֵל אַרְצֶךָ.
וְיֵדַע כָּל פָּעוּל כִּי אַתָּה פְעַלְתּוֹ, וְיָבִין כָּל יָצוּר כִּי אַתָּה יְצַרְתּוֹ
וְיֹאמַר כֹּל אֲשֶׁר נְשָׁמָה בְּאַפּוֹ
יהוה אֱלֹהֵי יִשְׂרָאֵל מֶלֶךְ וּמַלְכוּתוֹ בַּכֹּל מָשָׁלָה.

בשבת מוסיפים את המילים שבסוגריים.

(אֱלֹהֵינוּ וֵאלֹהֵי אֲבוֹתֵינוּ, רְצֵה בִמְנוּחָתֵנוּ)
קַדְּשֵׁנוּ בְּמִצְוֹתֶיךָ וְתֵן חֶלְקֵנוּ בְּתוֹרָתֶךָ
שַׂבְּעֵנוּ מִטּוּבֶךָ וְשַׂמְּחֵנוּ בִּישׁוּעָתֶךָ
(וְהַנְחִילֵנוּ יהוה אֱלֹהֵינוּ בְּאַהֲבָה וּבְרָצוֹן שַׁבַּת קָדְשֶׁךָ
וְיָנוּחוּ בָהּ יִשְׂרָאֵל מְקַדְּשֵׁי שְׁמֶךָ)
וְטַהֵר לִבֵּנוּ לְעָבְדְּךָ בֶּאֱמֶת
כִּי אַתָּה אֱלֹהִים אֱמֶת, וּדְבָרְךָ אֱמֶת וְקַיָּם לָעַד.
בָּרוּךְ אַתָּה יהוה, מֶלֶךְ עַל כָּל הָאָרֶץ
מְקַדֵּשׁ (הַשַּׁבָּת וְ) יִשְׂרָאֵל וְיוֹם הַזִּכָּרוֹן.

עבודה

רְצֵה יהוה אֱלֹהֵינוּ בְּעַמְּךָ יִשְׂרָאֵל, וּבִתְפִלָּתָם
וְהָשֵׁב אֶת הָעֲבוֹדָה לִדְבִיר בֵּיתֶךָ
וְאִשֵּׁי יִשְׂרָאֵל וּתְפִלָּתָם בְּאַהֲבָה תְקַבֵּל בְּרָצוֹן
וּתְהִי לְרָצוֹן תָּמִיד עֲבוֹדַת יִשְׂרָאֵל עַמֶּךָ.
וְתֶחֱזֶינָה עֵינֵינוּ בְּשׁוּבְךָ לְצִיּוֹן בְּרַחֲמִים.
בָּרוּךְ אַתָּה יהוה, הַמַּחֲזִיר שְׁכִינָתוֹ לְצִיּוֹן.

הודאה

כורע ב׳מוֹדִים׳ ואינו זוקף עד אמירת השם.

ˈמוֹדִים אֲנַחְנוּ לָךְ
שָׁאַתָּה הוּא יהוה אֱלֹהֵינוּ וֵאלֹהֵי אֲבוֹתֵינוּ לְעוֹלָם וָעֶד.
צוּר חַיֵּינוּ, מָגֵן יִשְׁעֵנוּ, אַתָּה הוּא לְדוֹר וָדוֹר.
נוֹדֶה לְּךָ וּנְסַפֵּר תְּהִלָּתֶךָ
עַל חַיֵּינוּ הַמְּסוּרִים בְּיָדֶךָ
וְעַל נִשְׁמוֹתֵינוּ הַפְּקוּדוֹת לָךְ
וְעַל נִסֶּיךָ שֶׁבְּכָל יוֹם עִמָּנוּ
וְעַל נִפְלְאוֹתֶיךָ וְטוֹבוֹתֶיךָ שֶׁבְּכָל עֵת, עֶרֶב וָבֹקֶר וְצָהֳרָיִם.
הַטּוֹב, כִּי לֹא כָלוּ רַחֲמֶיךָ
וְהַמְרַחֵם, כִּי לֹא תַמּוּ חֲסָדֶיךָ
מֵעוֹלָם קִוִּינוּ לָךְ.
וְעַל כֻּלָּם יִתְבָּרַךְ וְיִתְרוֹמַם שִׁמְךָ מַלְכֵּנוּ תָּמִיד לְעוֹלָם וָעֶד.
וּכְתֹב לְחַיִּים טוֹבִים כָּל בְּנֵי בְרִיתֶךָ.
וְכֹל הַחַיִּים יוֹדוּךָ סֶּלָה, וִיהַלְלוּ אֶת שִׁמְךָ בֶּאֱמֶת
הָאֵל יְשׁוּעָתֵנוּ וְעֶזְרָתֵנוּ סֶלָה.
ˈבָּרוּךְ אַתָּה יהוה, הַטּוֹב שִׁמְךָ וּלְךָ נָאֶה לְהוֹדוֹת.

אם שכח לומר ׳וּכְתֹב לְחַיִּים טוֹבִים׳, אינו חוזר.

ברכת שלום

שָׁלוֹם רָב עַל יִשְׂרָאֵל עַמְּךָ תָּשִׂים לְעוֹלָם
כִּי אַתָּה הוּא מֶלֶךְ אָדוֹן לְכָל הַשָּׁלוֹם.
וְטוֹב בְּעֵינֶיךָ לְבָרֵךְ אֶת עַמְּךָ יִשְׂרָאֵל
בְּכָל עֵת וּבְכָל שָׁעָה בִּשְׁלוֹמֶךָ.

בְּסֵפֶר חַיִּים, בְּרָכָה וְשָׁלוֹם, וּפַרְנָסָה טוֹבָה
נִזָּכֵר וְנִכָּתֵב לְפָנֶיךָ, אֲנַחְנוּ וְכָל עַמְּךָ בֵּית יִשְׂרָאֵל
לְחַיִּים טוֹבִים וּלְשָׁלוֹם.*
בָּרוּךְ אַתָּה יהוה, הַמְבָרֵךְ אֶת עַמּוֹ יִשְׂרָאֵל בַּשָּׁלוֹם.

*בני חוץ לארץ מסיימים:
בָּרוּךְ אַתָּה יהוה, עוֹשֵׂה הַשָּׁלוֹם.
אם שכח לומר 'בְּסֵפֶר חַיִּים', אינו חוזר.

יש מוסיפים:
יִהְיוּ לְרָצוֹן אִמְרֵי־פִי וְהֶגְיוֹן לִבִּי לְפָנֶיךָ, יהוה צוּרִי וְגֹאֲלִי: תהלים יט

אֱלֹהַי ברכות יז.
נְצֹר לְשׁוֹנִי מֵרָע וּשְׂפָתַי מִדַּבֵּר מִרְמָה
וְלִמְקַלְלַי נַפְשִׁי תִדֹּם, וְנַפְשִׁי כֶּעָפָר לַכֹּל תִּהְיֶה.
פְּתַח לִבִּי בְּתוֹרָתֶךָ, וּבְמִצְוֺתֶיךָ תִּרְדֹּף נַפְשִׁי.
וְכָל הַחוֹשְׁבִים עָלַי רָעָה
מְהֵרָה הָפֵר עֲצָתָם וְקַלְקֵל מַחֲשַׁבְתָּם.
עֲשֵׂה לְמַעַן שְׁמֶךָ, עֲשֵׂה לְמַעַן יְמִינֶךָ
עֲשֵׂה לְמַעַן קְדֻשָּׁתֶךָ, עֲשֵׂה לְמַעַן תּוֹרָתֶךָ.
לְמַעַן יֵחָלְצוּן יְדִידֶיךָ, הוֹשִׁיעָה יְמִינְךָ וַעֲנֵנִי: תהלים ס
יִהְיוּ לְרָצוֹן אִמְרֵי־פִי וְהֶגְיוֹן לִבִּי לְפָנֶיךָ, יהוה צוּרִי וְגֹאֲלִי: תהלים יט
כורע ופוסע שלוש פסיעות לאחור. קד לשמאל, לימין ולפנים באמירת:
עֹשֶׂה הַשָּׁלוֹם בִּמְרוֹמָיו
הוּא יַעֲשֶׂה שָׁלוֹם עָלֵינוּ וְעַל כָּל יִשְׂרָאֵל, וְאִמְרוּ אָמֵן.

יְהִי רָצוֹן מִלְּפָנֶיךָ יהוה אֱלֹהֵינוּ וֵאלֹהֵי אֲבוֹתֵינוּ
שֶׁיִּבָּנֶה בֵּית הַמִּקְדָּשׁ בִּמְהֵרָה בְיָמֵינוּ, וְתֵן חֶלְקֵנוּ בְּתוֹרָתֶךָ
וְשָׁם נַעֲבָדְךָ בְּיִרְאָה כִּימֵי עוֹלָם וּכְשָׁנִים קַדְמוֹנִיּוֹת.
וְעָרְבָה לַיהוה מִנְחַת יְהוּדָה וִירוּשָׁלָםִ כִּימֵי עוֹלָם וּכְשָׁנִים קַדְמוֹנִיּוֹת: מלאכי ג

אם א׳ של ראש השנה חל בשבת אומרים ׳וַיְכֻלּוּ׳ וברכה מעין שבע (למטה).
כשחל בחול וכן בב׳ של ראש השנה, ממשיכים ׳לְדָוִד מִזְמוֹר׳ בעמוד הבא.

הקהל עומד ואומר:

וַיְכֻלּוּ הַשָּׁמַיִם וְהָאָרֶץ וְכָל־צְבָאָם: בראשית ב
וַיְכַל אֱלֹהִים בַּיּוֹם הַשְּׁבִיעִי מְלַאכְתּוֹ אֲשֶׁר עָשָׂה
וַיִּשְׁבֹּת בַּיּוֹם הַשְּׁבִיעִי מִכָּל־מְלַאכְתּוֹ אֲשֶׁר עָשָׂה:
וַיְבָרֶךְ אֱלֹהִים אֶת־יוֹם הַשְּׁבִיעִי, וַיְקַדֵּשׁ אֹתוֹ
כִּי בוֹ שָׁבַת מִכָּל־מְלַאכְתּוֹ, אֲשֶׁר־בָּרָא אֱלֹהִים, לַעֲשׂוֹת:

ברכה מעין שבע

שליח הציבור:

בָּרוּךְ אַתָּה יהוה, אֱלֹהֵינוּ וֵאלֹהֵי אֲבוֹתֵינוּ
אֱלֹהֵי אַבְרָהָם, אֱלֹהֵי יִצְחָק, וֵאלֹהֵי יַעֲקֹב
הָאֵל הַגָּדוֹל הַגִּבּוֹר וְהַנּוֹרָא, אֵל עֶלְיוֹן, קֹנֵה שָׁמַיִם וָאָרֶץ.

הקהל ואחריו שליח הציבור:

מָגֵן אָבוֹת בִּדְבָרוֹ
מְחַיֵּה מֵתִים בְּמַאֲמָרוֹ
הַמֶּלֶךְ הַקָּדוֹשׁ שֶׁאֵין כָּמוֹהוּ
הַמֵּנִיחַ לְעַמּוֹ בְּיוֹם שַׁבַּת קָדְשׁוֹ
כִּי בָם רָצָה לְהָנִיחַ לָהֶם
לְפָנָיו נַעֲבֹד בְּיִרְאָה וָפַחַד
וְנוֹדֶה לִשְׁמוֹ בְּכָל יוֹם תָּמִיד, מֵעֵין הַבְּרָכוֹת
אֵל הַהוֹדָאוֹת, אֲדוֹן הַשָּׁלוֹם
מְקַדֵּשׁ הַשַּׁבָּת וּמְבָרֵךְ שְׁבִיעִי
וּמֵנִיחַ בִּקְדֻשָּׁה לְעַם מְדֻשְּׁנֵי עֹנֶג
זֵכֶר לְמַעֲשֵׂה בְרֵאשִׁית.

שליח הציבור ממשיך:

אֱלֹהֵינוּ וֵאלֹהֵי אֲבוֹתֵינוּ, רְצֵה בִמְנוּחָתֵנוּ.
קַדְּשֵׁנוּ בְּמִצְוֹתֶיךָ וְתֵן חֶלְקֵנוּ בְּתוֹרָתֶךָ
שַׂבְּעֵנוּ מִטּוּבֶךָ וְשַׂמְּחֵנוּ בִּישׁוּעָתֶךָ
וְטַהֵר לִבֵּנוּ לְעָבְדְּךָ בֶּאֱמֶת.
וְהַנְחִילֵנוּ יהוה אֱלֹהֵינוּ בְּאַהֲבָה וּבְרָצוֹן שַׁבַּת קָדְשֶׁךָ
וְיָנוּחוּ בָהּ יִשְׂרָאֵל מְקַדְּשֵׁי שְׁמֶךָ.
בָּרוּךְ אַתָּה יהוה, מְקַדֵּשׁ הַשַּׁבָּת.

תפילה לפרנסה

בקהילות רבות מוסיפים כאן את המזמור הבא.
פותחים את ארון הקודש, ושליח הציבור והקהל אומרים פסוק פסוק:

לְדָוִד מִזְמוֹר, לַיהוה הָאָרֶץ וּמְלוֹאָהּ, תֵּבֵל וְיֹשְׁבֵי בָהּ: תהלים כד
כִּי־הוּא עַל־יַמִּים יְסָדָהּ, וְעַל־נְהָרוֹת יְכוֹנְנֶהָ:
מִי־יַעֲלֶה בְהַר־יהוה, וּמִי־יָקוּם בִּמְקוֹם קָדְשׁוֹ:
נְקִי כַפַּיִם וּבַר־לֵבָב
אֲשֶׁר לֹא־נָשָׂא לַשָּׁוְא נַפְשִׁי, וְלֹא נִשְׁבַּע לְמִרְמָה:
יִשָּׂא בְרָכָה מֵאֵת יהוה, וּצְדָקָה מֵאֱלֹהֵי יִשְׁעוֹ:
זֶה דּוֹר דֹּרְשָׁו, מְבַקְשֵׁי פָנֶיךָ יַעֲקֹב סֶלָה:
שְׂאוּ שְׁעָרִים רָאשֵׁיכֶם, וְהִנָּשְׂאוּ פִּתְחֵי עוֹלָם
וְיָבוֹא מֶלֶךְ הַכָּבוֹד:
מִי זֶה מֶלֶךְ הַכָּבוֹד, יהוה עִזּוּז וְגִבּוֹר, יהוה גִּבּוֹר מִלְחָמָה:
שְׂאוּ שְׁעָרִים רָאשֵׁיכֶם, וּשְׂאוּ פִּתְחֵי עוֹלָם
וְיָבֹא מֶלֶךְ הַכָּבוֹד:
מִי הוּא זֶה מֶלֶךְ הַכָּבוֹד, יהוה צְבָאוֹת הוּא מֶלֶךְ הַכָּבוֹד סֶלָה:

סוגרים את ארון הקודש.

קדיש שלם

ש״ץ: יִתְגַּדַּל וְיִתְקַדַּשׁ שְׁמֵהּ רַבָּא (קהל: אָמֵן)
בְּעָלְמָא דִּי בְרָא כִרְעוּתֵהּ
וְיַמְלִיךְ מַלְכוּתֵהּ
בְּחַיֵּיכוֹן וּבְיוֹמֵיכוֹן וּבְחַיֵּי דְכָל בֵּית יִשְׂרָאֵל
בַּעֲגָלָא וּבִזְמַן קָרִיב
וְאִמְרוּ אָמֵן. (קהל: אָמֵן)

קהל וש״ץ: יְהֵא שְׁמֵהּ רַבָּא מְבָרַךְ לְעָלַם וּלְעָלְמֵי עָלְמַיָּא.

ש״ץ: יִתְבָּרַךְ וְיִשְׁתַּבַּח וְיִתְפָּאַר וְיִתְרוֹמַם וְיִתְנַשֵּׂא
וְיִתְהַדָּר וְיִתְעַלֶּה וְיִתְהַלָּל
שְׁמֵהּ דְּקֻדְשָׁא בְּרִיךְ הוּא (קהל: בְּרִיךְ הוּא)
לְעֵלָּא לְעֵלָּא מִכָּל בִּרְכָתָא וְשִׁירָתָא, תֻּשְׁבְּחָתָא וְנֶחֱמָתָא
דַּאֲמִירָן בְּעָלְמָא
וְאִמְרוּ אָמֵן. (קהל: אָמֵן)

תִּתְקַבַּל צְלוֹתְהוֹן וּבָעוּתְהוֹן דְּכָל יִשְׂרָאֵל
קֳדָם אֲבוּהוֹן דִּי בִשְׁמַיָּא
וְאִמְרוּ אָמֵן. (קהל: אָמֵן)

יְהֵא שְׁלָמָא רַבָּא מִן שְׁמַיָּא
וְחַיִּים, עָלֵינוּ וְעַל כָּל יִשְׂרָאֵל
וְאִמְרוּ אָמֵן. (קהל: אָמֵן)

כורע ופוסע שלוש פסיעות לאחור. קד לשמאל, לימין ולפנים באמירת:

עֹשֶׂה הַשָּׁלוֹם בִּמְרוֹמָיו
הוּא יַעֲשֶׂה שָׁלוֹם עָלֵינוּ וְעַל כָּל יִשְׂרָאֵל
וְאִמְרוּ אָמֵן. (קהל: אָמֵן)

אומרים ׳עָלֵינוּ׳ בעמידה ומשתחווים במקום המסומן ב׳.

עָלֵינוּ לְשַׁבֵּחַ לַאֲדוֹן הַכֹּל, לָתֵת גְּדֻלָּה לְיוֹצֵר בְּרֵאשִׁית
שֶׁלֹּא עָשָׂנוּ כְּגוֹיֵי הָאֲרָצוֹת, וְלֹא שָׂמָנוּ כְּמִשְׁפְּחוֹת הָאֲדָמָה
שֶׁלֹּא שָׂם חֶלְקֵנוּ כָּהֶם וְגוֹרָלֵנוּ כְּכָל הֲמוֹנָם.
שֶׁהֵם מִשְׁתַּחֲוִים לְהֶבֶל וָרִיק וּמִתְפַּלְלִים אֶל אֵל לֹא יוֹשִׁיעַ.
׳וַאֲנַחְנוּ כּוֹרְעִים וּמִשְׁתַּחֲוִים וּמוֹדִים
לִפְנֵי מֶלֶךְ מַלְכֵי הַמְּלָכִים, הַקָּדוֹשׁ בָּרוּךְ הוּא
שֶׁהוּא נוֹטֶה שָׁמַיִם וְיוֹסֵד אָרֶץ
וּמוֹשַׁב יְקָרוֹ בַּשָּׁמַיִם מִמַּעַל
וּשְׁכִינַת עֻזּוֹ בְּגָבְהֵי מְרוֹמִים.
הוּא אֱלֹהֵינוּ, אֵין עוֹד.
אֱמֶת מַלְכֵּנוּ, אֶפֶס זוּלָתוֹ
כַּכָּתוּב בְּתוֹרָתוֹ
דברים ד וְיָדַעְתָּ הַיּוֹם וַהֲשֵׁבֹתָ אֶל־לְבָבֶךָ
כִּי יהוה הוּא הָאֱלֹהִים בַּשָּׁמַיִם מִמַּעַל וְעַל־הָאָרֶץ מִתָּחַת
אֵין עוֹד:

עַל כֵּן נְקַוֶּה לְּךָ יהוה אֱלֹהֵינוּ, לִרְאוֹת מְהֵרָה בְּתִפְאֶרֶת עֻזֶּךָ
לְהַעֲבִיר גִּלּוּלִים מִן הָאָרֶץ
וְהָאֱלִילִים כָּרוֹת יִכָּרֵתוּן
לְתַקֵּן עוֹלָם בְּמַלְכוּת שַׁדַּי.
וְכָל בְּנֵי בָשָׂר יִקְרְאוּ בִשְׁמֶךָ לְהַפְנוֹת אֵלֶיךָ כָּל רִשְׁעֵי אָרֶץ.
יַכִּירוּ וְיֵדְעוּ כָּל יוֹשְׁבֵי תֵבֵל
כִּי לְךָ תִּכְרַע כָּל בֶּרֶךְ, תִּשָּׁבַע כָּל לָשׁוֹן.

לְפָנֶיךָ יהוה אֱלֹהֵינוּ יִכְרְעוּ וְיִפֹּלוּ
וְלִכְבוֹד שִׁמְךָ יְקָר יִתֵּנוּ
וִיקַבְּלוּ כֻלָּם אֶת עֹל מַלְכוּתֶךָ
וְתִמְלֹךְ עֲלֵיהֶם מְהֵרָה לְעוֹלָם וָעֶד.
כִּי הַמַּלְכוּת שֶׁלְּךָ הִיא וּלְעוֹלְמֵי עַד תִּמְלֹךְ בְּכָבוֹד
כַּכָּתוּב בְּתוֹרָתֶךָ, יהוה יִמְלֹךְ לְעֹלָם וָעֶד: שמות טו
◄ וְנֶאֱמַר, וְהָיָה יהוה לְמֶלֶךְ עַל־כָּל־הָאָרֶץ זכריה יד
בַּיּוֹם הַהוּא יִהְיֶה יהוה אֶחָד וּשְׁמוֹ אֶחָד:

יש מוסיפים:

אַל־תִּירָא מִפַּחַד פִּתְאֹם וּמִשֹּׁאַת רְשָׁעִים כִּי תָבֹא: משלי ג
עֻצוּ עֵצָה וְתֻפָר, דַּבְּרוּ דָבָר וְלֹא יָקוּם, כִּי עִמָּנוּ אֵל: ישעיה ח
וְעַד־זִקְנָה אֲנִי הוּא, וְעַד־שֵׂיבָה אֲנִי אֶסְבֹּל ישעיה מו
אֲנִי עָשִׂיתִי וַאֲנִי אֶשָּׂא וַאֲנִי אֶסְבֹּל וַאֲמַלֵּט:

קדיש יתום

אבל: יִתְגַּדַּל וְיִתְקַדַּשׁ שְׁמֵהּ רַבָּא (קהל: אָמֵן)
בְּעָלְמָא דִּי בְרָא כִרְעוּתֵהּ
וְיַמְלִיךְ מַלְכוּתֵהּ
בְּחַיֵּיכוֹן וּבְיוֹמֵיכוֹן וּבְחַיֵּי דְכָל בֵּית יִשְׂרָאֵל
בַּעֲגָלָא וּבִזְמַן קָרִיב, וְאִמְרוּ אָמֵן. (קהל: אָמֵן)

קהל ואבל: יְהֵא שְׁמֵהּ רַבָּא מְבָרַךְ לְעָלַם וּלְעָלְמֵי עָלְמַיָּא.

אבל: יִתְבָּרַךְ וְיִשְׁתַּבַּח וְיִתְפָּאַר
וְיִתְרוֹמַם וְיִתְנַשֵּׂא וְיִתְהַדָּר וְיִתְעַלֶּה וְיִתְהַלָּל
שְׁמֵהּ דְּקֻדְשָׁא בְּרִיךְ הוּא (קהל: בְּרִיךְ הוּא)

לְעֵלָּא לְעֵלָּא מִכָּל בִּרְכָתָא וְשִׁירָתָא, תֻּשְׁבְּחָתָא וְנֶחֱמָתָא
דַּאֲמִירָן בְּעָלְמָא, וְאִמְרוּ אָמֵן. (קהל: אָמֵן)

יְהֵא שְׁלָמָא רַבָּא מִן שְׁמַיָּא
וְחַיִּים, עָלֵינוּ וְעַל כָּל יִשְׂרָאֵל, וְאִמְרוּ אָמֵן. (קהל: אָמֵן)

כורע ופוסע שלוש פסיעות לאחור. קד לשמאל, לימין ולפנים באמירת:

עֹשֶׂה הַשָּׁלוֹם בִּמְרוֹמָיו
הוּא יַעֲשֶׂה שָׁלוֹם עָלֵינוּ
וְעַל כָּל יִשְׂרָאֵל, וְאִמְרוּ אָמֵן. (קהל: אָמֵן)

ברוב הקהילות נוהגים להוסיף:

תהלים כז לְדָוִד, יהוה אוֹרִי וְיִשְׁעִי, מִמִּי אִירָא, יהוה מָעוֹז־חַיַּי, מִמִּי אֶפְחָד: בִּקְרֹב עָלַי מְרֵעִים לֶאֱכֹל אֶת־בְּשָׂרִי, צָרַי וְאֹיְבַי לִי, הֵמָּה כָשְׁלוּ וְנָפָלוּ: אִם־תַּחֲנֶה עָלַי מַחֲנֶה, לֹא־יִירָא לִבִּי, אִם־תָּקוּם עָלַי מִלְחָמָה, בְּזֹאת אֲנִי בוֹטֵחַ: אַחַת שָׁאַלְתִּי מֵאֵת־יהוה, אוֹתָהּ אֲבַקֵּשׁ, שִׁבְתִּי בְּבֵית־יהוה כָּל־יְמֵי חַיַּי, לַחֲזוֹת בְּנֹעַם־יהוה, וּלְבַקֵּר בְּהֵיכָלוֹ: כִּי יִצְפְּנֵנִי בְּסֻכֹּה בְּיוֹם רָעָה, יַסְתִּרֵנִי בְּסֵתֶר אָהֳלוֹ, בְּצוּר יְרוֹמְמֵנִי: וְעַתָּה יָרוּם רֹאשִׁי עַל אֹיְבַי סְבִיבוֹתַי, וְאֶזְבְּחָה בְאָהֳלוֹ זִבְחֵי תְרוּעָה, אָשִׁירָה וַאֲזַמְּרָה לַיהוה: שְׁמַע־יהוה קוֹלִי אֶקְרָא, וְחָנֵּנִי וַעֲנֵנִי: לְךָ אָמַר לִבִּי בַּקְּשׁוּ פָנָי, אֶת־פָּנֶיךָ יהוה אֲבַקֵּשׁ: אַל־תַּסְתֵּר פָּנֶיךָ מִמֶּנִּי, אַל תַּט־בְּאַף עַבְדֶּךָ, עֶזְרָתִי הָיִיתָ, אַל־תִּטְּשֵׁנִי וְאַל־תַּעַזְבֵנִי, אֱלֹהֵי יִשְׁעִי: כִּי־אָבִי וְאִמִּי עֲזָבוּנִי, וַיהוה יַאַסְפֵנִי: הוֹרֵנִי יהוה דַּרְכֶּךָ, וּנְחֵנִי בְּאֹרַח מִישׁוֹר, לְמַעַן שׁוֹרְרָי: אַל־תִּתְּנֵנִי בְּנֶפֶשׁ צָרָי, כִּי קָמוּ־בִי עֵדֵי־שֶׁקֶר, וִיפֵחַ חָמָס: • לוּלֵא הֶאֱמַנְתִּי לִרְאוֹת בְּטוּב־יהוה בְּאֶרֶץ חַיִּים: קַוֵּה אֶל־יהוה, חֲזַק וְיַאֲמֵץ לִבֶּךָ, וְקַוֵּה אֶל־יהוה:

קדיש יתום (בעמוד הקודם)

בקהילות רבות נוהגים לשיר כאן ׳אֲדוֹן עוֹלָם׳, ויש ששרים ׳יִגְדַּל׳ (עמ׳ 73).

אֲדוֹן עוֹלָם

אֲשֶׁר מָלַךְ בְּטֶֽרֶם כָּל־יְצִיר נִבְרָא.
לְעֵת נַעֲשָׂה בְחֶפְצוֹ כֹּל אֲזַי מֶֽלֶךְ שְׁמוֹ נִקְרָא.
וְאַחֲרֵי כִּכְלוֹת הַכֹּל לְבַדּוֹ יִמְלֹךְ נוֹרָא.
וְהוּא הָיָה וְהוּא הֹוֶה וְהוּא יִהְיֶה בְּתִפְאָרָה.
וְהוּא אֶחָד וְאֵין שֵׁנִי לְהַמְשִׁיל לוֹ לְהַחְבִּֽירָה.
בְּלִי רֵאשִׁית בְּלִי תַכְלִית וְלוֹ הָעֹז וְהַמִּשְׂרָה.
וְהוּא אֵלִי וְחַי גּוֹאֲלִי וְצוּר חֶבְלִי בְּעֵת צָרָה.
וְהוּא נִסִּי וּמָנוֹס לִי מְנָת כּוֹסִי בְּיוֹם אֶקְרָא.
בְּיָדוֹ אַפְקִיד רוּחִי בְּעֵת אִישַׁן וְאָעִֽירָה.
וְעִם רוּחִי גְּוִיָּתִי יהוה לִי וְלֹא אִירָא.

בליל ראש השנה נוהגים לברך:

לְשָׁנָה טוֹבָה תִּכָּתֵבוּ וְתֵחָתֵֽמוּ.

סדר ליל ראש השנה

ברכת הבנים

בשובם מבית הכנסת, רבים נוהגים לברך את ילדיהם
(אם חל בשבת, יש מברכים אחר 'שָׁלוֹם עֲלֵיכֶם').

לזכר:
יְשִׂמְךָ אֱלֹהִים בראשית מח
כְּאֶפְרַיִם וְכִמְנַשֶּׁה:

לנקבה:
יְשִׂימֵךְ אֱלֹהִים
כְּשָׂרָה רִבְקָה רָחֵל וְלֵאָה.

יְבָרֶכְךָ יהוה וְיִשְׁמְרֶךָ: במדבר ו
יָאֵר יהוה פָּנָיו אֵלֶיךָ וִיחֻנֶּךָּ:
יִשָּׂא יהוה פָּנָיו אֵלֶיךָ וְיָשֵׂם לְךָ שָׁלוֹם:

בליל שבת נוהגים לומר את הפיוט 'שָׁלוֹם עֲלֵיכֶם'.
רבים נוהגים לשיר כל בית שלוש פעמים.

שָׁלוֹם עֲלֵיכֶם, מַלְאֲכֵי הַשָּׁרֵת, מַלְאֲכֵי עֶלְיוֹן
מִמֶּלֶךְ מַלְכֵי הַמְּלָכִים, הַקָּדוֹשׁ בָּרוּךְ הוּא.

בּוֹאֲכֶם לְשָׁלוֹם, מַלְאֲכֵי הַשָּׁלוֹם, מַלְאֲכֵי עֶלְיוֹן
מִמֶּלֶךְ מַלְכֵי הַמְּלָכִים, הַקָּדוֹשׁ בָּרוּךְ הוּא.

בָּרְכוּנִי לְשָׁלוֹם, מַלְאֲכֵי הַשָּׁלוֹם, מַלְאֲכֵי עֶלְיוֹן
מִמֶּלֶךְ מַלְכֵי הַמְּלָכִים, הַקָּדוֹשׁ בָּרוּךְ הוּא.

צֵאתְכֶם לְשָׁלוֹם, מַלְאֲכֵי הַשָּׁלוֹם, מַלְאֲכֵי עֶלְיוֹן
מִמֶּלֶךְ מַלְכֵי הַמְּלָכִים, הַקָּדוֹשׁ בָּרוּךְ הוּא.

כִּי מַלְאָכָיו יְצַוֶּה־לָּךְ, לִשְׁמָרְךָ בְּכָל־דְּרָכֶיךָ: תהלים צא
יהוה יִשְׁמָר־צֵאתְךָ וּבוֹאֶךָ, מֵעַתָּה וְעַד־עוֹלָם: תהלים קכא

משלי לא

אֵשֶׁת־חַיִל מִי יִמְצָא, וְרָחֹק מִפְּנִינִים מִכְרָהּ:
בָּטַח בָּהּ לֵב בַּעְלָהּ, וְשָׁלָל לֹא יֶחְסָר:
גְּמָלַתְהוּ טוֹב וְלֹא־רָע, כֹּל יְמֵי חַיֶּיהָ:
דָּרְשָׁה צֶמֶר וּפִשְׁתִּים, וַתַּעַשׂ בְּחֵפֶץ כַּפֶּיהָ:
הָיְתָה כָּאֳנִיּוֹת סוֹחֵר, מִמֶּרְחָק תָּבִיא לַחְמָהּ:
וַתָּקָם בְּעוֹד לַיְלָה, וַתִּתֵּן טֶרֶף לְבֵיתָהּ, וְחֹק לְנַעֲרֹתֶיהָ:
זָמְמָה שָׂדֶה וַתִּקָּחֵהוּ, מִפְּרִי כַפֶּיהָ נָטְעָה כָּרֶם:
חָגְרָה בְעוֹז מָתְנֶיהָ, וַתְּאַמֵּץ זְרוֹעֹתֶיהָ:
טָעֲמָה כִּי־טוֹב סַחְרָהּ, לֹא־יִכְבֶּה בַלַּיְלָה נֵרָהּ:
יָדֶיהָ שִׁלְּחָה בַכִּישׁוֹר, וְכַפֶּיהָ תָּמְכוּ פָלֶךְ:
כַּפָּהּ פָּרְשָׂה לֶעָנִי, וְיָדֶיהָ שִׁלְּחָה לָאֶבְיוֹן:
לֹא־תִירָא לְבֵיתָהּ מִשָּׁלֶג, כִּי כָל־בֵּיתָהּ לָבֻשׁ שָׁנִים:
מַרְבַדִּים עָשְׂתָה־לָּהּ, שֵׁשׁ וְאַרְגָּמָן לְבוּשָׁהּ:
נוֹדָע בַּשְּׁעָרִים בַּעְלָהּ, בְּשִׁבְתּוֹ עִם־זִקְנֵי־אָרֶץ:
סָדִין עָשְׂתָה וַתִּמְכֹּר, וַחֲגוֹר נָתְנָה לַכְּנַעֲנִי:
עוֹז־וְהָדָר לְבוּשָׁהּ, וַתִּשְׂחַק לְיוֹם אַחֲרוֹן:
פִּיהָ פָּתְחָה בְחָכְמָה, וְתוֹרַת־חֶסֶד עַל־לְשׁוֹנָהּ:
צוֹפִיָּה הֲלִיכוֹת בֵּיתָהּ, וְלֶחֶם עַצְלוּת לֹא תֹאכֵל:
קָמוּ בָנֶיהָ וַיְאַשְּׁרוּהָ, בַּעְלָהּ וַיְהַלְלָהּ:
רַבּוֹת בָּנוֹת עָשׂוּ חָיִל, וְאַתְּ עָלִית עַל־כֻּלָּנָה:
שֶׁקֶר הַחֵן וְהֶבֶל הַיֹּפִי, אִשָּׁה יִרְאַת־יהוה הִיא תִתְהַלָּל:
תְּנוּ־לָהּ מִפְּרִי יָדֶיהָ, וִיהַלְלוּהָ בַשְּׁעָרִים מַעֲשֶׂיהָ:

קידוש לליל ראש השנה

נוהגים לעמוד בזמן הקידוש.

כשראש השנה חל בשבת, מוסיפים:

בראשית א בלחש: וַיְהִי־עֶרֶב וַיְהִי־בֹקֶר

יוֹם הַשִּׁשִּׁי:

בראשית ב וַיְכֻלּוּ הַשָּׁמַיִם וְהָאָרֶץ וְכָל־צְבָאָם:

וַיְכַל אֱלֹהִים בַּיּוֹם הַשְּׁבִיעִי מְלַאכְתּוֹ אֲשֶׁר עָשָׂה

וַיִּשְׁבֹּת בַּיּוֹם הַשְּׁבִיעִי מִכָּל־מְלַאכְתּוֹ אֲשֶׁר עָשָׂה:

וַיְבָרֶךְ אֱלֹהִים אֶת־יוֹם הַשְּׁבִיעִי, וַיְקַדֵּשׁ אֹתוֹ

כִּי בוֹ שָׁבַת מִכָּל־מְלַאכְתּוֹ, אֲשֶׁר־בָּרָא אֱלֹהִים, לַעֲשׂוֹת:

בשאר הימים מתחילים כאן:

המקדש לאחרים, מוסיף: סַבְרִי מָרָנָן

בָּרוּךְ אַתָּה יהוה אֱלֹהֵינוּ מֶלֶךְ הָעוֹלָם

בּוֹרֵא פְּרִי הַגָּפֶן.

כשראש השנה חל בשבת, מוסיפים את המילים שבסוגריים.

בָּרוּךְ אַתָּה יהוה אֱלֹהֵינוּ מֶלֶךְ הָעוֹלָם

אֲשֶׁר בָּחַר בָּנוּ מִכָּל עָם

וְרוֹמְמָנוּ מִכָּל לָשׁוֹן, וְקִדְּשָׁנוּ בְּמִצְוֹתָיו

וַתִּתֶּן לָנוּ יהוה אֱלֹהֵינוּ בְּאַהֲבָה

אֶת יוֹם (הַשַּׁבָּת הַזֶּה וְאֶת יוֹם)

הַזִּכָּרוֹן הַזֶּה, יוֹם (זִכְרוֹן) תְּרוּעָה

(בְּאַהֲבָה) מִקְרָא קֹדֶשׁ, זֵכֶר לִיצִיאַת מִצְרָיִם

כִּי בָנוּ בָחַרְתָּ וְאוֹתָנוּ קִדַּשְׁתָּ מִכָּל הָעַמִּים
וּדְבָרְךָ אֱמֶת וְקַיָּם לָעַד.
בָּרוּךְ אַתָּה יהוה, מֶלֶךְ עַל כָּל הָאָרֶץ
מְקַדֵּשׁ (הַשַּׁבָּת וְ) יִשְׂרָאֵל וְיוֹם הַזִּכָּרוֹן.

כשראש השנה חל במוצאי שבת, מבדילים על הנר:

בָּרוּךְ אַתָּה יהוה אֱלֹהֵינוּ מֶלֶךְ הָעוֹלָם, בּוֹרֵא מְאוֹרֵי הָאֵשׁ.

בָּרוּךְ אַתָּה יהוה אֱלֹהֵינוּ מֶלֶךְ הָעוֹלָם, הַמַּבְדִּיל בֵּין קֹדֶשׁ לְחֹל, בֵּין אוֹר לְחֹשֶׁךְ, בֵּין יִשְׂרָאֵל לָעַמִּים, בֵּין יוֹם הַשְּׁבִיעִי לְשֵׁשֶׁת יְמֵי הַמַּעֲשֶׂה. בֵּין קְדֻשַּׁת שַׁבָּת לִקְדֻשַּׁת יוֹם טוֹב הִבְדַּלְתָּ, וְאֶת יוֹם הַשְּׁבִיעִי מִשֵּׁשֶׁת יְמֵי הַמַּעֲשֶׂה קִדַּשְׁתָּ, הִבְדַּלְתָּ וְקִדַּשְׁתָּ אֶת עַמְּךָ יִשְׂרָאֵל בִּקְדֻשָּׁתֶךָ. בָּרוּךְ אַתָּה יהוה, הַמַּבְדִּיל בֵּין קֹדֶשׁ לְקֹדֶשׁ.

מברכים 'שֶׁהֶחֱיָנוּ' בשני הימים, ונוהגים ביום השני ללבוש בגד חדש
או להניח פרי חדש על השולחן כדי לכלול אותו בברכה (מהר"ם מרוטנברג).

בָּרוּךְ אַתָּה יהוה אֱלֹהֵינוּ מֶלֶךְ הָעוֹלָם
שֶׁהֶחֱיָנוּ וְקִיְּמָנוּ וְהִגִּיעָנוּ לַזְּמַן הַזֶּה.

בתחילת הסעודה נוהגים לטבול תפוח בדבש ולברך:

בָּרוּךְ אַתָּה יהוה אֱלֹהֵינוּ מֶלֶךְ הָעוֹלָם
בּוֹרֵא פְּרִי הָעֵץ.

ואומרים:

יְהִי רָצוֹן מִלְּפָנֶיךָ יהוה אֱלֹהֵינוּ וֵאלֹהֵי אֲבוֹתֵינוּ
שֶׁתְּחַדֵּשׁ עָלֵינוּ שָׁנָה טוֹבָה וּמְתוּקָה.

סימנים

רבים נוהגים לאכול בסעודת ליל ראש השנה 'סימנים'.
ויש הנוהגים לאכול 'סימנים' בשני הלילות.

תמרים

יְהִי רָצוֹן מִלְּפָנֶיךָ יהוה אֱלֹהֵינוּ וֵאלֹהֵי אֲבוֹתֵינוּ
שֶׁיִּתַּמּוּ שׂוֹנְאֵינוּ.

רימון

יְהִי רָצוֹן מִלְּפָנֶיךָ יהוה אֱלֹהֵינוּ וֵאלֹהֵי אֲבוֹתֵינוּ
שֶׁנִּרְבֶּה זְכֻיּוֹת כְּרִמּוֹן.

רוביא (חילבה)

בָּרוּךְ אַתָּה יהוה אֱלֹהֵינוּ מֶלֶךְ הָעוֹלָם, בּוֹרֵא פְּרִי הָאֲדָמָה.
יְהִי רָצוֹן מִלְּפָנֶיךָ יהוה אֱלֹהֵינוּ וֵאלֹהֵי אֲבוֹתֵינוּ
שֶׁיִּרְבּוּ זְכֻיּוֹתֵינוּ.

כרתי (כרישה)

יְהִי רָצוֹן מִלְּפָנֶיךָ יהוה אֱלֹהֵינוּ וֵאלֹהֵי אֲבוֹתֵינוּ
שֶׁיִּכָּרְתוּ שׂוֹנְאֵינוּ.

סלק

יְהִי רָצוֹן מִלְּפָנֶיךָ יהוה אֱלֹהֵינוּ וֵאלֹהֵי אֲבוֹתֵינוּ
שֶׁיִּסְתַּלְּקוּ שׂוֹנְאֵינוּ.

קרא (דלעת קטנה)

יְהִי רָצוֹן מִלְּפָנֶיךָ יהוה אֱלֹהֵינוּ וֵאלֹהֵי אֲבוֹתֵינוּ
שֶׁתִּקְרַע רֹעַ גְּזַר דִּינֵנוּ, וְיִקָּרְאוּ לְפָנֶיךָ זְכֻיּוֹתֵינוּ.

ראש כבש, או דג

יְהִי רָצוֹן מִלְּפָנֶיךָ יהוה אֱלֹהֵינוּ וֵאלֹהֵי אֲבוֹתֵינוּ
שֶׁנִּהְיֶה לְרֹאשׁ וְלֹא לְזָנָב.

דגים

יְהִי רָצוֹן מִלְּפָנֶיךָ יהוה אֱלֹהֵינוּ וֵאלֹהֵי אֲבוֹתֵינוּ
שֶׁנִּפְרֶה וְנִרְבֶּה כְּדָגִים.

ברכת המזון

נוהגים לומר קודם ברכת המזון מזמור זה (סידור השל״ה):

שִׁיר הַמַּעֲלוֹת, בְּשׁוּב יהוה אֶת־שִׁיבַת צִיּוֹן, הָיִינוּ כְּחֹלְמִים: אָז יִמָּלֵא שְׂחוֹק תהלים קכו
פִּינוּ וּלְשׁוֹנֵנוּ רִנָּה, אָז יֹאמְרוּ בַגּוֹיִם הִגְדִּיל יהוה לַעֲשׂוֹת עִם־אֵלֶּה: הִגְדִּיל
יהוה לַעֲשׂוֹת עִמָּנוּ, הָיִינוּ שְׂמֵחִים: שׁוּבָה יהוה אֶת־שְׁבִיתֵנוּ, כַּאֲפִיקִים
בַּנֶּגֶב: הַזֹּרְעִים בְּדִמְעָה בְּרִנָּה יִקְצֹרוּ: הָלוֹךְ יֵלֵךְ וּבָכֹה נֹשֵׂא מֶשֶׁךְ־הַזָּרַע,
בֹּא־יָבֹא בְרִנָּה נֹשֵׂא אֲלֻמֹּתָיו:

יש נוהגים להוסיף פסוקים אלה, שלדעת האר״י הם פתיחה לברכת המזון:

תְּהִלַּת יהוה יְדַבֶּר פִּי, וִיבָרֵךְ כָּל־בָּשָׂר שֵׁם קָדְשׁוֹ לְעוֹלָם וָעֶד: וַאֲנַחְנוּ תהלים קמה תהלים קטו
נְבָרֵךְ יָהּ מֵעַתָּה וְעַד־עוֹלָם, הַלְלוּיָהּ: הוֹדוּ לַיהוה כִּי־טוֹב, כִּי לְעוֹלָם תהלים קלו
חַסְדּוֹ: מִי יְמַלֵּל גְּבוּרוֹת יהוה, יַשְׁמִיעַ כָּל־תְּהִלָּתוֹ: תהלים קו

סדר הזימון

שלושה שאכלו כאחד חייבים לזמן (משנה, ברכות מה ע״א).
אם עשרה אכלו יחד, מזכירים את השם בזימון.

המזמן אומר: רַבּוֹתַי, נְבָרֵךְ.

המסובין: יְהִי שֵׁם יהוה מְבֹרָךְ מֵעַתָּה וְעַד־עוֹלָם: תהלים קיג

המזמן חוזר: יְהִי שֵׁם יהוה מְבֹרָךְ מֵעַתָּה וְעַד־עוֹלָם:
בִּרְשׁוּת (אָבִי מוֹרִי / אִמִּי מוֹרָתִי / כֹּהֲנִים / מוֹרֵנוּ הָרַב /
בַּעַל הַבַּיִת הַזֶּה / בַּעֲלַת הַבַּיִת הַזֶּה)
מָרָנָן וְרַבָּנָן וְרַבּוֹתַי
נְבָרֵךְ (במניין: אֱלֹהֵינוּ) שֶׁאָכַלְנוּ מִשֶּׁלּוֹ.

המסובין: בָּרוּךְ (במניין: אֱלֹהֵינוּ) שֶׁאָכַלְנוּ מִשֶּׁלּוֹ וּבְטוּבוֹ חָיִינוּ.

מי שלא אכל, אומר:
בָּרוּךְ וּמְבֹרָךְ שְׁמוֹ תָּמִיד לְעוֹלָם וָעֶד.

המזמן חוזר: בָּרוּךְ (במניין: אֱלֹהֵינוּ) שֶׁאָכַלְנוּ מִשֶּׁלּוֹ וּבְטוּבוֹ חָיִינוּ.
בָּרוּךְ הוּא וּבָרוּךְ שְׁמוֹ.

ברכת הזן

בָּרוּךְ אַתָּה יהוה אֱלֹהֵינוּ מֶלֶךְ הָעוֹלָם
הַזָּן אֶת הָעוֹלָם כֻּלּוֹ בְּטוּבוֹ
בְּחֵן בְּחֶסֶד וּבְרַחֲמִים
הוּא נוֹתֵן לֶחֶם לְכָל בָּשָׂר
כִּי לְעוֹלָם חַסְדּוֹ.
וּבְטוּבוֹ הַגָּדוֹל, תָּמִיד לֹא חָסַר לָנוּ
וְאַל יֶחְסַר לָנוּ מָזוֹן לְעוֹלָם וָעֶד
בַּעֲבוּר שְׁמוֹ הַגָּדוֹל.
כִּי הוּא אֵל זָן וּמְפַרְנֵס לַכֹּל וּמֵטִיב לַכֹּל
וּמֵכִין מָזוֹן לְכָל בְּרִיּוֹתָיו אֲשֶׁר בָּרָא.
בָּרוּךְ אַתָּה יהוה, הַזָּן אֶת הַכֹּל.

ברכת הארץ

נוֹדֶה לְּךָ, יהוה אֱלֹהֵינוּ
עַל שֶׁהִנְחַלְתָּ לַאֲבוֹתֵינוּ אֶרֶץ חֶמְדָּה טוֹבָה וּרְחָבָה
וְעַל שֶׁהוֹצֵאתָנוּ יהוה אֱלֹהֵינוּ מֵאֶרֶץ מִצְרַיִם
וּפְדִיתָנוּ מִבֵּית עֲבָדִים
וְעַל בְּרִיתְךָ שֶׁחָתַמְתָּ בִּבְשָׂרֵנוּ
וְעַל תּוֹרָתְךָ שֶׁלִּמַּדְתָּנוּ
וְעַל חֻקֶּיךָ שֶׁהוֹדַעְתָּנוּ
וְעַל חַיִּים חֵן וָחֶסֶד שֶׁחוֹנַנְתָּנוּ
וְעַל אֲכִילַת מָזוֹן שָׁאַתָּה זָן וּמְפַרְנֵס אוֹתָנוּ תָּמִיד
בְּכָל יוֹם וּבְכָל עֵת וּבְכָל שָׁעָה.

וְעַל הַכֹּל, יהוה אֱלֹהֵינוּ
אֲנַחְנוּ מוֹדִים לָךְ וּמְבָרְכִים אוֹתָךְ
יִתְבָּרַךְ שִׁמְךָ בְּפִי כָּל חַי תָּמִיד לְעוֹלָם וָעֶד
כַּכָּתוּב: וְאָכַלְתָּ וְשָׂבָעְתָּ, וּבֵרַכְתָּ אֶת־יהוה אֱלֹהֶיךָ דברים ח
עַל־הָאָרֶץ הַטֹּבָה אֲשֶׁר נָתַן־לָךְ:
בָּרוּךְ אַתָּה יהוה, עַל הָאָרֶץ וְעַל הַמָּזוֹן.

ברכת ירושלים
רַחֵם נָא, יהוה אֱלֹהֵינוּ
עַל יִשְׂרָאֵל עַמֶּךָ
וְעַל יְרוּשָׁלַיִם עִירֶךָ
וְעַל צִיּוֹן מִשְׁכַּן כְּבוֹדֶךָ
וְעַל מַלְכוּת בֵּית דָּוִד מְשִׁיחֶךָ
וְעַל הַבַּיִת הַגָּדוֹל וְהַקָּדוֹשׁ שֶׁנִּקְרָא שִׁמְךָ עָלָיו.
אֱלֹהֵינוּ, אָבִינוּ
רְעֵנוּ, זוּנֵנוּ, פַּרְנְסֵנוּ וְכַלְכְּלֵנוּ
וְהַרְוִיחֵנוּ, וְהַרְוַח לָנוּ יהוה אֱלֹהֵינוּ מְהֵרָה מִכָּל צָרוֹתֵינוּ.
וְנָא אַל תַּצְרִיכֵנוּ, יהוה אֱלֹהֵינוּ
לֹא לִידֵי מַתְּנַת בָּשָׂר וָדָם
וְלֹא לִידֵי הַלְוָאָתָם
כִּי אִם לְיָדְךָ הַמְּלֵאָה, הַפְּתוּחָה
הַקְּדוֹשָׁה וְהָרְחָבָה
שֶׁלֹּא נֵבוֹשׁ וְלֹא נִכָּלֵם לְעוֹלָם וָעֶד.

בשבת:
רְצֵה וְהַחֲלִיצֵנוּ, יהוה אֱלֹהֵינוּ, בְּמִצְוֹתֶיךָ, וּבְמִצְוַת יוֹם הַשְּׁבִיעִי
הַשַּׁבָּת הַגָּדוֹל וְהַקָּדוֹשׁ הַזֶּה, כִּי יוֹם זֶה גָּדוֹל וְקָדוֹשׁ הוּא לְפָנֶיךָ,
לִשְׁבָּת בּוֹ, וְלָנוּחַ בּוֹ בְּאַהֲבָה כְּמִצְוַת רְצוֹנֶךָ, וּבִרְצוֹנְךָ הָנִיחַ לָנוּ,
יהוה אֱלֹהֵינוּ, שֶׁלֹּא תְהֵא צָרָה וְיָגוֹן וַאֲנָחָה בְּיוֹם מְנוּחָתֵנוּ,
וְהַרְאֵנוּ, יהוה אֱלֹהֵינוּ, בְּנֶחָמַת צִיּוֹן עִירֶךָ, וּבְבִנְיַן יְרוּשָׁלַיִם עִיר
קָדְשֶׁךָ, כִּי אַתָּה הוּא בַּעַל הַיְשׁוּעוֹת וּבַעַל הַנֶּחָמוֹת.

אֱלֹהֵינוּ וֵאלֹהֵי אֲבוֹתֵינוּ
יַעֲלֶה וְיָבוֹא וְיַגִּיעַ, וְיֵרָאֶה וְיֵרָצֶה וְיִשָּׁמַע
וְיִפָּקֵד וְיִזָּכֵר זִכְרוֹנֵנוּ וּפִקְדוֹנֵנוּ
וְזִכְרוֹן אֲבוֹתֵינוּ
וְזִכְרוֹן מָשִׁיחַ בֶּן דָּוִד עַבְדֶּךָ
וְזִכְרוֹן יְרוּשָׁלַיִם עִיר קָדְשֶׁךָ
וְזִכְרוֹן כָּל עַמְּךָ בֵּית יִשְׂרָאֵל
לְפָנֶיךָ, לִפְלֵיטָה לְטוֹבָה, לְחֵן וּלְחֶסֶד וּלְרַחֲמִים
לְחַיִּים וּלְשָׁלוֹם
בְּיוֹם הַזִּכָּרוֹן הַזֶּה.
זָכְרֵנוּ יהוה אֱלֹהֵינוּ בּוֹ לְטוֹבָה
וּפָקְדֵנוּ בוֹ לִבְרָכָה, וְהוֹשִׁיעֵנוּ בוֹ לְחַיִּים.
וּבִדְבַר יְשׁוּעָה וְרַחֲמִים, חוּס וְחָנֵּנוּ וְרַחֵם עָלֵינוּ, וְהוֹשִׁיעֵנוּ
כִּי אֵלֶיךָ עֵינֵינוּ, כִּי אֵל מֶלֶךְ חַנּוּן וְרַחוּם אָתָּה.

וּבְנֵה יְרוּשָׁלַיִם עִיר הַקֹּדֶשׁ בִּמְהֵרָה בְיָמֵינוּ.
בָּרוּךְ אַתָּה יהוה, בּוֹנֵה בְרַחֲמָיו יְרוּשָׁלָיִם, אָמֵן.

ברכת הטוב והמטיב

בָּרוּךְ אַתָּה יהוה אֱלֹהֵינוּ מֶלֶךְ הָעוֹלָם
הָאֵל אָבִינוּ, מַלְכֵּנוּ, אַדִּירֵנוּ
בּוֹרְאֵנוּ, גּוֹאֲלֵנוּ, יוֹצְרֵנוּ, קְדוֹשֵׁנוּ, קְדוֹשׁ יַעֲקֹב
רוֹעֵנוּ, רוֹעֵה יִשְׂרָאֵל
הַמֶּלֶךְ הַטּוֹב וְהַמֵּטִיב לַכֹּל, שֶׁבְּכָל יוֹם וָיוֹם
הוּא הֵיטִיב, הוּא מֵטִיב, הוּא יֵיטִיב לָנוּ
הוּא גְמָלָנוּ, הוּא גוֹמְלֵנוּ, הוּא יִגְמְלֵנוּ לָעַד
לְחֵן וּלְחֶסֶד וּלְרַחֲמִים, וּלְרֶוַח, הַצָּלָה וְהַצְלָחָה
בְּרָכָה וִישׁוּעָה, נֶחָמָה, פַּרְנָסָה וְכַלְכָּלָה
וְרַחֲמִים וְחַיִּים וְשָׁלוֹם וְכָל טוֹב
וּמִכָּל טוּב לְעוֹלָם אַל יְחַסְּרֵנוּ.

בקשות נוספות

הָרַחֲמָן הוּא יִמְלֹךְ עָלֵינוּ לְעוֹלָם וָעֶד.
הָרַחֲמָן הוּא יִתְבָּרַךְ בַּשָּׁמַיִם וּבָאָרֶץ.
הָרַחֲמָן הוּא יִשְׁתַּבַּח לְדוֹר דּוֹרִים
וְיִתְפָּאַר בָּנוּ לָעַד וּלְנֵצַח נְצָחִים
וְיִתְהַדַּר בָּנוּ לָעַד וּלְעוֹלְמֵי עוֹלָמִים.
הָרַחֲמָן הוּא יְפַרְנְסֵנוּ בְּכָבוֹד.
הָרַחֲמָן הוּא יִשְׁבֹּר עֻלֵּנוּ מֵעַל צַוָּארֵנוּ
וְהוּא יוֹלִיכֵנוּ קוֹמְמִיּוּת לְאַרְצֵנוּ.
הָרַחֲמָן הוּא יִשְׁלַח לָנוּ בְּרָכָה מְרֻבָּה בַּבַּיִת הַזֶּה
וְעַל שֻׁלְחָן זֶה שֶׁאָכַלְנוּ עָלָיו.

הָרַחֲמָן הוּא יִשְׁלַח לָנוּ אֶת אֵלִיָּהוּ הַנָּבִיא זָכוּר לַטּוֹב
וִיבַשֶּׂר לָנוּ בְּשׂוֹרוֹת טוֹבוֹת יְשׁוּעוֹת וְנֶחָמוֹת.

הָרַחֲמָן הוּא יְבָרֵךְ אֶת מְדִינַת יִשְׂרָאֵל, רֵאשִׁית צְמִיחַת
גְּאֻלָּתֵנוּ.

הָרַחֲמָן הוּא יְבָרֵךְ אֶת חַיָּלֵי צְבָא הַהֲגָנָה לְיִשְׂרָאֵל
הָעוֹמְדִים עַל מִשְׁמַר אַרְצֵנוּ.

ברכת האורח:

יְהִי רָצוֹן שֶׁלֹּא יֵבוֹשׁ בַּעַל הַבַּיִת בָּעוֹלָם הַזֶּה, וְלֹא יִכָּלֵם לָעוֹלָם הַבָּא, וְיִצְלַח מְאֹד בְּכָל נְכָסָיו, וְיִהְיוּ נְכָסָיו וּנְכָסֵינוּ מֻצְלָחִים וּקְרוֹבִים לָעִיר, וְאַל יִשְׁלֹט שָׂטָן לֹא בְּמַעֲשֵׂה יָדָיו וְלֹא בְּמַעֲשֵׂה יָדֵינוּ. וְאַל יִזְדַּקֵּק לֹא לְפָנָיו וְלֹא לְפָנֵינוּ שׁוּם דְּבַר הִרְהוּר חֵטְא, עֲבֵרָה וְעָוֹן, מֵעַתָּה וְעַד עוֹלָם.

הָרַחֲמָן הוּא יְבָרֵךְ

אם סמוך על שולחן עצמו, אומר:

אוֹתִי (וְאֶת אִשְׁתִּי / וְאֶת בַּעֲלִי / וְאֶת אָבִי מוֹרִי / וְאֶת אִמִּי
מוֹרָתִי / וְאֶת זַרְעִי) וְאֶת כָּל אֲשֶׁר לִי.

אורח אומר:

אֶת בַּעַל הַבַּיִת הַזֶּה, אוֹתוֹ (וְאֶת אִשְׁתּוֹ בַּעֲלַת הַבַּיִת הַזֶּה /
וְאֶת זַרְעוֹ) וְאֶת כָּל אֲשֶׁר לוֹ.

אם אכל על שולחן הוריו אומר:

אֶת אָבִי מוֹרִי (בַּעַל הַבַּיִת הַזֶּה), וְאֶת אִמִּי מוֹרָתִי
(בַּעֲלַת הַבַּיִת הַזֶּה), אוֹתָם וְאֶת בֵּיתָם וְאֶת זַרְעָם
וְאֶת כָּל אֲשֶׁר לָהֶם

אם יש אורחים נוספים, מוסיף:

וְאֶת כָּל הַמְסֻבִּין כָּאן

אוֹתָֽנוּ וְאֶת כׇּל אֲשֶׁר לָֽנוּ, כְּמוֹ שֶׁנִּתְבָּרְכוּ אֲבוֹתֵֽינוּ
אַבְרָהָם יִצְחָק וְיַעֲקֹב, בַּכֹּל, מִכֹּל, כֹּל
כֵּן יְבָרֵךְ אוֹתָֽנוּ כֻּלָּֽנוּ יַֽחַד בִּבְרָכָה שְׁלֵמָה, וְנֹאמַר אָמֵן.

בַּמָּרוֹם יְלַמְּדוּ עֲלֵיהֶם וְעָלֵֽינוּ זְכוּת שֶׁתְּהֵא לְמִשְׁמֶֽרֶת שָׁלוֹם
וְנִשָּׂא בְרָכָה מֵאֵת יהוה וּצְדָקָה מֵאֱלֹהֵי יִשְׁעֵֽנוּ
וְנִמְצָא חֵן וְשֵֽׂכֶל טוֹב בְּעֵינֵי אֱלֹהִים וְאָדָם.

בשבת: הָרַחֲמָן הוּא יַנְחִילֵֽנוּ
יוֹם שֶׁכֻּלּוֹ שַׁבָּת וּמְנוּחָה לְחַיֵּי הָעוֹלָמִים.

הָרַחֲמָן הוּא יְחַדֵּשׁ עָלֵֽינוּ אֶת הַשָּׁנָה הַזֹּאת לְטוֹבָה וְלִבְרָכָה.

הָרַחֲמָן הוּא יְזַכֵּֽנוּ לִימוֹת הַמָּשִֽׁיחַ וּלְחַיֵּי הָעוֹלָם הַבָּא
מִגְדּוֹל יְשׁוּעוֹת מַלְכּוֹ שמואל ב׳ כב
וְעֹֽשֶׂה־חֶֽסֶד לִמְשִׁיחוֹ, לְדָוִד וּלְזַרְעוֹ עַד־עוֹלָם:
עֹשֶׂה שָׁלוֹם בִּמְרוֹמָיו
הוּא יַעֲשֶׂה שָׁלוֹם עָלֵֽינוּ וְעַל כׇּל יִשְׂרָאֵל
וְאִמְרוּ אָמֵן.

יְראוּ אֶת־יהוה קְדֹשָׁיו, כִּי־אֵין מַחְסוֹר לִירֵאָיו: תהלים לד
כְּפִירִים רָשׁוּ וְרָעֵֽבוּ, וְדֹרְשֵׁי יהוה לֹא־יַחְסְרוּ כׇל־טוֹב:
הוֹדוּ לַיהוה כִּי־טוֹב, כִּי לְעוֹלָם חַסְדּוֹ: תהלים קלו
פּוֹתֵֽחַ אֶת־יָדֶֽךָ, וּמַשְׂבִּֽיעַ לְכׇל־חַי רָצוֹן: תהלים קמה
בָּרוּךְ הַגֶּֽבֶר אֲשֶׁר יִבְטַח בַּיהוה, וְהָיָה יהוה מִבְטַחוֹ: ירמיה יז
נַֽעַר הָיִֽיתִי גַּם־זָקַֽנְתִּי תהלים לז
וְלֹא־רָאִֽיתִי צַדִּיק נֶעֱזָב וְזַרְעוֹ מְבַקֶּשׁ־לָֽחֶם:
יהוה עֹז לְעַמּוֹ יִתֵּן, יהוה יְבָרֵךְ אֶת־עַמּוֹ בַשָּׁלוֹם: תהלים כט

שחרית

שחרית

"ה', בֹּקֶר תִּשְׁמַע קוֹלִי, בֹּקֶר אֶעֱרָךְ־לְךָ וַאֲצַפֶּה" (תהלים ה, ד).

השכמת הבוקר

"יתגבר כארי לעמוד בבוקר לעבודת בוראו" (שו"ע או"ח א, א).

מיד כשמתעורר אדם משנתו, עוד בטרם נוטל את ידיו,
כשעדיין אינו יכול לברך או לומר פסוקים, אומר:

מוֹדֶה/ נשים אומרות: מוֹדָה/ אֲנִי לְפָנֶיךָ מֶלֶךְ חַי וְקַיָּם
שֶׁהֶחֱזַרְתָּ בִּי נִשְׁמָתִי בְּחֶמְלָה
רַבָּה אֱמוּנָתֶךָ.

אחרי שנטל את ידיו, מברך:

בָּרוּךְ אַתָּה יהוה אֱלֹהֵינוּ מֶלֶךְ הָעוֹלָם
אֲשֶׁר קִדְּשָׁנוּ בְּמִצְוֹתָיו וְצִוָּנוּ עַל נְטִילַת יָדָיִם.

בָּרוּךְ אַתָּה יהוה אֱלֹהֵינוּ מֶלֶךְ הָעוֹלָם
אֲשֶׁר יָצַר אֶת הָאָדָם בְּחָכְמָה
וּבָרָא בוֹ נְקָבִים נְקָבִים, חֲלוּלִים חֲלוּלִים.
גָּלוּי וְיָדוּעַ לִפְנֵי כִסֵּא כְבוֹדֶךָ
שֶׁאִם יִפָּתֵחַ אֶחָד מֵהֶם אוֹ יִסָּתֵם אֶחָד מֵהֶם
אִי אֶפְשַׁר לְהִתְקַיֵּם וְלַעֲמֹד לְפָנֶיךָ.
בָּרוּךְ אַתָּה יהוה, רוֹפֵא כָל בָּשָׂר וּמַפְלִיא לַעֲשׂוֹת.

הגמרא בברכות ס ע״ב מזכירה ברכה זו שצריך לאומרה מיד כשמתעורר. הגאונים תיקנו לאומרה אחרי ברכת ׳אֲשֶׁר יָצַר׳, כיוון שאינה פותחת בתיבות ׳בָּרוּךְ אַתָּה ה׳״ (רב נטרונאי גאון).

אֱלֹהַי
נְשָׁמָה שֶׁנָּתַתָּ בִּי טְהוֹרָה הִיא.
אַתָּה בְרָאתָהּ
אַתָּה יְצַרְתָּהּ
אַתָּה נְפַחְתָּהּ בִּי
וְאַתָּה מְשַׁמְּרָהּ בְּקִרְבִּי
וְאַתָּה עָתִיד לִטְּלָהּ מִמֶּנִּי
וּלְהַחֲזִירָהּ בִּי לֶעָתִיד לָבוֹא.
כָּל זְמַן שֶׁהַנְּשָׁמָה בְקִרְבִּי, מוֹדֶה/ נשים אומרות: מוֹדָה/ אֲנִי לְפָנֶיךָ
יהוה אֱלֹהַי וֵאלֹהֵי אֲבוֹתַי
רִבּוֹן כָּל הַמַּעֲשִׂים, אֲדוֹן כָּל הַנְּשָׁמוֹת.
בָּרוּךְ אַתָּה יהוה, הַמַּחֲזִיר נְשָׁמוֹת לִפְגָרִים מֵתִים.

לבישת ציצית

לפני שלובש טלית קטן, מברך ׳עַל מִצְוַת צִיצִית׳.
ואם תכף יתעטף בטלית, לא יברך.

בָּרוּךְ אַתָּה יהוה אֱלֹהֵינוּ מֶלֶךְ הָעוֹלָם
אֲשֶׁר קִדְּשָׁנוּ בְּמִצְוֹתָיו וְצִוָּנוּ עַל מִצְוַת צִיצִית.

אחרי שלבש, אומר:

יְהִי רָצוֹן מִלְּפָנֶיךָ, יהוה אֱלֹהַי וֵאלֹהֵי אֲבוֹתַי
שֶׁתְּהֵא חֲשׁוּבָה מִצְוַת צִיצִית לְפָנֶיךָ
כְּאִלּוּ קִיַּמְתִּיהָ בְּכָל פְּרָטֶיהָ וְדִקְדּוּקֶיהָ וְכַוָּנוֹתֶיהָ
וְתַרְיַ״ג מִצְוֹת הַתְּלוּיוֹת בָּהּ
אָמֵן סֶלָה.

בִּרְכוֹת הַתּוֹרָה

"ברכת התורה צריך להזהר בה מאד" (שו"ע מז, א).

בָּרוּךְ אַתָּה יהוה אֱלֹהֵינוּ מֶלֶךְ הָעוֹלָם
אֲשֶׁר קִדְּשָׁנוּ בְּמִצְוֹתָיו וְצִוָּנוּ לַעֲסֹק בְּדִבְרֵי תוֹרָה.
וְהַעֲרֶב נָא יהוה אֱלֹהֵינוּ אֶת דִּבְרֵי תוֹרָתְךָ
בְּפִינוּ וּבְפִי עַמְּךָ בֵּית יִשְׂרָאֵל
וְנִהְיֶה אֲנַחְנוּ וְצֶאֱצָאֵינוּ (וְצֶאֱצָאֵי צֶאֱצָאֵינוּ)
וְצֶאֱצָאֵי עַמְּךָ בֵּית יִשְׂרָאֵל
כֻּלָּנוּ יוֹדְעֵי שְׁמֶךָ וְלוֹמְדֵי תוֹרָתְךָ לִשְׁמָהּ.
בָּרוּךְ אַתָּה יהוה, הַמְלַמֵּד תּוֹרָה לְעַמּוֹ יִשְׂרָאֵל.

בָּרוּךְ אַתָּה יהוה אֱלֹהֵינוּ מֶלֶךְ הָעוֹלָם
אֲשֶׁר בָּחַר בָּנוּ מִכָּל הָעַמִּים וְנָתַן לָנוּ אֶת תּוֹרָתוֹ.
בָּרוּךְ אַתָּה יהוה, נוֹתֵן הַתּוֹרָה.

יְבָרֶכְךָ יהוה וְיִשְׁמְרֶךָ: במדבר ו
יָאֵר יהוה פָּנָיו אֵלֶיךָ וִיחֻנֶּךָּ:
יִשָּׂא יהוה פָּנָיו אֵלֶיךָ וְיָשֵׂם לְךָ שָׁלוֹם:

אֵלּוּ דְבָרִים שֶׁאֵין לָהֶם שִׁעוּר משנה פאה א, א
הַפֵּאָה וְהַבִּכּוּרִים וְהָרֵאָיוֹן, וּגְמִילוּת חֲסָדִים וְתַלְמוּד תּוֹרָה.

אֵלּוּ דְבָרִים שֶׁאָדָם אוֹכֵל פֵּרוֹתֵיהֶם בָּעוֹלָם הַזֶּה שבת קכז.
וְהַקֶּרֶן קַיֶּמֶת לוֹ לָעוֹלָם הַבָּא, וְאֵלּוּ הֵן
כִּבּוּד אָב וָאֵם, וּגְמִילוּת חֲסָדִים
וְהַשְׁכָּמַת בֵּית הַמִּדְרָשׁ שַׁחֲרִית וְעַרְבִית
וְהַכְנָסַת אוֹרְחִים, וּבִקּוּר חוֹלִים, וְהַכְנָסַת כַּלָּה
וּלְוָיַת הַמֵּת, וְעִיּוּן תְּפִלָּה, וַהֲבָאַת שָׁלוֹם בֵּין אָדָם לַחֲבֵרוֹ
וְתַלְמוּד תּוֹרָה כְּנֶגֶד כֻּלָּם.

עטיפת טלית

לפני עטיפה בטלית גדול נוהגים לומר:

תהלים קד בָּרְכִי נַפְשִׁי אֶת־יהוה, יהוה אֱלֹהַי גָּדַלְתָּ מְּאֹד, הוֹד וְהָדָר לָבָשְׁתָּ:
עֹטֶה־אוֹר כַּשַּׂלְמָה, נוֹטֶה שָׁמַיִם כַּיְרִיעָה:

יש אומרים:

לְשֵׁם יִחוּד קֻדְשָׁא בְּרִיךְ הוּא וּשְׁכִינְתֵהּ בִּדְחִילוּ וּרְחִימוּ, לְיַחֵד שֵׁם י״ה בו״ה בְּיִחוּדָא שְׁלִים בְּשֵׁם כָּל יִשְׂרָאֵל.

הֲרֵינִי מִתְעַטֵּף בַּצִּיצִית. כֵּן תִּתְעַטֵּף נִשְׁמָתִי וּרְמַ״ח אֵבָרַי וּשְׁסָ״ה גִידַי בְּאוֹר הַצִּיצִית הָעוֹלֶה תַּרְיַ״ג. וּכְשֵׁם שֶׁאֲנִי מִתְכַּסֶּה בְּטַלִּית בָּעוֹלָם הַזֶּה, כָּךְ אֶזְכֶּה לַחֲלוּקָא דְרַבָּנָן וּלְטַלִּית נָאָה לָעוֹלָם הַבָּא בְּגַן עֵדֶן. וְעַל יְדֵי מִצְוַת צִיצִית תִּנָּצֵל נַפְשִׁי רוּחִי וְנִשְׁמָתִי וּתְפִלָּתִי מִן הַחִיצוֹנִים.
דברים לב וְהַטַּלִּית תִּפְרֹשׂ כְּנָפֶיהָ עֲלֵיהֶם וְתַצִּילֵם, כְּנֶשֶׁר יָעִיר קִנּוֹ עַל־גּוֹזָלָיו יְרַחֵף:
וּתְהֵא חֲשׁוּבָה מִצְוַת צִיצִית לִפְנֵי הַקָּדוֹשׁ בָּרוּךְ הוּא, כְּאִלּוּ קִיַּמְתִּיהָ בְּכָל פְּרָטֶיהָ וְדִקְדּוּקֶיהָ וְכַוָּנוֹתֶיהָ וְתַרְיַ״ג מִצְוֹת הַתְּלוּיוֹת בָּהּ, אָמֵן סֶלָה.

עומד ומברך:

בָּרוּךְ אַתָּה יהוה אֱלֹהֵינוּ מֶלֶךְ הָעוֹלָם
אֲשֶׁר קִדְּשָׁנוּ בְּמִצְוֹתָיו וְצִוָּנוּ לְהִתְעַטֵּף בַּצִּיצִית.

נוהגים להתעטף בטלית אחר הברכה.

מתעטף ואומר (סידור השל״ה):

תהלים לו מַה־יָּקָר חַסְדְּךָ אֱלֹהִים, וּבְנֵי אָדָם בְּצֵל כְּנָפֶיךָ יֶחֱסָיוּן:
יִרְוְיֻן מִדֶּשֶׁן בֵּיתֶךָ, וְנַחַל עֲדָנֶיךָ תַשְׁקֵם:
כִּי־עִמְּךָ מְקוֹר חַיִּים, בְּאוֹרְךָ נִרְאֶה־אוֹר:
מְשֹׁךְ חַסְדְּךָ לְיֹדְעֶיךָ, וְצִדְקָתְךָ לְיִשְׁרֵי־לֵב:

הכנה לתפילה

"יכנס שיעור שני פתחים ואחר כך יתפלל" (שו"ע צ, כ).
כאשר נכנס לבית הכנסת אומר:

מַה־טֹּבוּ במדבר כד

אֹהָלֶיךָ יַעֲקֹב, מִשְׁכְּנֹתֶיךָ יִשְׂרָאֵל:
וַאֲנִי בְּרֹב חַסְדְּךָ אָבוֹא בֵיתֶךָ תהלים ה
אֶשְׁתַּחֲוֶה אֶל־הֵיכַל־קָדְשְׁךָ
בְּיִרְאָתֶךָ:
יהוה אָהַבְתִּי מְעוֹן בֵּיתֶךָ תהלים כו
וּמְקוֹם מִשְׁכַּן כְּבוֹדֶךָ:

וַאֲנִי אֶשְׁתַּחֲוֶה
וְאֶכְרָעָה
אֶבְרְכָה לִפְנֵי יהוה עֹשִׂי.

וַאֲנִי תְפִלָּתִי־לְךָ יהוה תהלים סט
עֵת רָצוֹן
אֱלֹהִים בְּרָב־חַסְדֶּךָ
עֲנֵנִי בֶּאֱמֶת יִשְׁעֶךָ:

בחו״ל בקהילות רבות מתחילים בשיר הייחוד (עמ׳ 480), אחריו שיר הכבוד (עמ׳ 248), שיר של יום (לא׳ של ראש השנה בעמ׳ 244, ולב׳ של ראש השנה בעמ׳ 355) ו׳לְדָוִד ה׳ אוֹרִי וְיִשְׁעִי׳ (עמ׳ 247; עמ׳ 358), ואחרי כל אחד מהם אומרים קדיש יתום.

״לְהַגִּיד בַּבֹּקֶר חַסְדֶּךָ וֶאֱמוּנָתְךָ בַּלֵּילוֹת״ (תהלים צב, ג).

פיוט עתיק זה מיוחס לר׳ שלמה אבן גבירול (ויש המקדימים את זמנו לתקופת הגאונים). רבים נוהגים לאומרו פעמיים ביום: לפני תפילת שחרית ובקריאת שמע שעל המיטה.

אֲדוֹן עוֹלָם

אֲשֶׁר מָלַךְ בְּטֶרֶם כָּל־יְצִיר נִבְרָא.
לְעֵת נַעֲשָׂה בְחֶפְצוֹ כֹּל אֲזַי מֶלֶךְ שְׁמוֹ נִקְרָא.
וְאַחֲרֵי כִּכְלוֹת הַכֹּל לְבַדּוֹ יִמְלֹךְ נוֹרָא.
וְהוּא הָיָה וְהוּא הֹוֶה וְהוּא יִהְיֶה בְּתִפְאָרָה.
וְהוּא אֶחָד וְאֵין שֵׁנִי לְהַמְשִׁיל לוֹ לְהַחְבִּירָה.
בְּלִי רֵאשִׁית בְּלִי תַכְלִית וְלוֹ הָעֹז וְהַמִּשְׂרָה.
וְהוּא אֵלִי וְחַי גּוֹאֲלִי וְצוּר חֶבְלִי בְּעֵת צָרָה.
וְהוּא נִסִּי וּמָנוֹס לִי מְנָת כּוֹסִי בְּיוֹם אֶקְרָא.
בְּיָדוֹ אַפְקִיד רוּחִי בְּעֵת אִישַׁן וְאָעִירָה.
וְעִם רוּחִי גְּוִיָּתִי יהוה לִי וְלֹא אִירָא.

'יִגְדַּל' מיוסד על שלושה עשר עיקרי האמונה שמנה הרמב"ם.

יִגְדַּל

אֱלֹהִים חַי וְיִשְׁתַּבַּח, נִמְצָא וְאֵין עֵת אֶל מְצִיאוּתוֹ.

אֶחָד וְאֵין יָחִיד כְּיִחוּדוֹ, נֶעְלָם וְגַם אֵין סוֹף לְאַחְדוּתוֹ.

אֵין לוֹ דְּמוּת הַגּוּף וְאֵינוֹ גוּף, לֹא נַעֲרֹךְ אֵלָיו קְדֻשָּׁתוֹ.

קַדְמוֹן לְכָל דָּבָר אֲשֶׁר נִבְרָא, רִאשׁוֹן וְאֵין רֵאשִׁית לְרֵאשִׁיתוֹ.

הִנּוֹ אֲדוֹן עוֹלָם, וְכָל נוֹצָר יוֹרֶה גְדֻלָּתוֹ וּמַלְכוּתוֹ.

שֶׁפַע נְבוּאָתוֹ נְתָנוֹ אֶל־אַנְשֵׁי סְגֻלָּתוֹ וְתִפְאַרְתּוֹ.

לֹא קָם בְּיִשְׂרָאֵל כְּמֹשֶׁה עוֹד נָבִיא וּמַבִּיט אֶת תְּמוּנָתוֹ.

תּוֹרַת אֱמֶת נָתַן לְעַמּוֹ אֵל עַל יַד נְבִיאוֹ נֶאֱמַן בֵּיתוֹ.

לֹא יַחֲלִיף הָאֵל וְלֹא יָמִיר דָּתוֹ לְעוֹלָמִים לְזוּלָתוֹ.

צוֹפֶה וְיוֹדֵעַ סְתָרֵינוּ, מַבִּיט לְסוֹף דָּבָר בְּקַדְמָתוֹ.

גּוֹמֵל לְאִישׁ חֶסֶד כְּמִפְעָלוֹ, נוֹתֵן לְרָשָׁע רָע כְּרִשְׁעָתוֹ.

יִשְׁלַח לְקֵץ יָמִין מְשִׁיחֵנוּ לִפְדּוֹת מְחַכֵּי קֵץ יְשׁוּעָתוֹ.

מֵתִים יְחַיֶּה אֵל בְּרֹב חַסְדּוֹ, בָּרוּךְ עֲדֵי עַד שֵׁם תְּהִלָּתוֹ.

ברכות השחר

ברכות השחר נתקנו כדי שהאדם יאמרן במקביל למעשיו הראשונים כשמתעורר בבוקר (ברכות ס ע"ב), אך כבר בימי הראשונים נהגו שהציבור כולו אומרן יחד בבית הכנסת (פתיחה לסידור רב עמרם גאון).

בבתי כנסת רבים שליח הציבור מתחיל כאן. ויש מקומות שנוהגים ששליח הציבור מתחיל בברייתא דרבי ישמעאל (עמ' 87) או במזמור שלפני פסוקי דזמרה (עמ' 90).

בָּרוּךְ אַתָּה יהוה אֱלֹהֵינוּ מֶלֶךְ הָעוֹלָם
אֲשֶׁר נָתַן לַשֶּׂכְוִי בִינָה
לְהַבְחִין בֵּין יוֹם וּבֵין לָיְלָה.

בָּרוּךְ אַתָּה יהוה אֱלֹהֵינוּ מֶלֶךְ הָעוֹלָם
שֶׁלֹּא עָשַׂנִי גּוֹי.

בָּרוּךְ אַתָּה יהוה אֱלֹהֵינוּ מֶלֶךְ הָעוֹלָם
שֶׁלֹּא עָשַׂנִי עָבֶד.

בָּרוּךְ אַתָּה יהוה אֱלֹהֵינוּ מֶלֶךְ הָעוֹלָם
גברים: שֶׁלֹּא עָשַׂנִי אִשָּׁה. / נשים: שֶׁעָשַׂנִי כִּרְצוֹנוֹ.

בָּרוּךְ אַתָּה יהוה אֱלֹהֵינוּ מֶלֶךְ הָעוֹלָם
פּוֹקֵחַ עִוְרִים.

בָּרוּךְ אַתָּה יהוה אֱלֹהֵינוּ מֶלֶךְ הָעוֹלָם
מַלְבִּישׁ עֲרֻמִּים.

בָּרוּךְ אַתָּה יהוה אֱלֹהֵינוּ מֶלֶךְ הָעוֹלָם
מַתִּיר אֲסוּרִים.

בָּרוּךְ אַתָּה יהוה אֱלֹהֵינוּ מֶלֶךְ הָעוֹלָם
זוֹקֵף כְּפוּפִים.

בָּרוּךְ אַתָּה יהוה אֱלֹהֵינוּ מֶלֶךְ הָעוֹלָם
רוֹקַע הָאָרֶץ עַל הַמָּיִם.

בָּרוּךְ אַתָּה יהוה אֱלֹהֵינוּ מֶלֶךְ הָעוֹלָם
שֶׁעָשָׂה לִי כָּל צָרְכִּי.

בָּרוּךְ אַתָּה יהוה אֱלֹהֵינוּ מֶלֶךְ הָעוֹלָם
הַמֵּכִין מִצְעֲדֵי גָבֶר.

בָּרוּךְ אַתָּה יהוה אֱלֹהֵינוּ מֶלֶךְ הָעוֹלָם
אוֹזֵר יִשְׂרָאֵל בִּגְבוּרָה.

בָּרוּךְ אַתָּה יהוה אֱלֹהֵינוּ מֶלֶךְ הָעוֹלָם
עוֹטֵר יִשְׂרָאֵל בְּתִפְאָרָה.

בָּרוּךְ אַתָּה יהוה אֱלֹהֵינוּ מֶלֶךְ הָעוֹלָם
הַנּוֹתֵן לַיָּעֵף כֹּחַ.

בָּרוּךְ אַתָּה יהוה אֱלֹהֵינוּ מֶלֶךְ הָעוֹלָם, הַמַּעֲבִיר שֵׁנָה מֵעֵינַי וּתְנוּמָה מֵעַפְעַפָּי. וִיהִי רָצוֹן מִלְּפָנֶיךָ יהוה אֱלֹהֵינוּ וֵאלֹהֵי אֲבוֹתֵינוּ, שֶׁתַּרְגִּילֵנוּ בְּתוֹרָתֶךָ, וְדַבְּקֵנוּ בְּמִצְוֹתֶיךָ, וְאַל תְּבִיאֵנוּ לֹא לִידֵי חֵטְא, וְלֹא לִידֵי עֲבֵרָה וְעָוֹן, וְלֹא לִידֵי נִסָּיוֹן וְלֹא לִידֵי בִזָּיוֹן, וְאַל תַּשְׁלֶט בָּנוּ יֵצֶר הָרָע, וְהַרְחִיקֵנוּ מֵאָדָם רָע וּמֵחָבֵר רָע, וְדַבְּקֵנוּ בְּיֵצֶר הַטּוֹב וּבְמַעֲשִׂים טוֹבִים, וְכֹף אֶת יִצְרֵנוּ לְהִשְׁתַּעְבֶּד לָךְ, וּתְנֵנוּ הַיּוֹם וּבְכָל יוֹם לְחֵן וּלְחֶסֶד וּלְרַחֲמִים, בְּעֵינֶיךָ, וּבְעֵינֵי כָל רוֹאֵינוּ, וְתִגְמְלֵנוּ חֲסָדִים טוֹבִים. בָּרוּךְ אַתָּה יהוה, גּוֹמֵל חֲסָדִים טוֹבִים לְעַמּוֹ יִשְׂרָאֵל.

ברכות טז: יְהִי רָצוֹן מִלְּפָנֶיךָ יהוה אֱלֹהַי וֵאלֹהֵי אֲבוֹתַי, שֶׁתַּצִּילֵנִי הַיּוֹם וּבְכָל יוֹם מֵעַזֵּי פָנִים וּמֵעַזּוּת פָּנִים, מֵאָדָם רָע, וּמֵחָבֵר רָע, וּמִשָּׁכֵן רָע, וּמִפֶּגַע רָע, וּמִשָּׂטָן הַמַּשְׁחִית, מִדִּין קָשֶׁה, וּמִבַּעַל דִּין קָשֶׁה בֵּין שֶׁהוּא בֶן בְּרִית וּבֵין שֶׁאֵינוֹ בֶן בְּרִית.

פרשת העקדה

עקדת יצחק הייתה הניסיון העיקרי שעמדו בו אבותינו.

רבים נוהגים לקרוא בכל בוקר את פרשת העקדה
כדי לזכור את מסירות הנפש של האבות ולהזכיר את זכותם.

לפני פרשה זו ואחריה נוהגים לומר תחינה המבוססת על ברכת 'זיכרונות'
בתפילת מוסף (עמ' 192). ולדעת רוב הפוסקים, אין אומרים אותה ביום טוב.

אֱלֹהֵינוּ וֵאלֹהֵי אֲבוֹתֵינוּ, זָכְרֵנוּ בְּזִכְרוֹן טוֹב לְפָנֶיךָ, וּפָקְדֵנוּ בִּפְקֻדַּת יְשׁוּעָה וְרַחֲמִים מִשְּׁמֵי שְׁמֵי קֶדֶם, וּזְכָר לָנוּ יהוה אֱלֹהֵינוּ, אַהֲבַת הַקַּדְמוֹנִים אַבְרָהָם יִצְחָק וְיִשְׂרָאֵל עֲבָדֶיךָ, אֶת הַבְּרִית וְאֶת הַחֶסֶד וְאֶת הַשְּׁבוּעָה שֶׁנִּשְׁבַּעְתָּ לְאַבְרָהָם אָבִינוּ בְּהַר הַמּוֹרִיָּה, וְאֶת הָעֲקֵדָה שֶׁעָקַד אֶת יִצְחָק בְּנוֹ עַל גַּבֵּי הַמִּזְבֵּחַ, כַּכָּתוּב בְּתוֹרָתֶךָ:

בראשית כב וַיְהִי אַחַר הַדְּבָרִים הָאֵלֶּה, וְהָאֱלֹהִים נִסָּה אֶת־אַבְרָהָם,
וַיֹּאמֶר אֵלָיו אַבְרָהָם, וַיֹּאמֶר הִנֵּנִי: וַיֹּאמֶר קַח־נָא אֶת־בִּנְךָ
אֶת־יְחִידְךָ אֲשֶׁר־אָהַבְתָּ, אֶת־יִצְחָק, וְלֶךְ־לְךָ אֶל־אֶרֶץ
הַמֹּרִיָּה, וְהַעֲלֵהוּ שָׁם לְעֹלָה עַל אַחַד הֶהָרִים אֲשֶׁר אֹמַר
אֵלֶיךָ: וַיַּשְׁכֵּם אַבְרָהָם בַּבֹּקֶר, וַיַּחֲבֹשׁ אֶת־חֲמֹרוֹ, וַיִּקַּח אֶת־
שְׁנֵי נְעָרָיו אִתּוֹ וְאֵת יִצְחָק בְּנוֹ, וַיְבַקַּע עֲצֵי עֹלָה, וַיָּקָם וַיֵּלֶךְ
אֶל־הַמָּקוֹם אֲשֶׁר־אָמַר־לוֹ הָאֱלֹהִים: בַּיּוֹם הַשְּׁלִישִׁי וַיִּשָּׂא
אַבְרָהָם אֶת־עֵינָיו וַיַּרְא אֶת־הַמָּקוֹם מֵרָחֹק: וַיֹּאמֶר אַבְרָהָם
אֶל־נְעָרָיו, שְׁבוּ־לָכֶם פֹּה עִם־הַחֲמוֹר, וַאֲנִי וְהַנַּעַר נֵלְכָה עַד־
כֹּה, וְנִשְׁתַּחֲוֶה וְנָשׁוּבָה אֲלֵיכֶם: וַיִּקַּח אַבְרָהָם אֶת־עֲצֵי הָעֹלָה
וַיָּשֶׂם עַל־יִצְחָק בְּנוֹ, וַיִּקַּח בְּיָדוֹ אֶת־הָאֵשׁ וְאֶת־הַמַּאֲכֶלֶת,
וַיֵּלְכוּ שְׁנֵיהֶם יַחְדָּו: וַיֹּאמֶר יִצְחָק אֶל־אַבְרָהָם אָבִיו, וַיֹּאמֶר
אָבִי, וַיֹּאמֶר הִנֶּנִּי בְנִי, וַיֹּאמֶר, הִנֵּה הָאֵשׁ וְהָעֵצִים, וְאַיֵּה
הַשֶּׂה לְעֹלָה: וַיֹּאמֶר אַבְרָהָם, אֱלֹהִים יִרְאֶה־לּוֹ הַשֶּׂה לְעֹלָה,
בְּנִי, וַיֵּלְכוּ שְׁנֵיהֶם יַחְדָּו: וַיָּבֹאוּ אֶל־הַמָּקוֹם אֲשֶׁר אָמַר־לוֹ

הָאֱלֹהִים, וַיִּבֶן שָׁם אַבְרָהָם אֶת־הַמִּזְבֵּחַ וַיַּעֲרֹךְ אֶת־הָעֵצִים,
וַיַּעֲקֹד אֶת־יִצְחָק בְּנוֹ, וַיָּשֶׂם אֹתוֹ עַל־הַמִּזְבֵּחַ מִמַּעַל לָעֵצִים:
וַיִּשְׁלַח אַבְרָהָם אֶת־יָדוֹ, וַיִּקַּח אֶת־הַמַּאֲכֶלֶת, לִשְׁחֹט אֶת־
בְּנוֹ: וַיִּקְרָא אֵלָיו מַלְאַךְ יהוה מִן־הַשָּׁמַיִם, וַיֹּאמֶר אַבְרָהָם
אַבְרָהָם, וַיֹּאמֶר הִנֵּנִי: וַיֹּאמֶר אַל־תִּשְׁלַח יָדְךָ אֶל־הַנַּעַר, וְאַל־
תַּעַשׂ לוֹ מְאוּמָה, כִּי עַתָּה יָדַעְתִּי כִּי־יְרֵא אֱלֹהִים אַתָּה, וְלֹא
חָשַׂכְתָּ אֶת־בִּנְךָ אֶת־יְחִידְךָ מִמֶּנִּי: וַיִּשָּׂא אַבְרָהָם אֶת־עֵינָיו,
וַיַּרְא וְהִנֵּה־אַיִל, אַחַר נֶאֱחַז בַּסְּבַךְ בְּקַרְנָיו, וַיֵּלֶךְ אַבְרָהָם
וַיִּקַּח אֶת־הָאַיִל, וַיַּעֲלֵהוּ לְעֹלָה תַּחַת בְּנוֹ: וַיִּקְרָא אַבְרָהָם
שֵׁם־הַמָּקוֹם הַהוּא יהוה יִרְאֶה, אֲשֶׁר יֵאָמֵר הַיּוֹם בְּהַר יהוה
יֵרָאֶה: וַיִּקְרָא מַלְאַךְ יהוה אֶל־אַבְרָהָם שֵׁנִית מִן־הַשָּׁמָיִם:
וַיֹּאמֶר, בִּי נִשְׁבַּעְתִּי נְאֻם־יהוה, כִּי יַעַן אֲשֶׁר עָשִׂיתָ אֶת־הַדָּבָר
הַזֶּה, וְלֹא חָשַׂכְתָּ אֶת־בִּנְךָ אֶת־יְחִידֶךָ: כִּי־בָרֵךְ אֲבָרֶכְךָ,
וְהַרְבָּה אַרְבֶּה אֶת־זַרְעֲךָ כְּכוֹכְבֵי הַשָּׁמַיִם, וְכַחוֹל אֲשֶׁר עַל־
שְׂפַת הַיָּם, וְיִרַשׁ זַרְעֲךָ אֵת שַׁעַר אֹיְבָיו: וְהִתְבָּרְכוּ בְזַרְעֲךָ
כֹּל גּוֹיֵי הָאָרֶץ, עֵקֶב אֲשֶׁר שָׁמַעְתָּ בְּקֹלִי: וַיָּשָׁב אַבְרָהָם
אֶל־נְעָרָיו, וַיָּקֻמוּ וַיֵּלְכוּ יַחְדָּו אֶל־בְּאֵר שָׁבַע, וַיֵּשֶׁב אַבְרָהָם
בִּבְאֵר שָׁבַע:

יש מדלגים.

רִבּוֹנוֹ שֶׁל עוֹלָם, כְּמוֹ שֶׁכָּבַשׁ אַבְרָהָם אָבִינוּ אֶת רַחֲמָיו לַעֲשׂוֹת רְצוֹנְךָ
בְּלֵבָב שָׁלֵם, כֵּן יִכְבְּשׁוּ רַחֲמֶיךָ אֶת כַּעַסְךָ מֵעָלֵינוּ וְיִגֹּלּוּ רַחֲמֶיךָ עַל מִדּוֹתֶיךָ.
וְתִתְנַהֵג עִמָּנוּ יהוה אֱלֹהֵינוּ בְּמִדַּת הַחֶסֶד וּבְמִדַּת הָרַחֲמִים, וּבְטוּבְךָ הַגָּדוֹל
יָשׁוּב חֲרוֹן אַפְּךָ מֵעַמְּךָ וּמֵעִירְךָ וּמֵאַרְצְךָ וּמִנַּחֲלָתֶךָ. וְקַיֶּם לָנוּ יהוה אֱלֹהֵינוּ
אֶת הַדָּבָר שֶׁהִבְטַחְתָּנוּ בְּתוֹרָתֶךָ עַל יְדֵי מֹשֶׁה עַבְדֶּךָ, כָּאָמוּר: וְזָכַרְתִּי ויקרא כו
אֶת־בְּרִיתִי יַעֲקוֹב וְאַף אֶת־בְּרִיתִי יִצְחָק, וְאַף אֶת־בְּרִיתִי אַבְרָהָם אֶזְכֹּר,
וְהָאָרֶץ אֶזְכֹּר:

קבלת עול מלכות שמים

תפילה לאומית, הפותחת בחולשת ההווה, ממשיכה בקריאת שמע ומסיימת בתפילה לגאולה ולהכרה כלל עולמית במלכות ה׳ (רש״ר הירש).

תפילה זו נזכרה כבר ב׳תנא דבי אליהו׳ יט, ו. ככל הנראה נקבעה בתקופת הרדיפות, כאשר היה אסור לקרוא קריאת שמע בציבור (ספר הפרדס, ׳שיבולי הלקט׳).

לְעוֹלָם יְהֵא אָדָם יְרֵא שָׁמַיִם בְּסֵתֶר וּבְגָלוּי
וּמוֹדֶה עַל הָאֱמֶת, וְדוֹבֵר אֱמֶת בִּלְבָבוֹ
וְיַשְׁכֵּם וְיֹאמַר

רִבּוֹן כָּל הָעוֹלָמִים
דניאל ט לֹא עַל־צִדְקוֹתֵינוּ אֲנַחְנוּ מַפִּילִים תַּחֲנוּנֵינוּ לְפָנֶיךָ
כִּי עַל־רַחֲמֶיךָ הָרַבִּים:

מָה אָנוּ, מֶה חַיֵּינוּ, מֶה חַסְדֵּנוּ, מַה צִּדְקוֹתֵינוּ
מַה יְשׁוּעָתֵנוּ, מַה כֹּחֵנוּ, מַה גְּבוּרָתֵנוּ
מַה נֹּאמַר לְפָנֶיךָ, יהוה אֱלֹהֵינוּ וֵאלֹהֵי אֲבוֹתֵינוּ
הֲלֹא כָּל הַגִּבּוֹרִים כְּאַיִן לְפָנֶיךָ, וְאַנְשֵׁי הַשֵּׁם כְּלֹא הָיוּ
וַחֲכָמִים כִּבְלִי מַדָּע, וּנְבוֹנִים כִּבְלִי הַשְׂכֵּל
כִּי רֹב מַעֲשֵׂיהֶם תֹּהוּ, וִימֵי חַיֵּיהֶם הֶבֶל לְפָנֶיךָ
קהלת ג וּמוֹתַר הָאָדָם מִן־הַבְּהֵמָה אָיִן
כִּי הַכֹּל הָבֶל:

אֲבָל אֲנַחְנוּ עַמְּךָ בְּנֵי בְרִיתֶךָ
בְּנֵי אַבְרָהָם אֹהַבְךָ שֶׁנִּשְׁבַּעְתָּ לּוֹ בְּהַר הַמּוֹרִיָּה
זֶרַע יִצְחָק יְחִידוֹ שֶׁנֶּעֱקַד עַל גַּבֵּי הַמִּזְבֵּחַ
עֲדַת יַעֲקֹב בִּנְךָ בְּכוֹרֶךָ
שֶׁמֵּאַהֲבָתְךָ שֶׁאָהַבְתָּ אוֹתוֹ, וּמִשִּׂמְחָתְךָ שֶׁשָּׂמַחְתָּ בּוֹ
קָרָאתָ אֶת שְׁמוֹ יִשְׂרָאֵל וִישֻׁרוּן.

לְפִיכָךְ אֲנַחְנוּ חַיָּבִים
לְהוֹדוֹת לְךָ וּלְשַׁבֵּחֲךָ וּלְפָאֶרְךָ
וּלְבָרֵךְ וּלְקַדֵּשׁ וְלָתֵת שֶֽׁבַח וְהוֹדָיָה לִשְׁמֶֽךָ.
אַשְׁרֵֽינוּ, מַה טּוֹב חֶלְקֵֽנוּ
וּמַה נָּעִים גּוֹרָלֵֽנוּ, וּמַה יָּפָה יְרֻשָּׁתֵֽנוּ.

◂ אַשְׁרֵֽינוּ, שֶׁאֲנַֽחְנוּ מַשְׁכִּימִים וּמַעֲרִיבִים עֶֽרֶב וָבֹֽקֶר
וְאוֹמְרִים פַּעֲמַֽיִם בְּכָל יוֹם

שְׁמַע יִשְׂרָאֵל, יהוה אֱלֹהֵֽינוּ, יהוה אֶחָד׃ דברים ו

בלחש: בָּרוּךְ שֵׁם כְּבוֹד מַלְכוּתוֹ לְעוֹלָם וָעֶד.

יש הקוראים כאן את הפרשה הראשונה בקריאת שמע (מהרש״ל),
והמנהג הנפוץ הוא להמשיך בתיבות ׳אַתָּה הוּא עַד שֶׁלֹּא נִבְרָא הָעוֹלָם׳.
אם חושש שיעבור זמן קריאת שמע, קורא את כל שלוש הפרשות (עמ׳ 124).

וְאָהַבְתָּ אֵת יהוה אֱלֹהֶֽיךָ, בְּכָל־לְבָבְךָ, וּבְכָל־נַפְשְׁךָ, וּבְכָל־מְאֹדֶֽךָ׃ וְהָיוּ
הַדְּבָרִים הָאֵֽלֶּה, אֲשֶׁר אָנֹכִי מְצַוְּךָ הַיּוֹם, עַל־לְבָבֶֽךָ׃ וְשִׁנַּנְתָּם לְבָנֶֽיךָ, וְדִבַּרְתָּ
בָּם, בְּשִׁבְתְּךָ בְּבֵיתֶֽךָ וּבְלֶכְתְּךָ בַדֶּֽרֶךְ, וּבְשָׁכְבְּךָ וּבְקוּמֶֽךָ׃ וּקְשַׁרְתָּם לְאוֹת
עַל־יָדֶֽךָ וְהָיוּ לְטֹטָפֹת בֵּין עֵינֶֽיךָ׃ וּכְתַבְתָּם עַל־מְזֻזוֹת בֵּיתֶֽךָ וּבִשְׁעָרֶֽיךָ׃

אַתָּה הוּא עַד שֶׁלֹּא נִבְרָא הָעוֹלָם
אַתָּה הוּא מִשֶּׁנִּבְרָא הָעוֹלָם.
אַתָּה הוּא בָּעוֹלָם הַזֶּה
וְאַתָּה הוּא לָעוֹלָם הַבָּא.
◂ קַדֵּשׁ אֶת שִׁמְךָ עַל מַקְדִּישֵׁי שְׁמֶֽךָ
וְקַדֵּשׁ אֶת שִׁמְךָ בְּעוֹלָמֶֽךָ
וּבִישׁוּעָתְךָ תָּרוּם וְתַגְבִּֽיהַּ קַרְנֵֽנוּ.
בָּרוּךְ אַתָּה יהוה, הַמְקַדֵּשׁ אֶת שִׁמְךָ בָּרַבִּים.

אַתָּה הוּא יהוה אֱלֹהֵינוּ
בַּשָּׁמַיִם וּבָאָרֶץ
וּבִשְׁמֵי הַשָּׁמַיִם הָעֶלְיוֹנִים.
אֱמֶת, אַתָּה הוּא רִאשׁוֹן
וְאַתָּה הוּא אַחֲרוֹן
וּמִבַּלְעָדֶיךָ אֵין אֱלֹהִים.
קַבֵּץ קֹוֶיךָ מֵאַרְבַּע כַּנְפוֹת הָאָרֶץ.
יַכִּירוּ וְיֵדְעוּ כָּל בָּאֵי עוֹלָם
כִּי אַתָּה־הוּא הָאֱלֹהִים לְבַדְּךָ לְכֹל מַמְלְכוֹת הָאָרֶץ מלכים ב׳ יט
אַתָּה עָשִׂיתָ אֶת־הַשָּׁמַיִם וְאֶת־הָאָרֶץ:
אֶת־הַיָּם וְאֶת־כָּל־אֲשֶׁר־בָּם: שמות כ
וּמִי בְּכָל מַעֲשֵׂי יָדֶיךָ בָּעֶלְיוֹנִים אוֹ בַתַּחְתּוֹנִים
שֶׁיֹּאמַר לְךָ מַה תַּעֲשֶׂה.

אָבִינוּ שֶׁבַּשָּׁמַיִם
עֲשֵׂה עִמָּנוּ חֶסֶד
בַּעֲבוּר שִׁמְךָ הַגָּדוֹל שֶׁנִּקְרָא עָלֵינוּ
וְקַיֶּם לָנוּ יהוה אֱלֹהֵינוּ
מַה שֶּׁכָּתוּב:
בָּעֵת הַהִיא אָבִיא אֶתְכֶם צפניה ג
וּבָעֵת קַבְּצִי אֶתְכֶם
כִּי־אֶתֵּן אֶתְכֶם לְשֵׁם וְלִתְהִלָּה בְּכֹל עַמֵּי הָאָרֶץ
בְּשׁוּבִי אֶת־שְׁבוּתֵיכֶם לְעֵינֵיכֶם
אָמַר יהוה:

סדר הקרבנות

"אמר אברהם: רבונו של עולם! שמא ישראל חוטאין לפניך... בזמן שאין בית המקדש קיים, מה תהא עליהם? – אמר לו: כבר תקנתי להם סדר קרבנות, בזמן שקוראין בהן לפני – מעלה אני עליהם כאילו הקריבום לפני, ואני מוחל להם על כל עונותיהם" (תענית כז ע"ב).

יש לומר את פרשת קרבן התמיד (בעמוד הבא) בכל יום.

ונוהגים לומר לפניה את פרשות הכיור ותרומת הדשן,
ולאחריה את פרשת הקטורת (שו"ע א, ט).

פרשת הכיור

וַיְדַבֵּר יהוה אֶל־מֹשֶׁה לֵּאמֹר: וְעָשִׂיתָ כִּיּוֹר נְחֹשֶׁת וְכַנּוֹ נְחֹשֶׁת שמות ל
לְרָחְצָה, וְנָתַתָּ אֹתוֹ בֵּין־אֹהֶל מוֹעֵד וּבֵין הַמִּזְבֵּחַ, וְנָתַתָּ שָׁמָּה מָיִם:
וְרָחֲצוּ אַהֲרֹן וּבָנָיו מִמֶּנּוּ אֶת־יְדֵיהֶם וְאֶת־רַגְלֵיהֶם: בְּבֹאָם אֶל־אֹהֶל
מוֹעֵד יִרְחֲצוּ־מַיִם, וְלֹא יָמֻתוּ, אוֹ בְגִשְׁתָּם אֶל־הַמִּזְבֵּחַ לְשָׁרֵת,
לְהַקְטִיר אִשֶּׁה לַיהוה: וְרָחֲצוּ יְדֵיהֶם וְרַגְלֵיהֶם וְלֹא יָמֻתוּ, וְהָיְתָה
לָהֶם חָק־עוֹלָם, לוֹ וּלְזַרְעוֹ לְדֹרֹתָם:

פרשת תרומת הדשן

וַיְדַבֵּר יהוה אֶל־מֹשֶׁה לֵּאמֹר: צַו אֶת־אַהֲרֹן וְאֶת־בָּנָיו לֵאמֹר, זֹאת ויקרא ו
תּוֹרַת הָעֹלָה, הִוא הָעֹלָה עַל מוֹקְדָה עַל־הַמִּזְבֵּחַ כָּל־הַלַּיְלָה עַד־
הַבֹּקֶר, וְאֵשׁ הַמִּזְבֵּחַ תּוּקַד בּוֹ: וְלָבַשׁ הַכֹּהֵן מִדּוֹ בַד, וּמִכְנְסֵי־בַד
יִלְבַּשׁ עַל־בְּשָׂרוֹ, וְהֵרִים אֶת־הַדֶּשֶׁן אֲשֶׁר תֹּאכַל הָאֵשׁ אֶת־הָעֹלָה,
עַל־הַמִּזְבֵּחַ, וְשָׂמוֹ אֵצֶל הַמִּזְבֵּחַ: וּפָשַׁט אֶת־בְּגָדָיו, וְלָבַשׁ בְּגָדִים
אֲחֵרִים, וְהוֹצִיא אֶת־הַדֶּשֶׁן אֶל־מִחוּץ לַמַּחֲנֶה, אֶל־מָקוֹם טָהוֹר:
וְהָאֵשׁ עַל־הַמִּזְבֵּחַ תּוּקַד־בּוֹ, לֹא תִכְבֶּה, וּבִעֵר עָלֶיהָ הַכֹּהֵן עֵצִים
בַּבֹּקֶר בַּבֹּקֶר, וְעָרַךְ עָלֶיהָ הָעֹלָה, וְהִקְטִיר עָלֶיהָ חֶלְבֵי הַשְּׁלָמִים:
אֵשׁ, תָּמִיד תּוּקַד עַל־הַמִּזְבֵּחַ, לֹא תִכְבֶּה:

רבים מדלגים על הפיסקה הבאה.

יְהִי רָצוֹן מִלְּפָנֶיךָ יהוה אֱלֹהֵינוּ וֵאלֹהֵי אֲבוֹתֵינוּ, שֶׁתְּרַחֵם עָלֵינוּ, וְתִמְחָל לָנוּ עַל כָּל חַטֹּאתֵינוּ וּתְכַפֶּר לָנוּ עַל כָּל עֲוֹנוֹתֵינוּ וְתִסְלַח לָנוּ עַל כָּל פְּשָׁעֵינוּ, וְתִבְנֶה בֵּית הַמִּקְדָּשׁ בִּמְהֵרָה בְיָמֵינוּ, וְנַקְרִיב לְפָנֶיךָ קָרְבַּן הַתָּמִיד שֶׁיְּכַפֵּר בַּעֲדֵנוּ, כְּמוֹ שֶׁכָּתַבְתָּ עָלֵינוּ בְּתוֹרָתֶךָ עַל יְדֵי מֹשֶׁה עַבְדֶּךָ מִפִּי כְבוֹדֶךָ, כָּאָמוּר

פרשת קרבן התמיד

במדבר כח וַיְדַבֵּר יהוה אֶל־מֹשֶׁה לֵּאמֹר: צַו אֶת־בְּנֵי יִשְׂרָאֵל וְאָמַרְתָּ אֲלֵהֶם, אֶת־קָרְבָּנִי לַחְמִי לְאִשַּׁי, רֵיחַ נִיחֹחִי, תִּשְׁמְרוּ לְהַקְרִיב לִי בְּמוֹעֲדוֹ: וְאָמַרְתָּ לָהֶם, זֶה הָאִשֶּׁה אֲשֶׁר תַּקְרִיבוּ לַיהוה, כְּבָשִׂים בְּנֵי־שָׁנָה תְמִימִם שְׁנַיִם לַיּוֹם, עֹלָה תָמִיד: אֶת־הַכֶּבֶשׂ אֶחָד תַּעֲשֶׂה בַבֹּקֶר, וְאֵת הַכֶּבֶשׂ הַשֵּׁנִי תַּעֲשֶׂה בֵּין הָעַרְבָּיִם: וַעֲשִׂירִית הָאֵיפָה סֹלֶת לְמִנְחָה, בְּלוּלָה בְּשֶׁמֶן כָּתִית רְבִיעִת הַהִין: עֹלַת תָּמִיד, הָעֲשֻׂיָה בְּהַר סִינַי, לְרֵיחַ נִיחֹחַ אִשֶּׁה לַיהוה: וְנִסְכּוֹ רְבִיעִת הַהִין לַכֶּבֶשׂ הָאֶחָד, בַּקֹּדֶשׁ הַסֵּךְ נֶסֶךְ שֵׁכָר לַיהוה: וְאֵת הַכֶּבֶשׂ הַשֵּׁנִי תַּעֲשֶׂה בֵּין הָעַרְבָּיִם, כְּמִנְחַת הַבֹּקֶר וּכְנִסְכּוֹ תַּעֲשֶׂה, אִשֵּׁה רֵיחַ נִיחֹחַ לַיהוה:

ויקרא א וְשָׁחַט אֹתוֹ עַל יֶרֶךְ הַמִּזְבֵּחַ צָפֹנָה לִפְנֵי יהוה, וְזָרְקוּ בְּנֵי אַהֲרֹן הַכֹּהֲנִים אֶת־דָּמוֹ עַל־הַמִּזְבֵּחַ, סָבִיב:

יְהִי רָצוֹן מִלְּפָנֶיךָ, יהוה אֱלֹהֵינוּ וֵאלֹהֵי אֲבוֹתֵינוּ, שֶׁתְּהֵא אֲמִירָה זוּ חֲשׁוּבָה וּמְקֻבֶּלֶת וּמְרֻצָּה לְפָנֶיךָ, כְּאִלּוּ הִקְרַבְנוּ קָרְבַּן הַתָּמִיד בְּמוֹעֲדוֹ וּבִמְקוֹמוֹ וּכְהִלְכָתוֹ.

אַתָּה הוּא יהוה אֱלֹהֵינוּ שֶׁהִקְטִירוּ אֲבוֹתֵינוּ לְפָנֶיךָ אֶת קְטֹרֶת הַסַּמִּים בִּזְמַן שֶׁבֵּית הַמִּקְדָּשׁ הָיָה קַיָּם, כַּאֲשֶׁר צִוִּיתָ אוֹתָם עַל יְדֵי מֹשֶׁה נְבִיאֶךָ, כַּכָּתוּב בְּתוֹרָתֶךָ:

פרשת הקטורת

שמות ל וַיֹּאמֶר יהוה אֶל־מֹשֶׁה, קַח־לְךָ סַמִּים נָטָף וּשְׁחֵלֶת וְחֶלְבְּנָה, סַמִּים וּלְבֹנָה זַכָּה, בַּד בְּבַד יִהְיֶה: וְעָשִׂיתָ אֹתָהּ קְטֹרֶת, רֹקַח מַעֲשֵׂה רוֹקֵחַ, מְמֻלָּח, טָהוֹר קֹדֶשׁ: וְשָׁחַקְתָּ מִמֶּנָּה הָדֵק, וְנָתַתָּה מִמֶּנָּה לִפְנֵי הָעֵדֻת בְּאֹהֶל מוֹעֵד אֲשֶׁר אִוָּעֵד לְךָ שָׁמָּה, קֹדֶשׁ קָדָשִׁים תִּהְיֶה לָכֶם:

וְנֶאֱמַר
וְהִקְטִיר עָלָיו אַהֲרֹן קְטֹרֶת סַמִּים, בַּבֹּקֶר בַּבֹּקֶר בְּהֵיטִיבוֹ אֶת־הַנֵּרֹת
יַקְטִירֶנָּה: וּבְהַעֲלֹת אַהֲרֹן אֶת־הַנֵּרֹת בֵּין הָעַרְבַּיִם יַקְטִירֶנָּה, קְטֹרֶת
תָּמִיד לִפְנֵי יהוה לְדֹרֹתֵיכֶם:

תָּנוּ רַבָּנָן: פִּטּוּם הַקְּטֹרֶת כֵּיצַד, שְׁלֹשׁ מֵאוֹת וְשִׁשִּׁים וּשְׁמוֹנָה מָנִים הָיוּ בָהּ. שְׁלֹשׁ כריתות ו.
מֵאוֹת וְשִׁשִּׁים וַחֲמִשָּׁה כְּמִנְיַן יְמוֹת הַחַמָּה, מָנֶה לְכָל יוֹם, פְּרַס בְּשַׁחֲרִית וּפְרַס
בֵּין הָעַרְבַּיִם, וּשְׁלֹשָׁה מָנִים יְתֵרִים שֶׁמֵּהֶם מַכְנִיס כֹּהֵן גָּדוֹל מְלֹא חָפְנָיו בְּיוֹם
הַכִּפּוּרִים, וּמַחֲזִירָן לְמַכְתֶּשֶׁת בְּעֶרֶב יוֹם הַכִּפּוּרִים וְשׁוֹחֲקָן יָפֶה יָפֶה, כְּדֵי שֶׁתְּהֵא
דַקָּה מִן הַדַּקָּה. וְאַחַד עָשָׂר סַמָּנִים הָיוּ בָהּ, וְאֵלּוּ הֵן: הַצֳּרִי, וְהַצִּפֹּרֶן, וְהַחֶלְבְּנָה,
וְהַלְּבוֹנָה מִשְׁקַל שִׁבְעִים שִׁבְעִים מָנֶה, מֹר, וּקְצִיעָה, שִׁבֹּלֶת נֵרְדְּ, וְכַרְכֹּם מִשְׁקַל
שִׁשָּׁה עָשָׂר שִׁשָּׁה עָשָׂר מָנֶה, הַקֹּשְׁטְ שְׁנֵים עָשָׂר, קִלּוּפָה שְׁלֹשָׁה, וְקִנָּמוֹן תִּשְׁעָה,
בֹּרִית כַּרְשִׁינָה תִּשְׁעָה קַבִּין, יֵין קַפְרִיסִין סְאִין תְּלָת וְקַבִּין תְּלָתָא, וְאִם אֵין לוֹ
יֵין קַפְרִיסִין, מֵבִיא חֲמַר חִוַּרְיָן עַתִּיק. מֶלַח סְדוֹמִית רֹבַע, מַעֲלֶה עָשָׁן כָּל שֶׁהוּא.
רַבִּי נָתָן הַבַּבְלִי אוֹמֵר: אַף כִּפַּת הַיַּרְדֵּן כָּל שֶׁהוּא, וְאִם נָתַן בָּהּ דְּבַשׁ פְּסָלָהּ,
וְאִם חִסֵּר אַחַד מִכָּל סַמָּנֶיהָ, חַיָּב מִיתָה.

רַבָּן שִׁמְעוֹן בֶּן גַּמְלִיאֵל אוֹמֵר: הַצֳּרִי אֵינוֹ אֶלָּא שְׂרָף הַנּוֹטֵף מֵעֲצֵי הַקְּטָף. בֹּרִית כַּרְשִׁינָה שֶׁשָּׁפִין בָּהּ אֶת הַצִּפֹּרֶן כְּדֵי שֶׁתְּהֵא נָאָה, יֵין קַפְרִיסִין שֶׁשּׁוֹרִין בּוֹ אֶת הַצִּפֹּרֶן כְּדֵי שֶׁתְּהֵא עַזָּה, וַהֲלֹא מֵי רַגְלַיִם יָפִין לָהּ, אֶלָּא שֶׁאֵין מַכְנִיסִין מֵי רַגְלַיִם בַּמִּקְדָּשׁ מִפְּנֵי הַכָּבוֹד.

תַּנְיָא, רַבִּי נָתָן אוֹמֵר: כְּשֶׁהוּא שׁוֹחֵק אוֹמֵר, הָדֵק הֵיטֵב הֵיטֵב הָדֵק, מִפְּנֵי שֶׁהַקּוֹל יָפֶה לַבְּשָׂמִים. פִּטְּמָהּ לַחֲצָאִין כְּשֵׁרָה, לִשְׁלִישׁ וְלִרְבִיעַ לֹא שָׁמַעְנוּ. אָמַר רַבִּי יְהוּדָה: זֶה הַכְּלָל, אִם כְּמִדָּתָהּ כְּשֵׁרָה לַחֲצָאִין, וְאִם חִסַּר אֶחָד מִכָּל סַמָּנֶיהָ חַיָּב מִיתָה.

תַּנְיָא, בַּר קַפָּרָא אוֹמֵר: אַחַת לְשִׁשִּׁים אוֹ לְשִׁבְעִים שָׁנָה הָיְתָה בָאָה שֶׁל שִׁירַיִם ירושלמי
לַחֲצָאִין. וְעוֹד תָּנֵי בַּר קַפָּרָא: אִלּוּ הָיָה נוֹתֵן בָּהּ קוֹרְטוֹב שֶׁל דְּבַשׁ אֵין אָדָם יומא ד, הלכה ה
יָכוֹל לַעֲמֹד מִפְּנֵי רֵיחָהּ, וְלָמָּה אֵין מְעָרְבִין בָּהּ דְּבַשׁ, מִפְּנֵי שֶׁהַתּוֹרָה אָמְרָה: כִּי ויקרא ב
כָל־שְׂאֹר וְכָל־דְּבַשׁ לֹא־תַקְטִירוּ מִמֶּנּוּ אִשֶּׁה לַיהוה:

נוהגים לומר שלושה פסוקים אלה אחרי פרשת הקטורת (שער הכוונות,
על פי הירושלמי במסכת ברכות). והשל״ה כתב לומר כל פסוק שלוש פעמים.

תהלים מו יהוה צְבָאוֹת עִמָּנוּ, מִשְׂגָּב לָנוּ אֱלֹהֵי יַעֲקֹב סֶלָה:
תהלים פד יהוה צְבָאוֹת, אַשְׁרֵי אָדָם בֹּטֵחַ בָּךְ:
תהלים כ יהוה הוֹשִׁיעָה, הַמֶּלֶךְ יַעֲנֵנוּ בְיוֹם־קָרְאֵנוּ:

תהלים לב אַתָּה סֵתֶר לִי, מִצַּר תִּצְּרֵנִי, רָנֵּי פַלֵּט תְּסוֹבְבֵנִי סֶלָה:
מלאכי ג וְעָרְבָה לַיהוה מִנְחַת יְהוּדָה וִירוּשָׁלָםִ
כִּימֵי עוֹלָם וּכְשָׁנִים קַדְמֹנִיּוֹת:

סדר המערכה

יומא לג. אַבַּיֵּי הֲוָה מְסַדֵּר סֵדֶר הַמַּעֲרָכָה מִשְּׁמָא דִגְמָרָא, וְאַלִּבָּא דְאַבָּא
שָׁאוּל: מַעֲרָכָה גְדוֹלָה קוֹדֶמֶת לְמַעֲרָכָה שְׁנִיָּה שֶׁל קְטֹרֶת, וּמַעֲרָכָה
שְׁנִיָּה שֶׁל קְטֹרֶת קוֹדֶמֶת לְסִדּוּר שְׁנֵי גִזְרֵי עֵצִים, וְסִדּוּר שְׁנֵי גִזְרֵי עֵצִים
קוֹדֵם לְדִשּׁוּן מִזְבֵּחַ הַפְּנִימִי, וְדִשּׁוּן מִזְבֵּחַ הַפְּנִימִי קוֹדֵם לַהֲטָבַת
חָמֵשׁ נֵרוֹת, וַהֲטָבַת חָמֵשׁ נֵרוֹת קוֹדֶמֶת לְדַם הַתָּמִיד, וְדַם הַתָּמִיד
קוֹדֵם לַהֲטָבַת שְׁתֵּי נֵרוֹת, וַהֲטָבַת שְׁתֵּי נֵרוֹת קוֹדֶמֶת לִקְטֹרֶת, וּקְטֹרֶת
קוֹדֶמֶת לְאֵבָרִים, וְאֵבָרִים לְמִנְחָה, וּמִנְחָה לַחֲבִתִּין, וַחֲבִתִּין לִנְסָכִין,
וּנְסָכִין לְמוּסָפִין, וּמוּסָפִין לְבָזִיכִין, וּבָזִיכִין קוֹדְמִין לְתָמִיד שֶׁל בֵּין
ויקרא ו הָעַרְבָּיִם. שֶׁנֶּאֱמַר: וְעָרַךְ עָלֶיהָ הָעֹלָה, וְהִקְטִיר עָלֶיהָ חֶלְבֵי הַשְּׁלָמִים:
עָלֶיהָ הַשְׁלֵם כָּל הַקָּרְבָּנוֹת כֻּלָּם.

המקובלים הנהיגו לומר פיוט עתיק זה
המיוחס לתנא ר׳ נחוניה בן הקנה, כהכנה לתפילה (שער הכוונות).

אָנָּא, בְּכֹחַ גְּדֻלַּת יְמִינְךָ, תַּתִּיר צְרוּרָה.
קַבֵּל רִנַּת עַמְּךָ, שַׂגְּבֵנוּ, טַהֲרֵנוּ, נוֹרָא.
נָא גִבּוֹר, דּוֹרְשֵׁי יִחוּדְךָ כְּבָבַת שָׁמְרֵם.
בָּרְכֵם, טַהֲרֵם, רַחֲמֵם, צִדְקָתְךָ תָּמִיד גָּמְלֵם.
חֲסִין קָדוֹשׁ, בְּרֹב טוּבְךָ נַהֵל עֲדָתֶךָ.
יָחִיד גֵּאֶה, לְעַמְּךָ פְּנֵה, זוֹכְרֵי קְדֻשָּׁתֶךָ.
שַׁוְעָתֵנוּ קַבֵּל וּשְׁמַע צַעֲקָתֵנוּ, יוֹדֵעַ תַּעֲלוּמוֹת.
בָּרוּךְ שֵׁם כְּבוֹד מַלְכוּתוֹ לְעוֹלָם וָעֶד.

יש המדלגים על התחינה הבאה.

רִבּוֹן הָעוֹלָמִים, אַתָּה צִוִּיתָנוּ לְהַקְרִיב קָרְבַּן הַתָּמִיד בְּמוֹעֲדוֹ וְלִהְיוֹת כֹּהֲנִים בַּעֲבוֹדָתָם וּלְוִיִּם בְּדוּכָנָם וְיִשְׂרָאֵל בְּמַעֲמָדָם, וְעַתָּה בַּעֲוֹנוֹתֵינוּ חָרַב בֵּית הַמִּקְדָּשׁ וּבָטַל הַתָּמִיד וְאֵין לָנוּ לֹא כֹהֵן בַּעֲבוֹדָתוֹ וְלֹא לֵוִי בְּדוּכָנוֹ וְלֹא יִשְׂרָאֵל
הושע יד בְּמַעֲמָדוֹ, וְאַתָּה אָמַרְתָּ: וּנְשַׁלְּמָה פָרִים שְׂפָתֵינוּ: לָכֵן יְהִי רָצוֹן מִלְּפָנֶיךָ יהוה אֱלֹהֵינוּ וֵאלֹהֵי אֲבוֹתֵינוּ, שֶׁיְּהֵא שִׂיחַ שִׂפְתוֹתֵינוּ חָשׁוּב וּמְקֻבָּל וּמְרֻצֶּה לְפָנֶיךָ, כְּאִלּוּ הִקְרַבְנוּ קָרְבַּן הַתָּמִיד בְּמוֹעֲדוֹ וּבִמְקוֹמוֹ וּכְהִלְכָתוֹ.

בשבת מוסיפים את פסוקי מוסף היום
כהשלמה לפסוקי התמיד (שו״ע מח, א):

במדבר כח וּבְיוֹם הַשַּׁבָּת
שְׁנֵי־כְבָשִׂים בְּנֵי־שָׁנָה תְּמִימִם
וּשְׁנֵי עֶשְׂרֹנִים סֹלֶת מִנְחָה בְּלוּלָה בַשֶּׁמֶן, וְנִסְכּוֹ:
עֹלַת שַׁבַּת בְּשַׁבַּתּוֹ, עַל־עֹלַת הַתָּמִיד וְנִסְכָּהּ:

לאחר פסוקי הקרבנות אומרים פרק משנה ואת הברייתא הפותחת את מדרש תורת כוהנים כדי ללמוד בכל יום מקרא, משנה וגמרא (תוספות, קידושין ל ע״א).

חכמים בחרו את פרק ה במסכת זבחים,
כיוון שכולו הלכה פסוקה בלי מחלוקת (משנ״ב נ, ב).

דיני זבחים

זבחים פרק ה אֵיזֶהוּ מְקוֹמָן שֶׁל זְבָחִים. קָדְשֵׁי קָדָשִׁים שְׁחִיטָתָן בַּצָּפוֹן. פַּר וְשָׂעִיר שֶׁל יוֹם הַכִּפּוּרִים, שְׁחִיטָתָן בַּצָּפוֹן, וְקִבּוּל דָּמָן בִּכְלִי שָׁרֵת בַּצָּפוֹן, וְדָמָן טָעוּן הַזָּיָה עַל בֵּין הַבַּדִּים, וְעַל הַפָּרֹכֶת, וְעַל מִזְבַּח הַזָּהָב. מַתָּנָה אַחַת מֵהֶן מְעַכָּבֶת. שְׁיָרֵי הַדָּם הָיָה שׁוֹפֵךְ עַל יְסוֹד מַעֲרָבִי שֶׁל מִזְבֵּחַ הַחִיצוֹן, אִם לֹא נָתַן לֹא עִכֵּב.

פָּרִים הַנִּשְׂרָפִים וּשְׂעִירִים הַנִּשְׂרָפִים, שְׁחִיטָתָן בַּצָּפוֹן, וְקִבּוּל דָּמָן בִּכְלִי שָׁרֵת בַּצָּפוֹן, וְדָמָן טָעוּן הַזָּיָה עַל הַפָּרֹכֶת וְעַל מִזְבַּח הַזָּהָב. מַתָּנָה אַחַת מֵהֶן מְעַכָּבֶת. שְׁיָרֵי הַדָּם הָיָה שׁוֹפֵךְ עַל יְסוֹד מַעֲרָבִי שֶׁל מִזְבֵּחַ הַחִיצוֹן, אִם לֹא נָתַן לֹא עִכֵּב. אֵלּוּ וָאֵלּוּ נִשְׂרָפִין בְּבֵית הַדָּשֶׁן.

חַטֹּאת הַצִּבּוּר וְהַיָּחִיד. אֵלּוּ הֵן חַטֹּאת הַצִּבּוּר: שְׂעִירֵי רָאשֵׁי חֳדָשִׁים וְשֶׁל מוֹעֲדוֹת. שְׁחִיטָתָן בַּצָּפוֹן, וְקִבּוּל דָּמָן בִּכְלִי שָׁרֵת בַּצָּפוֹן, וְדָמָן טָעוּן

אַרְבַּע מַתָּנוֹת עַל אַרְבַּע קְרָנוֹת. כֵּיצַד, עָלָה בַכֶּבֶשׁ, וּפָנָה לַסּוֹבֵב, וּבָא לוֹ לְקֶרֶן דְּרוֹמִית מִזְרָחִית, מִזְרָחִית צְפוֹנִית, צְפוֹנִית מַעֲרָבִית, מַעֲרָבִית דְּרוֹמִית. שְׁיָרֵי הַדָּם הָיָה שׁוֹפֵךְ עַל יְסוֹד דְּרוֹמִי. וְנֶאֱכָלִין לִפְנִים מִן הַקְּלָעִים, לְזִכְרֵי כְהֻנָּה, בְּכָל מַאֲכָל, לְיוֹם וָלַיְלָה עַד חֲצוֹת.

הָעוֹלָה קֹדֶשׁ קָדָשִׁים. שְׁחִיטָתָהּ בַּצָּפוֹן, וְקִבּוּל דָּמָהּ בִּכְלִי שָׁרֵת בַּצָּפוֹן, וְדָמָהּ טָעוּן שְׁתֵּי מַתָּנוֹת שֶׁהֵן אַרְבַּע, וּטְעוּנָה הֶפְשֵׁט וְנִתּוּחַ, וְכָלִיל לָאִשִּׁים.

זִבְחֵי שַׁלְמֵי צִבּוּר וַאֲשָׁמוֹת. אֵלּוּ הֵן אֲשָׁמוֹת: אֲשַׁם גְּזֵלוֹת, אֲשַׁם מְעִילוֹת, אֲשַׁם שִׁפְחָה חֲרוּפָה, אֲשַׁם נָזִיר, אֲשַׁם מְצֹרָע, אָשָׁם תָּלוּי. שְׁחִיטָתָן בַּצָּפוֹן, וְקִבּוּל דָּמָן בִּכְלִי שָׁרֵת בַּצָּפוֹן, וְדָמָן טָעוּן שְׁתֵּי מַתָּנוֹת שֶׁהֵן אַרְבַּע. וְנֶאֱכָלִין לִפְנִים מִן הַקְּלָעִים, לְזִכְרֵי כְהֻנָּה, בְּכָל מַאֲכָל, לְיוֹם וָלַיְלָה עַד חֲצוֹת.

הַתּוֹדָה וְאֵיל נָזִיר קָדָשִׁים קַלִּים. שְׁחִיטָתָן בְּכָל מָקוֹם בָּעֲזָרָה, וְדָמָן טָעוּן שְׁתֵּי מַתָּנוֹת שֶׁהֵן אַרְבַּע, וְנֶאֱכָלִין בְּכָל הָעִיר, לְכָל אָדָם, בְּכָל מַאֲכָל, לְיוֹם וָלַיְלָה עַד חֲצוֹת. הַמּוּרָם מֵהֶם כַּיּוֹצֵא בָהֶם, אֶלָּא שֶׁהַמּוּרָם נֶאֱכָל לַכֹּהֲנִים, לִנְשֵׁיהֶם, וְלִבְנֵיהֶם וּלְעַבְדֵיהֶם.

שְׁלָמִים קָדָשִׁים קַלִּים. שְׁחִיטָתָן בְּכָל מָקוֹם בָּעֲזָרָה, וְדָמָן טָעוּן שְׁתֵּי מַתָּנוֹת שֶׁהֵן אַרְבַּע, וְנֶאֱכָלִין בְּכָל הָעִיר, לְכָל אָדָם, בְּכָל מַאֲכָל, לִשְׁנֵי יָמִים וְלַיְלָה אֶחָד. הַמּוּרָם מֵהֶם כַּיּוֹצֵא בָהֶם, אֶלָּא שֶׁהַמּוּרָם נֶאֱכָל לַכֹּהֲנִים, לִנְשֵׁיהֶם, וְלִבְנֵיהֶם וּלְעַבְדֵיהֶם.

הַבְּכוֹר וְהַמַּעֲשֵׂר וְהַפֶּסַח קָדָשִׁים קַלִּים. שְׁחִיטָתָן בְּכָל מָקוֹם בָּעֲזָרָה, וְדָמָן טָעוּן מַתָּנָה אֶחָת, וּבִלְבָד שֶׁיִּתֵּן כְּנֶגֶד הַיְסוֹד. שִׁנָּה בַאֲכִילָתָן, הַבְּכוֹר נֶאֱכָל לַכֹּהֲנִים וְהַמַּעֲשֵׂר לְכָל אָדָם, וְנֶאֱכָלִין בְּכָל הָעִיר, בְּכָל מַאֲכָל, לִשְׁנֵי יָמִים וְלַיְלָה אֶחָד. הַפֶּסַח אֵינוֹ נֶאֱכָל אֶלָּא בַלַּיְלָה, וְאֵינוֹ נֶאֱכָל אֶלָּא עַד חֲצוֹת, וְאֵינוֹ נֶאֱכָל אֶלָּא לִמְנוּיָו, וְאֵינוֹ נֶאֱכָל אֶלָּא צָלִי.

יש בתי כנסת המתחילים את התפילה בציבור כאן.

ברייתא דרבי ישמעאל

רַבִּי יִשְׁמָעֵאל אוֹמֵר: בִּשְׁלֹשׁ עֶשְׂרֵה מִדּוֹת הַתּוֹרָה נִדְרֶשֶׁת

א מִקַּל וָחְמֶר

ב וּמִגְּזֵרָה שָׁוָה

ג מִבִּנְיַן אָב מִכָּתוּב אֶחָד, וּמִבִּנְיַן אָב מִשְּׁנֵי כְתוּבִים

ד מִכְּלָל וּפְרָט

ה מִפְּרָט וּכְלָל

ו כְּלָל וּפְרָט וּכְלָל, אִי אַתָּה דָן אֶלָּא כְּעֵין הַפְּרָט

ז מִכְּלָל שֶׁהוּא צָרִיךְ לִפְרָט, וּמִפְּרָט שֶׁהוּא צָרִיךְ לִכְלָל

ח כָּל דָּבָר שֶׁהָיָה בִּכְלָל, וְיָצָא מִן הַכְּלָל לְלַמֵּד
לֹא לְלַמֵּד עַל עַצְמוֹ יָצָא, אֶלָּא לְלַמֵּד עַל הַכְּלָל כֻּלּוֹ יָצָא

ט כָּל דָּבָר שֶׁהָיָה בִּכְלָל, וְיָצָא לִטְעֹן טֹעַן אֶחָד שֶׁהוּא כְעִנְיָנוֹ
יָצָא לְהָקֵל וְלֹא לְהַחֲמִיר

י כָּל דָּבָר שֶׁהָיָה בִּכְלָל, וְיָצָא לִטְעֹן טֹעַן אַחֵר שֶׁלֹּא כְעִנְיָנוֹ
יָצָא לְהָקֵל וּלְהַחֲמִיר

יא כָּל דָּבָר שֶׁהָיָה בִּכְלָל, וְיָצָא לִדּוֹן בַּדָּבָר הֶחָדָשׁ
אִי אַתָּה יָכוֹל לְהַחֲזִירוֹ לִכְלָלוֹ
עַד שֶׁיַּחֲזִירֶנּוּ הַכָּתוּב לִכְלָלוֹ בְּפֵרוּשׁ

◂ יב דָּבָר הַלָּמֵד מֵעִנְיָנוֹ, וְדָבָר הַלָּמֵד מִסּוֹפוֹ

יג וְכֵן שְׁנֵי כְתוּבִים הַמַּכְחִישִׁים זֶה אֶת זֶה
עַד שֶׁיָּבוֹא הַכָּתוּב הַשְּׁלִישִׁי וְיַכְרִיעַ בֵּינֵיהֶם.

יְהִי רָצוֹן מִלְּפָנֶיךָ, יהוה אֱלֹהֵינוּ וֵאלֹהֵי אֲבוֹתֵינוּ, שֶׁיִּבָּנֶה בֵּית הַמִּקְדָּשׁ בִּמְהֵרָה בְיָמֵינוּ, וְתֵן חֶלְקֵנוּ בְּתוֹרָתֶךָ, וְשָׁם נַעֲבָדְךָ בְּיִרְאָה כִּימֵי עוֹלָם וּכְשָׁנִים קַדְמוֹנִיּוֹת.

קדיש דרבנן

אם יש מניין, האבלים עומדים ואומרים קדיש דרבנן.

אבל:

יתגדל ויתקדש שמו הגדול	יִתְגַּדַּל וְיִתְקַדַּשׁ שְׁמֵהּ רַבָּא (קהל: אָמֵן)
בעולם אשר ברא כרצונו	בְּעָלְמָא דִּי בְרָא כִרְעוּתֵהּ
וימליך מלכותו	וְיַמְלִיךְ מַלְכוּתֵהּ
בחייכם ובימיכם	בְּחַיֵּיכוֹן וּבְיוֹמֵיכוֹן
ובחיי כל בית ישראל	וּבְחַיֵּי דְכָל בֵּית יִשְׂרָאֵל
במהרה ובזמן קרוב	בַּעֲגָלָא וּבִזְמַן קָרִיב
ואמרו אמן.	וְאִמְרוּ אָמֵן. (קהל: אָמֵן)

קהל ואבל:

יהא שמו הגדול מבורך	יְהֵא שְׁמֵהּ רַבָּא מְבָרַךְ
לעולם ולעולמי עולמים	לְעָלַם וּלְעָלְמֵי עָלְמַיָּא.

אבל:

יתברך וישתבח ויתפאר	יִתְבָּרַךְ וְיִשְׁתַּבַּח וְיִתְפָּאַר
ויתרומם ויתנשא	וְיִתְרוֹמַם וְיִתְנַשֵּׂא
ויתהדר ויתעלה ויתהלל	וְיִתְהַדַּר וְיִתְעַלֶּה וְיִתְהַלָּל
שמו של הקדוש	שְׁמֵהּ דְּקֻדְשָׁא
ברוך הוא	בְּרִיךְ הוּא (קהל: בְּרִיךְ הוּא)
למעלה למעלה מכל הברכות	לְעֵלָּא לְעֵלָּא מִכָּל בִּרְכָתָא
והשירות, התשבחות והנחמות	וְשִׁירָתָא, תֻּשְׁבְּחָתָא וְנֶחֱמָתָא
האמורות בעולם	דַּאֲמִירָן בְּעָלְמָא
ואמרו אמן.	וְאִמְרוּ אָמֵן. (קהל: אָמֵן)

על ישראל ועל רבותינו	עַל יִשְׂרָאֵל וְעַל רַבָּנָן
ועל תלמידיהם	וְעַל תַּלְמִידֵיהוֹן
ועל כל תלמידי תלמידיהם	וְעַל כָּל תַּלְמִידֵי תַלְמִידֵיהוֹן
ועל כל מי שעוסקים בתורה	וְעַל כָּל מָאן דְּעָסְקִין בְּאוֹרַיְתָא
שבמקום הקדוש הזה	דִּי בְּאַתְרָא קַדִּישָׁא הָדֵין
ושבכל מקום ומקום	וְדִי בְּכָל אֲתַר וַאֲתַר
יהא להם ולכם שלום רב	יְהֵא לְהוֹן וּלְכוֹן שְׁלָמָא רַבָּא
חן וחסד, ורחמים	חִנָּא וְחִסְדָּא, וְרַחֲמֵי
וחיים ארוכים	וְחַיֵּי אֲרִיכֵי
ומזונות רווחים	וּמְזוֹנֵי רְוִיחֵי
וישועה מלפני אביהם שבשמים	וּפֻרְקָנָא מִן קֳדָם אֲבוּהוֹן דִּי בִשְׁמַיָּא
ואמרו אמן.	וְאִמְרוּ אָמֵן. (קהל: אָמֵן)

יהא שלום רב מן השמים	יְהֵא שְׁלָמָא רַבָּא מִן שְׁמַיָּא
וחיים (טובים) עלינו	וְחַיִּים (טוֹבִים) עָלֵינוּ
ועל כל ישראל	וְעַל כָּל יִשְׂרָאֵל
ואמרו אמן.	וְאִמְרוּ אָמֵן. (קהל: אָמֵן)

כורע ופוסע שלוש פסיעות לאחור.
קד לשמאל, לימין ולפנים באמירת:

עֹשֶׂה הַשָּׁלוֹם בִּמְרוֹמָיו
הוּא יַעֲשֶׂה בְרַחֲמָיו שָׁלוֹם
עָלֵינוּ וְעַל כָּל יִשְׂרָאֵל
וְאִמְרוּ אָמֵן. (קהל: אָמֵן)

מזמור לפני פסוקי דזמרה

דוד לא זכה לבנות את בית המקדש, אך מכיוון שנתן את נפשו על המקדש, נקרא על שמו (במדבר רבה יב, ט).

בסידורי ספרד העתיקים פרק זה נאמר לפני פסוקי דזמרה. בדורות האחרונים גם קהילות אשכנז אימצו את המנהג והוסיפו אחריו קדיש, כיוון שאינו חלק מפסוקי דזמרה.

בבתי כנסת המתפללים בנוסח ספרד, הסדר הוא: 'הודו לה' קִרְאוּ בִשְׁמוֹ' (עמ' 93), 'מִזְמוֹר שִׁיר־חֲנֻכַּת הַבַּיִת לְדָוִד' (למטה, ואין אומרים אחריו קדיש) ופסוקי ייחוד ה' (עמ' 95), וממשיכים במזמורי שבת (עמ' 95) לפני 'בָּרוּךְ שֶׁאָמַר'.

תהלים ל מִזְמוֹר שִׁיר־חֲנֻכַּת הַבַּיִת לְדָוִד:
אֲרוֹמִמְךָ יהוה כִּי דִלִּיתָנִי, וְלֹא־שִׂמַּחְתָּ אֹיְבַי לִי:
יהוה אֱלֹהָי, שִׁוַּעְתִּי אֵלֶיךָ וַתִּרְפָּאֵנִי:
יהוה, הֶעֱלִיתָ מִן־שְׁאוֹל נַפְשִׁי, חִיִּיתַנִי מִיָּרְדִי־בוֹר:
זַמְּרוּ לַיהוה חֲסִידָיו, וְהוֹדוּ לְזֵכֶר קָדְשׁוֹ:
כִּי רֶגַע בְּאַפּוֹ, חַיִּים בִּרְצוֹנוֹ
בָּעֶרֶב יָלִין בֶּכִי וְלַבֹּקֶר רִנָּה:
וַאֲנִי אָמַרְתִּי בְשַׁלְוִי, בַּל־אֶמּוֹט לְעוֹלָם:
יהוה, בִּרְצוֹנְךָ הֶעֱמַדְתָּה לְהַרְרִי עֹז
הִסְתַּרְתָּ פָנֶיךָ הָיִיתִי נִבְהָל:
אֵלֶיךָ יהוה אֶקְרָא, וְאֶל־אֲדֹנָי אֶתְחַנָּן:
מַה־בֶּצַע בְּדָמִי, בְּרִדְתִּי אֶל שָׁחַת
הֲיוֹדְךָ עָפָר, הֲיַגִּיד אֲמִתֶּךָ:
שְׁמַע־יהוה וְחָנֵּנִי, יהוה הֱיֵה־עֹזֵר לִי:
הָפַכְתָּ מִסְפְּדִי לְמָחוֹל לִי, פִּתַּחְתָּ שַׂקִּי
וַתְּאַזְּרֵנִי שִׂמְחָה:
לְמַעַן יְזַמֶּרְךָ כָבוֹד וְלֹא יִדֹּם, יהוה אֱלֹהַי, לְעוֹלָם אוֹדֶךָּ:

קדיש יתום

אם יש מניין, האבלים אומרים קדיש יתום:

אבל: יִתְגַּדַּל וְיִתְקַדַּשׁ שְׁמֵהּ רַבָּא (קהל: אָמֵן)
בְּעָלְמָא דִּי בְרָא כִרְעוּתֵהּ
וְיַמְלִיךְ מַלְכוּתֵהּ
בְּחַיֵּיכוֹן וּבְיוֹמֵיכוֹן וּבְחַיֵּי דְכָל בֵּית יִשְׂרָאֵל
בַּעֲגָלָא וּבִזְמַן קָרִיב
וְאִמְרוּ אָמֵן. (קהל: אָמֵן)

קהל ואבל: יְהֵא שְׁמֵהּ רַבָּא מְבָרַךְ לְעָלַם וּלְעָלְמֵי עָלְמַיָּא.

אבל: יִתְבָּרַךְ וְיִשְׁתַּבַּח וְיִתְפָּאַר
וְיִתְרוֹמַם וְיִתְנַשֵּׂא וְיִתְהַדָּר וְיִתְעַלֶּה וְיִתְהַלָּל
שְׁמֵהּ דְּקֻדְשָׁא בְּרִיךְ הוּא (קהל: בְּרִיךְ הוּא)
לְעֵלָּא לְעֵלָּא מִכָּל בִּרְכָתָא
וְשִׁירָתָא, תֻּשְׁבְּחָתָא וְנֶחֱמָתָא
דַּאֲמִירָן בְּעָלְמָא
וְאִמְרוּ אָמֵן. (קהל: אָמֵן)

יְהֵא שְׁלָמָא רַבָּא מִן שְׁמַיָּא
וְחַיִּים, עָלֵינוּ וְעַל כָּל יִשְׂרָאֵל
וְאִמְרוּ אָמֵן. (קהל: אָמֵן)

כורע ופוסע שלוש פסיעות לאחור. קד לשמאל, לימין ולפנים באמירת:

עֹשֶׂה הַשָּׁלוֹם בִּמְרוֹמָיו
הוּא יַעֲשֶׂה שָׁלוֹם עָלֵינוּ וְעַל כָּל יִשְׂרָאֵל
וְאִמְרוּ אָמֵן. (קהל: אָמֵן)

פסוקי דזמרה

מִ'בָּרוּךְ שֶׁאָמַר' ואילך אסור לדבר בדברי חול עד סוף התפילה.
נהוג לומר 'בָּרוּךְ שֶׁאָמַר' בעמידה, והמתפלל אוחז שתי ציציות לפניו.

יש אומרים:

הֲרֵינִי מְזַמֵּן אֶת פִּי לְהוֹדוֹת וּלְהַלֵּל וּלְשַׁבֵּחַ אֶת בּוֹרְאִי, לְשֵׁם יִחוּד קֻדְשָׁא בְּרִיךְ הוּא וּשְׁכִינְתֵּהּ עַל יְדֵי הַהוּא טָמִיר וְנֶעְלָם בְּשֵׁם כָּל יִשְׂרָאֵל.

וְהָיָה הָעוֹלָם, בָּרוּךְ הוּא.
בָּרוּךְ עוֹשֶׂה בְרֵאשִׁית
בָּרוּךְ אוֹמֵר וְעוֹשֶׂה
בָּרוּךְ גּוֹזֵר וּמְקַיֵּם
בָּרוּךְ מְרַחֵם עַל הָאָרֶץ
בָּרוּךְ מְרַחֵם עַל הַבְּרִיּוֹת
בָּרוּךְ מְשַׁלֵּם שָׂכָר טוֹב לִירֵאָיו
בָּרוּךְ חַי לָעַד וְקַיָּם לָנֶצַח
בָּרוּךְ פּוֹדֶה וּמַצִּיל
בָּרוּךְ שְׁמוֹ
בָּרוּךְ אַתָּה יהוה אֱלֹהֵינוּ מֶלֶךְ הָעוֹלָם
הָאֵל הָאָב הָרַחֲמָן הַמְהֻלָּל בְּפִי עַמּוֹ
מְשֻׁבָּח וּמְפֹאָר בִּלְשׁוֹן חֲסִידָיו וַעֲבָדָיו
וּבְשִׁירֵי דָוִד עַבְדֶּךָ, נְהַלֶּלְךָ יהוה אֱלֹהֵינוּ.

בִּשְׁבָחוֹת וּבִזְמִירוֹת נְגַדֶּלְךָ וּנְשַׁבֵּחֲךָ וּנְפָאֶרְךָ
וְנַזְכִּיר שִׁמְךָ וְנַמְלִיכְךָ, מַלְכֵּנוּ אֱלֹהֵינוּ, ◄ יָחִיד חֵי הָעוֹלָמִים
מֶלֶךְ, מְשֻׁבָּח וּמְפֹאָר עֲדֵי עַד שְׁמוֹ הַגָּדוֹל
בָּרוּךְ אַתָּה יהוה, מֶלֶךְ מְהֻלָּל בַּתִּשְׁבָּחוֹת.

את המזמור ׳הודו לַה׳׳ אמרו הלוויים בעת שהעלו את ארון ה׳ לירושלים.
אחריו מוסיפים לקט פסוקים המזכירים את חסדי ה׳.

דברי הימים א׳ טז

הוֹדוּ לַיהוה קִרְאוּ בִשְׁמוֹ, הוֹדִיעוּ בָעַמִּים עֲלִילֹתָיו: שִׁירוּ לוֹ, זַמְּרוּ־לוֹ, שִׂיחוּ בְּכָל־נִפְלְאֹתָיו: הִתְהַלְלוּ בְּשֵׁם קָדְשׁוֹ, יִשְׂמַח לֵב מְבַקְשֵׁי יהוה: דִּרְשׁוּ יהוה וְעֻזּוֹ, בַּקְּשׁוּ פָנָיו תָּמִיד: זִכְרוּ נִפְלְאֹתָיו אֲשֶׁר עָשָׂה, מֹפְתָיו וּמִשְׁפְּטֵי־פִיהוּ: זֶרַע יִשְׂרָאֵל עַבְדּוֹ, בְּנֵי יַעֲקֹב בְּחִירָיו: הוּא יהוה אֱלֹהֵינוּ בְּכָל־הָאָרֶץ מִשְׁפָּטָיו: זִכְרוּ לְעוֹלָם בְּרִיתוֹ, דָּבָר צִוָּה לְאֶלֶף דּוֹר: אֲשֶׁר כָּרַת אֶת־אַבְרָהָם, וּשְׁבוּעָתוֹ לְיִצְחָק: וַיַּעֲמִידֶהָ לְיַעֲקֹב לְחֹק, לְיִשְׂרָאֵל בְּרִית עוֹלָם: לֵאמֹר, לְךָ אֶתֵּן אֶרֶץ־כְּנָעַן, חֶבֶל נַחֲלַתְכֶם: בִּהְיוֹתְכֶם מְתֵי מִסְפָּר, כִּמְעַט וְגָרִים בָּהּ: וַיִּתְהַלְּכוּ מִגּוֹי אֶל־גּוֹי, וּמִמַּמְלָכָה אֶל־עַם אַחֵר: לֹא־הִנִּיחַ לְאִישׁ לְעָשְׁקָם, וַיּוֹכַח עֲלֵיהֶם מְלָכִים: אַל־תִּגְּעוּ בִּמְשִׁיחָי, וּבִנְבִיאַי אַל־תָּרֵעוּ: שִׁירוּ לַיהוה כָּל־הָאָרֶץ, בַּשְּׂרוּ מִיּוֹם־אֶל־יוֹם יְשׁוּעָתוֹ: סַפְּרוּ בַגּוֹיִם אֶת־כְּבוֹדוֹ, בְּכָל־הָעַמִּים נִפְלְאֹתָיו: כִּי גָדוֹל יהוה וּמְהֻלָּל מְאֹד, וְנוֹרָא הוּא עַל־כָּל־אֱלֹהִים: ◄ כִּי כָּל־אֱלֹהֵי הָעַמִּים אֱלִילִים, וַיהוה שָׁמַיִם עָשָׂה:

הוֹד וְהָדָר לְפָנָיו, עֹז וְחֶדְוָה בִּמְקֹמוֹ: הָבוּ לַיהוה מִשְׁפְּחוֹת עַמִּים, הָבוּ לַיהוה כָּבוֹד וָעֹז: הָבוּ לַיהוה כְּבוֹד שְׁמוֹ, שְׂאוּ מִנְחָה וּבֹאוּ לְפָנָיו, הִשְׁתַּחֲווּ לַיהוה בְּהַדְרַת־קֹדֶשׁ: חִילוּ מִלְּפָנָיו כָּל־הָאָרֶץ, אַף־תִּכּוֹן תֵּבֵל בַּל־תִּמּוֹט: יִשְׂמְחוּ הַשָּׁמַיִם וְתָגֵל

הָאָֽרֶץ, וְיֹאמְרוּ בַגּוֹיִם יהוה מָלָךְ: יִרְעַם הַיָּם וּמְלוֹאוֹ, יַעֲלֹץ
הַשָּׂדֶה וְכָל־אֲשֶׁר־בּוֹ: אָז יְרַנְּנוּ עֲצֵי הַיָּעַר, מִלִּפְנֵי יהוה, כִּי־בָא
לִשְׁפּוֹט אֶת־הָאָֽרֶץ: הוֹדוּ לַיהוה כִּי טוֹב, כִּי לְעוֹלָם חַסְדּוֹ: וְאִמְרוּ,
הוֹשִׁיעֵנוּ אֱלֹהֵי יִשְׁעֵנוּ, וְקַבְּצֵנוּ וְהַצִּילֵנוּ מִן־הַגּוֹיִם, לְהֹדוֹת לְשֵׁם
קָדְשֶֽׁךָ, לְהִשְׁתַּבֵּחַ בִּתְהִלָּתֶֽךָ: בָּרוּךְ יהוה אֱלֹהֵי יִשְׂרָאֵל מִן־
הָעוֹלָם וְעַד־הָעֹלָם, וַיֹּאמְרוּ כָל־הָעָם אָמֵן, וְהַלֵּל לַיהוה:
תהלים צט ◂ רוֹמְמוּ יהוה אֱלֹהֵֽינוּ וְהִשְׁתַּחֲווּ לַהֲדֹם רַגְלָיו, קָדוֹשׁ הוּא:
רוֹמְמוּ יהוה אֱלֹהֵינוּ וְהִשְׁתַּחֲווּ לְהַר קָדְשׁוֹ, כִּי־קָדוֹשׁ יהוה אֱלֹהֵֽינוּ:
תהלים עח וְהוּא רַחוּם, יְכַפֵּר עָוֹן וְלֹא־יַשְׁחִית, וְהִרְבָּה לְהָשִׁיב אַפּוֹ,
תהלים מ וְלֹא־יָעִיר כָּל־חֲמָתוֹ: אַתָּה יהוה לֹא־תִכְלָא רַחֲמֶֽיךָ מִמֶּֽנִּי, חַסְדְּךָ
תהלים כה וַאֲמִתְּךָ תָּמִיד יִצְּרֽוּנִי: זְכֹר־רַחֲמֶֽיךָ יהוה וַחֲסָדֶֽיךָ, כִּי מֵעוֹלָם הֵֽמָּה:
תהלים סח תְּנוּ עֹז לֵאלֹהִים, עַל־יִשְׂרָאֵל גַּאֲוָתוֹ, וְעֻזּוֹ בַּשְּׁחָקִים: נוֹרָא אֱלֹהִים
מִמִּקְדָּשֶֽׁיךָ, אֵל יִשְׂרָאֵל הוּא נֹתֵן עֹז וְתַעֲצֻמוֹת לָעָם, בָּרוּךְ אֱלֹהִים:
תהלים צד אֵל־נְקָמוֹת יהוה, אֵל נְקָמוֹת הוֹפִֽיעַ: הִנָּשֵׂא שֹׁפֵט הָאָֽרֶץ, הָשֵׁב
תהלים ג תהלים מו גְּמוּל עַל־גֵּאִים: לַיהוה הַיְשׁוּעָה, עַל־עַמְּךָ בִרְכָתֶֽךָ סֶּֽלָה: ◂ יהוה
תהלים פד צְבָאוֹת עִמָּֽנוּ, מִשְׂגָּב לָֽנוּ אֱלֹהֵי יַעֲקֹב סֶֽלָה: יהוה צְבָאוֹת, אַשְׁרֵי
תהלים כ אָדָם בֹּטֵֽחַ בָּךְ: יהוה הוֹשִֽׁיעָה, הַמֶּֽלֶךְ יַעֲנֵֽנוּ בְיוֹם־קָרְאֵֽנוּ:
תהלים כח הוֹשִֽׁיעָה אֶת־עַמֶּֽךָ, וּבָרֵךְ אֶת־נַחֲלָתֶֽךָ, וּרְעֵם וְנַשְּׂאֵם עַד־
תהלים לג הָעוֹלָם: נַפְשֵֽׁנוּ חִכְּתָה לַיהוה, עֶזְרֵֽנוּ וּמָגִנֵּֽנוּ הוּא: כִּי־בוֹ יִשְׂמַח
לִבֵּֽנוּ, כִּי בְשֵׁם קָדְשׁוֹ בָטָֽחְנוּ: יְהִי־חַסְדְּךָ יהוה עָלֵֽינוּ, כַּאֲשֶׁר
תהלים פה תהלים מד יִחַֽלְנוּ לָךְ: הַרְאֵֽנוּ יהוה חַסְדֶּֽךָ, וְיֶשְׁעֲךָ תִּתֶּן־לָֽנוּ: קוּמָה עֶזְרָֽתָה
תהלים פא לָּֽנוּ, וּפְדֵֽנוּ לְמַֽעַן חַסְדֶּֽךָ: אָנֹכִי יהוה אֱלֹהֶֽיךָ הַמַּעַלְךָ מֵאֶֽרֶץ
תהלים קמד מִצְרָֽיִם, הַרְחֶב־פִּֽיךָ וַאֲמַלְאֵֽהוּ: אַשְׁרֵי הָעָם שֶׁכָּֽכָה לּוֹ, אַשְׁרֵי
תהלים יג הָעָם שֶׁיהוה אֱלֹהָיו: ◂ וַאֲנִי בְּחַסְדְּךָ בָטַֽחְתִּי, יָגֵל לִבִּי בִּישׁוּעָתֶֽךָ,
אָשִֽׁירָה לַיהוה, כִּי גָמַל עָלָי:

בבתי כנסת המתפללים בנוסח ספרד, לפני מזמורי שבת עומדים ואומרים:

יהוה מֶלֶךְ, יהוה מָלָךְ, יהוה יִמְלֹךְ לְעֹלָם וָעֶד.
יהוה מֶלֶךְ, יהוה מָלָךְ, יהוה יִמְלֹךְ לְעֹלָם וָעֶד.

וְהָיָה יהוה לְמֶלֶךְ עַל־כָּל־הָאָרֶץ זכריה יד
בַּיּוֹם הַהוּא יִהְיֶה יהוה אֶחָד וּשְׁמוֹ אֶחָד:

הוֹשִׁיעֵנוּ יהוה אֱלֹהֵינוּ, וְקַבְּצֵנוּ מִן־הַגּוֹיִם, לְהוֹדוֹת לְשֵׁם קָדְשֶׁךָ, לְהִשְׁתַּבֵּחַ בִּתְהִלָּתֶךָ: תהלים קו
בָּרוּךְ יהוה אֱלֹהֵי יִשְׂרָאֵל מִן־הָעוֹלָם וְעַד הָעוֹלָם, וְאָמַר כָּל־הָעָם אָמֵן, הַלְלוּיָהּ: כֹּל תהלים קנ
הַנְּשָׁמָה תְּהַלֵּל יָהּ, הַלְלוּיָהּ:

נוהגים להאריך בפסוקי דזמרה לכבוד השבת (׳אור זרוע׳ ח״ב מב), והוא הדין גם ליום טוב.

בבתי כנסת המתפללים בנוסח ספרד, סדר המזמורים שונה: ׳לַמְנַצֵּחַ׳ (למטה), ׳רַנְּנוּ צַדִּיקִים בַּה׳׳ (עמ׳ 101), מזמורים לד, צ, צא (עמ׳ 96), ׳מִזְמוֹר שִׁירוּ לַה׳ שִׁיר חָדָשׁ׳, שירי המעלות קכא–קכד (עמ׳ 98), שני מזמורי הלל הגדול (עמ׳ 99), הפיוט ׳הָאַדֶּרֶת וְהָאֱמוּנָה׳, ורק אחר כך ׳בָּרוּךְ שֶׁאָמַר׳ (עמ׳ 92), וממשיכים ׳מִזְמוֹר שִׁיר לְיוֹם הַשַּׁבָּת׳ (עמ׳ 102).

לַמְנַצֵּחַ מִזְמוֹר לְדָוִד: הַשָּׁמַיִם מְסַפְּרִים כְּבוֹד־אֵל, וּמַעֲשֵׂה יָדָיו תהלים יט
מַגִּיד הָרָקִיעַ: יוֹם לְיוֹם יַבִּיעַ אֹמֶר, וְלַיְלָה לְּלַיְלָה יְחַוֶּה־דָּעַת: אֵין־
אֹמֶר וְאֵין דְּבָרִים, בְּלִי נִשְׁמָע קוֹלָם: בְּכָל־הָאָרֶץ יָצָא קַוָּם, וּבִקְצֵה
תֵבֵל מִלֵּיהֶם, לַשֶּׁמֶשׁ שָׂם־אֹהֶל בָּהֶם: וְהוּא כְּחָתָן יֹצֵא מֵחֻפָּתוֹ,
יָשִׂישׂ כְּגִבּוֹר לָרוּץ אֹרַח: מִקְצֵה הַשָּׁמַיִם מוֹצָאוֹ, וּתְקוּפָתוֹ עַל־
קְצוֹתָם, וְאֵין נִסְתָּר מֵחַמָּתוֹ: תּוֹרַת יהוה תְּמִימָה, מְשִׁיבַת נָפֶשׁ,
עֵדוּת יהוה נֶאֱמָנָה, מַחְכִּימַת פֶּתִי: פִּקּוּדֵי יהוה יְשָׁרִים, מְשַׂמְּחֵי־
לֵב, מִצְוַת יהוה בָּרָה, מְאִירַת עֵינָיִם: יִרְאַת יהוה טְהוֹרָה, עוֹמֶדֶת
לָעַד, מִשְׁפְּטֵי־יהוה אֱמֶת, צָדְקוּ יַחְדָּו: הַנֶּחֱמָדִים מִזָּהָב וּמִפַּז רָב,
וּמְתוּקִים מִדְּבַשׁ וְנֹפֶת צוּפִים: גַּם־עַבְדְּךָ נִזְהָר בָּהֶם, בְּשָׁמְרָם
עֵקֶב רָב: שְׁגִיאוֹת מִי־יָבִין, מִנִּסְתָּרוֹת נַקֵּנִי: גַּם מִזֵּדִים חֲשֹׂךְ
עַבְדֶּךָ, אַל־יִמְשְׁלוּ־בִי אָז אֵיתָם, וְנִקֵּיתִי מִפֶּשַׁע רָב: ◂ יִהְיוּ לְרָצוֹן
אִמְרֵי־פִי וְהֶגְיוֹן לִבִּי לְפָנֶיךָ, יהוה, צוּרִי וְגֹאֲלִי:

מזמור זה, שנאמר בו 'אֲבָרְכָה אֶת־ה' בְּכָל־עֵת', היה ראוי להיאמר בכל יום,
אך משום שחכמים חששו לטורח הציבור,
תיקנו לומר אותו רק בשבתות ובימים טובים (סידור ר״ש מגרמייזא).

תהלים לד לְדָוִד, בְּשַׁנּוֹתוֹ אֶת־טַעְמוֹ לִפְנֵי אֲבִימֶלֶךְ, וַיְגָרְשֵׁהוּ וַיֵּלַךְ: אֲבָרְכָה אֶת־יהוה בְּכָל־עֵת, תָּמִיד תְּהִלָּתוֹ בְּפִי: בַּיהוה תִּתְהַלֵּל נַפְשִׁי, יִשְׁמְעוּ עֲנָוִים וְיִשְׂמָחוּ: גַּדְּלוּ לַיהוה אִתִּי, וּנְרוֹמְמָה שְׁמוֹ יַחְדָּו: דָּרַשְׁתִּי אֶת־יהוה וְעָנָנִי, וּמִכָּל־מְגוּרוֹתַי הִצִּילָנִי: הִבִּיטוּ אֵלָיו וְנָהָרוּ, וּפְנֵיהֶם אַל־יֶחְפָּרוּ: זֶה עָנִי קָרָא, וַיהוה שָׁמֵעַ, וּמִכָּל־צָרוֹתָיו הוֹשִׁיעוֹ: חֹנֶה מַלְאַךְ־יהוה סָבִיב לִירֵאָיו, וַיְחַלְּצֵם: טַעֲמוּ וּרְאוּ כִּי־טוֹב יהוה, אַשְׁרֵי הַגֶּבֶר יֶחֱסֶה־בּוֹ: יְראוּ אֶת־יהוה קְדֹשָׁיו, כִּי־אֵין מַחְסוֹר לִירֵאָיו: כְּפִירִים רָשׁוּ וְרָעֵבוּ, וְדֹרְשֵׁי יהוה לֹא־יַחְסְרוּ כָל־טוֹב: לְכוּ־בָנִים שִׁמְעוּ־לִי, יִרְאַת יהוה אֲלַמֶּדְכֶם: מִי־הָאִישׁ הֶחָפֵץ חַיִּים, אֹהֵב יָמִים לִרְאוֹת טוֹב: נְצֹר לְשׁוֹנְךָ מֵרָע, וּשְׂפָתֶיךָ מִדַּבֵּר מִרְמָה: סוּר מֵרָע וַעֲשֵׂה־טוֹב, בַּקֵּשׁ שָׁלוֹם וְרָדְפֵהוּ: עֵינֵי יהוה אֶל־צַדִּיקִים, וְאָזְנָיו אֶל־שַׁוְעָתָם: פְּנֵי יהוה בְּעֹשֵׂי רָע, לְהַכְרִית מֵאֶרֶץ זִכְרָם: צָעֲקוּ וַיהוה שָׁמֵעַ, וּמִכָּל־צָרוֹתָם הִצִּילָם: קָרוֹב יהוה לְנִשְׁבְּרֵי־לֵב, וְאֶת־דַּכְּאֵי־רוּחַ יוֹשִׁיעַ: רַבּוֹת רָעוֹת צַדִּיק, וּמִכֻּלָּם יַצִּילֶנּוּ יהוה: שֹׁמֵר כָּל־עַצְמוֹתָיו, אַחַת מֵהֵנָּה לֹא נִשְׁבָּרָה: תְּמוֹתֵת רָשָׁע רָעָה, וְשֹׂנְאֵי צַדִּיק יֶאְשָׁמוּ: ‹ פּוֹדֶה יהוה נֶפֶשׁ עֲבָדָיו, וְלֹא יֶאְשְׁמוּ כָּל־הַחֹסִים בּוֹ:

תהלים צ תְּפִלָּה לְמֹשֶׁה אִישׁ־הָאֱלֹהִים, אֲדֹנָי, מָעוֹן אַתָּה הָיִיתָ לָּנוּ בְּדֹר וָדֹר: בְּטֶרֶם הָרִים יֻלָּדוּ, וַתְּחוֹלֵל אֶרֶץ וְתֵבֵל, וּמֵעוֹלָם עַד־עוֹלָם אַתָּה אֵל: תָּשֵׁב אֱנוֹשׁ עַד־דַּכָּא, וַתֹּאמֶר שׁוּבוּ בְנֵי־אָדָם: כִּי אֶלֶף שָׁנִים בְּעֵינֶיךָ, כְּיוֹם אֶתְמוֹל כִּי יַעֲבֹר, וְאַשְׁמוּרָה בַלָּיְלָה: זְרַמְתָּם, שֵׁנָה יִהְיוּ, בַּבֹּקֶר כֶּחָצִיר יַחֲלֹף: בַּבֹּקֶר יָצִיץ וְחָלָף, לָעֶרֶב יְמוֹלֵל

וְיָבֵשׁ: כִּי־כָלִינוּ בְאַפֶּךָ, וּבַחֲמָתְךָ נִבְהָלְנוּ: שַׁתָּ עֲוֹנֹתֵינוּ לְנֶגְדֶּךָ, עֲלֻמֵנוּ לִמְאוֹר פָּנֶיךָ: כִּי כָל־יָמֵינוּ פָּנוּ בְעֶבְרָתֶךָ, כִּלִּינוּ שָׁנֵינוּ כְמוֹ־הֶגֶה: יְמֵי־שְׁנוֹתֵינוּ בָהֶם שִׁבְעִים שָׁנָה, וְאִם בִּגְבוּרֹת שְׁמוֹנִים שָׁנָה, וְרָהְבָּם עָמָל וָאָוֶן, כִּי־גָז חִישׁ וַנָּעֻפָה: מִי־יוֹדֵעַ עֹז אַפֶּךָ, וּכְיִרְאָתְךָ עֶבְרָתֶךָ: לִמְנוֹת יָמֵינוּ כֵּן הוֹדַע, וְנָבִא לְבַב חָכְמָה: שׁוּבָה יהוה עַד־מָתָי, וְהִנָּחֵם עַל־עֲבָדֶיךָ: שַׂבְּעֵנוּ בַבֹּקֶר חַסְדֶּךָ, וּנְרַנְּנָה וְנִשְׂמְחָה בְּכָל־יָמֵינוּ: שַׂמְּחֵנוּ כִּימוֹת עִנִּיתָנוּ, שְׁנוֹת רָאִינוּ רָעָה: יֵרָאֶה אֶל־עֲבָדֶיךָ פָעֳלֶךָ, וַהֲדָרְךָ עַל־בְּנֵיהֶם: ◂ וִיהִי נֹעַם אֲדֹנָי אֱלֹהֵינוּ עָלֵינוּ, וּמַעֲשֵׂה יָדֵינוּ כּוֹנְנָה עָלֵינוּ, וּמַעֲשֵׂה יָדֵינוּ כּוֹנְנֵהוּ:

מזמור זה מכונה ׳שיר של פגעים׳, מפני שהוא עוסק בשמירה של הקב״ה על האדם ובמידת הביטחון (שבועות טו ע״ב).

תהלים צא יֹשֵׁב בְּסֵתֶר עֶלְיוֹן, בְּצֵל שַׁדַּי יִתְלוֹנָן: אֹמַר לַיהוה מַחְסִי וּמְצוּדָתִי, אֱלֹהַי אֶבְטַח־בּוֹ: כִּי הוּא יַצִּילְךָ מִפַּח יָקוּשׁ, מִדֶּבֶר הַוּוֹת: בְּאֶבְרָתוֹ יָסֶךְ לָךְ, וְתַחַת־כְּנָפָיו תֶּחְסֶה, צִנָּה וְסֹחֵרָה אֲמִתּוֹ: לֹא־תִירָא מִפַּחַד לָיְלָה, מֵחֵץ יָעוּף יוֹמָם: מִדֶּבֶר בָּאֹפֶל יַהֲלֹךְ, מִקֶּטֶב יָשׁוּד צָהֳרָיִם: יִפֹּל מִצִּדְּךָ אֶלֶף, וּרְבָבָה מִימִינֶךָ, אֵלֶיךָ לֹא יִגָּשׁ: רַק בְּעֵינֶיךָ תַבִּיט, וְשִׁלֻּמַת רְשָׁעִים תִּרְאֶה: כִּי־אַתָּה יהוה מַחְסִי, עֶלְיוֹן שַׂמְתָּ מְעוֹנֶךָ: לֹא־תְאֻנֶּה אֵלֶיךָ רָעָה, וְנֶגַע לֹא־יִקְרַב בְּאָהֳלֶךָ: כִּי מַלְאָכָיו יְצַוֶּה־לָּךְ, לִשְׁמָרְךָ בְּכָל־דְּרָכֶיךָ: עַל־כַּפַּיִם יִשָּׂאוּנְךָ, פֶּן־תִּגֹּף בָּאֶבֶן רַגְלֶךָ: עַל־שַׁחַל וָפֶתֶן תִּדְרֹךְ, תִּרְמֹס כְּפִיר וְתַנִּין: כִּי בִי חָשַׁק וַאֲפַלְּטֵהוּ, אֲשַׂגְּבֵהוּ כִּי־יָדַע שְׁמִי: יִקְרָאֵנִי וְאֶעֱנֵהוּ, עִמּוֹ אָנֹכִי בְצָרָה, אֲחַלְּצֵהוּ וַאֲכַבְּדֵהוּ:

◂ אֹרֶךְ יָמִים אַשְׂבִּיעֵהוּ, וְאַרְאֵהוּ בִּישׁוּעָתִי:

אֹרֶךְ יָמִים אַשְׂבִּיעֵהוּ, וְאַרְאֵהוּ בִּישׁוּעָתִי:

בבתי כנסת המתפללים בנוסח ספרד, מוסיפים כאן את חמשת המזמורים הבאים:

תהלים צח מִזְמוֹר, שִׁירוּ לַיהוה שִׁיר חָדָשׁ, כִּי־נִפְלָאוֹת עָשָׂה, הוֹשִׁיעָה־לּוֹ יְמִינוֹ וּזְרוֹעַ
קָדְשׁוֹ: הוֹדִיעַ יהוה יְשׁוּעָתוֹ, לְעֵינֵי הַגּוֹיִם גִּלָּה צִדְקָתוֹ: זָכַר חַסְדּוֹ וֶאֱמוּנָתוֹ
לְבֵית יִשְׂרָאֵל, רָאוּ כָל־אַפְסֵי־אָרֶץ אֵת יְשׁוּעַת אֱלֹהֵינוּ: הָרִיעוּ לַיהוה כָּל־
הָאָרֶץ, פִּצְחוּ וְרַנְּנוּ וְזַמֵּרוּ: זַמְּרוּ לַיהוה בְּכִנּוֹר, בְּכִנּוֹר וְקוֹל זִמְרָה: בַּחֲצֹצְרוֹת
וְקוֹל שׁוֹפָר, הָרִיעוּ לִפְנֵי הַמֶּלֶךְ יהוה: יִרְעַם הַיָּם וּמְלֹאוֹ, תֵּבֵל וְיֹשְׁבֵי בָהּ:
› נְהָרוֹת יִמְחֲאוּ־כָף, יַחַד הָרִים יְרַנֵּנוּ: לִפְנֵי יהוה כִּי בָא לִשְׁפֹּט הָאָרֶץ,
יִשְׁפֹּט־תֵּבֵל בְּצֶדֶק, וְעַמִּים בְּמֵישָׁרִים:

תהלים קכא שִׁיר לַמַּעֲלוֹת, אֶשָּׂא עֵינַי אֶל־הֶהָרִים, מֵאַיִן יָבֹא עֶזְרִי: עֶזְרִי מֵעִם יהוה,
עֹשֵׂה שָׁמַיִם וָאָרֶץ: אַל־יִתֵּן לַמּוֹט רַגְלֶךָ, אַל־יָנוּם שֹׁמְרֶךָ: הִנֵּה לֹא־יָנוּם וְלֹא
יִישָׁן, שׁוֹמֵר יִשְׂרָאֵל: יהוה שֹׁמְרֶךָ, יהוה צִלְּךָ עַל־יַד יְמִינֶךָ: יוֹמָם הַשֶּׁמֶשׁ
לֹא־יַכֶּכָּה, וְיָרֵחַ בַּלָּיְלָה: › יהוה יִשְׁמָרְךָ מִכָּל־רָע, יִשְׁמֹר אֶת־נַפְשֶׁךָ: יהוה
יִשְׁמָר־צֵאתְךָ וּבוֹאֶךָ, מֵעַתָּה וְעַד־עוֹלָם:

תהלים קכב שִׁיר הַמַּעֲלוֹת לְדָוִד, שָׂמַחְתִּי בְּאֹמְרִים לִי בֵּית יהוה נֵלֵךְ: עֹמְדוֹת הָיוּ
רַגְלֵינוּ, בִּשְׁעָרַיִךְ יְרוּשָׁלָםִ: יְרוּשָׁלַםִ הַבְּנוּיָה, כְּעִיר שֶׁחֻבְּרָה־לָּהּ יַחְדָּו: שֶׁשָּׁם
עָלוּ שְׁבָטִים שִׁבְטֵי־יָהּ, עֵדוּת לְיִשְׂרָאֵל, לְהֹדוֹת לְשֵׁם יהוה: כִּי שָׁמָּה יָשְׁבוּ
כִסְאוֹת לְמִשְׁפָּט, כִּסְאוֹת לְבֵית דָּוִד: שַׁאֲלוּ שְׁלוֹם יְרוּשָׁלָםִ, יִשְׁלָיוּ אֹהֲבָיִךְ:
יְהִי־שָׁלוֹם בְּחֵילֵךְ, שַׁלְוָה בְּאַרְמְנוֹתָיִךְ: › לְמַעַן אַחַי וְרֵעָי, אֲדַבְּרָה־נָּא שָׁלוֹם
בָּךְ: לְמַעַן בֵּית־יהוה אֱלֹהֵינוּ, אֲבַקְשָׁה טוֹב לָךְ:

תהלים קכג שִׁיר הַמַּעֲלוֹת, אֵלֶיךָ נָשָׂאתִי אֶת־עֵינַי, הַיֹּשְׁבִי בַּשָּׁמָיִם: הִנֵּה כְעֵינֵי עֲבָדִים
אֶל־יַד אֲדוֹנֵיהֶם, כְּעֵינֵי שִׁפְחָה אֶל־יַד גְּבִרְתָּהּ, כֵּן עֵינֵינוּ אֶל־יהוה אֱלֹהֵינוּ,
עַד שֶׁיְּחָנֵּנוּ: › חָנֵּנוּ יהוה חָנֵּנוּ, כִּי־רַב שָׂבַעְנוּ בוּז: רַבַּת שָׂבְעָה־לָּהּ נַפְשֵׁנוּ,
הַלַּעַג הַשַּׁאֲנַנִּים, הַבּוּז לִגְאֵי־יוֹנִים:

תהלים קכד שִׁיר הַמַּעֲלוֹת לְדָוִד, לוּלֵי יהוה שֶׁהָיָה לָנוּ, יֹאמַר־נָא יִשְׂרָאֵל: לוּלֵי יהוה
שֶׁהָיָה לָנוּ, בְּקוּם עָלֵינוּ אָדָם: אֲזַי חַיִּים בְּלָעוּנוּ, בַּחֲרוֹת אַפָּם בָּנוּ: אֲזַי הַמַּיִם

שְׁטָפוּנוּ, נַחְלָה עָבַר עַל־נַפְשֵׁנוּ: אֲזַי עָבַר עַל־נַפְשֵׁנוּ, הַמַּיִם הַזֵּידוֹנִים: בָּרוּךְ
יהוה, שֶׁלֹּא נְתָנָנוּ טֶרֶף לְשִׁנֵּיהֶם: › נַפְשֵׁנוּ כְּצִפּוֹר נִמְלְטָה מִפַּח יוֹקְשִׁים,
הַפַּח נִשְׁבָּר וַאֲנַחְנוּ נִמְלָטְנוּ: עֶזְרֵנוּ בְּשֵׁם יהוה, עֹשֵׂה שָׁמַיִם וָאָרֶץ:

במזמור זה המשורר פונה לכוהנים וללוויים שיהללו את ה׳,
ובמזמור הבא, המקביל לו, הוא פונה לישראל שיעשו כן אף הם (ראב״ע).

תהלים קלה
הַלְלוּיָהּ, הַלְלוּ אֶת־שֵׁם יהוה, הַלְלוּ עַבְדֵי יהוה: שֶׁעֹמְדִים
בְּבֵית יהוה, בְּחַצְרוֹת בֵּית אֱלֹהֵינוּ: הַלְלוּיָהּ כִּי־טוֹב יהוה,
זַמְּרוּ לִשְׁמוֹ כִּי נָעִים: כִּי־יַעֲקֹב בָּחַר לוֹ יָהּ, יִשְׂרָאֵל לִסְגֻלָּתוֹ:
כִּי אֲנִי יָדַעְתִּי כִּי־גָדוֹל יהוה, וַאֲדֹנֵינוּ מִכָּל־אֱלֹהִים: כֹּל אֲשֶׁר־
חָפֵץ יהוה עָשָׂה, בַּשָּׁמַיִם וּבָאָרֶץ, בַּיַּמִּים וְכָל־תְּהֹמוֹת:
מַעֲלֶה נְשִׂאִים מִקְצֵה הָאָרֶץ, בְּרָקִים לַמָּטָר עָשָׂה, מוֹצֵא־
רוּחַ מֵאוֹצְרוֹתָיו: שֶׁהִכָּה בְּכוֹרֵי מִצְרָיִם, מֵאָדָם עַד־בְּהֵמָה:
שָׁלַח אוֹתֹת וּמֹפְתִים בְּתוֹכֵכִי מִצְרָיִם, בְּפַרְעֹה וּבְכָל־עֲבָדָיו:
שֶׁהִכָּה גּוֹיִם רַבִּים, וְהָרַג מְלָכִים עֲצוּמִים: לְסִיחוֹן מֶלֶךְ הָאֱמֹרִי,
וּלְעוֹג מֶלֶךְ הַבָּשָׁן, וּלְכֹל מַמְלְכוֹת כְּנָעַן: וְנָתַן אַרְצָם נַחֲלָה,
נַחֲלָה לְיִשְׂרָאֵל עַמּוֹ: יהוה שִׁמְךָ לְעוֹלָם, יהוה זִכְרְךָ לְדֹר־
וָדֹר: כִּי־יָדִין יהוה עַמּוֹ, וְעַל־עֲבָדָיו יִתְנֶחָם: עֲצַבֵּי הַגּוֹיִם כֶּסֶף
וְזָהָב, מַעֲשֵׂה יְדֵי אָדָם: פֶּה־לָהֶם וְלֹא יְדַבֵּרוּ, עֵינַיִם לָהֶם וְלֹא
יִרְאוּ: אָזְנַיִם לָהֶם וְלֹא יַאֲזִינוּ, אַף אֵין־יֶשׁ־רוּחַ בְּפִיהֶם: כְּמוֹהֶם
יִהְיוּ עֹשֵׂיהֶם, כֹּל אֲשֶׁר־בֹּטֵחַ בָּהֶם: › בֵּית יִשְׂרָאֵל בָּרְכוּ אֶת־
יהוה, בֵּית אַהֲרֹן בָּרְכוּ אֶת־יהוה: בֵּית הַלֵּוִי בָּרְכוּ אֶת־יהוה,
יִרְאֵי יהוה בָּרְכוּ אֶת־יהוה: בָּרוּךְ יהוה מִצִּיּוֹן, שֹׁכֵן יְרוּשָׁלָםִ,
הַלְלוּיָהּ:

מזמור זה מכונה בגמרא 'הלל הגדול' (פסחים קיח ע"א), מפני שהוא משבח את ה' על הבריאה, על הנסים שעשה לישראל ועל הפרנסה היום־יומית (סידור חסידי אשכנז).

נוהגים לומר אותו בעמידה.

תהלים קלו הוֹדוּ לַיהוה כִּי־טוֹב כִּי לְעוֹלָם חַסְדּוֹ:
הוֹדוּ לֵאלֹהֵי הָאֱלֹהִים כִּי לְעוֹלָם חַסְדּוֹ:
הוֹדוּ לַאֲדֹנֵי הָאֲדֹנִים כִּי לְעוֹלָם חַסְדּוֹ:
לְעֹשֵׂה נִפְלָאוֹת גְּדֹלוֹת לְבַדּוֹ כִּי לְעוֹלָם חַסְדּוֹ:
לְעֹשֵׂה הַשָּׁמַיִם בִּתְבוּנָה כִּי לְעוֹלָם חַסְדּוֹ:
לְרֹקַע הָאָרֶץ עַל־הַמָּיִם כִּי לְעוֹלָם חַסְדּוֹ:
לְעֹשֵׂה אוֹרִים גְּדֹלִים כִּי לְעוֹלָם חַסְדּוֹ:
אֶת־הַשֶּׁמֶשׁ לְמֶמְשֶׁלֶת בַּיּוֹם כִּי לְעוֹלָם חַסְדּוֹ:
אֶת־הַיָּרֵחַ וְכוֹכָבִים לְמֶמְשְׁלוֹת בַּלָּיְלָה כִּי לְעוֹלָם חַסְדּוֹ:
לְמַכֵּה מִצְרַיִם בִּבְכוֹרֵיהֶם כִּי לְעוֹלָם חַסְדּוֹ:
וַיּוֹצֵא יִשְׂרָאֵל מִתּוֹכָם כִּי לְעוֹלָם חַסְדּוֹ:
בְּיָד חֲזָקָה וּבִזְרוֹעַ נְטוּיָה כִּי לְעוֹלָם חַסְדּוֹ:
לְגֹזֵר יַם־סוּף לִגְזָרִים כִּי לְעוֹלָם חַסְדּוֹ:
וְהֶעֱבִיר יִשְׂרָאֵל בְּתוֹכוֹ כִּי לְעוֹלָם חַסְדּוֹ:
וְנִעֵר פַּרְעֹה וְחֵילוֹ בְיַם־סוּף כִּי לְעוֹלָם חַסְדּוֹ:
לְמוֹלִיךְ עַמּוֹ בַּמִּדְבָּר כִּי לְעוֹלָם חַסְדּוֹ:
לְמַכֵּה מְלָכִים גְּדֹלִים כִּי לְעוֹלָם חַסְדּוֹ:
וַיַּהֲרֹג מְלָכִים אַדִּירִים כִּי לְעוֹלָם חַסְדּוֹ:
לְסִיחוֹן מֶלֶךְ הָאֱמֹרִי כִּי לְעוֹלָם חַסְדּוֹ:
וּלְעוֹג מֶלֶךְ הַבָּשָׁן כִּי לְעוֹלָם חַסְדּוֹ:
וְנָתַן אַרְצָם לְנַחֲלָה כִּי לְעוֹלָם חַסְדּוֹ:
נַחֲלָה לְיִשְׂרָאֵל עַבְדּוֹ כִּי לְעוֹלָם חַסְדּוֹ:
שֶׁבְּשִׁפְלֵנוּ זָכַר לָנוּ כִּי לְעוֹלָם חַסְדּוֹ:

וַיִּפְרְקֵנוּ מִצָּרֵינוּ כִּי לְעוֹלָם חַסְדּוֹ:
נֹתֵן לֶחֶם לְכָל־בָּשָׂר כִּי לְעוֹלָם חַסְדּוֹ:
הוֹדוּ לְאֵל הַשָּׁמָיִם כִּי לְעוֹלָם חַסְדּוֹ:

בבתי כנסת המתפללים בנוסח ספרד, מוסיפים כאן את הפיוט הבא:

הָאַדֶּרֶת וְהָאֱמוּנָה לְחַי עוֹלָמִים
הַבִּינָה וְהַבְּרָכָה לְחַי עוֹלָמִים
הַגַּאֲוָה וְהַגְּדֻלָּה לְחַי עוֹלָמִים
הַדֵּעָה וְהַדִּבּוּר לְחַי עוֹלָמִים
הַהוֹד וְהֶהָדָר לְחַי עוֹלָמִים
הַוַּעַד וְהַוָּתִיקוּת לְחַי עוֹלָמִים
הַזַּךְ וְהַזֹּהַר לְחַי עוֹלָמִים
הַחַיִל וְהַחֹסֶן לְחַי עוֹלָמִים
הַטֶּכֶס וְהַטֹּהַר לְחַי עוֹלָמִים
הַיִּחוּד וְהַיִּרְאָה לְחַי עוֹלָמִים
הַכֶּתֶר וְהַכָּבוֹד לְחַי עוֹלָמִים
הַלֶּקַח וְהַלִּבּוּב לְחַי עוֹלָמִים
הַמְּלוּכָה וְהַמֶּמְשָׁלָה לְחַי עוֹלָמִים
הַנּוֹי וְהַנֵּצַח לְחַי עוֹלָמִים
הַסִּגּוּי וְהַשֶּׂגֶב לְחַי עוֹלָמִים
הָעֹז וְהָעֲנָוָה לְחַי עוֹלָמִים
הַפְּדוּת וְהַפְּאֵר לְחַי עוֹלָמִים
הַצְּבִי וְהַצֶּדֶק לְחַי עוֹלָמִים
הַקְּרִיאָה וְהַקְּדֻשָּׁה לְחַי עוֹלָמִים
הָרֹן וְהָרוֹמְמוּת לְחַי עוֹלָמִים
הַשִּׁיר וְהַשֶּׁבַח לְחַי עוֹלָמִים
הַתְּהִלָּה וְהַתִּפְאֶרֶת לְחַי עוֹלָמִים

ממשיכים ׳בָּרוּךְ שֶׁאָמַר׳ (עמ׳ 92), ואחריו ׳מִזְמוֹר שִׁיר לְיוֹם הַשַּׁבָּת׳ בעמוד הבא.

לאחר ההלל הגדול, המתאר את כל חסדיו של הקב״ה עמנו, אנו מודים לו ומרננים לשמו, לפני שמגיעים למנוחת השבת, המתוארת במזמור הבא (סידור חסידי אשכנז).

רַנְּנוּ צַדִּיקִים בַּיהוה, לַיְשָׁרִים נָאוָה תְהִלָּה: הוֹדוּ לַיהוה בְּכִנּוֹר, תהלים לג
בְּנֵבֶל עָשׂוֹר זַמְּרוּ־לוֹ: שִׁירוּ־לוֹ שִׁיר חָדָשׁ, הֵיטִיבוּ נַגֵּן בִּתְרוּעָה:
כִּי־יָשָׁר דְּבַר־יהוה, וְכָל־מַעֲשֵׂהוּ בֶּאֱמוּנָה: אֹהֵב צְדָקָה וּמִשְׁפָּט,
חֶסֶד יהוה מָלְאָה הָאָרֶץ: בִּדְבַר יהוה שָׁמַיִם נַעֲשׂוּ, וּבְרוּחַ פִּיו
כָּל־צְבָאָם: כֹּנֵס כַּנֵּד מֵי הַיָּם, נֹתֵן בְּאוֹצָרוֹת תְּהוֹמוֹת: יִירְאוּ
מֵיהוה כָּל־הָאָרֶץ, מִמֶּנּוּ יָגוּרוּ כָּל־יֹשְׁבֵי תֵבֵל: כִּי הוּא אָמַר
וַיֶּהִי, הוּא־צִוָּה וַיַּעֲמֹד: יהוה הֵפִיר עֲצַת־גּוֹיִם, הֵנִיא מַחְשְׁבוֹת

עַמִּים: עֲצַת יהוה לְעוֹלָם תַּעֲמֹד, מַחְשְׁבוֹת לִבּוֹ לְדֹר וָדֹר: אַשְׁרֵי הַגּוֹי אֲשֶׁר־יהוה אֱלֹהָיו, הָעָם בָּחַר לְנַחֲלָה לוֹ: מִשָּׁמַיִם הִבִּיט יהוה, רָאָה אֶת־כָּל־בְּנֵי הָאָדָם: מִמְּכוֹן־שִׁבְתּוֹ הִשְׁגִּיחַ, אֶל כָּל־יֹשְׁבֵי הָאָרֶץ: הַיֹּצֵר יַחַד לִבָּם, הַמֵּבִין אֶל־כָּל־מַעֲשֵׂיהֶם: אֵין־הַמֶּלֶךְ נוֹשָׁע בְּרָב־חָיִל, גִּבּוֹר לֹא־יִנָּצֵל בְּרָב־כֹּחַ: שֶׁקֶר הַסּוּס לִתְשׁוּעָה, וּבְרֹב חֵילוֹ לֹא יְמַלֵּט: הִנֵּה עֵין יהוה אֶל־יְרֵאָיו, לַמְיַחֲלִים לְחַסְדּוֹ: לְהַצִּיל מִמָּוֶת נַפְשָׁם, וּלְחַיּוֹתָם בָּרָעָב: נַפְשֵׁנוּ חִכְּתָה לַיהוה, עֶזְרֵנוּ וּמָגִנֵּנוּ הוּא: ◂ כִּי־בוֹ יִשְׂמַח לִבֵּנוּ, כִּי בְשֵׁם קָדְשׁוֹ בָטָחְנוּ: יְהִי־חַסְדְּךָ יהוה עָלֵינוּ, כַּאֲשֶׁר יִחַלְנוּ לָךְ:

"כִּי שִׂמַּחְתַּנִי" – ביום השבת שמחתני בהתבונני בפעלך ובמעשה ידיך שהוא העולם ואשר בו, כי ביום זה יש לי פנאי להתבונן בהם ואז אשמח כשאשיג מהם וזה מנהג כל חכם כשמתבונן במעשה בראשית" (סידור תלמידי ר' יונה).

תהלים צב מִזְמוֹר שִׁיר לְיוֹם הַשַּׁבָּת: טוֹב לְהֹדוֹת לַיהוה, וּלְזַמֵּר לְשִׁמְךָ עֶלְיוֹן: לְהַגִּיד בַּבֹּקֶר חַסְדֶּךָ, וֶאֱמוּנָתְךָ בַּלֵּילוֹת: עֲלֵי־עָשׂוֹר וַעֲלֵי־נָבֶל, עֲלֵי הִגָּיוֹן בְּכִנּוֹר: כִּי שִׂמַּחְתַּנִי יהוה בְּפָעֳלֶךָ, בְּמַעֲשֵׂי יָדֶיךָ אֲרַנֵּן: מַה־גָּדְלוּ מַעֲשֶׂיךָ יהוה, מְאֹד עָמְקוּ מַחְשְׁבֹתֶיךָ: אִישׁ־בַּעַר לֹא יֵדָע, וּכְסִיל לֹא־יָבִין אֶת־זֹאת: בִּפְרֹחַ רְשָׁעִים כְּמוֹ עֵשֶׂב, וַיָּצִיצוּ כָּל־פֹּעֲלֵי אָוֶן, לְהִשָּׁמְדָם עֲדֵי־עַד: וְאַתָּה מָרוֹם לְעֹלָם יהוה: כִּי הִנֵּה אֹיְבֶיךָ יהוה, כִּי־הִנֵּה אֹיְבֶיךָ יֹאבֵדוּ, יִתְפָּרְדוּ כָּל־פֹּעֲלֵי אָוֶן: וַתָּרֶם כִּרְאֵים קַרְנִי, בַּלֹּתִי בְּשֶׁמֶן רַעֲנָן: וַתַּבֵּט עֵינִי בְּשׁוּרָי, בַּקָּמִים עָלַי מְרֵעִים תִּשְׁמַעְנָה אָזְנָי: ◂ צַדִּיק כַּתָּמָר יִפְרָח, כְּאֶרֶז בַּלְּבָנוֹן יִשְׂגֶּה: שְׁתוּלִים בְּבֵית יהוה, בְּחַצְרוֹת אֱלֹהֵינוּ יַפְרִיחוּ: עוֹד יְנוּבוּן בְּשֵׂיבָה, דְּשֵׁנִים וְרַעֲנַנִּים יִהְיוּ: לְהַגִּיד כִּי־יָשָׁר יהוה, צוּרִי, וְלֹא־עַוְלָתָה בּוֹ:

״עֵדֹתֶיךָ נֶאֶמְנוּ מְאֹד״ – עדות שכל העולם מעידים בשירתם
כי אתה אלהים״ (סידור הרוקח).

יהוה מָלָךְ, גֵּאוּת לָבֵשׁ, לָבֵשׁ יהוה עֹז הִתְאַזָּר, אַף־תִּכּוֹן תֵּבֵל תהלים צג
בַּל־תִּמּוֹט: נָכוֹן כִּסְאֲךָ מֵאָז, מֵעוֹלָם אָתָּה: נָשְׂאוּ נְהָרוֹת יהוה,
נָשְׂאוּ נְהָרוֹת קוֹלָם, יִשְׂאוּ נְהָרוֹת דָּכְיָם: ◂ מִקֹּלוֹת מַיִם רַבִּים,
אַדִּירִים מִשְׁבְּרֵי־יָם, אַדִּיר בַּמָּרוֹם יהוה: עֵדֹתֶיךָ נֶאֶמְנוּ מְאֹד
לְבֵיתְךָ נַאֲוָה־קֹדֶשׁ, יהוה לְאֹרֶךְ יָמִים:

לפי הגמרא בחולין ס ע״א, את הפסוק ׳יְהִי כְבוֹד ה׳ לְעוֹלָם׳ אמר שר העולם
לאחר הבריאה. לאחר אמירת שני המזמורים הקודמים על השלמת הבריאה
ממשיכים באמירת פסוקי דזמרה שבכל יום.

יְהִי כְבוֹד יהוה לְעוֹלָם, יִשְׂמַח יהוה בְּמַעֲשָׂיו: יְהִי שֵׁם יהוה תהלים קד תהלים קיג
מְבֹרָךְ, מֵעַתָּה וְעַד־עוֹלָם: מִמִּזְרַח־שֶׁמֶשׁ עַד־מְבוֹאוֹ, מְהֻלָּל
שֵׁם יהוה: רָם עַל־כָּל־גּוֹיִם יהוה, עַל הַשָּׁמַיִם כְּבוֹדוֹ: יהוה תהלים קלה
שִׁמְךָ לְעוֹלָם, יהוה זִכְרְךָ לְדֹר־וָדֹר: יהוה בַּשָּׁמַיִם הֵכִין כִּסְאוֹ, תהלים קג
וּמַלְכוּתוֹ בַּכֹּל מָשָׁלָה: יִשְׂמְחוּ הַשָּׁמַיִם וְתָגֵל הָאָרֶץ, וְיֹאמְרוּ דברי הימים א׳ טז
בַגּוֹיִם יהוה מָלָךְ: יהוה מֶלֶךְ, יהוה מָלָךְ, יהוה יִמְלֹךְ לְעוֹלָם
וָעֶד. יהוה מֶלֶךְ עוֹלָם וָעֶד, אָבְדוּ גוֹיִם מֵאַרְצוֹ: יהוה הֵפִיר תהלים י תהלים לג
עֲצַת־גּוֹיִם, הֵנִיא מַחְשְׁבוֹת עַמִּים: רַבּוֹת מַחֲשָׁבוֹת בְּלֶב־אִישׁ, משלי יט
וַעֲצַת יהוה הִיא תָקוּם: עֲצַת יהוה לְעוֹלָם תַּעֲמֹד, מַחְשְׁבוֹת תהלים לג
לִבּוֹ לְדֹר וָדֹר: כִּי הוּא אָמַר וַיֶּהִי, הוּא־צִוָּה וַיַּעֲמֹד: כִּי־בָחַר תהלים קלב
יהוה בְּצִיּוֹן, אִוָּהּ לְמוֹשָׁב לוֹ: כִּי־יַעֲקֹב בָּחַר לוֹ יָהּ, יִשְׂרָאֵל תהלים קלה
לִסְגֻלָּתוֹ: כִּי לֹא־יִטֹּשׁ יהוה עַמּוֹ, וְנַחֲלָתוֹ לֹא יַעֲזֹב: ◂ וְהוּא תהלים צד תהלים עח
רַחוּם, יְכַפֵּר עָוֹן וְלֹא־יַשְׁחִית, וְהִרְבָּה לְהָשִׁיב אַפּוֹ, וְלֹא־יָעִיר
כָּל־חֲמָתוֹ: יהוה הוֹשִׁיעָה, הַמֶּלֶךְ יַעֲנֵנוּ בְיוֹם־קָרְאֵנוּ: תהלים כ

״כל האומר ׳תְּהִלָּה לְדָוִד׳ בכל יום שלש פעמים – מובטח לו שהוא בן העולם הבא...
משום דאית ביה ׳פּוֹתֵחַ אֶת־יָדֶךָ׳״, ויש לכוון במיוחד בפסוק זה,
ואם לא התכוון צריך לחזור ולאומרו שנית.

תהלים פד אַשְׁרֵי יוֹשְׁבֵי בֵיתֶךָ, עוֹד יְהַלְלוּךָ סֶּלָה:

תהלים קמד אַשְׁרֵי הָעָם שֶׁכָּכָה לּוֹ, אַשְׁרֵי הָעָם שֶׁיהוה אֱלֹהָיו:

תהלים קמה תְּהִלָּה לְדָוִד

אֲרוֹמִמְךָ אֱלוֹהַי הַמֶּלֶךְ, וַאֲבָרְכָה שִׁמְךָ לְעוֹלָם וָעֶד:
בְּכָל־יוֹם אֲבָרְכֶךָּ, וַאֲהַלְלָה שִׁמְךָ לְעוֹלָם וָעֶד:
גָּדוֹל יהוה וּמְהֻלָּל מְאֹד, וְלִגְדֻלָּתוֹ אֵין חֵקֶר:
דּוֹר לְדוֹר יְשַׁבַּח מַעֲשֶׂיךָ, וּגְבוּרֹתֶיךָ יַגִּידוּ:
הֲדַר כְּבוֹד הוֹדֶךָ, וְדִבְרֵי נִפְלְאֹתֶיךָ אָשִׂיחָה:
וֶעֱזוּז נוֹרְאֹתֶיךָ יֹאמֵרוּ, וּגְדוּלָּתְךָ אֲסַפְּרֶנָּה:
זֵכֶר רַב־טוּבְךָ יַבִּיעוּ, וְצִדְקָתְךָ יְרַנֵּנוּ:
חַנּוּן וְרַחוּם יהוה, אֶרֶךְ אַפַּיִם וּגְדָל־חָסֶד:
טוֹב־יהוה לַכֹּל, וְרַחֲמָיו עַל־כָּל־מַעֲשָׂיו:
יוֹדוּךָ יהוה כָּל־מַעֲשֶׂיךָ, וַחֲסִידֶיךָ יְבָרְכוּכָה:
כְּבוֹד מַלְכוּתְךָ יֹאמֵרוּ, וּגְבוּרָתְךָ יְדַבֵּרוּ:
לְהוֹדִיעַ לִבְנֵי הָאָדָם גְּבוּרֹתָיו, וּכְבוֹד הֲדַר מַלְכוּתוֹ:
מַלְכוּתְךָ מַלְכוּת כָּל־עֹלָמִים, וּמֶמְשַׁלְתְּךָ בְּכָל־דּוֹר וָדֹר:
סוֹמֵךְ יהוה לְכָל־הַנֹּפְלִים, וְזוֹקֵף לְכָל־הַכְּפוּפִים:
עֵינֵי־כֹל אֵלֶיךָ יְשַׂבֵּרוּ, וְאַתָּה נוֹתֵן־לָהֶם אֶת־אָכְלָם בְּעִתּוֹ:
פּוֹתֵחַ אֶת־יָדֶךָ, וּמַשְׂבִּיעַ לְכָל־חַי רָצוֹן:
צַדִּיק יהוה בְּכָל־דְּרָכָיו, וְחָסִיד בְּכָל־מַעֲשָׂיו:
קָרוֹב יהוה לְכָל־קֹרְאָיו, לְכֹל אֲשֶׁר יִקְרָאֻהוּ בֶאֱמֶת:

רְצוֹן־יְרֵאָיו יַעֲשֶׂה, וְאֶת־שַׁוְעָתָם יִשְׁמַע, וְיוֹשִׁיעֵם:
שׁוֹמֵר יהוה אֶת־כָּל־אֹהֲבָיו, וְאֵת כָּל־הָרְשָׁעִים יַשְׁמִיד:
‹ תְּהִלַּת יהוה יְדַבֶּר פִּי, וִיבָרֵךְ כָּל־בָּשָׂר שֵׁם קָדְשׁוֹ לְעוֹלָם וָעֶד:
וַאֲנַחְנוּ נְבָרֵךְ יָהּ מֵעַתָּה וְעַד־עוֹלָם, הַלְלוּיָהּ: תהלים קטו

מזמור ׳הַלְלוּיָהּ, הַלְלִי נַפְשִׁי׳ משבח את ה׳ על עצם החיים.
״׳הַלְלוּיָהּ, הַלְלִי נַפְשִׁי׳ – הנפש שהיא העיקר הללי את ה׳ אשר בראך... הנה אנחנו ברחנו בעיר מינצברק בתתקמ״ח באדר השיני מפני הגוים אשר רצו לטבוח אותנו כצאן טבחה, והנחנו כל אשר לנו בין הגוים את ספרי התורה וספרים וערבונות, והשם ישמרנו מכף כל אויבינו, וכל בני העיירות ברחו בעיר מצור, ועל כל זאת אנחנו מהללים שמו״ (סידור הרוקח).

הַלְלוּיָהּ, הַלְלִי נַפְשִׁי אֶת־יהוה: אֲהַלְלָה יהוה בְּחַיָּי, אֲזַמְּרָה תהלים קמו
לֵאלֹהַי בְּעוֹדִי: אַל־תִּבְטְחוּ בִנְדִיבִים, בְּבֶן־אָדָם שֶׁאֵין לוֹ
תְשׁוּעָה: תֵּצֵא רוּחוֹ, יָשֻׁב לְאַדְמָתוֹ, בַּיּוֹם הַהוּא אָבְדוּ עֶשְׁתֹּנֹתָיו:
אַשְׁרֵי שֶׁאֵל יַעֲקֹב בְּעֶזְרוֹ, שִׂבְרוֹ עַל־יהוה אֱלֹהָיו: עֹשֶׂה שָׁמַיִם
וָאָרֶץ, אֶת־הַיָּם וְאֶת־כָּל־אֲשֶׁר־בָּם, הַשֹּׁמֵר אֱמֶת לְעוֹלָם: עֹשֶׂה
מִשְׁפָּט לַעֲשׁוּקִים, נֹתֵן לֶחֶם לָרְעֵבִים, יהוה מַתִּיר אֲסוּרִים:
יהוה פֹּקֵחַ עִוְרִים, יהוה זֹקֵף כְּפוּפִים, יהוה אֹהֵב צַדִּיקִים: יהוה
שֹׁמֵר אֶת־גֵּרִים, יָתוֹם וְאַלְמָנָה יְעוֹדֵד, וְדֶרֶךְ רְשָׁעִים יְעַוֵּת:
‹ יִמְלֹךְ יהוה לְעוֹלָם, אֱלֹהַיִךְ צִיּוֹן לְדֹר וָדֹר, הַלְלוּיָהּ:

המשורר מהלל את ה׳ על הטובה העתידית, גאולת ישראל (רד״ק).

הַלְלוּיָהּ, כִּי־טוֹב זַמְּרָה אֱלֹהֵינוּ, כִּי־נָעִים נָאוָה תְהִלָּה: בּוֹנֵה תהלים קמז
יְרוּשָׁלִַם יהוה, נִדְחֵי יִשְׂרָאֵל יְכַנֵּס: הָרוֹפֵא לִשְׁבוּרֵי לֵב, וּמְחַבֵּשׁ
לְעַצְּבוֹתָם: מוֹנֶה מִסְפָּר לַכּוֹכָבִים, לְכֻלָּם שֵׁמוֹת יִקְרָא: גָּדוֹל
אֲדוֹנֵינוּ וְרַב־כֹּחַ, לִתְבוּנָתוֹ אֵין מִסְפָּר: מְעוֹדֵד עֲנָוִים יהוה,
מַשְׁפִּיל רְשָׁעִים עֲדֵי־אָרֶץ: עֱנוּ לַיהוה בְּתוֹדָה, זַמְּרוּ לֵאלֹהֵינוּ

בְּכִנּוֹר: הַמְכַסֶּה שָׁמַיִם בְּעָבִים, הַמֵּכִין לָאָרֶץ מָטָר, הַמַּצְמִיחַ
הָרִים חָצִיר: נוֹתֵן לִבְהֵמָה לַחְמָהּ, לִבְנֵי עֹרֵב אֲשֶׁר יִקְרָאוּ: לֹא
בִגְבוּרַת הַסּוּס יֶחְפָּץ, לֹא־בְשׁוֹקֵי הָאִישׁ יִרְצֶה: רוֹצֶה יהוה אֶת־
יְרֵאָיו, אֶת־הַמְיַחֲלִים לְחַסְדּוֹ: שַׁבְּחִי יְרוּשָׁלַםִ אֶת־יהוה, הַלְלִי
אֱלֹהַיִךְ צִיּוֹן: כִּי־חִזַּק בְּרִיחֵי שְׁעָרָיִךְ, בֵּרַךְ בָּנַיִךְ בְּקִרְבֵּךְ: הַשָּׂם־
גְּבוּלֵךְ שָׁלוֹם, חֵלֶב חִטִּים יַשְׂבִּיעֵךְ: הַשֹּׁלֵחַ אִמְרָתוֹ אָרֶץ, עַד־
מְהֵרָה יָרוּץ דְּבָרוֹ: הַנֹּתֵן שֶׁלֶג כַּצָּמֶר, כְּפוֹר כָּאֵפֶר יְפַזֵּר: מַשְׁלִיךְ
קַרְחוֹ כְפִתִּים, לִפְנֵי קָרָתוֹ מִי יַעֲמֹד: יִשְׁלַח דְּבָרוֹ וְיַמְסֵם, יַשֵּׁב
רוּחוֹ יִזְּלוּ־מָיִם: ◂ מַגִּיד דְּבָרוֹ לְיַעֲקֹב, חֻקָּיו וּמִשְׁפָּטָיו לְיִשְׂרָאֵל:
לֹא עָשָׂה כֵן לְכָל־גּוֹי, וּמִשְׁפָּטִים בַּל־יְדָעוּם, הַלְלוּיָהּ:

מזמור המתאר את גדולת ה׳ כפי שהיא בעולם הנברא (ראב״ע).

תהלים קמח הַלְלוּיָהּ, הַלְלוּ אֶת־יהוה מִן־הַשָּׁמַיִם, הַלְלוּהוּ בַּמְּרוֹמִים:
הַלְלוּהוּ כָל־מַלְאָכָיו, הַלְלוּהוּ כָּל־צְבָאָו: הַלְלוּהוּ שֶׁמֶשׁ וְיָרֵחַ,
הַלְלוּהוּ כָּל־כּוֹכְבֵי אוֹר: הַלְלוּהוּ שְׁמֵי הַשָּׁמָיִם, וְהַמַּיִם אֲשֶׁר
מֵעַל הַשָּׁמָיִם: יְהַלְלוּ אֶת־שֵׁם יהוה, כִּי הוּא צִוָּה וְנִבְרָאוּ:
וַיַּעֲמִידֵם לָעַד לְעוֹלָם, חָק־נָתַן וְלֹא יַעֲבוֹר: הַלְלוּ אֶת־יהוה
מִן־הָאָרֶץ, תַּנִּינִים וְכָל־תְּהֹמוֹת: אֵשׁ וּבָרָד שֶׁלֶג וְקִיטוֹר, רוּחַ
סְעָרָה עֹשָׂה דְבָרוֹ: הֶהָרִים וְכָל־גְּבָעוֹת, עֵץ פְּרִי וְכָל־אֲרָזִים:
הַחַיָּה וְכָל־בְּהֵמָה, רֶמֶשׂ וְצִפּוֹר כָּנָף: מַלְכֵי־אֶרֶץ וְכָל־לְאֻמִּים,
שָׂרִים וְכָל־שֹׁפְטֵי אָרֶץ: בַּחוּרִים וְגַם־בְּתוּלוֹת, זְקֵנִים עִם־נְעָרִים:
◂ יְהַלְלוּ אֶת־שֵׁם יהוה, כִּי־נִשְׂגָּב שְׁמוֹ לְבַדּוֹ, הוֹדוֹ עַל־אֶרֶץ
וְשָׁמָיִם: וַיָּרֶם קֶרֶן לְעַמּוֹ, תְּהִלָּה לְכָל־חֲסִידָיו, לִבְנֵי יִשְׂרָאֵל
עַם קְרֹבוֹ, הַלְלוּיָהּ:

לקראת סוף ספר תהלים המשורר קורא שלא להסתפק במזמורים אלו,
אלא להמשיך ולחדש שירות לה׳ על כל גאולה וגאולה (רד״ק).

הַלְלוּיָהּ, שִׁירוּ לַיהוה שִׁיר חָדָשׁ, תְּהִלָּתוֹ בִּקְהַל חֲסִידִים: יִשְׂמַח תהלים קמט
יִשְׂרָאֵל בְּעֹשָׂיו, בְּנֵי־צִיּוֹן יָגִילוּ בְמַלְכָּם: יְהַלְלוּ שְׁמוֹ בְמָחוֹל, בְּתֹף
וְכִנּוֹר יְזַמְּרוּ־לוֹ: כִּי־רוֹצֶה יהוה בְּעַמּוֹ, יְפָאֵר עֲנָוִים בִּישׁוּעָה:
יַעְלְזוּ חֲסִידִים בְּכָבוֹד, יְרַנְּנוּ עַל־מִשְׁכְּבוֹתָם: רוֹמְמוֹת אֵל
בִּגְרוֹנָם, וְחֶרֶב פִּיפִיּוֹת בְּיָדָם: לַעֲשׂוֹת נְקָמָה בַּגּוֹיִם, תּוֹכֵחוֹת
בַּלְאֻמִּים: ◂ לֶאְסֹר מַלְכֵיהֶם בְּזִקִּים, וְנִכְבְּדֵיהֶם בְּכַבְלֵי בַרְזֶל:
לַעֲשׂוֹת בָּהֶם מִשְׁפָּט כָּתוּב, הָדָר הוּא לְכָל־חֲסִידָיו, הַלְלוּיָהּ:

״אמר ר׳ מאיר: על כל נשימה ונשימה שאדם מעלה, חייב לקלס את
יוצרו... שנאמר ׳כֹּל הַנְּשָׁמָה תְּהַלֵּל יָהּ, הַלְלוּיָהּ׳״ (דברים רבה ב, לז).
חוזרים על הפסוק האחרון פעמיים, מפני שהוא סוף ה׳הלל שבכל יום׳ (סידור רש״י).

הַלְלוּיָהּ, הַלְלוּ־אֵל בְּקָדְשׁוֹ, הַלְלוּהוּ בִּרְקִיעַ עֻזּוֹ: הַלְלוּהוּ תהלים קנ
בִגְבוּרֹתָיו, הַלְלוּהוּ כְּרֹב גֻּדְלוֹ: הַלְלוּהוּ בְּתֵקַע שׁוֹפָר, הַלְלוּהוּ
בְּנֵבֶל וְכִנּוֹר: הַלְלוּהוּ בְתֹף וּמָחוֹל, הַלְלוּהוּ בְּמִנִּים וְעוּגָב:
◂ הַלְלוּהוּ בְצִלְצְלֵי־שָׁמַע, הַלְלוּהוּ בְּצִלְצְלֵי תְרוּעָה: כֹּל הַנְּשָׁמָה
תְּהַלֵּל יָהּ, הַלְלוּיָהּ: כֹּל הַנְּשָׁמָה תְּהַלֵּל יָהּ, הַלְלוּיָהּ:

ספר תהלים נחלק לחמישה ספרים כנגד חמישה חומשי תורה (מדרש שוחר טוב).
לאחר סיום הספר החמישי חוזרים ואומרים את פסוקי הסיום של שאר ספרי תהלים
פרט לספר הראשון והרביעי, כיוון שהם נאמרו כברכות במקדש (סידור יעב״ץ).

בָּרוּךְ יהוה לְעוֹלָם, אָמֵן וְאָמֵן: תהלים פט
בָּרוּךְ יהוה מִצִּיּוֹן, שֹׁכֵן יְרוּשָׁלָםִ, הַלְלוּיָהּ: תהלים קלה
בָּרוּךְ יהוה אֱלֹהִים אֱלֹהֵי יִשְׂרָאֵל, עֹשֵׂה נִפְלָאוֹת לְבַדּוֹ: תהלים עב
◂ וּבָרוּךְ שֵׁם כְּבוֹדוֹ לְעוֹלָם
וְיִמָּלֵא כְבוֹדוֹ אֶת־כָּל־הָאָרֶץ, אָמֵן וְאָמֵן:

פסוקי דזמרה מסתיימים בשלושה מעמדות מרכזיים בחיי העם:
ברכת דוד כאשר נאספו הנדבות לבניין המקדש, הברית שכרתו
עולי הגולה בימי עזרא ונחמיה, ושירת הים (הרב זקס).

נוהגים לומר פרשות אלה, מכאן ועד 'נִשְׁמַת' (עמ' 111), בעמידה ('דרך החיים', קיצור שו"ע).

דברי הימים א׳ כט וַיְבָרֶךְ דָּוִיד אֶת־יהוה לְעֵינֵי כָּל־הַקָּהָל, וַיֹּאמֶר דָּוִיד, בָּרוּךְ
אַתָּה יהוה, אֱלֹהֵי יִשְׂרָאֵל אָבִינוּ, מֵעוֹלָם וְעַד־עוֹלָם: לְךָ יהוה
הַגְּדֻלָּה וְהַגְּבוּרָה וְהַתִּפְאֶרֶת וְהַנֵּצַח וְהַהוֹד, כִּי־כֹל בַּשָּׁמַיִם
וּבָאָרֶץ, לְךָ יהוה הַמַּמְלָכָה וְהַמִּתְנַשֵּׂא לְכֹל לְרֹאשׁ: וְהָעֹשֶׁר
וְהַכָּבוֹד מִלְּפָנֶיךָ, וְאַתָּה מוֹשֵׁל בַּכֹּל, וּבְיָדְךָ כֹּחַ וּגְבוּרָה, וּבְיָדְךָ
לְגַדֵּל וּלְחַזֵּק לַכֹּל: וְעַתָּה אֱלֹהֵינוּ מוֹדִים אֲנַחְנוּ לָךְ, וּמְהַלְלִים
נחמיה ט לְשֵׁם תִּפְאַרְתֶּךָ: אַתָּה־הוּא יהוה לְבַדֶּךָ, אַתָּ עָשִׂיתָ
אֶת־הַשָּׁמַיִם, שְׁמֵי הַשָּׁמַיִם וְכָל־צְבָאָם, הָאָרֶץ וְכָל־אֲשֶׁר עָלֶיהָ,
הַיַּמִּים וְכָל־אֲשֶׁר בָּהֶם, וְאַתָּה מְחַיֶּה אֶת־כֻּלָּם, וּצְבָא הַשָּׁמַיִם לְךָ
מִשְׁתַּחֲוִים: ◂ אַתָּה הוּא יהוה הָאֱלֹהִים אֲשֶׁר בָּחַרְתָּ בְּאַבְרָם,
וְהוֹצֵאתוֹ מֵאוּר כַּשְׂדִּים, וְשַׂמְתָּ שְּׁמוֹ אַבְרָהָם: וּמָצָאתָ אֶת־
לְבָבוֹ נֶאֱמָן לְפָנֶיךָ, ◂ וְכָרוֹת עִמּוֹ הַבְּרִית לָתֵת אֶת־אֶרֶץ הַכְּנַעֲנִי
הַחִתִּי הָאֱמֹרִי וְהַפְּרִזִּי וְהַיְבוּסִי וְהַגִּרְגָּשִׁי, לָתֵת לְזַרְעוֹ, וַתָּקֶם
אֶת־דְּבָרֶיךָ, כִּי צַדִּיק אָתָּה: וַתֵּרֶא אֶת־עֳנִי אֲבֹתֵינוּ בְּמִצְרָיִם,
וְאֶת־זַעֲקָתָם שָׁמַעְתָּ עַל־יַם־סוּף: וַתִּתֵּן אֹתֹת וּמֹפְתִים בְּפַרְעֹה
וּבְכָל־עֲבָדָיו וּבְכָל־עַם אַרְצוֹ, כִּי יָדַעְתָּ כִּי הֵזִידוּ עֲלֵיהֶם, וַתַּעַשׂ־
לְךָ שֵׁם כְּהַיּוֹם הַזֶּה: ◂ וְהַיָּם בָּקַעְתָּ לִפְנֵיהֶם, וַיַּעַבְרוּ בְתוֹךְ־הַיָּם
בַּיַּבָּשָׁה, וְאֶת־רֹדְפֵיהֶם הִשְׁלַכְתָּ בִמְצוֹלֹת כְּמוֹ־אֶבֶן, בְּמַיִם עַזִּים:

"והראשונים תיקנו לומר השירה בכל יום אחר פסוקי דזמרה כדי להזכיר נסים ונפלאות
שעשה עמנו בעבור שמו הגדול ומתחילין 'וַיּוֹשַׁע' שמשם עיקר הנס" (ספר הפרדס).

שמות יד וַיּוֹשַׁע יהוה בַּיּוֹם הַהוּא אֶת־יִשְׂרָאֵל מִיַּד מִצְרָיִם וַיַּרְא יִשְׂרָאֵל
אֶת־מִצְרַיִם מֵת עַל־שְׂפַת הַיָּם: ◂ וַיַּרְא יִשְׂרָאֵל אֶת־הַיָּד הַגְּדֹלָה

אֲשֶׁר עָשָׂה יהוה בְּמִצְרַיִם וַיִּירְאוּ הָעָם אֶת־יהוה וַיַּאֲמִינוּ בַּיהוה
וּבְמֹשֶׁה עַבְדּוֹ:

הפסוק ׳ה׳ יִמְלֹךְ לְעֹלָם וָעֶד׳ מסכם את פסוקי דזמרה, ולכן חוזרים עליו פעמיים (אבודרהם).
האר״י נהג לומר גם את התרגום לפסוק, ובקהילות אשכנז רבות אימצו מנהג זה.

אחרי השירה מוסיפים שלושה פסוקים מפסוקי מלכויות בתפילת מוסף,
כדי לחתום במלכות ה׳ על העולם כולו (סידור חסידי אשכנז).

אָז יָשִׁיר־מֹשֶׁה וּבְנֵי יִשְׂרָאֵל אֶת־הַשִּׁירָה הַזֹּאת לַיהוה, וַיֹּאמְרוּ שמות טו
לֵאמֹר, אָשִׁירָה לַיהוה כִּי־גָאֹה גָּאָה, סוּס
וְרֹכְבוֹ רָמָה בַיָּם: עָזִּי וְזִמְרָת יָהּ וַיְהִי־לִי
לִישׁוּעָה, זֶה אֵלִי וְאַנְוֵהוּ, אֱלֹהֵי
אָבִי וַאֲרֹמְמֶנְהוּ: יהוה אִישׁ מִלְחָמָה, יהוה
שְׁמוֹ: מַרְכְּבֹת פַּרְעֹה וְחֵילוֹ יָרָה בַיָּם, וּמִבְחַר
שָׁלִשָׁיו טֻבְּעוּ בְיַם־סוּף: תְּהֹמֹת יְכַסְיֻמוּ, יָרְדוּ בִמְצוֹלֹת כְּמוֹ־
אָבֶן: יְמִינְךָ יהוה נֶאְדָּרִי בַּכֹּחַ, יְמִינְךָ
יהוה תִּרְעַץ אוֹיֵב: וּבְרֹב גְּאוֹנְךָ תַּהֲרֹס
קָמֶיךָ, תְּשַׁלַּח חֲרֹנְךָ יֹאכְלֵמוֹ כַּקַּשׁ: וּבְרוּחַ
אַפֶּיךָ נֶעֶרְמוּ מַיִם, נִצְּבוּ כְמוֹ־נֵד
נֹזְלִים, קָפְאוּ תְהֹמֹת בְּלֶב־יָם: אָמַר
אוֹיֵב אֶרְדֹּף, אַשִּׂיג, אֲחַלֵּק שָׁלָל, תִּמְלָאֵמוֹ
נַפְשִׁי, אָרִיק חַרְבִּי תּוֹרִישֵׁמוֹ יָדִי: נָשַׁפְתָּ
בְרוּחֲךָ כִּסָּמוֹ יָם, צָלְלוּ כַּעוֹפֶרֶת בְּמַיִם
אַדִּירִים: מִי־כָמֹכָה בָּאֵלִם יהוה, מִי
כָּמֹכָה נֶאְדָּר בַּקֹּדֶשׁ, נוֹרָא תְהִלֹּת עֹשֵׂה
פֶלֶא: נָטִיתָ יְמִינְךָ תִּבְלָעֵמוֹ אָרֶץ: נָחִיתָ
בְחַסְדְּךָ עַם־זוּ גָּאָלְתָּ, נֵהַלְתָּ בְעָזְּךָ אֶל־נְוֵה

קָדְשֶׁךָ: שָׁמְעוּ עַמִּים יִרְגָּזוּן, חִיל
אָחַז יֹשְׁבֵי פְּלָשֶׁת: אָז נִבְהֲלוּ אַלּוּפֵי
אֱדוֹם, אֵילֵי מוֹאָב יֹאחֲזֵמוֹ רָעַד, נָמֹגוּ
כֹּל יֹשְׁבֵי כְנָעַן: תִּפֹּל עֲלֵיהֶם אֵימָתָה
וָפַחַד, בִּגְדֹל זְרוֹעֲךָ יִדְּמוּ כָּאָבֶן, עַד־
יַעֲבֹר עַמְּךָ יהוה, עַד־יַעֲבֹר עַם־זוּ
קָנִיתָ: תְּבִאֵמוֹ וְתִטָּעֵמוֹ בְּהַר נַחֲלָתְךָ, מָכוֹן
לְשִׁבְתְּךָ פָּעַלְתָּ יהוה, מִקְּדָשׁ אֲדֹנָי כּוֹנְנוּ
יָדֶיךָ: יהוה ׀ יִמְלֹךְ לְעֹלָם וָעֶד:

יהוה יִמְלֹךְ לְעֹלָם וָעֶד.
יהוה מַלְכוּתֵהּ קָאֵם לְעָלַם וּלְעָלְמֵי עָלְמַיָּא.

כִּי
בָא סוּס פַּרְעֹה בְּרִכְבּוֹ וּבְפָרָשָׁיו בַּיָּם, וַיָּשֶׁב יהוה עֲלֵהֶם אֶת־מֵי
הַיָּם, וּבְנֵי יִשְׂרָאֵל הָלְכוּ בַיַּבָּשָׁה בְּתוֹךְ הַיָּם:

◂ כִּי לַיהוה הַמְּלוּכָה וּמֹשֵׁל בַּגּוֹיִם: תהלים כב
וְעָלוּ מוֹשִׁעִים בְּהַר צִיּוֹן עובדיה א
לִשְׁפֹּט אֶת־הַר עֵשָׂו
וְהָיְתָה לַיהוה הַמְּלוּכָה:

וְהָיָה יהוה לְמֶלֶךְ עַל־כָּל־הָאָרֶץ זכריה יד
בַּיּוֹם הַהוּא יִהְיֶה יהוה אֶחָד וּשְׁמוֹ אֶחָד:

(וּבְתוֹרָתְךָ כָּתוּב לֵאמֹר, שְׁמַע יִשְׂרָאֵל, יהוה אֱלֹהֵינוּ יהוה אֶחָד:) דברים ו

'נִשְׁמַת' הוא פיוט עתיק, ור' יוחנן כינהו 'ברכת השיר' (פסחים קיח ע"א).
בתשובות הגאונים הוא מיוחס לחכמי התלמוד, ויש שהקדימו את זמן חיבורו
וייחסו אותו לאנשי הכנסת הגדולה (מרדכי, פסחים תריא).

נִשְׁמַת

כׇּל חַי תְּבָרֵךְ אֶת שִׁמְךָ, יהוה אֱלֹהֵינוּ
וְרוּחַ כׇּל בָּשָׂר תְּפָאֵר וּתְרוֹמֵם זִכְרְךָ מַלְכֵּנוּ תָּמִיד.
מִן הָעוֹלָם וְעַד הָעוֹלָם אַתָּה אֵל
וּמִבַּלְעָדֶיךָ אֵין לָנוּ מֶלֶךְ גּוֹאֵל וּמוֹשִׁיעַ
פּוֹדֶה וּמַצִּיל וּמְפַרְנֵס וּמְרַחֵם
בְּכׇל עֵת צָרָה וְצוּקָה אֵין לָנוּ מֶלֶךְ אֶלָּא אָתָּה.
אֱלֹהֵי הָרִאשׁוֹנִים וְהָאַחֲרוֹנִים, אֱלוֹהַּ כׇּל בְּרִיּוֹת
אֲדוֹן כׇּל תּוֹלָדוֹת, הַמְהֻלָּל בְּרֹב הַתִּשְׁבָּחוֹת
הַמְנַהֵג עוֹלָמוֹ בְּחֶסֶד וּבְרִיּוֹתָיו בְּרַחֲמִים.
וַיהוה לֹא יָנוּם וְלֹא יִישָׁן
הַמְעוֹרֵר יְשֵׁנִים וְהַמֵּקִיץ נִרְדָּמִים וְהַמֵּשִׂיחַ אִלְּמִים
וְהַמַּתִּיר אֲסוּרִים וְהַסּוֹמֵךְ נוֹפְלִים וְהַזּוֹקֵף כְּפוּפִים.
לְךָ לְבַדְּךָ אֲנַחְנוּ מוֹדִים.
אִלּוּ פִינוּ מָלֵא שִׁירָה כַּיָּם, וּלְשׁוֹנֵנוּ רִנָּה כַּהֲמוֹן גַּלָּיו
וְשִׂפְתוֹתֵינוּ שֶׁבַח כְּמֶרְחֲבֵי רָקִיעַ, וְעֵינֵינוּ מְאִירוֹת כַּשֶּׁמֶשׁ וְכַיָּרֵחַ
וְיָדֵינוּ פְרוּשׂוֹת כְּנִשְׁרֵי שָׁמָיִם, וְרַגְלֵינוּ קַלּוֹת כָּאַיָּלוֹת
אֵין אֲנַחְנוּ מַסְפִּיקִים לְהוֹדוֹת לְךָ, יהוה אֱלֹהֵינוּ וֵאלֹהֵי אֲבוֹתֵינוּ
וּלְבָרֵךְ אֶת שְׁמֶךָ
עַל אַחַת מֵאֶלֶף אֶלֶף אַלְפֵי אֲלָפִים
וְרִבֵּי רְבָבוֹת פְּעָמִים הַטּוֹבוֹת
שֶׁעָשִׂיתָ עִם אֲבוֹתֵינוּ וְעִמָּנוּ.

מִמִּצְרַיִם גְּאַלְתָּנוּ, יהוה אֱלֹהֵינוּ, וּמִבֵּית עֲבָדִים פְּדִיתָנוּ
בְּרָעָב זַנְתָּנוּ וּבְשָׂבָע כִּלְכַּלְתָּנוּ
מֵחֶרֶב הִצַּלְתָּנוּ וּמִדֶּבֶר מִלַּטְתָּנוּ
וּמֵחֳלָיִים רָעִים וְנֶאֱמָנִים דִּלִּיתָנוּ.
עַד הֵנָּה עֲזָרוּנוּ רַחֲמֶיךָ, וְלֹא עֲזָבוּנוּ חֲסָדֶיךָ
וְאַל תִּטְּשֵׁנוּ, יהוה אֱלֹהֵינוּ, לָנֶצַח.
עַל כֵּן אֵבָרִים שֶׁפִּלַּגְתָּ בָּנוּ, וְרוּחַ וּנְשָׁמָה שֶׁנָּפַחְתָּ בְּאַפֵּינוּ
וְלָשׁוֹן אֲשֶׁר שַׂמְתָּ בְּפִינוּ
הֵן הֵם יוֹדוּ וִיבָרְכוּ וִישַׁבְּחוּ וִיפָאֲרוּ
וִירוֹמְמוּ וְיַעֲרִיצוּ וְיַקְדִּישׁוּ וְיַמְלִיכוּ אֶת שִׁמְךָ מַלְכֵּנוּ
כִּי כָל פֶּה לְךָ יוֹדֶה וְכָל לָשׁוֹן לְךָ תִשָּׁבַע
וְכָל בֶּרֶךְ לְךָ תִכְרַע וְכָל קוֹמָה לְפָנֶיךָ תִשְׁתַּחֲוֶה
וְכָל לְבָבוֹת יִירָאוּךָ וְכָל קֶרֶב וּכְלָיוֹת יְזַמְּרוּ לִשְׁמֶךָ
כַּדָּבָר שֶׁכָּתוּב
כָּל עַצְמֹתַי תֹּאמַרְנָה יהוה מִי כָמוֹךָ תהלים לה
מַצִּיל עָנִי מֵחָזָק מִמֶּנּוּ, וְעָנִי וְאֶבְיוֹן מִגֹּזְלוֹ:
מִי יִדְמֶה לָּךְ וּמִי יִשְׁוֶה לָּךְ וּמִי יַעֲרָךְ לָךְ
הָאֵל הַגָּדוֹל, הַגִּבּוֹר וְהַנּוֹרָא, אֵל עֶלְיוֹן, קוֹנֵה שָׁמַיִם וָאָרֶץ.
◂ נְהַלֶּלְךָ וּנְשַׁבֵּחֲךָ וּנְפָאֶרְךָ וּנְבָרֵךְ אֶת שֵׁם קָדְשֶׁךָ
כָּאָמוּר
לְדָוִד, בָּרְכִי נַפְשִׁי אֶת־יהוה, וְכָל־קְרָבַי אֶת־שֵׁם קָדְשׁוֹ: תהלים קג

הָאֵל בְּתַעֲצֻמוֹת עֻזֶּךָ
הַגָּדוֹל בִּכְבוֹד שְׁמֶךָ
הַגִּבּוֹר לָנֶצַח וְהַנּוֹרָא בְּנוֹרְאוֹתֶיךָ

שליח הציבור מתחיל כאן:

יוֹשֵׁב עַל כִּסֵּא, רָם וְנִשָּׂא

שׁוֹכֵן עַד, מָרוֹם וְקָדוֹשׁ שְׁמוֹ

וְכָתוּב

רַנְּנוּ צַדִּיקִים בַּיהוה תהלים לג

לַיְשָׁרִים נָאוָה תְהִלָּה:

יש קהילות שבהן משנים בימים נוראים את סדר ארבעת השבחים המוזכרים כאן (מתחת לקו), ובקהילות המתפללות בנוסח ספרד, אומרים את הנוסח מתחת לקו כל השנה.

◂ בְּפִי	יְשָׁרִים	תִּתְהַלָּל
וּבְדִבְרֵי	צַדִּיקִים	תִּתְבָּרַךְ
וּבִלְשׁוֹן	חֲסִידִים	תִּתְרוֹמָם
וּבְקֶרֶב	קְדוֹשִׁים	תִּתְקַדָּשׁ

יש קהילות האומרים את הנוסח הבא:

בְּפִי	יְשָׁרִים	תִּתְרוֹמָם
וּבְשִׂפְתֵי	צַדִּיקִים	תִּתְבָּרַךְ
וּבִלְשׁוֹן	חֲסִידִים	תִּתְקַדָּשׁ
וּבְקֶרֶב	קְדוֹשִׁים	תִּתְהַלָּל

וּבְמַקְהֲלוֹת רִבְבוֹת עַמְּךָ בֵּית יִשְׂרָאֵל

בְּרִנָּה יִתְפָּאַר שִׁמְךָ מַלְכֵּנוּ בְּכָל דּוֹר וָדוֹר

▸ שֶׁכֵּן חוֹבַת כָּל הַיְצוּרִים
לְפָנֶיךָ יהוה אֱלֹהֵינוּ וֵאלֹהֵי אֲבוֹתֵינוּ
לְהוֹדוֹת, לְהַלֵּל, לְשַׁבֵּחַ, לְפָאֵר, לְרוֹמֵם
לְהַדֵּר, לְבָרֵךְ, לְעַלֵּה וּלְקַלֵּס
עַל כָּל דִּבְרֵי שִׁירוֹת וְתִשְׁבְּחוֹת
דָּוִד בֶּן יִשַׁי, עַבְדְּךָ מְשִׁיחֶךָ.

נוהגים לעמוד מכאן עד 'בָּרְכוּ' בעמ' 116.

יִשְׁתַּבַּח שִׁמְךָ לָעַד, מַלְכֵּנוּ
הָאֵל הַמֶּלֶךְ הַגָּדוֹל וְהַקָּדוֹשׁ בַּשָּׁמַיִם וּבָאָרֶץ
כִּי לְךָ נָאֶה, יהוה אֱלֹהֵינוּ וֵאלֹהֵי אֲבוֹתֵינוּ
שִׁיר וּשְׁבָחָה, הַלֵּל וְזִמְרָה
עֹז וּמֶמְשָׁלָה, נֶצַח, גְּדֻלָּה וּגְבוּרָה
תְּהִלָּה וְתִפְאֶרֶת, קְדֻשָּׁה וּמַלְכוּת
▸ בְּרָכוֹת וְהוֹדָאוֹת, מֵעַתָּה וְעַד עוֹלָם.
בָּרוּךְ אַתָּה יהוה
אֵל מֶלֶךְ גָּדוֹל בַּתִּשְׁבָּחוֹת
אֵל הַהוֹדָאוֹת, אֲדוֹן הַנִּפְלָאוֹת
הַבּוֹחֵר בְּשִׁירֵי זִמְרָה
מֶלֶךְ, אֵל, חֵי הָעוֹלָמִים.

רבים נוהגים לפתוח את ארון הקודש, ושליח הציבור
והקהל אומרים פסוק פסוק (שער הכוונות).

תהלים קל שִׁיר הַמַּעֲלוֹת, מִמַּעֲמַקִּים קְרָאתִיךָ יהוה:
אֲדֹנָי שִׁמְעָה בְקוֹלִי, תִּהְיֶינָה אָזְנֶיךָ קַשֻּׁבוֹת לְקוֹל תַּחֲנוּנָי:

אִם־עֲוֺנוֹת תִּשְׁמָר־יָהּ, אֲדֹנָי מִי יַעֲמֹד:
כִּי־עִמְּךָ הַסְּלִיחָה, לְמַעַן תִּוָּרֵא:
קִוִּיתִי יהוה קִוְּתָה נַפְשִׁי, וְלִדְבָרוֹ הוֹחָלְתִּי:
נַפְשִׁי לַאדֹנָי, מִשֹּׁמְרִים לַבֹּקֶר, שֹׁמְרִים לַבֹּקֶר:
יַחֵל יִשְׂרָאֵל אֶל־יהוה, כִּי־עִם־יהוה הַחֶסֶד
וְהַרְבֵּה עִמּוֹ פְדוּת:
וְהוּא יִפְדֶּה אֶת־יִשְׂרָאֵל, מִכֹּל עֲוֺנוֹתָיו:

סוגרים את ארון הקודש.

חצי קדיש

ש״ץ: יִתְגַּדַּל וְיִתְקַדַּשׁ שְׁמֵהּ רַבָּא (קהל: אָמֵן)
בְּעָלְמָא דִּי בְרָא כִרְעוּתֵהּ
וְיַמְלִיךְ מַלְכוּתֵהּ
בְּחַיֵּיכוֹן וּבְיוֹמֵיכוֹן וּבְחַיֵּי דְכָל בֵּית יִשְׂרָאֵל
בַּעֲגָלָא וּבִזְמַן קָרִיב
וְאִמְרוּ אָמֵן. (קהל: אָמֵן)

קהל וש״ץ: יְהֵא שְׁמֵהּ רַבָּא מְבָרַךְ לְעָלַם וּלְעָלְמֵי עָלְמַיָּא.

ש״ץ: יִתְבָּרַךְ וְיִשְׁתַּבַּח וְיִתְפָּאַר וְיִתְרוֹמַם וְיִתְנַשֵּׂא
וְיִתְהַדָּר וְיִתְעַלֶּה וְיִתְהַלָּל
שְׁמֵהּ דְּקֻדְשָׁא בְּרִיךְ הוּא (קהל: בְּרִיךְ הוּא)
לְעֵלָּא לְעֵלָּא מִכָּל בִּרְכָתָא
וְשִׁירָתָא, תֻּשְׁבְּחָתָא וְנֶחֱמָתָא
דַּאֲמִירָן בְּעָלְמָא
וְאִמְרוּ אָמֵן. (קהל: אָמֵן)

קריאת שמע וברכותיה

שליח הציבור כורע בתיבת ׳בָּרְכוּ׳ וזוקף בשם.
הקהל כורע בתיבת ׳בָּרוּךְ׳ וזוקף בשם,
ושליח הציבור כורע שוב כאשר הוא חוזר אחריהם.

ש״ץ: 

אֶת יהוה הַמְבֹרָךְ.

קהל: **בָּרוּךְ יהוה הַמְבֹרָךְ לְעוֹלָם וָעֶד.**

ש״ץ: **בָּרוּךְ יהוה הַמְבֹרָךְ לְעוֹלָם וָעֶד.**

״בשחר מברך שתים לפניה ואחת לאחריה״ (משנה, ברכות יא ע״א).

הברכה הראשונה היא על האור, שהוא תחילת הבריאה, עם זאת מזכירים גם את בריאת החושך להודיע שבורא אחד ברא הכול (תלמידי רבינו יונה, ברכות יא ע״ב) ומטיל שלום ביניהם, שכן ״אם אין שלום אין כלום״ (רש״י, ויקרא כו, ו).

נוהגים לשבת בקריאת שמע וברכותיה (זוהר חדש תרומה, ח״א סט ע״ב).

אין להפסיק בדיבור מתחילת הברכה
ועד סוף תפילת העמידה פרט לדברים שבקדושה.

בָּרוּךְ אַתָּה יהוה אֱלֹהֵינוּ מֶלֶךְ הָעוֹלָם
יוֹצֵר אוֹר וּבוֹרֵא חֹשֶׁךְ
עֹשֶׂה שָׁלוֹם וּבוֹרֵא אֶת הַכֹּל.

אוֹר עוֹלָם בְּאוֹצַר חַיִּים, אוֹרוֹת מֵאֹפֶל אָמַר וַיֶּהִי.

בקהילות שבהן נוהגים לומר ׳יוצרות׳,
אומרים ביום א׳ של ראש השנה את הפיוט ׳מֶלֶךְ אָזוּר גְּבוּרָה׳ בעמ׳ 415,
וביום ב׳ את הפיוט ׳מֶלֶךְ אָמוֹן מַאֲמָרְךָ׳ בעמ׳ 417.

אם ראש השנה חל בשבת, אומרים ׳הַכֹּל יוֹדְוּךָ׳ בעמוד הבא.
בראש השנה שאינו חל בשבת אומרים ׳הַמֵּאִיר לָאָרֶץ׳ (סידור הרוקח).

הַמֵּאִיר לָאָרֶץ וְלַדָּרִים עָלֶיהָ בְּרַחֲמִים
וּבְטוּבוֹ מְחַדֵּשׁ בְּכָל יוֹם תָּמִיד מַעֲשֵׂה בְרֵאשִׁית.
מָה רַבּוּ מַעֲשֶׂיךָ יהוה תהלים קד
כֻּלָּם בְּחָכְמָה עָשִׂיתָ
מָלְאָה הָאָרֶץ קִנְיָנֶךָ:
הַמֶּלֶךְ הַמְרוֹמָם לְבַדּוֹ מֵאָז
הַמְשֻׁבָּח וְהַמְפֹאָר וְהַמִּתְנַשֵּׂא מִימוֹת עוֹלָם.
אֱלֹהֵי עוֹלָם
בְּרַחֲמֶיךָ הָרַבִּים רַחֵם עָלֵינוּ
אֲדוֹן עֻזֵּנוּ, צוּר מִשְׂגַּבֵּנוּ
מָגֵן יִשְׁעֵנוּ, מִשְׂגָּב בַּעֲדֵנוּ.
אֵל בָּרוּךְ גְּדוֹל דֵּעָה
הֵכִין וּפָעַל זָהֳרֵי חַמָּה
טוֹב יָצַר כָּבוֹד לִשְׁמוֹ
מְאוֹרוֹת נָתַן סְבִיבוֹת עֻזּוֹ
פִּנּוֹת צְבָאָיו קְדוֹשִׁים
רוֹמְמֵי שַׁדַּי
תָּמִיד מְסַפְּרִים כְּבוֹד אֵל וּקְדֻשָּׁתוֹ.
◂ תִּתְבָּרַךְ יהוה אֱלֹהֵינוּ
עַל שֶׁבַח מַעֲשֵׂה יָדֶיךָ
וְעַל מְאוֹרֵי אוֹר שֶׁעָשִׂיתָ
יְפָאֲרוּךָ סֶּלָה.

וממשיכים ׳תִּתְבָּרַךְ צוּרֵנוּ׳ בעמ׳ 120.

בשבת אומרים 'הַכֹּל יוֹדְוּךָ' (מחזור ויטרי, קסא).

הַכֹּל יוֹדְוּךָ וְהַכֹּל יְשַׁבְּחוּךָ
וְהַכֹּל יֹאמְרוּ אֵין קָדוֹשׁ כַּיהוה
הַכֹּל יְרוֹמְמְוּךָ סֶּלָה, יוֹצֵר הַכֹּל.
הָאֵל הַפּוֹתֵחַ בְּכָל יוֹם דַּלְתוֹת שַׁעֲרֵי מִזְרָח
וּבוֹקֵעַ חַלּוֹנֵי רָקִיעַ
מוֹצִיא חַמָּה מִמְּקוֹמָהּ וּלְבָנָה מִמְּכוֹן שִׁבְתָּהּ
וּמֵאִיר לָעוֹלָם כֻּלּוֹ וּלְיוֹשְׁבָיו
שֶׁבָּרָא בְּמִדַּת הָרַחֲמִים.
הַמֵּאִיר לָאָרֶץ וְלַדָּרִים עָלֶיהָ בְּרַחֲמִים
וּבְטוּבוֹ מְחַדֵּשׁ בְּכָל יוֹם תָּמִיד מַעֲשֵׂה בְרֵאשִׁית.
הַמֶּלֶךְ הַמְרוֹמָם לְבַדּוֹ מֵאָז
הַמְשֻׁבָּח וְהַמְפֹאָר וְהַמִּתְנַשֵּׂא מִימוֹת עוֹלָם.
אֱלֹהֵי עוֹלָם, בְּרַחֲמֶיךָ הָרַבִּים רַחֵם עָלֵינוּ
אֲדוֹן עֻזֵּנוּ, צוּר מִשְׂגַּבֵּנוּ, מָגֵן יִשְׁעֵנוּ, מִשְׂגָּב בַּעֲדֵנוּ.

אֵין כְּעֶרְכֶּךָ
וְאֵין זוּלָתֶךָ
אֶפֶס בִּלְתֶּךָ
וּמִי דּוֹמֶה לָּךְ.

◂ אֵין כְּעֶרְכְּךָ, יהוה אֱלֹהֵינוּ, בָּעוֹלָם הַזֶּה
וְאֵין זוּלָתְךָ, מַלְכֵּנוּ, לְחַיֵּי הָעוֹלָם הַבָּא
אֶפֶס בִּלְתְּךָ, גּוֹאֲלֵנוּ, לִימוֹת הַמָּשִׁיחַ
וְאֵין דּוֹמֶה לְּךָ, מוֹשִׁיעֵנוּ, לִתְחִיַּת הַמֵּתִים.

אֵל אָדוֹן עַל כָּל הַמַּעֲשִׂים
בָּרוּךְ וּמְבֹרָךְ בְּפִי כָּל נְשָׁמָה
גָּדְלוֹ וְטוּבוֹ מָלֵא עוֹלָם
דַּעַת וּתְבוּנָה סוֹבְבִים אוֹתוֹ.

הַמִּתְגָּאֶה עַל חַיּוֹת הַקֹּדֶשׁ
וְנֶהְדָּר בְּכָבוֹד עַל הַמֶּרְכָּבָה
זְכוּת וּמִישׁוֹר לִפְנֵי כִסְאוֹ
חֶסֶד וְרַחֲמִים לִפְנֵי כְבוֹדוֹ.

טוֹבִים מְאוֹרוֹת שֶׁבָּרָא אֱלֹהֵינוּ
יְצָרָם בְּדַעַת בְּבִינָה וּבְהַשְׂכֵּל
כֹּחַ וּגְבוּרָה נָתַן בָּהֶם
לִהְיוֹת מוֹשְׁלִים בְּקֶרֶב תֵּבֵל.

מְלֵאִים זִיו וּמְפִיקִים נֹגַהּ
נָאֶה זִיוָם בְּכָל הָעוֹלָם
שְׂמֵחִים בְּצֵאתָם וְשָׂשִׂים בְּבוֹאָם
עוֹשִׂים בְּאֵימָה רְצוֹן קוֹנָם.

פְּאֵר וְכָבוֹד נוֹתְנִים לִשְׁמוֹ
צָהֳלָה וְרִנָּה לְזֵכֶר מַלְכוּתוֹ
קָרָא לַשֶּׁמֶשׁ וַיִּזְרַח אוֹר
רָאָה וְהִתְקִין צוּרַת הַלְּבָנָה.

שֶׁבַח נוֹתְנִים לוֹ כָּל צְבָא מָרוֹם
תִּפְאֶרֶת וּגְדֻלָּה, שְׂרָפִים וְאוֹפַנִּים וְחַיּוֹת הַקֹּדֶשׁ.

לָאֵל אֲשֶׁר שָׁבַת מִכָּל הַמַּעֲשִׂים
בַּיּוֹם הַשְּׁבִיעִי נִתְעַלָּה וְיָשַׁב עַל כִּסֵּא כְבוֹדוֹ.
תִּפְאֶרֶת עָטָה לְיוֹם הַמְּנוּחָה
עֹנֶג קָרָא לְיוֹם הַשַּׁבָּת.
זֶה שֶׁבַח שֶׁלַּיּוֹם הַשְּׁבִיעִי
שֶׁבּוֹ שָׁבַת אֵל מִכָּל מְלַאכְתּוֹ
וְיוֹם הַשְּׁבִיעִי מְשַׁבֵּחַ וְאוֹמֵר
מִזְמוֹר שִׁיר לְיוֹם הַשַּׁבָּת, טוֹב לְהֹדוֹת לַיהוה: תהלים צב
לְפִיכָךְ יְפָאֲרוּ וִיבָרְכוּ לָאֵל כָּל יְצוּרָיו
שֶׁבַח יְקָר וּגְדֻלָּה יִתְּנוּ לָאֵל מֶלֶךְ יוֹצֵר כֹּל
הַמַּנְחִיל מְנוּחָה לְעַמּוֹ יִשְׂרָאֵל בִּקְדֻשָּׁתוֹ בְּיוֹם שַׁבַּת קֹדֶשׁ.
שִׁמְךָ יהוה אֱלֹהֵינוּ יִתְקַדַּשׁ, וְזִכְרְךָ מַלְכֵּנוּ יִתְפָּאַר
בַּשָּׁמַיִם מִמַּעַל וְעַל הָאָרֶץ מִתָּחַת.
תִּתְבָּרַךְ מוֹשִׁיעֵנוּ עַל שֶׁבַח מַעֲשֵׂה יָדֶיךָ
וְעַל מְאוֹרֵי אוֹר שֶׁעָשִׂיתָ, יְפָאֲרוּךָ סֶּלָה.

תִּתְבָּרַךְ
צוּרֵנוּ מַלְכֵּנוּ וְגוֹאֲלֵנוּ, בּוֹרֵא קְדוֹשִׁים
יִשְׁתַּבַּח שִׁמְךָ לָעַד
מַלְכֵּנוּ, יוֹצֵר מְשָׁרְתִים
וַאֲשֶׁר מְשָׁרְתָיו כֻּלָּם עוֹמְדִים בְּרוּם עוֹלָם
וּמַשְׁמִיעִים בְּיִרְאָה יַחַד בְּקוֹל
דִּבְרֵי אֱלֹהִים חַיִּים וּמֶלֶךְ עוֹלָם.

כֻּלָּם אֲהוּבִים
כֻּלָּם בְּרוּרִים
כֻּלָּם גִּבּוֹרִים
וְכֻלָּם עוֹשִׂים בְּאֵימָה וּבְיִרְאָה רְצוֹן קוֹנָם
◂ וְכֻלָּם פּוֹתְחִים אֶת פִּיהֶם
בִּקְדֻשָּׁה וּבְטָהֳרָה
בְּשִׁירָה וּבְזִמְרָה
וּמְבָרְכִים וּמְשַׁבְּחִים וּמְפָאֲרִים
וּמַעֲרִיצִים וּמַקְדִּישִׁים וּמַמְלִיכִים ◂
אֶת שֵׁם הָאֵל
הַמֶּלֶךְ הַגָּדוֹל, הַגִּבּוֹר וְהַנּוֹרָא
קָדוֹשׁ הוּא.
◂ וְכֻלָּם מְקַבְּלִים עֲלֵיהֶם עֹל מַלְכוּת שָׁמַיִם זֶה מִזֶּה
וְנוֹתְנִים רְשׁוּת זֶה לָזֶה
לְהַקְדִּישׁ לְיוֹצְרָם בְּנַחַת רוּחַ
בְּשָׂפָה בְרוּרָה וּבִנְעִימָה
קְדֻשָּׁה כֻּלָּם כְּאֶחָד
עוֹנִים וְאוֹמְרִים בְּיִרְאָה

יש פוסקים הסבורים שיחיד אינו אומר את הפסוקים 'קָדוֹשׁ' ו'בָּרוּךְ' אלא רק ציבור (רס"ג), ולכן ראוי שיחיד יאמר אותם בטעמים (שו"ע נט, ג; משנ"ב שם, יא).

הקהל עונה בקול רם (אליה רבה):

קָדוֹשׁ ׀ קָדוֹשׁ, קָדוֹשׁ יהוה צְבָאוֹת ישעיה ו
מְלֹא כָל־הָאָרֶץ כְּבוֹדוֹ:

בקהילות שבהן אומרים ׳יוצרות׳, אומרים את ה׳אופן׳ ׳כְּבוֹדוֹ אִהֵל׳
בעמ׳ 420 (בשני הימים), וממשיכים ׳וְהַחַיּוֹת יְשׁוֹרֵרוּ׳.
המנהג הנפוץ הוא שאם אין אומרים ׳אופן׳, אומרים ׳וְהָאוֹפַנִּים׳ כבכל יום.

◂ וְהָאוֹפַנִּים וְחַיּוֹת הַקֹּדֶשׁ
בְּרַעַשׁ גָּדוֹל מִתְנַשְּׂאִים
לְעֻמַּת שְׂרָפִים
לְעֻמָּתָם מְשַׁבְּחִים וְאוֹמְרִים

וְהַחַיּוֹת יְשׁוֹרֵרוּ / וּכְרוּבִים יְפָאֵרוּ
וּשְׂרָפִים יָרֹנּוּ / וְאֶרְאֶלִּים יְבָרֵכוּ
פְּנֵי כָל חַיָּה וְאוֹפָן וּכְרוּב
לְעֻמַּת שְׂרָפִים
לְעֻמָּתָם מְשַׁבְּחִים וְאוֹמְרִים.

הקהל עונה בקול רם (אליה רבה):

יחזקאל ג בָּרוּךְ כְּבוֹד־יהוה מִמְּקוֹמוֹ:

לְאֵל בָּרוּךְ נְעִימוֹת יִתֵּנוּ
לְמֶלֶךְ אֵל חַי וְקַיָּם
זְמִירוֹת יֹאמֵרוּ וְתִשְׁבָּחוֹת יַשְׁמִיעוּ
כִּי הוּא לְבַדּוֹ
פּוֹעֵל גְּבוּרוֹת, עוֹשֶׂה חֲדָשׁוֹת
בַּעַל מִלְחָמוֹת, זוֹרֵעַ צְדָקוֹת
מַצְמִיחַ יְשׁוּעוֹת, בּוֹרֵא רְפוּאוֹת
נוֹרָא תְהִלּוֹת, אֲדוֹן הַנִּפְלָאוֹת
הַמְחַדֵּשׁ בְּטוּבוֹ בְּכָל יוֹם תָּמִיד מַעֲשֵׂה בְרֵאשִׁית
כָּאָמוּר
תהלים קלו לְעֹשֵׂה אוֹרִים גְּדֹלִים, כִּי לְעוֹלָם חַסְדּוֹ:
◂ אוֹר חָדָשׁ עַל צִיּוֹן תָּאִיר
וְנִזְכֶּה כֻלָּנוּ מְהֵרָה לְאוֹרוֹ.
בָּרוּךְ אַתָּה יהוה, יוֹצֵר הַמְּאוֹרוֹת.

בברכות יא ע״ב נחלקו התנאים, אם נוסח הברכה השנייה לפני קריאת שמע הוא ׳אַהֲבָה רַבָּה׳ או ׳אַהֲבַת עוֹלָם׳. מנהג אשכנז לומר ׳אַהֲבָה רַבָּה׳ בשחרית ו׳אַהֲבַת עוֹלָם׳ בערבית (ראבי״ה ח״א, לד), כיוון שבבוקר האדם מודה על החסדים שה׳ גמל עמו, ובערב מתפלל על החסדים שיעשה עמו בעתיד (צל״ח, ברכות שם).

אַהֲבָה רַבָּה אֲהַבְתָּנוּ, יהוה אֱלֹהֵינוּ
חֶמְלָה גְדוֹלָה וִיתֵרָה חָמַלְתָּ עָלֵינוּ.
אָבִינוּ מַלְכֵּנוּ
בַּעֲבוּר אֲבוֹתֵינוּ שֶׁבָּטְחוּ בְךָ, וַתְּלַמְּדֵם חֻקֵּי חַיִּים
כֵּן תְּחָנֵּנוּ וּתְלַמְּדֵנוּ.
אָבִינוּ, הָאָב הָרַחֲמָן, הַמְרַחֵם
רַחֵם עָלֵינוּ
וְתֵן בְּלִבֵּנוּ לְהָבִין וּלְהַשְׂכִּיל
לִשְׁמֹעַ, לִלְמֹד וּלְלַמֵּד
לִשְׁמֹר וְלַעֲשׂוֹת, וּלְקַיֵּם
אֶת כָּל דִּבְרֵי תַלְמוּד תּוֹרָתֶךָ בְּאַהֲבָה.
וְהָאֵר עֵינֵינוּ בְּתוֹרָתֶךָ, וְדַבֵּק לִבֵּנוּ בְּמִצְוֹתֶיךָ
וְיַחֵד לְבָבֵנוּ לְאַהֲבָה וּלְיִרְאָה אֶת שְׁמֶךָ
וְלֹא נֵבוֹשׁ לְעוֹלָם וָעֶד.
כִּי בְשֵׁם קָדְשְׁךָ הַגָּדוֹל וְהַנּוֹרָא בָּטָחְנוּ
נָגִילָה וְנִשְׂמְחָה בִּישׁוּעָתֶךָ.

״מצוה לאחוז הציצית ביד שמאלית כנגד לבו בשעת קריאת שמע״ (שו״ע כד, ב). ולדעת האר״י, יש לאוספן ולאוחזן בין קמיצה לזרת כשמגיע לְ׳וַהֲבִיאֵנוּ׳.

יש נוהגים לאחוז את ארבעתן (הרדב״ז והאר״י), ויש נוהגים לאחוז רק שתיים כדי להישאר מסובב במצוות (׳בית יוסף׳ בשם הרקנטי, מהרש״ל והגר״א).

וַהֲבִיאֵנוּ לְשָׁלוֹם מֵאַרְבַּע כַּנְפוֹת הָאָרֶץ
וְתוֹלִיכֵנוּ קוֹמְמִיּוּת לְאַרְצֵנוּ.

◂ כִּי אֵל פּוֹעֵל יְשׁוּעוֹת אָתָּה
וּבָנוּ בָחַרְתָּ מִכָּל עַם וְלָשׁוֹן
וְקֵרַבְתָּנוּ לְשִׁמְךָ הַגָּדוֹל סֶלָה, בֶּאֱמֶת
לְהוֹדוֹת לְךָ וּלְיַחֶדְךָ בְּאַהֲבָה.
בָּרוּךְ אַתָּה יהוה, הַבּוֹחֵר בְּעַמּוֹ יִשְׂרָאֵל בְּאַהֲבָה.

״יקרא קריאת שמע בכוונה – באימה, ביראה, ברתת וזיע״ (שו״ע סא, א).

קריאת שמע צריכה כוונה מיוחדת בכל שלוש פרשיותיה. מי שאינו יכול לכוון בכולן חייב לכוון בפסוק הראשון, ואם לא התכוון צריך לחזור ולקרוא שוב.

בקריאת שמע שלוש פרשיות: ׳שְׁמַע׳, שעניינה קבלת עול מלכות שמים; ׳וְהָיָה אִם־שָׁמֹעַ׳, שעניינה קבלת עול מצוות; ׳ציצית׳, שיש בה הזכרת יציאת מצרים ובחירת ה׳ בעם ישראל (משנה, ברכות יג ע״א).

המתפלל ביחידות אומר (רמ״א סא, ג על פי ספר חסידים):

אֵל מֶלֶךְ נֶאֱמָן

מכסה את עיניו בידו ואומר בכוונה ובקול רם:

דברים ו שְׁמַע יִשְׂרָאֵל, יהוה אֱלֹהֵינוּ, יהוה ׀ אֶחָד:

בלחש: בָּרוּךְ שֵׁם כְּבוֹד מַלְכוּתוֹ לְעוֹלָם וָעֶד.

דברים ו וְאָהַבְתָּ אֵת יהוה אֱלֹהֶיךָ, בְּכָל־לְבָבְךָ וּבְכָל־נַפְשְׁךָ וּבְכָל־
מְאֹדֶךָ: וְהָיוּ הַדְּבָרִים הָאֵלֶּה, אֲשֶׁר אָנֹכִי מְצַוְּךָ הַיּוֹם, עַל־לְבָבֶךָ:
וְשִׁנַּנְתָּם לְבָנֶיךָ וְדִבַּרְתָּ בָּם, בְּשִׁבְתְּךָ בְּבֵיתֶךָ וּבְלֶכְתְּךָ בַדֶּרֶךְ,
וּבְשָׁכְבְּךָ וּבְקוּמֶךָ: וּקְשַׁרְתָּם לְאוֹת עַל־יָדֶךָ וְהָיוּ לְטֹטָפֹת בֵּין
עֵינֶיךָ: וּכְתַבְתָּם עַל־מְזֻזוֹת בֵּיתֶךָ וּבִשְׁעָרֶיךָ:

דברים יא וְהָיָה אִם־שָׁמֹעַ תִּשְׁמְעוּ אֶל־מִצְוֹתַי אֲשֶׁר אָנֹכִי מְצַוֶּה אֶתְכֶם
הַיּוֹם, לְאַהֲבָה אֶת־יהוה אֱלֹהֵיכֶם וּלְעָבְדוֹ, בְּכָל־לְבַבְכֶם וּבְכָל־
נַפְשְׁכֶם: וְנָתַתִּי מְטַר־אַרְצְכֶם בְּעִתּוֹ, יוֹרֶה וּמַלְקוֹשׁ, וְאָסַפְתָּ

דְגָנֶךָ וְתִירֹשְׁךָ וְיִצְהָרֶךָ: וְנָתַתִּי עֵשֶׂב בְּשָׂדְךָ לִבְהֶמְתֶּךָ, וְאָכַלְתָּ וְשָׂבָעְתָּ: הִשָּׁמְרוּ לָכֶם פֶּן־יִפְתֶּה לְבַבְכֶם, וְסַרְתֶּם וַעֲבַדְתֶּם אֱלֹהִים אֲחֵרִים וְהִשְׁתַּחֲוִיתֶם לָהֶם: וְחָרָה אַף־יהוה בָּכֶם, וְעָצַר אֶת־הַשָּׁמַיִם וְלֹא־יִהְיֶה מָטָר, וְהָאֲדָמָה לֹא תִתֵּן אֶת־יְבוּלָהּ, וַאֲבַדְתֶּם מְהֵרָה מֵעַל הָאָרֶץ הַטֹּבָה אֲשֶׁר יהוה נֹתֵן לָכֶם: וְשַׂמְתֶּם אֶת־דְּבָרַי אֵלֶּה עַל־לְבַבְכֶם וְעַל־נַפְשְׁכֶם, וּקְשַׁרְתֶּם אֹתָם לְאוֹת עַל־יֶדְכֶם, וְהָיוּ לְטוֹטָפֹת בֵּין עֵינֵיכֶם: וְלִמַּדְתֶּם אֹתָם אֶת־בְּנֵיכֶם לְדַבֵּר בָּם, בְּשִׁבְתְּךָ בְּבֵיתֶךָ וּבְלֶכְתְּךָ בַדֶּרֶךְ, וּבְשָׁכְבְּךָ וּבְקוּמֶךָ: וּכְתַבְתָּם עַל־מְזוּזוֹת בֵּיתֶךָ וּבִשְׁעָרֶיךָ: לְמַעַן יִרְבּוּ יְמֵיכֶם וִימֵי בְנֵיכֶם עַל הָאֲדָמָה אֲשֶׁר נִשְׁבַּע יהוה לַאֲבֹתֵיכֶם לָתֵת לָהֶם, כִּימֵי הַשָּׁמַיִם עַל־הָאָרֶץ:

נוהגים להעביר את הציציות ליד ימין ולנשקן במקומות המסומנים ב°.

במדבר טו וַיֹּאמֶר יהוה אֶל־מֹשֶׁה לֵּאמֹר: דַּבֵּר אֶל־בְּנֵי יִשְׂרָאֵל וְאָמַרְתָּ אֲלֵהֶם, וְעָשׂוּ לָהֶם °צִיצִת עַל־כַּנְפֵי בִגְדֵיהֶם לְדֹרֹתָם, וְנָתְנוּ °עַל־צִיצִת הַכָּנָף פְּתִיל תְּכֵלֶת: וְהָיָה לָכֶם °לְצִיצִת, וּרְאִיתֶם אֹתוֹ וּזְכַרְתֶּם אֶת־כָּל־מִצְוֹת יהוה וַעֲשִׂיתֶם אֹתָם, וְלֹא תָתוּרוּ אַחֲרֵי לְבַבְכֶם וְאַחֲרֵי עֵינֵיכֶם, אֲשֶׁר־אַתֶּם זֹנִים אַחֲרֵיהֶם: לְמַעַן תִּזְכְּרוּ וַעֲשִׂיתֶם אֶת־כָּל־מִצְוֹתָי, וִהְיִיתֶם קְדֹשִׁים לֵאלֹהֵיכֶם: אֲנִי יהוה אֱלֹהֵיכֶם, אֲשֶׁר הוֹצֵאתִי אֶתְכֶם מֵאֶרֶץ מִצְרַיִם, לִהְיוֹת לָכֶם לֵאלֹהִים, אֲנִי יהוה אֱלֹהֵיכֶם:

אֱמֶת°

שליח הציבור חוזר ואומר (שו״ע סא, ג על פי הזוהר):

◂ יהוה אֱלֹהֵיכֶם אֱמֶת

וְיַצִּיב, וְנָכוֹן וְקַיָּם, וְיָשָׁר וְנֶאֱמָן
וְאָהוּב וְחָבִיב, וְנֶחְמָד וְנָעִים
וְנוֹרָא וְאַדִּיר, וּמְתֻקָּן וּמְקֻבָּל, וְטוֹב וְיָפֶה
הַדָּבָר הַזֶּה עָלֵינוּ לְעוֹלָם וָעֶד.
אֱמֶת אֱלֹהֵי עוֹלָם מַלְכֵּנוּ
צוּר יַעֲקֹב מָגֵן יִשְׁעֵנוּ
לְדוֹר וָדוֹר הוּא קַיָּם וּשְׁמוֹ קַיָּם
וְכִסְאוֹ נָכוֹן
וּמַלְכוּתוֹ וֶאֱמוּנָתוֹ לָעַד קַיֶּמֶת.

במקום המסומן ב°, מנשק את הציציות ומניחן (שער הכוונות).

וּדְבָרָיו חָיִים וְקַיָּמִים, נֶאֱמָנִים וְנֶחֱמָדִים
°לָעַד וּלְעוֹלְמֵי עוֹלָמִים
◂ עַל אֲבוֹתֵינוּ וְעָלֵינוּ
עַל בָּנֵינוּ וְעַל דּוֹרוֹתֵינוּ
וְעַל כָּל דּוֹרוֹת זֶרַע יִשְׂרָאֵל עֲבָדֶיךָ. ◂
עַל הָרִאשׁוֹנִים וְעַל הָאַחֲרוֹנִים
דָּבָר טוֹב וְקַיָּם לְעוֹלָם וָעֶד
אֱמֶת וֶאֱמוּנָה, חֹק וְלֹא יַעֲבֹר.
אֱמֶת שָׁאַתָּה הוּא יהוה אֱלֹהֵינוּ וֵאלֹהֵי אֲבוֹתֵינוּ
◂ מַלְכֵּנוּ מֶלֶךְ אֲבוֹתֵינוּ
גּוֹאֲלֵנוּ גּוֹאֵל אֲבוֹתֵינוּ
יוֹצְרֵנוּ צוּר יְשׁוּעָתֵנוּ
פּוֹדֵנוּ וּמַצִּילֵנוּ מֵעוֹלָם שְׁמֶךָ
אֵין אֱלֹהִים זוּלָתֶךָ.

עֶזְרַת אֲבוֹתֵינוּ אַתָּה הוּא מֵעוֹלָם
מָגֵן וּמוֹשִׁיעַ לִבְנֵיהֶם אַחֲרֵיהֶם בְּכָל דּוֹר וָדוֹר.
בְּרוּם עוֹלָם מוֹשָׁבֶךָ
וּמִשְׁפָּטֶיךָ וְצִדְקָתְךָ עַד אַפְסֵי אָרֶץ.
אַשְׁרֵי אִישׁ שֶׁיִּשְׁמַע לְמִצְוֹתֶיךָ
וְתוֹרָתְךָ וּדְבָרְךָ יָשִׂים עַל לִבּוֹ.
אֱמֶת אַתָּה הוּא אָדוֹן לְעַמֶּךָ
וּמֶלֶךְ גִּבּוֹר לָרִיב רִיבָם.
אֱמֶת אַתָּה הוּא רִאשׁוֹן
וְאַתָּה הוּא אַחֲרוֹן
וּמִבַּלְעָדֶיךָ אֵין לָנוּ מֶלֶךְ גּוֹאֵל וּמוֹשִׁיעַ.
מִמִּצְרַיִם גְּאַלְתָּנוּ, יהוה אֱלֹהֵינוּ
וּמִבֵּית עֲבָדִים פְּדִיתָנוּ
כָּל בְּכוֹרֵיהֶם הָרָגְתָּ, וּבְכוֹרְךָ גָּאָלְתָּ
וְיַם סוּף בָּקַעְתָּ
וְזֵדִים טִבַּעְתָּ
וִידִידִים הֶעֱבַרְתָּ
וַיְכַסּוּ־מַיִם צָרֵיהֶם, אֶחָד מֵהֶם לֹא נוֹתָר: תהלים קו

עַל זֹאת שִׁבְּחוּ אֲהוּבִים, וְרוֹמְמוּ אֵל
וְנָתְנוּ יְדִידִים
זְמִירוֹת, שִׁירוֹת וְתִשְׁבָּחוֹת
בְּרָכוֹת וְהוֹדָאוֹת
לְמֶלֶךְ אֵל חַי וְקַיָּם

רָם וְנִשָּׂא, גָּדוֹל וְנוֹרָא
מַשְׁפִּיל גֵּאִים וּמַגְבִּיהַּ שְׁפָלִים
מוֹצִיא אֲסִירִים, וּפוֹדֶה עֲנָוִים וְעוֹזֵר דַּלִּים
וְעוֹנֶה לְעַמּוֹ בְּעֵת שַׁוְּעָם אֵלָיו.

כאן נוהגים לעמוד כהכנה לתפילת העמידה (׳דרך החיים׳ על פי מהר״ל) ולפסוע שלוש פסיעות לאחור (׳אליה רבה׳ סו, ט בשם ׳פרי עץ חיים׳).

◂ תְּהִלּוֹת לְאֵל עֶלְיוֹן, בָּרוּךְ הוּא וּמְבֹרָךְ
מֹשֶׁה וּבְנֵי יִשְׂרָאֵל
לְךָ עָנוּ שִׁירָה בְּשִׂמְחָה רַבָּה
וְאָמְרוּ כֻלָּם

שמות טו מִי־כָמֹכָה בָּאֵלִם, יהוה
מִי כָּמֹכָה נֶאְדָּר בַּקֹּדֶשׁ
נוֹרָא תְהִלֹּת, עֹשֵׂה פֶלֶא:

◂ שִׁירָה חֲדָשָׁה שִׁבְּחוּ גְאוּלִים
לְשִׁמְךָ עַל שְׂפַת הַיָּם
יַחַד כֻּלָּם הוֹדוּ וְהִמְלִיכוּ
וְאָמְרוּ

שמות טו יהוה יִמְלֹךְ לְעֹלָם וָעֶד:

רבים נוהגים לסיים את ברכת ׳גָּאַל יִשְׂרָאֵל׳ עם שליח הציבור כדי לצאת מהמחלוקת אם לענות אמן אחר ברכתו.

◂ צוּר יִשְׂרָאֵל, קוּמָה בְּעֶזְרַת יִשְׂרָאֵל
וּפְדֵה כִנְאֻמֶךָ יְהוּדָה וְיִשְׂרָאֵל.

ישעיה מז גֹּאֲלֵנוּ יהוה צְבָאוֹת שְׁמוֹ, קְדוֹשׁ יִשְׂרָאֵל:
בָּרוּךְ אַתָּה יהוה, גָּאַל יִשְׂרָאֵל.

עמידה

״המתפלל צריך שיכוין בלבו פירוש המלות שמוציא בשפתיו; ויחשוב כאלו שכינה כנגדו ויסיר כל המחשבות הטורדות אותו עד שתשאר מחשבתו וכוונתו זכה בתפלתו״ (שו״ע צח, א).

פוסע שלוש פסיעות לפנים כמי שנכנס לפני המלך (רמ״א צה, א בשם הרוקח).

עומד ומתפלל בלחש מכאן ועד ׳וְכְשָׁנִים קַדְמֹנִיּוֹת׳ בעמ׳ 135.

כורע במקומות המסומנים ב׳, קד לפנים במילה הבאה וזוקף בשם.

אֲדֹנָי, שְׂפָתַי תִּפְתָּח, וּפִי יַגִּיד תְּהִלָּתֶךָ: תהלים נא

אבות

בָּרוּךְ אַתָּה יהוה, אֱלֹהֵינוּ וֵאלֹהֵי אֲבוֹתֵינוּ
אֱלֹהֵי אַבְרָהָם, אֱלֹהֵי יִצְחָק, וֵאלֹהֵי יַעֲקֹב
הָאֵל הַגָּדוֹל הַגִּבּוֹר וְהַנּוֹרָא, אֵל עֶלְיוֹן
גּוֹמֵל חֲסָדִים טוֹבִים, וְקוֹנֵה הַכֹּל
וְזוֹכֵר חַסְדֵי אָבוֹת
וּמֵבִיא גוֹאֵל לִבְנֵי בְנֵיהֶם לְמַעַן שְׁמוֹ בְּאַהֲבָה.
זָכְרֵנוּ לְחַיִּים, מֶלֶךְ חָפֵץ בַּחַיִּים
וְכָתְבֵנוּ בְּסֵפֶר הַחַיִּים, לְמַעַנְךָ אֱלֹהִים חַיִּים.
מֶלֶךְ עוֹזֵר וּמוֹשִׁיעַ וּמָגֵן.
בָּרוּךְ אַתָּה יהוה, מָגֵן אַבְרָהָם.

אם שכח לומר ׳זָכְרֵנוּ לְחַיִּים׳, אינו חוזר.

גבורות

אַתָּה גִּבּוֹר לְעוֹלָם, אֲדֹנָי, מְחַיֵּה מֵתִים אַתָּה, רַב לְהוֹשִׁיעַ
בארץ ישראל: מוֹרִיד הַטָּל
מְכַלְכֵּל חַיִּים בְּחֶסֶד, מְחַיֵּה מֵתִים בְּרַחֲמִים רַבִּים
סוֹמֵךְ נוֹפְלִים, וְרוֹפֵא חוֹלִים, וּמַתִּיר אֲסוּרִים
וּמְקַיֵּם אֱמוּנָתוֹ לִישֵׁנֵי עָפָר.

מִי כָמְוֹךָ, בַּֽעַל גְּבוּרוֹת, וּמִי דּֽוֹמֶה לָּךְ
מֶֽלֶךְ, מֵמִית וּמְחַיֶּה וּמַצְמִֽיחַ יְשׁוּעָה.

מִי כָמְוֹךָ אַב הָרַחֲמִים, זוֹכֵר יְצוּרָיו לְחַיִּים בְּרַחֲמִים.

וְנֶאֱמָן אַתָּה לְהַחֲיוֹת מֵתִים.
בָּרוּךְ אַתָּה יהוה, מְחַיֵּה הַמֵּתִים.

אם שכח לומר 'מִי כָמְוֹךָ אַב הָרַחֲמִים', אינו חוזר.

קדושת השם

אַתָּה קָדוֹשׁ וְשִׁמְךָ קָדוֹשׁ
וּקְדוֹשִׁים בְּכָל יוֹם יְהַלְלְוּךָ סֶּלָה.

וּבְכֵן תֵּן פַּחְדְּךָ יהוה אֱלֹהֵינוּ עַל כָּל מַעֲשֶׂיךָ
וְאֵימָתְךָ עַל כָּל מַה שֶּׁבָּרָאתָ
וְיִירָאוּךָ כָּל הַמַּעֲשִׂים, וְיִשְׁתַּחֲווּ לְפָנֶיךָ כָּל הַבְּרוּאִים
וְיֵעָשׂוּ כֻלָּם אֲגֻדָּה אַחַת לַעֲשׂוֹת רְצוֹנְךָ בְּלֵבָב שָׁלֵם
כְּמוֹ שֶׁיָּדַֽעְנוּ יהוה אֱלֹהֵינוּ שֶׁהַשָּׁלְטָן לְפָנֶיךָ
עֹז בְּיָדְךָ וּגְבוּרָה בִּימִינֶךָ
וְשִׁמְךָ נוֹרָא עַל כָּל מַה שֶּׁבָּרָאתָ.

וּבְכֵן תֵּן כָּבוֹד יהוה לְעַמֶּךָ
תְּהִלָּה לִירֵאֶיךָ, וְתִקְוָה (טוֹבָה) לְדוֹרְשֶׁיךָ
וּפִתְחוֹן פֶּה לַמְיַחֲלִים לָךְ
שִׂמְחָה לְאַרְצֶךָ, וְשָׂשׂוֹן לְעִירֶךָ
וּצְמִיחַת קֶֽרֶן לְדָוִד עַבְדֶּךָ
וַעֲרִיכַת נֵר לְבֶן יִשַׁי מְשִׁיחֶךָ
בִּמְהֵרָה בְיָמֵינוּ.

וּבְכֵן צַדִּיקִים יִרְאוּ וְיִשְׂמָחוּ, וִישָׁרִים יַעֲלֹזוּ
וַחֲסִידִים בְּרִנָּה יָגִילוּ, וְעוֹלָתָה תִּקְפָּץ פִּיהָ
וְכָל הָרִשְׁעָה כֻּלָּהּ כְּעָשָׁן תִּכְלֶה
כִּי תַעֲבִיר מֶמְשֶׁלֶת זָדוֹן מִן הָאָרֶץ.

וְתִמְלֹךְ אַתָּה יהוה לְבַדֶּךָ עַל כָּל מַעֲשֶׂיךָ
בְּהַר צִיּוֹן מִשְׁכַּן כְּבוֹדֶךָ
וּבִירוּשָׁלַיִם עִיר קָדְשֶׁךָ
כַּכָּתוּב בְּדִבְרֵי קָדְשֶׁךָ
יִמְלֹךְ יהוה לְעוֹלָם, אֱלֹהַיִךְ צִיּוֹן לְדֹר וָדֹר, הַלְלוּיָהּ: תהלים קמו

קָדוֹשׁ אַתָּה וְנוֹרָא שְׁמֶךָ
וְאֵין אֱלְוֹהַּ מִבַּלְעָדֶיךָ
כַּכָּתוּב, וַיִּגְבַּהּ יהוה צְבָאוֹת בַּמִּשְׁפָּט ישעיה ה
וְהָאֵל הַקָּדוֹשׁ נִקְדַּשׁ בִּצְדָקָה:
בָּרוּךְ אַתָּה יהוה, הַמֶּלֶךְ הַקָּדוֹשׁ.

אם שכח לומר את הפיסקאות המתחילות 'וּבְכֵן תֵּן פַּחְדְּךָ', אינו חוזר,
אך אם חתם 'הָאֵל הַקָּדוֹשׁ' כברוב ימות השנה, חוזר לראש.

קדושת היום

אַתָּה בְחַרְתָּנוּ מִכָּל הָעַמִּים
אָהַבְתָּ אוֹתָנוּ וְרָצִיתָ בָּנוּ
וְרוֹמַמְתָּנוּ מִכָּל הַלְּשׁוֹנוֹת
וְקִדַּשְׁתָּנוּ בְּמִצְוֹתֶיךָ
וְקֵרַבְתָּנוּ מַלְכֵּנוּ לַעֲבוֹדָתֶךָ
וְשִׁמְךָ הַגָּדוֹל וְהַקָּדוֹשׁ עָלֵינוּ קָרָאתָ.

בשבת מוסיפים את המילים שבסוגריים.

וַתִּתֶּן לָנוּ יהוה אֱלֹהֵינוּ בְּאַהֲבָה
אֶת יוֹם (הַשַּׁבָּת הַזֶּה וְאֶת יוֹם) הַזִּכָּרוֹן הַזֶּה
יוֹם (זִכְרוֹן) תְּרוּעָה
(בְּאַהֲבָה) מִקְרָא קֹדֶשׁ, זֵכֶר לִיצִיאַת מִצְרָיִם.

אֱלֹהֵינוּ וֵאלֹהֵי אֲבוֹתֵינוּ
יַעֲלֶה וְיָבוֹא וְיַגִּיעַ, וְיֵרָאֶה וְיֵרָצֶה וְיִשָּׁמַע
וְיִפָּקֵד וְיִזָּכֵר זִכְרוֹנֵנוּ וּפִקְדוֹנֵנוּ וְזִכְרוֹן אֲבוֹתֵינוּ
וְזִכְרוֹן מָשִׁיחַ בֶּן דָּוִד עַבְדֶּךָ, וְזִכְרוֹן יְרוּשָׁלַיִם עִיר קָדְשֶׁךָ
וְזִכְרוֹן כָּל עַמְּךָ בֵּית יִשְׂרָאֵל, לְפָנֶיךָ
לִפְלֵיטָה לְטוֹבָה, לְחֵן וּלְחֶסֶד וּלְרַחֲמִים, לְחַיִּים וּלְשָׁלוֹם
בְּיוֹם הַזִּכָּרוֹן הַזֶּה.
זָכְרֵנוּ יהוה אֱלֹהֵינוּ בּוֹ לְטוֹבָה, וּפָקְדֵנוּ בוֹ לִבְרָכָה
וְהוֹשִׁיעֵנוּ בוֹ לְחַיִּים.
וּבִדְבַר יְשׁוּעָה וְרַחֲמִים, חוּס וְחָנֵּנוּ, וְרַחֵם עָלֵינוּ וְהוֹשִׁיעֵנוּ
כִּי אֵלֶיךָ עֵינֵינוּ, כִּי אֵל מֶלֶךְ חַנּוּן וְרַחוּם אָתָּה.

אֱלֹהֵינוּ וֵאלֹהֵי אֲבוֹתֵינוּ
מְלֹךְ עַל כָּל הָעוֹלָם כֻּלּוֹ בִּכְבוֹדֶךָ
וְהִנָּשֵׂא עַל כָּל הָאָרֶץ בִּיקָרֶךָ
וְהוֹפַע בַּהֲדַר גְּאוֹן עֻזֶּךָ עַל כָּל יוֹשְׁבֵי תֵבֵל אַרְצֶךָ.
וְיֵדַע כָּל פָּעוּל כִּי אַתָּה פְעַלְתּוֹ
וְיָבִין כָּל יָצוּר כִּי אַתָּה יְצַרְתּוֹ
וְיֹאמַר כֹּל אֲשֶׁר נְשָׁמָה בְאַפּוֹ
יהוה אֱלֹהֵי יִשְׂרָאֵל מֶלֶךְ וּמַלְכוּתוֹ בַּכֹּל מָשָׁלָה.

בשבת מוסיפים את המילים שבסוגריים.

(אֱלֹהֵינוּ וֵאלֹהֵי אֲבוֹתֵינוּ, רְצֵה בִמְנוּחָתֵנוּ)
קַדְּשֵׁנוּ בְּמִצְוֹתֶיךָ וְתֵן חֶלְקֵנוּ בְּתוֹרָתֶךָ
שַׂבְּעֵנוּ מִטּוּבֶךָ וְשַׂמְּחֵנוּ בִּישׁוּעָתֶךָ
(וְהַנְחִילֵנוּ יהוה אֱלֹהֵינוּ בְּאַהֲבָה וּבְרָצוֹן שַׁבַּת קָדְשֶׁךָ
וְיָנוּחוּ בָהּ יִשְׂרָאֵל מְקַדְּשֵׁי שְׁמֶךָ)
וְטַהֵר לִבֵּנוּ לְעָבְדְּךָ בֶּאֱמֶת
כִּי אַתָּה אֱלֹהִים אֱמֶת, וּדְבָרְךָ אֱמֶת וְקַיָּם לָעַד.
בָּרוּךְ אַתָּה יהוה, מֶלֶךְ עַל כָּל הָאָרֶץ
מְקַדֵּשׁ (הַשַּׁבָּת וְ)יִשְׂרָאֵל וְיוֹם הַזִּכָּרוֹן.

עבודה

רְצֵה יהוה אֱלֹהֵינוּ בְּעַמְּךָ יִשְׂרָאֵל, וּבִתְפִלָּתָם
וְהָשֵׁב אֶת הָעֲבוֹדָה לִדְבִיר בֵּיתֶךָ
וְאִשֵּׁי יִשְׂרָאֵל וּתְפִלָּתָם בְּאַהֲבָה תְקַבֵּל בְּרָצוֹן
וּתְהִי לְרָצוֹן תָּמִיד עֲבוֹדַת יִשְׂרָאֵל עַמֶּךָ.
וְתֶחֱזֶינָה עֵינֵינוּ בְּשׁוּבְךָ לְצִיּוֹן בְּרַחֲמִים.
בָּרוּךְ אַתָּה יהוה, הַמַּחֲזִיר שְׁכִינָתוֹ לְצִיּוֹן.

הודאה

כורע ב׳מוֹדים׳ ואינו זוקף עד אמירת השם.

׳מוֹדִים אֲנַחְנוּ לָךְ
שָׁאַתָּה הוּא יהוה אֱלֹהֵינוּ וֵאלֹהֵי אֲבוֹתֵינוּ לְעוֹלָם וָעֶד.
צוּר חַיֵּינוּ, מָגֵן יִשְׁעֵנוּ, אַתָּה הוּא לְדוֹר וָדוֹר.
נוֹדֶה לְּךָ וּנְסַפֵּר תְּהִלָּתֶךָ
עַל חַיֵּינוּ הַמְּסוּרִים בְּיָדֶךָ, וְעַל נִשְׁמוֹתֵינוּ הַפְּקוּדוֹת לָךְ.
וְעַל נִסֶּיךָ שֶׁבְּכָל יוֹם עִמָּנוּ
וְעַל נִפְלְאוֹתֶיךָ וְטוֹבוֹתֶיךָ שֶׁבְּכָל עֵת, עֶרֶב וָבֹקֶר וְצָהֳרָיִם.

הַטּוֹב, כִּי לֹא כָלוּ רַחֲמֶיךָ
וְהַמְרַחֵם, כִּי לֹא תַמּוּ חֲסָדֶיךָ
מֵעוֹלָם קִוִּינוּ לָךְ.
וְעַל כֻּלָּם יִתְבָּרַךְ וְיִתְרוֹמַם שִׁמְךָ מַלְכֵּנוּ תָּמִיד לְעוֹלָם וָעֶד.
וּכְתֹב לְחַיִּים טוֹבִים כָּל בְּנֵי בְרִיתֶךָ.
וְכֹל הַחַיִּים יוֹדוּךָ סֶּלָה, וִיהַלְלוּ אֶת שִׁמְךָ בֶּאֱמֶת
הָאֵל יְשׁוּעָתֵנוּ וְעֶזְרָתֵנוּ סֶלָה.
▼בָּרוּךְ אַתָּה יהוה, הַטּוֹב שִׁמְךָ וּלְךָ נָאֶה לְהוֹדוֹת.

אם שכח לומר ׳וּכְתֹב לְחַיִּים טוֹבִים׳, אינו חוזר.

שלום

שִׂים שָׁלוֹם טוֹבָה וּבְרָכָה, חֵן וָחֶסֶד וְרַחֲמִים
עָלֵינוּ וְעַל כָּל יִשְׂרָאֵל עַמֶּךָ.
בָּרְכֵנוּ אָבִינוּ כֻּלָּנוּ כְּאֶחָד בְּאוֹר פָּנֶיךָ
כִּי בְאוֹר פָּנֶיךָ נָתַתָּ לָּנוּ, יהוה אֱלֹהֵינוּ
תּוֹרַת חַיִּים וְאַהֲבַת חֶסֶד
וּצְדָקָה וּבְרָכָה וְרַחֲמִים וְחַיִּים וְשָׁלוֹם.
וְטוֹב בְּעֵינֶיךָ לְבָרֵךְ אֶת עַמְּךָ יִשְׂרָאֵל
בְּכָל עֵת וּבְכָל שָׁעָה בִּשְׁלוֹמֶךָ.

בְּסֵפֶר חַיִּים, בְּרָכָה וְשָׁלוֹם, וּפַרְנָסָה טוֹבָה
נִזָּכֵר וְנִכָּתֵב לְפָנֶיךָ אֲנַחְנוּ וְכָל עַמְּךָ בֵּית יִשְׂרָאֵל
לְחַיִּים טוֹבִים וּלְשָׁלוֹם.*

בָּרוּךְ אַתָּה יהוה, הַמְבָרֵךְ אֶת עַמּוֹ יִשְׂרָאֵל בַּשָּׁלוֹם.

*בני חוץ לארץ מסיימים: בָּרוּךְ אַתָּה יהוה, עוֹשֵׂה הַשָּׁלוֹם.

אם שכח לומר ׳בְּסֵפֶר חַיִּים׳, אינו חוזר.

יש מוסיפים:

יִהְיוּ לְרָצוֹן אִמְרֵי־פִי וְהֶגְיוֹן לִבִּי לְפָנֶיךָ יהוה צוּרִי וְגֹאֲלִי: תהלים יט

ברכות יז.

אֱלֹהַי

נְצֹר לְשׁוֹנִי מֵרָע, וּשְׂפָתַי מִדַּבֵּר מִרְמָה

וְלִמְקַלְלַי נַפְשִׁי תִדֹּם, וְנַפְשִׁי כֶּעָפָר לַכֹּל תִּהְיֶה.

פְּתַח לִבִּי בְּתוֹרָתֶךָ, וּבְמִצְוֹתֶיךָ תִּרְדֹּף נַפְשִׁי.

וְכָל הַחוֹשְׁבִים עָלַי רָעָה

מְהֵרָה הָפֵר עֲצָתָם וְקַלְקֵל מַחֲשַׁבְתָּם.

עֲשֵׂה לְמַעַן שְׁמֶךָ, עֲשֵׂה לְמַעַן יְמִינֶךָ

עֲשֵׂה לְמַעַן קְדֻשָּׁתֶךָ, עֲשֵׂה לְמַעַן תּוֹרָתֶךָ.

לְמַעַן יֵחָלְצוּן יְדִידֶיךָ, הוֹשִׁיעָה יְמִינְךָ וַעֲנֵנִי: תהלים ס

יִהְיוּ לְרָצוֹן אִמְרֵי־פִי וְהֶגְיוֹן לִבִּי לְפָנֶיךָ, יהוה צוּרִי וְגֹאֲלִי: תהלים יט

כורע ופוסע שלוש פסיעות לאחור. קד לשמאל, לימין ולפנים באמירת:

עֹשֶׂה הַשָּׁלוֹם בִּמְרוֹמָיו

הוּא יַעֲשֶׂה שָׁלוֹם עָלֵינוּ וְעַל כָּל יִשְׂרָאֵל, וְאִמְרוּ אָמֵן.

יְהִי רָצוֹן מִלְּפָנֶיךָ יהוה אֱלֹהֵינוּ וֵאלֹהֵי אֲבוֹתֵינוּ

שֶׁיִּבָּנֶה בֵּית הַמִּקְדָּשׁ בִּמְהֵרָה בְיָמֵינוּ, וְתֵן חֶלְקֵנוּ בְּתוֹרָתֶךָ

וְשָׁם נַעֲבָדְךָ בְּיִרְאָה כִּימֵי עוֹלָם וּכְשָׁנִים קַדְמֹנִיּוֹת.

וְעָרְבָה לַיהוה מִנְחַת יְהוּדָה וִירוּשָׁלָםִ כִּימֵי עוֹלָם וּכְשָׁנִים קַדְמֹנִיּוֹת: מלאכי ג

חזרת הש״ץ ליום א׳ של ראש השנה בעמ׳ 139

וליום ב׳ של ראש השנה בעמ׳ 255.

סדר ליום א׳

חזרת הש״ץ לשחרית ליום א׳ של ראש השנה

״לְמִשְׁפָּטֶיךָ עָמְדוּ הַיּוֹם, כִּי הַכֹּל עֲבָדֶיךָ״ (תהלים קיט, צא).

פותחים את ארון הקודש.
שליח הציבור פוסע שלוש פסיעות לפנים וחוזר על התפילה בקול רם.
כורע במקומות המסומנים ב׳, קד לפנים במילה הבאה וזוקף בשם.

אֲדֹנָי, שְׂפָתַי תִּפְתָּח, וּפִי יַגִּיד תְּהִלָּתֶךָ: תהלים נא

אבות

׳בָּרוּךְ אַתָּה יהוה, אֱלֹהֵינוּ וֵאלֹהֵי אֲבוֹתֵינוּ
אֱלֹהֵי אַבְרָהָם, אֱלֹהֵי יִצְחָק, וֵאלֹהֵי יַעֲקֹב
הָאֵל הַגָּדוֹל הַגִּבּוֹר וְהַנּוֹרָא, אֵל עֶלְיוֹן
גּוֹמֵל חֲסָדִים טוֹבִים, וְקוֹנֵה הַכֹּל
וְזוֹכֵר חַסְדֵי אָבוֹת
וּמֵבִיא גוֹאֵל לִבְנֵי בְנֵיהֶם לְמַעַן שְׁמוֹ בְּאַהֲבָה.

נוסח זה מוסיפים לפני כל ׳קרובה׳ (מערכת פיוטים לחזרת הש״ץ) שאומרים בראש השנה.
בשחרית אומרים אחריו גם פיוט ׳רשות׳.

מִסּוֹד חֲכָמִים וּנְבוֹנִים
וּמִלֶּמֶד דַּעַת מְבִינִים
אֶפְתְּחָה פִּי בִּתְפִלָּה וּבְתַחֲנוּנִים
לְחַלּוֹת וּלְחַנֵּן פְּנֵי מֶלֶךְ מַלְכֵי הַמְּלָכִים וַאֲדוֹנֵי הָאֲדוֹנִים.

רשות לקרובה ׳אֵת חִיל׳ – סימן יקותיאל בר משה חזק ואמץ יחי

יָרֵאתִי בִּפְצוֹתִי שִׂיחַ לְהַשְׁחִיל / קוּמִי לְחַלּוֹת פְּנֵי נוֹרָא וְדָחִיל
וְקָטֹנְתִּי מַעַשׂ לָכֵן אָזַחִיל / תְּבוּנָה חָסַרְתִּי וְאֵיךְ אוֹחִיל
יוֹצְרִי הֲבִינֵנִי מוֹרָשָׁה לְהַנְחִיל / אַיָּלְנִי וְאַמְּצֵנִי מֵרִפְיוֹן וְחִיל
לַחֲשִׁי יֵרָצֶה כְּמַנְטִיף וּמַשְׁחִיל / בִּטּוּיִי יֻמְתַּק כְּצוּף נָחִיל

רָצוּי בְּיֹשֶׁר וְלֹא כְּמַכְחִיל / מְשַׁלְּחַי לְהַמְצִיא כֹּפֶר וּלְהַמְחִיל
שַׁאֲגִי יֶעֱרַב וְלֹא כְּמַשְׁחִיל / הֵעָתֵר לְנִגָּשִׁים וְנֶחְשָׁבִים כְּזָחִיל
חַנּוּן כְּהַבְטִיחָךְ לִבְנִקְרַת מְחִיל / זַעֲקִי קְשֹׁב בְּעֵת אַתְחִיל
קְרָבַי יֶחְמְרוּ בְּחָקְרָךְ חַלּוּחִיל / וּמֵאֵימַת הַדִּין נַפְשִׁי תַבְחִיל
אִם כִּגְמוּל הַלֵּב יָחִיל / מְקוֹרֵי עַפְעַפַּי אַזִּיל כְּמַזְחִיל
צְדָקָה אֲקַוֶּה מִמְּךָ וְאוֹחִיל / יֹשֶׁר הוֹרַי זְכֹרָה לְהַאֲחִיל
חַם לִבִּי בַּהֲגִיגִי יַגְחִיל / יִסְתָּעֵר בְּקִרְבִּי בְּעֵת אָת חִיל.

סוגרים את ארון הקודש.

את ה׳קרובה׳ לשחרית של יום א׳ של ראש השנה חיבר ר׳ אלעזר הקליר, הידוע בפייטני ארץ ישראל בתקופה הקדומה (החוקרים מעריכים שהוא חי בסוף התקופה הביזנטית, סביב שנת 600 לסה״נ).

עיקר ה׳קרובה׳ הוא שלושת הפיוטים הראשונים – ה׳מגן׳ הנאמר בברכת ׳מָגֵן אַבְרָהָם׳, ה׳מחיה׳ הנאמר בברכת ׳מְחַיֵּה מֵתִים׳, וה׳משלש׳ הפותח את הפיוטים המובילים לקדושה. בדרך כלל שלושת הפיוטים עוסקים בנושא אחד. ה׳קרובה׳ של שחרית ליום הראשון מתארת את האימהות, שנפקדו כולן בראש השנה (ירושלמי, ראש השנה פ״א ה״ב).

נוהגים שהקהל אומר את שלושת הפיוטים הראשונים, ושליח הציבור אומר בקול רק את השורות המסומנות ב•. יש קהילות שבהן אין אומרים את ה׳מגן׳ וממשיכים ׳זָכְרֵנוּ לְחַיִּים׳ בעמוד הבא (ויש האומרים את הבית האחרון: ׳נַעֲלָה בַּדִּין׳).

מגן – סימן א״ב

אָת חִיל יוֹם פְּקֻדָּה / בְּאֵימָיו כָּל לְחוּם לְשָׁקְדָה
גָּשִׁים בּוֹ בֶּרֶךְ לִקּוֹדָה / דֵּעָם לְיַשֵּׁר כְּעַל מוֹקְדָה.

הַיּוֹצֵר יַחַד כֶּסֶל נִשְׁפָּט / וְשׁוֹעַ וָדַל בְּפִלּוּס יִשָּׁפֵט
זֵכֶר לֹא יַעֲשֶׂה מִשְׁפָּט / חִין עֶרְכּוֹ יֻזְכַּר בַּמִּשְׁפָּט.

טֶרֶם כָּל מִפְעָל חָצַב / יָזַם בְּמַחֲשֶׁבֶת צוּר חָצַב
כְּאָחוֹר וָקֶדֶם בַּתָּוֶךְ נֶחְצַב / לְיַהֵב עָלָיו כָּל הַמַּחְצָב.

מְנָתוֹ כְּהַיּוֹם כֹּחַ דִּשְּׁנָה / נֵצֶר לְהַחֲנִיט לְתִשְׁעִים שָׁנָה
סִימָה אוֹת הֱיוֹת לְשׁוֹשַׁנָּה / עֵבֶר לְפָנָיו בְּרֹאשׁ הַשָּׁנָה.

פְּלָצוּ פְּרָחֶיהָ בְּחֹק יוֹם / צִיגָתָם פְּנֵי כֵּס אָיֹם
קוֹל דִּבְבָם יַרְחִישׁוּ כְּהַיּוֹם / רוֹגְשִׁים לְהָרִיעַ לִמְצֹא פִּדְיוֹם.

שְׁעוּנִים עָלֶיהָ בָּהּ לְהִפָּקְדָה / שׁוֹאֲגִים בְּלַהַק דְּלָתוֹת לְשָׁקְדָה
‹ תְּמוּכִים בְּדֶשֶׁן שֶׂה עֲקֵדָה / תֶּשֶׁר אֲשֶׁר בּוֹ נִפְקָדָה.

הכול:
נַעֲלֶה בְּדִין עֲלוֹת בִּתְרוּעָה / גֵּיא עִם דָּרֶיהָ לְרוֹעֲעָה
‹ בַּשּׁוֹפָר (בשבת: בְּזִכְרוֹן שׁוֹפָר) אֲפַתֶּנּוּ, וּבְבִרְךְ כְּרִיעָה
בְּמָגִנַּת רֵעִים בְּגִנּוֹ אֶתְרוֹעֲעָה.

יש נוהגים שהקהל אומר בקול, ושליח הציבור חוזר אחריו:
זָכְרֵנוּ לְחַיִּים, מֶלֶךְ חָפֵץ בַּחַיִּים
וְכָתְבֵנוּ בְּסֵפֶר הַחַיִּים, לְמַעַנְךָ אֱלֹהִים חַיִּים.

שליח הציבור ממשיך:
מֶלֶךְ עוֹזֵר וּמוֹשִׁיעַ וּמָגֵן.
ׄבָּרוּךְ אַתָּה יהוה, מָגֵן אַבְרָהָם.

גבורות
אַתָּה גִּבּוֹר לְעוֹלָם, אֲדֹנָי
מְחַיֵּה מֵתִים אַתָּה, רַב לְהוֹשִׁיעַ
בארץ ישראל: מוֹרִיד הַטָּל
מְכַלְכֵּל חַיִּים בְּחֶסֶד, מְחַיֵּה מֵתִים בְּרַחֲמִים רַבִּים
סוֹמֵךְ נוֹפְלִים, וְרוֹפֵא חוֹלִים, וּמַתִּיר אֲסוּרִים
וּמְקַיֵּם אֱמוּנָתוֹ לִישֵׁנֵי עָפָר.
מִי כָמוֹךָ, בַּעַל גְּבוּרוֹת, וּמִי דּוֹמֶה לָּךְ
מֶלֶךְ, מֵמִית וּמְחַיֶּה וּמַצְמִיחַ יְשׁוּעָה.

יש קהילות שבהן אין אומרים את ה׳מחיה׳, וממשיכים ׳מִי כָמְוֹךָ׳ למטה (ויש האומרים את הבית האחרון: ׳מֶלֶךְ עֶלְיוֹן וְנוֹרָא׳).

מחיה – סימן תשר״ק

תַּאֲלַת זוּ כְּחָפֵץ לְהַתְעִיל / שְׁוּעַ עֶרֶךְ לְמִדַּם לְהוֹעִיל
רוֹן הַרֲרֵי קֶדֶם הַמּוֹעִיל / קְרָא בְּגָרוֹן מוֹקֵשׁ לְהַגְעִיל.

צִדְקָם לְהַקְפּוֹת בְּנִיב שַׁוְעָה / פְּעָלָם בְּקֶרֶב שָׁנִים לְשַׁמְּעָה
עֵת רָצוֹן וְיוֹם יְשׁוּעָה / סְבִיכַת קֶרֶן וּבְרִית שְׁבוּעָה.

נוֹבְבִים בְּגִישַׁת חוֹתָמוֹת תִּשְׁעָה /
מִסְפַּר שָׁתוֹת וְחוֹתְמֵיהֶן תִּשְׁעָה
לְמִנְיַן פִּלּוּל שֵׁמוֹת תִּשְׁעָה / כְּחַנְּנָה עֲקָרָה יָלְדָה שִׁבְעָה.

יַאֲמִירוּ עֹז מַלְכִיּוֹת עֶשֶׂר / טְבוּעוֹת לְשֵׁם בְּחַן עֶשֶׂר
חֹק זִכְרוֹנוֹת וְקוֹלוֹת עֶשֶׂר / זֶכֶר מְבָרֵךְ גְּבִירוֹ בְּעֶשֶׂר.

וַיִּפֶן בְּאָהוּב אֵתוֹי נַהֲרַיִם / הֶעָקוּד בְּהַר מוֹר אֲחוֹרַיִם
דִּשְׁנוֹ יֵרָא לָחֹן שִׁירַיִם / גְּשִׁים עָדָיו בֹּקֶר וְצָהֳרַיִם.

בְּזֶה פֶּרֶק חִנֵּן עֲתִירָה / בְּעַד אֲסוּרָה עַד הֻתְּרָה
‹ אֶנְקַת אָסִיר אָז כְּהִכְתִּרָה / אֵלַי לְהֵעָתֵר כְּמוֹ נֶעְתָּרָה.

הכול:

מֶלֶךְ עֶלְיוֹן וְנוֹרָא / מִשְׁפָּטֵנוּ יוֹצִיא כָאוֹרָה
‹ אֵיחֲלֵנוּ כֶּתֶר לַעֲטָרָה / בְּטַלְלֵי תְחִי בְּחַסְדּוֹ אֶתְפָּאֲרָה.

יש נוהגים שהקהל אומר בקול, ושליח הציבור חוזר אחריו:

מִי כָמְוֹךָ אַב הָרַחֲמִים, זוֹכֵר יְצוּרָיו לְחַיִּים בְּרַחֲמִים.

שליח הציבור ממשיך:

וְנֶאֱמָן אַתָּה לְהַחֲיוֹת מֵתִים.
בָּרוּךְ אַתָּה יהוה, מְחַיֵּה הַמֵּתִים.

יש קהילות שבהן אין אומרים את ה׳משלש׳, וממשיכים ׳יִמְלֹךְ ה׳ לְעוֹלָם׳ למטה
(ויש האומרים את הבית האחרון: ׳כַּעֲקֶרֶת בַּיִת׳).

משלש – סימן א״ת ב״ש

אֶבֶן חוּג מְצוּק נְשִׁיָּה / תְּהוֹם רַבָּה צוּל שְׁאִיָּה
בְּפִנַּת רֹאשׁ יְסוֹד שְׁלִישִׁיָּה / שְׁתִתוּ שְׁעוֹן בָּהּ לְשַׁעְיָה.

גִּבְעַת שֹׁרֶשׁ מְאוּסַּת בּוֹנִים / רְבִעָה הַיּוֹם מֵאַרְבַּע אֲבָנִים
דְּמָעוֹת מְבַכָּה עַל בָּנִים / קָשְׁבָה, מִנְעִי אֵם הַבָּנִים.

הָאַדְמוֹן, כְּבָט שֶׁלֹּא חָלָה / צָבָה לְקַחְתָּהּ לוֹ, וְנִתְבַּהֲלָה
וּפִלְּלָה רַבִּים בְּעַד הַתּוֹחֶלָה / פְּדוּתָהּ מִזֶּה, וְלֹא חָלָה.

זָכַר לָהּ יָשָׁר אֳרָחוֹת / עָבַר לְהָמִיר בְּבֶטֶן אָחוֹת
חִשְּׁבָהּ הַיּוֹם זְכֹרָה לְהָאָחוֹת / סִלּוּף דִּינָה בִּיהוֹסֵף לְהַנְחוֹת.

טֶבַע כְּכְלִי יוֹצֵר הֶעֱבִיר / נִסֵּי חֲיָלִים לְהַעֲצִים וּלְהַגְבִּיר
יָהּ כִּסְּכַת אֶנְקַת גְּבִיר / מִטּוֹת שָׁנִים מְנָהּ הִסְבִּיר.

כַּעֲקֶרֶת בַּיִת בְּתֵחֶל נִכְּרָה / כְּבִכּוּר רֵאשִׁית בְּתֵכֶל בְּכֹרָה
‹ לְבַדֶּיהָ תַּעֲמֹד בְּיוֹם זְכִירָה / לְהִזָּכֵר לָמוֹ כְּמוֹ נִזְכָּרָה.

במחזורים הישנים משולבים במערכות ה׳קרובות׳ הפסוקים שעליהם מבוססים פיוטי ה׳קרובה׳.
היום נוהגים לומר רק את שני הפסוקים ׳יִמְלֹךְ׳ ו׳וְאַתָּה קָדוֹשׁ׳, ומסיימים בתיבות ׳אֵל נָא׳.
תיבות אלה הן פתיחה לפיוטים הבאים, המובילים אל הקדושה.

קהל ואחריו שליח הציבור:

יִמְלֹךְ יהוה לְעוֹלָם תהלים קמו
אֱלֹהַיִךְ צִיּוֹן לְדֹר וָדֹר, הַלְלוּיָהּ:

וְאַתָּה קָדוֹשׁ, יוֹשֵׁב תְּהִלּוֹת יִשְׂרָאֵל: תהלים כב

אֵל נָא.

פיוט זה נוסף לקרובה׳ בתקופת הראשונים.
סגנונו מעיד עליו שהוא עתיק מאוד, כנראה קודם לקליר.

פותחים את ארון הקודש.

סימן א״ב

אַתָּה הוּא אֱלֹהֵינוּ	בַּשָּׁמַיִם וּבָאָרֶץ.
גִּבּוֹר וְנַעֲרָץ	דָּגוּל מֵרְבָבָה.
הוּא שָׂח וַיֶּהִי	וְצִוָּה וְנִבְרָאוּ.
זִכְרוֹ לָנֶצַח	חַי עוֹלָמִים.
טְהוֹר עֵינַיִם	יוֹשֵׁב סֵתֶר.
כִּתְרוֹ יְשׁוּעָה	לְבוּשׁוֹ צְדָקָה.
מַעֲטֵהוּ קִנְאָה	נֶאְפָּד נְקָמָה.
סִתְרוֹ יֹשֶׁר	עֲצָתוֹ אֱמוּנָה.
פְּעֻלָּתוֹ אֱמֶת	צַדִּיק וְיָשָׁר.
קָרוֹב לְקוֹרְאָיו בֶּאֱמֶת	רָם וּמִתְנַשֵּׂא.
שׁוֹכֵן שְׁחָקִים	תּוֹלֶה אֶרֶץ עַל בְּלִימָה.

הקהל ושליח הציבור אומרים:

חַי וְקַיָּם
נוֹרָא וּמָרוֹם
וְקָדוֹשׁ.

סוגרים את ארון הקודש.

אם א׳ של ראש השנה חל בימים שני, שלישי או חמישי
ממשיכים ׳תָּעִיר וְתָרִיעַ׳ בראש העמוד הבא.

אם א׳ של ראש השנה חל בשבת,
ממשיכים ׳וּבְכֵן, וַיהוה פָּקַד׳ מתחת לקו בעמוד הבא.

א׳ של ראש השנה שחל להיות בימים שני, שלישי וחמישי בשבוע

בדורות האחרונים פשט המנהג שלא לומר את שלושת הפיוטים הבאים אלא רק את שורות הפזמון. פיוטים אלה מכונים ׳קיקלרים׳ בגלל סגנונם המתאפיין בפזמון חוזר (או בכמה פזמונות חוזרים). הפיוטים מובאים במלואם בעמ׳ 422-424.

שליח הציבור אומר, והקהל חוזר אחריו:

תָּעִיר וְתָרִיעַ, לְהַכְרִית כָּל מֵרִיעַ
וְתַקְדִּשׁ בְּיוֹדְעֵי לְהָרִיעַ. קָדוֹשׁ.

ממשיכים ׳וּבְכֵן, וַיהוה פָּקַד׳ בראש העמוד הבא.

א׳ של ראש השנה שחל להיות בשבת

אומרים את הפיוט הפותח ׳וּבְכֵן, וַה׳ פָּקַד אֶת שָׂרָה׳, ואחריו שניים משלושת הפיוטים הנאמרים ביום השני. היום נוהגים לומר את שורות הפזמון שלהם (הפיוטים מובאים במלואם בעמ׳ 423-430).

שליח הציבור אומר:

וּבְכֵן, וַיהוה פָּקַד אֶת שָׂרָה כַּאֲשֶׁר אָמָר בראשית כא

קהל ואחריו שליח הציבור:

צֶאֱצָאֶיהָ כֵּן פְּקֹד לְטוֹב הַיּוֹם. קָדוֹשׁ.

שליח הציבור אומר את ששת החרוזים הבאים, והקהל חוזר אחרי כל אחד מהם. חרוזים אלה הם שישה משבעת בתי הפזמון של הקיקלר ׳אֶדֶר וָהוֹד׳ (עמ׳ 427). את החרוז ׳שֶׁבַח מְגַדֵּל עֹז׳, שבו נזכרת תקיעת השופר, אין אומרים כדי לא להזכיר את התקיעה בשבת, אלא אומרים אותו ביום השני בנפרד.

סימן שמעון (5)

שְׁמוֹ מְפָאֲרִים עֲדַת חֲבָלוֹ
וְנַעֲרָץ בְּאֶרְאֶלֵּי קֹדֶשׁ הִלּוּלוֹ
וּבְהֵיכָלוֹ כָּבוֹד אֹמֵר כֻּלּוֹ / קָדוֹשׁ.
שׁוֹמְרֵי מִצְוֹתָיו עוֹד יְשׁוּבוּן לְבִצָּרוֹן
נְדִבָּרִים יְרֵאָיו בְּהַכְשֵׁר וְיִתְרוֹן
וַיַּקְשֵׁב יהוה וַיִּשְׁמָע, וַיִּכָּתֵב סֵפֶר זִכָּרוֹן: / קָדוֹשׁ. מלאכי ג
שַׁפְּרוּ מַעֲשֵׂיכֶם, וּבְרִית לֹא תוּפַר
נַאֲקַתְכֶם יַאֲזִין, שְׁחָקִים שַׁפַּר
וְתִיטַב לַיהוה מִשּׁוֹר פָּר: / קָדוֹשׁ. תהלים סט

ממשיכים ׳שִׁבְטֵי מְקָרְאָךְ׳ מתחת לקו בעמוד הבא.

א׳ של ראש השנה שחל להיות בימים בימי שני, שלישי וחמישי בשבוע

שליח הציבור אומר:

וּבְכֵן, וַיהוה פָּקַד אֶת שָׂרָה כַּאֲשֶׁר אָמָר בראשית כא

קהל ואחריו שליח הציבור:

צֶאֱצָאֶיהָ כֵּן פְּקֹד לְטוֹב הַיּוֹם. קָדוֹשׁ.

שליח הציבור ואחריו הקהל:

מֶלֶךְ מְמַלֵּט מֵרָעָה, לְיוֹדְעֵי תְרוּעָה. / הָאֵל קָדוֹשׁ.

שליח הציבור ואחריו הקהל:

מֶלֶךְ זְכוֹר אֲחוּז קֶרֶן, לְתוֹקְעֵי לְךָ הַיּוֹם בְּקֶרֶן. / נוֹרָא וְקָדוֹשׁ.

ממשיכים ׳אַדִּירֵי אָיֻמָּה׳ בעמוד הבא.

א׳ של ראש השנה שחל להיות בשבת

שִׁבְטֵי מִקְרָאֶךָ עֵלֵה וְהַמְשֵׁל
נְטִישׁוֹת צָרִים בַּהֲתִיזְךָ לְנַשֵּׁל
כִּי לַיהוה הַמְּלוּכָה, וּמֹשֵׁל: / קָדוֹשׁ. תהלים כב
שְׁבוּתֵנוּ מִמֶּרְחָק, עֲלוֹת לְהַר קָדְשׁוֹ
וּנְפָאֲרֵנוּ תָּמִיד בִּדְבִיר מִקְדָּשׁוֹ
כִּי־זָכַר אֶת־דְּבַר קָדְשׁוֹ: / קָדוֹשׁ. תהלים קה
כָּל־יֹשְׁבֵי תֵבֵל וְשֹׁכְנֵי אָרֶץ: ישעיה יח
יֹאמְרוּ תָמִיד, הִגְדִּיל יהוה לַעֲשׂוֹת בָּאָרֶץ
וְהָיָה יהוה לְמֶלֶךְ עַל־כָּל־הָאָרֶץ: / קָדוֹשׁ. זכריה יד

שליח הציבור ואחריו הקהל:

יִשְׁפֹּט תֵּבֵל בְּצֶדֶק / וּלְאֻמִּים בְּמֵישָׁרִים / הָאֵל קָדוֹשׁ.

שליח הציבור ואחריו הקהל:

וְהוּא בְאֶחָד וּמִי יְשִׁיבֶנּוּ / וְנַפְשׁוֹ אִוְּתָה וַיָּעַשׂ: / נוֹרָא וְקָדוֹשׁ. איוב כג

ממשיכים ׳אַדִּירֵי אָיֻמָּה׳ בעמוד הבא.

בקהילות רבות נוהגים ששליח הציבור אומר כל שורה עד ׳בְּקוֹל׳,
והקהל עונה אחריו (בסוף כל שורה):
׳ה׳ מֶלֶךְ׳, ׳ה׳ מָלָךְ׳, ׳ה׳ יִמְלֹךְ׳, ׳ה׳ מֶלֶךְ, ה׳ מָלָךְ, ה׳ יִמְלֹךְ לְעֹלָם וָעֶד׳.

סימן א״ב

פותחים את ארון הקודש.

יהוה מֶלֶךְ, יהוה מָלָךְ, יהוה יִמְלֹךְ לְעֹלָם וָעֶד.

אַדִּירֵי אֲיֻמָּה יַאְדִּירוּ בְקוֹל. יהוה מֶלֶךְ.
בְּרוּאֵי בָרָק יְבָרְכוּ בְקוֹל. יהוה מָלָךְ.
גִּבּוֹרֵי גֹבַהּ יַגְבִּירוּ בְקוֹל. יהוה יִמְלֹךְ.

יהוה מֶלֶךְ, יהוה מָלָךְ, יהוה יִמְלֹךְ לְעֹלָם וָעֶד.

דּוֹהֲרֵי דוֹלְקִים יְדוֹבְבוּ בְקוֹל. יהוה מֶלֶךְ.
הֲמוֹנֵי הֲמֻלָּה יְהַלְלוּ בְקוֹל. יהוה מָלָךְ.
וַחֲיָלִים וְחַיּוֹת יְוַעֲדוּ בְקוֹל. יהוה יִמְלֹךְ.

יהוה מֶלֶךְ, יהוה מָלָךְ, יהוה יִמְלֹךְ לְעֹלָם וָעֶד.

זוֹכְרֵי זְמִירוֹת יְזַמְּרוּ בְקוֹל. יהוה מֶלֶךְ.
חַכְמֵי חִידוֹת יְחַסְּנוּ בְקוֹל. יהוה מָלָךְ.
טַפְסְרֵי טְפוּחִים יְטַכְּסוּ בְקוֹל. יהוה יִמְלֹךְ.

יהוה מֶלֶךְ, יהוה מָלָךְ, יהוה יִמְלֹךְ לְעֹלָם וָעֶד.

יוֹרְשֵׁי יְקָרָה יְיַשְּׁרוּ בְקוֹל. יהוה מֶלֶךְ.
כַּבִּירֵי כֹחַ יַכְתִּירוּ בְקוֹל. יהוה מָלָךְ.
לְבוּשֵׁי לֶהָבוֹת יְלַבְּבוּ בְקוֹל. יהוה יִמְלֹךְ.

יהוה מֶלֶךְ, יהוה מָלָךְ, יהוה יִמְלֹךְ לְעֹלָם וָעֶד.

מַנְעִימֵי מֶלֶל יְמַלְּלוּ בְקוֹל. יהוה מֶלֶךְ.
נוֹצְצֵי נֹגַהּ יְנַצְּחוּ בְקוֹל. יהוה מָלָךְ.
שְׂרָפִים סוֹבְבִים יְסַלְסְלוּ בְקוֹל. יהוה יִמְלֹךְ.

יהוה מֶלֶךְ, יהוה מָלָךְ, יהוה יִמְלֹךְ לְעֹלָם וָעֶד.

עוֹרְכֵי עֹז יַעֲנוּ בְקוֹל. יהוה מֶלֶךְ.
פְּחוּדֵי פִלְאָךְ יִפְצְחוּ בְקוֹל. יהוה מָלָךְ.
צִבְאוֹת צֹאנָךְ יְצַלְצְלוּ בְקוֹל. יהוה יִמְלֹךְ.
יהוה מֶלֶךְ, יהוה מָלָךְ, יהוה יִמְלֹךְ לְעֹלָם וָעֶד.

קְהִלּוֹת קֹדֶשׁ יַקְדִּישׁוּ בְקוֹל. יהוה מֶלֶךְ.
רִבְבוֹת רְבָבָה יְרַנְּנוּ בְקוֹל. יהוה מָלָךְ.
שְׁבִיבֵי שַׁלְהָבוֹת יְשַׁנְּנוּ בְקוֹל. יהוה יִמְלֹךְ.
יהוה מֶלֶךְ, יהוה מָלָךְ, יהוה יִמְלֹךְ לְעֹלָם וָעֶד.

תּוֹמְכֵי תְהִלּוֹת יַתְמִידוּ בְקוֹל. יהוה מֶלֶךְ.
תּוֹקְפֵי תִפְאַרְתָּךְ יַתְמִימוּ בְקוֹל. יהוה מָלָךְ.
תְּמִימֵי תְעוּדָה יִתְּנוּ בְקוֹל. יהוה יִמְלֹךְ.
יהוה מֶלֶךְ, יהוה מָלָךְ, יהוה יִמְלֹךְ לְעֹלָם וָעֶד.

וּבְכֵן לְךָ הַכֹּל יַכְתִּירוּ. סימן א"ב

לְאֵל עוֹרֵךְ דִּין לְבוֹחֵן לְבָבוֹת בְּיוֹם דִּין.
לְגוֹלֶה עֲמֻקּוֹת בַּדִּין לְדוֹבֵר מֵישָׁרִים בְּיוֹם דִּין.
לְהוֹגֶה דֵעוֹת בַּדִּין לְוָתִיק וְעוֹשֶׂה חֶסֶד בְּיוֹם דִּין.
לְזוֹכֵר בְּרִיתוֹ בַּדִּין לְחוֹמֵל מַעֲשָׂיו בְּיוֹם דִּין.
לְטַהֵר חוֹסָיו בַּדִּין לְיוֹדֵעַ מַחֲשָׁבוֹת בְּיוֹם דִּין
לְכוֹבֵשׁ כַּעְסוֹ בַּדִּין לְלוֹבֵשׁ צְדָקוֹת בְּיוֹם דִּין.
לְמוֹחֵל עֲוֹנוֹת בַּדִּין לְנוֹרָא תְהִלּוֹת בְּיוֹם דִּין.
לְסוֹלֵחַ לַעֲמוּסָיו בַּדִּין לְעוֹנֶה לְקוֹרְאָיו בְּיוֹם דִּין.
לְפוֹעֵל רַחֲמָיו בַּדִּין לְצוֹפֶה נִסְתָּרוֹת בְּיוֹם דִּין.
לְקוֹנֶה עֲבָדָיו בַּדִּין לְרַחֵם עַמּוֹ בְּיוֹם דִּין.
לְשׁוֹמֵר אֹהֲבָיו בַּדִּין לְתוֹמֵךְ תְּמִימָיו בְּיוֹם דִּין.

סוגרים את ארון הקודש.

הקהל ושליח הציבור אומרים:

וּבְכֵן לְךָ תַעֲלֶה קְדֻשָּׁה, כִּי אַתָּה אֱלֹהֵינוּ מֶלֶךְ.

יש האומרים כאן את הסילוק ׳מֶלֶךְ בְּמִשְׁפָּט׳ בעמ׳ 439.

קדושה

במקומות המסומנים ב׳, המתפלל מתרומם על קצות אצבעותיו.

קהל ואחריו שליח הציבור:

נְקַדֵּשׁ אֶת שִׁמְךָ בָּעוֹלָם, כְּשֵׁם שֶׁמַּקְדִּישִׁים אוֹתוֹ בִּשְׁמֵי מָרוֹם

כַּכָּתוּב עַל יַד נְבִיאֶךָ: וְקָרָא זֶה אֶל־זֶה וְאָמַר ישעיה ו

קהל ואחריו שליח הציבור:

׳קָדוֹשׁ, ׳קָדוֹשׁ, ׳קָדוֹשׁ, יהוה צְבָאוֹת, מְלֹא כָל־הָאָרֶץ כְּבוֹדוֹ:

אָז בְּקוֹל רַעַשׁ גָּדוֹל אַדִּיר וְחָזָק, מַשְׁמִיעִים קוֹל

מִתְנַשְּׂאִים לְעֻמַּת שְׂרָפִים, לְעֻמָּתָם בָּרוּךְ יֹאמֵרוּ

קהל ואחריו שליח הציבור:

׳בָּרוּךְ כְּבוֹד־יהוה מִמְּקוֹמוֹ: יחזקאל ג

מִמְּקוֹמְךָ מַלְכֵּנוּ תוֹפִיעַ וְתִמְלֹךְ עָלֵינוּ, כִּי מְחַכִּים אֲנַחְנוּ לָךְ

מָתַי תִּמְלֹךְ בְּצִיּוֹן, בְּקָרוֹב בְּיָמֵינוּ לְעוֹלָם וָעֶד תִּשְׁכֹּן

תִּתְגַּדַּל וְתִתְקַדַּשׁ בְּתוֹךְ יְרוּשָׁלַיִם עִירְךָ, לְדוֹר וָדוֹר וּלְנֵצַח נְצָחִים.

וְעֵינֵינוּ תִרְאֶינָה מַלְכוּתֶךָ

כַּדָּבָר הָאָמוּר בְּשִׁירֵי עֻזֶּךָ עַל יְדֵי דָוִד מְשִׁיחַ צִדְקֶךָ.

קהל ואחריו שליח הציבור:

׳יִמְלֹךְ יהוה לְעוֹלָם, אֱלֹהַיִךְ צִיּוֹן לְדֹר וָדֹר, הַלְלוּיָהּ: תהלים קמו

(בבתי כנסת המתפללים בנוסח ספרד, ממשיכים ׳אַתָּה קָדוֹשׁ׳ בעמוד הבא).

שליח הציבור ממשיך:

לְדוֹר וָדוֹר נַגִּיד גָּדְלֶךָ, וּלְנֵצַח נְצָחִים קְדֻשָּׁתְךָ נַקְדִּישׁ

וְשִׁבְחֲךָ אֱלֹהֵינוּ מִפִּינוּ לֹא יָמוּשׁ לְעוֹלָם וָעֶד

כִּי אֵל מֶלֶךְ גָּדוֹל וְקָדוֹשׁ אָתָּה.

יש האומרים כאן את פיוטי הקדושה שבעמ׳ 449.

בבתי כנסת המתפללים בנוסח ספרד, במקום ׳לְדוֹר וָדוֹר נַגִּיד גָּדְלֶךָ׳
שליח הציבור אומר את שלוש הפיסקאות הבאות:

אַתָּה קָדוֹשׁ וְשִׁמְךָ קָדוֹשׁ, וּקְדוֹשִׁים בְּכָל יוֹם יְהַלְלוּךָ סֶּלָה
כִּי אֵל מֶלֶךְ גָּדוֹל וְקָדוֹשׁ אָתָּה.

לְדוֹר וָדוֹר הַמְלִיכוּ לָאֵל, כִּי הוּא לְבַדּוֹ מָרוֹם וְקָדוֹשׁ.

וּבְכֵן יִתְקַדֵּשׁ שִׁמְךָ יהוה אֱלֹהֵינוּ עַל יִשְׂרָאֵל עַמֶּךָ וְעַל יְרוּשָׁלַיִם עִירֶךָ
וְעַל צִיּוֹן מִשְׁכַּן כְּבוֹדֶךָ וְעַל מַלְכוּת בֵּית דָּוִד מְשִׁיחֶךָ, וְעַל מְכוֹנְךָ וְהֵיכָלֶךָ.

וּבְכֵן תֵּן פַּחְדְּךָ יהוה אֱלֹהֵינוּ עַל כָּל מַעֲשֶׂיךָ
וְאֵימָתְךָ עַל כָּל מַה שֶּׁבָּרָאתָ
וְיִירָאוּךָ כָּל הַמַּעֲשִׂים, וְיִשְׁתַּחֲווּ לְפָנֶיךָ כָּל הַבְּרוּאִים
וְיֵעָשׂוּ כֻלָּם אֲגֻדָּה אַחַת לַעֲשׂוֹת רְצוֹנְךָ בְּלֵבָב שָׁלֵם
כְּמוֹ שֶׁיָּדַעְנוּ יהוה אֱלֹהֵינוּ שֶׁהַשִּׁלְטָן לְפָנֶיךָ
עֹז בְּיָדְךָ וּגְבוּרָה בִּימִינֶךָ, וְשִׁמְךָ נוֹרָא עַל כָּל מַה שֶּׁבָּרָאתָ.

וּבְכֵן תֵּן כָּבוֹד יהוה לְעַמֶּךָ
תְּהִלָּה לִירֵאֶיךָ, וְתִקְוָה (טוֹבָה) לְדוֹרְשֶׁיךָ
וּפִתְחוֹן פֶּה לַמְיַחֲלִים לָךְ
שִׂמְחָה לְאַרְצֶךָ, וְשָׂשׂוֹן לְעִירֶךָ
וּצְמִיחַת קֶרֶן לְדָוִד עַבְדֶּךָ
וַעֲרִיכַת נֵר לְבֶן יִשַׁי מְשִׁיחֶךָ
בִּמְהֵרָה בְיָמֵינוּ.

וּבְכֵן צַדִּיקִים יִרְאוּ וְיִשְׂמָחוּ, וִישָׁרִים יַעֲלֹזוּ
וַחֲסִידִים בְּרִנָּה יָגִילוּ, וְעוֹלָתָה תִּקְפָּץ פִּיהָ
וְכָל הָרִשְׁעָה כֻּלָּהּ כְּעָשָׁן תִּכְלֶה
כִּי תַעֲבִיר מֶמְשֶׁלֶת זָדוֹן מִן הָאָרֶץ.

וְתִמְלֹךְ אַתָּה יהוה לְבַדֶּךָ עַל כָּל מַעֲשֶׂיךָ
בְּהַר צִיּוֹן מִשְׁכַּן כְּבוֹדֶךָ, וּבִירוּשָׁלַיִם עִיר קָדְשֶׁךָ
כַּכָּתוּב בְּדִבְרֵי קָדְשֶׁךָ
יִמְלֹךְ יהוה לְעוֹלָם, אֱלֹהַיִךְ צִיּוֹן לְדֹר וָדֹר, הַלְלוּיָהּ: תהלים קמו
קָדוֹשׁ אַתָּה וְנוֹרָא שְׁמֶךָ, וְאֵין אֱלוֹהַּ מִבַּלְעָדֶיךָ
כַּכָּתוּב, וַיִּגְבַּהּ יהוה צְבָאוֹת בַּמִּשְׁפָּט ישעיה ה
וְהָאֵל הַקָּדוֹשׁ נִקְדַּשׁ בִּצְדָקָה:
בָּרוּךְ אַתָּה יהוה, הַמֶּלֶךְ הַקָּדוֹשׁ.

קדושת היום

אַתָּה בְחַרְתָּנוּ מִכָּל הָעַמִּים
אָהַבְתָּ אוֹתָנוּ וְרָצִיתָ בָּנוּ, וְרוֹמַמְתָּנוּ מִכָּל הַלְּשׁוֹנוֹת
וְקִדַּשְׁתָּנוּ בְּמִצְוֹתֶיךָ, וְקֵרַבְתָּנוּ מַלְכֵּנוּ לַעֲבוֹדָתֶךָ
וְשִׁמְךָ הַגָּדוֹל וְהַקָּדוֹשׁ עָלֵינוּ קָרָאתָ.

בשבת מוסיפים את המילים שבסוגריים.

וַתִּתֶּן לָנוּ יהוה אֱלֹהֵינוּ בְּאַהֲבָה
אֶת יוֹם (הַשַּׁבָּת הַזֶּה וְאֶת יוֹם) הַזִּכָּרוֹן הַזֶּה
יוֹם (זִכְרוֹן) תְּרוּעָה (בְּאַהֲבָה) מִקְרָא קֹדֶשׁ
זֵכֶר לִיצִיאַת מִצְרָיִם.

אֱלֹהֵינוּ וֵאלֹהֵי אֲבוֹתֵינוּ
יַעֲלֶה וְיָבוֹא וְיַגִּיעַ, וְיֵרָאֶה וְיֵרָצֶה וְיִשָּׁמַע
וְיִפָּקֵד וְיִזָּכֵר זִכְרוֹנֵנוּ וּפִקְדוֹנֵנוּ וְזִכְרוֹן אֲבוֹתֵינוּ
וְזִכְרוֹן מָשִׁיחַ בֶּן דָּוִד עַבְדֶּךָ, וְזִכְרוֹן יְרוּשָׁלַיִם עִיר קָדְשֶׁךָ
וְזִכְרוֹן כָּל עַמְּךָ בֵּית יִשְׂרָאֵל, לְפָנֶיךָ

לִפְלֵיטָה לְטוֹבָה, לְחֵן וּלְחֶסֶד וּלְרַחֲמִים, לְחַיִּים וּלְשָׁלוֹם
בְּיוֹם הַזִּכָּרוֹן הַזֶּה.
זָכְרֵנוּ יהוה אֱלֹהֵינוּ בּוֹ לְטוֹבָה, וּפָקְדֵנוּ בוֹ לִבְרָכָה
וְהוֹשִׁיעֵנוּ בוֹ לְחַיִּים.
וּבִדְבַר יְשׁוּעָה וְרַחֲמִים חוּס וְחָנֵּנוּ, וְרַחֵם עָלֵינוּ וְהוֹשִׁיעֵנוּ
כִּי אֵלֶיךָ עֵינֵינוּ, כִּי אֵל מֶלֶךְ חַנּוּן וְרַחוּם אָתָּה.

אֱלֹהֵינוּ וֵאלֹהֵי אֲבוֹתֵינוּ
מְלֹךְ עַל כָּל הָעוֹלָם כֻּלּוֹ בִּכְבוֹדֶךָ
וְהִנָּשֵׂא עַל כָּל הָאָרֶץ בִּיקָרֶךָ
וְהוֹפַע בַּהֲדַר גְּאוֹן עֻזֶּךָ עַל כָּל יוֹשְׁבֵי תֵבֵל אַרְצֶךָ.
וְיֵדַע כָּל פָּעוּל כִּי אַתָּה פְעַלְתּוֹ
וְיָבִין כָּל יָצוּר כִּי אַתָּה יְצַרְתּוֹ
וְיֹאמַר כֹּל אֲשֶׁר נְשָׁמָה בְאַפּוֹ
יהוה אֱלֹהֵי יִשְׂרָאֵל מֶלֶךְ וּמַלְכוּתוֹ בַּכֹּל מָשָׁלָה.

בשבת מוסיפים את המילים שבסוגריים.

(אֱלֹהֵינוּ וֵאלֹהֵי אֲבוֹתֵינוּ, רְצֵה בִמְנוּחָתֵנוּ)
קַדְּשֵׁנוּ בְּמִצְוֹתֶיךָ וְתֵן חֶלְקֵנוּ בְּתוֹרָתֶךָ
שַׂבְּעֵנוּ מִטּוּבֶךָ וְשַׂמְּחֵנוּ בִּישׁוּעָתֶךָ
(וְהַנְחִילֵנוּ יהוה אֱלֹהֵינוּ בְּאַהֲבָה וּבְרָצוֹן שַׁבַּת קָדְשֶׁךָ
וְיָנוּחוּ בוֹ יִשְׂרָאֵל מְקַדְּשֵׁי שְׁמֶךָ)
וְטַהֵר לִבֵּנוּ לְעָבְדְּךָ בֶּאֱמֶת
כִּי אַתָּה אֱלֹהִים אֱמֶת, וּדְבָרְךָ אֱמֶת וְקַיָּם לָעַד.
בָּרוּךְ אַתָּה יהוה, מֶלֶךְ עַל כָּל הָאָרֶץ
מְקַדֵּשׁ (הַשַּׁבָּת וְ) יִשְׂרָאֵל וְיוֹם הַזִּכָּרוֹן.

עבודה

רְצֵה יהוה אֱלֹהֵינוּ בְּעַמְּךָ יִשְׂרָאֵל, וּבִתְפִלָּתָם
וְהָשֵׁב אֶת הָעֲבוֹדָה לִדְבִיר בֵּיתֶךָ
וְאִשֵּׁי יִשְׂרָאֵל וּתְפִלָּתָם בְּאַהֲבָה תְקַבֵּל בְּרָצוֹן
וּתְהִי לְרָצוֹן תָּמִיד עֲבוֹדַת יִשְׂרָאֵל עַמֶּךָ.
וְתֶחֱזֶינָה עֵינֵינוּ בְּשׁוּבְךָ לְצִיּוֹן בְּרַחֲמִים.
בָּרוּךְ אַתָּה יהוה, הַמַּחֲזִיר שְׁכִינָתוֹ לְצִיּוֹן.

הודאה

כורע ב׳מודים׳ ואינו זוקף עד אמירת השם.

ׂמוֹדִים אֲנַחְנוּ לָךְ
שָׁאַתָּה הוּא יהוה אֱלֹהֵינוּ
וֵאלֹהֵי אֲבוֹתֵינוּ לְעוֹלָם וָעֶד.
צוּר חַיֵּינוּ, מָגֵן יִשְׁעֵנוּ
אַתָּה הוּא לְדוֹר וָדוֹר.
נוֹדֶה לְּךָ וּנְסַפֵּר תְּהִלָּתֶךָ
עַל חַיֵּינוּ הַמְּסוּרִים בְּיָדֶךָ
וְעַל נִשְׁמוֹתֵינוּ הַפְּקוּדוֹת לָךְ
וְעַל נִסֶּיךָ שֶׁבְּכָל יוֹם עִמָּנוּ
וְעַל נִפְלְאוֹתֶיךָ וְטוֹבוֹתֶיךָ
שֶׁבְּכָל עֵת, עֶרֶב וָבֹקֶר וְצָהֳרָיִם.
הַטּוֹב, כִּי לֹא כָלוּ רַחֲמֶיךָ
וְהַמְרַחֵם, כִּי לֹא תַמּוּ חֲסָדֶיךָ
מֵעוֹלָם קִוִּינוּ לָךְ.

כששליח הציבור אומר ׳מוֹדִים׳, הקהל אומר בלחש:

ׂמוֹדִים אֲנַחְנוּ לָךְ
שָׁאַתָּה הוּא יהוה אֱלֹהֵינוּ
וֵאלֹהֵי אֲבוֹתֵינוּ
אֱלֹהֵי כָל בָּשָׂר
יוֹצְרֵנוּ, יוֹצֵר בְּרֵאשִׁית.
בְּרָכוֹת וְהוֹדָאוֹת
לְשִׁמְךָ הַגָּדוֹל וְהַקָּדוֹשׁ
עַל שֶׁהֶחֱיִיתָנוּ וְקִיַּמְתָּנוּ.
כֵּן תְּחַיֵּנוּ וּתְקַיְּמֵנוּ
וְתֶאֱסֹף גָּלֻיּוֹתֵינוּ
לְחַצְרוֹת קָדְשֶׁךָ
לִשְׁמֹר חֻקֶּיךָ וְלַעֲשׂוֹת רְצוֹנֶךָ
וּלְעָבְדְּךָ בְּלֵבָב שָׁלֵם
עַל שֶׁאֲנַחְנוּ מוֹדִים לָךְ.
בָּרוּךְ אֵל הַהוֹדָאוֹת.

וְעַל כֻּלָּם יִתְבָּרַךְ וְיִתְרוֹמַם שִׁמְךָ מַלְכֵּנוּ תָּמִיד לְעוֹלָם וָעֶד.

קהל ואחריו שליח הציבור:

וּכְתֹב לְחַיִּים טוֹבִים כָּל בְּנֵי בְרִיתֶךָ.

שליח הציבור ממשיך:

וְכֹל הַחַיִּים יוֹדְוּךָ סֶּלָה, וִיהַלְלוּ אֶת שִׁמְךָ בֶּאֱמֶת הָאֵל יְשׁוּעָתֵנוּ וְעֶזְרָתֵנוּ סֶלָה.
בָּרוּךְ אַתָּה יהוה, הַטּוֹב שִׁמְךָ וּלְךָ נָאֶה לְהוֹדוֹת.

ברכת כוהנים

אם יותר מכוהן אחד עולה לדוכן, הגבאי קורא:

כֹּהֲנִים

הכוהנים מברכים:

בָּרוּךְ אַתָּה יהוה אֱלֹהֵינוּ מֶלֶךְ הָעוֹלָם, אֲשֶׁר קִדְּשָׁנוּ בִּקְדֻשָּׁתוֹ שֶׁל אַהֲרֹן, וְצִוָּנוּ לְבָרֵךְ אֶת עַמּוֹ יִשְׂרָאֵל בְּאַהֲבָה.

שליח הציבור מקריא מילה במילה, והכוהנים אחריו:

יְבָרֶכְךָ יהוה וְיִשְׁמְרֶךָ: קהל: אָמֵן במדבר ו
יָאֵר יהוה פָּנָיו אֵלֶיךָ וִיחֻנֶּךָּ: קהל: אָמֵן
יִשָּׂא יהוה פָּנָיו אֵלֶיךָ וְיָשֵׂם לְךָ שָׁלוֹם: קהל: אָמֵן

שליח הציבור ממשיך ׳שִׂים שָׁלוֹם׳.

הכוהנים אומרים:

רִבּוֹנוֹ שֶׁל עוֹלָם, עָשִׂינוּ מַה שֶּׁגָּזַרְתָּ עָלֵינוּ, אַף אַתָּה
עֲשֵׂה עִמָּנוּ כְּמוֹ שֶׁהִבְטַחְתָּנוּ. הַשְׁקִיפָה מִמְּעוֹן דברים כו
קָדְשְׁךָ מִן־הַשָּׁמַיִם, וּבָרֵךְ אֶת־עַמְּךָ אֶת־יִשְׂרָאֵל, וְאֵת
הָאֲדָמָה אֲשֶׁר נָתַתָּה לָנוּ, כַּאֲשֶׁר נִשְׁבַּעְתָּ לַאֲבֹתֵינוּ,
אֶרֶץ זָבַת חָלָב וּדְבָשׁ:

הקהל אומר:

אַדִּיר בַּמָּרוֹם שׁוֹכֵן בִּגְבוּרָה, אַתָּה שָׁלוֹם וְשִׁמְךָ שָׁלוֹם. יְהִי רָצוֹן שֶׁתָּשִׂים עָלֵינוּ וְעַל כָּל עַמְּךָ בֵּית יִשְׂרָאֵל חַיִּים וּבְרָכָה לְמִשְׁמֶרֶת שָׁלוֹם.

אם אין כוהנים העולים לדוכן, שליח הציבור אומר:

אֱלֹהֵינוּ וֵאלֹהֵי אֲבוֹתֵינוּ, בָּרְכֵנוּ בַבְּרָכָה הַמְשֻׁלֶּשֶׁת בַּתּוֹרָה, הַכְּתוּבָה עַל יְדֵי מֹשֶׁה עַבְדֶּךָ, הָאֲמוּרָה מִפִּי אַהֲרֹן וּבָנָיו כֹּהֲנִים עַם קְדוֹשֶׁיךָ, כָּאָמוּר

יְבָרֶכְךָ יהוה וְיִשְׁמְרֶךָ: קהל: כֵּן יְהִי רָצוֹן במדבר ו
יָאֵר יהוה פָּנָיו אֵלֶיךָ וִיחֻנֶּךָּ: קהל: כֵּן יְהִי רָצוֹן
יִשָּׂא יהוה פָּנָיו אֵלֶיךָ וְיָשֵׂם לְךָ שָׁלוֹם: קהל: כֵּן יְהִי רָצוֹן

שלום

שִׂים שָׁלוֹם טוֹבָה וּבְרָכָה, חֵן וָחֶסֶד וְרַחֲמִים
עָלֵינוּ וְעַל כָּל יִשְׂרָאֵל עַמֶּךָ.
בָּרְכֵנוּ אָבִינוּ כֻּלָּנוּ כְּאֶחָד בְּאוֹר פָּנֶיךָ
כִּי בְאוֹר פָּנֶיךָ נָתַתָּ לָּנוּ, יהוה אֱלֹהֵינוּ
תּוֹרַת חַיִּים וְאַהֲבַת חֶסֶד
וּצְדָקָה וּבְרָכָה וְרַחֲמִים וְחַיִּים וְשָׁלוֹם.
וְטוֹב בְּעֵינֶיךָ לְבָרֵךְ אֶת עַמְּךָ יִשְׂרָאֵל
בְּכָל עֵת וּבְכָל שָׁעָה בִּשְׁלוֹמֶךָ.

קהל ואחריו שליח הציבור:

בְּסֵפֶר חַיִּים, בְּרָכָה וְשָׁלוֹם, וּפַרְנָסָה טוֹבָה
נִזָּכֵר וְנִכָּתֵב לְפָנֶיךָ
אֲנַחְנוּ וְכָל עַמְּךָ בֵּית יִשְׂרָאֵל
לְחַיִּים טוֹבִים וּלְשָׁלוֹם.*

שליח הציבור ממשיך:

בָּרוּךְ אַתָּה יהוה, הַמְבָרֵךְ אֶת עַמּוֹ יִשְׂרָאֵל בַּשָּׁלוֹם.

*בחוץ לארץ מסיימים: בָּרוּךְ אַתָּה יהוה, עוֹשֵׂה הַשָּׁלוֹם.

שליח הציבור מסיים באמירת הפסוק הבא בלחש:

יִהְיוּ לְרָצוֹן אִמְרֵי־פִי וְהֶגְיוֹן לִבִּי לְפָנֶיךָ, יהוה צוּרִי וְגֹאֲלִי: תהלים יט

בשבת אין אומרים ׳אָבִינוּ מַלְכֵּנוּ׳ (מהרי״ל), וממשיכים קדיש שלם בעמ׳ 158.
יש שאינם אומרים את השורה הראשונה ׳אָבִינוּ מַלְכֵּנוּ חָטָאנוּ לְפָנֶיךָ׳.
פותחים את ארון הקודש.

אָבִינוּ מַלְכֵּנוּ, חָטָאנוּ לְפָנֶיךָ.
אָבִינוּ מַלְכֵּנוּ, אֵין לָנוּ מֶלֶךְ אֶלָּא אָתָּה.
אָבִינוּ מַלְכֵּנוּ, עֲשֵׂה עִמָּנוּ לְמַעַן שְׁמֶךָ.
אָבִינוּ מַלְכֵּנוּ, חַדֵּשׁ עָלֵינוּ שָׁנָה טוֹבָה.
אָבִינוּ מַלְכֵּנוּ, בַּטֵּל מֵעָלֵינוּ כָּל גְּזֵרוֹת קָשׁוֹת.
אָבִינוּ מַלְכֵּנוּ, בַּטֵּל מַחְשְׁבוֹת שׂוֹנְאֵינוּ.
אָבִינוּ מַלְכֵּנוּ, הָפֵר עֲצַת אוֹיְבֵינוּ.
אָבִינוּ מַלְכֵּנוּ, כַּלֵּה כָּל צַר וּמַשְׂטִין מֵעָלֵינוּ.
אָבִינוּ מַלְכֵּנוּ, סְתֹם פִּיּוֹת מַשְׂטִינֵנוּ וּמְקַטְרְגֵינוּ.
אָבִינוּ מַלְכֵּנוּ, כַּלֵּה דֶּבֶר וְחֶרֶב וְרָעָב וּשְׁבִי וּמַשְׁחִית וְעָוֹן וּשְׁמַד מִבְּנֵי בְרִיתֶךָ.
אָבִינוּ מַלְכֵּנוּ, מְנַע מַגֵּפָה מִנַּחֲלָתֶךָ.
אָבִינוּ מַלְכֵּנוּ, סְלַח וּמְחַל לְכָל עֲוֹנוֹתֵינוּ.
אָבִינוּ מַלְכֵּנוּ, מְחֵה וְהַעֲבֵר פְּשָׁעֵינוּ וְחַטֹּאתֵינוּ מִנֶּגֶד עֵינֶיךָ.
אָבִינוּ מַלְכֵּנוּ, מְחֹק בְּרַחֲמֶיךָ הָרַבִּים כָּל שִׁטְרֵי חוֹבוֹתֵינוּ.

מכאן עד ׳סְלִיחָה וּמְחִילָה׳ שליח הציבור אומר כל משפט בקול רם, והקהל אחריו:

אָבִינוּ מַלְכֵּנוּ, הַחֲזִירֵנוּ בִּתְשׁוּבָה שְׁלֵמָה לְפָנֶיךָ.
אָבִינוּ מַלְכֵּנוּ, שְׁלַח רְפוּאָה שְׁלֵמָה לְחוֹלֵי עַמֶּךָ.
אָבִינוּ מַלְכֵּנוּ, קְרַע רֹעַ גְּזַר דִּינֵנוּ.
אָבִינוּ מַלְכֵּנוּ, זָכְרֵנוּ בְּזִכָּרוֹן טוֹב לְפָנֶיךָ.
אָבִינוּ מַלְכֵּנוּ, כָּתְבֵנוּ בְּסֵפֶר חַיִּים טוֹבִים.
אָבִינוּ מַלְכֵּנוּ, כָּתְבֵנוּ בְּסֵפֶר גְּאֻלָּה וִישׁוּעָה.
אָבִינוּ מַלְכֵּנוּ, כָּתְבֵנוּ בְּסֵפֶר פַּרְנָסָה וְכַלְכָּלָה.

אָבִינוּ מַלְכֵּנוּ, כָּתְבֵנוּ בְּסֵפֶר זְכֻיּוֹת.

אָבִינוּ מַלְכֵּנוּ, כָּתְבֵנוּ בְּסֵפֶר סְלִיחָה וּמְחִילָה. עד כאן בקול.

אָבִינוּ מַלְכֵּנוּ, הַצְמַח לָנוּ יְשׁוּעָה בְּקָרוֹב.

אָבִינוּ מַלְכֵּנוּ, הָרֵם קֶרֶן יִשְׂרָאֵל עַמֶּךָ.

אָבִינוּ מַלְכֵּנוּ, הָרֵם קֶרֶן מְשִׁיחֶךָ.

אָבִינוּ מַלְכֵּנוּ, מַלֵּא יָדֵינוּ מִבִּרְכוֹתֶיךָ.

אָבִינוּ מַלְכֵּנוּ, מַלֵּא אֲסָמֵינוּ שָׂבָע.

אָבִינוּ מַלְכֵּנוּ, שְׁמַע קוֹלֵנוּ, חוּס וְרַחֵם עָלֵינוּ.

אָבִינוּ מַלְכֵּנוּ, קַבֵּל בְּרַחֲמִים וּבְרָצוֹן אֶת תְּפִלָּתֵנוּ.

אָבִינוּ מַלְכֵּנוּ, פְּתַח שַׁעֲרֵי שָׁמַיִם לִתְפִלָּתֵנוּ.

אָבִינוּ מַלְכֵּנוּ, זְכֹר כִּי עָפָר אֲנָחְנוּ.

אָבִינוּ מַלְכֵּנוּ, נָא אַל תְּשִׁיבֵנוּ רֵיקָם מִלְּפָנֶיךָ.

אָבִינוּ מַלְכֵּנוּ, תְּהֵא הַשָּׁעָה הַזֹּאת שְׁעַת רַחֲמִים
וְעֵת רָצוֹן מִלְּפָנֶיךָ.

אָבִינוּ מַלְכֵּנוּ, חֲמֹל עָלֵינוּ וְעַל עוֹלָלֵינוּ וְטַפֵּנוּ.

אָבִינוּ מַלְכֵּנוּ, עֲשֵׂה לְמַעַן הֲרוּגִים עַל שֵׁם קָדְשֶׁךָ.

אָבִינוּ מַלְכֵּנוּ, עֲשֵׂה לְמַעַן טְבוּחִים עַל יִחוּדֶךָ.

אָבִינוּ מַלְכֵּנוּ, עֲשֵׂה לְמַעַן בָּאֵי בָאֵשׁ וּבַמַּיִם עַל קִדּוּשׁ שְׁמֶךָ.

אָבִינוּ מַלְכֵּנוּ, נְקֹם לְעֵינֵינוּ נִקְמַת דַּם עֲבָדֶיךָ הַשָּׁפוּךְ.

אָבִינוּ מַלְכֵּנוּ, עֲשֵׂה לְמַעַנְךָ אִם לֹא לְמַעֲנֵנוּ.

אָבִינוּ מַלְכֵּנוּ, עֲשֵׂה לְמַעַנְךָ וְהוֹשִׁיעֵנוּ.

אָבִינוּ מַלְכֵּנוּ, עֲשֵׂה לְמַעַן רַחֲמֶיךָ הָרַבִּים.

אָבִינוּ מַלְכֵּנוּ, עֲשֵׂה לְמַעַן שִׁמְךָ הַגָּדוֹל הַגִּבּוֹר וְהַנּוֹרָא
שֶׁנִּקְרָא עָלֵינוּ.

◂ אָבִינוּ מַלְכֵּנוּ, חָנֵּנוּ וַעֲנֵנוּ, כִּי אֵין בָּנוּ מַעֲשִׂים
עֲשֵׂה עִמָּנוּ צְדָקָה וָחֶסֶד וְהוֹשִׁיעֵנוּ.

סוגרים את ארון הקודש.

קדיש שלם

ש״ץ: יִתְגַּדַּל וְיִתְקַדַּשׁ שְׁמֵהּ רַבָּא (קהל: אָמֵן)
בְּעָלְמָא דִּי בְרָא כִרְעוּתֵהּ
וְיַמְלִיךְ מַלְכוּתֵהּ
בְּחַיֵּיכוֹן וּבְיוֹמֵיכוֹן וּבְחַיֵּי דְכָל בֵּית יִשְׂרָאֵל
בַּעֲגָלָא וּבִזְמַן קָרִיב, וְאִמְרוּ אָמֵן. (קהל: אָמֵן)

קהל וש״ץ: יְהֵא שְׁמֵהּ רַבָּא מְבָרַךְ לְעָלַם וּלְעָלְמֵי עָלְמַיָּא.

ש״ץ: יִתְבָּרַךְ וְיִשְׁתַּבַּח וְיִתְפָּאַר וְיִתְרוֹמַם וְיִתְנַשֵּׂא
וְיִתְהַדָּר וְיִתְעַלֶּה וְיִתְהַלָּל
שְׁמֵהּ דְּקֻדְשָׁא בְּרִיךְ הוּא (קהל: בְּרִיךְ הוּא)
לְעֵלָּא לְעֵלָּא מִכָּל בִּרְכָתָא וְשִׁירָתָא תֻּשְׁבְּחָתָא וְנֶחֱמָתָא
דַּאֲמִירָן בְּעָלְמָא וְאִמְרוּ אָמֵן. (קהל: אָמֵן)

תִּתְקַבַּל צְלוֹתְהוֹן וּבָעוּתְהוֹן דְּכָל יִשְׂרָאֵל
קֳדָם אֲבוּהוֹן דִּי בִשְׁמַיָּא, וְאִמְרוּ אָמֵן. (קהל: אָמֵן)

יְהֵא שְׁלָמָא רַבָּא מִן שְׁמַיָּא
וְחַיִּים, עָלֵינוּ וְעַל כָּל יִשְׂרָאֵל, וְאִמְרוּ אָמֵן. (קהל: אָמֵן)

כורע ופוסע שלוש פסיעות לאחור. קד לשמאל, לימין ולפנים באמירת:

עֹשֶׂה הַשָּׁלוֹם בִּמְרוֹמָיו
הוּא יַעֲשֶׂה שָׁלוֹם עָלֵינוּ
וְעַל כָּל יִשְׂרָאֵל, וְאִמְרוּ אָמֵן. (קהל: אָמֵן)

בבתי כנסת המתפללים בנוסח ספרד, אומרים כאן שיר של יום ו׳לְדָוִד, ה׳ אוֹרִי וְיִשְׁעִי׳. ויש אומרים גם שיר הכבוד (עמ׳ 244-249).

הוצאת ספר תורה

״וַיָּבִיא עֶזְרָא הַכֹּהֵן אֶת־הַתּוֹרָה לִפְנֵי הַקָּהָל מֵאִישׁ וְעַד־אִשָּׁה, וְכֹל מֵבִין לִשְׁמֹעַ,
בְּיוֹם אֶחָד לַחֹדֶשׁ הַשְּׁבִיעִי״ (נחמיה ח, ב)

לפני קריאת התורה אומרים (׳אור זרוע׳ ח״ב, מב):

אֵין־כָּמְוֹךָ בָאֱלֹהִים, אֲדֹנָי, וְאֵין כְּמַעֲשֶׂיךָ: תהלים פו
מַלְכוּתְךָ מַלְכוּת כָּל־עֹלָמִים, וּמֶמְשַׁלְתְּךָ בְּכָל־דּוֹר וָדֹר: תהלים קמה

יהוה מֶלֶךְ, יהוה מָלָךְ, יהוה יִמְלֹךְ לְעֹלָם וָעֶד.
יהוה עֹז לְעַמּוֹ יִתֵּן, יהוה יְבָרֵךְ אֶת־עַמּוֹ בַשָּׁלוֹם: תהלים כט

אַב הָרַחֲמִים, הֵיטִיבָה בִרְצוֹנְךָ אֶת־צִיּוֹן תִּבְנֶה חוֹמוֹת יְרוּשָׁלָםִ: תהלים נא
כִּי בְךָ לְבַד בָּטָחְנוּ, מֶלֶךְ אֵל רָם וְנִשָּׂא, אֲדוֹן עוֹלָמִים.

פותחים את ארון הקודש. הקהל עומד על רגליו.

וַיְהִי בִּנְסֹעַ הָאָרֹן וַיֹּאמֶר מֹשֶׁה במדבר י
קוּמָה יהוה וְיָפֻצוּ אֹיְבֶיךָ וְיָנֻסוּ מְשַׂנְאֶיךָ מִפָּנֶיךָ:
כִּי מִצִּיּוֹן תֵּצֵא תוֹרָה וּדְבַר־יהוה מִירוּשָׁלָםִ: ישעיה ב
בָּרוּךְ שֶׁנָּתַן תּוֹרָה לְעַמּוֹ יִשְׂרָאֵל בִּקְדֻשָּׁתוֹ.

בשבת ממשיך ׳בְּרִיךְ שְׁמֵהּ׳ בעמוד הבא.

נוהגים לומר שלוש עשרה מידות (פרי עץ חיים), אחריהן תפילה זו (שערי ציון)
ואחר כך ׳בְּרִיךְ שְׁמֵהּ׳. ואין אומרים אותן בשבת (שערי אפרים).

אומרים שלוש פעמים:

יהוה, יהוה, אֵל רַחוּם וְחַנּוּן, אֶרֶךְ אַפַּיִם וְרַב־חֶסֶד וֶאֱמֶת: שמות לד
נֹצֵר חֶסֶד לָאֲלָפִים, נֹשֵׂא עָוֹן וָפֶשַׁע וְחַטָּאָה, וְנַקֵּה:

רִבּוֹנוֹ שֶׁל עוֹלָם, מַלֵּא מִשְׁאֲלוֹתַי לְטוֹבָה, וְהָפֵק רְצוֹנִי וְתֵן שְׁאֵלָתִי, וּמְחַל
לִי עַל כָּל עֲוֹנוֹתַי וְעַל כָּל עֲוֹנוֹת אַנְשֵׁי בֵיתִי, מְחִילָה בְּחֶסֶד מְחִילָה

בְּרַחֲמִים, וְטַהֲרֵנוּ מֵחֲטָאֵינוּ וּמֵעֲוֹנוֹתֵינוּ וּמִפְּשָׁעֵינוּ, וְזָכְרֵנוּ בְּזִכָּרוֹן טוֹב לְפָנֶיךָ, וּפָקְדֵנוּ בִּפְקֻדַּת יְשׁוּעָה וְרַחֲמִים. וְזָכְרֵנוּ לְחַיִּים טוֹבִים וּלְשָׁלוֹם, וּפַרְנָסָה וְכַלְכָּלָה, וְלֶחֶם לֶאֱכֹל וּבֶגֶד לִלְבֹּשׁ, וְעֹשֶׁר וְכָבוֹד, וְאֹרֶךְ יָמִים לַהֲגוֹת בְּתוֹרָתֶךָ וּלְקַיֵּם מִצְוֹתֶיהָ, וְשֵׂכֶל וּבִינָה לְהָבִין וּלְהַשְׂכִּיל עִמְקֵי סוֹדוֹתֶיהָ. וְהָפֵק רְפוּאָה לְכָל מַכְאוֹבֵינוּ, וּבָרֵךְ כָּל מַעֲשֵׂה יָדֵינוּ, וּגְזֹר עָלֵינוּ גְּזֵרוֹת טוֹבוֹת יְשׁוּעוֹת וְנֶחָמוֹת, וּבַטֵּל מֵעָלֵינוּ כָּל גְּזֵרוֹת קָשׁוֹת וְרָעוֹת, וְתֵן בְּלֵב שָׂרֵינוּ וְיוֹעֲצֵיהֶם (בחו״ל: וְתֵן בְּלֵב הַמַּלְכוּת וְיוֹעֲצֶיהָ וְשָׂרֶיהָ) עָלֵינוּ לְטוֹבָה. אָמֵן וְכֵן יְהִי רָצוֹן.

תהלים יט יִהְיוּ לְרָצוֹן אִמְרֵי־פִי וְהֶגְיוֹן לִבִּי לְפָנֶיךָ, יהוה צוּרִי וְגֹאֲלִי:

אומרים שלוש פעמים:

תהלים סט וַאֲנִי תְפִלָּתִי־לְךָ יהוה, עֵת רָצוֹן, אֱלֹהִים בְּרָב־חַסְדֶּךָ עֲנֵנִי בֶּאֱמֶת יִשְׁעֶךָ:

זוהר ויקהל בְּרִיךְ שְׁמֵהּ דְּמָרֵא עָלְמָא, בְּרִיךְ כִּתְרָךְ וְאַתְרָךְ. יְהֵא רְעוּתָךְ עִם עַמָּךְ יִשְׂרָאֵל לְעָלַם, וּפֻרְקַן יְמִינָךְ אַחֲזֵי לְעַמָּךְ בְּבֵית מַקְדְּשָׁךְ, וּלְאַמְטוּיֵי לַנָא מִטּוּב נְהוֹרָךְ, וּלְקַבֵּל צְלוֹתַנָא בְּרַחֲמִין. יְהֵא רַעֲוָא קֳדָמָךְ דְּתוֹרִיךְ לַן חַיִּין בְּטִיבוּ, וְלֶהֱוֵי אֲנָא פְקִידָא בְּגוֹ צַדִּיקַיָּא, לְמִרְחַם עָלַי וּלְמִנְטַר יָתִי וְיַת כָּל דִּי לִי וְדִי לְעַמָּךְ יִשְׂרָאֵל. אַנְתְּ הוּא זָן לְכֹלָּא וּמְפַרְנֵס לְכֹלָּא, אַנְתְּ הוּא שַׁלִּיט עַל כֹּלָּא, אַנְתְּ הוּא דְּשַׁלִּיט עַל מַלְכַיָּא, וּמַלְכוּתָא

תרגום

ברוך שמו של אדון העולם, ברוך כתרך ומקומך. יהי רצונך עם עמך ישראל לעולם, וישועת ימינך הראה לעמך בבית מקדשך, ולהביא לנו מטוב אורך, ולקבל תפילותינו ברחמים. יהי רצון מלפניך שתאריך לנו חיים בטוב, ואהיה אני נמנה בתוך הצדיקים, לרחם עלי ולשמור אותי ואת כל אשר לי ואשר לעמך ישראל. אתה הוא זן לכול ומפרנס לכול, אתה הוא שליט על הכול, אתה הוא השליט על

דִּילָךְ הִיא. אֲנָא עַבְדָּא דְקֻדְשָׁא בְּרִיךְ הוּא, דְּסָגֵדְנָא קַמֵּהּ וּמִקַּמֵּי
דִּיקַר אוֹרַיְתֵהּ בְּכָל עִדָּן וְעִדָּן. לָא עַל אֱנָשׁ רְחִיצְנָא וְלָא עַל בַּר אֱלָהִין
סָמִיכְנָא, אֶלָּא בֶּאֱלָהָא דִשְׁמַיָּא, דְּהוּא אֱלָהָא קְשׁוֹט, וְאוֹרַיְתֵהּ קְשׁוֹט,
וּנְבִיאוֹהִי קְשׁוֹט, וּמַסְגֵּא לְמֶעְבַּד טַבְוָן וּקְשׁוֹט. • בֵּהּ אֲנָא רָחִיץ, וְלִשְׁמֵהּ
קַדִּישָׁא יַקִּירָא אֲנָא אֵמַר תֻּשְׁבְּחָן. יְהֵא רַעֲוָא קֳדָמָךְ דְּתִפְתַּח לִבַּאי
בְּאוֹרַיְתָא, וְתַשְׁלִים מִשְׁאֲלִין דְּלִבַּאי וְלִבָּא דְכָל עַמָּךְ יִשְׂרָאֵל לְטָב
וּלְחַיִּין וְלִשְׁלָם.

שליח הציבור מקבל את ספר התורה בימינו, פונה לקהל
ואומר ׳שְׁמַע יִשְׂרָאֵל׳ (מסכת סופרים פי״ד), והקהל אחריו.

שְׁמַע יִשְׂרָאֵל, יהוה אֱלֹהֵינוּ, יהוה אֶחָד: דברים ו

שליח הציבור ואחריו הקהל:

אֶחָד אֱלֹהֵינוּ, גָּדוֹל אֲדוֹנֵינוּ, קָדוֹשׁ וְנוֹרָא שְׁמוֹ.

שליח הציבור פונה לעבר ארון הקודש, קד, מגביה את ספר התורה
ואומר (משנ״ב קלד, יג על פי מסכת סופרים):

גַּדְּלוּ לַיהוה אִתִּי וּנְרוֹמְמָה שְׁמוֹ יַחְדָּו: תהלים לד

סוגרים את ארון הקודש. שליח הציבור הולך אל הבימה, והקהל אומר:

לְךָ יהוה הַגְּדֻלָּה וְהַגְּבוּרָה וְהַתִּפְאֶרֶת וְהַנֵּצַח וְהַהוֹד, כִּי־כֹל דברי הימים א׳ כט
בַּשָּׁמַיִם וּבָאָרֶץ, לְךָ יהוה הַמַּמְלָכָה וְהַמִּתְנַשֵּׂא לְכֹל לְרֹאשׁ:

המלכים, והמלכות שלך היא. אני עבדו של הקדוש ברוך הוא, משתחוה לפניו ולפני כבוד תורתו בכל עת ועת. לא על אדם אני בטוח ולא על מלאך אני סמוך, אלא באלהי השמים, שהוא אלהים אמת, ותורתו אמת, ונביאיו אמת, ומרבה לעשות חסד ואמת. בו אני בטוח, ולשמו הקדוש הנכבד אני אומר תשבחות. יהי רצון מלפניך שתפתח לבי בתורה, ותמלא משאלות לבי ולב כל עמך ישראל לטובה ולחיים ולשלום.

תהלים צט רוֹמְמוּ יהוה אֱלֹהֵינוּ וְהִשְׁתַּחֲווּ לַהֲדֹם רַגְלָיו, קָדוֹשׁ הוּא: רוֹמְמוּ
שם יהוה אֱלֹהֵינוּ וְהִשְׁתַּחֲווּ לְהַר קָדְשׁוֹ, כִּי־קָדוֹשׁ יהוה אֱלֹהֵינוּ:

הקהל אומר בלחש (מחזור ויטרי, קסה):

עַל הַכֹּל יִתְגַּדַּל וְיִתְקַדַּשׁ וְיִשְׁתַּבַּח וְיִתְפָּאַר וְיִתְרוֹמַם וְיִתְנַשֵּׂא שְׁמוֹ שֶׁל מֶלֶךְ מַלְכֵי הַמְּלָכִים הַקָּדוֹשׁ בָּרוּךְ הוּא בָּעוֹלָמוֹת שֶׁבָּרָא, הָעוֹלָם הַזֶּה וְהָעוֹלָם הַבָּא, כִּרְצוֹנוֹ וְכִרְצוֹן יְרֵאָיו וְכִרְצוֹן כָּל בֵּית יִשְׂרָאֵל. צוּר הָעוֹלָמִים, אֲדוֹן כָּל הַבְּרִיּוֹת, אֱלוֹהַּ כָּל הַנְּפָשׁוֹת, הַיּוֹשֵׁב בְּמֶרְחֲבֵי מָרוֹם, הַשּׁוֹכֵן בִּשְׁמֵי שְׁמֵי קֶדֶם, קְדֻשָּׁתוֹ עַל הַחַיּוֹת, וּקְדֻשָּׁתוֹ עַל כִּסֵּא הַכָּבוֹד. וּבְכֵן יִתְקַדַּשׁ שִׁמְךָ בָּנוּ יהוה אֱלֹהֵינוּ לְעֵינֵי כָּל חָי, וְנֹאמַר לְפָנָיו
תהלים סח שִׁיר חָדָשׁ, כַּכָּתוּב: שִׁירוּ לֵאלֹהִים זַמְּרוּ שְׁמוֹ, סֹלּוּ לָרֹכֵב בָּעֲרָבוֹת, בְּיָהּ
ישעיה נב שְׁמוֹ, וְעִלְזוּ לְפָנָיו: וְנִרְאֵהוּ עַיִן בְּעַיִן בְּשׁוּבוֹ אֶל נָוֵהוּ, כַּכָּתוּב: כִּי עַיִן
ישעיה מ בְּעַיִן יִרְאוּ בְּשׁוּב יהוה צִיּוֹן: וְנֶאֱמַר: וְנִגְלָה כְּבוֹד יהוה, וְרָאוּ כָל־בָּשָׂר
יַחְדָּו כִּי פִּי יהוה דִּבֵּר:

אַב הָרַחֲמִים הוּא יְרַחֵם עַם עֲמוּסִים, וְיִזְכֹּר בְּרִית אֵיתָנִים, וְיַצִּיל נַפְשׁוֹתֵינוּ מִן הַשָּׁעוֹת הָרָעוֹת, וְיִגְעַר בְּיֵצֶר הָרָע מִן הַנְּשׂוּאִים, וְיָחֹן אוֹתָנוּ לִפְלֵיטַת עוֹלָמִים, וִימַלֵּא מִשְׁאֲלוֹתֵינוּ בְּמִדָּה טוֹבָה יְשׁוּעָה וְרַחֲמִים.

מניח את ספר התורה על הבימה, והגבאי מכריז (מחזור ויטרי):

וְיַעֲזֹר וְיָגֵן וְיוֹשִׁיעַ לְכָל הַחוֹסִים בּוֹ, וְנֹאמַר אָמֵן. הַכֹּל הָבוּ גֹדֶל לֵאלֹהֵינוּ וּתְנוּ כָבוֹד לַתּוֹרָה. *כֹּהֵן קְרַב, יַעֲמֹד (פלוני בֶּן פלוני) הַכֹּהֵן.

*אם אין כוהן, הגבאי קורא ללוי או לישראל ואומר:

/אֵין כָּאן כֹּהֵן, יַעֲמֹד (פלוני בֶּן פלוני) בִּמְקוֹם כֹּהֵן./

בָּרוּךְ שֶׁנָּתַן תּוֹרָה לְעַמּוֹ יִשְׂרָאֵל בִּקְדֻשָּׁתוֹ.

הקהל ואחריו הגבאי:

דברים ד וְאַתֶּם הַדְּבֵקִים בַּיהוה אֱלֹהֵיכֶם חַיִּים כֻּלְּכֶם הַיּוֹם:

קריאת התורה בעמ׳ 165.

קודם הברכה על העולה לראות היכן קוראים ולנשק את ספר התורה.
בשעת הברכה אוחז בעמודי הספר.

עולה: **בָּרְכוּ אֶת יהוה הַמְבֹרָךְ.**

קהל: בָּרוּךְ יהוה הַמְבֹרָךְ לְעוֹלָם וָעֶד.

עולה: **בָּרוּךְ יהוה הַמְבֹרָךְ לְעוֹלָם וָעֶד.**

בָּרוּךְ אַתָּה יהוה, אֱלֹהֵינוּ מֶלֶךְ הָעוֹלָם

אֲשֶׁר בָּחַר בָּנוּ מִכָּל הָעַמִּים וְנָתַן לָנוּ אֶת תּוֹרָתוֹ.

בָּרוּךְ אַתָּה יהוה, נוֹתֵן הַתּוֹרָה.

לאחר הקריאה העולה מנשק את ספר התורה ומברך:

עולה: **בָּרוּךְ אַתָּה יהוה אֱלֹהֵינוּ מֶלֶךְ הָעוֹלָם**

אֲשֶׁר נָתַן לָנוּ תּוֹרַת אֱמֶת וְחַיֵּי עוֹלָם נָטַע בְּתוֹכֵנוּ.

בָּרוּךְ אַתָּה יהוה, נוֹתֵן הַתּוֹרָה.

מי שהיה בסכנה וניצל ממנה, מברך ׳הַגּוֹמֵל׳:

בָּרוּךְ אַתָּה יהוה אֱלֹהֵינוּ מֶלֶךְ הָעוֹלָם הַגּוֹמֵל לְחַיָּבִים טוֹבוֹת שֶׁגְּמָלַנִי כָּל טוֹב.

הקהל עונה:

אָמֵן. מִי שֶׁגְּמָלְךָ כָּל טוֹב הוּא יִגְמָלְךָ כָּל טוֹב, סֶלָה.

כאן לפי הצורך אומרים ׳מִי שֶׁבֵּרַךְ׳.

מי שבירך לעולה לתורה

מִי שֶׁבֵּרַךְ אֲבוֹתֵינוּ אַבְרָהָם יִצְחָק וְיַעֲקֹב, הוּא יְבָרֵךְ אֶת (פלוני בֶּן פלוני), **בַּעֲבוּר שֶׁעָלָה לִכְבוֹד הַמָּקוֹם וְלִכְבוֹד הַתּוֹרָה** (בשבת: **וְלִכְבוֹד הַשַּׁבָּת**) **וְלִכְבוֹד יוֹם הַדִּין. בִּשְׂכַר זֶה הַקָּדוֹשׁ בָּרוּךְ הוּא יִשְׁמְרֵהוּ וְיַצִּילֵהוּ מִכָּל צָרָה וְצוּקָה וּמִכָּל נֶגַע וּמַחֲלָה, וְיִשְׁלַח בְּרָכָה וְהַצְלָחָה בְּכָל מַעֲשֵׂה יָדָיו, וְיִכְתְּבֵהוּ וְיַחְתְּמֵהוּ לְחַיִּים טוֹבִים בְּיוֹם הַדִּין הַזֶּה עִם כָּל יִשְׂרָאֵל אֶחָיו, וְנֹאמַר אָמֵן.**

מי שבירך לחולֶה

מִי שֶׁבֵּרַךְ אֲבוֹתֵינוּ אַבְרָהָם יִצְחָק וְיַעֲקֹב, מֹשֶׁה וְאַהֲרֹן דָּוִד וּשְׁלֹמֹה הוּא יְבָרֵךְ וִירַפֵּא אֶת הַחוֹלֶה (פלוני בֶּן פלונית) בַּעֲבוּר שֶׁ(פלוני בֶּן פלוני) נוֹדֵר צְדָקָה בַּעֲבוּרוֹ. בִּשְׂכַר זֶה הַקָּדוֹשׁ בָּרוּךְ הוּא יִמָּלֵא רַחֲמִים עָלָיו לְהַחֲלִימוֹ וּלְרַפְּאתוֹ וּלְהַחֲזִיקוֹ וּלְהַחֲיוֹתוֹ וְיִשְׁלַח לוֹ מְהֵרָה רְפוּאָה שְׁלֵמָה מִן הַשָּׁמַיִם לִרְמַ״ח אֵבָרָיו וּשְׁסָ״ה גִּידָיו בְּתוֹךְ שְׁאָר חוֹלֵי יִשְׂרָאֵל, רְפוּאַת הַנֶּפֶשׁ וּרְפוּאַת הַגּוּף (בשבת: שַׁבָּת הִיא מִלִּזְעֹק וּרְפוּאָה קְרוֹבָה לָבוֹא), הַשְׁתָּא בַּעֲגָלָא וּבִזְמַן קָרִיב, וְנֹאמַר אָמֵן.

מי שבירך לחולָה

מִי שֶׁבֵּרַךְ אֲבוֹתֵינוּ אַבְרָהָם יִצְחָק וְיַעֲקֹב, מֹשֶׁה וְאַהֲרֹן דָּוִד וּשְׁלֹמֹה הוּא יְבָרֵךְ וִירַפֵּא אֶת הַחוֹלָה (פלונית בַּת פלונית) בַּעֲבוּר שֶׁ(פלוני בֶּן פלוני) נוֹדֵר צְדָקָה בַּעֲבוּרָהּ. בִּשְׂכַר זֶה הַקָּדוֹשׁ בָּרוּךְ הוּא יִמָּלֵא רַחֲמִים עָלֶיהָ לְהַחֲלִימָהּ וּלְרַפְּאתָהּ וּלְהַחֲזִיקָהּ וּלְהַחֲיוֹתָהּ וְיִשְׁלַח לָהּ מְהֵרָה רְפוּאָה שְׁלֵמָה מִן הַשָּׁמַיִם לְכָל אֵבָרֶיהָ וּלְכָל גִּידֶיהָ בְּתוֹךְ שְׁאָר חוֹלֵי יִשְׂרָאֵל, רְפוּאַת הַנֶּפֶשׁ וּרְפוּאַת הַגּוּף (בשבת: שַׁבָּת הִיא מִלִּזְעֹק וּרְפוּאָה קְרוֹבָה לָבוֹא), הַשְׁתָּא בַּעֲגָלָא וּבִזְמַן קָרִיב, וְנֹאמַר אָמֵן.

מי שבירך ליולדת בן

מִי שֶׁבֵּרַךְ אֲבוֹתֵינוּ אַבְרָהָם יִצְחָק וְיַעֲקֹב, מֹשֶׁה וְאַהֲרֹן דָּוִד וּשְׁלֹמֹה, שָׂרָה רִבְקָה רָחֵל וְלֵאָה הוּא יְבָרֵךְ אֶת הָאִשָּׁה הַיּוֹלֶדֶת (פלונית בַּת פלוני) וְאֶת בְּנָהּ שֶׁנּוֹלַד לָהּ לְמַזָּל טוֹב בַּעֲבוּר שֶׁבַּעְלָהּ וְאָבִיו נוֹדֵר צְדָקָה בַּעֲדָם. בִּשְׂכַר זֶה יִזְכּוּ אָבִיו וְאִמּוֹ לְהַכְנִיסוֹ בִּבְרִיתוֹ שֶׁל אַבְרָהָם אָבִינוּ וּלְגַדְּלוֹ לְתוֹרָה וּלְחֻפָּה וּלְמַעֲשִׂים טוֹבִים, וְנֹאמַר אָמֵן.

מי שבירך ליולדת בת

מִי שֶׁבֵּרַךְ אֲבוֹתֵינוּ אַבְרָהָם יִצְחָק וְיַעֲקֹב, מֹשֶׁה וְאַהֲרֹן דָּוִד וּשְׁלֹמֹה, שָׂרָה רִבְקָה רָחֵל וְלֵאָה הוּא יְבָרֵךְ אֶת הָאִשָּׁה הַיּוֹלֶדֶת (פלונית בַּת פלוני) וְאֶת בִּתָּהּ שֶׁנּוֹלְדָה לָהּ לְמַזָּל טוֹב וְיִקָּרֵא שְׁמָהּ בְּיִשְׂרָאֵל (פלונית בַּת פלוני), בַּעֲבוּר שֶׁבַּעְלָהּ וְאָבִיהָ נוֹדֵר צְדָקָה בַּעֲדָן. בִּשְׂכַר זֶה יִזְכּוּ אָבִיהָ וְאִמָּהּ לְגַדְּלָהּ לְתוֹרָה וּלְחֻפָּה וּלְמַעֲשִׂים טוֹבִים, וְנֹאמַר אָמֵן.

קריאת התורה ליום א׳

וַיהוָה פָּקַד אֶת־שָׂרָה כַּאֲשֶׁר אָמָר וַיַּעַשׂ יְהוָה לְשָׂרָה כַּאֲשֶׁר בראשית כא
דִּבֵּר: וַתַּהַר וַתֵּלֶד שָׂרָה לְאַבְרָהָם בֵּן לִזְקֻנָיו לַמּוֹעֵד אֲשֶׁר־
דִּבֶּר אֹתוֹ אֱלֹהִים: וַיִּקְרָא אַבְרָהָם אֶת־שֶׁם־בְּנוֹ הַנּוֹלַד־לוֹ
אֲשֶׁר־יָלְדָה־לּוֹ שָׂרָה יִצְחָק: וַיָּמָל אַבְרָהָם אֶת־יִצְחָק בְּנוֹ בֶּן־
שְׁמֹנַת יָמִים כַּאֲשֶׁר צִוָּה אֹתוֹ אֱלֹהִים: וְאַבְרָהָם בֶּן־מְאַת שָׁנָה לוי
בְּהִוָּלֶד לוֹ אֵת יִצְחָק בְּנוֹ: וַתֹּאמֶר שָׂרָה צְחֹק עָשָׂה לִי אֱלֹהִים
כָּל־הַשֹּׁמֵעַ יִצְחַק־לִי: וַתֹּאמֶר מִי מִלֵּל לְאַבְרָהָם הֵינִיקָה בָנִים
שָׂרָה כִּי־יָלַדְתִּי בֵן לִזְקֻנָיו: וַיִּגְדַּל הַיֶּלֶד וַיִּגָּמַל וַיַּעַשׂ אַבְרָהָם
מִשְׁתֶּה גָדוֹל בְּיוֹם הִגָּמֵל אֶת־יִצְחָק: וַתֵּרֶא שָׂרָה אֶת־בֶּן־הָגָר (בשבת שלישי)
הַמִּצְרִית אֲשֶׁר־יָלְדָה לְאַבְרָהָם מְצַחֵק: וַתֹּאמֶר לְאַבְרָהָם גָּרֵשׁ
הָאָמָה הַזֹּאת וְאֶת־בְּנָהּ כִּי לֹא יִירַשׁ בֶּן־הָאָמָה הַזֹּאת עִם־בְּנִי
עִם־יִצְחָק: וַיֵּרַע הַדָּבָר מְאֹד בְּעֵינֵי אַבְרָהָם עַל אוֹדֹת בְּנוֹ:
וַיֹּאמֶר אֱלֹהִים אֶל־אַבְרָהָם אַל־יֵרַע בְּעֵינֶיךָ עַל־הַנַּעַר וְעַל־
אֲמָתֶךָ כֹּל אֲשֶׁר תֹּאמַר אֵלֶיךָ שָׂרָה שְׁמַע בְּקֹלָהּ כִּי בְיִצְחָק
יִקָּרֵא לְךָ זָרַע: וְגַם אֶת־בֶּן־הָאָמָה לְגוֹי אֲשִׂימֶנּוּ כִּי זַרְעֲךָ שלישי (בשבת רביעי)
הוּא: וַיַּשְׁכֵּם אַבְרָהָם ׀ בַּבֹּקֶר וַיִּקַּח־לֶחֶם וְחֵמַת מַיִם וַיִּתֵּן אֶל־
הָגָר שָׂם עַל־שִׁכְמָהּ וְאֶת־הַיֶּלֶד וַיְשַׁלְּחֶהָ וַתֵּלֶךְ וַתֵּתַע בְּמִדְבַּר
בְּאֵר שָׁבַע: וַיִּכְלוּ הַמַּיִם מִן־הַחֵמֶת וַתַּשְׁלֵךְ אֶת־הַיֶּלֶד תַּחַת
אַחַד הַשִּׂיחִם: וַתֵּלֶךְ וַתֵּשֶׁב לָהּ מִנֶּגֶד הַרְחֵק כִּמְטַחֲוֵי קֶשֶׁת כִּי
אָמְרָה אַל־אֶרְאֶה בְּמוֹת הַיָּלֶד וַתֵּשֶׁב מִנֶּגֶד וַתִּשָּׂא אֶת־קֹלָהּ
וַתֵּבְךְּ: וַיִּשְׁמַע אֱלֹהִים אֶת־קוֹל הַנַּעַר וַיִּקְרָא מַלְאַךְ אֱלֹהִים ׀
אֶל־הָגָר מִן־הַשָּׁמַיִם וַיֹּאמֶר לָהּ מַה־לָּךְ הָגָר אַל־תִּירְאִי כִּי־

(בשבת חמישי) שְׁמַע אֱלֹהִים אֶל־קוֹל הַנַּעַר בַּאֲשֶׁר הוּא־שָׁם: קוּמִי שְׂאִי אֶת־
הַנַּעַר וְהַחֲזִיקִי אֶת־יָדֵךְ בּוֹ כִּי־לְגוֹי גָּדוֹל אֲשִׂימֶנּוּ: וַיִּפְקַח אֱלֹהִים
אֶת־עֵינֶיהָ וַתֵּרֶא בְּאֵר מָיִם וַתֵּלֶךְ וַתְּמַלֵּא אֶת־הַחֵמֶת מַיִם
וַתַּשְׁקְ אֶת־הַנָּעַר: וַיְהִי אֱלֹהִים אֶת־הַנַּעַר וַיִּגְדָּל וַיֵּשֶׁב בַּמִּדְבָּר
וַיְהִי רֹבֶה קַשָּׁת: וַיֵּשֶׁב בְּמִדְבַּר פָּארָן וַתִּקַּח־לוֹ אִמּוֹ אִשָּׁה
מֵאֶרֶץ מִצְרָיִם:

רביעי (בשבת ששי) וַיְהִי בָּעֵת הַהִוא וַיֹּאמֶר אֲבִימֶלֶךְ וּפִיכֹל שַׂר־צְבָאוֹ אֶל־אַבְרָהָם
לֵאמֹר אֱלֹהִים עִמְּךָ בְּכֹל אֲשֶׁר־אַתָּה עֹשֶׂה: וְעַתָּה הִשָּׁבְעָה
לִּי בֵאלֹהִים הֵנָּה אִם־תִּשְׁקֹר לִי וּלְנִינִי וּלְנֶכְדִּי כַּחֶסֶד אֲשֶׁר־
עָשִׂיתִי עִמְּךָ תַּעֲשֶׂה עִמָּדִי וְעִם־הָאָרֶץ אֲשֶׁר־גַּרְתָּה בָּהּ: וַיֹּאמֶר
אַבְרָהָם אָנֹכִי אִשָּׁבֵעַ: וְהוֹכִחַ אַבְרָהָם אֶת־אֲבִימֶלֶךְ עַל־אֹדוֹת
בְּאֵר הַמַּיִם אֲשֶׁר גָּזְלוּ עַבְדֵי אֲבִימֶלֶךְ: וַיֹּאמֶר אֲבִימֶלֶךְ לֹא
יָדַעְתִּי מִי עָשָׂה אֶת־הַדָּבָר הַזֶּה וְגַם־אַתָּה לֹא־הִגַּדְתָּ לִּי וְגַם
אָנֹכִי לֹא שָׁמַעְתִּי בִּלְתִּי הַיּוֹם: וַיִּקַּח אַבְרָהָם צֹאן וּבָקָר וַיִּתֵּן
חמישי (בשבת שביעי) לַאֲבִימֶלֶךְ וַיִּכְרְתוּ שְׁנֵיהֶם בְּרִית: וַיַּצֵּב אַבְרָהָם אֶת־שֶׁבַע
כִּבְשֹׂת הַצֹּאן לְבַדְּהֶן: וַיֹּאמֶר אֲבִימֶלֶךְ אֶל־אַבְרָהָם מָה הֵנָּה
שֶׁבַע כְּבָשֹׂת הָאֵלֶּה אֲשֶׁר הִצַּבְתָּ לְבַדָּנָה: וַיֹּאמֶר כִּי אֶת־שֶׁבַע
כְּבָשֹׂת תִּקַּח מִיָּדִי בַּעֲבוּר תִּהְיֶה־לִּי לְעֵדָה כִּי חָפַרְתִּי אֶת־
הַבְּאֵר הַזֹּאת: עַל־כֵּן קָרָא לַמָּקוֹם הַהוּא בְּאֵר שָׁבַע כִּי שָׁם
נִשְׁבְּעוּ שְׁנֵיהֶם: וַיִּכְרְתוּ בְרִית בִּבְאֵר שָׁבַע וַיָּקָם אֲבִימֶלֶךְ
וּפִיכֹל שַׂר־צְבָאוֹ וַיָּשֻׁבוּ אֶל־אֶרֶץ פְּלִשְׁתִּים: וַיִּטַּע אֶשֶׁל בִּבְאֵר
שָׁבַע וַיִּקְרָא־שָׁם בְּשֵׁם יְהוָה אֵל עוֹלָם: וַיָּגָר אַבְרָהָם בְּאֶרֶץ
פְּלִשְׁתִּים יָמִים רַבִּים:

מניחים את הספר השני ליד הראשון.

חצי קדיש

לפני שקוראים למפטיר, בעל הקורא אומר חצי קדיש
(רמב״ם, תפילה פי״ב ה״כ):

קורא: יִתְגַּדַּל וְיִתְקַדַּשׁ שְׁמֵהּ רַבָּא (קהל: אָמֵן)
בְּעָלְמָא דִּי בְרָא כִרְעוּתֵהּ
וְיַמְלִיךְ מַלְכוּתֵהּ
בְּחַיֵּיכוֹן וּבְיוֹמֵיכוֹן וּבְחַיֵּי דְכָל בֵּית יִשְׂרָאֵל
בַּעֲגָלָא וּבִזְמַן קָרִיב, וְאִמְרוּ אָמֵן. (קהל: אָמֵן)

קהל וקורא: יְהֵא שְׁמֵהּ רַבָּא מְבָרַךְ לְעָלַם וּלְעָלְמֵי עָלְמַיָּא.

קורא: יִתְבָּרַךְ וְיִשְׁתַּבַּח וְיִתְפָּאַר וְיִתְרוֹמַם וְיִתְנַשֵּׂא
וְיִתְהַדָּר וְיִתְעַלֶּה וְיִתְהַלָּל
שְׁמֵהּ דְּקֻדְשָׁא בְּרִיךְ הוּא (קהל: בְּרִיךְ הוּא)
לְעֵלָּא לְעֵלָּא מִכָּל בִּרְכָתָא
וְשִׁירָתָא, תֻּשְׁבְּחָתָא וְנֶחֱמָתָא
דַּאֲמִירָן בְּעָלְמָא, וְאִמְרוּ אָמֵן. (קהל: אָמֵן)

הגבהה וגלילה

מגביהים את ספר התורה הראשון, והקהל אומר:

וְזֹאת הַתּוֹרָה אֲשֶׁר־שָׂם מֹשֶׁה לִפְנֵי בְּנֵי יִשְׂרָאֵל: דברים ד
עַל־פִּי יהוה בְּיַד מֹשֶׁה: במדבר ט

ויש מוסיפים: עֵץ־חַיִּים הִיא לַמַּחֲזִיקִים בָּהּ וְתֹמְכֶיהָ מְאֻשָּׁר: משלי ג
דְּרָכֶיהָ דַרְכֵי־נֹעַם וְכָל־נְתִיבוֹתֶיהָ שָׁלוֹם:
אֹרֶךְ יָמִים בִּימִינָהּ, בִּשְׂמֹאולָהּ עֹשֶׁר וְכָבוֹד:
יהוה חָפֵץ לְמַעַן צִדְקוֹ יַגְדִּיל תּוֹרָה וְיַאְדִּיר: ישעיה מב

מפטיר

במדבר כט, א–ו וּבַחֹדֶשׁ הַשְּׁבִיעִי בְּאֶחָד לַחֹדֶשׁ מִקְרָא־קֹדֶשׁ יִהְיֶה לָכֶם כָּל־מְלֶאכֶת עֲבֹדָה לֹא תַעֲשׂוּ יוֹם תְּרוּעָה יִהְיֶה לָכֶם: וַעֲשִׂיתֶם עֹלָה לְרֵיחַ נִיחֹחַ לַיהוה פַּר בֶּן־בָּקָר אֶחָד אַיִל אֶחָד כְּבָשִׂים בְּנֵי־שָׁנָה שִׁבְעָה תְּמִימִם: וּמִנְחָתָם סֹלֶת בְּלוּלָה בַשָּׁמֶן שְׁלֹשָׁה עֶשְׂרֹנִים לַפָּר שְׁנֵי עֶשְׂרֹנִים לָאָיִל: וְעִשָּׂרוֹן אֶחָד לַכֶּבֶשׂ הָאֶחָד לְשִׁבְעַת הַכְּבָשִׂים: וּשְׂעִיר־עִזִּים אֶחָד חַטָּאת לְכַפֵּר עֲלֵיכֶם: מִלְּבַד עֹלַת הַחֹדֶשׁ וּמִנְחָתָהּ וְעֹלַת הַתָּמִיד וּמִנְחָתָהּ וְנִסְכֵּיהֶם כְּמִשְׁפָּטָם לְרֵיחַ נִיחֹחַ אִשֶּׁה לַיהוה:

הגבהה וגלילה

מגביהים את ספר התורה השני, והקהל אומר:

דברים ד וְזֹאת הַתּוֹרָה אֲשֶׁר־שָׂם מֹשֶׁה לִפְנֵי בְּנֵי יִשְׂרָאֵל:

במדבר ט עַל־פִּי יהוה בְּיַד מֹשֶׁה:

משלי ג ויש מוסיפים: עֵץ־חַיִּים הִיא לַמַּחֲזִיקִים בָּהּ וְתֹמְכֶיהָ מְאֻשָּׁר:

דְּרָכֶיהָ דַרְכֵי־נֹעַם וְכָל־נְתִיבוֹתֶיהָ שָׁלוֹם:

אֹרֶךְ יָמִים בִּימִינָהּ, בִּשְׂמֹאולָהּ עֹשֶׁר וְכָבוֹד:

ישעיה מב יהוה חָפֵץ לְמַעַן צִדְקוֹ יַגְדִּיל תּוֹרָה וְיַאְדִּיר:

ברכה לפני ההפטרה

לפני קריאת ההפטרה בנביא, המפטיר מברך:

בָּרוּךְ אַתָּה יהוה אֱלֹהֵינוּ מֶלֶךְ הָעוֹלָם אֲשֶׁר בָּחַר בִּנְבִיאִים טוֹבִים, וְרָצָה בְדִבְרֵיהֶם הַנֶּאֱמָרִים בֶּאֱמֶת. בָּרוּךְ אַתָּה יהוה, הַבּוֹחֵר בַּתּוֹרָה וּבְמֹשֶׁה עַבְדּוֹ וּבְיִשְׂרָאֵל עַמּוֹ וּבִנְבִיאֵי הָאֱמֶת וָצֶדֶק.

הפטרה ליום א׳

וַיְהִי אִישׁ אֶחָד מִן־הָרָמָתַיִם צוֹפִים מֵהַר אֶפְרָיִם וּשְׁמוֹ אֶלְקָנָה שמואל א׳ א,א – ב,י
בֶּן־יְרֹחָם בֶּן־אֱלִיהוּא בֶּן־תֹּחוּ בֶן־צוּף אֶפְרָתִי׃ וְלוֹ שְׁתֵּי נָשִׁים שֵׁם אַחַת חַנָּה וְשֵׁם הַשֵּׁנִית פְּנִנָּה וַיְהִי לִפְנִנָּה יְלָדִים וּלְחַנָּה אֵין יְלָדִים׃ וְעָלָה הָאִישׁ הַהוּא מֵעִירוֹ מִיָּמִים ׀ יָמִימָה לְהִשְׁתַּחֲוֺת וְלִזְבֹּחַ לַיהוָה צְבָאוֹת בְּשִׁלֹה וְשָׁם שְׁנֵי בְנֵי־עֵלִי חָפְנִי וּפִנְחָס כֹּהֲנִים לַיהוָה׃ וַיְהִי הַיּוֹם וַיִּזְבַּח אֶלְקָנָה וְנָתַן לִפְנִנָּה אִשְׁתּוֹ וּלְכָל־בָּנֶיהָ וּבְנוֹתֶיהָ מָנוֹת׃ וּלְחַנָּה יִתֵּן מָנָה אַחַת אַפָּיִם כִּי אֶת־חַנָּה אָהֵב וַיהוָה סָגַר רַחְמָהּ׃ וְכִעֲסַתָּה צָרָתָהּ גַּם־כַּעַס בַּעֲבוּר הַרְּעִמָהּ כִּי־סָגַר יְהוָה בְּעַד רַחְמָהּ׃ וְכֵן יַעֲשֶׂה שָׁנָה בְשָׁנָה מִדֵּי עֲלֹתָהּ בְּבֵית יְהוָה כֵּן תַּכְעִסֶנָּה וַתִּבְכֶּה וְלֹא תֹאכַל׃ וַיֹּאמֶר לָהּ אֶלְקָנָה אִישָׁהּ חַנָּה לָמֶה תִבְכִּי וְלָמֶה לֹא תֹאכְלִי וְלָמֶה יֵרַע לְבָבֵךְ הֲלוֹא אָנֹכִי טוֹב לָךְ מֵעֲשָׂרָה בָּנִים׃ וַתָּקָם חַנָּה אַחֲרֵי אָכְלָה בְשִׁלֹה וְאַחֲרֵי שָׁתֹה וְעֵלִי הַכֹּהֵן יֹשֵׁב עַל־הַכִּסֵּא עַל־מְזוּזַת הֵיכַל יְהוָה׃ וְהִיא מָרַת נָפֶשׁ וַתִּתְפַּלֵּל עַל־יְהוָה וּבָכֹה תִבְכֶּה׃ וַתִּדֹּר נֶדֶר וַתֹּאמַר יְהוָה צְבָאוֹת אִם־רָאֹה תִרְאֶה ׀ בָּעֳנִי אֲמָתֶךָ וּזְכַרְתַּנִי וְלֹא־תִשְׁכַּח אֶת־אֲמָתֶךָ וְנָתַתָּה לַאֲמָתְךָ זֶרַע אֲנָשִׁים וּנְתַתִּיו לַיהוָה כָּל־יְמֵי חַיָּיו וּמוֹרָה לֹא־יַעֲלֶה עַל־רֹאשׁוֹ׃ וְהָיָה כִּי הִרְבְּתָה לְהִתְפַּלֵּל לִפְנֵי יְהוָה וְעֵלִי שֹׁמֵר אֶת־פִּיהָ׃ וְחַנָּה הִיא מְדַבֶּרֶת עַל־לִבָּהּ רַק שְׂפָתֶיהָ נָּעוֹת וְקוֹלָהּ לֹא יִשָּׁמֵעַ וַיַּחְשְׁבֶהָ עֵלִי לְשִׁכֹּרָה׃ וַיֹּאמֶר אֵלֶיהָ עֵלִי עַד־מָתַי תִּשְׁתַּכָּרִין הָסִירִי אֶת־יֵינֵךְ מֵעָלָיִךְ׃ וַתַּעַן חַנָּה וַתֹּאמֶר לֹא אֲדֹנִי אִשָּׁה קְשַׁת־רוּחַ אָנֹכִי וְיַיִן וְשֵׁכָר לֹא שָׁתִיתִי וָאֶשְׁפֹּךְ אֶת־נַפְשִׁי

לִפְנֵי יְהוָה: אַל־תִּתֵּן אֶת־אֲמָתְךָ לִפְנֵי בַּת־בְּלִיָּעַל כִּי־מֵרֹב שִׂיחִי
וְכַעְסִי דִּבַּרְתִּי עַד־הֵנָּה: וַיַּעַן עֵלִי וַיֹּאמֶר לְכִי לְשָׁלוֹם וֵאלֹהֵי
יִשְׂרָאֵל יִתֵּן אֶת־שֵׁלָתֵךְ אֲשֶׁר שָׁאַלְתְּ מֵעִמּוֹ: וַתֹּאמֶר תִּמְצָא
שִׁפְחָתְךָ חֵן בְּעֵינֶיךָ וַתֵּלֶךְ הָאִשָּׁה לְדַרְכָּהּ וַתֹּאכַל וּפָנֶיהָ לֹא־
הָיוּ־לָהּ עוֹד: וַיַּשְׁכִּמוּ בַבֹּקֶר וַיִּשְׁתַּחֲווּ לִפְנֵי יְהוָה וַיָּשֻׁבוּ וַיָּבֹאוּ
אֶל־בֵּיתָם הָרָמָתָה וַיֵּדַע אֶלְקָנָה אֶת־חַנָּה אִשְׁתּוֹ וַיִּזְכְּרֶהָ יְהוָה:
וַיְהִי לִתְקֻפוֹת הַיָּמִים וַתַּהַר חַנָּה וַתֵּלֶד בֵּן וַתִּקְרָא אֶת־שְׁמוֹ
שְׁמוּאֵל כִּי מֵיְהוָה שְׁאִלְתִּיו: וַיַּעַל הָאִישׁ אֶלְקָנָה וְכָל־בֵּיתוֹ לִזְבֹּחַ
לַיהוָה אֶת־זֶבַח הַיָּמִים וְאֶת־נִדְרוֹ: וְחַנָּה לֹא עָלָתָה כִּי־אָמְרָה
לְאִישָׁהּ עַד יִגָּמֵל הַנַּעַר וַהֲבִאֹתִיו וְנִרְאָה אֶת־פְּנֵי יְהוָה וְיָשַׁב
שָׁם עַד־עוֹלָם: וַיֹּאמֶר לָהּ אֶלְקָנָה אִישָׁהּ עֲשִׂי הַטּוֹב בְּעֵינַיִךְ
שְׁבִי עַד־גָּמְלֵךְ אֹתוֹ אַךְ יָקֵם יְהוָה אֶת־דְּבָרוֹ וַתֵּשֶׁב הָאִשָּׁה
וַתֵּינֶק אֶת־בְּנָהּ עַד־גָמְלָהּ אֹתוֹ: וַתַּעֲלֵהוּ עִמָּהּ כַּאֲשֶׁר גְּמָלַתּוּ
בְּפָרִים שְׁלֹשָׁה וְאֵיפָה אַחַת קֶמַח וְנֵבֶל יַיִן וַתְּבִאֵהוּ בֵית־יְהוָה
שִׁלוֹ וְהַנַּעַר נָעַר: וַיִּשְׁחֲטוּ אֶת־הַפָּר וַיָּבִאוּ אֶת־הַנַּעַר אֶל־עֵלִי:
וַתֹּאמֶר בִּי אֲדֹנִי חֵי נַפְשְׁךָ אֲדֹנִי אֲנִי הָאִשָּׁה הַנִּצֶּבֶת עִמְּכָה
בָּזֶה לְהִתְפַּלֵּל אֶל־יְהוָה: אֶל־הַנַּעַר הַזֶּה הִתְפַּלָּלְתִּי וַיִּתֵּן יְהוָה
לִי אֶת־שְׁאֵלָתִי אֲשֶׁר שָׁאַלְתִּי מֵעִמּוֹ: וְגַם אָנֹכִי הִשְׁאִלְתִּהוּ
לַיהוָה כָּל־הַיָּמִים אֲשֶׁר הָיָה הוּא שָׁאוּל לַיהוָה וַיִּשְׁתַּחוּ שָׁם
לַיהוָה: וַתִּתְפַּלֵּל חַנָּה וַתֹּאמַר עָלַץ לִבִּי בַּיהוָה
רָמָה קַרְנִי בַּיהוָה רָחַב פִּי עַל־אוֹיְבַי כִּי שָׂמַחְתִּי בִּישׁוּעָתֶךָ:
אֵין־קָדוֹשׁ כַּיהוָה כִּי־אֵין בִּלְתֶּךָ וְאֵין צוּר כֵּאלֹהֵינוּ: אַל־תַּרְבּוּ
תְדַבְּרוּ גְּבֹהָה גְבֹהָה יֵצֵא עָתָק מִפִּיכֶם כִּי אֵל דֵּעוֹת יְהוָה ולא וְלוֹ

נִתְכְּנוּ עֲלִלוֹת: קֶשֶׁת גִּבֹּרִים חַתִּים וְנִכְשָׁלִים אָזְרוּ חָיִל: שְׂבֵעִים
בַּלֶּחֶם נִשְׂכָּרוּ וּרְעֵבִים חָדֵלּוּ עַד־עֲקָרָה יָלְדָה שִׁבְעָה וְרַבַּת
בָּנִים אֻמְלָלָה: יְהֹוָה מֵמִית וּמְחַיֶּה מוֹרִיד שְׁאוֹל וַיָּעַל: יְהֹוָה
מוֹרִישׁ וּמַעֲשִׁיר מַשְׁפִּיל אַף־מְרוֹמֵם: מֵקִים מֵעָפָר דָּל מֵאַשְׁפֹּת
יָרִים אֶבְיוֹן לְהוֹשִׁיב עִם־נְדִיבִים וְכִסֵּא כָבוֹד יַנְחִלֵם כִּי לַיהוה
מְצֻקֵי אֶרֶץ וַיָּשֶׁת עֲלֵיהֶם תֵּבֵל: רַגְלֵי חֲסִידָו יִשְׁמֹר וּרְשָׁעִים
בַּחֹשֶׁךְ יִדָּמּוּ כִּי־לֹא בְכֹחַ יִגְבַּר־אִישׁ: יְהֹוָה יֵחַתּוּ מְרִיבָו עָלָו
בַּשָּׁמַיִם יַרְעֵם יְהֹוָה יָדִין אַפְסֵי־אָרֶץ וְיִתֶּן־עֹז לְמַלְכּוֹ וְיָרֵם קֶרֶן
מְשִׁיחוֹ:

ברכות לאחר ההפטרה

אחר קריאת ההפטרה המפטיר מברך:

בָּרוּךְ אַתָּה יהוה אֱלֹהֵינוּ מֶלֶךְ הָעוֹלָם, צוּר כָּל הָעוֹלָמִים, צַדִּיק בְּכָל הַדּוֹרוֹת, הָאֵל הַנֶּאֱמָן, הָאוֹמֵר וְעוֹשֶׂה, הַמְדַבֵּר וּמְקַיֵּם, שֶׁכָּל דְּבָרָיו אֱמֶת וָצֶדֶק. נֶאֱמָן אַתָּה הוּא יהוה אֱלֹהֵינוּ וְנֶאֱמָנִים דְּבָרֶיךָ, וְדָבָר אֶחָד מִדְּבָרֶיךָ אָחוֹר לֹא יָשׁוּב רֵיקָם, כִּי אֵל מֶלֶךְ נֶאֱמָן (וְרַחֲמָן) אָתָּה. בָּרוּךְ אַתָּה יהוה, הָאֵל הַנֶּאֱמָן בְּכָל דְּבָרָיו.

רַחֵם עַל צִיּוֹן כִּי הִיא בֵּית חַיֵּינוּ, וְלַעֲלוּבַת נֶפֶשׁ תּוֹשִׁיעַ בִּמְהֵרָה בְיָמֵינוּ. בָּרוּךְ אַתָּה יהוה, מְשַׂמֵּחַ צִיּוֹן בְּבָנֶיהָ.

שַׂמְּחֵנוּ יהוה אֱלֹהֵינוּ בְּאֵלִיָּהוּ הַנָּבִיא עַבְדֶּךָ, וּבְמַלְכוּת בֵּית דָּוִד מְשִׁיחֶךָ, בִּמְהֵרָה יָבוֹא וְיָגֵל לִבֵּנוּ. עַל כִּסְאוֹ לֹא יֵשֶׁב זָר, וְלֹא יִנְחֲלוּ עוֹד אֲחֵרִים אֶת כְּבוֹדוֹ, כִּי בְשֵׁם קָדְשְׁךָ נִשְׁבַּעְתָּ לּוֹ שֶׁלֹּא יִכְבֶּה נֵרוֹ לְעוֹלָם וָעֶד. בָּרוּךְ אַתָּה יהוה, מָגֵן דָּוִד.

בשבת מוסיפים את המילים שבסוגריים.

עַל הַתּוֹרָה וְעַל הָעֲבוֹדָה וְעַל הַנְּבִיאִים (וְעַל יוֹם הַשַּׁבָּת הַזֶּה) וְעַל
יוֹם הַזִּכָּרוֹן הַזֶּה, שֶׁנָּתַתָּ לָּנוּ יהוה אֱלֹהֵינוּ (לִקְדֻשָּׁה וְלִמְנוּחָה) לְכָבוֹד
וּלְתִפְאָרֶת. עַל הַכֹּל יהוה אֱלֹהֵינוּ אֲנַחְנוּ מוֹדִים לָךְ וּמְבָרְכִים
אוֹתָךְ, יִתְבָּרַךְ שִׁמְךָ בְּפִי כָּל חַי תָּמִיד לְעוֹלָם וָעֶד, וּדְבָרְךָ אֱמֶת
וְקַיָּם לָעַד. בָּרוּךְ אַתָּה יהוה, מֶלֶךְ עַל כָּל הָאָרֶץ, מְקַדֵּשׁ (הַשַּׁבָּת
וְ) יִשְׂרָאֵל וְיוֹם הַזִּכָּרוֹן.

בראש השנה שחל בשבת, אומרים ׳יְקוּם פֻּרְקָן׳.
אם אינו חל בשבת, ממשיכים בתפילה לשלום המדינה (עמ׳ 174).

במקום שיש בו מניין השכינה שורה, ולכן אומרים ברכה לקהל.
ואין אומרים אותה ביחידות (׳אור זרוע׳ ח״ב, נ), ויש שנוהגים לומר
את הפסקה הראשונה גם ביחידות (שערי אפרים).

יְקוּם פֻּרְקָן מִן שְׁמַיָּא, חִנָּא וְחִסְדָּא וְרַחֲמֵי וְחַיֵּי אֲרִיכֵי וּמְזוֹנֵי רְוִיחֵי,
וְסִיַּעְתָּא דִשְׁמַיָּא, וּבַרְיוּת גּוּפָא וּנְהוֹרָא מְעַלְּיָא, זַרְעָא חַיָּא וְקַיָּמָא,
זַרְעָא דִּי לָא יִפְסֻק וְדִי לָא יִבְטֻל מִפִּתְגָּמֵי אוֹרַיְתָא, לְמָרָנָן וְרַבָּנָן
חֲבוּרָתָא קַדִּישָׁתָא דִּי בְאַרְעָא דְיִשְׂרָאֵל וְדִי בְבָבֶל, לְרֵישֵׁי כַלָּה,
וּלְרֵישֵׁי גַלְוָתָא, וּלְרֵישֵׁי מְתִיבָתָא, וּלְדַיָּנֵי דְבָבָא, לְכָל תַּלְמִידֵיהוֹן,
וּלְכָל תַּלְמִידֵי תַלְמִידֵיהוֹן, וּלְכָל מָאן דְּעָסְקִין בְּאוֹרַיְתָא. מַלְכָּא
דְעָלְמָא יְבָרֵךְ יָתְהוֹן, יַפֵּשׁ חַיֵּיהוֹן וְיַסְגֵּא יוֹמֵיהוֹן, וְיִתֵּן אַרְכָא

תרגום

יקום פורקן מן השמים, חן וחסד ורחמים וחיים ארוכים ומזונות רווחים וסיוע מן השמים, ובריאות הגוף ואור מעולה, זרע חי וקיים, זרע שלא יפסוק ושלא יבטל מדברי תורה, למורינו ורבותינו החבורות הקדושות אשר בארץ ישראל ואשר בבבל, לראשי כלה ולראשי גלויות ולראשי הישיבות ולדייני השער, לכל תלמידיהם, ולכל תלמידי תלמידיהם, ולכל מי שעוסקים בתורה. מלך העולם יברך אותם, ירבה חייהם

לִשְׁנֵיהוֹן, וְיִתְפָּרְקוּן וְיִשְׁתֵּיזְבוּן מִן כָּל עָקָא וּמִן כָּל מַרְעִין בִּישִׁין. מָרַן דִּי בִשְׁמַיָּא יְהֵא בְסַעְדְּהוֹן כָּל זְמַן וְעִדָּן, וְנֹאמַר אָמֵן.

יְקוּם פֻּרְקָן מִן שְׁמַיָּא, חִנָּא וְחִסְדָּא וְרַחֲמֵי וְחַיֵּי אֲרִיכֵי וּמְזוֹנֵי רְוִיחֵי, וְסִיַּעְתָּא דִשְׁמַיָּא, וּבַרְיוּת גּוּפָא וּנְהוֹרָא מְעַלְיָא, זַרְעָא חַיָּא וְקַיָּמָא, זַרְעָא דִּי לָא יִפְסֻק וְדִי לָא יִבְטֻל מִפִּתְגָּמֵי אוֹרַיְתָא, לְכָל קְהָלָא קַדִּישָׁא הָדֵין, רַבְרְבַיָּא עִם זְעֵרַיָּא, טַפְלָא וּנְשַׁיָּא. מַלְכָּא דְעָלְמָא יְבָרֵךְ יָתְכוֹן, יַפֵּשׁ חַיֵּיכוֹן וְיַסְגֵּא יוֹמֵיכוֹן, וְיִתֵּן אַרְכָא לִשְׁנֵיכוֹן, וְתִתְפָּרְקוּן וְתִשְׁתֵּיזְבוּן מִן כָּל עָקָא וּמִן כָּל מַרְעִין בִּישִׁין. מָרַן דִּי בִשְׁמַיָּא יְהֵא בְסַעְדְּכוֹן כָּל זְמַן וְעִדָּן, וְנֹאמַר אָמֵן.

מִי שֶׁבֵּרַךְ אֲבוֹתֵינוּ אַבְרָהָם יִצְחָק וְיַעֲקֹב, הוּא יְבָרֵךְ אֶת כָּל הַקָּהָל הַקָּדוֹשׁ הַזֶּה עִם כָּל קְהִלּוֹת הַקֹּדֶשׁ, הֵם וּנְשֵׁיהֶם וּבְנֵיהֶם וּבְנוֹתֵיהֶם וְכָל אֲשֶׁר לָהֶם, וּמִי שֶׁמְּיַחֲדִים בָּתֵּי כְנֵסִיּוֹת לִתְפִלָּה, וּמִי שֶׁבָּאִים בְּתוֹכָם לְהִתְפַּלֵּל, וּמִי שֶׁנּוֹתְנִים נֵר לַמָּאוֹר וְיַיִן לְקִדּוּשׁ וּלְהַבְדָּלָה וּפַת לָאוֹרְחִים וּצְדָקָה לַעֲנִיִּים, וְכָל מִי שֶׁעוֹסְקִים בְּצָרְכֵי צִבּוּר בֶּאֱמוּנָה. הַקָּדוֹשׁ בָּרוּךְ הוּא יְשַׁלֵּם שְׂכָרָם, וְיָסִיר מֵהֶם כָּל מַחֲלָה, וְיִרְפָּא לְכָל גּוּפָם, וְיִסְלַח לְכָל עֲוֹנָם, וְיִשְׁלַח בְּרָכָה וְהַצְלָחָה בְּכָל מַעֲשֵׂי יְדֵיהֶם עִם כָּל יִשְׂרָאֵל אֲחֵיהֶם, וְנֹאמַר אָמֵן.

ויגדיל ימיהם ויתן אריכות לשנותיהם. וייוָשעו ויינצלו מכל צרה ומכל חוליים רעים. אדוננו שבשמים יהיה בעזרתם בכל זמן ועת, ונאמר אמן.

יקום פורקן מן השמים, חן וחסד ורחמים וחיים ארוכים ומזונות רווחים וסיוע מן השמים, ובריאות הגוף ואור מעולה, זרע חי וקיים, זרע שלא יפסוק ושלא ייבטל מדברי תורה, לכל הקהל הקדוש הזה, הגדולים עם הקטנים, הטף והנשים. מלך העולם יברך אתכם, ירבה חייכם ויגדיל ימיכם ויתן אריכות לשנותיכם. ותיוָשעו ותינצלו מכל צרה ומכל חוליים רעים. אדוננו שבשמים יהיה בעזרתכם בכל זמן ועת, ונאמר אמן.

תפילה לשלום המדינה

אָבִינוּ שֶׁבַּשָּׁמַיִם, צוּר יִשְׂרָאֵל וְגוֹאֲלוֹ, בָּרֵךְ אֶת מְדִינַת יִשְׂרָאֵל, רֵאשִׁית צְמִיחַת גְּאֻלָּתֵנוּ. הָגֵן עָלֶיהָ בְּאֶבְרַת חַסְדֶּךָ וּפְרֹשׂ עָלֶיהָ סֻכַּת שְׁלוֹמֶךָ, וּשְׁלַח אוֹרְךָ וַאֲמִתְּךָ לְרָאשֶׁיהָ, שָׂרֶיהָ וְיוֹעֲצֶיהָ, וְתַקְּנֵם בְּעֵצָה טוֹבָה מִלְּפָנֶיךָ.

חַזֵּק אֶת יְדֵי מְגִנֵּי אֶרֶץ קָדְשֵׁנוּ, וְהַנְחִילֵם אֱלֹהֵינוּ יְשׁוּעָה וַעֲטֶרֶת נִצָּחוֹן תְּעַטְּרֵם, וְנָתַתָּ שָׁלוֹם בָּאָרֶץ וְשִׂמְחַת עוֹלָם לְיוֹשְׁבֶיהָ.

וְאֶת אַחֵינוּ כָּל בֵּית יִשְׂרָאֵל, פְּקָד נָא בְּכָל אַרְצוֹת פְּזוּרֵיהֶם,
וְתוֹלִיכֵם מְהֵרָה קוֹמְמִיּוּת לְצִיּוֹן עִירֶךָ וְלִירוּשָׁלַיִם מִשְׁכַּן
דברים ל שְׁמֶךָ, כַּכָּתוּב בְּתוֹרַת מֹשֶׁה עַבְדֶּךָ: אִם־יִהְיֶה נִדַּחֲךָ בִּקְצֵה
הַשָּׁמָיִם, מִשָּׁם יְקַבֶּצְךָ יהוה אֱלֹהֶיךָ וּמִשָּׁם יִקָּחֶךָ: וֶהֱבִיאֲךָ
יהוה אֱלֹהֶיךָ אֶל־הָאָרֶץ אֲשֶׁר־יָרְשׁוּ אֲבֹתֶיךָ וִירִשְׁתָּהּ, וְהֵיטִבְךָ
וְהִרְבְּךָ מֵאֲבֹתֶיךָ: וּמָל יהוה אֱלֹהֶיךָ אֶת־לְבָבְךָ וְאֶת־לְבַב
זַרְעֶךָ, לְאַהֲבָה אֶת־יהוה אֱלֹהֶיךָ בְּכָל־לְבָבְךָ וּבְכָל־נַפְשְׁךָ,
לְמַעַן חַיֶּיךָ:

וְיַחֵד לְבָבֵנוּ לְאַהֲבָה וּלְיִרְאָה אֶת שְׁמֶךָ, וְלִשְׁמֹר אֶת כָּל דִּבְרֵי תוֹרָתֶךָ, וּשְׁלַח לָנוּ מְהֵרָה בֶּן דָּוִד מְשִׁיחַ צִדְקֶךָ, לִפְדּוֹת מְחַכֵּי קֵץ יְשׁוּעָתֶךָ.

וְהוֹפַע בַּהֲדַר גְּאוֹן עֻזֶּךָ עַל כָּל יוֹשְׁבֵי תֵבֵל אַרְצֶךָ, וְיֹאמַר כֹּל אֲשֶׁר נְשָׁמָה בְאַפּוֹ, יהוה אֱלֹהֵי יִשְׂרָאֵל מֶלֶךְ וּמַלְכוּתוֹ בַּכֹּל מָשָׁלָה, אָמֵן סֶלָה.

מי שבירך לחיילי צה״ל

מִי שֶׁבֵּרַךְ אֲבוֹתֵינוּ אַבְרָהָם יִצְחָק וְיַעֲקֹב הוּא יְבָרֵךְ אֶת חַיָּלֵי
צְבָא הַהֲגָנָה לְיִשְׂרָאֵל וְאַנְשֵׁי כֹּחוֹת הַבִּטָּחוֹן, הָעוֹמְדִים עַל
מִשְׁמַר אַרְצֵנוּ וְעָרֵי אֱלֹהֵינוּ, מִגְּבוּל הַלְּבָנוֹן וְעַד מִדְבַּר מִצְרַיִם וּמִן
הַיָּם הַגָּדוֹל עַד לְבוֹא הָעֲרָבָה וּבְכָל מָקוֹם שֶׁהֵם, בַּיַּבָּשָׁה, בָּאֲוִיר
וּבַיָּם. יִתֵּן יהוה אֶת אוֹיְבֵינוּ הַקָּמִים עָלֵינוּ נִגָּפִים לִפְנֵיהֶם. הַקָּדוֹשׁ
בָּרוּךְ הוּא יִשְׁמֹר וְיַצִּיל אֶת חַיָּלֵינוּ מִכָּל צָרָה וְצוּקָה וּמִכָּל
נֶגַע וּמַחֲלָה, וְיִשְׁלַח בְּרָכָה וְהַצְלָחָה בְּכָל מַעֲשֵׂי יְדֵיהֶם. יַדְבֵּר
שׂוֹנְאֵינוּ תַּחְתֵּיהֶם וִיעַטְּרֵם בְּכֶתֶר יְשׁוּעָה וּבַעֲטֶרֶת נִצָּחוֹן. וִיקֻיַּם
בָּהֶם הַכָּתוּב: כִּי יהוה אֱלֹהֵיכֶם הַהֹלֵךְ עִמָּכֶם לְהִלָּחֵם לָכֶם דברים כ
עִם־אֹיְבֵיכֶם לְהוֹשִׁיעַ אֶתְכֶם: וְנֹאמַר אָמֵן.

מי שבירך לשבויים

מִי שֶׁבֵּרַךְ אֲבוֹתֵינוּ אַבְרָהָם יִצְחָק וְיַעֲקֹב, יוֹסֵף מֹשֶׁה וְאַהֲרֹן,
דָּוִד וּשְׁלֹמֹה, הוּא יְבָרֵךְ וְיִשְׁמֹר וְיִנְצֹר אֶת נֶעְדְּרֵי צְבָא הַהֲגָנָה
לְיִשְׂרָאֵל וּשְׁבוּיָיו, וְאֶת כָּל אַחֵינוּ הַנְּתוּנִים בְּצָרָה וּבְשִׁבְיָה, בַּעֲבוּר
שֶׁכָּל הַקָּהָל הַקָּדוֹשׁ הַזֶּה מִתְפַּלֵּל בַּעֲבוּרָם. הַקָּדוֹשׁ בָּרוּךְ הוּא
יִמָּלֵא רַחֲמִים עֲלֵיהֶם, וְיוֹצִיאֵם מֵחֹשֶׁךְ וְצַלְמָוֶת, וּמוֹסְרוֹתֵיהֶם
יְנַתֵּק, וּמִמְּצוּקוֹתֵיהֶם יוֹשִׁיעֵם, וִישִׁיבֵם מְהֵרָה לְחֵיק מִשְׁפְּחוֹתֵיהֶם.
יוֹדוּ לַיהוה חַסְדּוֹ וְנִפְלְאוֹתָיו לִבְנֵי אָדָם: וִיקֻיַּם בָּהֶם מִקְרָא תהלים קז
שֶׁכָּתוּב: וּפְדוּיֵי יהוה יְשֻׁבוּן, וּבָאוּ צִיּוֹן בְּרִנָּה, וְשִׂמְחַת עוֹלָם ישעיה לה
עַל־רֹאשָׁם, שָׂשׂוֹן וְשִׂמְחָה יַשִּׂיגוּ, וְנָסוּ יָגוֹן וַאֲנָחָה: וְנֹאמַר אָמֵן.

בשבת אין תוקעים בשופר, וממשיכים ׳אַשְׁרֵי׳ בעמ׳ 179.
אם יש תינוק למול, מלים אותו כאן, ראה עמ׳ 409.

סדר תקיעת שופר

”ה׳ כַּגִּבּוֹר יֵצֵא, כְּאִישׁ מִלְחָמוֹת יָעִיר קִנְאָה,
יָרִיעַ אַף־יַצְרִיחַ, עַל־אֹיְבָיו יִתְגַּבָּר“ (ישעיה מב, יג).

לפני התקיעות נוהגים לומר מזמור זה שבע פעמים.

תהלים מז לַמְנַצֵּחַ לִבְנֵי־קֹרַח מִזְמוֹר:
כָּל־הָעַמִּים תִּקְעוּ־כָף, הָרִיעוּ לֵאלֹהִים בְּקוֹל רִנָּה:
כִּי־יהוה עֶלְיוֹן נוֹרָא, מֶלֶךְ גָּדוֹל עַל־כָּל־הָאָרֶץ:
יַדְבֵּר עַמִּים תַּחְתֵּינוּ, וּלְאֻמִּים תַּחַת רַגְלֵינוּ:
יִבְחַר־לָנוּ אֶת־נַחֲלָתֵנוּ
אֶת גְּאוֹן יַעֲקֹב אֲשֶׁר־אָהֵב סֶלָה:
עָלָה אֱלֹהִים בִּתְרוּעָה, יהוה בְּקוֹל שׁוֹפָר:
זַמְּרוּ אֱלֹהִים זַמֵּרוּ, זַמְּרוּ לְמַלְכֵּנוּ זַמֵּרוּ:
כִּי מֶלֶךְ כָּל־הָאָרֶץ אֱלֹהִים, זַמְּרוּ מַשְׂכִּיל:
מָלַךְ אֱלֹהִים עַל־גּוֹיִם, אֱלֹהִים יָשַׁב עַל־כִּסֵּא קָדְשׁוֹ:
נְדִיבֵי עַמִּים נֶאֱסָפוּ, עַם אֱלֹהֵי אַבְרָהָם
כִּי לֵאלֹהִים מָגִנֵּי־אֶרֶץ, מְאֹד נַעֲלָה:

תחינה לתוקע

יש בעלי תקיעה הנוהגים לומר תחינה זו לפני התקיעות.

רִבּוֹן הָעוֹלָמִים, בָּנֶיךָ בְּנֵי רְחוּמֶיךָ שָׂמוּ פְנֵיהֶם לְנֶגְדְּךָ וּבָטְחוּ עַל רֹב חֲסָדֶיךָ,
וְשָׂמוּנִי שָׁלִיחַ לִתְקוֹעַ בְּשׁוֹפָר לְפָנֶיךָ כְּמוֹ שֶׁצִּוִּיתָנוּ בְּתוֹרָתֶךָ, וְאַתָּה תִּזְכֹּר לָהֶם
זְכוּת אַבְרָהָם אָבִינוּ אֲשֶׁר הִתְהַלֵּךְ לְפָנֶיךָ וְהָיָה תָמִים, וּזְכוּת יִצְחָק אָבִינוּ
וַעֲקֵדָתוֹ כְּשֶׁנֶּעֱקַד עַל גַּב הַמִּזְבֵּחַ, וּזְכוּת יַעֲקֹב אָבִינוּ אִישׁ תָּם יֹשֵׁב אֹהָלִים,
וּזְכוּת שֶׁל מֹשֶׁה וְאַהֲרֹן דָּוִד וּשְׁלֹמֹה וְכָל צַדִּיקֵי עוֹלָם, וְתַעֲמֹד מִכִּסֵּא הַדִּין
תהלים מז וְתֵשֵׁב עַל כִּסֵּא הָרַחֲמִים, כַּדָּבָר שֶׁנֶּאֱמַר: עָלָה אֱלֹהִים בִּתְרוּעָה, יהוה בְּקוֹל
שׁוֹפָר: וַאֲנִי יוֹדֵעַ בְּעַצְמִי שֶׁאֵינֶנִּי כְּדַאי לְבַקֵּשׁ עַל עַצְמִי, וְכָל שֶׁכֵּן עַל אֲחֵרִים,

וְכָל שֶׁכֵּן שֶׁאֵין בִּי לֹא דַעַת וְלֹא חָכְמָה לְכַוֵּן כַּוָּנוֹת הַתְּקִיעוֹת וְצֵרוּפֵי שְׁמוֹתֶיךָ
הַקְּדוֹשִׁים, אֲבָל בָּטַחְתִּי בְּרַחֲמֶיךָ הָרַבִּים וְיָדַעְתִּי כִּי לֹא תְשִׁיבֵנִי רֵיקָם מִלְּפָנֶיךָ,
וְאַתָּה בְּטוּבְךָ תְּעוֹרֵר רַחֲמֶיךָ, וִיהִי נֹעַם אֲדֹנָי אֱלֹהֵינוּ עָלֵינוּ, וּמַעֲשֵׂה יָדֵינוּ כּוֹנְנָה תהלים צ
עָלֵינוּ, וּמַעֲשֵׂה יָדֵינוּ כּוֹנְנֵהוּ: וְתִצְרַף מַחֲשַׁבְתֵּנוּ הַטּוֹבָה לְמַעֲשֶׂה, כְּאִלּוּ נִתְכַּוַּנּוּ
בְּכָל כַּוָּנוֹת הַתְּקִיעוֹת, וְיַעֲלוּ תְקִיעוֹתֵינוּ לְעוֹרֵר רַחֲמֶיךָ, וּתְרַחֵם עַל בָּנֶיךָ, וְתַהֲפֹךְ
לָהֶם עַל יְדֵי תְקִיעוֹת אֵלֶּה מִדַּת הַדִּין לְמִדַּת הַחֶסֶד וְהָרַחֲמִים, וְתִכָּנֵס לָהֶם
לִפְנִים מִשּׁוּרַת הַדִּין. סְתֹם וַחֲתֹם פֶּה שָׂטָן וְאַל יַשְׂטִין עָלֵינוּ, וּבְבֹא תוֹכֵחָה
לְנֶגְדְּךָ שְׁמֵנוּ מִסִּפְרְךָ אַל תִּמַח, וּכְתֹב לְחַיִּים טוֹבִים כָּל בְּנֵי בְרִיתֶךָ. יִהְיוּ לְרָצוֹן תהלים יט
אִמְרֵי־פִי וְהֶגְיוֹן לִבִּי לְפָנֶיךָ, יהוה צוּרִי וְגֹאֲלִי: אָמֵן.

יש מוסיפים:

יְהִי רָצוֹן לְפָנֶיךָ יהוה אֱלֹהַי אֱלֹהֵי הַמִּשְׁפָּט, שֶׁתְּהֵי עַתָּה עֵת רָצוֹן לְפָנֶיךָ, וְתִקְרַע בְּרַחֲמֶיךָ הָרַבִּים וַחֲסָדֶיךָ הַגְּדוֹלִים אֶת כָּל הַמְּסַכִים אֲשֶׁר הֵם מַבְדִּילִים בֵּינְךָ וּבֵין עַמְּךָ יִשְׂרָאֵל הַיּוֹם הַזֶּה, וְהַעֲבֵר מִלְּפָנֶיךָ כָּל הַמַּשְׂטִינִים וְהַמְקַטְרְגִים עַל עַמְּךָ יִשְׂרָאֵל, סְתֹם פֶּה שָׂטָן וְאַל יַשְׂטִין עָלֵינוּ, כִּי אֵלֶיךָ תְּלוּיוֹת עֵינֵינוּ. אֲרוֹמִמְךָ אֱלוֹהַי הַמֶּלֶךְ אֱלֹהֵי הַמִּשְׁפָּט שׁוֹמֵעַ קוֹל תְּפִלּוֹת וּתְרוּעוֹת עַמְּךָ יִשְׂרָאֵל הַיּוֹם בְּרַחֲמִים, אָמֵן.

״התוקע קודם שיתקע, צריך בעוד שהציבור אומרים הפזמון, שהוא יאמר פסוקים אלו בינו לבינו״ (של״ה, ראש השנה סט). היום נוהגים שהתוקע אומר פסוקים אלה בקול רם, והקהל חוזר אחריו פסוק פסוק.

מִן־הַמֵּצַר קָרָאתִי יָּהּ, עָנָנִי בַמֶּרְחָב יָהּ: תהלים קיח
קוֹלִי שָׁמָעְתָּ, אַל־תַּעְלֵם אָזְנְךָ לְרַוְחָתִי לְשַׁוְעָתִי: איכה ג
רֹאשׁ־דְּבָרְךָ אֱמֶת, וּלְעוֹלָם כָּל־מִשְׁפַּט צִדְקֶךָ: תהלים קיט
עֲרֹב עַבְדְּךָ לְטוֹב, אַל־יַעַשְׁקֻנִי זֵדִים: שם
שָׂשׂ אָנֹכִי עַל־אִמְרָתֶךָ, כְּמוֹצֵא שָׁלָל רָב: שם
טוּב טַעַם וָדַעַת לַמְּדֵנִי, כִּי בְמִצְוֹתֶיךָ הֶאֱמָנְתִּי: שם
נִדְבוֹת פִּי רְצֵה־נָא יהוה, וּמִשְׁפָּטֶיךָ לַמְּדֵנִי: שם

התוקע מוסיף:

עָלָה אֱלֹהִים בִּתְרוּעָה, יהוה בְּקוֹל שׁוֹפָר: שם מז

התוקע מברך ומכוון להוציא ידי חובה את השומעים.
אין להפסיק בדיבור שאינו מענין התפילה והתקיעות,
עד אחרי התקיעות האחרונות שלפני ׳עָלֵינוּ׳ בעמ׳ 242.

בָּרוּךְ אַתָּה יהוה אֱלֹהֵינוּ מֶלֶךְ הָעוֹלָם
אֲשֶׁר קִדְּשָׁנוּ בְּמִצְוֹתָיו, וְצִוָּנוּ לִשְׁמֹעַ קוֹל שׁוֹפָר.
בָּרוּךְ אַתָּה יהוה אֱלֹהֵינוּ מֶלֶךְ הָעוֹלָם
שֶׁהֶחֱיָנוּ וְקִיְּמָנוּ, וְהִגִּיעָנוּ לַזְּמַן הַזֶּה.

המקריא קורא את התקיעות כסדרן אחת אחת, והתוקע יתקע:

תקיעה שברים תרועה תקיעה
תקיעה שברים תרועה תקיעה
תקיעה שברים תרועה תקיעה

יש קהילות שבהן הקהל אומר תחינה זו לאחר התקיעות
(ויש פוסקים שהסתייגו מכך).

אין לומר את שמות המלאכים שציינו המקובלים, אלא רק לכוון (׳מטה אפרים׳ תקצ, לו).

יְהִי רָצוֹן לְפָנֶיךָ יהוה אֱלֹהַי וֵאלֹהֵי אֲבוֹתַי שֶׁתְּקִיעַת תשר״ת שֶׁאֲנַחְנוּ תוֹקְעִים הַיּוֹם תֵּעָשֶׂה מִמֶּנָּה עֲטָרָה עַל יַד הַמְמֻנֶּה (אין לומר: **שרשי״ה**) **לִהְיוֹת עוֹלָה וְלֵישֵׁב בְּרֹאשְׁךָ אֱלֹהַי, וַעֲשֵׂה עִמָּנוּ אוֹת לְטוֹבָה וְהִמָּלֵא עָלֵינוּ רַחֲמִים. בָּרוּךְ אַתָּה בַּעַל הָרַחֲמִים.**

המקריא קורא את התקיעות כסדרן אחת אחת, והתוקע יתקע:

תקיעה שברים תקיעה
תקיעה שברים תקיעה
תקיעה שברים תקיעה

יש קהילות שבהן הקהל אומר:

יְהִי רָצוֹן לְפָנֶיךָ יהוה אֱלֹהַי וֵאלֹהֵי אֲבוֹתַי שֶׁתְּקִיעַת תש״ת שֶׁאֲנַחְנוּ תוֹקְעִים הַיּוֹם תְּהִי מְרֻקֶּמֶת עַל הַיְרִיעָה עַל יַד הַמְמֻנֶּה (אין לומר: **טרטיא״ל**) **וּתְקַבְּלֶנָּה עַל**

יַד אֵלִיָּהוּ זָכוּר לַטּוֹב וְ(אין לומר: **ישעיה״ה**) שַׂר הַפָּנִים שַׂר (אין לומר: **מטטרו״ן**),
וְהִמָּלֵא עָלֵינוּ רַחֲמִים. בָּרוּךְ אַתָּה בַּעַל הָרַחֲמִים.

המקריא קורא את התקיעות כסדרן אחת אחת, והתוקע יתקע:

תקיעה תרועה תקיעה

תקיעה תרועה תקיעה

תקיעה תרועה תקיעה גדולה

יש קהילות שבהן הקהל אומר:

וּבְכֵן יְהִי רָצוֹן לְפָנֶיךָ יהוה אֱלֹהֵינוּ וֵאלֹהֵי אֲבוֹתֵינוּ שֶׁיַּעֲלוּ כָּל הַמַּלְאָכִים הַמְמֻנִּים עַל הַשּׁוֹפָר וְעַל הַתְּקִיעָה וְעַל הַשְּׁבָרִים וְעַל הַתְּרוּעָה לִפְנֵי כִּסֵּא כְבוֹדֶךָ וְיַמְלִיצוּ טוֹב בַּעֲדֵנוּ לְכַפֵּר עַל כָּל חַטֹּאתֵינוּ.

התוקע והקהל אומרים פסוק פסוק:

אַשְׁרֵי הָעָם יוֹדְעֵי תְרוּעָה, יהוה בְּאוֹר־פָּנֶיךָ יְהַלֵּכוּן: תהלים פט
בְּשִׁמְךָ יְגִילוּן כָּל־הַיּוֹם, וּבְצִדְקָתְךָ יָרוּמוּ:
כִּי־תִפְאֶרֶת עֻזָּמוֹ אָתָּה, וּבִרְצוֹנְךָ תָּרוּם קַרְנֵנוּ:

שליח הציבור אומר את הפסוק הראשון בקול, והכול ממשיכים:

אַשְׁרֵי יוֹשְׁבֵי בֵיתֶךָ, עוֹד יְהַלְלוּךָ סֶּלָה: תהלים פד
אַשְׁרֵי הָעָם שֶׁכָּכָה לּוֹ, אַשְׁרֵי הָעָם שֶׁיהוה אֱלֹהָיו: תהלים קמד
תְּהִלָּה לְדָוִד תהלים קמה
אֲרוֹמִמְךָ אֱלוֹהַי הַמֶּלֶךְ, וַאֲבָרְכָה שִׁמְךָ לְעוֹלָם וָעֶד:
בְּכָל־יוֹם אֲבָרְכֶךָּ, וַאֲהַלְלָה שִׁמְךָ לְעוֹלָם וָעֶד:
גָּדוֹל יהוה וּמְהֻלָּל מְאֹד, וְלִגְדֻלָּתוֹ אֵין חֵקֶר:
דּוֹר לְדוֹר יְשַׁבַּח מַעֲשֶׂיךָ, וּגְבוּרֹתֶיךָ יַגִּידוּ:
הֲדַר כְּבוֹד הוֹדֶךָ, וְדִבְרֵי נִפְלְאֹתֶיךָ אָשִׂיחָה:
וֶעֱזוּז נוֹרְאֹתֶיךָ יֹאמֵרוּ, וּגְדוּלָּתְךָ אֲסַפְּרֶנָּה:
זֵכֶר רַב־טוּבְךָ יַבִּיעוּ, וְצִדְקָתְךָ יְרַנֵּנוּ:

חַנּוּן וְרַחוּם יהוה, אֶרֶךְ אַפַּיִם וּגְדָל־חָסֶד:
טוֹב־יהוה לַכֹּל, וְרַחֲמָיו עַל־כָּל־מַעֲשָׂיו:
יוֹדוּךָ יהוה כָּל־מַעֲשֶׂיךָ, וַחֲסִידֶיךָ יְבָרְכוּכָה:
כְּבוֹד מַלְכוּתְךָ יֹאמֵרוּ, וּגְבוּרָתְךָ יְדַבֵּרוּ:
לְהוֹדִיעַ לִבְנֵי הָאָדָם גְּבוּרֹתָיו, וּכְבוֹד הֲדַר מַלְכוּתוֹ:
מַלְכוּתְךָ מַלְכוּת כָּל־עֹלָמִים, וּמֶמְשַׁלְתְּךָ בְּכָל־דּוֹר וָדֹר:
סוֹמֵךְ יהוה לְכָל־הַנֹּפְלִים, וְזוֹקֵף לְכָל־הַכְּפוּפִים:
עֵינֵי־כֹל אֵלֶיךָ יְשַׂבֵּרוּ, וְאַתָּה נוֹתֵן־לָהֶם אֶת־אָכְלָם בְּעִתּוֹ:
פּוֹתֵחַ אֶת־יָדֶךָ, וּמַשְׂבִּיעַ לְכָל־חַי רָצוֹן:
צַדִּיק יהוה בְּכָל־דְּרָכָיו, וְחָסִיד בְּכָל־מַעֲשָׂיו:
קָרוֹב יהוה לְכָל־קֹרְאָיו, לְכֹל אֲשֶׁר יִקְרָאֻהוּ בֶאֱמֶת:
רְצוֹן־יְרֵאָיו יַעֲשֶׂה, וְאֶת־שַׁוְעָתָם יִשְׁמַע, וְיוֹשִׁיעֵם:
שׁוֹמֵר יהוה אֶת־כָּל־אֹהֲבָיו, וְאֵת כָּל־הָרְשָׁעִים יַשְׁמִיד:
◂ תְּהִלַּת יהוה יְדַבֶּר פִּי, וִיבָרֵךְ כָּל־בָּשָׂר שֵׁם קָדְשׁוֹ לְעוֹלָם וָעֶד:
וַאֲנַחְנוּ נְבָרֵךְ יָהּ מֵעַתָּה וְעַד־עוֹלָם, הַלְלוּיָהּ: תהלים קטו

הכנסת ספר תורה

פותחים את ארון הקודש והקהל עומד על רגליו.
שליח הציבור נוטל את ספר התורה ואומר (סידור הרוקח):

יְהַלְלוּ אֶת־שֵׁם יהוה, כִּי־נִשְׂגָּב שְׁמוֹ, לְבַדּוֹ תהלים קמח

הקהל אומר:

הוֹדוֹ עַל־אֶרֶץ וְשָׁמָיִם:
וַיָּרֶם קֶרֶן לְעַמּוֹ, תְּהִלָּה לְכָל־חֲסִידָיו
לִבְנֵי יִשְׂרָאֵל עַם קְרֹבוֹ, הַלְלוּיָהּ:

בראש השנה שאינו חל בשבת, מלווים את ספר התורה לארון הקודש
באמירת מזמור זה (סידור השל״ה):

תהלים כד לְדָוִד מִזְמוֹר, לַיהוה הָאָרֶץ וּמְלוֹאָהּ, תֵּבֵל וְיֹשְׁבֵי בָהּ: כִּי־הוּא
עַל־יַמִּים יְסָדָהּ, וְעַל־נְהָרוֹת יְכוֹנְנֶהָ: מִי־יַעֲלֶה בְהַר־יהוה,
וּמִי־יָקוּם בִּמְקוֹם קָדְשׁוֹ: נְקִי כַפַּיִם וּבַר־לֵבָב, אֲשֶׁר לֹא־נָשָׂא
לַשָּׁוְא נַפְשִׁי וְלֹא נִשְׁבַּע לְמִרְמָה: יִשָּׂא בְרָכָה מֵאֵת יהוה,
וּצְדָקָה מֵאֱלֹהֵי יִשְׁעוֹ: זֶה דּוֹר דֹּרְשָׁו, מְבַקְשֵׁי פָנֶיךָ, יַעֲקֹב,
סֶלָה: שְׂאוּ שְׁעָרִים רָאשֵׁיכֶם, וְהִנָּשְׂאוּ פִּתְחֵי עוֹלָם, וְיָבוֹא
מֶלֶךְ הַכָּבוֹד: מִי זֶה מֶלֶךְ הַכָּבוֹד, יהוה עִזּוּז וְגִבּוֹר, יהוה גִּבּוֹר
מִלְחָמָה: שְׂאוּ שְׁעָרִים רָאשֵׁיכֶם, וּשְׂאוּ פִּתְחֵי עוֹלָם, וְיָבֹא
מֶלֶךְ הַכָּבוֹד: מִי הוּא זֶה מֶלֶךְ הַכָּבוֹד, יהוה צְבָאוֹת הוּא מֶלֶךְ
הַכָּבוֹד, סֶלָה:

בראש השנה שחל בשבת, מלווים את ספר התורה לארון הקודש
באמירת מזמור זה (טור, רפד):

תהלים כט מִזְמוֹר לְדָוִד, הָבוּ לַיהוה בְּנֵי אֵלִים, הָבוּ לַיהוה כָּבוֹד וָעֹז: הָבוּ
לַיהוה כְּבוֹד שְׁמוֹ, הִשְׁתַּחֲווּ לַיהוה בְּהַדְרַת־קֹדֶשׁ: קוֹל יהוה
עַל־הַמָּיִם, אֵל־הַכָּבוֹד הִרְעִים, יהוה עַל־מַיִם רַבִּים: קוֹל־יהוה
בַּכֹּחַ, קוֹל יהוה בֶּהָדָר: קוֹל יהוה שֹׁבֵר אֲרָזִים, וַיְשַׁבֵּר יהוה אֶת־
אַרְזֵי הַלְּבָנוֹן: וַיַּרְקִידֵם כְּמוֹ־עֵגֶל, לְבָנוֹן וְשִׂרְיוֹן כְּמוֹ בֶן־רְאֵמִים:
קוֹל־יהוה חֹצֵב לַהֲבוֹת אֵשׁ: קוֹל יהוה יָחִיל מִדְבָּר, יָחִיל יהוה
מִדְבַּר קָדֵשׁ: קוֹל יהוה יְחוֹלֵל אַיָּלוֹת וַיֶּחֱשֹׂף יְעָרוֹת, וּבְהֵיכָלוֹ,
כֻּלּוֹ אֹמֵר כָּבוֹד: יהוה לַמַּבּוּל יָשָׁב, וַיֵּשֶׁב יהוה מֶלֶךְ לְעוֹלָם:
יהוה עֹז לְעַמּוֹ יִתֵּן, יהוה יְבָרֵךְ אֶת־עַמּוֹ בַשָּׁלוֹם:

מכניסים את ספר התורה לארון הקודש ואומרים ׳וּבְנֻחֹה׳
(ספר המחכים, סידור ׳מלאה הארץ דעה׳).

במדבר י וּבְנֻחֹה יֹאמַר, שׁוּבָה יהוה רִבְבוֹת אַלְפֵי יִשְׂרָאֵל׃
תהלים קלב קוּמָה יהוה לִמְנוּחָתֶךָ, אַתָּה וַאֲרוֹן עֻזֶּךָ׃
כֹּהֲנֶיךָ יִלְבְּשׁוּ־צֶדֶק, וַחֲסִידֶיךָ יְרַנֵּנוּ׃
בַּעֲבוּר דָּוִד עַבְדֶּךָ אַל־תָּשֵׁב פְּנֵי מְשִׁיחֶךָ׃
משלי ד כִּי לֶקַח טוֹב נָתַתִּי לָכֶם, תּוֹרָתִי אַל־תַּעֲזֹבוּ׃
משלי ג ◂ עֵץ־חַיִּים הִיא לַמַּחֲזִיקִים בָּהּ, וְתֹמְכֶיהָ מְאֻשָּׁר׃
דְּרָכֶיהָ דַרְכֵי־נֹעַם וְכָל־נְתִיבוֹתֶיהָ שָׁלוֹם׃
איכה ה הֲשִׁיבֵנוּ יהוה אֵלֶיךָ וְנָשׁוּבָה, חַדֵּשׁ יָמֵינוּ כְּקֶדֶם׃

סוגרים את ארון הקודש.

לפני תפילת מוסף שליח הציבור אומר תחינה זו:

הִנְנִי הֶעָנִי מִמַּעַשׂ, נִרְעָשׁ וְנִפְחָד מִפַּחַד יוֹשֵׁב תְּהִלּוֹת יִשְׂרָאֵל, בָּאתִי לַעֲמֹד וּלְהִתְחַנֵּן לְפָנֶיךָ עַל עַמְּךָ יִשְׂרָאֵל אֲשֶׁר שְׁלָחוּנִי, וְאַף עַל פִּי שֶׁאֵינִי כְדַאי וְהָגוּן לְכָךְ. עַל כֵּן אֲבַקֶּשְׁךָ אֱלֹהֵי אַבְרָהָם אֱלֹהֵי יִצְחָק וֵאלֹהֵי יַעֲקֹב, יהוה יהוה, אֵל רַחוּם וְחַנּוּן, אֱלֹהִים, שַׁדַּי אָיֹם וְנוֹרָא, הֱיֵה נָא מַצְלִיחַ דַּרְכִּי אֲשֶׁר אָנֹכִי הוֹלֵךְ לַעֲמֹד לְבַקֵּשׁ רַחֲמִים עָלַי וְעַל שׁוֹלְחַי. וְנָא אַל תַּפְשִׁיעֵם בְּחַטֹּאתַי וְאַל תְּחַיְּבֵם בַּעֲוֹנוֹתַי, כִּי חוֹטֵא וּפוֹשֵׁעַ אָנִי, וְאַל יִכָּלְמוּ בִּפְשָׁעַי, וְאַל יֵבוֹשׁוּ בִי וְאַל אֵבוֹשָׁה בָּהֶם. וְקַבֵּל תְּפִלָּתִי כִּתְפִלַּת זָקֵן וְרָגִיל, וּפִרְקוֹ נָאֶה וּזְקָנוֹ מְגֻדָּל וְקוֹלוֹ נָעִים, וּמְעֹרָב בְּדַעַת עִם הַבְּרִיּוֹת. וְתִגְעַר בְּשָׂטָן לְבַל יַשְׂטִינֵנוּ, וִיהִי נָא דִּגְלֵנוּ עָלֶיךָ אַהֲבָה, לְכָל פְּשָׁעִים תְּכַסֶּה בְּאַהֲבָה, וְכָל צוֹמוֹתֵינוּ וְעִנּוּיֵינוּ הֲפֹךְ לָנוּ וּלְכָל

יִשְׂרָאֵל לְשָׂשׂוֹן וּלְשִׂמְחָה לְחַיִּים וּלְשָׁלוֹם, הָאֱמֶת וְהַשָּׁלוֹם אֱהָבוּ, וְאַל יְהִי שׁוּם מִכְשׁוֹל בִּתְפִלָּתִי.

וִיהִי רָצוֹן מִלְּפָנֶיךָ יהוה אֱלֹהֵי אַבְרָהָם אֱלֹהֵי יִצְחָק וֵאלֹהֵי יַעֲקֹב, הָאֵל הַגָּדוֹל הַגִּבּוֹר וְהַנּוֹרָא אֵל עֶלְיוֹן אֶהְיֶה אֲשֶׁר אֶהְיֶה, שֶׁכָּל הַמַּלְאָכִים שֶׁהֵם בַּעֲלֵי תְפִלּוֹת יָבִיאוּ תְפִלָּתִי לִפְנֵי כִּסֵּא כְבוֹדֶךָ וְיָפִיצוּ אוֹתָהּ לְפָנֶיךָ, בַּעֲבוּר כָּל הַצַּדִּיקִים וְהַחֲסִידִים הַתְּמִימִים וְהַיְשָׁרִים, וּבַעֲבוּר כְּבוֹד שִׁמְךָ הַגָּדוֹל הַגִּבּוֹר וְהַנּוֹרָא. כִּי אַתָּה שׁוֹמֵעַ תְּפִלַּת עַמְּךָ יִשְׂרָאֵל בְּרַחֲמִים, בָּרוּךְ אַתָּה שׁוֹמֵעַ תְּפִלָּה.

חצי קדיש

ש״ץ: יִתְגַּדַּל וְיִתְקַדַּשׁ שְׁמֵהּ רַבָּא (קהל: אָמֵן)
בְּעָלְמָא דִּי בְרָא כִרְעוּתֵהּ
וְיַמְלִיךְ מַלְכוּתֵהּ
בְּחַיֵּיכוֹן וּבְיוֹמֵיכוֹן וּבְחַיֵּי דְכָל בֵּית יִשְׂרָאֵל
בַּעֲגָלָא וּבִזְמַן קָרִיב, וְאִמְרוּ אָמֵן. (קהל: אָמֵן)

קהל וש״ץ: יְהֵא שְׁמֵהּ רַבָּא מְבָרַךְ לְעָלַם וּלְעָלְמֵי עָלְמַיָּא.

ש״ץ: יִתְבָּרַךְ וְיִשְׁתַּבַּח וְיִתְפָּאַר וְיִתְרוֹמַם וְיִתְנַשֵּׂא
וְיִתְהַדָּר וְיִתְעַלֶּה וְיִתְהַלָּל
שְׁמֵהּ דְּקֻדְשָׁא בְּרִיךְ הוּא (קהל: בְּרִיךְ הוּא)
לְעֵלָּא לְעֵלָּא מִכָּל בִּרְכָתָא
וְשִׁירָתָא, תֻּשְׁבְּחָתָא וְנֶחֱמָתָא
דַּאֲמִירָן בְּעָלְמָא, וְאִמְרוּ אָמֵן. (קהל: אָמֵן)

מוסף ליום א׳

עמידה

״המתפלל צריך שיכוין בלבו פירוש המלות שמוציא בשפתיו; ויחשוב כאלו שכינה כנגדו ויסיר כל המחשבות הטורדות אותו עד שתשאר מחשבתו וכוונתו זכה בתפלתו״ (שו״ע צח, א).

פוסע שלוש פסיעות לפנים כמי שנכנס לפני המלך.
עומד ומתפלל בלחש מכאן ועד ׳וּכְשָׁנִים קַדְמֹנִיּוֹת׳ בעמ׳ 200.
כורע במקומות המסומנים ב׳, קד לפנים במילה הבאה וזוקף בשם.

דברים לב **כִּי שֵׁם יהוה אֶקְרָא, הָבוּ גֹדֶל לֵאלֹהֵינוּ:**
תהלים נא **אֲדֹנָי, שְׂפָתַי תִּפְתָּח, וּפִי יַגִּיד תְּהִלָּתֶךָ:**

אבות

ׄבָּרוּךְ אַתָּה יהוה, אֱלֹהֵינוּ וֵאלֹהֵי אֲבוֹתֵינוּ
אֱלֹהֵי אַבְרָהָם, אֱלֹהֵי יִצְחָק, וֵאלֹהֵי יַעֲקֹב
הָאֵל הַגָּדוֹל הַגִּבּוֹר וְהַנּוֹרָא, אֵל עֶלְיוֹן
גּוֹמֵל חֲסָדִים טוֹבִים, וְקוֹנֵה הַכֹּל
וְזוֹכֵר חַסְדֵי אָבוֹת
וּמֵבִיא גוֹאֵל לִבְנֵי בְנֵיהֶם לְמַעַן שְׁמוֹ בְּאַהֲבָה.

זָכְרֵנוּ לְחַיִּים, מֶלֶךְ חָפֵץ בַּחַיִּים
וְכָתְבֵנוּ בְּסֵפֶר הַחַיִּים, לְמַעַנְךָ אֱלֹהִים חַיִּים.

מֶלֶךְ עוֹזֵר וּמוֹשִׁיעַ וּמָגֵן.
ׄבָּרוּךְ אַתָּה יהוה, מָגֵן אַבְרָהָם.

אם שכח לומר ׳זָכְרֵנוּ לְחַיִּים׳, אינו חוזר.

גבורות

אַתָּה גִּבּוֹר לְעוֹלָם, אֲדֹנָי
מְחַיֵּה מֵתִים אַתָּה, רַב לְהוֹשִׁיעַ
בארץ ישראל: מוֹרִיד הַטָּל

מְכַלְכֵּל חַיִּים בְּחֶסֶד, מְחַיֵּה מֵתִים בְּרַחֲמִים רַבִּים
סוֹמֵךְ נוֹפְלִים, וְרוֹפֵא חוֹלִים
וּמַתִּיר אֲסוּרִים
וּמְקַיֵּם אֱמוּנָתוֹ לִישֵׁנֵי עָפָר.
מִי כָמוֹךָ, בַּעַל גְּבוּרוֹת
וּמִי דּוֹמֶה לָּךְ
מֶלֶךְ, מֵמִית וּמְחַיֶּה וּמַצְמִיחַ יְשׁוּעָה.

מִי כָמוֹךָ אַב הָרַחֲמִים
זוֹכֵר יְצוּרָיו לְחַיִּים בְּרַחֲמִים.

וְנֶאֱמָן אַתָּה לְהַחֲיוֹת מֵתִים.
בָּרוּךְ אַתָּה יהוה, מְחַיֵּה הַמֵּתִים.

אם שכח לומר ׳מִי כָמוֹךָ אַב הָרַחֲמִים׳, אינו חוזר.

קדושת השם

אַתָּה קָדוֹשׁ וְשִׁמְךָ קָדוֹשׁ
וּקְדוֹשִׁים בְּכָל יוֹם יְהַלְלוּךָ סֶּלָה.

וּבְכֵן תֵּן פַּחְדְּךָ יהוה אֱלֹהֵינוּ עַל כָּל מַעֲשֶׂיךָ
וְאֵימָתְךָ עַל כָּל מַה שֶּׁבָּרָאתָ
וְיִירָאוּךָ כָּל הַמַּעֲשִׂים
וְיִשְׁתַּחֲווּ לְפָנֶיךָ כָּל הַבְּרוּאִים
וְיֵעָשׂוּ כֻלָּם אֲגֻדָּה אֶחָת לַעֲשׂוֹת רְצוֹנְךָ בְּלֵבָב שָׁלֵם
כְּמוֹ שֶׁיָּדַעְנוּ יהוה אֱלֹהֵינוּ שֶׁהַשָּׁלְטָן לְפָנֶיךָ
עֹז בְּיָדְךָ וּגְבוּרָה בִּימִינֶךָ
וְשִׁמְךָ נוֹרָא עַל כָּל מַה שֶּׁבָּרָאתָ.

וּבְכֵן תֵּן כָּבוֹד יהוה לְעַמֶּךָ
תְּהִלָּה לִירֵאֶיךָ
וְתִקְוָה (טוֹבָה) לְדוֹרְשֶׁיךָ
וּפִתְחוֹן פֶּה לַמְיַחֲלִים לָךְ
שִׂמְחָה לְאַרְצֶךָ, וְשָׂשׂוֹן לְעִירֶךָ
וּצְמִיחַת קֶרֶן לְדָוִד עַבְדֶּךָ
וַעֲרִיכַת נֵר לְבֶן יִשַׁי מְשִׁיחֶךָ
בִּמְהֵרָה בְיָמֵינוּ.

וּבְכֵן צַדִּיקִים יִרְאוּ וְיִשְׂמָחוּ, וִישָׁרִים יַעֲלֹזוּ
וַחֲסִידִים בְּרִנָּה יָגִילוּ, וְעוֹלָתָה תִּקְפָּץ פִּיהָ
וְכָל הָרִשְׁעָה כֻּלָּהּ כְּעָשָׁן תִּכְלֶה
כִּי תַעֲבִיר מֶמְשֶׁלֶת זָדוֹן מִן הָאָרֶץ.

וְתִמְלֹךְ אַתָּה יהוה לְבַדֶּךָ עַל כָּל מַעֲשֶׂיךָ
בְּהַר צִיּוֹן מִשְׁכַּן כְּבוֹדֶךָ
וּבִירוּשָׁלַיִם עִיר קָדְשֶׁךָ
כַּכָּתוּב בְּדִבְרֵי קָדְשֶׁךָ
יִמְלֹךְ יהוה לְעוֹלָם, אֱלֹהַיִךְ צִיּוֹן לְדֹר וָדֹר, הַלְלוּיָהּ: תהלים קמו

קָדוֹשׁ אַתָּה וְנוֹרָא שְׁמֶךָ, וְאֵין אֱלוֹהַּ מִבַּלְעָדֶיךָ
כַּכָּתוּב, וַיִּגְבַּהּ יהוה צְבָאוֹת בַּמִּשְׁפָּט ישעיה ה
וְהָאֵל הַקָּדוֹשׁ נִקְדַּשׁ בִּצְדָקָה:
בָּרוּךְ אַתָּה יהוה, הַמֶּלֶךְ הַקָּדוֹשׁ.

אם שכח לומר את הפיסקאות המתחילות ׳וּבְכֵן תֵּן פַּחְדְּךָ׳, אינו חוזר,
אך אם חתם ׳הָאֵל הַקָּדוֹשׁ׳ כברוב ימות השנה, חוזר לראש.

קדושת היום ומלכיות

אַתָּה בְחַרְתָּנוּ מִכָּל הָעַמִּים
אָהַבְתָּ אוֹתָנוּ וְרָצִיתָ בָּנוּ
וְרוֹמַמְתָּנוּ מִכָּל הַלְּשׁוֹנוֹת
וְקִדַּשְׁתָּנוּ בְּמִצְוֹתֶיךָ
וְקֵרַבְתָּנוּ מַלְכֵּנוּ לַעֲבוֹדָתֶךָ
וְשִׁמְךָ הַגָּדוֹל וְהַקָּדוֹשׁ עָלֵינוּ קָרָאתָ.

בשבת מוסיפים את המילים שבסוגריים.

וַתִּתֶּן לָנוּ יהוה אֱלֹהֵינוּ בְּאַהֲבָה
אֶת יוֹם (הַשַּׁבָּת הַזֶּה וְאֶת יוֹם) הַזִּכָּרוֹן הַזֶּה
יוֹם (זִכְרוֹן) תְּרוּעָה (בְּאַהֲבָה)
מִקְרָא קֹדֶשׁ, זֵכֶר לִיצִיאַת מִצְרָיִם.

וּמִפְּנֵי חֲטָאֵינוּ גָּלִינוּ מֵאַרְצֵנוּ
וְנִתְרַחַקְנוּ מֵעַל אַדְמָתֵנוּ
וְאֵין אֲנַחְנוּ יְכוֹלִים לַעֲשׂוֹת חוֹבוֹתֵינוּ בְּבֵית בְּחִירָתֶךָ
בַּבַּיִת הַגָּדוֹל וְהַקָּדוֹשׁ שֶׁנִּקְרָא שִׁמְךָ עָלָיו
מִפְּנֵי הַיָּד שֶׁנִּשְׁתַּלְּחָה בְּמִקְדָּשֶׁךָ.
יְהִי רָצוֹן מִלְּפָנֶיךָ יהוה אֱלֹהֵינוּ וֵאלֹהֵי אֲבוֹתֵינוּ, מֶלֶךְ רַחֲמָן
שֶׁתָּשׁוּב וּתְרַחֵם עָלֵינוּ וְעַל מִקְדָּשְׁךָ בְּרַחֲמֶיךָ הָרַבִּים
וְתִבְנֵהוּ מְהֵרָה וּתְגַדֵּל כְּבוֹדוֹ.
אָבִינוּ מַלְכֵּנוּ, גַּלֵּה כְּבוֹד מַלְכוּתְךָ עָלֵינוּ מְהֵרָה
וְהוֹפַע וְהִנָּשֵׂא עָלֵינוּ לְעֵינֵי כָּל חָי
וְקָרֵב פְּזוּרֵינוּ מִבֵּין הַגּוֹיִם
וּנְפוּצוֹתֵינוּ כַּנֵּס מִיַּרְכְּתֵי אָרֶץ.

וַהֲבִיאֵנוּ לְצִיּוֹן עִירְךָ בְּרִנָּה
וְלִירוּשָׁלַיִם בֵּית מִקְדָּשְׁךָ בְּשִׂמְחַת עוֹלָם
וְשָׁם נַעֲשֶׂה לְפָנֶיךָ אֶת קָרְבְּנוֹת חוֹבוֹתֵינוּ
תְּמִידִים כְּסִדְרָם וּמוּסָפִים כְּהִלְכָתָם
וְאֶת מוּסְפֵי יוֹם (הַשַּׁבָּת הַזֶּה וְיוֹם) הַזִּכָּרוֹן הַזֶּה
נַעֲשֶׂה וְנַקְרִיב לְפָנֶיךָ בְּאַהֲבָה כְּמִצְוַת רְצוֹנֶךָ
כְּמוֹ שֶׁכָּתַבְתָּ עָלֵינוּ בְּתוֹרָתֶךָ
עַל יְדֵי מֹשֶׁה עַבְדֶּךָ מִפִּי כְבוֹדֶךָ, כָּאָמוּר

במדבר כח בשבת: וּבְיוֹם הַשַּׁבָּת, שְׁנֵי־כְבָשִׂים בְּנֵי־שָׁנָה תְּמִימִם
וּשְׁנֵי עֶשְׂרֹנִים סֹלֶת מִנְחָה בְּלוּלָה בַשֶּׁמֶן וְנִסְכּוֹ:
עֹלַת שַׁבַּת בְּשַׁבַּתּוֹ, עַל־עֹלַת הַתָּמִיד וְנִסְכָּהּ:

במדבר כט וּבַחֹדֶשׁ הַשְּׁבִיעִי בְּאֶחָד לַחֹדֶשׁ מִקְרָא־קֹדֶשׁ יִהְיֶה לָכֶם
כָּל־מְלֶאכֶת עֲבֹדָה לֹא תַעֲשׂוּ, יוֹם תְּרוּעָה יִהְיֶה לָכֶם:
וַעֲשִׂיתֶם עֹלָה לְרֵיחַ נִיחֹחַ לַיהוה, פַּר בֶּן־בָּקָר אֶחָד
אַיִל אֶחָד, כְּבָשִׂים בְּנֵי־שָׁנָה שִׁבְעָה תְּמִימִם:

וּמִנְחָתָם וְנִסְכֵּיהֶם כִּמְדֻבָּר
שְׁלֹשָׁה עֶשְׂרֹנִים לַפָּר וּשְׁנֵי עֶשְׂרֹנִים לָאָיִל, וְעִשָּׂרוֹן לַכֶּבֶשׂ
וְיַיִן כְּנִסְכּוֹ, וּשְׁנֵי שְׂעִירִים לְכַפֵּר, וּשְׁנֵי תְמִידִים כְּהִלְכָתָם.
במדבר כט מִלְּבַד עֹלַת הַחֹדֶשׁ וּמִנְחָתָהּ, וְעֹלַת הַתָּמִיד וּמִנְחָתָהּ
וְנִסְכֵּיהֶם כְּמִשְׁפָּטָם, לְרֵיחַ נִיחֹחַ, אִשֶּׁה לַיהוה:

בשבת: יִשְׂמְחוּ בְמַלְכוּתְךָ שׁוֹמְרֵי שַׁבָּת וְקוֹרְאֵי עֹנֶג.
עַם מְקַדְּשֵׁי שְׁבִיעִי כֻּלָּם יִשְׂבְּעוּ וְיִתְעַנְּגוּ מִטּוּבֶךָ
וּבַשְּׁבִיעִי רָצִיתָ בּוֹ וְקִדַּשְׁתּוֹ
חֶמְדַּת יָמִים אוֹתוֹ קָרָאתָ, זֵכֶר לְמַעֲשֵׂה בְרֵאשִׁית.

עָלֵינוּ לְשַׁבֵּחַ לַאֲדוֹן הַכֹּל, לָתֵת גְּדֻלָּה לְיוֹצֵר בְּרֵאשִׁית
שֶׁלֹּא עָשָׂנוּ כְּגוֹיֵי הָאֲרָצוֹת, וְלֹא שָׂמָנוּ כְּמִשְׁפְּחוֹת הָאֲדָמָה
שֶׁלֹּא שָׂם חֶלְקֵנוּ כָּהֶם וְגוֹרָלֵנוּ כְּכָל הֲמוֹנָם.
שֶׁהֵם מִשְׁתַּחֲוִים לְהֶבֶל וָרִיק וּמִתְפַּלְלִים אֶל אֵל לֹא יוֹשִׁיעַ.
וַאֲנַחְנוּ כּוֹרְעִים וּמִשְׁתַּחֲוִים וּמוֹדִים
לִפְנֵי מֶלֶךְ מַלְכֵי הַמְּלָכִים, הַקָּדוֹשׁ בָּרוּךְ הוּא
שֶׁהוּא נוֹטֶה שָׁמַיִם וְיוֹסֵד אָרֶץ, וּמוֹשַׁב יְקָרוֹ בַּשָּׁמַיִם מִמַּעַל
וּשְׁכִינַת עֻזּוֹ בְּגָבְהֵי מְרוֹמִים.
הוּא אֱלֹהֵינוּ, אֵין עוֹד.
אֱמֶת מַלְכֵּנוּ, אֶפֶס זוּלָתוֹ
כַּכָּתוּב בְּתוֹרָתוֹ
וְיָדַעְתָּ הַיּוֹם וַהֲשֵׁבֹתָ אֶל־לְבָבֶךָ דברים ד
כִּי יהוה הוּא הָאֱלֹהִים בַּשָּׁמַיִם מִמַּעַל וְעַל־הָאָרֶץ מִתָּחַת
אֵין עוֹד:

עַל כֵּן נְקַוֶּה לְּךָ יהוה אֱלֹהֵינוּ, לִרְאוֹת מְהֵרָה בְּתִפְאֶרֶת עֻזֶּךָ
לְהַעֲבִיר גִּלּוּלִים מִן הָאָרֶץ, וְהָאֱלִילִים כָּרוֹת יִכָּרֵתוּן
לְתַקֵּן עוֹלָם בְּמַלְכוּת שַׁדַּי.
וְכָל בְּנֵי בָשָׂר יִקְרְאוּ בִשְׁמֶךָ לְהַפְנוֹת אֵלֶיךָ כָּל רִשְׁעֵי אָרֶץ.
יַכִּירוּ וְיֵדְעוּ כָּל יוֹשְׁבֵי תֵבֵל
כִּי לְךָ תִּכְרַע כָּל בֶּרֶךְ, תִּשָּׁבַע כָּל לָשׁוֹן.
לְפָנֶיךָ יהוה אֱלֹהֵינוּ יִכְרְעוּ וְיִפֹּלוּ
וְלִכְבוֹד שִׁמְךָ יְקָר יִתֵּנוּ
וִיקַבְּלוּ כֻלָּם אֶת עֹל מַלְכוּתֶךָ
וְתִמְלֹךְ עֲלֵיהֶם מְהֵרָה לְעוֹלָם וָעֶד.

כִּי הַמַּלְכוּת שֶׁלְּךָ הִיא וּלְעוֹלְמֵי עַד תִּמְלֹךְ בְּכָבוֹד
כַּכָּתוּב בְּתוֹרָתֶךָ
יהוה יִמְלֹךְ לְעֹלָם וָעֶד: שמות טו

וְנֶאֱמַר
לֹא־הִבִּיט אָוֶן בְּיַעֲקֹב, וְלֹא־רָאָה עָמָל בְּיִשְׂרָאֵל במדבר כג
יהוה אֱלֹהָיו עִמּוֹ, וּתְרוּעַת מֶלֶךְ בּוֹ:

וְנֶאֱמַר
וַיְהִי בִישֻׁרוּן מֶלֶךְ, בְּהִתְאַסֵּף רָאשֵׁי עָם דברים לג
יַחַד שִׁבְטֵי יִשְׂרָאֵל:

וּבְדִבְרֵי קָדְשְׁךָ כָּתוּב לֵאמֹר
כִּי לַיהוה הַמְּלוּכָה וּמֹשֵׁל בַּגּוֹיִם: תהלים כב

וְנֶאֱמַר
יהוה מָלָךְ, גֵּאוּת לָבֵשׁ תהלים צג
לָבֵשׁ יהוה עֹז הִתְאַזָּר, אַף־תִּכּוֹן תֵּבֵל בַּל־תִּמּוֹט:

וְנֶאֱמַר
שְׂאוּ שְׁעָרִים רָאשֵׁיכֶם, וְהִנָּשְׂאוּ פִּתְחֵי עוֹלָם תהלים כד
וְיָבוֹא מֶלֶךְ הַכָּבוֹד:
מִי זֶה מֶלֶךְ הַכָּבוֹד, יהוה עִזּוּז וְגִבּוֹר
יהוה גִּבּוֹר מִלְחָמָה:
שְׂאוּ שְׁעָרִים רָאשֵׁיכֶם, וּשְׂאוּ פִּתְחֵי עוֹלָם
וְיָבֹא מֶלֶךְ הַכָּבוֹד:
מִי הוּא זֶה מֶלֶךְ הַכָּבוֹד
יהוה צְבָאוֹת הוּא מֶלֶךְ הַכָּבוֹד סֶלָה:

וְעַל יְדֵי עֲבָדֶיךָ הַנְּבִיאִים כָּתוּב לֵאמֹר
כֹּה־אָמַר יהוה מֶלֶךְ־יִשְׂרָאֵל וְגֹאֲלוֹ, יהוה צְבָאוֹת ישעיה מד
אֲנִי רִאשׁוֹן וַאֲנִי אַחֲרוֹן, וּמִבַּלְעָדַי אֵין אֱלֹהִים:
וְנֶאֱמַר
וְעָלוּ מוֹשִׁעִים בְּהַר צִיּוֹן לִשְׁפֹּט אֶת־הַר עֵשָׂו עובדיה א
וְהָיְתָה לַיהוה הַמְּלוּכָה:
וְנֶאֱמַר
וְהָיָה יהוה לְמֶלֶךְ עַל־כָּל־הָאָרֶץ זכריה יד
בַּיּוֹם הַהוּא יִהְיֶה יהוה אֶחָד וּשְׁמוֹ אֶחָד:
וּבְתוֹרָתְךָ כָּתוּב לֵאמֹר
שְׁמַע יִשְׂרָאֵל, יהוה אֱלֹהֵינוּ יהוה אֶחָד: דברים ו

אֱלֹהֵינוּ וֵאלֹהֵי אֲבוֹתֵינוּ
מְלֹךְ עַל כָּל הָעוֹלָם כֻּלּוֹ בִּכְבוֹדֶךָ
וְהִנָּשֵׂא עַל כָּל הָאָרֶץ בִּיקָרֶךָ
וְהוֹפַע בַּהֲדַר גְּאוֹן עֻזֶּךָ עַל כָּל יוֹשְׁבֵי תֵבֵל אַרְצֶךָ.
וְיֵדַע כָּל פָּעוּל כִּי אַתָּה פְעַלְתּוֹ
וְיָבִין כָּל יָצוּר כִּי אַתָּה יְצַרְתּוֹ
וְיֹאמַר כֹּל אֲשֶׁר נְשָׁמָה בְאַפּוֹ
יהוה אֱלֹהֵי יִשְׂרָאֵל מֶלֶךְ וּמַלְכוּתוֹ בַּכֹּל מָשָׁלָה.

בשבת מוסיפים את המילים שבסוגריים.

(אֱלֹהֵינוּ וֵאלֹהֵי אֲבוֹתֵינוּ, רְצֵה בִמְנוּחָתֵנוּ)
קַדְּשֵׁנוּ בְּמִצְוֹתֶיךָ וְתֵן חֶלְקֵנוּ בְּתוֹרָתֶךָ
שַׂבְּעֵנוּ מִטּוּבֶךָ וְשַׂמְּחֵנוּ בִּישׁוּעָתֶךָ

(וְהַנְחִילֵנוּ יהוה אֱלֹהֵינוּ בְּאַהֲבָה וּבְרָצוֹן שַׁבַּת קָדְשֶׁךָ
וְיָנוּחוּ בָהּ יִשְׂרָאֵל מְקַדְּשֵׁי שְׁמֶךָ)
וְטַהֵר לִבֵּנוּ לְעָבְדְּךָ בֶּאֱמֶת
כִּי אַתָּה אֱלֹהִים אֱמֶת, וּדְבָרְךָ אֱמֶת וְקַיָּם לָעַד.
בָּרוּךְ אַתָּה יהוה, מֶלֶךְ עַל כָּל הָאָרֶץ
מְקַדֵּשׁ (הַשַּׁבָּת וְ)יִשְׂרָאֵל וְיוֹם הַזִּכָּרוֹן.

בבתי כנסת המתפללים בנוסח ספרד, תוקעים כאן עשרה קולות:
תשר״ת תש״ת תר״ת (אך לא בשבת).

זיכרונות

אַתָּה זוֹכֵר מַעֲשֵׂה עוֹלָם, וּפוֹקֵד כָּל יְצוּרֵי קֶדֶם
לְפָנֶיךָ נִגְלוּ כָּל תַּעֲלוּמוֹת וַהֲמוֹן נִסְתָּרוֹת שֶׁמִּבְּרֵאשִׁית
כִּי אֵין שִׁכְחָה לִפְנֵי כִסֵּא כְבוֹדֶךָ, וְאֵין נִסְתָּר מִנֶּגֶד עֵינֶיךָ.

אַתָּה זוֹכֵר אֶת כָּל הַמִּפְעָל, וְגַם כָּל הַיְצוּר לֹא נִכְחַד מִמֶּךָּ.
הַכֹּל גָּלוּי וְיָדוּעַ לְפָנֶיךָ יהוה אֱלֹהֵינוּ
צוֹפֶה וּמַבִּיט עַד סוֹף כָּל הַדּוֹרוֹת
כִּי תָבִיא חֹק זִכָּרוֹן לְהִפָּקֵד כָּל רוּחַ וָנֶפֶשׁ
לְהִזָּכֵר מַעֲשִׂים רַבִּים, וַהֲמוֹן בְּרִיּוֹת לְאֵין תַּכְלִית.
מֵרֵאשִׁית כָּזֹאת הוֹדָעְתָּ, וּמִלְּפָנִים אוֹתָהּ גִּלִּיתָ.
זֶה הַיּוֹם תְּחִלַּת מַעֲשֶׂיךָ, זִכָּרוֹן לְיוֹם רִאשׁוֹן
כִּי חֹק לְיִשְׂרָאֵל הוּא, מִשְׁפָּט לֵאלֹהֵי יַעֲקֹב: תהלים פא

וְעַל הַמְּדִינוֹת בּוֹ יֵאָמֵר
אֵיזוֹ לַחֶרֶב, וְאֵיזוֹ לַשָּׁלוֹם
אֵיזוֹ לָרָעָב, וְאֵיזוֹ לַשֹּׂבַע
וּבְרִיּוֹת בּוֹ יִפָּקֵדוּ, לְהַזְכִּירָם לַחַיִּים וְלַמָּוֶת.

מִי לֹא נִפְקַד כְּהַיּוֹם הַזֶּה, כִּי זֵכֶר כָּל הַיְצוּר לְפָנֶיךָ בָּא
מַעֲשֵׂה אִישׁ וּפְקֻדָּתוֹ, וַעֲלִילוֹת מִצְעֲדֵי גָבֶר
מַחְשְׁבוֹת אָדָם וְתַחְבּוּלוֹתָיו, וְיִצְרֵי מַעַלְלֵי אִישׁ.
אַשְׁרֵי אִישׁ שֶׁלֹּא יִשְׁכָּחֶךָּ, וּבֶן אָדָם יִתְאַמֶּץ בָּךְ
כִּי דוֹרְשֶׁיךָ לְעוֹלָם לֹא יִכָּשֵׁלוּ
וְלֹא יִכָּלְמוּ לָנֶצַח כָּל הַחוֹסִים בָּךְ.
כִּי זֵכֶר כָּל הַמַּעֲשִׂים לְפָנֶיךָ בָּא, וְאַתָּה דוֹרֵשׁ מַעֲשֵׂה כֻלָּם.

וְגַם אֶת נֹחַ בְּאַהֲבָה זָכַרְתָּ, וַתִּפְקְדֵהוּ בִּדְבַר יְשׁוּעָה וְרַחֲמִים
בַּהֲבִיאֲךָ אֶת מֵי הַמַּבּוּל לְשַׁחֵת כָּל בָּשָׂר מִפְּנֵי רֹעַ מַעַלְלֵיהֶם
עַל כֵּן זִכְרוֹנוֹ בָּא לְפָנֶיךָ, יהוה אֱלֹהֵינוּ
לְהַרְבּוֹת זַרְעוֹ כְּעַפְרוֹת תֵּבֵל, וְצֶאֱצָאָיו כְּחוֹל הַיָּם.

כַּכָּתוּב בְּתוֹרָתֶךָ
וַיִּזְכֹּר אֱלֹהִים אֶת־נֹחַ בראשית ח
וְאֵת כָּל־הַחַיָּה וְאֶת־כָּל־הַבְּהֵמָה אֲשֶׁר אִתּוֹ בַּתֵּבָה
וַיַּעֲבֵר אֱלֹהִים רוּחַ עַל־הָאָרֶץ, וַיָּשֹׁכּוּ הַמָּיִם:

וְנֶאֱמַר
וַיִּשְׁמַע אֱלֹהִים אֶת־נַאֲקָתָם שמות ב
וַיִּזְכֹּר אֱלֹהִים אֶת־בְּרִיתוֹ
אֶת־אַבְרָהָם אֶת־יִצְחָק וְאֶת־יַעֲקֹב:

וְנֶאֱמַר
וְזָכַרְתִּי אֶת־בְּרִיתִי יַעֲקוֹב ויקרא כו
וְאַף אֶת־בְּרִיתִי יִצְחָק, וְאַף אֶת־בְּרִיתִי אַבְרָהָם אֶזְכֹּר
וְהָאָרֶץ אֶזְכֹּר:

וּבְדִבְרֵי קָדְשְׁךָ כָּתוּב לֵאמֹר

זֵכֶר עָשָׂה לְנִפְלְאוֹתָיו, חַנּוּן וְרַחוּם יהוה: תהלים קיא

וְנֶאֱמַר

טֶרֶף נָתַן לִירֵאָיו, יִזְכֹּר לְעוֹלָם בְּרִיתוֹ: תהלים קיא

וְנֶאֱמַר

וַיִּזְכֹּר לָהֶם בְּרִיתוֹ, וַיִּנָּחֵם כְּרֹב חֲסָדָו: תהלים קו

וְעַל יְדֵי עֲבָדֶיךָ הַנְּבִיאִים כָּתוּב לֵאמֹר

הָלֹךְ וְקָרָאתָ בְאָזְנֵי יְרוּשָׁלַיִם לֵאמֹר ירמיה ב

כֹּה אָמַר יהוה

זָכַרְתִּי לָךְ חֶסֶד נְעוּרַיִךְ, אַהֲבַת כְּלוּלֹתָיִךְ

לֶכְתֵּךְ אַחֲרַי בַּמִּדְבָּר, בְּאֶרֶץ לֹא זְרוּעָה:

וְנֶאֱמַר

וְזָכַרְתִּי אֲנִי אֶת־בְּרִיתִי אוֹתָךְ בִּימֵי נְעוּרָיִךְ יחזקאל טז

וַהֲקִימוֹתִי לָךְ בְּרִית עוֹלָם:

וְנֶאֱמַר

הֲבֵן יַקִּיר לִי אֶפְרַיִם, אִם יֶלֶד שַׁעֲשֻׁעִים ירמיה לא

כִּי־מִדֵּי דַבְּרִי בּוֹ, זָכֹר אֶזְכְּרֶנּוּ עוֹד

עַל־כֵּן הָמוּ מֵעַי לוֹ, רַחֵם אֲרַחֲמֶנּוּ נְאֻם־יהוה:

אֱלֹהֵינוּ וֵאלֹהֵי אֲבוֹתֵינוּ, זָכְרֵנוּ בְּזִכְרוֹן טוֹב לְפָנֶיךָ

וּפָקְדֵנוּ בִּפְקֻדַּת יְשׁוּעָה וְרַחֲמִים מִשְּׁמֵי שְׁמֵי קֶדֶם

וּזְכָר לָנוּ יהוה אֱלֹהֵינוּ

אֶת הַבְּרִית וְאֶת הַחֶסֶד וְאֶת הַשְּׁבוּעָה

אֲשֶׁר נִשְׁבַּעְתָּ לְאַבְרָהָם אָבִינוּ בְּהַר הַמּוֹרִיָּה

וְתֵרָאֶה לְפָנֶיךָ עֲקֵדָה
שֶׁעָקַד אַבְרָהָם אָבִינוּ אֶת יִצְחָק בְּנוֹ עַל גַּבֵּי הַמִּזְבֵּחַ
וְכָבַשׁ רַחֲמָיו, לַעֲשׂוֹת רְצוֹנְךָ בְּלֵבָב שָׁלֵם.
כֵּן יִכְבְּשׁוּ רַחֲמֶיךָ אֶת כַּעַסְךָ מֵעָלֵינוּ
וּבְטוּבְךָ הַגָּדוֹל יָשׁוּב חֲרוֹן אַפְּךָ מֵעַמְּךָ
וּמֵעִירְךָ וּמֵאַרְצְךָ וּמִנַּחֲלָתֶךָ.
וְקַיֶּם לָנוּ יהוה אֱלֹהֵינוּ אֶת הַדָּבָר שֶׁהִבְטַחְתָּנוּ בְּתוֹרָתֶךָ
עַל יְדֵי מֹשֶׁה עַבְדֶּךָ, מִפִּי כְבוֹדֶךָ
כָּאָמוּר
וְזָכַרְתִּי לָהֶם בְּרִית רִאשֹׁנִים ויקרא כו
אֲשֶׁר הוֹצֵאתִי־אֹתָם מֵאֶרֶץ מִצְרַיִם לְעֵינֵי הַגּוֹיִם
לִהְיוֹת לָהֶם לֵאלֹהִים, אֲנִי יהוה:

כִּי זוֹכֵר כָּל הַנִּשְׁכָּחוֹת אַתָּה הוּא מֵעוֹלָם
וְאֵין שִׁכְחָה לִפְנֵי כִסֵּא כְבוֹדֶךָ
וַעֲקֵדַת יִצְחָק לְזַרְעוֹ הַיּוֹם בְּרַחֲמִים תִּזְכֹּר.
בָּרוּךְ אַתָּה יהוה, זוֹכֵר הַבְּרִית.

בבתי כנסת המתפללים בנוסח ספרד, תוקעים כאן עשרה קולות:
תשר״ת תש״ת תר״ת (אך לא בשבת).

שופרות

אַתָּה נִגְלֵיתָ בַּעֲנַן כְּבוֹדֶךָ עַל עַם קָדְשְׁךָ לְדַבֵּר עִמָּם
מִן הַשָּׁמַיִם הִשְׁמַעְתָּם קוֹלֶךָ, וְנִגְלֵיתָ עֲלֵיהֶם בְּעַרְפִלֵּי טֹהַר.
גַּם כָּל הָעוֹלָם כֻּלּוֹ חָל מִפָּנֶיךָ, וּבְרִיּוֹת בְּרֵאשִׁית חָרְדוּ מִמֶּךָּ
בְּהִגָּלוֹתְךָ מַלְכֵּנוּ עַל הַר סִינַי, לְלַמֵּד לְעַמְּךָ תּוֹרָה וּמִצְוֹת
וַתַּשְׁמִיעֵם אֶת הוֹד קוֹלֶךָ, וְדִבְּרוֹת קָדְשְׁךָ מִלַּהֲבוֹת אֵשׁ.
בְּקוֹלוֹת וּבְרָקִים עֲלֵיהֶם נִגְלֵיתָ, וּבְקוֹל שׁוֹפָר עֲלֵיהֶם הוֹפָעְתָּ.

כַּכָּתוּב בְּתוֹרָתֶךָ

שמות יט וַיְהִי בַיּוֹם הַשְּׁלִישִׁי בִּהְיֹת הַבֹּקֶר
וַיְהִי קֹלֹת וּבְרָקִים וְעָנָן כָּבֵד עַל־הָהָר
וְקֹל שֹׁפָר חָזָק מְאֹד, וַיֶּחֱרַד כָּל־הָעָם אֲשֶׁר בַּמַּחֲנֶה:

וְנֶאֱמַר
שמות יט וַיְהִי קוֹל הַשֹּׁפָר הוֹלֵךְ וְחָזֵק מְאֹד
מֹשֶׁה יְדַבֵּר, וְהָאֱלֹהִים יַעֲנֶנּוּ בְקוֹל:

וְנֶאֱמַר
שמות כ וְכָל־הָעָם רֹאִים אֶת־הַקּוֹלֹת וְאֶת־הַלַּפִּידִם
וְאֵת קוֹל הַשֹּׁפָר, וְאֶת־הָהָר עָשֵׁן
וַיַּרְא הָעָם וַיָּנֻעוּ, וַיַּעַמְדוּ מֵרָחֹק:

וּבְדִבְרֵי קָדְשְׁךָ כָּתוּב לֵאמֹר
תהלים מז עָלָה אֱלֹהִים בִּתְרוּעָה, יהוה בְּקוֹל שׁוֹפָר:

וְנֶאֱמַר
תהלים צח בַּחֲצֹצְרוֹת וְקוֹל שׁוֹפָר, הָרִיעוּ לִפְנֵי הַמֶּלֶךְ יהוה:

וְנֶאֱמַר
תהלים פא תִּקְעוּ בַחֹדֶשׁ שׁוֹפָר, בַּכֶּסֶה לְיוֹם חַגֵּנוּ:
כִּי חֹק לְיִשְׂרָאֵל הוּא, מִשְׁפָּט לֵאלֹהֵי יַעֲקֹב:

וְנֶאֱמַר
תהלים קנ הַלְלוּיָהּ, הַלְלוּ־אֵל בְּקָדְשׁוֹ הַלְלוּהוּ בִּרְקִיעַ עֻזּוֹ:
הַלְלוּהוּ בִגְבוּרֹתָיו הַלְלוּהוּ כְּרֹב גֻּדְלוֹ:
הַלְלוּהוּ בְּתֵקַע שׁוֹפָר הַלְלוּהוּ בְּנֵבֶל וְכִנּוֹר:
הַלְלוּהוּ בְתֹף וּמָחוֹל הַלְלוּהוּ בְּמִנִּים וְעוּגָב:
הַלְלוּהוּ בְצִלְצְלֵי־שָׁמַע הַלְלוּהוּ בְּצִלְצְלֵי תְרוּעָה:
כֹּל הַנְּשָׁמָה תְּהַלֵּל יָהּ, הַלְלוּיָהּ:

וְעַל יְדֵי עֲבָדֶיךָ הַנְּבִיאִים כָּתוּב לֵאמֹר
כׇּל־יֹשְׁבֵי תֵבֵל וְשֹׁכְנֵי אָרֶץ ישעיה יח
כִּנְשֹׂא־נֵס הָרִים תִּרְאוּ, וְכִתְקֹעַ שׁוֹפָר תִּשְׁמָעוּ:
וְנֶאֱמַר
וְהָיָה בַּיּוֹם הַהוּא יִתָּקַע בְּשׁוֹפָר גָּדוֹל ישעיה כז
וּבָאוּ הָאֹבְדִים בְּאֶרֶץ אַשּׁוּר, וְהַנִּדָּחִים בְּאֶרֶץ מִצְרָיִם
וְהִשְׁתַּחֲווּ לַיהוה בְּהַר הַקֹּדֶשׁ בִּירוּשָׁלָםִ:
וְנֶאֱמַר
וַיהוה עֲלֵיהֶם יֵרָאֶה, וְיָצָא כַבָּרָק חִצּוֹ זכריה ט
וַאדֹנָי יֱהֹוִה בַּשּׁוֹפָר יִתְקָע, וְהָלַךְ בְּסַעֲרוֹת תֵּימָן:
יהוה צְבָאוֹת יָגֵן עֲלֵיהֶם:
כֵּן תָּגֵן עַל עַמְּךָ יִשְׂרָאֵל בִּשְׁלוֹמֶךָ.

אֱלֹהֵינוּ וֵאלֹהֵי אֲבוֹתֵינוּ
תְּקַע בְּשׁוֹפָר גָּדוֹל לְחֵרוּתֵנוּ, וְשָׂא נֵס לְקַבֵּץ גָּלֻיּוֹתֵינוּ
וְקָרֵב פְּזוּרֵינוּ מִבֵּין הַגּוֹיִם, וּנְפוּצוֹתֵינוּ כַּנֵּס מִיַּרְכְּתֵי אָרֶץ.
וַהֲבִיאֵנוּ לְצִיּוֹן עִירְךָ בְּרִנָּה
וְלִירוּשָׁלַיִם בֵּית מִקְדָּשְׁךָ בְּשִׂמְחַת עוֹלָם
וְשָׁם נַעֲשֶׂה לְפָנֶיךָ אֶת קׇרְבְּנוֹת חוֹבוֹתֵינוּ
כִּמְצֻוֶּה עָלֵינוּ בְּתוֹרָתֶךָ עַל יְדֵי מֹשֶׁה עַבְדֶּךָ, מִפִּי כְבוֹדֶךָ
כָּאָמוּר
וּבְיוֹם שִׂמְחַתְכֶם וּבְמוֹעֲדֵיכֶם וּבְרָאשֵׁי חָדְשֵׁכֶם במדבר י
וּתְקַעְתֶּם בַּחֲצֹצְרֹת עַל עֹלֹתֵיכֶם וְעַל זִבְחֵי שַׁלְמֵיכֶם
וְהָיוּ לָכֶם לְזִכָּרוֹן לִפְנֵי אֱלֹהֵיכֶם
אֲנִי יהוה אֱלֹהֵיכֶם:

כִּי אַתָּה שׁוֹמֵעַ קוֹל שׁוֹפָר וּמַאֲזִין תְּרוּעָה, וְאֵין דּוֹמֶה לָּךְ.
בָּרוּךְ אַתָּה יהוה, שׁוֹמֵעַ קוֹל תְּרוּעַת עַמּוֹ יִשְׂרָאֵל בְּרַחֲמִים.

בבתי כנסת המתפללים בנוסח ספרד, תוקעים כאן עשרה קולות:
תשר״ת תש״ת תר״ת (אך לא בשבת).

עבודה

רְצֵה יהוה אֱלֹהֵינוּ בְּעַמְּךָ יִשְׂרָאֵל, וּבִתְפִלָּתָם
וְהָשֵׁב אֶת הָעֲבוֹדָה לִדְבִיר בֵּיתֶךָ
וְאִשֵּׁי יִשְׂרָאֵל וּתְפִלָּתָם בְּאַהֲבָה תְקַבֵּל בְּרָצוֹן
וּתְהִי לְרָצוֹן תָּמִיד עֲבוֹדַת יִשְׂרָאֵל עַמֶּךָ.
וְתֶחֱזֶינָה עֵינֵינוּ בְּשׁוּבְךָ לְצִיּוֹן בְּרַחֲמִים.
בָּרוּךְ אַתָּה יהוה, הַמַּחֲזִיר שְׁכִינָתוֹ לְצִיּוֹן.

הודאה

כורע ב׳מודים׳ ואינו זוקף עד אמירת השם.

מוֹדִים אֲנַחְנוּ לָךְ
שָׁאַתָּה הוּא יהוה אֱלֹהֵינוּ וֵאלֹהֵי אֲבוֹתֵינוּ לְעוֹלָם וָעֶד.
צוּר חַיֵּינוּ, מָגֵן יִשְׁעֵנוּ, אַתָּה הוּא לְדוֹר וָדוֹר.
נוֹדֶה לְּךָ וּנְסַפֵּר תְּהִלָּתֶךָ
עַל חַיֵּינוּ הַמְּסוּרִים בְּיָדֶךָ
וְעַל נִשְׁמוֹתֵינוּ הַפְּקוּדוֹת לָךְ
וְעַל נִסֶּיךָ שֶׁבְּכָל יוֹם עִמָּנוּ
וְעַל נִפְלְאוֹתֶיךָ וְטוֹבוֹתֶיךָ שֶׁבְּכָל עֵת, עֶרֶב וָבֹקֶר וְצָהֳרָיִם.
הַטּוֹב, כִּי לֹא כָלוּ רַחֲמֶיךָ
וְהַמְרַחֵם, כִּי לֹא תַמּוּ חֲסָדֶיךָ
מֵעוֹלָם קִוִּינוּ לָךְ.
וְעַל כֻּלָּם יִתְבָּרַךְ וְיִתְרוֹמַם שִׁמְךָ מַלְכֵּנוּ תָּמִיד לְעוֹלָם וָעֶד.

וּכְתֹב לְחַיִּים טוֹבִים כָּל בְּנֵי בְרִיתֶךָ.

וְכֹל הַחַיִּים יוֹדְוּךָ סֶּלָה, וִיהַלְלוּ אֶת שִׁמְךָ בֶּאֱמֶת
הָאֵל יְשׁוּעָתֵנוּ וְעֶזְרָתֵנוּ סֶלָה.
בָּרוּךְ אַתָּה יהוה, הַטּוֹב שִׁמְךָ וּלְךָ נָאֶה לְהוֹדוֹת.

אם שכח לומר ׳וּכְתֹב לְחַיִּים טוֹבִים׳, אינו חוזר.

שלום

שִׂים שָׁלוֹם טוֹבָה וּבְרָכָה
חֵן וָחֶסֶד וְרַחֲמִים
עָלֵינוּ וְעַל כָּל יִשְׂרָאֵל עַמֶּךָ.
בָּרְכֵנוּ אָבִינוּ כֻּלָּנוּ כְּאֶחָד בְּאוֹר פָּנֶיךָ
כִּי בְאוֹר פָּנֶיךָ נָתַתָּ לָּנוּ, יהוה אֱלֹהֵינוּ
תּוֹרַת חַיִּים וְאַהֲבַת חֶסֶד
וּצְדָקָה וּבְרָכָה וְרַחֲמִים וְחַיִּים וְשָׁלוֹם.
וְטוֹב בְּעֵינֶיךָ לְבָרֵךְ אֶת עַמְּךָ יִשְׂרָאֵל
בְּכָל עֵת וּבְכָל שָׁעָה בִּשְׁלוֹמֶךָ.

בְּסֵפֶר חַיִּים, בְּרָכָה וְשָׁלוֹם, וּפַרְנָסָה טוֹבָה
נִזָּכֵר וְנִכָּתֵב לְפָנֶיךָ, אֲנַחְנוּ וְכָל עַמְּךָ בֵּית יִשְׂרָאֵל
לְחַיִּים טוֹבִים וּלְשָׁלוֹם.*

בָּרוּךְ אַתָּה יהוה, הַמְבָרֵךְ אֶת עַמּוֹ יִשְׂרָאֵל בַּשָּׁלוֹם.

*בני חוץ לארץ מסיימים: בָּרוּךְ אַתָּה יהוה, עֹשֵׂה הַשָּׁלוֹם.

אם שכח לומר ׳בְּסֵפֶר חַיִּים׳, אינו חוזר.

יש מוסיפים:

יִהְיוּ לְרָצוֹן אִמְרֵי־פִי וְהֶגְיוֹן לִבִּי לְפָנֶיךָ, יהוה צוּרִי וְגֹאֲלִי: תהלים יט

ברכות יז. אֱלֹהַי

נְצֹר לְשׁוֹנִי מֵרָע וּשְׂפָתַי מִדַּבֵּר מִרְמָה

וְלִמְקַלְלַי נַפְשִׁי תִדֹּם, וְנַפְשִׁי כֶּעָפָר לַכֹּל תִּהְיֶה.

פְּתַח לִבִּי בְּתוֹרָתֶךָ, וּבְמִצְוֹתֶיךָ תִּרְדֹּף נַפְשִׁי.

וְכָל הַחוֹשְׁבִים עָלַי רָעָה

מְהֵרָה הָפֵר עֲצָתָם וְקַלְקֵל מַחֲשַׁבְתָּם.

עֲשֵׂה לְמַעַן שְׁמֶךָ

עֲשֵׂה לְמַעַן יְמִינֶךָ

עֲשֵׂה לְמַעַן קְדֻשָּׁתֶךָ

עֲשֵׂה לְמַעַן תּוֹרָתֶךָ.

תהלים ס לְמַעַן יֵחָלְצוּן יְדִידֶיךָ, הוֹשִׁיעָה יְמִינְךָ וַעֲנֵנִי:

תהלים יט יִהְיוּ לְרָצוֹן אִמְרֵי־פִי וְהֶגְיוֹן לִבִּי לְפָנֶיךָ, יהוה צוּרִי וְגֹאֲלִי:

כורע ופוסע שלוש פסיעות לאחור. קד לשמאל, לימין ולפנים באמירת:

עֹשֶׂה הַשָּׁלוֹם בִּמְרוֹמָיו

הוּא יַעֲשֶׂה שָׁלוֹם עָלֵינוּ וְעַל כָּל יִשְׂרָאֵל, וְאִמְרוּ אָמֵן.

יְהִי רָצוֹן מִלְּפָנֶיךָ יהוה אֱלֹהֵינוּ וֵאלֹהֵי אֲבוֹתֵינוּ

שֶׁיִּבָּנֶה בֵּית הַמִּקְדָּשׁ בִּמְהֵרָה בְיָמֵינוּ, וְתֵן חֶלְקֵנוּ בְּתוֹרָתֶךָ

וְשָׁם נַעֲבָדְךָ בְּיִרְאָה כִּימֵי עוֹלָם וּכְשָׁנִים קַדְמוֹנִיּוֹת.

מלאכי ג וְעָרְבָה לַיהוה מִנְחַת יְהוּדָה וִירוּשָׁלָםִ כִּימֵי עוֹלָם וּכְשָׁנִים קַדְמוֹנִיּוֹת:

חזרת הש״ץ למוסף ליום א׳ של ראש השנה

״יָדַעְתִּי ה׳ כִּי־צֶדֶק מִשְׁפָּטֶיךָ, וֶאֱמוּנָה עִנִּיתָנִי״ (תהלים קיט, עה).
״הַקְשִׁיבָה לִּי וַעֲנֵנִי, אָרִיד בְּשִׂיחִי וְאָהִימָה״ (שם נה, ג).
״וְנַפְשִׁי תָּגִיל בַּה׳, תָּשִׂישׂ בִּישׁוּעָתוֹ״ (שם לה, ט).
״הַנּוֹתֵן תְּשׁוּעָה לַמְּלָכִים, הַפּוֹצֶה אֶת־דָּוִד עַבְדּוֹ מֵחֶרֶב רָעָה״ (שם קמד, י).

פותחים את ארון הקודש.

שליח הציבור פוסע שלוש פסיעות לפנים כמי שנכנס לפני המלך.
כורע במקומות המסומנים ב׳, קד לפנים במילה הבאה וזוקף בשם.

יש אומרים בלחש: כִּי שֵׁם יהוה אֶקְרָא, הָבוּ גֹדֶל לֵאלֹהֵינוּ: דברים לב
אֲדֹנָי, שְׂפָתַי תִּפְתָּח, וּפִי יַגִּיד תְּהִלָּתֶךָ: תהלים נא

אבות

׳בָּרוּךְ אַתָּה יהוה, אֱלֹהֵינוּ וֵאלֹהֵי אֲבוֹתֵינוּ
אֱלֹהֵי אַבְרָהָם, אֱלֹהֵי יִצְחָק, וֵאלֹהֵי יַעֲקֹב
הָאֵל הַגָּדוֹל הַגִּבּוֹר וְהַנּוֹרָא, אֵל עֶלְיוֹן
גּוֹמֵל חֲסָדִים טוֹבִים, וְקוֹנֵה הַכֹּל
וְזוֹכֵר חַסְדֵי אָבוֹת
וּמֵבִיא גוֹאֵל לִבְנֵי בְנֵיהֶם לְמַעַן שְׁמוֹ בְּאַהֲבָה.

לפני ׳הקרובה׳ של מוסף אין אומרים פיוט ׳רשות׳ ארוך.
שליח הציבור אומר ׳מִסּוֹד חֲכָמִים וּנְבוֹנִים׳ וממשיך ׳אֹפֶד מַאֲוֹ׳.

מִסּוֹד חֲכָמִים וּנְבוֹנִים
וּמִלֶּמֶד דַּעַת מְבִינִים
אֶפְתְּחָה פִּי בִּתְפִלָּה וּבְתַחֲנוּנִים
לְחַלּוֹת וּלְחַנֵּן פְּנֵי מֶלֶךְ מַלְכֵי הַמְּלָכִים וַאֲדוֹנֵי הָאֲדוֹנִים.

סוגרים את ארון הקודש.

את ה'קרובה' למוסף של א' של ראש השנה חיבר ר' אלעזר הקליר (כמו את יתר מערכות הפיוטים הנאמרות ביום א' של ראש השנה). נושא ה'קרובה' הוא ראש השנה, היום שבו העולם עומד למשפט – מאדם הראשון שחטא בגן עדן ועמד למשפט בו ביום (ויקרא רבה כט, א), המשפט שבו אנו עומדים היום, ועד לגאולה העתידה, שאף היא תהיה בתשרי (כדעת ר' אליעזר, ראש השנה יא ע"ב).

נוהגים שהקהל אומר את שלושת הפיוטים הראשונים, ושליח הציבור אומר בקול רק את השורות המסומנות ב‣. יש קהילות שבהן אין אומרים את ה'מגן', וממשיכים 'זָכְרֵנוּ לְחַיִּים' למטה.

מגן – סימן א"ב

אֶפֶד מֵאָז לִשְׁפֹּט הַיּוֹם / בְּחֹן מַעֲשֵׂה כָל יוֹם
גִּישַׁת יְקוּמִים פְּנֵי אָיֹם / דִּינָם בּוֹ לְפַלֵּס לְפִדְיוֹם.

הָרִאשׁוֹן אָדָם בּוֹ נוֹצָר / וְצֻוָּה חֹק וְלֹא נָצָר
זֶה מֵלִיץ כְּהִרְחִיב בַּצָּר / חֲקָקוֹ לְמִשְׁפָּט וְלַדּוֹרוֹת מְנֻצָּר.

טִיעַת חוֹצֵב גְּבָעוֹת וְצוּרִים / יֻלְּדוּ בוֹ מֵרֹאשׁ צוּרִים
כְּיוֹשְׁבֵי נְטָעִים הֵמָּה הַיּוֹצְרִים / לְלַמֵּד בּוֹ צֶדֶק לַעֲצוּרִים.

מְיֻחָס שְׁמוֹ בְּשֵׁם אֵיתָנִים / נֵס לְהִתְנוֹסֵס עֶלְיוֹנִים וְתַחְתּוֹנִים
סְפָרִים נִפְתָּחִים וּמַעֲשִׂים מִתַּנִּים /
עוֹבְרִים לְפָנֶיךָ וְחֶשְׁבּוֹן נוֹתְנִים.

פָּקִיד הוּכַן לְתִקּוּן מוֹעֲדֶיךָ / צֹאן לְהַעֲבִיר בְּשֵׁבֶט עֲדֶיךָ
‣ קֶרֶן בְּמָשְׁכָם (בשבת: בְּזָכְרָם) הַיּוֹם, עֵדֶיךָ /
רַחוּם זְכֹר שְׁבוּעַת עֲבָדֶיךָ.

הכול:

נַעֲלָה (בשבת: זִכְרוֹן) שׁוֹפָר עִם תַּחֲנוּן / שַׁדַּי לְפַתּוֹתְךָ בָּם בְּחִנּוּן
‣ תָּשִׁיב לַנָּדָן בְּרַק הַשָּׁנוּן / תַּחֲזִיק מָגֵן לְגוֹנְנִי בְּגִנּוּן.

יש נוהגים שהקהל אומר בקול, ושליח הציבור חוזר אחריו:

זָכְרֵנוּ לְחַיִּים, מֶלֶךְ חָפֵץ בַּחַיִּים
וְכָתְבֵנוּ בְּסֵפֶר הַחַיִּים, לְמַעַנְךָ אֱלֹהִים חַיִּים.

שליח הציבור ממשיך:

מֶלֶךְ עוֹזֵר וּמוֹשִׁיעַ וּמָגֵן.
‣ בָּרוּךְ אַתָּה יהוה, מָגֵן אַבְרָהָם.

גבורות

אַתָּה גִּבּוֹר לְעוֹלָם, אֲדֹנָי
מְחַיֵּה מֵתִים אַתָּה, רַב לְהוֹשִׁיעַ
בארץ ישראל: מוֹרִיד הַטָּל
מְכַלְכֵּל חַיִּים בְּחֶסֶד
מְחַיֵּה מֵתִים בְּרַחֲמִים רַבִּים
סוֹמֵךְ נוֹפְלִים, וְרוֹפֵא חוֹלִים
וּמַתִּיר אֲסוּרִים
וּמְקַיֵּם אֱמוּנָתוֹ לִישֵׁנֵי עָפָר.
מִי כָמְוֹךָ, בַּעַל גְּבוּרוֹת
וּמִי דּוֹמֶה לָּךְ
מֶלֶךְ, מֵמִית וּמְחַיֶּה וּמַצְמִיחַ יְשׁוּעָה.

יש קהילות שבהן אין אומרים את ׳מחיה׳, וממשיכים ׳מי כמוך׳ בעמוד הבא.

מחיה – סימן תשר״ק

תֵּכֶן בְּמָכוֹן, לְכֵס שֶׁבֶת / שֶׁעוֹן וּמוּסָר כְּעֵלוֹ בְּמַחֲשֶׁבֶת
רָם, תְּהִי נָא אָזְנְךָ קַשֶּׁבֶת /
קוֹל שׁוֹפָר (בשבת: זִכְרוֹן שׁוֹפָר) שְׁעוֹת מְנוּשֶּׁבֶת.

צָרַת אֹמֶר לֹא יָדוֹן / פְּעָמִים לֹא תָקוּם לַאֲבַדּוֹן
עוֹלָם אֲשֶׁר בְּאַרְבָּעָה נִדּוֹן / סְמֹךְ בְּחַסְדְּךָ וּבַאֲמִתְּךָ, אָדוֹן.

נוֹעָדִים בְּיוֹם קְרָב וְנִלְחָמִים / מוּל אֶבֶן נֶגֶף מִתְלַחֲמִים
לִבּוּב תְּרוּעָתָם שְׁעֵה מִמְּרוֹמִים /
כִּסֵּא דִין לְהָמִיר בְּשֶׁל רַחֲמִים.

יָחִיד אֲשֶׁר בְּעֵקֶד נִשְׁפָּט / טְלָאָיו בּוֹ יְחֻנְּנוּ מִלְּהִשָּׁפֵט
חָלִילָה לְּךָ אֱלֹהֵי הַמִּשְׁפָּט / זְכֹר לֹא יַעֲשֶׂה מִשְׁפָּט.

וְאִם כְּאָדָם עָבְרוּ בְּרִית / הָאֵל כָּאֵל הַבֵּט בַּבְּרִית

▸ דִּבְּרוֹת אֵלֶּה דִּבְרֵי הַבְּרִית / גַּלֵּה בְּזִכְרוֹן שְׁלוֹשׁ בְּרִית.

הכול:

עוֹלָם בְּבַקָּרְךָ בְּרֹאשׁ הַשָּׁנָה / בְּהַכְרָעַת צֶדֶק תַּכְרִיעַ שָׁנָה

▸ אֲסוּמָה טְלוּלָה גְּשׁוּמָה אִם שְׁחוּנָה /

אֲטוּמִים לְהַחֲיוֹת בְּטַלְלֵי שֵׁנָה.

יש נוהגים שהקהל אומר בקול, ושליח הציבור חוזר אחריו:

מִי כָמוֹךָ אַב הָרַחֲמִים, זוֹכֵר יְצוּרָיו לְחַיִּים בְּרַחֲמִים.

שליח הציבור ממשיך:

וְנֶאֱמָן אַתָּה לְהַחֲיוֹת מֵתִים.

בָּרוּךְ אַתָּה יהוה, מְחַיֵּה הַמֵּתִים.

יש קהילות שבהן אין אומרים את ה׳משלש׳, וממשיכים ׳יִמְלֹךְ ה׳ לְעוֹלָם׳ בעמוד הבא.

משלש – סימן א״ת ב״ש

אַף אֹרַח מִשְׁפָּטֶיךָ קִוִּינוּךָ / תַּאֲוַת לֵב בַּצַּר פְּקָדְנוּךָ

בָּרֵי לֵבָב מֵאֶתְמוֹל קִדַּמְנוּךָ / שׁוֹפָר תְּרוּעָה טֶרֶם שִׁמַּעְנוּךָ.

גְּזֵרָה חֻקַּת מִיצִירַת בְּרֵאשִׁית / רֹאשׁ דְּבָרְךָ תְּשׁוּבָה לְהָשִׁית

דִּין טֶרֶם הָעֲרֵךְ מֵרֵאשִׁית / קָדְמָה לְמַלֵּט שׁוֹבָבִים מֵחֲרִישִׁית.

הַיּוֹצֵר יַחַד שְׁנֵי לִבְבֵיהֶם / צוֹפֶה וּמַבִּיט סַרְעַף קִרְבֵיהֶם

וְאִם אָוֶן נִרְאָה בְּמַחֲבוֹאֵיהֶם / פָּקֹד תִּפְקֹד לָמוֹ קְרוֹבֵיהֶם.

זֵכֶר הֲסָרַת שִׁכְמָם מִסֵּבֶל / עֶבֶד כְּהַחְפֵּשׁ מֵעִנּוּי כֶּבֶל

חֲנִיטָיו אִם תָּעֲתְעוּ בְתֶבֶל / שִׂיחוֹ יְחוֹנְנֵם לְחַיֵּי הֶבֶל.

טְמִינַת לֵב וּנְקִימַת קֵץ / נִדָּחִים לֶאֱסֹף בּוֹ בְּקֵץ

יוֹם מוּכָן עִתִּים לְהָקֵץ / מִיָּמִים יָמִימָה וּמִקֵּץ לְקֵץ.

כֵּסֶא לְהַקִּפּוֹת חֹדֶשׁ לְקֹב / כְּסוּחִים בְּלַהֲטוֹ לְהַבְהֵב לְרֹקֵב
› לְהָסִיר מִכְשׁוֹל מִלֵּב הֶעָקֹב /
לְהִזָּכֵר לְאַבְרָהָם לְיִצְחָק וּלְיַעֲקֹב.

קהל ואחריו שליח הציבור:

יִמְלֹךְ יהוה לְעוֹלָם תהלים קמו
אֱלֹהַיִךְ צִיּוֹן לְדֹר וָדֹר, הַלְלוּיָהּ:
וְאַתָּה קָדוֹשׁ יוֹשֵׁב תְּהִלּוֹת יִשְׂרָאֵל: תהלים כב
אֵל נָא.

שליח הציבור אומר את שני החרוזים הבאים, והקהל חוזר אחרי כל אחד מהם. חרוזים אלה הם הפזמון של ה׳קיקלר׳ (ראה עמ׳ 145) ׳אֹמֶץ אַדִּירֵי כָל חֵפֶץ׳ (עמ׳ 453).

אֵל אֱמוּנָה, בְּעָרְכְּךָ דִין / אִם תְּמַצֶּה עֹמֶק הַדִּין
מִי יִצְדַּק לְפָנֶיךָ בַּדִּין / קָדוֹשׁ.

אִם לֹא לְמַעֲנוֹ יַעַשׂ / וְיָסִיר חֲרוֹן אַף וָכַעַס
אֵין לְבַקֵּר וְלִמְצֹא מַעַשׂ / קָדוֹשׁ.

פיוט זה נכתב כדי להדגיש את הניגוד בין הקב״ה למלכים בשר ודם.
כבר בימות הראשונים השמיטו את מרבית בתי הפיוט המשלים, ׳מֶלֶךְ אֶבְיוֹן׳,
פרט לבית הראשון ולבית האחרון שלו, שלפני הבית החותם.
הפיוט השלם על שני חלקיו מובא בעמ׳ 456.

פותחים את ארון הקודש. סימן א״ב משולש

וּבְכֵן, וַיְהִי בִישֻׁרוּן מֶלֶךְ.

מֶלֶךְ עֶלְיוֹן
אֵל דָּר בַּמָּרוֹם / אַדִּיר בַּמָּרוֹם / אֹמֶץ יָדוֹ תָּרוֹם
לַעֲדֵי עַד יִמְלֹךְ.

מֶלֶךְ עֶלְיוֹן
גִּבּוֹר לְהָקִים / גּוֹזֵר וּמֵקִים / גּוֹלֶה עֲמֻקִּים
לַעֲדֵי עַד יִמְלֹךְ.

מֶלֶךְ עֶלְיוֹן
הַמְדַבֵּר בִּצְדָקָה / הַלּוֹבֵשׁ צְדָקָה / הַמַּאֲזִין צְעָקָה
לַעֲדֵי עַד יִמְלֹךְ.

מֶלֶךְ עֶלְיוֹן
זוֹכֵר צוּרִים / זַכּוּת יְצוּרִים / זוֹעֵם צָרִים
לַעֲדֵי עַד יִמְלֹךְ.

מֶלֶךְ עֶלְיוֹן
טוֹב שׁוֹכֵן עַד / טוּבוֹ לָעַד / טִפַּח שְׁמֵי עַד
לַעֲדֵי עַד יִמְלֹךְ.

מֶלֶךְ עֶלְיוֹן
כַּשַּׂלְמָה עוֹטֶה אוֹר / כָּל מְאוֹרֵי אוֹר / כַּבִּיר וְנָאוֹר
לַעֲדֵי עַד יִמְלֹךְ.

מֶלֶךְ עֶלְיוֹן
מֶלֶךְ עוֹלָמִים / מְפַעְנֵחַ נֶעֱלָמִים / מֵשִׂיחַ אִלְּמִים
לַעֲדֵי עַד יִמְלֹךְ.

מֶלֶךְ עֶלְיוֹן
סוֹבֵל כֹּל / סָב וּמְבַלֶּה כֹּל / סוֹקֵר בַּכֹּל
לַעֲדֵי עַד יִמְלֹךְ.

מֶֽלֶךְ עֶלְיוֹן
פְּאֵרוֹ עֹז / פֹּֽעַל יְמִינוֹ תָּעֹז / פּוֹדֶה וּמָעוֹז
לַעֲדֵי עַד יִמְלֹךְ.

מֶֽלֶךְ עֶלְיוֹן
קְדוֹשָׁיו לַהַב / קוֹרֵא מֵי רָהַב / קָרוֹב לְקוֹרְאָיו בְּאַהַב
לַעֲדֵי עַד יִמְלֹךְ.

מֶֽלֶךְ עֶלְיוֹן
שֵׁנָה אֵין לְפָנָיו / שֶֽׁקֶט בִּפְנִינָיו / שֶֽׁבַח טוֹב בְּמַצְפּוּנָיו
לַעֲדֵי עַד יִמְלֹךְ.

סוגרים את ארון הקודש.

הקהל אומר בלחש:

מֶֽלֶךְ אֶבְיוֹן
בָּלֶה וְיֹרֵד שַֽׁחַת / בִּשְׁאוֹל וּבְתַֽחַת / בְּלֵאוּת בְּלִי נַֽחַת
עַד מָתַי יִמְלֹךְ.

מֶֽלֶךְ אֶבְיוֹן
תְּנוּמָה תְעוּפֶֽנּוּ / תַּרְדֵּמָה תְעוֹפְפֶֽנּוּ / תֹּֽהוּ יְשׁוּפֶֽנּוּ
עַד מָתַי יִמְלֹךְ.

פותחים את ארון הקודש.

שליח הציבור אומר:

אֲבָל מֶֽלֶךְ עֶלְיוֹן
תָּקְפּוֹ לָעַד / תִּפְאַרְתּוֹ עֲדֵי עַד / תְּהִלָּתוֹ עוֹמֶֽדֶת לָעַד
לַעֲדֵי עַד יִמְלֹךְ.

הפיוט האחרון לפני הקדושה נקרא ׳סילוק׳, והוא פיוט ארוך ומורכב. בקהילות אשכנז פשט המנהג לומר כ׳סילוק׳ למוספי הימים הנוראים את הפיוט ׳וּנְתַנֶּה תֹּקֶף׳, ופיוטי ה׳סילוק׳ המקוריים של ה׳קדושתאות׳ נדחו מפניו.

לפיוט ׳וּנְתַנֶּה תֹּקֶף׳ נקשרה הילה מיוחדת בשל סיפורו של ר׳ אמנון ממגנצא, שאמָרו ביום הכיפורים לפני שמת בעינויים קשים על קידוש השם (או״ז ח״ב, רעו). הפיוט מצוי כבר בקטעים שנמצאו בגניזה, ונראה מסגנונו שהוא קדום לר׳ אלעזר קליר; יש שייחסו אותו לינאי.

וּבְכֵן לְךָ תַעֲלֶה קְדֻשָּׁה, כִּי אַתָּה אֱלֹהֵינוּ מֶלֶךְ.

סילוק

הקהל ושליח הציבור אומרים:

וּנְתַנֶּה תֹּקֶף קְדֻשַּׁת הַיּוֹם / כִּי הוּא נוֹרָא וְאָיֹם

וּבוֹ תִנַּשֵּׂא מַלְכוּתֶךָ / וְיִכּוֹן בְּחֶסֶד כִּסְאֶךָ

וְתֵשֵׁב עָלָיו בֶּאֱמֶת.

אֱמֶת, כִּי אַתָּה הוּא דַיָּן וּמוֹכִיחַ, וְיוֹדֵעַ וָעֵד

וְכוֹתֵב וְחוֹתֵם וְסוֹפֵר וּמוֹנֶה

וְתִזְכֹּר כָּל הַנִּשְׁכָּחוֹת / וְתִפְתַּח אֶת סֵפֶר הַזִּכְרוֹנוֹת

וּמֵאֵלָיו יִקָּרֵא / וְחוֹתַם יַד כָּל אָדָם בּוֹ.

וּבְשׁוֹפָר גָּדוֹל יִתָּקַע / וְקוֹל דְּמָמָה דַקָּה יִשָּׁמַע

וּמַלְאָכִים יֵחָפֵזוּן / וְחִיל וּרְעָדָה יֹאחֵזוּן

וְיֹאמְרוּ, הִנֵּה יוֹם הַדִּין / לִפְקֹד עַל צְבָא מָרוֹם בַּדִּין

כִּי לֹא יִזְכּוּ בְעֵינֶיךָ בַּדִּין

וְכָל בָּאֵי עוֹלָם יַעַבְרוּן לְפָנֶיךָ כִּבְנֵי מָרוֹן.

כְּבַקָּרַת רוֹעֶה עֶדְרוֹ / מַעֲבִיר צֹאנוֹ תַּחַת שִׁבְטוֹ

כֵּן תַּעֲבִיר וְתִסְפֹּר וְתִמְנֶה / וְתִפְקֹד נֶפֶשׁ כָּל חָי

וְתַחְתֹּךְ קִצְבָה לְכָל בְּרִיָּה / וְתִכְתֹּב אֶת גְּזַר דִּינָם.

קהל ושליח הציבור אחריו:

בְּרֹאשׁ הַשָּׁנָה יִכָּתֵבוּן / וּבְיוֹם צוֹם כִּפּוּר יֵחָתֵמוּן.
כַּמָּה יַעַבְרוּן וְכַמָּה יִבָּרֵאוּן
מִי יִחְיֶה וּמִי יָמוּת / מִי בְקִצּוֹ וּמִי לֹא בְקִצּוֹ
מִי בַמַּיִם וּמִי בָאֵשׁ / מִי בַחֶרֶב וּמִי בַחַיָּה
מִי בָרָעָב וּמִי בַצָּמָא / מִי בָרַעַשׁ וּמִי בַמַּגֵּפָה
מִי בַחֲנִיקָה וּמִי בַסְּקִילָה.
מִי יָנוּחַ וּמִי יָנוּעַ / מִי יַשְׁקִיט וּמִי יְטֹרָף
מִי יִשָּׁלֵו וּמִי יִתְיַסֵּר / מִי יַעֲנִי וּמִי יַעֲשִׁיר
מִי יִשָּׁפֵל וּמִי יָרוּם.

הקהל אומר בקול ושליח הציבור אחריו:

צום קול ממון
וּתְשׁוּבָה וּתְפִלָּה וּצְדָקָה / מַעֲבִירִין אֶת רֹעַ הַגְּזֵרָה.

הכול:

כִּי כְּשִׁמְךָ כֵּן תְּהִלָּתֶךָ / קָשֶׁה לִכְעֹס וְנוֹחַ לִרְצוֹת
כִּי לֹא תַחְפֹּץ בְּמוֹת הַמֵּת / כִּי אִם בְּשׁוּבוֹ מִדַּרְכּוֹ, וְחָיָה
וְעַד יוֹם מוֹתוֹ תְּחַכֶּה לּוֹ / אִם יָשׁוּב, מִיַּד תְּקַבְּלוֹ.

שליח הציבור:

אֱמֶת, כִּי אַתָּה הוּא יוֹצְרָם / וְיוֹדֵעַ יִצְרָם / כִּי הֵם בָּשָׂר וָדָם.
אָדָם יְסוֹדוֹ מֵעָפָר / וְסוֹפוֹ לֶעָפָר
בְּנַפְשׁוֹ יָבִיא לַחְמוֹ / מָשׁוּל כַּחֶרֶס הַנִּשְׁבָּר
כְּחָצִיר יָבֵשׁ, וּכְצִיץ נוֹבֵל / כְּצֵל עוֹבֵר, וּכְעָנָן כָּלֶה
וּכְרוּחַ נוֹשָׁבֶת, וּכְאָבָק פּוֹרֵחַ, וְכַחֲלוֹם יָעוּף.

הקהל אומר בקול ושליח הציבור אחריו:

וְאַתָּה הוּא מֶלֶךְ, אֵל חַי וְקַיָּם.

סוגרים את ארון הקודש.

קהל ושליח הציבור אחריו:

אֵין קִצְבָה לִשְׁנוֹתֶיךָ / וְאֵין קֵץ לְאֹרֶךְ יָמֶיךָ
וְאֵין לְשַׁעֵר מַרְכְּבוֹת כְּבוֹדֶךָ / וְאֵין לְפָרֵשׁ עֵילוּם שְׁמֶךָ.
שִׁמְךָ נָאֶה לְךָ / וְאַתָּה נָאֶה לִשְׁמֶךָ / וּשְׁמֵנוּ קָרָאתָ בִשְׁמֶךָ.
עֲשֵׂה לְמַעַן שְׁמֶךָ, וְקַדֵּשׁ אֶת שִׁמְךָ עַל מַקְדִּישֵׁי שְׁמֶךָ
בַּעֲבוּר כְּבוֹד שִׁמְךָ הַנַּעֲרָץ וְהַנִּקְדָּשׁ
כְּסוֹד שִׂיחַ שַׂרְפֵי קֹדֶשׁ, הַמַּקְדִּישִׁים שִׁמְךָ בַּקֹּדֶשׁ
דָּרֵי מַעְלָה עִם דָּרֵי מַטָּה
קוֹרְאִים וּמְשַׁלְּשִׁים בְּשִׁלּוּשׁ קְדֻשָּׁה בַּקֹּדֶשׁ.

קדושה

בבתי כנסת המתפללים בנוסח ספרד, אומרים כאן:

כֶּתֶר יִתְּנוּ לְךָ, יהוה אֱלֹהֵינוּ, מַלְאָכִים הֲמוֹנֵי מַעְלָה, עִם עַמְּךָ יִשְׂרָאֵל קְבוּצֵי מַטָּה,
ישעיה ו יַחַד כֻּלָּם קְדֻשָּׁה לְךָ יְשַׁלֵּשׁוּ כַּדָּבָר הָאָמוּר עַל יַד נְבִיאֶךָ, וְקָרָא זֶה אֶל־זֶה וְאָמַר

ממשיכים ׳קדוש, קדוש, קדוש׳ למטה.

במקומות המסומנים ב׳, המתפלל מתרומם על קצות אצבעותיו.

קהל ואחריו שליח הציבור:

ישעיה ו **כַּכָּתוּב עַל יַד נְבִיאֶךָ: וְקָרָא זֶה אֶל־זֶה וְאָמַר**

קהל ואחריו שליח הציבור:

׳קָדוֹשׁ, ׳קָדוֹשׁ, ׳קָדוֹשׁ, יהוה צְבָאוֹת, מְלֹא כָל־הָאָרֶץ כְּבוֹדוֹ:

יש האומרים כאן פיוטי קדושה בעמ׳ 459.

כְּבוֹדוֹ מָלֵא עוֹלָם, מְשָׁרְתָיו שׁוֹאֲלִים זֶה לָזֶה, אַיֵּה מְקוֹם כְּבוֹדוֹ
לְעֻמָּתָם בָּרוּךְ יֹאמֵרוּ

קהל ואחריו שליח הציבור:

בָּרוּךְ כְּבוֹד־יהוה מִמְּקוֹמוֹ: יחזקאל ג

מִמְּקוֹמוֹ הוּא יִפֶן בְּרַחֲמִים

וְיָחֹן עַם הַמְיַחֲדִים שְׁמוֹ

עֶרֶב וָבֹקֶר בְּכָל יוֹם תָּמִיד

פַּעֲמַיִם בְּאַהֲבָה שְׁמַע אוֹמְרִים

קהל ואחריו שליח הציבור:

שְׁמַע יִשְׂרָאֵל, יהוה אֱלֹהֵינוּ, יהוה אֶחָד: דברים ו

הוּא אֱלֹהֵינוּ, הוּא אָבִינוּ, הוּא מַלְכֵּנוּ, הוּא מוֹשִׁיעֵנוּ

וְהוּא יַשְׁמִיעֵנוּ בְּרַחֲמָיו שֵׁנִית לְעֵינֵי כָּל חָי

לִהְיוֹת לָכֶם לֵאלֹהִים במדבר טו

אֲנִי יהוה אֱלֹהֵיכֶם:

קהל ואחריו שליח הציבור:

אַדִּיר אַדִּירֵנוּ, יהוה אֲדֹנֵינוּ תהלים ח

מָה־אַדִּיר שִׁמְךָ בְּכָל־הָאָרֶץ:

וְהָיָה יהוה לְמֶלֶךְ עַל־כָּל־הָאָרֶץ זכריה יד

בַּיּוֹם הַהוּא יִהְיֶה יהוה אֶחָד וּשְׁמוֹ אֶחָד:

שליח הציבור:

וּבְדִבְרֵי קָדְשְׁךָ כָּתוּב לֵאמֹר

קהל ואחריו שליח הציבור:

יִמְלֹךְ יהוה לְעוֹלָם, אֱלֹהַיִךְ צִיּוֹן לְדֹר וָדֹר, הַלְלוּיָהּ: תהלים קמו

שליח הציבור ממשיך:

לְדוֹר וָדוֹר נַגִּיד גָּדְלֶךָ, וּלְנֵצַח נְצָחִים קְדֻשָּׁתְךָ נַקְדִּישׁ

וְשִׁבְחֲךָ אֱלֹהֵינוּ מִפִּינוּ לֹא יָמוּשׁ לְעוֹלָם וָעֶד

כִּי אֵל מֶלֶךְ גָּדוֹל וְקָדוֹשׁ אָתָּה.

יש האומרים כאן פיוטי קדושה בעמ׳ 459.

בבתי כנסת המתפללים בנוסח ספרד, שליח הציבור מוסיף:
לְדוֹר וָדוֹר הַמְלִיכוּ לָאֵל, כִּי הוּא לְבַדּוֹ מָרוֹם וְקָדוֹשׁ.

קהל ושליח הציבור אומרים יחד:
חֲמוֹל עַל מַעֲשֶׂיךָ
וְתִשְׂמַח בְּמַעֲשֶׂיךָ
וְיֹאמְרוּ לְךָ חוֹסֶיךָ
בְּצַדֶּקְךָ עֲמוּסֶיךָ
תֻּקְדַּשׁ אָדוֹן עַל כָּל מַעֲשֶׂיךָ.
כִּי מַקְדִּישֶׁיךָ בִּקְדֻשָּׁתְךָ קִדַּשְׁתָּ
נָאֶה לְקָדוֹשׁ פְּאֵר מִקְּדוֹשִׁים.

שליח הציבור ממשיך:
וּבְכֵן יִתְקַדַּשׁ שִׁמְךָ יהוה אֱלֹהֵינוּ
עַל יִשְׂרָאֵל עַמֶּךָ
וְעַל יְרוּשָׁלַיִם עִירֶךָ
וְעַל צִיּוֹן מִשְׁכַּן כְּבוֹדֶךָ
וְעַל מַלְכוּת בֵּית דָּוִד מְשִׁיחֶךָ
וְעַל מְכוֹנְךָ וְהֵיכָלֶךָ.

עוֹד יִזְכֹּר לָנוּ אַהֲבַת אֵיתָן, אֲדוֹנֵינוּ
וּבַבֵּן הַנֶּעֱקַד יַשְׁבִּית מְדַיְּנֵינוּ
וּבִזְכוּת הַתָּם יוֹצִיא הַיּוֹם לְצֶדֶק דִּינֵנוּ
כִּי־קָדוֹשׁ הַיּוֹם לַאֲדֹנֵינוּ: נחמיה ח

בְּאֵין מֵלִיץ יֹשֶׁר מוּל מַגִּיד פֶּשַׁע
תַּגִּיד לְיַעֲקֹב דְּבַר, חֹק וּמִשְׁפָּט
וְצַדְּקֵנוּ בַּמִּשְׁפָּט, הַמֶּלֶךְ הַמִּשְׁפָּט.

נוהגים ששליח הציבור מצרף את השורה הראשונה בפיוט לסוף המשפט הקודם,
ואומר ׳הַמֶּלֶךְ הַמִּשְׁפָּט. הָאוֹחֵז בְּיַד מִדַּת מִשְׁפָּט׳ בנשימה אחת (מהרי״ל).

פותחים את ארון הקודש.

סימן א״ב

הָאוֹחֵז בְּיַד מִדַּת מִשְׁפָּט
וְכֹל מַאֲמִינִים שֶׁהוּא אֵל אֱמוּנָה.

הַבּוֹחֵן וּבוֹדֵק גִּנְזֵי נִסְתָּרוֹת
וְכֹל מַאֲמִינִים שֶׁהוּא בּוֹחֵן כְּלָיוֹת.

הַגּוֹאֵל מִמָּוֶת וּפוֹדֶה מִשַּׁחַת
וְכֹל מַאֲמִינִים שֶׁהוּא גּוֹאֵל חָזָק.

הַדָּן יְחִידִי לְבָאֵי עוֹלָם
וְכֹל מַאֲמִינִים שֶׁהוּא דַּיַּן אֱמֶת.

הֶהָגוּי בְּאֶהְיֶה אֲשֶׁר אֶהְיֶה
וְכֹל מַאֲמִינִים שֶׁהוּא הָיָה וְהֹוֶה וְיִהְיֶה.

הַוַּדַּאי, כִּשְׁמוֹ כֵּן תְּהִלָּתוֹ
וְכֹל מַאֲמִינִים שֶׁהוּא וְאֵין בִּלְתּוֹ.

הַזּוֹכֵר לְמַזְכִּירָיו טוֹבוֹת זִכְרוֹנוֹת
וְכֹל מַאֲמִינִים שֶׁהוּא זוֹכֵר הַבְּרִית.

הַחוֹתֵךְ חַיִּים לְכָל חָי
וְכֹל מַאֲמִינִים שֶׁהוּא חַי וְקַיָּם.

הַטּוֹב וּמֵטִיב לָרָעִים וְלַטּוֹבִים
וְכֹל מַאֲמִינִים שֶׁהוּא טוֹב לַכֹּל.

הַיּוֹדֵעַ יֵצֶר כָּל יְצוּרִים
וְכֹל מַאֲמִינִים שֶׁהוּא יוֹצְרָם בַּבָּטֶן.

הַכֹּל יָכוֹל, וְכוֹלְלָם יָחַד
וְכֹל מַאֲמִינִים שֶׁהוּא כֹּל יָכוֹל.

הַלָּן בְּסֵתֶר בְּצֵל שַׁדַּי
וְכֹל מַאֲמִינִים שֶׁהוּא לְבַדּוֹ הוּא.

הַמַּמְלִיךְ מְלָכִים, וְלוֹ הַמְּלוּכָה
וְכֹל מַאֲמִינִים שֶׁהוּא מֶלֶךְ עוֹלָם.

הַנּוֹהֵג בְּחַסְדּוֹ עִם כָּל דּוֹר
וְכֹל מַאֲמִינִים שֶׁהוּא נוֹצֵר חֶסֶד.

הַסּוֹבֵל, וּמַעֲלִים עַיִן מִסּוֹרְרִים
וְכֹל מַאֲמִינִים שֶׁהוּא סוֹלֵחַ סֶלָה.

הָעֶלְיוֹן, וְעֵינָיו עַל יְרֵאָיו
וְכֹל מַאֲמִינִים שֶׁהוּא עוֹנֶה לָחַשׁ.

הַפּוֹתֵחַ שַׁעַר לְדוֹפְקֵי בִתְשׁוּבָה
וְכֹל מַאֲמִינִים שֶׁהוּא פְּתוּחָה יָדוֹ.

הַצּוֹפֶה רָשָׁע, וְחָפֵץ לְהַצְדִּיקוֹ
וְכֹל מַאֲמִינִים שֶׁהוּא צַדִּיק וְיָשָׁר.

הַקָּצַר בְּזַעַם, וּמַאֲרִיךְ אַף
וְכֹל מַאֲמִינִים שֶׁהוּא קָשֶׁה לִכְעֹס.

הָרַחוּם, וּמַקְדִּים רַחֲמִים לְרֹגֶז
וְכֹל מַאֲמִינִים שֶׁהוּא רַךְ לִרְצוֹת.

הַשָּׁוֶה, וּמַשְׁוֶה קָטֹן וְגָדוֹל
וְכֹל מַאֲמִינִים שֶׁהוּא שׁוֹפֵט צֶדֶק.

הַתָּם, וּמִתַּמֵּם עִם תְּמִימִים
וְכֹל מַאֲמִינִים שֶׁהוּא תָּמִים פָּעֳלוֹ.

סוגרים את ארון הקודש
(ויש קהילות שבהן סוגרים את ארון הקודש בסוף הפיסקה הבאה).

תִּשָּׂגֵב לְבַדֶּךָ, וְתִמְלֹךְ עַל כֹּל בְּיִחוּד
כַּכָּתוּב עַל יַד נְבִיאֶךָ
וְהָיָה יהוה לְמֶלֶךְ עַל־כָּל־הָאָרֶץ זכריה יד
בַּיּוֹם הַהוּא יִהְיֶה יהוה אֶחָד וּשְׁמוֹ אֶחָד:

שליח הציבור ממשיך:

וּבְכֵן תֵּן פַּחְדְּךָ יהוה אֱלֹהֵינוּ עַל כָּל מַעֲשֶׂיךָ
וְאֵימָתְךָ עַל כָּל מַה שֶּׁבָּרָאתָ
וְיִירָאוּךָ כָּל הַמַּעֲשִׂים, וְיִשְׁתַּחֲווּ לְפָנֶיךָ כָּל הַבְּרוּאִים
וְיֵעָשׂוּ כֻלָּם אֲגֻדָּה אַחַת לַעֲשׂוֹת רְצוֹנְךָ בְּלֵבָב שָׁלֵם
כְּמוֹ שֶׁיָּדַעְנוּ יהוה אֱלֹהֵינוּ שֶׁהַשָּׁלְטָן לְפָנֶיךָ
עֹז בְּיָדְךָ וּגְבוּרָה בִּימִינֶךָ
וְשִׁמְךָ נוֹרָא עַל כָּל מַה שֶּׁבָּרָאתָ.

וּבְכֵן תֵּן כָּבוֹד יהוה לְעַמֶּךָ
תְּהִלָּה לִירֵאֶיךָ וְתִקְוָה (טוֹבָה) לְדוֹרְשֶׁיךָ
וּפִתְחוֹן פֶּה לַמְיַחֲלִים לָךְ
שִׂמְחָה לְאַרְצֶךָ, וְשָׂשׂוֹן לְעִירֶךָ
וּצְמִיחַת קֶרֶן לְדָוִד עַבְדֶּךָ
וַעֲרִיכַת נֵר לְבֶן יִשַׁי מְשִׁיחֶךָ
בִּמְהֵרָה בְיָמֵינוּ.

וּבְכֵן צַדִּיקִים יִרְאוּ וְיִשְׂמָחוּ, וִישָׁרִים יַעֲלֹזוּ
וַחֲסִידִים בְּרִנָּה יָגִילוּ, וְעוֹלָתָה תִּקְפָּץ פִּיהָ
וְכָל הָרִשְׁעָה כֻּלָּהּ כְּעָשָׁן תִּכְלֶה
כִּי תַעֲבִיר מֶמְשֶׁלֶת זָדוֹן מִן הָאָרֶץ.

סימן א״ב

וְיֶאֱתָיוּ כֹּל לְעָבְדֶךָ / וִיבָרְכוּ שֵׁם כְּבוֹדֶךָ
וְיַגִּידוּ בָאִיִּים צִדְקֶךָ / וְיִדְרְשׁוּךָ עַמִּים לֹא יְדָעוּךָ
וִיהַלְלוּךָ כָּל אַפְסֵי אָרֶץ / וְיֹאמְרוּ תָמִיד יִגְדַּל יהוה
וְיִזְנְחוּ אֶת עֲצַבֵּיהֶם / וְיַחְפְּרוּ עִם פְּסִילֵיהֶם
וְיַטּוּ שְׁכֶם אֶחָד לְעָבְדֶךָ / וְיִירָאוּךָ עִם שֶׁמֶשׁ מְבַקְשֵׁי פָנֶיךָ
וְיַכִּירוּ כֹּחַ מַלְכוּתֶךָ / וִילַמְּדוּ תוֹעִים בִּינָה
וִימַלְּלוּ אֶת גְּבוּרָתֶךָ / וִינַשְּׂאוּךָ, מִתְנַשֵּׂא לְכֹל לְרֹאשׁ
וִיסַלְּדוּ בְחִילָה פָּנֶיךָ / וִיעַטְּרוּךָ נֵזֶר תִּפְאָרָה
וְיִפְצְחוּ הָרִים רִנָּה / וְיִצְהֲלוּ אִיִּים בְּמָלְכֶךָ
וִיקַבְּלוּ עֹל מַלְכוּתְךָ עֲלֵיהֶם / וִירוֹמְמוּךָ בִּקְהַל עָם
וְיִשְׁמְעוּ רְחוֹקִים וְיָבוֹאוּ / וְיִתְּנוּ לְךָ כֶּתֶר מְלוּכָה.

וְתִמְלֹךְ אַתָּה יהוה לְבַדֶּךָ עַל כָּל מַעֲשֶׂיךָ
בְּהַר צִיּוֹן מִשְׁכַּן כְּבוֹדֶךָ
וּבִירוּשָׁלַיִם עִיר קָדְשֶׁךָ
כַּכָּתוּב בְּדִבְרֵי קָדְשֶׁךָ
יִמְלֹךְ יהוה לְעוֹלָם, אֱלֹהַיִךְ צִיּוֹן לְדֹר וָדֹר, הַלְלוּיָהּ: תהלים קמו

קָדוֹשׁ אַתָּה וְנוֹרָא שְׁמֶךָ
וְאֵין אֱלוֹהַ מִבַּלְעָדֶיךָ
כַּכָּתוּב
וַיִּגְבַּהּ יהוה צְבָאוֹת בַּמִּשְׁפָּט ישעיה ה
וְהָאֵל הַקָּדוֹשׁ נִקְדַּשׁ בִּצְדָקָה:
בָּרוּךְ אַתָּה יהוה, הַמֶּלֶךְ הַקָּדוֹשׁ.

קדושת היום ומלכיות

אַתָּה בְחַרְתָּנוּ מִכָּל הָעַמִּים
אָהַבְתָּ אוֹתָנוּ וְרָצִיתָ בָּנוּ
וְרוֹמַמְתָּנוּ מִכָּל הַלְּשׁוֹנוֹת
וְקִדַּשְׁתָּנוּ בְּמִצְוֹתֶיךָ
וְקֵרַבְתָּנוּ מַלְכֵּנוּ לַעֲבוֹדָתֶךָ
וְשִׁמְךָ הַגָּדוֹל וְהַקָּדוֹשׁ עָלֵינוּ קָרָאתָ.

בשבת מוסיפים את המילים שבסוגריים.

וַתִּתֶּן לָנוּ יהוה אֱלֹהֵינוּ בְּאַהֲבָה
אֶת יוֹם (הַשַּׁבָּת הַזֶּה וְאֶת יוֹם) הַזִּכָּרוֹן הַזֶּה
יוֹם (זִכְרוֹן) תְּרוּעָה (בְּאַהֲבָה)
מִקְרָא קֹדֶשׁ, זֵכֶר לִיצִיאַת מִצְרָיִם.

וּמִפְּנֵי חֲטָאֵינוּ גָּלִינוּ מֵאַרְצֵנוּ, וְנִתְרַחַקְנוּ מֵעַל אַדְמָתֵנוּ
וְאֵין אֲנַחְנוּ יְכוֹלִים לַעֲשׂוֹת חוֹבוֹתֵינוּ בְּבֵית בְּחִירָתֶךָ
בַּבַּיִת הַגָּדוֹל וְהַקָּדוֹשׁ שֶׁנִּקְרָא שִׁמְךָ עָלָיו
מִפְּנֵי הַיָּד שֶׁנִּשְׁתַּלְּחָה בְּמִקְדָּשֶׁךָ.
יְהִי רָצוֹן מִלְּפָנֶיךָ יהוה אֱלֹהֵינוּ וֵאלֹהֵי אֲבוֹתֵינוּ, מֶלֶךְ רַחֲמָן
שֶׁתָּשׁוּב וּתְרַחֵם עָלֵינוּ וְעַל מִקְדָּשְׁךָ בְּרַחֲמֶיךָ הָרַבִּים
וְתִבְנֵהוּ מְהֵרָה וּתְגַדֵּל כְּבוֹדוֹ.
אָבִינוּ מַלְכֵּנוּ, גַּלֵּה כְּבוֹד מַלְכוּתְךָ עָלֵינוּ מְהֵרָה
וְהוֹפַע וְהִנָּשֵׂא עָלֵינוּ לְעֵינֵי כָּל חָי
וְקָרֵב פְּזוּרֵינוּ מִבֵּין הַגּוֹיִם
וּנְפוּצוֹתֵינוּ כַּנֵּס מִיַּרְכְּתֵי אָרֶץ.

בשבת מוסיפים את המילים שבסוגריים.

וַהֲבִיאֵנוּ לְצִיּוֹן עִירְךָ בְּרִנָּה
וְלִירוּשָׁלַיִם בֵּית מִקְדָּשְׁךָ בְּשִׂמְחַת עוֹלָם
וְשָׁם נַעֲשֶׂה לְפָנֶיךָ אֶת קָרְבְּנוֹת חוֹבוֹתֵינוּ
תְּמִידִים כְּסִדְרָם וּמוּסָפִים כְּהִלְכָתָם
וְאֶת מוּסְפֵי יוֹם (הַשַּׁבָּת הַזֶּה וְיוֹם) הַזִּכָּרוֹן הַזֶּה
נַעֲשֶׂה וְנַקְרִיב לְפָנֶיךָ בְּאַהֲבָה כְּמִצְוַת רְצוֹנֶךָ
כְּמוֹ שֶׁכָּתַבְתָּ עָלֵינוּ בְּתוֹרָתֶךָ
עַל יְדֵי מֹשֶׁה עַבְדֶּךָ מִפִּי כְבוֹדֶךָ, כָּאָמוּר

במדבר כח בשבת: וּבְיוֹם הַשַּׁבָּת, שְׁנֵי־כְבָשִׂים בְּנֵי־שָׁנָה תְּמִימִם
וּשְׁנֵי עֶשְׂרֹנִים סֹלֶת מִנְחָה בְּלוּלָה בַשֶּׁמֶן וְנִסְכּוֹ:
עֹלַת שַׁבַּת בְּשַׁבַּתּוֹ, עַל־עֹלַת הַתָּמִיד וְנִסְכָּהּ:

במדבר כט וּבַחֹדֶשׁ הַשְּׁבִיעִי בְּאֶחָד לַחֹדֶשׁ מִקְרָא־קֹדֶשׁ יִהְיֶה לָכֶם
כָּל־מְלֶאכֶת עֲבֹדָה לֹא תַעֲשׂוּ
יוֹם תְּרוּעָה יִהְיֶה לָכֶם:
וַעֲשִׂיתֶם עֹלָה לְרֵיחַ נִיחֹחַ לַיהוה
פַּר בֶּן־בָּקָר אֶחָד, אַיִל אֶחָד
כְּבָשִׂים בְּנֵי־שָׁנָה שִׁבְעָה תְּמִימִם:

וּמִנְחָתָם וְנִסְכֵּיהֶם כִּמְדֻבָּר
שְׁלֹשָׁה עֶשְׂרֹנִים לַפָּר וּשְׁנֵי עֶשְׂרֹנִים לָאָיִל, וְעִשָּׂרוֹן לַכֶּבֶשׂ
וְיַיִן כְּנִסְכּוֹ, וּשְׁנֵי שְׂעִירִים לְכַפֵּר, וּשְׁנֵי תְמִידִים כְּהִלְכָתָם.

במדבר כט מִלְּבַד עֹלַת הַחֹדֶשׁ וּמִנְחָתָהּ, וְעֹלַת הַתָּמִיד וּמִנְחָתָהּ
וְנִסְכֵּיהֶם כְּמִשְׁפָּטָם, לְרֵיחַ נִיחֹחַ, אִשֶּׁה לַיהוה:

בשבת: יִשְׂמְחוּ בְמַלְכוּתְךָ שׁוֹמְרֵי שַׁבָּת וְקוֹרְאֵי עֹנֶג.
עַם מְקַדְּשֵׁי שְׁבִיעִי
כֻּלָּם יִשְׂבְּעוּ וְיִתְעַנְּגוּ מִטּוּבֶךָ
וּבַשְּׁבִיעִי רָצִיתָ בּוֹ וְקִדַּשְׁתּוֹ
חֶמְדַּת יָמִים אוֹתוֹ קָרָאתָ
זֵכֶר לְמַעֲשֵׂה בְרֵאשִׁית.

פותחים את ארון הקודש.

עָלֵינוּ לְשַׁבֵּחַ לַאֲדוֹן הַכֹּל, לָתֵת גְּדֻלָּה לְיוֹצֵר בְּרֵאשִׁית
שֶׁלֹּא עָשָׂנוּ כְּגוֹיֵי הָאֲרָצוֹת, וְלֹא שָׂמָנוּ כְּמִשְׁפְּחוֹת הָאֲדָמָה

סוגרים את ארון הקודש.

שֶׁלֹּא שָׂם חֶלְקֵנוּ כָּהֶם וְגוֹרָלֵנוּ כְּכָל הֲמוֹנָם.
שֶׁהֵם מִשְׁתַּחֲוִים לְהֶבֶל וָרִיק וּמִתְפַּלְלִים אֶל אֵל לֹא יוֹשִׁיעַ.

פותחים את ארון הקודש.
הקהל כורע בתיבת 'כּוֹרְעִים', ויש קהילות שבהן רק שליח הציבור כורע.

וַאֲנַחְנוּ כּוֹרְעִים וּמִשְׁתַּחֲוִים וּמוֹדִים
לִפְנֵי מֶלֶךְ מַלְכֵי הַמְּלָכִים, הַקָּדוֹשׁ בָּרוּךְ הוּא
שֶׁהוּא נוֹטֶה שָׁמַיִם וְיוֹסֵד אָרֶץ
וּמוֹשַׁב יְקָרוֹ בַּשָּׁמַיִם מִמַּעַל
וּשְׁכִינַת עֻזּוֹ בְּגָבְהֵי מְרוֹמִים.

כשהקהל אומר 'הוּא אֱלֹהֵינוּ', שליח הציבור אומר 'אַתָּה הָרְאֵתָ' (בעמוד הבא).

הוּא אֱלֹהֵינוּ, אֵין עוֹד.
אֱמֶת מַלְכֵּנוּ, אֶפֶס זוּלָתוֹ, כַּכָּתוּב בְּתוֹרָתוֹ
וְיָדַעְתָּ הַיּוֹם וַהֲשֵׁבֹתָ אֶל־לְבָבֶךָ דברים ד
כִּי יהוה הוּא הָאֱלֹהִים בַּשָּׁמַיִם מִמַּעַל וְעַל־הָאָרֶץ מִתָּחַת
אֵין עוֹד:

שליח הציבור אומר:

אַתָּה הָרְאֵתָ לָדַעַת, כִּי יהוה הוּא הָאֱלֹהִים, אֵין עוֹד מִלְבַדּוֹ: דברים ד
וְיָדַעְתָּ הַיּוֹם וַהֲשֵׁבֹתָ אֶל־לְבָבֶךָ, כִּי יהוה הוּא הָאֱלֹהִים בַּשָּׁמַיִם
מִמַּעַל וְעַל־הָאָרֶץ מִתָּחַת, אֵין עוֹד: שְׁמַע יִשְׂרָאֵל, יהוה אֱלֹהֵינוּ, דברים ו
יהוה אֶחָד: הֵן לַיהוה אֱלֹהֶיךָ הַשָּׁמַיִם וּשְׁמֵי הַשָּׁמָיִם, הָאָרֶץ וְכָל־ דברים י
אֲשֶׁר־בָּהּ: כִּי יהוה אֱלֹהֵיכֶם הוּא אֱלֹהֵי הָאֱלֹהִים וַאֲדֹנֵי הָאֲדֹנִים, שם
הָאֵל הַגָּדֹל הַגִּבֹּר וְהַנּוֹרָא אֲשֶׁר לֹא־יִשָּׂא פָנִים וְלֹא יִקַּח שֹׁחַד:
כִּי שֵׁם יהוה אֶקְרָא, הָבוּ גֹדֶל לֵאלֹהֵינוּ: יְהִי שֵׁם יהוה מְבֹרָךְ, דברים לב תהלים קיג
מֵעַתָּה וְעַד־עוֹלָם:

סוגרים את ארון הקודש.

׳רשות׳ למלכיות, זיכרונות ושופרות

אֱלֹהֵינוּ וֵאלֹהֵי אֲבוֹתֵינוּ

הֱיֵה עִם פִּיפִיּוֹת שְׁלוּחֵי עַמְּךָ בֵּית יִשְׂרָאֵל
הָעוֹמְדִים לְבַקֵּשׁ תְּפִלָּה וְתַחֲנוּנִים מִלְּפָנֶיךָ עַל עַמְּךָ בֵּית יִשְׂרָאֵל.

הוֹרֵם מַה שֶּׁיֹּאמְרוּ / הֲבִינֵם מַה שֶּׁיְּדַבֵּרוּ
הֲשִׁיבֵם מַה שֶּׁיִּשְׁאֲלוּ / יַדְּעֵם הֵיךְ יְפָאֵרוּ.

בְּאוֹר פָּנֶיךָ יְהַלֵּכוּן: / בֶּרֶךְ לְךָ יִבְרְכוּן תהלים פט
עַמְּךָ בְּפִיהֶם יְבָרְכוּן / וּמִבִּרְכוֹת פִּיךָ כֻּלָּם יִתְבָּרְכוּן.

עַמְּךָ לְפָנֶיךָ יַעֲבִירוּן / וְהֵם בַּתָּוֶךְ יַעֲבֹרוּן
עֵינֵי עַמְּךָ בָּם תְּלוּיוֹת / וְעֵינֵיהֶם לְךָ מְיַחֲלוֹת.

גָּשִׁים מוּל אֲרוֹן הַקֹּדֶשׁ בְּאֵימָה / לְשַׁכֵּךְ כַּעַס וְחֵמָה
וְעַמְּךָ מְסַבְּבִים אוֹתָם כְּחוֹמָה /
וְאַתָּה מִן הַשָּׁמַיִם תַּשְׁגִּיחַ, אוֹתָם לְרַחֲמָה.

עַיִן נוֹשְׂאִים לְךָ לַשָּׁמַיִם / לֵב שׁוֹפְכִים נִכְחָךְ כַּמַּיִם
וְאַתָּה תִּשְׁמַע מִן הַשָּׁמַיִם. דברי הימים ב׳ ו

יש קהילות שבהן נוהגים שהקהל אומר בלחש עד ׳אֱלֹהֵי יִשְׂרָאֵל׳.

שֶׁלֹּא יִכָּשְׁלוּ בִלְשׁוֹנָם / וְלֹא יִנָּקְשׁוּ בְשִׁנּוּנָם

וְלֹא יֵבוֹשׁוּ בְּמַשְׁעֵנָם / וְלֹא יִכָּלְמוּ בָם שְׁאוֹנָם

וְאַל יֹאמַר פִּיהֶם דָּבָר שֶׁלֹּא כִרְצוֹנֶךָ.

כִּי חֲנוּנֶיךָ יהוה אֱלֹהֵינוּ הֵמָּה חֲנוּנִים / וּמְלֻמָּדֶיךָ הֵמָּה מְלֻמָּדִים.

כְּמָה שֶּׁיָּדַעְנוּ יהוה אֱלֹהֵינוּ

אֵת אֲשֶׁר תָּחֹן יוּחָן, וְאֵת אֲשֶׁר תְּרַחֵם יְרֻחָם.

כַּכָּתוּב בְּתוֹרָתֶךָ

וַיֹּאמֶר, אֲנִי אַעֲבִיר כָּל־טוּבִי עַל־פָּנֶיךָ, וְקָרָאתִי בְשֵׁם יהוה לְפָנֶיךָ שמות לג

וְחַנֹּתִי אֶת־אֲשֶׁר אָחֹן וְרִחַמְתִּי אֶת־אֲשֶׁר אֲרַחֵם:

וְנֶאֱמַר: אַל־יֵבֹשׁוּ בִי קֹוֶיךָ, אֲדֹנָי יֱהוִה צְבָאוֹת תהלים סט

אַל־יִכָּלְמוּ בִי מְבַקְשֶׁיךָ, אֱלֹהֵי יִשְׂרָאֵל:

פותחים את ארון הקודש.

המשך ה׳רשות׳: הבקשה ׳הֱיֵה עִם פִּיפִיּוֹת׳ לעיל הייתה עבור שליחי ציבור בכלל.
׳אוֹחִילָה לָאֵל׳ היא בקשה אישית של שליח הציבור.

סימן א מרובע

אוֹחִילָה לָאֵל, אֲחַלֶּה פָנָיו

אֶשְׁאֲלָה מִמֶּנּוּ מַעֲנֵה לָשׁוֹן.

אֲשֶׁר בִּקְהַל עָם אָשִׁירָה עֻזּוֹ

אַבִּיעָה רְנָנוֹת בְּעַד מִפְעָלָיו.

לְאָדָם מַעַרְכֵי־לֵב וּמֵיהוה מַעֲנֵה לָשׁוֹן: משלי טז

אֲדֹנָי, שְׂפָתַי תִּפְתָּח, וּפִי יַגִּיד תְּהִלָּתֶךָ: תהלים נא

יש שליחי ציבור האומרים פסוק זה בקול, ויש האומרים בלחש:

יִהְיוּ לְרָצוֹן אִמְרֵי־פִי וְהֶגְיוֹן לִבִּי לְפָנֶיךָ, יהוה צוּרִי וְגֹאֲלִי: תהלים יט

סוגרים את ארון הקודש.

יש אומרים את התקיעתא ׳אֶנְסִיכָה מַלְכִּי׳ בעמ׳ 465,
ואם חל בשבת את התקיעתא ׳אֲהַלְלָה׳ בעמ׳ 467.

עַל כֵּן נְקַוֶּה לְּךָ יהוה אֱלֹהֵינוּ, לִרְאוֹת מְהֵרָה בְּתִפְאֶרֶת עֻזֶּךָ
לְהַעֲבִיר גִּלּוּלִים מִן הָאָרֶץ, וְהָאֱלִילִים כָּרוֹת יִכָּרֵתוּן
לְתַקֵּן עוֹלָם בְּמַלְכוּת שַׁדַּי.
וְכָל בְּנֵי בָשָׂר יִקְרְאוּ בִשְׁמֶךָ לְהַפְנוֹת אֵלֶיךָ כָּל רִשְׁעֵי אָרֶץ.
יַכִּירוּ וְיֵדְעוּ כָּל יוֹשְׁבֵי תֵבֵל
כִּי לְךָ תִּכְרַע כָּל בֶּרֶךְ, תִּשָּׁבַע כָּל לָשׁוֹן.
לְפָנֶיךָ יהוה אֱלֹהֵינוּ יִכְרְעוּ וְיִפֹּלוּ, וְלִכְבוֹד שִׁמְךָ יְקָר יִתֵּנוּ
וִיקַבְּלוּ כֻלָּם אֶת עֹל מַלְכוּתֶךָ
וְתִמְלֹךְ עֲלֵיהֶם מְהֵרָה לְעוֹלָם וָעֶד.

פסוקי מלכיות

כִּי הַמַּלְכוּת שֶׁלְּךָ הִיא וּלְעוֹלְמֵי עַד תִּמְלֹךְ בְּכָבוֹד
כַּכָּתוּב בְּתוֹרָתֶךָ
יהוה יִמְלֹךְ לְעֹלָם וָעֶד: שמות טו

וְנֶאֱמַר
לֹא־הִבִּיט אָוֶן בְּיַעֲקֹב, וְלֹא־רָאָה עָמָל בְּיִשְׂרָאֵל במדבר כג
יהוה אֱלֹהָיו עִמּוֹ, וּתְרוּעַת מֶלֶךְ בּוֹ:

וְנֶאֱמַר
וַיְהִי בִישֻׁרוּן מֶלֶךְ, בְּהִתְאַסֵּף רָאשֵׁי עָם דברים לג
יַחַד שִׁבְטֵי יִשְׂרָאֵל:

וּבְדִבְרֵי קָדְשְׁךָ כָּתוּב לֵאמֹר
כִּי לַיהוה הַמְּלוּכָה וּמֹשֵׁל בַּגּוֹיִם: תהלים כב

וְנֶאֱמַר
יהוה מָלָךְ, גֵּאוּת לָבֵשׁ תהלים צג
לָבֵשׁ יהוה עֹז הִתְאַזָּר, אַף־תִּכּוֹן תֵּבֵל בַּל־תִּמּוֹט:

וְנֶאֱמַר
שְׂאוּ שְׁעָרִים רָאשֵׁיכֶם, וְהִנָּשְׂאוּ פִּתְחֵי עוֹלָם תהלים כד
וְיָבוֹא מֶלֶךְ הַכָּבוֹד:
מִי זֶה מֶלֶךְ הַכָּבוֹד, יהוה עִזּוּז וְגִבּוֹר
יהוה גִּבּוֹר מִלְחָמָה:
שְׂאוּ שְׁעָרִים רָאשֵׁיכֶם, וּשְׂאוּ פִּתְחֵי עוֹלָם
וְיָבֹא מֶלֶךְ הַכָּבוֹד:
מִי הוּא זֶה מֶלֶךְ הַכָּבוֹד
יהוה צְבָאוֹת הוּא מֶלֶךְ הַכָּבוֹד סֶלָה:

וְעַל יְדֵי עֲבָדֶיךָ הַנְּבִיאִים כָּתוּב לֵאמֹר
כֹּה־אָמַר יהוה מֶלֶךְ־יִשְׂרָאֵל וְגֹאֲלוֹ, יהוה צְבָאוֹת ישעיה מד
אֲנִי רִאשׁוֹן וַאֲנִי אַחֲרוֹן, וּמִבַּלְעָדַי אֵין אֱלֹהִים:

וְנֶאֱמַר
וְעָלוּ מוֹשִׁעִים בְּהַר צִיּוֹן לִשְׁפֹּט אֶת־הַר עֵשָׂו עובדיה א
וְהָיְתָה לַיהוה הַמְּלוּכָה:

וְנֶאֱמַר
וְהָיָה יהוה לְמֶלֶךְ עַל־כָּל־הָאָרֶץ זכריה יד
בַּיּוֹם הַהוּא יִהְיֶה יהוה אֶחָד וּשְׁמוֹ אֶחָד:

וּבְתוֹרָתְךָ כָּתוּב לֵאמֹר
שְׁמַע יִשְׂרָאֵל, יהוה אֱלֹהֵינוּ יהוה אֶחָד: דברים ו

אֱלֹהֵינוּ וֵאלֹהֵי אֲבוֹתֵינוּ, מְלֹךְ עַל כָּל הָעוֹלָם כֻּלּוֹ בִּכְבוֹדֶךָ
וְהִנָּשֵׂא עַל כָּל הָאָרֶץ בִּיקָרֶךָ
וְהוֹפַע בַּהֲדַר גְּאוֹן עֻזֶּךָ עַל כָּל יוֹשְׁבֵי תֵבֵל אַרְצֶךָ.

וְיֵדַע כָּל פָּעוּל כִּי אַתָּה פְעַלְתּוֹ
וְיָבִין כָּל יָצוּר כִּי אַתָּה יְצַרְתּוֹ
וְיֹאמַר כֹּל אֲשֶׁר נְשָׁמָה בְאַפּוֹ
יהוה אֱלֹהֵי יִשְׂרָאֵל מֶלֶךְ וּמַלְכוּתוֹ בַּכֹּל מָשָׁלָה.

בשבת מוסיפים את המילים שבסוגריים.

(אֱלֹהֵינוּ וֵאלֹהֵי אֲבוֹתֵינוּ, רְצֵה בִמְנוּחָתֵנוּ)
קַדְּשֵׁנוּ בְּמִצְוֹתֶיךָ וְתֵן חֶלְקֵנוּ בְּתוֹרָתֶךָ
שַׂבְּעֵנוּ מִטּוּבֶךָ וְשַׂמְּחֵנוּ בִּישׁוּעָתֶךָ
(וְהַנְחִילֵנוּ יהוה אֱלֹהֵינוּ בְּאַהֲבָה וּבְרָצוֹן שַׁבַּת קָדְשֶׁךָ
וְיָנוּחוּ בָהּ יִשְׂרָאֵל מְקַדְּשֵׁי שְׁמֶךָ)
וְטַהֵר לִבֵּנוּ לְעָבְדְּךָ בֶּאֱמֶת
כִּי אַתָּה אֱלֹהִים אֱמֶת, וּדְבָרְךָ אֱמֶת וְקַיָּם לָעַד.
בָּרוּךְ אַתָּה יהוה, מֶלֶךְ עַל כָּל הָאָרֶץ
מְקַדֵּשׁ (הַשַּׁבָּת וְ) יִשְׂרָאֵל וְיוֹם הַזִּכָּרוֹן.

תוקעים (ובשבת אין תוקעים):

תקיעה שברים תרועה תקיעה
תקיעה שברים תקיעה
תקיעה תרועה תקיעה

הקהל ושליח הציבור אומרים (אפילו בשבת):

הַיּוֹם הֲרַת עוֹלָם, הַיּוֹם יַעֲמִיד בַּמִּשְׁפָּט כָּל יְצוּרֵי עוֹלָמִים
אִם כְּבָנִים אִם כַּעֲבָדִים.
אִם כְּבָנִים, רַחֲמֵנוּ כְּרַחֵם אָב עַל בָּנִים
וְאִם כַּעֲבָדִים, עֵינֵינוּ לְךָ תְלוּיוֹת עַד שֶׁתְּחָנֵּנוּ
וְתוֹצִיא כָאוֹר מִשְׁפָּטֵנוּ, אָיֹם קָדוֹשׁ.

בשבת אין אומרים:

אֲרֶשֶׁת שְׂפָתֵינוּ יֶעֱרַב לְפָנֶיךָ
אֵל רָם וְנִשָּׂא, מֵבִין וּמַאֲזִין, מַבִּיט וּמַקְשִׁיב לְקוֹל תְּקִיעָתֵנוּ.
וּתְקַבֵּל בְּרַחֲמִים וּבְרָצוֹן סֵדֶר מַלְכִיּוֹתֵינוּ.

זיכרונות

יש הפותחים בתקיעתא ׳זֶכֶר תְּחִלַּת כָּל מַעַשׂ׳ בעמ׳ 469,
ואם חל בשבת, בתקיעתא ׳אֶפְחַד בְּמַעֲשַׂי׳ בעמ׳ 472.

אַתָּה זוֹכֵר מַעֲשֵׂה עוֹלָם, וּפוֹקֵד כָּל יְצוּרֵי קֶדֶם
לְפָנֶיךָ נִגְלוּ כָּל תַּעֲלוּמוֹת וַהֲמוֹן נִסְתָּרוֹת שֶׁמִּבְּרֵאשִׁית
כִּי אֵין שִׁכְחָה לִפְנֵי כִסֵּא כְבוֹדֶךָ וְאֵין נִסְתָּר מִנֶּגֶד עֵינֶיךָ.

אַתָּה זוֹכֵר אֶת כָּל הַמִּפְעָל, וְגַם כָּל הַיְצוּר לֹא נִכְחַד מִמֶּךָּ.
הַכֹּל גָּלוּי וְיָדוּעַ לְפָנֶיךָ יהוה אֱלֹהֵינוּ
צוֹפֶה וּמַבִּיט עַד סוֹף כָּל הַדּוֹרוֹת
כִּי תָבִיא חֹק זִכָּרוֹן לְהִפָּקֵד כָּל רוּחַ וָנֶפֶשׁ
לְהִזָּכֵר מַעֲשִׂים רַבִּים, וַהֲמוֹן בְּרִיּוֹת לְאֵין תַּכְלִית.
מֵרֵאשִׁית כָּזֹאת הוֹדַעְתָּ וּמִלְּפָנִים אוֹתָהּ גִּלִּיתָ.
זֶה הַיּוֹם תְּחִלַּת מַעֲשֶׂיךָ, זִכָּרוֹן לְיוֹם רִאשׁוֹן
כִּי חֹק לְיִשְׂרָאֵל הוּא, מִשְׁפָּט לֵאלֹהֵי יַעֲקֹב: תהלים פא

וְעַל הַמְּדִינוֹת בּוֹ יֵאָמֵר
אֵיזוֹ לַחֶרֶב, וְאֵיזוֹ לַשָּׁלוֹם, אֵיזוֹ לָרָעָב, וְאֵיזוֹ לַשֹּׂבַע
וּבְרִיּוֹת בּוֹ יִפָּקֵדוּ, לְהַזְכִּירָם לַחַיִּים וְלַמָּוֶת.

מִי לֹא נִפְקַד כְּהַיּוֹם הַזֶּה
כִּי זֵכֶר כָּל הַיְצוּר לְפָנֶיךָ בָּא
מַעֲשֵׂה אִישׁ וּפְקֻדָּתוֹ, וַעֲלִילוֹת מִצְעֲדֵי גָבֶר
מַחְשְׁבוֹת אָדָם וְתַחְבּוּלוֹתָיו, וְיִצְרֵי מַעַלְלֵי אִישׁ.

אַשְׁרֵי אִישׁ שֶׁלֹּא יִשְׁכָּחֶךָּ, וּבֶן אָדָם יִתְאַמֶּץ בָּךְ
כִּי דוֹרְשֶׁיךָ לְעוֹלָם לֹא יִכָּשֵׁלוּ
וְלֹא יִכָּלְמוּ לָנֶצַח כָּל הַחוֹסִים בָּךְ.
כִּי זֵכֶר כָּל הַמַּעֲשִׂים לְפָנֶיךָ בָּא, וְאַתָּה דוֹרֵשׁ מַעֲשֵׂה כֻלָּם.

וְגַם אֶת נֹחַ בְּאַהֲבָה זָכַרְתָּ, וַתִּפְקְדֵהוּ בִּדְבַר יְשׁוּעָה וְרַחֲמִים
בַּהֲבִיאֲךָ אֶת מֵי הַמַּבּוּל לְשַׁחֵת כָּל בָּשָׂר מִפְּנֵי רֹעַ מַעַלְלֵיהֶם
עַל כֵּן זִכְרוֹנוֹ בָּא לְפָנֶיךָ, יהוה אֱלֹהֵינוּ
לְהַרְבּוֹת זַרְעוֹ כְּעַפְרוֹת תֵּבֵל, וְצֶאֱצָאָיו כְּחוֹל הַיָּם.

פסוקי זיכרונות
כַּכָּתוּב בְּתוֹרָתֶךָ
וַיִּזְכֹּר אֱלֹהִים אֶת־נֹחַ בראשית ח
וְאֵת כָּל־הַחַיָּה וְאֶת־כָּל־הַבְּהֵמָה אֲשֶׁר אִתּוֹ בַּתֵּבָה
וַיַּעֲבֵר אֱלֹהִים רוּחַ עַל־הָאָרֶץ, וַיָּשֹׁכּוּ הַמָּיִם:

וְנֶאֱמַר
וַיִּשְׁמַע אֱלֹהִים אֶת־נַאֲקָתָם שמות ב
וַיִּזְכֹּר אֱלֹהִים אֶת־בְּרִיתוֹ
אֶת־אַבְרָהָם אֶת־יִצְחָק וְאֶת־יַעֲקֹב:

וְנֶאֱמַר
וְזָכַרְתִּי אֶת־בְּרִיתִי יַעֲקוֹב ויקרא כו
וְאַף אֶת־בְּרִיתִי יִצְחָק
וְאַף אֶת־בְּרִיתִי אַבְרָהָם אֶזְכֹּר
וְהָאָרֶץ אֶזְכֹּר:

וּבְדִבְרֵי קָדְשְׁךָ כָּתוּב לֵאמֹר
זֵכֶר עָשָׂה לְנִפְלְאוֹתָיו, חַנּוּן וְרַחוּם יהוה: תהלים קיא

וְנֶאֱמַר

טֶרֶף נָתַן לִירֵאָיו, יִזְכֹּר לְעוֹלָם בְּרִיתוֹ: תהלים קיא

וְנֶאֱמַר

וַיִּזְכֹּר לָהֶם בְּרִיתוֹ, וַיִּנָּחֵם כְּרֹב חֲסָדָו: תהלים קו

וְעַל יְדֵי עֲבָדֶיךָ הַנְּבִיאִים כָּתוּב לֵאמֹר

הָלֹךְ וְקָרָאתָ בְאָזְנֵי יְרוּשָׁלַיִם לֵאמֹר ירמיה ב

כֹּה אָמַר יהוה

זָכַרְתִּי לָךְ חֶסֶד נְעוּרַיִךְ, אַהֲבַת כְּלוּלֹתָיִךְ

לֶכְתֵּךְ אַחֲרַי בַּמִּדְבָּר, בְּאֶרֶץ לֹא זְרוּעָה:

וְנֶאֱמַר

וְזָכַרְתִּי אֲנִי אֶת־בְּרִיתִי אוֹתָךְ בִּימֵי נְעוּרָיִךְ יחזקאל טז

וַהֲקִימוֹתִי לָךְ בְּרִית עוֹלָם:

וְנֶאֱמַר

הֲבֵן יַקִּיר לִי אֶפְרַיִם, אִם יֶלֶד שַׁעֲשׁוּעִים ירמיה לא

כִּי־מִדֵּי דַבְּרִי בּוֹ, זָכֹר אֶזְכְּרֶנּוּ עוֹד

עַל־כֵּן הָמוּ מֵעַי לוֹ

רַחֵם אֲרַחֲמֶנּוּ נְאֻם־יהוה:

אֱלֹהֵינוּ וֵאלֹהֵי אֲבוֹתֵינוּ, זָכְרֵנוּ בְּזִכָּרוֹן טוֹב לְפָנֶיךָ

וּפָקְדֵנוּ בִּפְקֻדַּת יְשׁוּעָה וְרַחֲמִים מִשְּׁמֵי שְׁמֵי קֶדֶם

וּזְכָר לָנוּ יהוה אֱלֹהֵינוּ אֶת הַבְּרִית וְאֶת הַחֶסֶד וְאֶת הַשְּׁבוּעָה

אֲשֶׁר נִשְׁבַּעְתָּ לְאַבְרָהָם אָבִינוּ בְּהַר הַמּוֹרִיָּה

וְתֵרָאֶה לְפָנֶיךָ עֲקֵדָה

שֶׁעָקַד אַבְרָהָם אָבִינוּ אֶת יִצְחָק בְּנוֹ עַל גַּבֵּי הַמִּזְבֵּחַ

וְכָבַשׁ רַחֲמָיו, לַעֲשׂוֹת רְצוֹנְךָ בְּלֵבָב שָׁלֵם.

כֵּן יִכְבְּשׁוּ רַחֲמֶיךָ אֶת כַּעַסְךָ מֵעָלֵינוּ
וּבְטוּבְךָ הַגָּדוֹל יָשׁוּב חֲרוֹן אַפְּךָ
מֵעַמְּךָ וּמֵעִירְךָ וּמֵאַרְצְךָ וּמִנַּחֲלָתֶךָ.
וְקַיֶּם לָנוּ יהוה אֱלֹהֵינוּ אֶת הַדָּבָר שֶׁהִבְטַחְתָּנוּ בְּתוֹרָתֶךָ
עַל יְדֵי מֹשֶׁה עַבְדֶּךָ, מִפִּי כְבוֹדֶךָ
כָּאָמוּר
וְזָכַרְתִּי לָהֶם בְּרִית רִאשֹׁנִים ויקרא כו
אֲשֶׁר הוֹצֵאתִי־אֹתָם מֵאֶרֶץ מִצְרַיִם לְעֵינֵי הַגּוֹיִם
לִהְיוֹת לָהֶם לֵאלֹהִים, אֲנִי יהוה:
כִּי זוֹכֵר כָּל הַנִּשְׁכָּחוֹת אַתָּה הוּא מֵעוֹלָם
וְאֵין שִׁכְחָה לִפְנֵי כִסֵּא כְבוֹדֶךָ
וַעֲקֵדַת יִצְחָק לְזַרְעוֹ הַיּוֹם בְּרַחֲמִים תִּזְכֹּר.
בָּרוּךְ אַתָּה יהוה, זוֹכֵר הַבְּרִית.

תוקעים (ובשבת אין תוקעים):

תקיעה שברים תרועה תקיעה
תקיעה שברים תקיעה
תקיעה תרועה תקיעה

הקהל ושליח הציבור אומרים (אפילו בשבת):

הַיּוֹם הֲרַת עוֹלָם, הַיּוֹם יַעֲמִיד בַּמִּשְׁפָּט כָּל יְצוּרֵי עוֹלָמִים
אִם כְּבָנִים אִם כַּעֲבָדִים.
אִם כְּבָנִים, רַחֲמֵנוּ כְּרַחֵם אָב עַל בָּנִים
וְאִם כַּעֲבָדִים, עֵינֵינוּ לְךָ תְלוּיוֹת עַד שֶׁתְּחָנֵּנוּ
וְתוֹצִיא כָאוֹר מִשְׁפָּטֵנוּ, אָיֹם קָדוֹשׁ.

בשבת אין אומרים:

אֲרֶשֶׁת שְׂפָתֵינוּ יֶעֱרַב לְפָנֶיךָ
אֵל רָם וְנִשָּׂא, מֵבִין וּמַאֲזִין, מַבִּיט וּמַקְשִׁיב לְקוֹל תְּקִיעָתֵנוּ.
וּתְקַבֵּל בְּרַחֲמִים וּבְרָצוֹן סֵדֶר זִכְרוֹנוֹתֵינוּ.

שופרות

יש הפותחים בתקיעתא ׳אֶשָּׁא דֵעִי׳ בעמ׳ 474,
ואם חל בשבת, בתקיעתא ׳אֲנוּסָה לְעֶזְרָה׳ בעמ׳ 477.

אַתָּה נִגְלֵיתָ בַּעֲנַן כְּבוֹדְךָ עַל עַם קָדְשְׁךָ לְדַבֵּר עִמָּם
מִן הַשָּׁמַיִם הִשְׁמַעְתָּם קוֹלֶךָ, וְנִגְלֵיתָ עֲלֵיהֶם בְּעַרְפְלֵּי טֹהַר.
גַּם כָּל הָעוֹלָם כֻּלּוֹ חָל מִפָּנֶיךָ, וּבְרִיּוֹת בְּרֵאשִׁית חָרְדוּ מִמֶּךָּ
בְּהִגָּלוֹתְךָ מַלְכֵּנוּ עַל הַר סִינַי, לְלַמֵּד לְעַמְּךָ תּוֹרָה וּמִצְוֹת
וַתַּשְׁמִיעֵם אֶת הוֹד קוֹלֶךָ, וְדִבְּרוֹת קָדְשְׁךָ מִלַּהֲבוֹת אֵשׁ.
בְּקוֹלוֹת וּבְרָקִים עֲלֵיהֶם נִגְלֵיתָ, וּבְקוֹל שׁוֹפָר עֲלֵיהֶם הוֹפָעְתָּ.

פסוקי שופרות

כַּכָּתוּב בְּתוֹרָתֶךָ
וַיְהִי בַיּוֹם הַשְּׁלִישִׁי בִּהְיֹת הַבֹּקֶר שמות יט
וַיְהִי קֹלֹת וּבְרָקִים וְעָנָן כָּבֵד עַל־הָהָר
וְקֹל שֹׁפָר חָזָק מְאֹד, וַיֶּחֱרַד כָּל־הָעָם אֲשֶׁר בַּמַּחֲנֶה:

וְנֶאֱמַר
וַיְהִי קוֹל הַשֹּׁפָר הוֹלֵךְ וְחָזֵק מְאֹד שמות יט
מֹשֶׁה יְדַבֵּר, וְהָאֱלֹהִים יַעֲנֶנּוּ בְקוֹל:

וְנֶאֱמַר
וְכָל־הָעָם רֹאִים אֶת־הַקּוֹלֹת וְאֶת־הַלַּפִּידִם שמות כ
וְאֵת קוֹל הַשֹּׁפָר, וְאֶת־הָהָר עָשֵׁן
וַיַּרְא הָעָם וַיָּנֻעוּ, וַיַּעַמְדוּ מֵרָחֹק:

וּבְדִבְרֵי קָדְשְׁךָ כָּתוּב לֵאמֹר

עָלָה אֱלֹהִים בִּתְרוּעָה, יהוה בְּקוֹל שׁוֹפָר: תהלים מז

וְנֶאֱמַר

בַּחֲצֹצְרוֹת וְקוֹל שׁוֹפָר, הָרִיעוּ לִפְנֵי הַמֶּלֶךְ יהוה: תהלים צח

וְנֶאֱמַר

תִּקְעוּ בַחֹדֶשׁ שׁוֹפָר, בַּכֶּסֶה לְיוֹם חַגֵּנוּ: תהלים פא

כִּי חֹק לְיִשְׂרָאֵל הוּא, מִשְׁפָּט לֵאלֹהֵי יַעֲקֹב:

וְנֶאֱמַר

הַלְלוּיָהּ, הַלְלוּ־אֵל בְּקָדְשׁוֹ הַלְלוּהוּ בִּרְקִיעַ עֻזּוֹ: תהלים קנ

הַלְלוּהוּ בִגְבוּרֹתָיו הַלְלוּהוּ כְּרֹב גֻּדְלוֹ:

הַלְלוּהוּ בְּתֵקַע שׁוֹפָר הַלְלוּהוּ בְּנֵבֶל וְכִנּוֹר:

הַלְלוּהוּ בְתֹף וּמָחוֹל הַלְלוּהוּ בְּמִנִּים וְעֻגָב:

הַלְלוּהוּ בְצִלְצְלֵי־שָׁמַע הַלְלוּהוּ בְּצִלְצְלֵי תְרוּעָה:

כֹּל הַנְּשָׁמָה תְּהַלֵּל יָהּ, הַלְלוּיָהּ:

וְעַל יְדֵי עֲבָדֶיךָ הַנְּבִיאִים כָּתוּב לֵאמֹר

כָּל־יֹשְׁבֵי תֵבֵל וְשֹׁכְנֵי אָרֶץ ישעיה יח

כִּנְשֹׂא־נֵס הָרִים תִּרְאוּ, וְכִתְקֹעַ שׁוֹפָר תִּשְׁמָעוּ:

וְנֶאֱמַר

וְהָיָה בַּיּוֹם הַהוּא יִתָּקַע בְּשׁוֹפָר גָּדוֹל ישעיה כז

וּבָאוּ הָאֹבְדִים בְּאֶרֶץ אַשּׁוּר, וְהַנִּדָּחִים בְּאֶרֶץ מִצְרָיִם

וְהִשְׁתַּחֲווּ לַיהוה בְּהַר הַקֹּדֶשׁ בִּירוּשָׁלָםִ:

וְנֶאֱמַר

וַיהוה עֲלֵיהֶם יֵרָאֶה, וְיָצָא כַבָּרָק חִצּוֹ זכריה ט

וַאדֹנָי יֱהוִה בַּשּׁוֹפָר יִתְקָע, וְהָלַךְ בְּסַעֲרוֹת תֵּימָן:

יהוה צְבָאוֹת יָגֵן עֲלֵיהֶם:

כֵּן תָּגֵן עַל עַמְּךָ יִשְׂרָאֵל בִּשְׁלוֹמֶךָ.

אֱלֹהֵינוּ וֵאלֹהֵי אֲבוֹתֵינוּ
תְּקַע בְּשׁוֹפָר גָּדוֹל לְחֵרוּתֵנוּ
וְשָׂא נֵס לְקַבֵּץ גָּלֻיּוֹתֵינוּ
וְקָרֵב פְּזוּרֵינוּ מִבֵּין הַגּוֹיִם, וּנְפוּצוֹתֵינוּ כַּנֵּס מִיַּרְכְּתֵי אָרֶץ.
וַהֲבִיאֵנוּ לְצִיּוֹן עִירְךָ בְּרִנָּה
וְלִירוּשָׁלַיִם בֵּית מִקְדָּשְׁךָ בְּשִׂמְחַת עוֹלָם
וְשָׁם נַעֲשֶׂה לְפָנֶיךָ אֶת קָרְבְּנוֹת חוֹבוֹתֵינוּ
כִּמְצֻוֶּה עָלֵינוּ בְּתוֹרָתֶךָ עַל יְדֵי מֹשֶׁה עַבְדֶּךָ, מִפִּי כְבוֹדֶךָ
כָּאָמוּר
וּבְיוֹם שִׂמְחַתְכֶם וּבְמוֹעֲדֵיכֶם וּבְרָאשֵׁי חָדְשֵׁכֶם במדבר י
וּתְקַעְתֶּם בַּחֲצֹצְרֹת עַל עֹלֹתֵיכֶם וְעַל זִבְחֵי שַׁלְמֵיכֶם
וְהָיוּ לָכֶם לְזִכָּרוֹן לִפְנֵי אֱלֹהֵיכֶם, אֲנִי יהוה אֱלֹהֵיכֶם:

כִּי אַתָּה שׁוֹמֵעַ קוֹל שׁוֹפָר וּמַאֲזִין תְּרוּעָה, וְאֵין דּוֹמֶה לָּךְ.
בָּרוּךְ אַתָּה יהוה, שׁוֹמֵעַ קוֹל תְּרוּעַת עַמּוֹ יִשְׂרָאֵל בְּרַחֲמִים.

תוקעים (ובשבת אין תוקעים):

תקיעה שברים תרועה תקיעה
תקיעה שברים תקיעה
תקיעה תרועה תקיעה

הקהל ושליח הציבור אומרים (אפילו בשבת):

הַיּוֹם הֲרַת עוֹלָם, הַיּוֹם יַעֲמִיד בַּמִּשְׁפָּט כָּל יְצוּרֵי עוֹלָמִים
אִם כְּבָנִים אִם כַּעֲבָדִים.
אִם כְּבָנִים, רַחֲמֵנוּ כְּרַחֵם אָב עַל בָּנִים
וְאִם כַּעֲבָדִים, עֵינֵינוּ לְךָ תְלוּיוֹת עַד שֶׁתְּחָנֵּנוּ
וְתוֹצִיא כָאוֹר מִשְׁפָּטֵנוּ, אָיֹם קָדוֹשׁ.

בשבת אין אומרים:

אֲרֶשֶׁת שְׂפָתֵינוּ יֶעֱרַב לְפָנֶיךָ
אֵל רָם וְנִשָּׂא, מֵבִין וּמַאֲזִין
מַבִּיט וּמַקְשִׁיב לְקוֹל תְּקִיעָתֵנוּ.
וּתְקַבֵּל בְּרַחֲמִים וּבְרָצוֹן סֵדֶר שׁוֹפְרוֹתֵינוּ.

עבודה

רְצֵה יהוה אֱלֹהֵינוּ בְּעַמְּךָ יִשְׂרָאֵל, וּבִתְפִלָּתָם
וְהָשֵׁב אֶת הָעֲבוֹדָה לִדְבִיר בֵּיתֶךָ
וְאִשֵּׁי יִשְׂרָאֵל וּתְפִלָּתָם בְּאַהֲבָה תְקַבֵּל בְּרָצוֹן
וּתְהִי לְרָצוֹן תָּמִיד עֲבוֹדַת יִשְׂרָאֵל עַמֶּךָ.

אם כוהנים עולים לברך, אומרים כאן ׳וְתֶעֱרַב׳.
אם אין כוהנים, שליח הציבור ממשיך ׳וְתֶחֱזֶינָה׳ למטה.

בארץ ישראל:

קהל וש״ץ: וְתֶעֱרַב עָלֶיךָ עֲתִירָתֵנוּ כְּעוֹלָה וּכְקָרְבָּן. אָנָּא רַחוּם, בְּרַחֲמֶיךָ
הָרַבִּים הָשֵׁב שְׁכִינָתְךָ לְצִיּוֹן עִירְךָ, וְסֵדֶר הָעֲבוֹדָה לִירוּשָׁלָיִם.
וְשָׁם נַעֲבָדְךָ בְּיִרְאָה כִּימֵי עוֹלָם וּכְשָׁנִים קַדְמוֹנִיּוֹת.

שליח הציבור ממשיך ׳וְתֶחֱזֶינָה׳ למטה.

בחוץ לארץ:

קהל וש״ץ: וְתֶעֱרַב עָלֶיךָ עֲתִירָתֵנוּ כְּעוֹלָה וּכְקָרְבָּן. אָנָּא רַחוּם, בְּרַחֲמֶיךָ
הָרַבִּים הָשֵׁב שְׁכִינָתְךָ לְצִיּוֹן עִירְךָ, וְסֵדֶר הָעֲבוֹדָה לִירוּשָׁלָיִם.
וְתֶחֱזֶינָה עֵינֵינוּ בְּשׁוּבְךָ לְצִיּוֹן בְּרַחֲמִים. וְשָׁם נַעֲבָדְךָ בְּיִרְאָה
כִּימֵי עוֹלָם וּכְשָׁנִים קַדְמוֹנִיּוֹת.

ש״ץ: בָּרוּךְ אַתָּה יהוה שֶׁאוֹתְךָ לְבַדְּךָ בְּיִרְאָה נַעֲבֹד.

ממשיכים ׳מוֹדִים׳ בעמוד הבא.

וְתֶחֱזֶינָה עֵינֵינוּ בְּשׁוּבְךָ לְצִיּוֹן בְּרַחֲמִים.
בָּרוּךְ אַתָּה יהוה, הַמַּחֲזִיר שְׁכִינָתוֹ לְצִיּוֹן.

הודאה

כורע ב׳מודים׳ ואינו זוקף עד אמירת השם.

מוֹדִים אֲנַחְנוּ לָךְ
שָׁאַתָּה הוּא יהוה אֱלֹהֵינוּ
וֵאלֹהֵי אֲבוֹתֵינוּ לְעוֹלָם וָעֶד.
צוּר חַיֵּינוּ, מָגֵן יִשְׁעֵנוּ
אַתָּה הוּא לְדוֹר וָדוֹר.
נוֹדֶה לְּךָ וּנְסַפֵּר תְּהִלָּתֶךָ
עַל חַיֵּינוּ הַמְּסוּרִים בְּיָדֶךָ
וְעַל נִשְׁמוֹתֵינוּ הַפְּקוּדוֹת לָךְ
וְעַל נִסֶּיךָ שֶׁבְּכָל יוֹם עִמָּנוּ
וְעַל נִפְלְאוֹתֶיךָ וְטוֹבוֹתֶיךָ
שֶׁבְּכָל עֵת, עֶרֶב וָבֹקֶר וְצָהֳרָיִם.
הַטּוֹב, כִּי לֹא כָלוּ רַחֲמֶיךָ
וְהַמְרַחֵם, כִּי לֹא תַמּוּ חֲסָדֶיךָ
מֵעוֹלָם קִוִּינוּ לָךְ.

כששליח הציבור אומר ׳מודים׳, הקהל אומר בלחש:

מוֹדִים אֲנַחְנוּ לָךְ
שָׁאַתָּה הוּא יהוה אֱלֹהֵינוּ
וֵאלֹהֵי אֲבוֹתֵינוּ
אֱלֹהֵי כָל בָּשָׂר
יוֹצְרֵנוּ, יוֹצֵר בְּרֵאשִׁית.
בְּרָכוֹת וְהוֹדָאוֹת
לְשִׁמְךָ הַגָּדוֹל וְהַקָּדוֹשׁ
עַל שֶׁהֶחֱיִיתָנוּ וְקִיַּמְתָּנוּ.
כֵּן תְּחַיֵּנוּ וּתְקַיְּמֵנוּ
וְתֶאֱסֹף גָּלֻיּוֹתֵינוּ
לְחַצְרוֹת קָדְשֶׁךָ
לִשְׁמֹר חֻקֶּיךָ וְלַעֲשׂוֹת רְצוֹנֶךָ
וּלְעָבְדְּךָ בְּלֵבָב שָׁלֵם
עַל שֶׁאֲנַחְנוּ מוֹדִים לָךְ.
בָּרוּךְ אֵל הַהוֹדָאוֹת.

וְעַל כֻּלָּם יִתְבָּרַךְ וְיִתְרוֹמַם שִׁמְךָ מַלְכֵּנוּ תָּמִיד לְעוֹלָם וָעֶד.

קהל ואחריו שליח הציבור:

אָבִינוּ מַלְכֵּנוּ, זְכֹר רַחֲמֶיךָ וּכְבֹשׁ כַּעַסְךָ
וְכַלֵּה דֶּבֶר, וְחֶרֶב, וְרָעָב, וּשְׁבִי
וּמַשְׁחִית, וְעָוֹן וּמַגֵּפָה, וּפֶגַע רַע
וְכָל מַחֲלָה, וְכָל תַּקָּלָה, וְכָל קְטָטָה, וְכָל מִינֵי פֻרְעָנִיּוֹת
וְכָל גְּזֵרָה רָעָה, וְשִׂנְאַת חִנָּם מֵעָלֵינוּ וּמֵעַל כָּל בְּנֵי בְרִיתֶךָ.

קהל ואחריו שליח הציבור:

וּכְתֹב לְחַיִּים טוֹבִים כָּל בְּנֵי בְרִיתֶךָ.

וְכֹל הַחַיִּים יוֹדְוּךָ סֶּלָה, וִיהַלְלוּ אֶת שִׁמְךָ בֶּאֱמֶת
הָאֵל יְשׁוּעָתֵנוּ וְעֶזְרָתֵנוּ סֶלָה.
בָּרוּךְ אַתָּה יהוה, הַטּוֹב שִׁמְךָ וּלְךָ נָאֶה לְהוֹדוֹת.

ברכת כוהנים

אם יותר מכוהן אחד עולה לדוכן, הגבאי קורא:

כֹּהֲנִים

הכוהנים מברכים:

בָּרוּךְ אַתָּה יהוה אֱלֹהֵינוּ מֶלֶךְ הָעוֹלָם, אֲשֶׁר קִדְּשָׁנוּ בִּקְדֻשָּׁתוֹ שֶׁל אַהֲרֹן, וְצִוָּנוּ לְבָרֵךְ אֶת עַמּוֹ יִשְׂרָאֵל בְּאַהֲבָה.

שליח הציבור מקריא מילה במילה, והכוהנים אחריו:

במדבר ו **יְבָרֶכְךָ יהוה וְיִשְׁמְרֶךָ:** קהל: **אָמֵן**
יָאֵר יהוה פָּנָיו אֵלֶיךָ וִיחֻנֶּךָּ: קהל: **אָמֵן**
יִשָּׂא יהוה פָּנָיו אֵלֶיךָ וְיָשֵׂם לְךָ שָׁלוֹם: קהל: **אָמֵן**

שליח הציבור ממשיך ׳שִׂים שָׁלוֹם׳.

הכוהנים אומרים:

רִבּוֹנוֹ שֶׁל עוֹלָם, עָשִׂינוּ מַה שֶּׁגָּזַרְתָּ עָלֵינוּ, אַף אַתָּה עֲשֵׂה עִמָּנוּ כְּמוֹ שֶׁהִבְטַחְתָּנוּ. הַשְׁקִיפָה מִמְּעוֹן
דברים כו **קָדְשְׁךָ מִן־הַשָּׁמַיִם, וּבָרֵךְ אֶת־עַמְּךָ אֶת־יִשְׂרָאֵל, וְאֵת הָאֲדָמָה אֲשֶׁר נָתַתָּה לָנוּ, כַּאֲשֶׁר נִשְׁבַּעְתָּ לַאֲבוֹתֵינוּ, אֶרֶץ זָבַת חָלָב וּדְבָשׁ:**

הקהל אומר:

אַדִּיר בַּמָּרוֹם שׁוֹכֵן בִּגְבוּרָה, אַתָּה שָׁלוֹם וְשִׁמְךָ שָׁלוֹם. יְהִי רָצוֹן שֶׁתָּשִׂים עָלֵינוּ וְעַל כָּל עַמְּךָ בֵּית יִשְׂרָאֵל חַיִּים וּבְרָכָה לְמִשְׁמֶרֶת שָׁלוֹם.

אם אין כוהנים העולים לדוכן, שליח הציבור אומר:

אֱלֹהֵינוּ וֵאלֹהֵי אֲבוֹתֵינוּ, בָּרְכֵנוּ בַּבְּרָכָה הַמְשֻׁלֶּשֶׁת בַּתּוֹרָה, הַכְּתוּבָה עַל יְדֵי מֹשֶׁה עַבְדֶּךָ, הָאֲמוּרָה מִפִּי אַהֲרֹן וּבָנָיו כֹּהֲנִים עַם קְדוֹשֶׁיךָ, כָּאָמוּר

במדבר ו **יְבָרֶכְךָ יהוה וְיִשְׁמְרֶךָ:** קהל: **כֵּן יְהִי רָצוֹן**
יָאֵר יהוה פָּנָיו אֵלֶיךָ וִיחֻנֶּךָּ: קהל: **כֵּן יְהִי רָצוֹן**
יִשָּׂא יהוה פָּנָיו אֵלֶיךָ וְיָשֵׂם לְךָ שָׁלוֹם: קהל: **כֵּן יְהִי רָצוֹן**

שלום

שִׂים שָׁלוֹם טוֹבָה וּבְרָכָה, חֵן וָחֶסֶד וְרַחֲמִים
עָלֵינוּ וְעַל כָּל יִשְׂרָאֵל עַמֶּךָ.
בָּרְכֵנוּ אָבִינוּ כֻּלָּנוּ כְּאֶחָד בְּאוֹר פָּנֶיךָ
כִּי בְאוֹר פָּנֶיךָ נָתַתָּ לָּנוּ, יהוה אֱלֹהֵינוּ
תּוֹרַת חַיִּים וְאַהֲבַת חֶסֶד
וּצְדָקָה וּבְרָכָה וְרַחֲמִים וְחַיִּים וְשָׁלוֹם.
וְטוֹב בְּעֵינֶיךָ לְבָרֵךְ אֶת עַמְּךָ יִשְׂרָאֵל
בְּכָל עֵת וּבְכָל שָׁעָה בִּשְׁלוֹמֶךָ.

קהל ואחריו שליח הציבור:

בְּסֵפֶר חַיִּים, בְּרָכָה וְשָׁלוֹם, וּפַרְנָסָה טוֹבָה
נִזָּכֵר וְנִכָּתֵב לְפָנֶיךָ
אֲנַחְנוּ וְכָל עַמְּךָ בֵּית יִשְׂרָאֵל
לְחַיִּים טוֹבִים וּלְשָׁלוֹם.

שליח הציבור ממשיך:

וְנֶאֱמַר:
כִּי־בִי יִרְבּוּ יָמֶיךָ משלי ט
וְיוֹסִיפוּ לְךָ שְׁנוֹת חַיִּים:
לְחַיִּים טוֹבִים תִּכְתְּבֵנוּ
אֱלֹהִים חַיִּים, כָּתְבֵנוּ בְּסֵפֶר הַחַיִּים.
כַּכָּתוּב:
וְאַתֶּם הַדְּבֵקִים בַּיהוה אֱלֹהֵיכֶם דברים ד
חַיִּים כֻּלְּכֶם הַיּוֹם:

פותחים את ארון הקודש.

נוהגים לומר כאן שבע שורות מהפיוט ׳הַיּוֹם תְּאַמְּצֵנוּ׳. הפיוט המלא בעמ׳ 479.
הקהל אומר את השורות אחת אחת, ושליח הציבור חוזר עליהן.
לאחר שליח הציבור הקהל עונה ׳אָמֵן׳ וממשיך בשורה הבאה.

סימן א״ב

הַיּוֹם תְּאַמְּצֵנוּ. אָמֵן
הַיּוֹם תְּבָרְכֵנוּ. אָמֵן
הַיּוֹם תְּגַדְּלֵנוּ. אָמֵן
הַיּוֹם תִּדְרְשֵׁנוּ לְטוֹבָה. אָמֵן
הַיּוֹם תִּשְׁמַע שַׁוְעָתֵנוּ. אָמֵן
הַיּוֹם תְּקַבֵּל בְּרַחֲמִים וּבְרָצוֹן אֶת תְּפִלָּתֵנוּ. אָמֵן
הַיּוֹם תִּתְמְכֵנוּ בִּימִין צִדְקֶךָ. אָמֵן

סוגרים את ארון הקודש.

שליח הציבור ממשיך:

כְּהַיּוֹם הַזֶּה תְּבִיאֵנוּ, שָׂשִׂים וּשְׂמֵחִים בְּבִנְיַן שָׁלֵם.

כַּכָּתוּב

ישעיה נו וַהֲבִיאוֹתִים אֶל־הַר קָדְשִׁי וְשִׂמַּחְתִּים בְּבֵית תְּפִלָּתִי
עוֹלֹתֵיהֶם וְזִבְחֵיהֶם לְרָצוֹן עַל־מִזְבְּחִי
כִּי בֵיתִי בֵּית־תְּפִלָּה יִקָּרֵא לְכָל־הָעַמִּים:

וְנֶאֱמַר

דברים ו וַיְצַוֵּנוּ יהוה לַעֲשׂוֹת אֶת־כָּל־הַחֻקִּים הָאֵלֶּה
לְיִרְאָה אֶת־יהוה אֱלֹהֵינוּ
לְטוֹב לָנוּ כָּל־הַיָּמִים לְחַיֹּתֵנוּ כְּהַיּוֹם הַזֶּה:

וְנֶאֱמַר

דברים ו וּצְדָקָה תִּהְיֶה־לָּנוּ, כִּי־נִשְׁמֹר לַעֲשׂוֹת אֶת־כָּל־הַמִּצְוָה הַזֹּאת
לִפְנֵי יהוה אֱלֹהֵינוּ, כַּאֲשֶׁר צִוָּנוּ:

וּצְדָקָה וּבְרָכָה וְרַחֲמִים וְחַיִּים וְשָׁלוֹם
יִהְיֶה לָנוּ וּלְכָל יִשְׂרָאֵל עַד הָעוֹלָם.*

שליח הציבור מסיים:

בָּרוּךְ אַתָּה יהוה, הַמְבָרֵךְ אֶת עַמּוֹ יִשְׂרָאֵל בַּשָּׁלוֹם.

*בחוץ לארץ מסיימים: **בָּרוּךְ אַתָּה יהוה, עוֹשֶׂה הַשָּׁלוֹם.**

שליח הציבור מסיים בלחש:

יִהְיוּ לְרָצוֹן אִמְרֵי־פִי וְהֶגְיוֹן לִבִּי לְפָנֶיךָ, יהוה צוּרִי וְגֹאֲלִי: תהלים יט

בסוף התפילה תוקעים בשופר להשלים למאה קולות,
אך אין תוקעים בשבת.

בקהילות הספרדים נוהגים לתקוע עשרה קולות באמצע קדיש שלם,
ומנהג זה התקבל ברוב בתי הכנסת המתפללים בנוסח ספרד
(ויש התוקעים אחרי הקדיש). יש קהילות בחו״ל שאימצו מנהג זה בחלקו,
ובהן תוקעים ארבעים קולות באמצע הקדיש.

המנהג הנפוץ בקהילות אשכנז הוא לתקוע שלושים קולות בסוף הקדיש
ועוד עשרה לפני ׳עָלֵינוּ׳.

קדיש שלם

ש״ץ: יִתְגַּדַּל וְיִתְקַדַּשׁ שְׁמֵהּ רַבָּא (קהל: אָמֵן)
בְּעָלְמָא דִּי בְרָא כִרְעוּתֵהּ
וְיַמְלִיךְ מַלְכוּתֵהּ
בְּחַיֵּיכוֹן וּבְיוֹמֵיכוֹן וּבְחַיֵּי דְכָל בֵּית יִשְׂרָאֵל
בַּעֲגָלָא וּבִזְמַן קָרִיב
וְאִמְרוּ אָמֵן. (קהל: אָמֵן)

קהל וש״ץ: יְהֵא שְׁמֵהּ רַבָּא מְבָרַךְ לְעָלַם וּלְעָלְמֵי עָלְמַיָּא.

ש״ץ: יִתְבָּרַךְ וְיִשְׁתַּבַּח וְיִתְפָּאַר וְיִתְרוֹמַם וְיִתְנַשֵּׂא
וְיִתְהַדָּר וְיִתְעַלֶּה וְיִתְהַלָּל
שְׁמֵהּ דְּקֻדְשָׁא בְּרִיךְ הוּא (קהל: בְּרִיךְ הוּא)
לְעֵלָּא לְעֵלָּא מִכָּל בִּרְכָתָא וְשִׁירָתָא, תֻּשְׁבְּחָתָא וְנֶחֱמָתָא
דַּאֲמִירָן בְּעָלְמָא
וְאִמְרוּ אָמֵן. (קהל: אָמֵן)

יש התוקעים כאן להשלים למאה קולות (ראה בעמוד הקודם).

תִּתְקַבַּל צְלוֹתְהוֹן וּבָעוּתְהוֹן דְּכָל יִשְׂרָאֵל
קֳדָם אֲבוּהוֹן דִּי בִשְׁמַיָּא
וְאִמְרוּ אָמֵן. (קהל: אָמֵן)

יְהֵא שְׁלָמָא רַבָּא מִן שְׁמַיָּא
וְחַיִּים, עָלֵינוּ וְעַל כָּל יִשְׂרָאֵל
וְאִמְרוּ אָמֵן. (קהל: אָמֵן)

כורע ופוסע שלוש פסיעות לאחור. קד לשמאל, לימין ולפנים באמירת:

עֹשֶׂה הַשָּׁלוֹם בִּמְרוֹמָיו
הוּא יַעֲשֶׂה שָׁלוֹם עָלֵינוּ וְעַל כָּל יִשְׂרָאֵל
וְאִמְרוּ אָמֵן. (קהל: אָמֵן)

המקריא קורא את התקיעות כסדרן אחת אחת, והתוקע יתקע:

תקיעה שברים תרועה תקיעה
תקיעה שברים תרועה תקיעה
תקיעה שברים תרועה תקיעה

תקיעה שברים תקיעה
תקיעה שברים תקיעה
תקיעה שברים תקיעה

תקיעה תרועה תקיעה
תקיעה תרועה תקיעה
תקיעה תרועה תקיעה

יש האומרים פסוקים אלה כבנוסח ספרד:

קַוֵּה אֶל־יהוה, חֲזַק וְיַאֲמֵץ לִבֶּךָ, וְקַוֵּה אֶל־יהוה: תהלים כז
אֵין־קָדוֹשׁ כַּיהוה, כִּי־אֵין בִּלְתֶּךָ, וְאֵין צוּר כֵּאלֹהֵינוּ: שמואל א׳ ב
כִּי מִי אֱלוֹהַּ מִבַּלְעֲדֵי יהוה, וּמִי צוּר זוּלָתִי אֱלֹהֵינוּ: תהלים יח

פתיחה לסדר הקטורת מסדר רב עמרם גאון

אֵין כֵּאלֹהֵינוּ, אֵין כַּאדוֹנֵינוּ, אֵין כְּמַלְכֵּנוּ, אֵין כְּמוֹשִׁיעֵנוּ.
מִי כֵאלֹהֵינוּ, מִי כַאדוֹנֵינוּ, מִי כְמַלְכֵּנוּ, מִי כְמוֹשִׁיעֵנוּ.
נוֹדֶה לֵאלֹהֵינוּ, נוֹדֶה לַאדוֹנֵינוּ, נוֹדֶה לְמַלְכֵּנוּ, נוֹדֶה לְמוֹשִׁיעֵנוּ.
בָּרוּךְ אֱלֹהֵינוּ, בָּרוּךְ אֲדוֹנֵינוּ, בָּרוּךְ מַלְכֵּנוּ, בָּרוּךְ מוֹשִׁיעֵנוּ.
אַתָּה הוּא אֱלֹהֵינוּ, אַתָּה הוּא אֲדוֹנֵינוּ
אַתָּה הוּא מַלְכֵּנוּ, אַתָּה הוּא מוֹשִׁיעֵנוּ.
אַתָּה הוּא שֶׁהִקְטִירוּ אֲבוֹתֵינוּ לְפָנֶיךָ אֶת קְטֹרֶת הַסַּמִּים.

כריתות ו. פִּטּוּם הַקְּטֹרֶת. הַצֳּרִי, וְהַצִּפֹּרֶן, וְהַחֶלְבְּנָה, וְהַלְּבוֹנָה מִשְׁקַל שִׁבְעִים שִׁבְעִים
מָנֶה, מוֹר, וּקְצִיעָה, שִׁבֹּלֶת נֵרְדְּ, וְכַרְכֹּם מִשְׁקַל שִׁשָּׁה עָשָׂר שִׁשָּׁה עָשָׂר
מָנֶה, הַקֹּשְׁטְ שְׁנֵים עָשָׂר, קִלּוּפָה שְׁלֹשָׁה, וְקִנָּמוֹן תִּשְׁעָה, בֹּרִית כַּרְשִׁינָה
תִּשְׁעָה קַבִּין, יֵין קַפְרִיסִין סְאִין תְּלָת וְקַבִּין תְּלָתָא וְאִם אֵין לוֹ יֵין קַפְרִיסִין,
מֵבִיא חֲמַר חִוַּרְיָן עַתִּיק. מֶלַח סְדוֹמִית רֹבַע, מַעֲלֶה עָשָׁן כָּל שֶׁהוּא. רַבִּי
נָתָן הַבַּבְלִי אוֹמֵר: אַף כִּפַּת הַיַּרְדֵּן כָּל שֶׁהוּא, וְאִם נָתַן בָּהּ דְּבַשׁ פְּסָלָהּ,
וְאִם חִסַּר אֶחָד מִכָּל סַמָּנֶיהָ, חַיָּב מִיתָה.

רַבָּן שִׁמְעוֹן בֶּן גַּמְלִיאֵל אוֹמֵר: הַצֳּרִי אֵינוֹ אֶלָּא שְׂרָף הַנּוֹטֵף מֵעֲצֵי הַקְּטָף.
בֹּרִית כַּרְשִׁינָה שֶׁשָּׁפִין בָּהּ אֶת הַצִּפֹּרֶן כְּדֵי שֶׁתְּהֵא נָאָה, יֵין קַפְרִיסִין
שֶׁשּׁוֹרִין בּוֹ אֶת הַצִּפֹּרֶן כְּדֵי שֶׁתְּהֵא עַזָּה, וַהֲלֹא מֵי רַגְלַיִם יָפִין לָהּ, אֶלָּא
שֶׁאֵין מַכְנִיסִין מֵי רַגְלַיִם בַּמִּקְדָּשׁ מִפְּנֵי הַכָּבוֹד.

משנה, תמיד ז הַשִּׁיר שֶׁהַלְוִיִּם הָיוּ אוֹמְרִים בְּבֵית הַמִּקְדָּשׁ:
תהלים כד בַּיּוֹם הָרִאשׁוֹן הָיוּ אוֹמְרִים, לַיהוה הָאָרֶץ וּמְלוֹאָהּ, תֵּבֵל וְיֹשְׁבֵי בָהּ:
תהלים מח בַּשֵּׁנִי הָיוּ אוֹמְרִים, גָּדוֹל יהוה וּמְהֻלָּל מְאֹד, בְּעִיר אֱלֹהֵינוּ הַר־קָדְשׁוֹ:
תהלים פב בַּשְּׁלִישִׁי הָיוּ אוֹמְרִים, אֱלֹהִים נִצָּב בַּעֲדַת־אֵל, בְּקֶרֶב אֱלֹהִים יִשְׁפֹּט:
תהלים צד בָּרְבִיעִי הָיוּ אוֹמְרִים, אֵל־נְקָמוֹת יהוה, אֵל נְקָמוֹת הוֹפִיעַ:
תהלים פא בַּחֲמִישִׁי הָיוּ אוֹמְרִים, הַרְנִינוּ לֵאלֹהִים עוּזֵּנוּ, הָרִיעוּ לֵאלֹהֵי יַעֲקֹב:
תהלים צג בַּשִּׁשִּׁי הָיוּ אוֹמְרִים, יהוה מָלָךְ גֵּאוּת לָבֵשׁ, לָבֵשׁ יהוה עֹז הִתְאַזָּר
אַף־תִּכּוֹן תֵּבֵל בַּל־תִּמּוֹט:
תהלים צב בַּשַּׁבָּת הָיוּ אוֹמְרִים, מִזְמוֹר שִׁיר לְיוֹם הַשַּׁבָּת: מִזְמוֹר שִׁיר לֶעָתִיד לָבוֹא
לְיוֹם שֶׁכֻּלּוֹ שַׁבָּת וּמְנוּחָה לְחַיֵּי הָעוֹלָמִים.

מגילה כח: תָּנָא דְבֵי אֵלִיָּהוּ: כָּל הַשּׁוֹנֶה הֲלָכוֹת בְּכָל יוֹם, מֻבְטָח לוֹ שֶׁהוּא בֶּן עוֹלָם
חבקוק ג הַבָּא, שֶׁנֶּאֱמַר, הֲלִיכוֹת עוֹלָם לוֹ: אַל תִּקְרֵי הֲלִיכוֹת אֶלָּא הֲלָכוֹת.

ברכות סד. אָמַר רַבִּי אֶלְעָזָר, אָמַר רַבִּי חֲנִינָא: תַּלְמִידֵי חֲכָמִים מַרְבִּים שָׁלוֹם בָּעוֹלָם,
ישעיה נד שֶׁנֶּאֱמַר, וְכָל־בָּנַיִךְ לִמּוּדֵי יהוה, וְרַב שְׁלוֹם בָּנָיִךְ: אַל תִּקְרֵי בָּנָיִךְ, אֶלָּא בּוֹנָיִךְ.
תהלים קיט תהלים קכב שָׁלוֹם רָב לְאֹהֲבֵי תוֹרָתֶךָ, וְאֵין־לָמוֹ מִכְשׁוֹל: יְהִי־שָׁלוֹם בְּחֵילֵךְ, שַׁלְוָה
בְּאַרְמְנוֹתָיִךְ: לְמַעַן אַחַי וְרֵעָי אֲדַבְּרָה־נָּא שָׁלוֹם בָּךְ: לְמַעַן בֵּית־יהוה אֱלֹהֵינוּ
תהלים כט אֲבַקְשָׁה טוֹב לָךְ: ◂ יהוה עֹז לְעַמּוֹ יִתֵּן, יהוה יְבָרֵךְ אֶת־עַמּוֹ בַשָּׁלוֹם:

קדיש דרבנן

אבל: יִתְגַּדַּל וְיִתְקַדַּשׁ שְׁמֵהּ רַבָּא (קהל: אָמֵן)
בְּעָלְמָא דִּי בְרָא כִרְעוּתֵהּ
וְיַמְלִיךְ מַלְכוּתֵהּ
בְּחַיֵּיכוֹן וּבְיוֹמֵיכוֹן וּבְחַיֵּי דְכָל בֵּית יִשְׂרָאֵל
בַּעֲגָלָא וּבִזְמַן קָרִיב, וְאִמְרוּ אָמֵן. (קהל: אָמֵן)

קהל ואבל: יְהֵא שְׁמֵהּ רַבָּא מְבָרַךְ לְעָלַם וּלְעָלְמֵי עָלְמַיָּא.

אבל: יִתְבָּרַךְ וְיִשְׁתַּבַּח וְיִתְפָּאַר וְיִתְרוֹמַם וְיִתְנַשֵּׂא
וְיִתְהַדָּר וְיִתְעַלֶּה וְיִתְהַלָּל
שְׁמֵהּ דְּקֻדְשָׁא בְּרִיךְ הוּא (קהל: בְּרִיךְ הוּא)
לְעֵלָּא לְעֵלָּא מִכָּל בִּרְכָתָא וְשִׁירָתָא, תֻּשְׁבְּחָתָא וְנֶחֱמָתָא
דַּאֲמִירָן בְּעָלְמָא, וְאִמְרוּ אָמֵן. (קהל: אָמֵן)

עַל יִשְׂרָאֵל וְעַל רַבָּנָן
וְעַל תַּלְמִידֵיהוֹן וְעַל כָּל תַּלְמִידֵי תַלְמִידֵיהוֹן
וְעַל כָּל מָאן דְּעָסְקִין בְּאוֹרַיְתָא
דִּי בְּאַתְרָא קַדִּישָׁא הָדֵין, וְדִי בְּכָל אֲתַר וַאֲתַר
יְהֵא לְהוֹן וּלְכוֹן שְׁלָמָא רַבָּא
חִנָּא וְחִסְדָּא, וְרַחֲמֵי, וְחַיֵּי אֲרִיכֵי, וּמְזוֹנֵי רְוִיחֵי
וּפֻרְקָנָא מִן קֳדָם אֲבוּהוֹן דִּי בִשְׁמַיָּא, וְאִמְרוּ אָמֵן. (קהל: אָמֵן)

יְהֵא שְׁלָמָא רַבָּא מִן שְׁמַיָּא
וְחַיִּים (טוֹבִים) עָלֵינוּ וְעַל כָּל יִשְׂרָאֵל, וְאִמְרוּ אָמֵן. (קהל: אָמֵן)

כורע ופוסע שלוש פסיעות לאחור. קד לשמאל, לימין ולפנים באמירת:

עֹשֶׂה הַשָּׁלוֹם בִּמְרוֹמָיו
הוּא יַעֲשֶׂה שָׁלוֹם עָלֵינוּ
וְעַל כָּל יִשְׂרָאֵל, וְאִמְרוּ אָמֵן. (קהל: אָמֵן)

תוקעים עשרה קולות אחרונים (ויש תוקעים שלוש פעמים תשר״ת).

תקיעה	שברים תרועה	תקיעה
תקיעה	שברים	תקיעה
תקיעה	תרועה	תקיעה גדולה

אומרים ׳עָלֵינוּ׳ בעמידה ומשתחווים במקום המסומן ב־*

עָלֵינוּ לְשַׁבֵּחַ לַאֲדוֹן הַכֹּל, לָתֵת גְּדֻלָּה לְיוֹצֵר בְּרֵאשִׁית
שֶׁלֹּא עָשָׂנוּ כְּגוֹיֵי הָאֲרָצוֹת, וְלֹא שָׂמָנוּ כְּמִשְׁפְּחוֹת הָאֲדָמָה
שֶׁלֹּא שָׂם חֶלְקֵנוּ כָּהֶם וְגוֹרָלֵנוּ כְּכָל הֲמוֹנָם.
שֶׁהֵם מִשְׁתַּחֲוִים לְהֶבֶל וָרִיק וּמִתְפַּלְלִים אֶל אֵל לֹא יוֹשִׁיעַ.
*וַאֲנַחְנוּ כּוֹרְעִים וּמִשְׁתַּחֲוִים וּמוֹדִים
לִפְנֵי מֶלֶךְ מַלְכֵי הַמְּלָכִים, הַקָּדוֹשׁ בָּרוּךְ הוּא
שֶׁהוּא נוֹטֶה שָׁמַיִם וְיוֹסֵד אָרֶץ, וּמוֹשַׁב יְקָרוֹ בַּשָּׁמַיִם מִמַּעַל
וּשְׁכִינַת עֻזּוֹ בְּגָבְהֵי מְרוֹמִים.
הוּא אֱלֹהֵינוּ, אֵין עוֹד.
אֱמֶת מַלְכֵּנוּ, אֶפֶס זוּלָתוֹ, כַּכָּתוּב בְּתוֹרָתוֹ
וְיָדַעְתָּ הַיּוֹם וַהֲשֵׁבֹתָ אֶל־לְבָבֶךָ דברים ד
כִּי יהוה הוּא הָאֱלֹהִים בַּשָּׁמַיִם מִמַּעַל וְעַל־הָאָרֶץ מִתָּחַת, אֵין עוֹד:

עַל כֵּן נְקַוֶּה לְּךָ יהוה אֱלֹהֵינוּ, לִרְאוֹת מְהֵרָה בְּתִפְאֶרֶת עֻזֶּךָ
לְהַעֲבִיר גִּלּוּלִים מִן הָאָרֶץ, וְהָאֱלִילִים כָּרוֹת יִכָּרֵתוּן
לְתַקֵּן עוֹלָם בְּמַלְכוּת שַׁדַּי.
וְכָל בְּנֵי בָשָׂר יִקְרְאוּ בִשְׁמֶךָ לְהַפְנוֹת אֵלֶיךָ כָּל רִשְׁעֵי אָרֶץ.
יַכִּירוּ וְיֵדְעוּ כָּל יוֹשְׁבֵי תֵבֵל
כִּי לְךָ תִּכְרַע כָּל בֶּרֶךְ, תִּשָּׁבַע כָּל לָשׁוֹן.
לְפָנֶיךָ יהוה אֱלֹהֵינוּ יִכְרְעוּ וְיִפֹּלוּ, וְלִכְבוֹד שִׁמְךָ יְקָר יִתֵּנוּ
וִיקַבְּלוּ כֻלָּם אֶת עֹל מַלְכוּתֶךָ, וְתִמְלֹךְ עֲלֵיהֶם מְהֵרָה לְעוֹלָם וָעֶד.

כִּי הַמַּלְכוּת שֶׁלְּךָ הִיא וּלְעוֹלְמֵי עַד תִּמְלֹךְ בְּכָבוֹד
כַּכָּתוּב בְּתוֹרָתֶךָ, יהוה יִמְלֹךְ לְעֹלָם וָעֶד: שמות טו
◄ וְנֶאֱמַר, וְהָיָה יהוה לְמֶלֶךְ עַל־כָּל־הָאָרֶץ זכריה יד
בַּיּוֹם הַהוּא יִהְיֶה יהוה אֶחָד וּשְׁמוֹ אֶחָד:

יש מוסיפים:
אַל־תִּירָא מִפַּחַד פִּתְאֹם וּמִשֹּׁאַת רְשָׁעִים כִּי תָבֹא: משלי ג
עֻצוּ עֵצָה וְתֻפָר, דַּבְּרוּ דָבָר וְלֹא יָקוּם, כִּי עִמָּנוּ אֵל: ישעיה ח
וְעַד־זִקְנָה אֲנִי הוּא, וְעַד־שֵׂיבָה אֲנִי אֶסְבֹּל, אֲנִי עָשִׂיתִי וַאֲנִי אֶשָּׂא וַאֲנִי אֶסְבֹּל וַאֲמַלֵּט: ישעיה מו

קדיש יתום

אבל: יִתְגַּדַּל וְיִתְקַדַּשׁ שְׁמֵהּ רַבָּא (קהל: אָמֵן)
בְּעָלְמָא דִּי בְרָא כִרְעוּתֵהּ
וְיַמְלִיךְ מַלְכוּתֵהּ
בְּחַיֵּיכוֹן וּבְיוֹמֵיכוֹן וּבְחַיֵּי דְכָל בֵּית יִשְׂרָאֵל
בַּעֲגָלָא וּבִזְמַן קָרִיב, וְאִמְרוּ אָמֵן. (קהל: אָמֵן)

קהל ואבל: יְהֵא שְׁמֵהּ רַבָּא מְבָרַךְ לְעָלַם וּלְעָלְמֵי עָלְמַיָּא.

אבל: יִתְבָּרַךְ וְיִשְׁתַּבַּח וְיִתְפָּאַר וְיִתְרוֹמַם וְיִתְנַשֵּׂא
וְיִתְהַדָּר וְיִתְעַלֶּה וְיִתְהַלָּל
שְׁמֵהּ דְּקֻדְשָׁא בְּרִיךְ הוּא (קהל: בְּרִיךְ הוּא)
לְעֵלָּא לְעֵלָּא מִכָּל בִּרְכָתָא וְשִׁירָתָא, תֻּשְׁבְּחָתָא וְנֶחֱמָתָא
דַּאֲמִירָן בְּעָלְמָא, וְאִמְרוּ אָמֵן. (קהל: אָמֵן)

יְהֵא שְׁלָמָא רַבָּא מִן שְׁמַיָּא
וְחַיִּים, עָלֵינוּ וְעַל כָּל יִשְׂרָאֵל, וְאִמְרוּ אָמֵן. (קהל: אָמֵן)

כורע ופוסע שלוש פסיעות לאחור. קד לשמאל, לימין ולפנים באמירת:

עֹשֶׂה הַשָּׁלוֹם בִּמְרוֹמָיו
הוּא יַעֲשֶׂה שָׁלוֹם עָלֵינוּ וְעַל כָּל יִשְׂרָאֵל, וְאִמְרוּ אָמֵן. (קהל: אָמֵן)

שיר של יום

חלק ממצוות זיכרון השבת היא קריאת כל ימות השבוע על שמה
(מכילתא, מובא ברמב״ן שמות כ, ח).

נוהגים לומר אחר התפילה את השיר שאמרו הלוויים במקדש באותו יום
(סדר רב עמרם גאון), ולאחריו קדיש יתום. והנוהגים כדעת הגר״א, אומרים
תמיד את מזמור פא בעמוד הבא (׳מעשה רב׳ רח), פרט לשבת.

מזמור זה אומרים ביום שני, כיוון שהבחירה בירושלים מקבילה להבדלה בין המים
העליונים למים התחתונים ביום השני לבריאה (ר״ח, ראש השנה לא ע״א).

ליום ב׳ הַיּוֹם יוֹם שֵׁנִי בְּשַׁבָּת, שֶׁבּוֹ הָיוּ הַלְוִיִּם אוֹמְרִים בְּבֵית הַמִּקְדָּשׁ:

תהלים מח שִׁיר מִזְמוֹר לִבְנֵי־קֹרַח: גָּדוֹל יהוה וּמְהֻלָּל מְאֹד, בְּעִיר אֱלֹהֵינוּ,
הַר־קָדְשׁוֹ: יְפֵה נוֹף מְשׂוֹשׂ כָּל־הָאָרֶץ, הַר־צִיּוֹן יַרְכְּתֵי צָפוֹן, קִרְיַת
מֶלֶךְ רָב: אֱלֹהִים בְּאַרְמְנוֹתֶיהָ נוֹדַע לְמִשְׂגָּב: כִּי־הִנֵּה הַמְּלָכִים
נוֹעֲדוּ, עָבְרוּ יַחְדָּו: הֵמָּה רָאוּ כֵּן תָּמָהוּ, נִבְהֲלוּ נֶחְפָּזוּ: רְעָדָה
אֲחָזָתַם שָׁם, חִיל כַּיּוֹלֵדָה: בְּרוּחַ קָדִים תְּשַׁבֵּר אֳנִיּוֹת תַּרְשִׁישׁ:
כַּאֲשֶׁר שָׁמַעְנוּ כֵּן רָאִינוּ, בְּעִיר־יהוה צְבָאוֹת, בְּעִיר אֱלֹהֵינוּ,
אֱלֹהִים יְכוֹנְנֶהָ עַד־עוֹלָם סֶלָה: דִּמִּינוּ אֱלֹהִים חַסְדֶּךָ, בְּקֶרֶב
הֵיכָלֶךָ: כְּשִׁמְךָ אֱלֹהִים כֵּן תְּהִלָּתְךָ עַל־קַצְוֵי־אֶרֶץ, צֶדֶק מָלְאָה
יְמִינֶךָ: יִשְׂמַח הַר־צִיּוֹן, תָּגֵלְנָה בְּנוֹת יְהוּדָה, לְמַעַן מִשְׁפָּטֶיךָ:
סֹבּוּ צִיּוֹן וְהַקִּיפוּהָ, סִפְרוּ מִגְדָּלֶיהָ: שִׁיתוּ לִבְּכֶם לְחֵילָה, פַּסְּגוּ
אַרְמְנוֹתֶיהָ, לְמַעַן תְּסַפְּרוּ לְדוֹר אַחֲרוֹן: ◂ כִּי זֶה אֱלֹהִים אֱלֹהֵינוּ
עוֹלָם וָעֶד, הוּא יְנַהֲגֵנוּ עַל־מוּת:

קדיש יתום (בעמ׳ 246)

מזמור זה אומרים ביום שלישי, כיוון שהארץ נתגלתה ביום זה וקיומה תלוי בשמירת
משפטי התורה כמו שכתוב במזמור, שנאמר (ירמיה לג, כה): ״כֹּה אָמַר ה׳, אִם־לֹא בְרִיתִי
יוֹמָם וָלָיְלָה, חֻקּוֹת שָׁמַיִם וָאָרֶץ לֹא־שָׂמְתִּי״ (ר״ח, ראש השנה לא ע״א).

ליום ג׳ הַיּוֹם יוֹם שְׁלִישִׁי בְּשַׁבָּת, שֶׁבּוֹ הָיוּ הַלְוִיִּם אוֹמְרִים בְּבֵית הַמִּקְדָּשׁ:

תהלים פב מִזְמוֹר לְאָסָף, אֱלֹהִים נִצָּב בַּעֲדַת־אֵל, בְּקֶרֶב אֱלֹהִים יִשְׁפֹּט:
עַד־מָתַי תִּשְׁפְּטוּ־עָוֶל, וּפְנֵי רְשָׁעִים תִּשְׂאוּ־סֶלָה: שִׁפְטוּ־דָל

וְיָתוֹם, עָנִי וָרָשׁ הַצְדִּיקוּ: פַּלְּטוּ־דַל וְאֶבְיוֹן, מִיַּד רְשָׁעִים הַצִּילוּ: לֹא יָדְעוּ וְלֹא יָבִינוּ, בַּחֲשֵׁכָה יִתְהַלָּכוּ, יִמּוֹטוּ כָּל־מוֹסְדֵי אָרֶץ: אֲנִי־אָמַרְתִּי אֱלֹהִים אַתֶּם, וּבְנֵי עֶלְיוֹן כֻּלְּכֶם: אָכֵן כְּאָדָם תְּמוּתוּן, וּכְאַחַד הַשָּׂרִים תִּפֹּלוּ: ◂ קוּמָה אֱלֹהִים שָׁפְטָה הָאָרֶץ, כִּי־אַתָּה תִנְחַל בְּכָל־הַגּוֹיִם:

קדיש יתום (בעמוד הבא)

מזמור זה אומרים ביום חמישי, כיוון שבו הקב״ה התחיל בבריאת
בעלי החיים, והיופי והגיוון בבריאה מעוררים את האדם לשבח את הבורא
(רש״י, ראש השנה לא ע״א).

לדעת הגר״א, אומרים בכל יום מזמור זה, שנאמר בראש השנה
בבית המקדש (ראש השנה ל ע״ב).

ליום ה׳ הַיּוֹם יוֹם חֲמִישִׁי בְּשַׁבָּת, שֶׁבּוֹ הָיוּ הַלְוִיִּם אוֹמְרִים בְּבֵית הַמִּקְדָּשׁ:

תהלים פא לַמְנַצֵּחַ עַל־הַגִּתִּית לְאָסָף: הַרְנִינוּ לֵאלֹהִים עוּזֵּנוּ, הָרִיעוּ לֵאלֹהֵי יַעֲקֹב: שְׂאוּ־זִמְרָה וּתְנוּ־תֹף, כִּנּוֹר נָעִים עִם־נָבֶל: תִּקְעוּ בַחֹדֶשׁ שׁוֹפָר, בַּכֶּסֶה לְיוֹם חַגֵּנוּ: כִּי חֹק לְיִשְׂרָאֵל הוּא, מִשְׁפָּט לֵאלֹהֵי יַעֲקֹב: עֵדוּת בִּיהוֹסֵף שָׂמוֹ, בְּצֵאתוֹ עַל־אֶרֶץ מִצְרָיִם, שְׂפַת לֹא־יָדַעְתִּי אֶשְׁמָע: הֲסִירוֹתִי מִסֵּבֶל שִׁכְמוֹ, כַּפָּיו מִדּוּד תַּעֲבֹרְנָה: בַּצָּרָה קָרָאתָ וָאֲחַלְּצֶךָּ, אֶעֶנְךָ בְּסֵתֶר רַעַם, אֶבְחָנְךָ עַל־מֵי מְרִיבָה סֶלָה: שְׁמַע עַמִּי וְאָעִידָה בָּךְ, יִשְׂרָאֵל אִם־תִּשְׁמַע־לִי: לֹא־יִהְיֶה בְךָ אֵל זָר, וְלֹא תִשְׁתַּחֲוֶה לְאֵל נֵכָר: אָנֹכִי יהוה אֱלֹהֶיךָ, הַמַּעַלְךָ מֵאֶרֶץ מִצְרָיִם, הַרְחֶב־פִּיךָ וַאֲמַלְאֵהוּ: וְלֹא־שָׁמַע עַמִּי לְקוֹלִי, וְיִשְׂרָאֵל לֹא־אָבָה לִי: וָאֲשַׁלְּחֵהוּ בִּשְׁרִירוּת לִבָּם, יֵלְכוּ בְּמוֹעֲצוֹתֵיהֶם: לוּ עַמִּי שֹׁמֵעַ לִי, יִשְׂרָאֵל בִּדְרָכַי יְהַלֵּכוּ: כִּמְעַט אוֹיְבֵיהֶם אַכְנִיעַ, וְעַל־צָרֵיהֶם אָשִׁיב יָדִי: מְשַׂנְאֵי יהוה יְכַחֲשׁוּ־לוֹ, וִיהִי עִתָּם לְעוֹלָם: ◂ וַיַּאֲכִילֵהוּ מֵחֵלֶב חִטָּה, וּמִצּוּר, דְּבַשׁ אַשְׂבִּיעֶךָ:

קדיש יתום (בעמוד הבא)

"אמרינן באגדה: 'מִזְמוֹר שִׁיר לְיוֹם הַשַּׁבָּת' – אמר הקב״ה:
פנים חדשות באו לכאן, נאמר שירה" (תוספות, כתובות ז ע״ב).

לשבת **הַיּוֹם יוֹם שַׁבַּת קֹדֶשׁ, שֶׁבּוֹ הָיוּ הַלְוִיִּם אוֹמְרִים בְּבֵית הַמִּקְדָּשׁ:**

תהלים צב **מִזְמוֹר שִׁיר לְיוֹם הַשַּׁבָּת: טוֹב לְהֹדוֹת לַיהוה, וּלְזַמֵּר לְשִׁמְךָ עֶלְיוֹן: לְהַגִּיד בַּבֹּקֶר חַסְדֶּךָ, וֶאֱמוּנָתְךָ בַּלֵּילוֹת: עֲלֵי־עָשׂוֹר וַעֲלֵי־נָבֶל, עֲלֵי הִגָּיוֹן בְּכִנּוֹר: כִּי שִׂמַּחְתַּנִי יהוה בְּפָעֳלֶךָ, בְּמַעֲשֵׂי יָדֶיךָ אֲרַנֵּן: מַה־גָּדְלוּ מַעֲשֶׂיךָ יהוה, מְאֹד עָמְקוּ מַחְשְׁבֹתֶיךָ: אִישׁ־בַּעַר לֹא יֵדָע, וּכְסִיל לֹא־יָבִין אֶת־זֹאת: בִּפְרֹחַ רְשָׁעִים כְּמוֹ־עֵשֶׂב, וַיָּצִיצוּ כָּל־פֹּעֲלֵי אָוֶן, לְהִשָּׁמְדָם עֲדֵי־עַד: וְאַתָּה מָרוֹם לְעֹלָם יהוה: כִּי הִנֵּה אֹיְבֶיךָ יהוה, כִּי־הִנֵּה אֹיְבֶיךָ יֹאבֵדוּ, יִתְפָּרְדוּ כָּל־פֹּעֲלֵי אָוֶן: וַתָּרֶם כִּרְאֵים קַרְנִי, בַּלֹּתִי בְּשֶׁמֶן רַעֲנָן: וַתַּבֵּט עֵינִי בְּשׁוּרָי, בַּקָּמִים עָלַי מְרֵעִים תִּשְׁמַעְנָה אָזְנָי: צַדִּיק כַּתָּמָר יִפְרָח, כְּאֶרֶז בַּלְּבָנוֹן יִשְׂגֶּה: שְׁתוּלִים בְּבֵית יהוה, בְּחַצְרוֹת אֱלֹהֵינוּ יַפְרִיחוּ: ‹ עוֹד יְנוּבוּן בְּשֵׂיבָה, דְּשֵׁנִים וְרַעֲנַנִּים יִהְיוּ: לְהַגִּיד כִּי־יָשָׁר יהוה, צוּרִי, וְלֹא־עַוְלָתָה בּוֹ:**

קדיש יתום

אבל: **יִתְגַּדַּל וְיִתְקַדַּשׁ שְׁמֵהּ רַבָּא** (קהל: אָמֵן)
בְּעָלְמָא דִּי בְרָא כִרְעוּתֵהּ
וְיַמְלִיךְ מַלְכוּתֵהּ
בְּחַיֵּיכוֹן וּבְיוֹמֵיכוֹן וּבְחַיֵּי דְכָל בֵּית יִשְׂרָאֵל
בַּעֲגָלָא וּבִזְמַן קָרִיב, וְאִמְרוּ אָמֵן. (קהל: אָמֵן)

קהל ואבל: **יְהֵא שְׁמֵהּ רַבָּא מְבָרַךְ לְעָלַם וּלְעָלְמֵי עָלְמַיָּא.**

אבל: **יִתְבָּרַךְ וְיִשְׁתַּבַּח וְיִתְפָּאַר וְיִתְרוֹמַם וְיִתְנַשֵּׂא**
וְיִתְהַדָּר וְיִתְעַלֶּה וְיִתְהַלָּל
שְׁמֵהּ דְּקֻדְשָׁא בְּרִיךְ הוּא (קהל: בְּרִיךְ הוּא)

לְעֵלָּא לְעֵלָּא מִכָּל בִּרְכָתָא וְשִׁירָתָא, תֻּשְׁבְּחָתָא וְנֶחֱמָתָא
דַּאֲמִירָן בְּעָלְמָא, וְאִמְרוּ אָמֵן. (קהל: אָמֵן)

יְהֵא שְׁלָמָא רַבָּא מִן שְׁמַיָּא
וְחַיִּים, עָלֵינוּ וְעַל כָּל יִשְׂרָאֵל, וְאִמְרוּ אָמֵן. (קהל: אָמֵן)

כורע ופוסע שלוש פסיעות לאחור. קד לשמאל, לימין ולפנים באמירת:

עֹשֶׂה הַשָּׁלוֹם בִּמְרוֹמָיו
הוּא יַעֲשֶׂה שָׁלוֹם עָלֵינוּ
וְעַל כָּל יִשְׂרָאֵל, וְאִמְרוּ אָמֵן. (קהל: אָמֵן)

ברוב הקהילות נוהגים להוסיף:

לְדָוִד, יהוה אוֹרִי וְיִשְׁעִי, מִמִּי אִירָא, יהוה מָעוֹז־חַיַּי, מִמִּי אֶפְחָד: תהלים כז
בִּקְרֹב עָלַי מְרֵעִים לֶאֱכֹל אֶת־בְּשָׂרִי, צָרַי וְאֹיְבַי לִי, הֵמָּה כָשְׁלוּ
וְנָפָלוּ: אִם־תַּחֲנֶה עָלַי מַחֲנֶה, לֹא־יִירָא לִבִּי, אִם־תָּקוּם עָלַי
מִלְחָמָה, בְּזֹאת אֲנִי בוֹטֵחַ: אַחַת שָׁאַלְתִּי מֵאֵת־יהוה, אוֹתָהּ
אֲבַקֵּשׁ, שִׁבְתִּי בְּבֵית־יהוה כָּל־יְמֵי חַיַּי, לַחֲזוֹת בְּנֹעַם־יהוה, וּלְבַקֵּר
בְּהֵיכָלוֹ: כִּי יִצְפְּנֵנִי בְּסֻכֹּה בְּיוֹם רָעָה, יַסְתִּרֵנִי בְּסֵתֶר אָהֳלוֹ, בְּצוּר
יְרוֹמְמֵנִי: וְעַתָּה יָרוּם רֹאשִׁי עַל אֹיְבַי סְבִיבוֹתַי, וְאֶזְבְּחָה בְאָהֳלוֹ
זִבְחֵי תְרוּעָה, אָשִׁירָה וַאֲזַמְּרָה לַיהוה: שְׁמַע־יהוה קוֹלִי אֶקְרָא,
וְחָנֵּנִי וַעֲנֵנִי: לְךָ אָמַר לִבִּי בַּקְּשׁוּ פָנָי, אֶת־פָּנֶיךָ יהוה אֲבַקֵּשׁ:
אַל־תַּסְתֵּר פָּנֶיךָ מִמֶּנִּי, אַל תַּט־בְּאַף עַבְדֶּךָ, עֶזְרָתִי הָיִיתָ, אַל־
תִּטְּשֵׁנִי וְאַל־תַּעַזְבֵנִי, אֱלֹהֵי יִשְׁעִי: כִּי־אָבִי וְאִמִּי עֲזָבוּנִי, וַיהוה
יַאַסְפֵנִי: הוֹרֵנִי יהוה דַּרְכֶּךָ, וּנְחֵנִי בְּאֹרַח מִישׁוֹר, לְמַעַן שׁוֹרְרָי:
אַל־תִּתְּנֵנִי בְּנֶפֶשׁ צָרָי, כִּי קָמוּ־בִי עֵדֵי־שֶׁקֶר, וִיפֵחַ חָמָס: ◂ לוּלֵא
הֶאֱמַנְתִּי לִרְאוֹת בְּטוּב־יהוה בְּאֶרֶץ חַיִּים: קַוֵּה אֶל־יהוה, חֲזַק
וְיַאֲמֵץ לִבֶּךָ, וְקַוֵּה אֶל־יהוה:

קדיש יתום (בעמוד הקודם)

שיר הכבוד

פיוט זה נכתב במקורו לליל יום הכיפורים (מהרי״ל).
היו שהסתייגו ממנו, מפני החשש שהדימויים שבו קרובים מדי להגשמה (מהרש״ל).
אך ברוב הקהילות נוהגים לאומרו בכל שבת ויום טוב בסוף התפילה (׳לבוש׳ קלג).

פותחים את ארון הקודש, והקהל עומד.

ש״ץ: **אַנְעִים זְמִירוֹת וְשִׁירִים אֶאֱרֹג, כִּי אֵלֶיךָ נַפְשִׁי תַעֲרֹג.**
קהל: נַפְשִׁי חָמְדָה בְּצֵל יָדֶךָ, לָדַעַת כָּל רָז סוֹדֶךָ.

ש״ץ: **מִדֵּי דַבְּרִי בִּכְבוֹדֶךָ, הוֹמֶה לִבִּי אֶל דּוֹדֶיךָ.**
קהל: עַל כֵּן אֲדַבֵּר בְּךָ נִכְבָּדוֹת, וְשִׁמְךָ אֲכַבֵּד בְּשִׁירֵי יְדִידוֹת.

ש״ץ: **אֲסַפְּרָה כְבוֹדְךָ וְלֹא רְאִיתִיךָ, אֲדַמְּךָ אֲכַנְּךָ וְלֹא יְדַעְתִּיךָ.**
קהל: בְּיַד נְבִיאֶיךָ בְּסוֹד עֲבָדֶיךָ, דִּמִּיתָ הֲדַר כְּבוֹד הוֹדֶךָ.

ש״ץ: **גְּדֻלָּתְךָ וּגְבוּרָתֶךָ, כִּנּוּ לְתֹקֶף פְּעֻלָּתֶךָ.**
קהל: דִּמּוּ אוֹתְךָ וְלֹא כְּפִי יֶשְׁךָ, וַיְשַׁוּוּךָ לְפִי מַעֲשֶׂיךָ.

ש״ץ: **הִמְשִׁילוּךָ בְּרֹב חֶזְיוֹנוֹת, הִנְּךָ אֶחָד בְּכָל דִּמְיוֹנוֹת.**
קהל: וַיֶּחֱזוּ בְךָ זִקְנָה וּבַחֲרוּת, וּשְׂעַר רֹאשְׁךָ בְּשֵׂיבָה וְשַׁחֲרוּת.

ש״ץ: **זִקְנָה בְּיוֹם דִּין וּבַחֲרוּת בְּיוֹם קְרָב, כְּאִישׁ מִלְחָמוֹת יָדָיו לוֹ רָב.**
קהל: חָבַשׁ כּוֹבַע יְשׁוּעָה בְּרֹאשׁוֹ, הוֹשִׁיעָה לּוֹ יְמִינוֹ וּזְרוֹעַ קָדְשׁוֹ.

ש״ץ: **טַלְלֵי אוֹרוֹת רֹאשׁוֹ נִמְלָא, קְוֻצּוֹתָיו רְסִיסֵי לָיְלָה.**
קהל: יִתְפָּאֵר בִּי כִּי חָפֵץ בִּי, וְהוּא יִהְיֶה לִּי לַעֲטֶרֶת צְבִי.

ש״ץ: **כֶּתֶם טָהוֹר פָּז דְּמוּת רֹאשׁוֹ, וְחַק עַל מֵצַח כְּבוֹד שֵׁם קָדְשׁוֹ.**
קהל: לְחֵן וּלְכָבוֹד צְבִי תִפְאָרָה, אֻמָּתוֹ לוֹ עִטְּרָה עֲטָרָה.

ש״ץ: מַחְלְפוֹת רֹאשׁוֹ כְּבִימֵי בְחוּרוֹת, קְוֻצּוֹתָיו תַּלְתַּלִּים שְׁחוֹרוֹת.

קהל: נְוֵה הַצֶּדֶק צְבִי תִפְאַרְתּוֹ, יַעֲלֶה נָּא עַל רֹאשׁ שִׂמְחָתוֹ.

ש״ץ: סְגֻלָּתוֹ תְּהִי בְיָדוֹ עֲטֶרֶת, וּצְנִיף מְלוּכָה צְבִי תִפְאֶרֶת.

קהל: עֲמוּסִים נְשָׂאָם, עֲטֶרֶת עִנְּדָם, מֵאֲשֶׁר יָקְרוּ בְעֵינָיו כִּבְּדָם.

ש״ץ: פְּאֵרוֹ עָלַי וּפְאֵרִי עָלָיו, וְקָרוֹב אֵלַי בְּקָרְאִי אֵלָיו.

קהל: צַח וְאָדֹם לִלְבוּשׁוֹ אָדֹם, פּוּרָה בְדָרְכוֹ בְּבוֹאוֹ מֵאֱדוֹם.

ש״ץ: קֶשֶׁר תְּפִלִּין הֶרְאָה לֶעָנָו, תְּמוּנַת יהוה לְנֶגֶד עֵינָיו.

קהל: רוֹצֶה בְעַמּוֹ עֲנָוִים יְפָאֵר, יוֹשֵׁב תְּהִלּוֹת בָּם לְהִתְפָּאֵר.

ש״ץ: רֹאשׁ דְּבָרְךָ אֱמֶת קוֹרֵא מֵרֹאשׁ דּוֹר וָדוֹר, עַם דּוֹרֶשְׁךָ דְּרֹשׁ.

קהל: שִׁית הֲמוֹן שִׁירַי נָא עָלֶיךָ, וְרִנָּתִי תִּקְרַב אֵלֶיךָ.

ש״ץ: תְּהִלָּתִי תְּהִי לְרֹאשְׁךָ עֲטֶרֶת, וּתְפִלָּתִי תִּכּוֹן קְטֹרֶת.

קהל: תִּיקַר שִׁירַת רָשׁ בְּעֵינֶיךָ, כַּשִּׁיר יוּשַׁר עַל קָרְבָּנֶיךָ.

ש״ץ: בִּרְכָתִי תַעֲלֶה לְרֹאשׁ מַשְׁבִּיר, מְחוֹלֵל וּמוֹלִיד, צַדִּיק כַּבִּיר.

קהל: וּבְבִרְכָתִי תְנַעֲנַע לִי רֹאשׁ, וְאוֹתָהּ קַח לְךָ כִּבְשָׂמִים רֹאשׁ.

ש״ץ: יֶעֱרַב נָא שִׂיחִי עָלֶיךָ, כִּי נַפְשִׁי תַעֲרֹג אֵלֶיךָ.

סוגרים את ארון הקודש.

לְךָ יהוה הַגְּדֻלָּה וְהַגְּבוּרָה וְהַתִּפְאֶרֶת וְהַנֵּצַח וְהַהוֹד (דברי הימים א׳ כט)
כִּי־כֹל בַּשָּׁמַיִם וּבָאָרֶץ
לְךָ יהוה הַמַּמְלָכָה וְהַמִּתְנַשֵּׂא לְכֹל לְרֹאשׁ:
◂ מִי יְמַלֵּל גְּבוּרוֹת יהוה, יַשְׁמִיעַ כָּל־תְּהִלָּתוֹ: (תהלים קו)

קדיש יתום (בעמ׳ 246)

קידושא רבה לראש השנה

"וַיֹּאמֶר לָהֶם לְכוּ אִכְלוּ מַשְׁמַנִּים וּשְׁתוּ מַמְתַּקִּים,
וְשִׁלְחוּ מָנוֹת לְאֵין נָכוֹן לוֹ, כִּי־קָדוֹשׁ הַיּוֹם לַאֲדֹנֵינוּ,
וְאַל־תֵּעָצֵבוּ, כִּי־חֶדְוַת ה׳ הִיא מָעֻזְּכֶם" (נחמיה ח, י).

בשבת אומרים:

וְשָׁמְרוּ בְנֵי־יִשְׂרָאֵל אֶת־הַשַּׁבָּת, לַעֲשׂוֹת אֶת־הַשַּׁבָּת לְדֹרֹתָם שמות לא
בְּרִית עוֹלָם: בֵּינִי וּבֵין בְּנֵי יִשְׂרָאֵל אוֹת הִוא לְעֹלָם, כִּי־שֵׁשֶׁת
יָמִים עָשָׂה יהוה אֶת־הַשָּׁמַיִם וְאֶת־הָאָרֶץ וּבַיּוֹם הַשְּׁבִיעִי
שָׁבַת וַיִּנָּפַשׁ:

זָכוֹר אֶת־יוֹם הַשַּׁבָּת לְקַדְּשׁוֹ: שֵׁשֶׁת יָמִים תַּעֲבֹד, וְעָשִׂיתָ כָּל־ שמות כ
מְלַאכְתֶּךָ: וְיוֹם הַשְּׁבִיעִי שַׁבָּת לַיהוה אֱלֹהֶיךָ, לֹא־תַעֲשֶׂה כָל־
מְלָאכָה אַתָּה וּבִנְךָ וּבִתֶּךָ, עַבְדְּךָ וַאֲמָתְךָ וּבְהֶמְתֶּךָ, וְגֵרְךָ אֲשֶׁר
בִּשְׁעָרֶיךָ: כִּי שֵׁשֶׁת־יָמִים עָשָׂה יהוה אֶת־הַשָּׁמַיִם וְאֶת־הָאָרֶץ
אֶת־הַיָּם וְאֶת־כָּל־אֲשֶׁר־בָּם, וַיָּנַח בַּיּוֹם הַשְּׁבִיעִי, עַל־כֵּן בֵּרַךְ
יהוה אֶת־יוֹם הַשַּׁבָּת וַיְקַדְּשֵׁהוּ:

יש המתחילים:

אֵלֶּה מוֹעֲדֵי יהוה מִקְרָאֵי קֹדֶשׁ אֲשֶׁר־תִּקְרְאוּ אֹתָם בְּמוֹעֲדָם: ויקרא כג
וַיְדַבֵּר מֹשֶׁה אֶת־מֹעֲדֵי יהוה אֶל־בְּנֵי יִשְׂרָאֵל:

תִּקְעוּ בַחֹדֶשׁ שׁוֹפָר, בַּכֶּסֶה לְיוֹם חַגֵּנוּ: תהלים פא
כִּי חֹק לְיִשְׂרָאֵל הוּא, מִשְׁפָּט לֵאלֹהֵי יַעֲקֹב:

המקדש לאחרים, אומר: סַבְרִי מָרָנָן

בָּרוּךְ אַתָּה יהוה אֱלֹהֵינוּ מֶלֶךְ הָעוֹלָם
בּוֹרֵא פְּרִי הַגָּפֶן.

ברכה מעין שלוש

אחרי אכילת מזונות מחמשת מיני דגן, שתיית יין או אכילת פירות משבעת המינים מברך:

בָּרוּךְ אַתָּה יהוה אֱלֹהֵינוּ מֶלֶךְ הָעוֹלָם, עַל

על מזונות: הַמִּחְיָה וְעַל הַכַּלְכָּלָה

על יין: הַגֶּפֶן וְעַל פְּרִי הַגֶּפֶן

על פירות משבעת המינים: הָעֵץ וְעַל פְּרִי הָעֵץ

על יין ומזונות יחד:

הַמִּחְיָה וְעַל הַכַּלְכָּלָה וְעַל הַגֶּפֶן וְעַל פְּרִי הַגֶּפֶן

וְעַל תְּנוּבַת הַשָּׂדֶה וְעַל אֶרֶץ חֶמְדָּה טוֹבָה וּרְחָבָה, שֶׁרָצִיתָ וְהִנְחַלְתָּ לַאֲבוֹתֵינוּ לֶאֱכֹל מִפִּרְיָהּ וְלִשְׂבֹּעַ מִטּוּבָהּ. רַחֶם נָא יהוה אֱלֹהֵינוּ עַל יִשְׂרָאֵל עַמֶּךָ וְעַל יְרוּשָׁלַיִם עִירֶךָ וְעַל צִיּוֹן מִשְׁכַּן כְּבוֹדֶךָ וְעַל מִזְבְּחֶךָ וְעַל הֵיכָלֶךָ. וּבְנֵה יְרוּשָׁלַיִם עִיר הַקֹּדֶשׁ בִּמְהֵרָה בְיָמֵינוּ, וְהַעֲלֵנוּ לְתוֹכָהּ וְשַׂמְּחֵנוּ בְּבִנְיָנָהּ וְנֹאכַל מִפִּרְיָהּ וְנִשְׂבַּע מִטּוּבָהּ, וּנְבָרֶכְךָ עָלֶיהָ בִּקְדֻשָּׁה וּבְטָהֳרָה.

בשבת: וּרְצֵה וְהַחֲלִיצֵנוּ בְּיוֹם הַשַּׁבָּת הַזֶּה

וְזָכְרֵנוּ לְטוֹבָה בְּיוֹם הַזִּכָּרוֹן הַזֶּה, כִּי אַתָּה יהוה טוֹב וּמֵטִיב לַכֹּל, וְנוֹדֶה לְּךָ עַל הָאָרֶץ

על מזונות: וְעַל הַמִּחְיָה. בָּרוּךְ אַתָּה יהוה עַל הָאָרֶץ וְעַל הַמִּחְיָה.

על יין: וְעַל פְּרִי גַפְנָהּ.* בָּרוּךְ אַתָּה יהוה עַל הָאָרֶץ וְעַל פְּרִי גַפְנָהּ.*

על פירות משבעת המינים: וְעַל פֵּרוֹתֶיהָ.** בָּרוּךְ אַתָּה יהוה עַל הָאָרֶץ וְעַל פֵּרוֹתֶיהָ.**

על יין ומזונות יחד:

וְעַל הַמִּחְיָה וְעַל פְּרִי גַפְנָהּ.*

בָּרוּךְ אַתָּה יהוה, עַל הָאָרֶץ וְעַל הַמִּחְיָה וְעַל פְּרִי גַפְנָהּ.*

*על יין מחו״ל אומרים: הַגֶּפֶן. **על פירות מחו״ל אומרים: הַפֵּרוֹת

בורא נפשות

אחרי אכילת פירות האדמה, פירות העץ שאינם משבעת המינים
או מזון שאינו מן הצומח, וכן אחרי שתיית משקה חוץ מיין מברך:

בָּרוּךְ אַתָּה יהוה אֱלֹהֵינוּ מֶלֶךְ הָעוֹלָם, בּוֹרֵא נְפָשׁוֹת רַבּוֹת וְחֶסְרוֹנָן עַל כָּל מַה שֶּׁבָּרָאתָ לְהַחֲיוֹת בָּהֶם נֶפֶשׁ כָּל חָי. בָּרוּךְ חֵי הָעוֹלָמִים.

סדר ליום ב׳

חזרת הש״ץ לשחרית ליום ב׳ של ראש השנה

״יְחַיֵּנוּ מִיֹּמָיִם, בַּיּוֹם הַשְּׁלִישִׁי יְקִמֵנוּ וְנִחְיֶה לְפָנָיו״ (הושע ו, ב).

פותחים את ארון הקודש.

שליח הציבור פוסע שלוש פסיעות לפנים וחוזר על התפילה בקול רם.
כורע במקומות המסומנים ב׳, קד לפנים במילה הבאה וזוקף בשם.

אֲדֹנָי, שְׂפָתַי תִּפְתָּח, וּפִי יַגִּיד תְּהִלָּתֶךָ: תהלים נא

אבות

ׄבָּרוּךְ אַתָּה יהוה, אֱלֹהֵינוּ וֵאלֹהֵי אֲבוֹתֵינוּ
אֱלֹהֵי אַבְרָהָם, אֱלֹהֵי יִצְחָק, וֵאלֹהֵי יַעֲקֹב
הָאֵל הַגָּדוֹל הַגִּבּוֹר וְהַנּוֹרָא, אֵל עֶלְיוֹן
גּוֹמֵל חֲסָדִים טוֹבִים, וְקוֹנֵה הַכֹּל
וְזוֹכֵר חַסְדֵי אָבוֹת
וּמֵבִיא גוֹאֵל לִבְנֵי בְנֵיהֶם לְמַעַן שְׁמוֹ בְּאַהֲבָה.

נוסח זה מוסיפים לפני כל ׳קרובה׳ (מערכת פיוטים לחזרת הש״ץ) שאומרים בראש השנה.
בשחרית אומרים אחריה גם פיוט ׳רשות׳.

מִסּוֹד חֲכָמִים וּנְבוֹנִים
וּמִלֶּמֶד דַּעַת מְבִינִים
אֶפְתְּחָה פִּי בִּתְפִלָּה וּבְתַחֲנוּנִים
לְחַלּוֹת וּלְחַנֵּן פְּנֵי מֶלֶךְ מַלְכֵי הַמְּלָכִים וַאֲדוֹנֵי הָאֲדוֹנִים.

את ה׳קרובה׳ לשחרית של יום א׳ של ראש השנה חיבר ר׳ שמעון בר יצחק (שכונה בפי בני דורו ״ר׳ שמעון הגדול״), רב ופייטן שחי במגנצא סביב שנת אלף לסה״נ.
ה׳קרובה׳ נוצקה באותה תבנית שיסד הקליר ליום הראשון, בהבדלים צורניים מעטים.
ר׳ שמעון עצמו חיבר את פיוט ה׳רשות׳ ׳אֲתִיתִי לְחַנְּנָךְ׳.

רשות לקרובה׳ ׳אַמַּרְתְּךָ צְרוּפָה׳ – סימן א״ב שמעון [בר יצחק]

אֲתִיתִי לְחַנְּנָךְ בְּלֵב קָרוּעַ וּמְרֻתָּח / בַּקֵּשׁ רַחֲמִים כְּעָנִי בַּפֶּתַח
גַּלְגֵּל רַחֲמֶיךָ וְדִין אַל תִּמְתַּח / אֲדֹנָי שְׂפָתַי תִּפְתָּח: תהלים נא

דָּבָר אֵין בְּפִי, וּבִלְשׁוֹנִי מִלָּה / הֵן יהוה יָדַעְתָּ כֻלָּהּ: תהלים קלט
וּמִמַּעֲמַקֵּי הַלֵּב לְפָנֶיךָ אוֹחִילָה / אֶחֱסֶה בְסֵתֶר כְּנָפֶיךָ סֶּלָה: תהלים סא

זַלְעָפָה וּפַלָּצוּת אֲחָזוּנִי בְּמוֹרָא / חֲלוֹת פְּנֵי נוֹרָא בְּנֶפֶשׁ יְקָרָה
טוֹב טַעַם וָדַעַת, קָטֹנְתִּי לְחַסְּרָה / עַל־כֵּן זָחַלְתִּי וָאִירָא: איוב לב

יָגַעְתִּי בְּאַנְחָתִי אֵיךְ לַעֲמֹד לְפָנֶיךָ /
כִּי אֵין מַעֲשִׂים לִזְכּוֹת בְּעֵינֶיךָ
לְחַלּוֹתְךָ שְׁלָחוּנִי מַקְהֵלוֹת הֲמוֹנֶיךָ / תָּכִין לִבָּם, תַּקְשִׁיב אָזְנֶךָ: תהלים י

מָה אֲנִי וּמָה חַיַּי, תּוֹלֵעָה וְרִמָּה / נִבְעַר מִדַּעַת וּבְאֶפֶס מְזִמָּה
סָמַכְתִּי יְתֵדוֹתַי בְּסֵפֶר הַחָכְמָה / מַעֲנֶה־רַּךְ יָשִׁיב חֵמָה: משלי טו

עֻזִּי, אֵלֶיךָ אֶשְׁמְרָה לְסַעֲדִי / פֵּתַח דְּבָרֶיךָ הָאֵר לְהַגִּידִי
צַדְּקֵנִי וְאַמְּצֵנִי, וְתֵן לְאֵל יָדִי / כִּי אַתָּה מִשְׂגַּבִּי, אֱלֹהֵי חַסְדִּי: תהלים נט

קְהָלֶיךָ עוֹמְדִים לְבַקֵּשׁ מְחִילָתֶךָ /
רַחֲמֶיךָ יִכָּמְרוּ, לְרַחֵם בְּחֶמְלָתֶךָ
שׁוֹפְכִים לֵב כַּמַּיִם לְעֻמָּתֶךָ /
וְאַתָּה תִּשְׁמַע הַשָּׁמַיִם מְכוֹן שִׁבְתֶּךָ: מלכים א׳ ח

תְּחַזֵּק לְעַמְּךָ יָדָם הָרָפָה / שְׁלַח מֵאִתְּךָ עֵזֶר וּתְרוּפָה
נָעֳמְךָ יַשִּׂיגוּ לְחַזֵּק וּלְתָקְפָה / כָּל־אִמְרַת אֱלוֹהַּ צְרוּפָה: משלי ל

סוגרים את ארון הקודש.

הזכרת זכות אבות היא עיקרה של ה׳קרובה׳ ליום ב׳ של ראש השנה. הנושא דומה מעט לנושאה של ה׳קרובה׳ ליום א׳ של ראש השנה, אך בעוד שהקליר עסק הרבה בסגולתו של א׳ דתשרי, היום שבו נפקדו האימהות, ר׳ שמעון הגדול מתמקד בברית האבות עם הקב״ה.

נוהגים שהקהל אומר את שלושת הפיוטים הראשונים, ושליח הציבור אומר בקול רק את השורות המסומנות ב•. יש קהילות שבהן אין אומרים את ה׳מגן׳, וממשיכים ׳זָכְרֵנוּ לְחַיִּים׳ בעמוד הבא (ויש האומרים את הבית האחרון: ׳בּוֹ שֶׁעָנִנוּ מֵעוֹלָם׳).

מגן – סימן א״ב שמעון בר יצחק יחזי

אִמְרָתְךָ צְרוּפָה וְעֵדוֹתֶיךָ צֶדֶק / בָּאֵי עָדֶיךָ בְּרִיב, אַל תְּדַקְדֵּק
גִּשְׁתְּךָ לְחַפֵּשׂ כָּל תַּעֲלוּם וָבֶדֶק / דִּין עֲנִיֶּיךָ בְּמִשְׁפַּט הַצֶּדֶק.

הֵן עוֹלָמְךָ בָּנִיתָ בְּחֶסֶד / וְרַב חֶסֶד מַטֶּה כְּלַפֵּי חֶסֶד
זְכִיּוֹת הַכְרֵעַ וְעָזְךָ תְּיַסֵּד / חֹן עַל נִינֵי מוֹצָא מְכֻשָּׁד.

טֶרֶם נִקְרָא וְאַתָּה תַעֲנֶה / יִמָּצֵא לָנוּ חֶסֶד בְּמַעֲנֶה
כְּפָקְדְךָ הַיּוֹם יְצוּרֶיךָ לְהִמָּנֶה / לָנוּ מַלְאָכְךָ סָבִיב יַחֲנֶה.

מִדַּת טוּבְךָ עָלֵינוּ הַגְבֵּר / נַקֵּנוּ מֵעָוֹן וּפְשָׁעֵינוּ הַעֲבֵר
שַׂגֵּב בִּזְרוֹעַ לִמְקַוֶּיךָ בְּשֶׂבֶר / עֹז חֲלִיפַת כֹּחַ, וַעֲלִיַּת אֵבֶר.

פְּעֻלַּת אֶזְרָחִי לְפָנֶיךָ תִּזָּכֵר / צִדְקוֹ יָלִיץ כֹּשֶׁר, וּמַסְטִין יְסֻכַּר
קִבֵּל מוֹרָאֲךָ יִחוּדְךָ לְהַכֵּר / רָץ בְּפִקּוּדֶיךָ לְיַשֵּׁר וּלְיַקֵּר.

שָׁלֵם נִמְצָא בְּכָל אֲשֶׁר נִפְקַד / שַׁעֲשַׁע כְּהַיּוֹם בְּחָנֵט מְפֻקָּד
◂ תְּהִלָּה וָעֹז לְמַרְחֲמוֹ שָׁקַד / תֻּמָּתוֹ בְּעֵת אֲשֶׁר פָּקַד.

הכול:

בּוֹ שְׁעֲנֵנוּ מֵעוֹלָם, וַיַּעֲנֵנוּ נוֹרָאוֹת /
בִּרְצוּי חִנּוּנֵנוּ קִבֵּל כְּהַעֲלָאוֹת
◂ יְחַלְּצֵנוּ בְּמָגִנּוּ מִתַּחֲלוּאֵי תוֹצָאוֹת /
כְּצִפֳּרִים עָפוֹת כֵּן יָגֵן יהוה צְבָאוֹת: ישעיה לא

יש נוהגים שהקהל אומר בקול, ושליח הציבור חוזר אחריו:

זָכְרֵנוּ לְחַיִּים, מֶלֶךְ חָפֵץ בַּחַיִּים
וְכָתְבֵנוּ בְּסֵפֶר הַחַיִּים
לְמַעַנְךָ אֱלֹהִים חַיִּים.

שליח הציבור ממשיך:

מֶלֶךְ עוֹזֵר וּמוֹשִׁיעַ וּמָגֵן.
׳בָּרוּךְ אַתָּה יהוה, מָגֵן אַבְרָהָם.

גבורות

אַתָּה גִּבּוֹר לְעוֹלָם, אֲדֹנָי
מְחַיֵּה מֵתִים אַתָּה, רַב לְהוֹשִׁיעַ
בארץ ישראל: מוֹרִיד הַטָּל
מְכַלְכֵּל חַיִּים בְּחֶסֶד, מְחַיֵּה מֵתִים בְּרַחֲמִים רַבִּים
סוֹמֵךְ נוֹפְלִים, וְרוֹפֵא חוֹלִים, וּמַתִּיר אֲסוּרִים
וּמְקַיֵּם אֱמוּנָתוֹ לִישֵׁנֵי עָפָר.
מִי כָמְוֹךָ, בַּעַל גְּבוּרוֹת, וּמִי דּוֹמֶה לָּךְ
מֶלֶךְ, מֵמִית וּמְחַיֶּה וּמַצְמִיחַ יְשׁוּעָה.

יש קהילות שבהן אין אומרים את ה׳מחיה׳, וממשיכים ׳מי כָמוֹךָ׳ בעמוד הבא
(ויש האומרים את הבית האחרון: ׳שְׂפָתֵינוּ מְדוֹבְבוֹת עֹז׳).

מחיה – סימן תשר״ק שמעון בר יצחק (כפול)

תָּמִים פָּעָלְךָ גְּדוֹל הָעֵצָה / שִׁחַרְנוּ פָנֶיךָ וְצִדְקָתְךָ נִמְצָא
רַחֵץ טֶנֶף וְהָתֵם שִׁמְצָה / קַבֵּל אֶנֶק וּגְדוֹר פִּרְצָה.

צֹאן לַטֶּבַח גָּזַר מִמִּכְלָה / פָּרִים וּכְבָשִׂים לִשְׁלָמִים וְעוֹלָה
עֲרִיכַת שָׂפָה נַעֲרֹךְ בִּתְפִלָּה / שִׂיחֵנוּ יָשְׁפַּר כְּהֶקְטֵר וּבְלוּלָה.

נְתִיב יֹשֶׁר אִם נֶעֱקַל בְּלֶכֶת /
מִשְׁלַחְתְּךָ לַעֲזֹב לְהִתְרַפּוֹת בִּמְלָאכֶת
לְנֶגְדְּךָ יִפְקֹד מִזְבַּח מַעֲרֶכֶת /
כְּמַאֲכֶלֶת הַמַּאֲכִילָה מֵאָז נֶעֱרֶכֶת.

יָחַד אָב וּבֵן בְּלֶכְתָּם לְהַר מוֹר / טֶבַח לְהָכִין, מִפְּקֻדְּךָ לִשְׁמֹר
חֲנִיטָם נְצֹר רַחֲמִים לִכְמֹר / זְכֹר שְׁבוּעָה כִּקְטֹרֶת לִתְמֹר.

וּבְשִׁבְתְּךָ הַיּוֹם לָדִין עַמִּים / הִמָּלֵא עַל צֶאֱצָאֵימוֹ רַחֲמִים
דִּינֵנוּ הַצְהֵר וְלֹא נֵצֵא נִכְלָמִים / גֶּפֶן מַטָּעֲתְךָ תָּכִין לְאֹרֶךְ יָמִים.

בִּזְכוּת נֶעֱקַד הַקְשִׁיבָה מִשַּׁחַק / אֶבְיוֹנֵי עַמְּךָ, קוֹרְאֶיךָ מִדֹּחַק

• שָׂמֵנוּ עַל סִפְרְךָ לְחַיִּים יָחַק /

וְנִיב שְׂפָתֵינוּ הַקְשֵׁב כְּוַיֶּעְתַּר יִצְחָק.

הכול:

שְׂפָתֵינוּ מְדוֹבְבוֹת עֹז וּבְצִדְקָתוֹ נִחְיֶה /

בְּרַחֲמִים יְצַדְּקֵנוּ וְזַרְעֵנוּ יִהְיֶה

• יְחַיֵּינוּ כְּקֶדֶם מִיּוֹמַיִם, אֶהְיֶה / בַּיּוֹם הַשְּׁלִישִׁי יְקִמֵנוּ וְנִחְיֶה.

יש נוהגים שהקהל אומר בקול, ושליח הציבור חוזר אחריו:

מִי כָמוֹךָ אַב הָרַחֲמִים

זוֹכֵר יְצוּרָיו לְחַיִּים בְּרַחֲמִים.

שליח הציבור ממשיך:

וְנֶאֱמָן אַתָּה לְהַחֲיוֹת מֵתִים.

בָּרוּךְ אַתָּה יהוה, מְחַיֵּה הַמֵּתִים.

פותחים את ארון הקודש.

יש קהילות שבהן אין אומרים את ה׳משלש׳,
אך גם בהן מקובל ששליח הציבור אומר את הבית הראשון.

משלש – סימן א״ת ב״ש

שְׁלַחְתִּי בְּמַלְאֲכוּת סֶגֶל חֲבוּרָה /

שׁוֹמְרֵי אֱמוּנָתְךָ וּמְיַחֲדֶיךָ בְּמוֹרָא

שָׁפַכְתִּי שִׂיחַ לְבַקֵּשׁ עֲתִירָה / שְׁמַע־יהוה קוֹלִי אֶקְרָא: תהלים כז

סוגרים את ארון הקודש.

בקהילות שבהן אין אומרים את ה׳משלש׳, ממשיכים ׳יִמְלֹךְ ה׳ לְעוֹלָם׳ בעמ׳ 261
(ויש האומרים את הבית האחרון: ׳קָרְבֵנוּ לְיִשְׁעֲךָ׳, בעמוד הבא).

מְדַבֵּר בִּצְדָקָה, חוֹנֵן וּמִתְרַצֶּה /

מַחֲסֶה וּמִסְתּוֹר לְדוֹרְשֶׁיךָ הִמָּצֵא

מֶתַח דִּינְךָ אִם בִּיצוּרִים תְּמַצֶּה / מִלְּפָנֶיךָ מִשְׁפָּטִי יֵצֵא: תהלים יז

עֱרֹךְ תְּקִיעָתֵנוּ שְׁעֵה בְּבֵירוּרִים / עַרְבֵב קַטֵּגוֹר וְאַמֵּץ סַנֵּגוֹרִים
עֲקֶרֶת בַּיִת וַחֲצוּבַת צוּרִים / עֵינֶיךָ תֶּחֱזֶינָה מֵישָׁרִים: תהלים יז

וְיִזָּכֵר לְפָנֶיךָ צִדְקַת הַתָּם / וְעַד אֹהָלֶיךָ וּבְכִסְאֲךָ נֶחְתָּם
וְחַלְּצֵנִי מִפֶּשַׁע, וּמֵעָוֹן נִכְתָּם / אַל־יִמְשְׁלוּ־בִי אָז אֵיתָם: תהלים יט

נוֹהֵג בְּחֶסֶד, זוֹכֵר הַבְּרִית / נַקֵּנוּ מִנִּסְתָּרוֹת וְנִזְכֶּה כְּבֹרִית
נְחֵנוּ בַּאֲמִתֶּךָ, וּתְנֵנוּ לְאַחֲרִית /
נֹשֵׂא עָוֹן וְעֹבֵר עַל־פֶּשַׁע לִשְׁאֵרִית: מיכה ז

בְּהִנָּשְׂאֲךָ לְכִסֵּא, נוֹרָא וְאָיֹם / בְּרוּאֵי חֶלֶד לְהִשָּׁפֵט כְּהַיּוֹם
בְּרַחֲמֶיךָ עָלֵינוּ הַמְצִיאֵנוּ פִּדְיוֹם / בֵּאלֹהִים הִלַּלְנוּ כָל־הַיּוֹם: תהלים מד

רֹעַ יִצְרֵנוּ הָסֵר בְּחֶמְלָתֶךָ / רְצֵנוּ וְסוֹכְכֵנוּ בְּמַחְסֶה אֶבְרָתֶךָ
רְצֵה תְשׁוּבָתֵנוּ וְהַרְבֵּה מְחִילָתֶךָ /
רְעֵה עַמְּךָ בְשִׁבְטֶךָ, צֹאן נַחֲלָתֶךָ: מיכה ז

יָדַעְנוּ דְּרָכֶיךָ וְאָרְחוֹתֶיךָ לִתְמֹד / יֹשֶׁר פִּקּוּדֶיךָ בְּלִבֵּנוּ לִצְמֹד
יִכָּמְרוּ רַחֲמֶיךָ סְלִיחָתֵנוּ לַחְמֹד /
יָדַעְנוּ כִּי חָטָאנוּ, וְאֵין מִי יַעֲמֹד.

צַוֵּה יְשׁוּעָתְךָ לְרַעְיָתְךָ הָאֲהוּבָה /
צְמֵאָה לְחַסְדְּךָ, כְּמֵהָה וּתְאֵבָה
צְפֵה וְהַבֵּט כִּי מְאֹד נִכְאָבָה /
צִדְקָתְךָ כְּהַרְרֵי־אֵל, מִשְׁפָּטֶיךָ תְּהוֹם רַבָּה: תהלים לו

חֲפֹץ בְּהֶגְיוֹנֵנוּ וּבְקוֹל תְּרוּעָתֵנוּ / חֲטָאֵינוּ הַלְבֵּן וְהַפְקֵר שְׁגָגֵנוּ
חַבֵּל וְהַצְמֵת קָדְקֹד מַשְׂטִינֵנוּ /
חָנֵּנוּ אֱלֹהִים חָנֵּנוּ, כִּי בְךָ חָסְיָה נַפְשֵׁנוּ. תהלים נז

קָרְבֵנוּ לְיִשְׁעֲךָ בְּזֶה רֹאשׁ שְׁנָתִי / קַבֵּץ נְפוּצוֹתֵינוּ לְמִרְבַּץ קִרְיָתִי
קָמִים יֶחֱזוּ כִּי מֵאִתְּךָ תְּהִלָּתִי / קַוֵּה קִוִּיתִי יהוה תּוֹחַלְתִּי.

במחזורים הישנים משולבים במערכות הקרובות׳ הפסוקים שעליהם מבוססים פיוטי הקרובה׳. היום נוהגים לומר רק את שני הפסוקים ׳יִמְלֹךְ׳ וְ׳וְאַתָּה קָדוֹשׁ׳, ומסיימים ׳אֵל נָא׳ כפתיחה לפיוטים הבאים, המובילים אל הקדושה.

קהל ואחריו שליח הציבור:

יִמְלֹךְ יהוה לְעוֹלָם תהלים קמו
אֱלֹהַיִךְ צִיּוֹן לְדֹר וָדֹר, הַלְלוּיָהּ:

וְאַתָּה קָדוֹשׁ, יוֹשֵׁב תְּהִלּוֹת יִשְׂרָאֵל: תהלים כב

אֵל נָא.

פותחים את ארון הקודש.

סימן א״ב

אַתָּה הוּא אֱלֹהֵינוּ בַּשָּׁמַיִם וּבָאָרֶץ.
גִּבּוֹר וְנַעֲרָץ דָּגוּל מֵרְבָבָה.
הוּא שָׂח וַיֶּהִי וְצִוָּה וְנִבְרָאוּ.
זִכְרוֹ לָנֶצַח חַי עוֹלָמִים.
טְהוֹר עֵינַיִם יוֹשֵׁב סֵתֶר.
כִּתְרוֹ יְשׁוּעָה לְבוּשׁוֹ צְדָקָה.
מַעֲטֵהוּ קִנְאָה נֶאְפַּד נְקָמָה.
סִתְרוֹ יֹשֶׁר עֲצָתוֹ אֱמוּנָה.
פְּעֻלָּתוֹ אֱמֶת צַדִּיק וְיָשָׁר.
קָרוֹב לְקוֹרְאָיו בֶּאֱמֶת רָם וּמִתְנַשֵּׂא.
שׁוֹכֵן שְׁחָקִים תּוֹלֶה אֶרֶץ עַל בְּלִימָה.

הקהל ושליח הציבור אומרים:

חַי וְקַיָּם, נוֹרָא וּמָרוֹם וְקָדוֹשׁ.

סוגרים את ארון הקודש.

אם יום ב׳ של ראש השנה חל ביום ראשון,
ממשיכים מתחת לקו בעמ׳ 263.

ב׳ של ראש השנה שחל להיות בימים שלישי, רביעי ושישי בשבוע

שליח הציבור אומר את שבעת החרוזים הבאים, והקהל חוזר אחרי כל אחד מהם.
חרוזים אלה הם בתי הפזמון של ה׳קיקלר׳ (ראה עמ׳ 145) ׳אֶדֶר וָהוֹד׳ (עמ׳ 427).

סימן שמעון (6)

שְׁמוֹ מְפָאֲרִים עֲדַת חֲבָלוֹ
וְנַעֲרָץ בְּאֶרְאֶלֵּי קֹדֶשׁ הִלּוּלוֹ
וּבְהֵיכָלוֹ כָּבוֹד אֹמֵר כֻּלּוֹ / קָדוֹשׁ.

שׁוֹמְרֵי מִצְוֹתָיו עוֹד יְשׁוּבוּן לְבִצָּרוֹן
נִדְבָּרִים יְרֵאָיו בְּהַכְשֵׁר וְיִתְּרוֹן
מלאכי ג וַיַּקְשֵׁב יהוה וַיִּשְׁמָע, וַיִּכָּתֵב סֵפֶר זִכָּרוֹן: / קָדוֹשׁ.

שַׁפְּרוּ מַעֲשֵׂיכֶם, וּבְרִית לֹא תוּפַר
נַאֲקַתְכֶם יַאֲזִין, שְׁחָקִים שַׁפָּר
תהלים סט וְתִיטַב לַיהוה מִשּׁוֹר פָּר: / קָדוֹשׁ.

שִׁבְטֵי מִקְרָאֲךָ עֲלֵה וְהַמְשֵׁל
נְטִישׁוֹת צָרִים בְּהִתּוּזְךָ לְנַשֵּׁל
תהלים כב כִּי לַיהוה הַמְּלוּכָה, וּמֹשֵׁל: / קָדוֹשׁ.

שְׁבוּתֵנוּ מִמֶּרְחָק, עֲלוֹת לְהַר קָדְשׁוֹ
וּנְפָאֲרֵנוּ תָּמִיד בִּדְבִיר מִקְדָּשׁוֹ
תהלים קה כִּי־זָכַר אֶת־דְּבַר קָדְשׁוֹ: / קָדוֹשׁ.

שֶׁבַח מִגְדַּל עֹז, שֵׁם הַגָּדוֹל
נֵצַח בְּתִתּוֹ לְמַלְכּוֹ עֹז וּמִגְדּוֹל
ישעיה כז בַּיּוֹם הַהוּא יִתָּקַע בְּשׁוֹפָר גָּדוֹל: / קָדוֹשׁ.

ישעיה יח כָּל־יֹשְׁבֵי תֵבֵל וְשֹׁכְנֵי אָרֶץ:
יֹאמְרוּ תָמִיד, הִגְדִּיל יהוה לַעֲשׂוֹת בָּאָרֶץ
זכריה יד וְהָיָה יהוה לְמֶלֶךְ עַל־כָּל־הָאָרֶץ: / קָדוֹשׁ.

שליח הציבור ואחריו הקהל:

יִשְׁפֹּט תֵּבֵל בְּצֶדֶק, וּלְאֻמִּים בְּמֵישָׁרִים

הָאֵל קָדוֹשׁ.

שליח הציבור ואחריו הקהל:

וְהוּא בְאֶחָד וּמִי יְשִׁיבֶנּוּ, וְנַפְשׁוֹ אִוְּתָה וַיָּעַשׂ: איוב כג

נוֹרָא וְקָדוֹשׁ

ממשיכים ׳אָדוֹן, אִם מַעֲשִׂים אֵין בָּנוּ׳ בעמוד הבא.

ב׳ של ראש השנה שחל ביום ראשון בשבוע

אם יום ב׳ של ראש השנה חל ביום ראשון,
אומרים שורות אלה (הפיוטים מובאים במלואם בעמ׳ 422-425).

שליח הציבור ואחריו הקהל:

תָּעִיר וְתָרִיעַ, לְהַכְרִית כָּל מֵרִיעַ

וְתִקְדַּשׁ בְּיוֹדְעֵי לְהָרִיעַ. קָדוֹשׁ.

שליח הציבור ואחריו הקהל:

מֶלֶךְ מְמַלֵּט מֵרָעָה

לְיוֹדְעֵי תְרוּעָה.

הָאֵל קָדוֹשׁ.

שליח הציבור ואחריו הקהל:

מֶלֶךְ זְכֹר אֲחוּז קֶרֶן

לְתוֹקְעֵי לְךָ הַיּוֹם בְּקֶרֶן.

נוֹרָא וְקָדוֹשׁ.

אין אומרים בית זה בא׳ של ראש השנה, כיוון שנהגו שלא להזכיר
תקיעת שופר בשבת. לכן משלימים אותו כעת.

שליח הציבור ואחריו הקהל:

שֶׁבַח מִגְדַּל עֹז, שֵׁם הַגָּדוֹל

נֵצַח בְּתִתּוֹ לְמַלְכּוֹ עֹז וּמִגְדּוֹל

בַּיּוֹם הַהוּא יִתָּקַע בְּשׁוֹפָר גָּדוֹל: / קָדוֹשׁ. ישעיה כז

ה׳קיקלר׳ השלישי שאומרים ביום ב׳ של ראש השנה הוא תמיד ׳שַׁבְתִּי וְרָאֹה תַחַת־הַשָּׁמֶשׁ׳ (עמ׳ 431). כיום נוהגים לומר רק את שני בתי הפזמון.

שליח הציבור ואחריו הקהל:

אָדוֹן, אִם מַעֲשִׂים אֵין בָּנוּ
שִׁמְךָ הַגָּדוֹל יַעֲמָד לָנוּ
וְאַל תָּבוֹא בְמִשְׁפָּט עִמָּנוּ / קָדוֹשׁ.

שליח הציבור ואחריו הקהל:

הֵן לֹא יַאֲמִין בִּקְדֹשָׁיו
וּתְהִלָּה יָשִׂים בְּאֵלֵי תַרְשִׁישָׁיו
וְאֵיךְ יִצְדְּקוּ קְרוּצֵי גוּשָׁיו / קָדוֹשׁ.

פיוט זה מקביל לפיוטו של הקליר ׳אֵל דָּר בַּמָּרוֹם׳ (עמ׳ 205).
כמו הקליר, אף ר׳ שמעון בר יצחק חיבר פיוט משלים, שבו כל בית פותח בתיבות ׳מֶלֶךְ אֶבְיוֹן׳.
הפיוט השלם על שני חלקיו מובא בעמ׳ 434.

פותחים את ארון הקודש.

סימן א״ב שמעון

וּבְכֵן, וַיְהִי בִישֻׁרוּן מֶלֶךְ

מֶלֶךְ עֶלְיוֹן
אַמִּיץ הַמְנֻשָּׂא / לְכֹל לְרֹאשׁ מִתְנַשֵּׂא
אוֹמֵר וְעוֹשֶׂה / מָעוֹז וּמַחְסֶה
נֹשֵׂא וְנוֹשֵׂא / מוֹשִׁיב מְלָכִים לַכִּסֵּא
לַעֲדֵי עַד יִמְלֹךְ.

מֶלֶךְ עֶלְיוֹן
גִּבּוֹר בִּגְבוּרוֹת / קֹרֵא הַדּוֹרוֹת
גּוֹלֶה נִסְתָּרוֹת / אִמְרוֹתָיו טְהוֹרוֹת
יוֹדֵעַ סְפוּרוֹת / לְתוֹצָאוֹת מַזָּרוֹת
לַעֲדֵי עַד יִמְלֹךְ.

מֶֽלֶךְ עֶלְיוֹן
הַמְפֹאָר בְּפִי כֹל / וְהוּא כֹּל יָכוֹל
הַמְרַחֵם אֶת הַכֹּל / וְנוֹתֵן מִחְיָה לַכֹּל
וְנֶעְלָם מֵעֵין כֹּל / וְעֵינָיו מְשׁוֹטְטוֹת בַּכֹּל
לַעֲדֵי עַד יִמְלֹךְ.

מֶֽלֶךְ עֶלְיוֹן
זוֹכֵר נִשְׁכָּחוֹת / חוֹקֵר טְחוֹת
עֵינָיו פְּקֻחוֹת / מַגִּיד שִׂחוֹת
אֱלֹהֵי הָרוּחוֹת / אִמְרוֹתָיו נְכֹחוֹת
לַעֲדֵי עַד יִמְלֹךְ.

מֶֽלֶךְ עֶלְיוֹן
טָהוֹר בִּזְבוּלָיו / אוֹת הוּא בְּאֶרְאֶלָּיו
אֵין עֲרֹךְ אֵלָיו / לִפְעֹל כְּמִפְעָלָיו
חוֹל שָׂם גְּבוּלָיו / כַּהֲמוֹת יָם לְגַלָּיו
לַעֲדֵי עַד יִמְלֹךְ.

מֶֽלֶךְ עֶלְיוֹן
כּוֹנֵס מֵי הַיָּם / רֹגַע גַּלֵּי יָם
סוֹעֵר שְׁאוֹן דָּכְיָם / מְלֹא הָעוֹלָם דַּיָּם
מַשְׁבִּיחָם בַּעְיָם / וְשָׁבִים אָחוֹר וְאַיָּם
לַעֲדֵי עַד יִמְלֹךְ.

מֶלֶךְ עֶלְיוֹן
מוֹשֵׁל בִּגְבוּרָה / דְּרָכוֹ סוּפָה וּסְעָרָה
עוֹטֶה אוֹרָה / לַיְלָה כַּיּוֹם לְהָאִירָה
עֲרָפֶל לוֹ סִתְרָה / וְעִמֵּהּ שְׁרֵא נְהוֹרָא
לַעֲדֵי עַד יִמְלֹךְ.

מֶלֶךְ עֶלְיוֹן
סִתְרוֹ עָבִים / סְבִיבָיו לְהָבִים
רְכוּבוֹ כְּרוּבִים / מְשָׁרְתָיו שְׁבִיבִים
מַזָּרוֹת וְכוֹכָבִים / הִלּוּלוֹ מַרְבִּים
לַעֲדֵי עַד יִמְלֹךְ.

מֶלֶךְ עֶלְיוֹן
פּוֹתֵחַ יָד וּמַשְׂבִּיעַ / צוֹרֵר מַיִם וּמַנְבִּיעַ
יַבֶּשֶׁת לְהַטְבִּיעַ / לִשְׁלִישׁ וְלִרְבִיעַ
יוֹם לְיוֹם יַבִּיעַ / שִׁבְחוֹ לְהַבִּיעַ
לַעֲדֵי עַד יִמְלֹךְ.

מֶלֶךְ עֶלְיוֹן
קָדוֹשׁ וְנוֹרָא / בְּמוֹפֵת וּבְמוֹרָא
מִמַּדֵּי אֶרֶץ קָרָא / וְאֶבֶן פִּנָּתָהּ יָרָה
וְכָל הַנִּבְרָא / לִכְבוֹדוֹ בָּרָא
לַעֲדֵי עַד יִמְלֹךְ.

אֲבָל מֶלֶךְ עֶלְיוֹן
שׁוֹפֵט הָאֱמֶת / מַעְבָדָיו אֱמֶת
עוֹשֶׂה חֶסֶד וֶאֱמֶת / וְרַב חֶסֶד וֶאֱמֶת
נְתִיבָתוֹ אֱמֶת / וְחוֹתָמוֹ אֱמֶת
לַעֲדֵי עַד יִמְלֹךְ.

פותחים את ארון הקודש.

שליח הציבור אומר:

מֶלֶךְ אֶבְיוֹן
בָּלֶה וְיָרֵד שַׁחַת / בִּשְׁאוֹל וּבְתַחַת / בְּלֵאוּת בְּלִי נַחַת
עַד מָתַי יִמְלֹךְ.

מֶלֶךְ אֶבְיוֹן
תְּנוּמָה תְעוּפֶנּוּ / תַּרְדֵּמָה תְעוֹפְפֶנּוּ / תֹּהוּ יְשׁוּפֶנּוּ
עַד מָתַי יִמְלֹךְ.

נוהגים לומר שני בתים מתוך הפיוט המשלים ׳מֶלֶךְ אֶבְיוֹן׳ של הקליר,
כפי שאמרו ביום א׳ של ראש השנה.
הקהל אומר בלחש:

מֶלֶךְ עֶלְיוֹן
שׁוֹמֵעַ אֶל אֶבְיוֹנִים / וּמַאֲזִין חֲנוּנִים
מַאֲרִיךְ רְצוֹנִים / וּמְקַצֵּר חֲרוֹנִים
רִאשׁוֹן לָרִאשׁוֹנִים / וְאַחֲרוֹן לָאַחֲרוֹנִים
לַעֲדֵי עַד יִמְלֹךְ.

סוגרים את ארון הקודש.

בקהילות רבות נוהגים ששליח הציבור אומר את שתי הצלעות הראשונות בכל שורה,
והקהל עונה אחריו (בסוף כל שורה):
׳ה׳ מֶלֶךְ׳, ׳ה׳ מָלָךְ׳, ׳ה׳ יִמְלֹךְ׳; ה׳ מֶלֶךְ, ה׳ מָלָךְ, ה׳ יִמְלֹךְ לְעֹלָם וָעֶד׳.

פותחים את ארון הקודש.

סימן שמעון בר יצחק (מרובע) חזק – א״ב יצחק אלחנן (כפול)

יהוה מֶלֶךְ, יהוה מָלָךְ
יהוה יִמְלֹךְ לְעֹלָם וָעֶד.

כָּל שִׁנְאַנֵּי שַׁחַק בְּאֹמֶר מַאֲמִירִים יהוה מֶלֶךְ.
כָּל שׁוֹכְנֵי שֶׁקֶט בִּבְרָכָה מְבָרְכִים יהוה מָלָךְ.
אֵלּוּ וָאֵלּוּ בְּגֹבַהּ מַגְדִּילִים יהוה יִמְלֹךְ.

יהוה מֶלֶךְ, יהוה מָלָךְ, יהוה יִמְלֹךְ לְעֹלָם וָעֶד.

כָּל מַלְאֲכֵי מַעְלָה בְּדֵעָה מַדְגִּילִים יהוה מֶלֶךְ.
כָּל מוֹשְׁלֵי מַטָּה בְּהַלֵּל מְהַלְלִים יהוה מָלָךְ.
אֵלּוּ וָאֵלּוּ בְּוַדַּאי מוֹדִים יהוה יִמְלֹךְ.

יהוה מֶלֶךְ, יהוה מָלָךְ, יהוה יִמְלֹךְ לְעֹלָם וָעֶד.

כָּל עָרִיצֵי עֶלְיוֹנִים בְּזֶמֶר מְזַמְּרִים יהוה מֶלֶךְ.
כָּל עוֹבְרֵי עוֹלָמִים בְּחַיִל מְחַסְּנִים יהוה מָלָךְ.
אֵלּוּ וָאֵלּוּ בְּטַעַם מְטַכְּסִים יהוה יִמְלֹךְ.

יהוה מֶלֶךְ, יהוה מָלָךְ, יהוה יִמְלֹךְ לְעֹלָם וָעֶד.

כָּל וְעוּדֵי וַעַד בְּיֹשֶׁר מְיַפִּים יהוה מֶלֶךְ.
כָּל וָתִיקֵי וֶסֶת בְּכֹשֶׁר מְכַלְּלִים יהוה מָלָךְ.
אֵלּוּ וָאֵלּוּ בְּלַהַג מְלַהֲגִים יהוה יִמְלֹךְ.

יהוה מֶלֶךְ, יהוה מָלָךְ, יהוה יִמְלֹךְ לְעֹלָם וָעֶד.

כָּל נְדִיבֵי נְדָבוֹת בְּמֶלֶל מְמַלְּלִים יהוה מֶלֶךְ.
כָּל נִכְבַּדֵּי נֹעַם בְּנִצּוּחַ מְנַצְּחִים יהוה מָלָךְ.
אֵלּוּ וָאֵלּוּ בְּשִׂיחַ מְשׂוֹחֲחִים יהוה יִמְלֹךְ.

יהוה מֶלֶךְ, יהוה מָלָךְ, יהוה יִמְלֹךְ לְעֹלָם וָעֶד.

כָּל בַּעֲלֵי בִינָה בְּעִלּוּי מְעַלִּים יהוה מֶלֶךְ.
כָּל בְּרוּאֵי בְרִיָּה בְּפֶצַח מְפַצְּחִים יהוה מָלָךְ.
אֵלּוּ וָאֵלּוּ בְּצִפְצוּף מְצַפְצְפִים יהוה יִמְלֹךְ.

יהוה מֶלֶךְ, יהוה מָלָךְ, יהוה יִמְלֹךְ לְעֹלָם וָעֶד.

כָּל רִשְׁפֵּי רוּמָה בְּקוֹל מַקְדִּישִׁים יהוה מֶלֶךְ.
כָּל רָאשֵׁי רֹן בְּרֹנֶן מְרַנְּנִים יהוה מָלָךְ.
אֵלּוּ וָאֵלּוּ בְּשִׁירָה מְשׁוֹרְרִים יהוה יִמְלֹךְ.

יהוה מֶלֶךְ, יהוה מָלָךְ, יהוה יִמְלֹךְ לְעֹלָם וָעֶד.

כָּל יַקִּירֵי יֹפִי בְּתֹקֶף מְתַנִּים יהוה מֶלֶךְ.
כָּל יוֹשְׁבֵי יְשׁוּב בְּיִחוּד מְיַחֲדִים יהוה מָלָךְ.
אֵלּוּ וָאֵלּוּ בְּאֶדֶר מְאַדְּרִים יהוה יִמְלֹךְ.

יהוה מֶלֶךְ, יהוה מָלָךְ, יהוה יִמְלֹךְ לְעֹלָם וָעֶד.

כָּל צוֹבְאֵי צָבָא בְּלֶמֶד מְלַמְּדִים יהוה מֶלֶךְ.
כָּל צְנוּפֵי צְפִירָה בְּצֶדֶק מַצְדִּיקִים יהוה מָלָךְ.
אֵלּוּ וָאֵלּוּ בְּחַיִל מְחַזְּרִים יהוה יִמְלֹךְ.

יהוה מֶלֶךְ, יהוה מָלָךְ, יהוה יִמְלֹךְ לְעֹלָם וָעֶד.

כָּל חֲיָלֵי חֹסֶן בַּחֲרָדָה מְחַלִּים יהוה מֶלֶךְ.
כָּל חֲשׁוּקֵי חֶמֶד בְּחָזְקָה מְחַזְּקִים יהוה מָלָךְ.
אֵלּוּ וָאֵלּוּ בְּנִגּוּן מְנַגְּנִים יהוה יִמְלֹךְ.

יהוה מֶלֶךְ, יהוה מָלָךְ, יהוה יִמְלֹךְ לְעֹלָם וָעֶד.

כָּל קְדוֹשֵׁי קָדוֹשׁ בִּקְדֻשָּׁה מַקְדִּישִׁים יהוה מֶלֶךְ.
כָּל קְבוּצֵי קָהָל בְּקֹשֶׁט מְקַשְּׁטִים יהוה מָלָךְ.
אֵלּוּ וָאֵלּוּ בְּנֹעַם מַנְעִימִים יהוה יִמְלֹךְ.

יהוה מֶלֶךְ, יהוה מָלָךְ, יהוה יִמְלֹךְ לְעֹלָם וָעֶד.

כָּל חַשְׁמַלֵּי זִקִּים לַבְּקָרִים מִתְחַדְּשִׁים יהוה מֶלֶךְ.
כָּל תַּרְשִׁישֵׁי גֹבַהּ בִּדְמָמָה מְלַחֲשִׁים יהוה מָלָךְ.
אֵלּוּ וָאֵלּוּ בְּשִׁלּוּשׁ מְשַׁלְּשִׁים יהוה יִמְלֹךְ.

יהוה מֶלֶךְ, יהוה מָלָךְ, יהוה יִמְלֹךְ לְעֹלָם וָעֶד.

יש קהילות שבהן אין אומרים את הפיוט הבא בשחרית אלא במוסף.

סימן א״ב

וּבְכֵן לְךָ הַכֹּל יַכְתִּירוּ.

לְאֵל עוֹרֵךְ דִּין לְבוֹחֵן לְבָבוֹת בְּיוֹם דִּין.
לְגוֹלֶה עֲמֻקּוֹת בַּדִּין לְדוֹבֵר מֵישָׁרִים בְּיוֹם דִּין.
לְהוֹגֶה דֵעוֹת בַּדִּין לְוָתִיק וְעוֹשֶׂה חֶסֶד בְּיוֹם דִּין.
לְזוֹכֵר בְּרִיתוֹ בַּדִּין לְחוֹמֵל מַעֲשָׂיו בְּיוֹם דִּין.
לְטַהֵר חוֹסָיו בַּדִּין לְיוֹדֵעַ מַחֲשָׁבוֹת בְּיוֹם דִּין
לְכוֹבֵשׁ כַּעְסוֹ בַּדִּין לְלוֹבֵשׁ צְדָקוֹת בְּיוֹם דִּין.
לְמוֹחֵל עֲוֹנוֹת בַּדִּין לְנוֹרָא תְהִלּוֹת בְּיוֹם דִּין.
לְסוֹלֵחַ לַעֲמוּסָיו בַּדִּין לְעוֹנֶה לְקוֹרְאָיו בְּיוֹם דִּין.
לְפוֹעֵל רַחֲמָיו בַּדִּין לְצוֹפֶה נִסְתָּרוֹת בְּיוֹם דִּין.
לְקוֹנֶה עֲבָדָיו בַּדִּין לְרַחֵם עַמּוֹ בְּיוֹם דִּין.
לְשׁוֹמֵר אֹהֲבָיו בַּדִּין לְתוֹמֵךְ תְּמִימָיו בְּיוֹם דִּין.

סוגרים את ארון הקודש.

הקהל ושליח הציבור אומרים:

וּבְכֵן לְךָ תַעֲלֶה קְדֻשָּׁה, כִּי אַתָּה אֱלֹהֵינוּ מֶלֶךְ.

הסילוק ׳אֲשֶׁר מִי יַעֲשֶׂה כְּמַעֲשֶׂיךָ׳ בעמ׳ 443.

קדושה

במקומות המסומנים ב׳, המתפלל מתרומם על קצות אצבעותיו.

קהל ואחריו שליח הציבור:

נְקַדֵּשׁ אֶת שִׁמְךָ בָּעוֹלָם, כְּשֵׁם שֶׁמַּקְדִּישִׁים אוֹתוֹ בִּשְׁמֵי מָרוֹם
כַּכָּתוּב עַל יַד נְבִיאֶךָ: וְקָרָא זֶה אֶל־זֶה וְאָמַר ישעיה ו

קהל ואחריו שליח הציבור:

׳קָדוֹשׁ, ׳קָדוֹשׁ, ׳קָדוֹשׁ, יהוה צְבָאוֹת, מְלֹא כָל־הָאָרֶץ כְּבוֹדוֹ:
אָז בְּקוֹל רַעַשׁ גָּדוֹל אַדִּיר וְחָזָק, מַשְׁמִיעִים קוֹל
מִתְנַשְּׂאִים לְעֻמַּת שְׂרָפִים, לְעֻמָּתָם בָּרוּךְ יֹאמֵרוּ

קהל ואחריו שליח הציבור:

׳בָּרוּךְ כְּבוֹד־יהוה מִמְּקוֹמוֹ: יחזקאל ג
מִמְּקוֹמְךָ מַלְכֵּנוּ תוֹפִיעַ וְתִמְלֹךְ עָלֵינוּ, כִּי מְחַכִּים אֲנַחְנוּ לָךְ
מָתַי תִּמְלֹךְ בְּצִיּוֹן, בְּקָרוֹב בְּיָמֵינוּ לְעוֹלָם וָעֶד תִּשְׁכֹּן
תִּתְגַּדַּל וְתִתְקַדַּשׁ בְּתוֹךְ יְרוּשָׁלַיִם עִירְךָ, לְדוֹר וָדוֹר וּלְנֵצַח נְצָחִים.
וְעֵינֵינוּ תִרְאֶינָה מַלְכוּתֶךָ
כַּדָּבָר הָאָמוּר בְּשִׁירֵי עֻזֶּךָ עַל יְדֵי דָוִד מְשִׁיחַ צִדְקֶךָ.

קהל ואחריו שליח הציבור:

׳יִמְלֹךְ יהוה לְעוֹלָם, אֱלֹהַיִךְ צִיּוֹן לְדֹר וָדֹר, הַלְלוּיָהּ: תהלים קמו

יש האומרים כאן פיוטי קדושה בעמ׳ 449.

(בבתי כנסת המתפללים בנוסח ספרד, ממשיכים ׳אַתָּה קָדוֹשׁ׳ בעמוד הבא).

שליח הציבור ממשיך:

לְדוֹר וָדוֹר נַגִּיד גָּדְלֶךָ, וּלְנֵצַח נְצָחִים קְדֻשָּׁתְךָ נַקְדִּישׁ
וְשִׁבְחֲךָ אֱלֹהֵינוּ מִפִּינוּ לֹא יָמוּשׁ לְעוֹלָם וָעֶד
כִּי אֵל מֶלֶךְ גָּדוֹל וְקָדוֹשׁ אָתָּה.

בבתי כנסת המתפללים בנוסח ספרד, במקום ׳לְדוֹר וָדוֹר נַגִּיד גָּדְלֶךָ׳
שליח הציבור אומר את שלוש הפיסקאות הבאות:

אַתָּה קָדוֹשׁ וְשִׁמְךָ קָדוֹשׁ, וּקְדוֹשִׁים בְּכָל יוֹם יְהַלְלְוּךָ סֶּלָה
כִּי אֵל מֶלֶךְ גָּדוֹל וְקָדוֹשׁ אָתָּה.

לְדוֹר וָדוֹר הַמְלִיכוּ לָאֵל, כִּי הוּא לְבַדּוֹ מָרוֹם וְקָדוֹשׁ.

וּבְכֵן יִתְקַדַּשׁ שִׁמְךָ יהוה אֱלֹהֵינוּ עַל יִשְׂרָאֵל עַמֶּךָ וְעַל יְרוּשָׁלַיִם עִירֶךָ
וְעַל צִיּוֹן מִשְׁכַּן כְּבוֹדֶךָ וְעַל מַלְכוּת בֵּית דָּוִד מְשִׁיחֶךָ, וְעַל מְכוֹנְךָ וְהֵיכָלֶךָ.

וּבְכֵן תֵּן פַּחְדְּךָ יהוה אֱלֹהֵינוּ עַל כָּל מַעֲשֶׂיךָ
וְאֵימָתְךָ עַל כָּל מַה שֶּׁבָּרָאתָ
וְיִירָאוּךָ כָּל הַמַּעֲשִׂים, וְיִשְׁתַּחֲווּ לְפָנֶיךָ כָּל הַבְּרוּאִים
וְיֵעָשׂוּ כֻלָּם אֲגֻדָּה אֶחָת לַעֲשׂוֹת רְצוֹנְךָ בְּלֵבָב שָׁלֵם
כְּמוֹ שֶׁיָּדַעְנוּ יהוה אֱלֹהֵינוּ שֶׁהַשִּׁלְטָן לְפָנֶיךָ
עֹז בְּיָדְךָ וּגְבוּרָה בִּימִינֶךָ, וְשִׁמְךָ נוֹרָא עַל כָּל מַה שֶּׁבָּרָאתָ.

וּבְכֵן תֵּן כָּבוֹד יהוה לְעַמֶּךָ
תְּהִלָּה לִירֵאֶיךָ, וְתִקְוָה (טוֹבָה) לְדוֹרְשֶׁיךָ
וּפִתְחוֹן פֶּה לַמְיַחֲלִים לָךְ
שִׂמְחָה לְאַרְצֶךָ, וְשָׂשׂוֹן לְעִירֶךָ
וּצְמִיחַת קֶרֶן לְדָוִד עַבְדֶּךָ
וַעֲרִיכַת נֵר לְבֶן יִשַׁי מְשִׁיחֶךָ
בִּמְהֵרָה בְיָמֵינוּ.

וּבְכֵן צַדִּיקִים יִרְאוּ וְיִשְׂמָחוּ, וִישָׁרִים יַעֲלֹזוּ
וַחֲסִידִים בְּרִנָּה יָגִילוּ, וְעוֹלָתָה תִּקְפָּץ פִּיהָ
וְכָל הָרִשְׁעָה כֻּלָּהּ כֶּעָשָׁן תִּכְלֶה
כִּי תַעֲבִיר מֶמְשֶׁלֶת זָדוֹן מִן הָאָרֶץ.

וְתִמְלֹךְ אַתָּה יהוה לְבַדֶּךָ עַל כָּל מַעֲשֶׂיךָ
בְּהַר צִיּוֹן מִשְׁכַּן כְּבוֹדֶךָ, וּבִירוּשָׁלַיִם עִיר קָדְשֶׁךָ
כַּכָּתוּב בְּדִבְרֵי קָדְשֶׁךָ
יִמְלֹךְ יהוה לְעוֹלָם, אֱלֹהַיִךְ צִיּוֹן לְדֹר וָדֹר, הַלְלוּיָהּ: תהלים קמו

קָדוֹשׁ אַתָּה וְנוֹרָא שְׁמֶךָ, וְאֵין אֱלוֹהַ מִבַּלְעָדֶיךָ
כַּכָּתוּב, וַיִּגְבַּהּ יהוה צְבָאוֹת בַּמִּשְׁפָּט ישעיה ה
וְהָאֵל הַקָּדוֹשׁ נִקְדַּשׁ בִּצְדָקָה:
בָּרוּךְ אַתָּה יהוה, הַמֶּלֶךְ הַקָּדוֹשׁ.

קדושת היום
אַתָּה בְחַרְתָּנוּ מִכָּל הָעַמִּים
אָהַבְתָּ אוֹתָנוּ וְרָצִיתָ בָּנוּ, וְרוֹמַמְתָּנוּ מִכָּל הַלְּשׁוֹנוֹת
וְקִדַּשְׁתָּנוּ בְּמִצְוֹתֶיךָ, וְקֵרַבְתָּנוּ מַלְכֵּנוּ לַעֲבוֹדָתֶךָ
וְשִׁמְךָ הַגָּדוֹל וְהַקָּדוֹשׁ עָלֵינוּ קָרָאתָ.

וַתִּתֶּן לָנוּ יהוה אֱלֹהֵינוּ בְּאַהֲבָה
אֶת יוֹם הַזִּכָּרוֹן הַזֶּה, יוֹם תְּרוּעָה מִקְרָא קֹדֶשׁ
זֵכֶר לִיצִיאַת מִצְרָיִם.

אֱלֹהֵינוּ וֵאלֹהֵי אֲבוֹתֵינוּ
יַעֲלֶה וְיָבוֹא וְיַגִּיעַ, וְיֵרָאֶה וְיֵרָצֶה וְיִשָּׁמַע
וְיִפָּקֵד וְיִזָּכֵר זִכְרוֹנֵנוּ וּפִקְדוֹנֵנוּ וְזִכְרוֹן אֲבוֹתֵינוּ
וְזִכְרוֹן מָשִׁיחַ בֶּן דָּוִד עַבְדֶּךָ
וְזִכְרוֹן יְרוּשָׁלַיִם עִיר קָדְשֶׁךָ
וְזִכְרוֹן כָּל עַמְּךָ בֵּית יִשְׂרָאֵל, לְפָנֶיךָ

לִפְלֵיטָה לְטוֹבָה, לְחֵן וּלְחֶסֶד וּלְרַחֲמִים, לְחַיִּים וּלְשָׁלוֹם
בְּיוֹם הַזִּכָּרוֹן הַזֶּה.
זָכְרֵנוּ יהוה אֱלֹהֵינוּ בּוֹ לְטוֹבָה
וּפָקְדֵנוּ בוֹ לִבְרָכָה
וְהוֹשִׁיעֵנוּ בוֹ לְחַיִּים.
וּבִדְבַר יְשׁוּעָה וְרַחֲמִים חוּס וְחָנֵּנוּ
וְרַחֵם עָלֵינוּ וְהוֹשִׁיעֵנוּ
כִּי אֵלֶיךָ עֵינֵינוּ, כִּי אֵל מֶלֶךְ חַנּוּן וְרַחוּם אָתָּה.

אֱלֹהֵינוּ וֵאלֹהֵי אֲבוֹתֵינוּ
מְלֹךְ עַל כָּל הָעוֹלָם כֻּלּוֹ בִּכְבוֹדֶךָ
וְהִנָּשֵׂא עַל כָּל הָאָרֶץ בִּיקָרֶךָ
וְהוֹפַע בַּהֲדַר גְּאוֹן עֻזֶּךָ עַל כָּל יוֹשְׁבֵי תֵבֵל אַרְצֶךָ.
וְיֵדַע כָּל פָּעוּל כִּי אַתָּה פְעַלְתּוֹ
וְיָבִין כָּל יָצוּר כִּי אַתָּה יְצַרְתּוֹ
וְיֹאמַר כֹּל אֲשֶׁר נְשָׁמָה בְאַפּוֹ
יהוה אֱלֹהֵי יִשְׂרָאֵל מֶלֶךְ וּמַלְכוּתוֹ בַּכֹּל מָשָׁלָה.
קַדְּשֵׁנוּ בְּמִצְוֹתֶיךָ וְתֵן חֶלְקֵנוּ בְּתוֹרָתֶךָ
שַׂבְּעֵנוּ מִטּוּבֶךָ וְשַׂמְּחֵנוּ בִּישׁוּעָתֶךָ
וְטַהֵר לִבֵּנוּ לְעָבְדְּךָ בֶּאֱמֶת
כִּי אַתָּה אֱלֹהִים אֱמֶת
וּדְבָרְךָ אֱמֶת וְקַיָּם לָעַד.
בָּרוּךְ אַתָּה יהוה, מֶלֶךְ עַל כָּל הָאָרֶץ
מְקַדֵּשׁ יִשְׂרָאֵל וְיוֹם הַזִּכָּרוֹן.

עבודה

רְצֵה יהוה אֱלֹהֵינוּ בְּעַמְּךָ יִשְׂרָאֵל, וּבִתְפִלָּתָם
וְהָשֵׁב אֶת הָעֲבוֹדָה לִדְבִיר בֵּיתֶךָ
וְאִשֵּׁי יִשְׂרָאֵל וּתְפִלָּתָם בְּאַהֲבָה תְקַבֵּל בְּרָצוֹן
וּתְהִי לְרָצוֹן תָּמִיד עֲבוֹדַת יִשְׂרָאֵל עַמֶּךָ.
וְתֶחֱזֶינָה עֵינֵינוּ בְּשׁוּבְךָ לְצִיּוֹן בְּרַחֲמִים.
בָּרוּךְ אַתָּה יהוה, הַמַּחֲזִיר שְׁכִינָתוֹ לְצִיּוֹן.

הודאה

כורע ב׳מודים׳ ואינו זוקף עד אמירת השם.

מוֹדִים אֲנַחְנוּ לָךְ
שָׁאַתָּה הוּא יהוה אֱלֹהֵינוּ
וֵאלֹהֵי אֲבוֹתֵינוּ לְעוֹלָם וָעֶד.
צוּר חַיֵּינוּ, מָגֵן יִשְׁעֵנוּ
אַתָּה הוּא לְדוֹר וָדוֹר.
נוֹדֶה לְּךָ וּנְסַפֵּר תְּהִלָּתֶךָ
עַל חַיֵּינוּ הַמְּסוּרִים בְּיָדֶךָ
וְעַל נִשְׁמוֹתֵינוּ הַפְּקוּדוֹת לָךְ
וְעַל נִסֶּיךָ שֶׁבְּכָל יוֹם עִמָּנוּ
וְעַל נִפְלְאוֹתֶיךָ וְטוֹבוֹתֶיךָ
שֶׁבְּכָל עֵת, עֶרֶב וָבֹקֶר וְצָהֳרָיִם.
הַטּוֹב, כִּי לֹא כָלוּ רַחֲמֶיךָ
וְהַמְרַחֵם, כִּי לֹא תַמּוּ חֲסָדֶיךָ
מֵעוֹלָם קִוִּינוּ לָךְ.

כששליח הציבור אומר ׳מודים׳,
הקהל אומר בלחש:

מוֹדִים אֲנַחְנוּ לָךְ
שָׁאַתָּה הוּא יהוה אֱלֹהֵינוּ
וֵאלֹהֵי אֲבוֹתֵינוּ
אֱלֹהֵי כָל בָּשָׂר
יוֹצְרֵנוּ, יוֹצֵר בְּרֵאשִׁית.
בְּרָכוֹת וְהוֹדָאוֹת
לְשִׁמְךָ הַגָּדוֹל וְהַקָּדוֹשׁ
עַל שֶׁהֶחֱיִיתָנוּ וְקִיַּמְתָּנוּ.
כֵּן תְּחַיֵּנוּ וּתְקַיְּמֵנוּ
וְתֶאֱסֹף גָּלֻיּוֹתֵינוּ
לְחַצְרוֹת קָדְשֶׁךָ
לִשְׁמֹר חֻקֶּיךָ וְלַעֲשׂוֹת רְצוֹנֶךָ
וּלְעָבְדְּךָ בְּלֵבָב שָׁלֵם
עַל שֶׁאֲנַחְנוּ מוֹדִים לָךְ.
בָּרוּךְ אֵל הַהוֹדָאוֹת.

וְעַל כֻּלָּם יִתְבָּרַךְ וְיִתְרוֹמַם שִׁמְךָ מַלְכֵּנוּ תָּמִיד לְעוֹלָם וָעֶד.

קהל ואחריו שליח הציבור:

וּכְתֹב לְחַיִּים טוֹבִים כָּל בְּנֵי בְרִיתֶךָ.

שליח הציבור ממשיך:

וְכֹל הַחַיִּים יוֹדְוּךָ סֶּלָה, וִיהַלְלוּ אֶת שִׁמְךָ בֶּאֱמֶת
הָאֵל יְשׁוּעָתֵנוּ וְעֶזְרָתֵנוּ סֶלָה.
בָּרוּךְ אַתָּה יהוה, הַטּוֹב שִׁמְךָ וּלְךָ נָאֶה לְהוֹדוֹת.

ברכת כוהנים

אם יותר מכוהן אחד עולה לדוכן, הגבאי קורא:

כֹּהֲנִים

הכוהנים מברכים:

בָּרוּךְ אַתָּה יהוה אֱלֹהֵינוּ מֶלֶךְ הָעוֹלָם, אֲשֶׁר קִדְּשָׁנוּ בִּקְדֻשָּׁתוֹ שֶׁל אַהֲרֹן, וְצִוָּנוּ לְבָרֵךְ אֶת עַמּוֹ יִשְׂרָאֵל בְּאַהֲבָה.

שליח הציבור מקריא מילה במילה, והכוהנים אחריו:

יְבָרֶכְךָ יהוה וְיִשְׁמְרֶךָ: קהל: **אָמֵן** במדבר ו
יָאֵר יהוה פָּנָיו אֵלֶיךָ וִיחֻנֶּךָּ: קהל: **אָמֵן**
יִשָּׂא יהוה פָּנָיו אֵלֶיךָ וְיָשֵׂם לְךָ שָׁלוֹם: קהל: **אָמֵן**

שליח הציבור ממשיך ׳שִׂים שָׁלוֹם׳.

הכוהנים אומרים:

רִבּוֹנוֹ שֶׁל עוֹלָם, עָשִׂינוּ מַה שֶּׁגָּזַרְתָּ עָלֵינוּ, אַף אַתָּה עֲשֵׂה עִמָּנוּ כְּמוֹ שֶׁהִבְטַחְתָּנוּ. הַשְׁקִיפָה מִמְּעוֹן קָדְשְׁךָ מִן־הַשָּׁמַיִם, וּבָרֵךְ אֶת־עַמְּךָ אֶת־יִשְׂרָאֵל, וְאֵת הָאֲדָמָה אֲשֶׁר נָתַתָּה לָנוּ, כַּאֲשֶׁר נִשְׁבַּעְתָּ לַאֲבֹתֵינוּ, אֶרֶץ זָבַת חָלָב וּדְבָשׁ: דברים כו

הקהל אומר:

אַדִּיר בַּמָּרוֹם שׁוֹכֵן בִּגְבוּרָה, אַתָּה שָׁלוֹם וְשִׁמְךָ שָׁלוֹם. יְהִי רָצוֹן שֶׁתָּשִׂים עָלֵינוּ וְעַל כָּל עַמְּךָ בֵּית יִשְׂרָאֵל חַיִּים וּבְרָכָה לְמִשְׁמֶרֶת שָׁלוֹם.

אם אין כוהנים העולים לדוכן, שליח הציבור אומר:

אֱלֹהֵינוּ וֵאלֹהֵי אֲבוֹתֵינוּ, בָּרְכֵנוּ בַּבְּרָכָה הַמְשֻׁלֶּשֶׁת בַּתּוֹרָה, הַכְּתוּבָה עַל יְדֵי מֹשֶׁה עַבְדֶּךָ, הָאֲמוּרָה מִפִּי אַהֲרֹן וּבָנָיו כֹּהֲנִים עַם קְדוֹשֶׁיךָ, כָּאָמוּר

יְבָרֶכְךָ יהוה וְיִשְׁמְרֶךָ: קהל: **כֵּן יְהִי רָצוֹן** במדבר ו
יָאֵר יהוה פָּנָיו אֵלֶיךָ וִיחֻנֶּךָּ: קהל: **כֵּן יְהִי רָצוֹן**
יִשָּׂא יהוה פָּנָיו אֵלֶיךָ וְיָשֵׂם לְךָ שָׁלוֹם: קהל: **כֵּן יְהִי רָצוֹן**

שלום

שִׂים שָׁלוֹם טוֹבָה וּבְרָכָה, חֵן וָחֶסֶד וְרַחֲמִים
עָלֵינוּ וְעַל כָּל יִשְׂרָאֵל עַמֶּךָ.
בָּרְכֵנוּ אָבִינוּ כֻּלָּנוּ כְּאֶחָד בְּאוֹר פָּנֶיךָ
כִּי בְאוֹר פָּנֶיךָ נָתַתָּ לָּנוּ, יהוה אֱלֹהֵינוּ
תּוֹרַת חַיִּים וְאַהֲבַת חֶסֶד
וּצְדָקָה וּבְרָכָה וְרַחֲמִים וְחַיִּים וְשָׁלוֹם.
וְטוֹב בְּעֵינֶיךָ לְבָרֵךְ אֶת עַמְּךָ יִשְׂרָאֵל
בְּכָל עֵת וּבְכָל שָׁעָה בִּשְׁלוֹמֶךָ.

קהל ואחריו שליח הציבור:

בְּסֵפֶר חַיִּים, בְּרָכָה וְשָׁלוֹם, וּפַרְנָסָה טוֹבָה
נִזָּכֵר וְנִכָּתֵב לְפָנֶיךָ, אֲנַחְנוּ וְכָל עַמְּךָ בֵּית יִשְׂרָאֵל
לְחַיִּים טוֹבִים וּלְשָׁלוֹם.*

שליח הציבור ממשיך:

בָּרוּךְ אַתָּה יהוה, הַמְבָרֵךְ אֶת עַמּוֹ יִשְׂרָאֵל בַּשָּׁלוֹם.

*בחוץ לארץ מסיימים: בָּרוּךְ אַתָּה יהוה, עוֹשֵׂה הַשָּׁלוֹם.

שליח הציבור מסיים באמירת הפסוק הבא בלחש:

יִהְיוּ לְרָצוֹן אִמְרֵי־פִי וְהֶגְיוֹן לִבִּי לְפָנֶיךָ, יהוה צוּרִי וְגֹאֲלִי: תהלים יט

יש שאינם אומרים את השורה הראשונה ׳אָבִינוּ מַלְכֵּנוּ חָטָאנוּ לְפָנֶיךָ׳.

פותחים את ארון הקודש.

אָבִינוּ מַלְכֵּנוּ, חָטָאנוּ לְפָנֶיךָ.
אָבִינוּ מַלְכֵּנוּ, אֵין לָנוּ מֶלֶךְ אֶלָּא אָתָּה.
אָבִינוּ מַלְכֵּנוּ, עֲשֵׂה עִמָּנוּ לְמַעַן שְׁמֶךָ.
אָבִינוּ מַלְכֵּנוּ, חַדֵּשׁ עָלֵינוּ שָׁנָה טוֹבָה.
אָבִינוּ מַלְכֵּנוּ, בַּטֵּל מֵעָלֵינוּ כָּל גְּזֵרוֹת קָשׁוֹת.
אָבִינוּ מַלְכֵּנוּ, בַּטֵּל מַחְשְׁבוֹת שׂוֹנְאֵינוּ.
אָבִינוּ מַלְכֵּנוּ, הָפֵר עֲצַת אוֹיְבֵינוּ.
אָבִינוּ מַלְכֵּנוּ, כַּלֵּה כָּל צַר וּמַשְׂטִין מֵעָלֵינוּ.
אָבִינוּ מַלְכֵּנוּ, סְתֹם פִּיּוֹת מַשְׂטִינֵנוּ וּמְקַטְרְגֵינוּ.
אָבִינוּ מַלְכֵּנוּ, כַּלֵּה דֶּבֶר וְחֶרֶב וְרָעָב וּשְׁבִי וּמַשְׁחִית וְעָוֹן וּשְׁמַד מִבְּנֵי בְרִיתֶךָ.
אָבִינוּ מַלְכֵּנוּ, מְנַע מַגֵּפָה מִנַּחֲלָתֶךָ.
אָבִינוּ מַלְכֵּנוּ, סְלַח וּמְחַל לְכָל עֲוֹנוֹתֵינוּ.
אָבִינוּ מַלְכֵּנוּ, מְחֵה וְהַעֲבֵר פְּשָׁעֵינוּ וְחַטֹּאתֵינוּ מִנֶּגֶד עֵינֶיךָ.
אָבִינוּ מַלְכֵּנוּ, מְחֹק בְּרַחֲמֶיךָ הָרַבִּים כָּל שִׁטְרֵי חוֹבוֹתֵינוּ.

מכאן עד ׳סְלִיחָה וּמְחִילָה׳ שליח הציבור אומר כל משפט בקול רם, והקהל אחריו:

אָבִינוּ מַלְכֵּנוּ, הַחֲזִירֵנוּ בִּתְשׁוּבָה שְׁלֵמָה לְפָנֶיךָ.
אָבִינוּ מַלְכֵּנוּ, שְׁלַח רְפוּאָה שְׁלֵמָה לְחוֹלֵי עַמֶּךָ.
אָבִינוּ מַלְכֵּנוּ, קְרַע רֹעַ גְּזַר דִּינֵנוּ.
אָבִינוּ מַלְכֵּנוּ, זָכְרֵנוּ בְּזִכְרוֹן טוֹב לְפָנֶיךָ.
אָבִינוּ מַלְכֵּנוּ, כָּתְבֵנוּ בְּסֵפֶר חַיִּים טוֹבִים.
אָבִינוּ מַלְכֵּנוּ, כָּתְבֵנוּ בְּסֵפֶר גְּאֻלָּה וִישׁוּעָה.
אָבִינוּ מַלְכֵּנוּ, כָּתְבֵנוּ בְּסֵפֶר פַּרְנָסָה וְכַלְכָּלָה.

אָבִינוּ מַלְכֵּנוּ, כָּתְבֵנוּ בְּסֵפֶר זְכֻיּוֹת.
אָבִינוּ מַלְכֵּנוּ, כָּתְבֵנוּ בְּסֵפֶר סְלִיחָה וּמְחִילָה. עד כאן בקול.

אָבִינוּ מַלְכֵּנוּ, הַצְמַח לָנוּ יְשׁוּעָה בְּקָרוֹב.
אָבִינוּ מַלְכֵּנוּ, הָרֵם קֶרֶן יִשְׂרָאֵל עַמֶּךָ.
אָבִינוּ מַלְכֵּנוּ, הָרֵם קֶרֶן מְשִׁיחֶךָ.
אָבִינוּ מַלְכֵּנוּ, מַלֵּא יָדֵינוּ מִבִּרְכוֹתֶיךָ.
אָבִינוּ מַלְכֵּנוּ, מַלֵּא אֲסָמֵינוּ שָׂבָע.
אָבִינוּ מַלְכֵּנוּ, שְׁמַע קוֹלֵנוּ, חוּס וְרַחֵם עָלֵינוּ.
אָבִינוּ מַלְכֵּנוּ, קַבֵּל בְּרַחֲמִים וּבְרָצוֹן אֶת תְּפִלָּתֵנוּ.
אָבִינוּ מַלְכֵּנוּ, פְּתַח שַׁעֲרֵי שָׁמַיִם לִתְפִלָּתֵנוּ.
אָבִינוּ מַלְכֵּנוּ, זְכֹר כִּי עָפָר אֲנָחְנוּ.
אָבִינוּ מַלְכֵּנוּ, נָא אַל תְּשִׁיבֵנוּ רֵיקָם מִלְּפָנֶיךָ.
אָבִינוּ מַלְכֵּנוּ, תְּהֵא הַשָּׁעָה הַזֹּאת שְׁעַת רַחֲמִים
וְעֵת רָצוֹן מִלְּפָנֶיךָ.
אָבִינוּ מַלְכֵּנוּ, חֲמֹל עָלֵינוּ וְעַל עוֹלָלֵינוּ וְטַפֵּנוּ.
אָבִינוּ מַלְכֵּנוּ, עֲשֵׂה לְמַעַן הֲרוּגִים עַל שֵׁם קָדְשֶׁךָ.
אָבִינוּ מַלְכֵּנוּ, עֲשֵׂה לְמַעַן טְבוּחִים עַל יִחוּדֶךָ.
אָבִינוּ מַלְכֵּנוּ, עֲשֵׂה לְמַעַן בָּאֵי בָאֵשׁ וּבַמַּיִם עַל קִדּוּשׁ שְׁמֶךָ.
אָבִינוּ מַלְכֵּנוּ, נְקֹם לְעֵינֵינוּ נִקְמַת דַּם עֲבָדֶיךָ הַשָּׁפוּךְ.
אָבִינוּ מַלְכֵּנוּ, עֲשֵׂה לְמַעַנְךָ אִם לֹא לְמַעֲנֵנוּ.
אָבִינוּ מַלְכֵּנוּ, עֲשֵׂה לְמַעַנְךָ וְהוֹשִׁיעֵנוּ.
אָבִינוּ מַלְכֵּנוּ, עֲשֵׂה לְמַעַן רַחֲמֶיךָ הָרַבִּים.
אָבִינוּ מַלְכֵּנוּ, עֲשֵׂה לְמַעַן שִׁמְךָ הַגָּדוֹל הַגִּבּוֹר וְהַנּוֹרָא
שֶׁנִּקְרָא עָלֵינוּ.

◂ אָבִינוּ מַלְכֵּנוּ, חָנֵּנוּ וַעֲנֵנוּ, כִּי אֵין בָּנוּ מַעֲשִׂים
עֲשֵׂה עִמָּנוּ צְדָקָה וָחֶסֶד וְהוֹשִׁיעֵנוּ.

סוגרים את ארון הקודש.

קדיש שלם

ש״ץ: יִתְגַּדַּל וְיִתְקַדַּשׁ שְׁמֵהּ רַבָּא (קהל: אָמֵן)
בְּעָלְמָא דִּי בְרָא כִרְעוּתֵהּ
וְיַמְלִיךְ מַלְכוּתֵהּ
בְּחַיֵּיכוֹן וּבְיוֹמֵיכוֹן וּבְחַיֵּי דְכָל בֵּית יִשְׂרָאֵל
בַּעֲגָלָא וּבִזְמַן קָרִיב, וְאִמְרוּ אָמֵן. (קהל: אָמֵן)

קהל וש״ץ: יְהֵא שְׁמֵהּ רַבָּא מְבָרַךְ לְעָלַם וּלְעָלְמֵי עָלְמַיָּא.

ש״ץ: יִתְבָּרַךְ וְיִשְׁתַּבַּח וְיִתְפָּאַר וְיִתְרוֹמַם וְיִתְנַשֵּׂא
וְיִתְהַדָּר וְיִתְעַלֶּה וְיִתְהַלָּל
שְׁמֵהּ דְּקֻדְשָׁא בְּרִיךְ הוּא (קהל: בְּרִיךְ הוּא)
לְעֵלָּא לְעֵלָּא מִכָּל בִּרְכָתָא וְשִׁירָתָא תֻּשְׁבְּחָתָא וְנֶחֱמָתָא
דַּאֲמִירָן בְּעָלְמָא, וְאִמְרוּ אָמֵן. (קהל: אָמֵן)

תִּתְקַבַּל צְלוֹתְהוֹן וּבָעוּתְהוֹן דְּכָל יִשְׂרָאֵל
קֳדָם אֲבוּהוֹן דִּי בִשְׁמַיָּא, וְאִמְרוּ אָמֵן. (קהל: אָמֵן)

יְהֵא שְׁלָמָא רַבָּא מִן שְׁמַיָּא
וְחַיִּים, עָלֵינוּ וְעַל כָּל יִשְׂרָאֵל, וְאִמְרוּ אָמֵן. (קהל: אָמֵן)

כורע ופוסע שלוש פסיעות לאחור. קד לשמאל, לימין ולפנים באמירת:
עֹשֶׂה הַשָּׁלוֹם בִּמְרוֹמָיו
הוּא יַעֲשֶׂה שָׁלוֹם עָלֵינוּ
וְעַל כָּל יִשְׂרָאֵל, וְאִמְרוּ אָמֵן. (קהל: אָמֵן)

בבתי כנסת המתפללים בנוסח ספרד, אומרים כאן שיר של יום
ו״לְדָוִד, ה׳ אוֹרִי וְיִשְׁעִי״. ויש אומרים גם שיר הכבוד (עמ׳ 355-360).

הוצאת ספר תורה

"וּבַיּוֹם הַשֵּׁנִי נֶאֶסְפוּ רָאשֵׁי הָאָבוֹת לְכָל־הָעָם הַכֹּהֲנִים וְהַלְוִיִּם, אֶל־עֶזְרָא הַסֹּפֵר,
וּלְהַשְׂכִּיל אֶל־דִּבְרֵי הַתּוֹרָה" (נחמיה ח, יג).

לפני קריאת התורה אומרים ('אור זרוע' ח"ב, מב):

אֵין־כָּמוֹךָ בָאֱלֹהִים, אֲדֹנָי, וְאֵין כְּמַעֲשֶׂיךָ: תהלים פו
מַלְכוּתְךָ מַלְכוּת כָּל־עֹלָמִים, וּמֶמְשַׁלְתְּךָ בְּכָל־דּוֹר וָדֹר: תהלים קמה

יהוה מֶלֶךְ, יהוה מָלָךְ, יהוה יִמְלֹךְ לְעֹלָם וָעֶד.
יהוה עֹז לְעַמּוֹ יִתֵּן, יהוה יְבָרֵךְ אֶת־עַמּוֹ בַשָּׁלוֹם: תהלים כט

אַב הָרַחֲמִים, הֵיטִיבָה בִרְצוֹנְךָ אֶת־צִיּוֹן תִּבְנֶה חוֹמוֹת יְרוּשָׁלָםִ: תהלים נא
כִּי בְךָ לְבַד בָּטָחְנוּ, מֶלֶךְ אֵל רָם וְנִשָּׂא, אֲדוֹן עוֹלָמִים.

פותחים את ארון הקודש. הקהל עומד על רגליו.

וַיְהִי בִּנְסֹעַ הָאָרֹן וַיֹּאמֶר מֹשֶׁה במדבר י
קוּמָה יהוה וְיָפֻצוּ אֹיְבֶיךָ וְיָנֻסוּ מְשַׂנְאֶיךָ מִפָּנֶיךָ:
כִּי מִצִּיּוֹן תֵּצֵא תוֹרָה וּדְבַר־יהוה מִירוּשָׁלָםִ: ישעיה ב
בָּרוּךְ שֶׁנָּתַן תּוֹרָה לְעַמּוֹ יִשְׂרָאֵל בִּקְדֻשָּׁתוֹ.

נוהגים לומר שלוש עשרה מידות (פרי עץ חיים),
אחריהן תפילה זו (שערי ציון) ואחר כך 'בְּרִיךְ שְׁמֵהּ'.

אומרים שלוש פעמים:

יהוה, יהוה, אֵל רַחוּם וְחַנּוּן, אֶרֶךְ אַפַּיִם וְרַב־חֶסֶד וֶאֱמֶת: שמות לד
נֹצֵר חֶסֶד לָאֲלָפִים, נֹשֵׂא עָוֹן וָפֶשַׁע וְחַטָּאָה, וְנַקֵּה:

רִבּוֹנוֹ שֶׁל עוֹלָם, מַלֵּא מִשְׁאֲלוֹתַי לְטוֹבָה, וְהָפֵק רְצוֹנִי וְתֵן שְׁאֵלָתִי, וּמְחַל לִי עַל כָּל עֲוֹנוֹתַי וְעַל כָּל עֲוֹנוֹת אַנְשֵׁי בֵיתִי, מְחִילָה בְּחֶסֶד מְחִילָה

בְּרַחֲמִים, וְטַהֲרֵנוּ מֵחֲטָאֵינוּ וּמֵעֲוֹנוֹתֵינוּ וּמִפְּשָׁעֵינוּ, וְזָכְרֵנוּ בְּזִכָּרוֹן טוֹב לְפָנֶיךָ, וּפָקְדֵנוּ בִּפְקֻדַּת יְשׁוּעָה וְרַחֲמִים. וְזָכְרֵנוּ לְחַיִּים טוֹבִים וּלְשָׁלוֹם, וּפַרְנָסָה וְכַלְכָּלָה, וְלֶחֶם לֶאֱכֹל וּבֶגֶד לִלְבֹּשׁ, וְעֹשֶׁר וְכָבוֹד, וְאֹרֶךְ יָמִים לַהֲגוֹת בְּתוֹרָתֶךָ וּלְקַיֵּם מִצְוֹתֶיהָ, וְשֵׂכֶל וּבִינָה לְהָבִין וּלְהַשְׂכִּיל עִמְקֵי סוֹדוֹתֶיהָ. וְהָפֵק רְפוּאָה לְכָל מַכְאוֹבֵינוּ, וּבָרֵךְ כָּל מַעֲשֵׂה יָדֵינוּ, וּגְזֹר עָלֵינוּ גְּזֵרוֹת טוֹבוֹת יְשׁוּעוֹת וְנֶחָמוֹת, וּבַטֵּל מֵעָלֵינוּ כָּל גְּזֵרוֹת קָשׁוֹת וְרָעוֹת, וְתֵן בְּלֵב שָׂרֵינוּ וְיוֹעֲצֵיהֶם (בחו״ל: וְתֵן בְּלֵב הַמַּלְכוּת וְיוֹעֲצֶיהָ וְשָׂרֶיהָ) עָלֵינוּ לְטוֹבָה. אָמֵן וְכֵן יְהִי רָצוֹן.

תהלים יט יִהְיוּ לְרָצוֹן אִמְרֵי־פִי וְהֶגְיוֹן לִבִּי לְפָנֶיךָ, יהוה צוּרִי וְגֹאֲלִי:

אומרים שלוש פעמים:

תהלים סט וַאֲנִי תְפִלָּתִי־לְךָ יהוה, עֵת רָצוֹן, אֱלֹהִים בְּרָב־חַסְדֶּךָ
עֲנֵנִי בֶּאֱמֶת יִשְׁעֶךָ:

זוהר ויקהל בְּרִיךְ שְׁמֵהּ דְּמָרֵא עָלְמָא, בְּרִיךְ כִּתְרָךְ וְאַתְרָךְ. יְהֵא רְעוּתָךְ עִם עַמָּךְ יִשְׂרָאֵל לְעָלַם, וּפֻרְקַן יְמִינָךְ אַחֲזֵי לְעַמָּךְ בְּבֵית מַקְדְּשָׁךְ, וּלְאַמְטוּיֵי לַנָא מִטּוּב נְהוֹרָךְ, וּלְקַבֵּל צְלוֹתָנָא בְּרַחֲמִין. יְהֵא רַעֲוָא קֳדָמָךְ דְּתוֹרִיךְ לַן חַיִּין בְּטִיבוּ, וְלֶהֱוֵי אֲנָא פְקִידָא בְּגוֹ צַדִּיקַיָּא, לְמִרְחַם עָלַי וּלְמִנְטַר יָתִי וְיַת כָּל דִּי לִי וְדִי לְעַמָּךְ יִשְׂרָאֵל. אַנְתְּ הוּא זָן לְכֹלָּא וּמְפַרְנֵס לְכֹלָּא, אַנְתְּ הוּא שַׁלִּיט עַל כֹּלָּא, אַנְתְּ הוּא דְּשַׁלִּיט עַל מַלְכַיָּא, וּמַלְכוּתָא

תרגום

ברוך שמו של אדון העולם, ברוך כתרך ומקומך. יהי רצונך עם עמך ישראל לעולם, וישועת ימינך הראה לעמך בבית מקדשך, ולהביא לנו מטוב אורך, ולקבל תפילותינו ברחמים. יהי רצון מלפניך שתאריך לנו חיים בטוב, ואהיה אני נמנה בתוך הצדיקים, לרחם עלי ולשמור אותי ואת כל אשר לי ואשר לעמך ישראל. אתה הוא זן לכול ומפרנס לכול, אתה הוא שליט על הכול, אתה הוא השליט על

דִּילָךְ הִיא. אֲנָא עַבְדָּא דְקֻדְשָׁא בְּרִיךְ הוּא, דְּסָגֵדְנָא קַמֵּהּ וּמִקַּמֵּי דִּיקַר אוֹרַיְתֵהּ בְּכָל עִדָּן וְעִדָּן. לָא עַל אֱנָשׁ רְחִיצְנָא וְלָא עַל בַּר אֱלָהִין סָמִיכְנָא, אֶלָּא בֶּאֱלָהָא דִשְׁמַיָּא, דְּהוּא אֱלָהָא קְשׁוֹט, וְאוֹרַיְתֵהּ קְשׁוֹט, וּנְבִיאוֹהִי קְשׁוֹט, וּמַסְגֵּא לְמֶעְבַּד טַבְוָן וּקְשׁוֹט. › בֵּהּ אֲנָא רָחִיץ, וְלִשְׁמֵהּ קַדִּישָׁא יַקִּירָא אֲנָא אֵמַר תֻּשְׁבְּחָן. יְהֵא רַעֲוָא קֳדָמָךְ דְּתִפְתַּח לִבַּאי בְּאוֹרַיְתָא, וְתַשְׁלִים מִשְׁאֲלִין דְּלִבַּאי וְלִבָּא דְכָל עַמָּךְ יִשְׂרָאֵל לְטָב וּלְחַיִּין וְלִשְׁלָם.

שליח הציבור מקבל את ספר התורה בימינו, פונה לקהל
ואומר ׳שְׁמַע יִשְׂרָאֵל׳ (מסכת סופרים פי״ד), והקהל אחריו.

שְׁמַע יִשְׂרָאֵל, יהוה אֱלֹהֵינוּ, יהוה אֶחָד: דברים ו

שליח הציבור ואחריו הקהל:

אֶחָד אֱלֹהֵינוּ, גָּדוֹל אֲדוֹנֵינוּ, קָדוֹשׁ וְנוֹרָא שְׁמוֹ.

שליח הציבור פונה לעבר ארון הקודש, קד, מגביה את ספר התורה
ואומר (משנ״ב קלד, יג על פי מסכת סופרים):

גַּדְּלוּ לַיהוה אִתִּי וּנְרוֹמְמָה שְׁמוֹ יַחְדָּו: תהלים לד

סוגרים את ארון הקודש. שליח הציבור הולך אל הבימה, והקהל אומר:

לְךָ יהוה הַגְּדֻלָּה וְהַגְּבוּרָה וְהַתִּפְאֶרֶת וְהַנֵּצַח וְהַהוֹד, כִּי־כֹל דברי הימים א׳ כט
בַּשָּׁמַיִם וּבָאָרֶץ, לְךָ יהוה הַמַּמְלָכָה וְהַמִּתְנַשֵּׂא לְכֹל לְרֹאשׁ:

המלכים, והמלכות שלך היא. אני עבדו של הקדוש ברוך הוא, משתחוה לפניו ולפני כבוד תורתו בכל עת ועת. לא על אדם אני בטוח ולא על מלאך אני סמוך, אלא באלהי השמים, שהוא אלהים אמת, ותורתו אמת, ונביאיו אמת, ומרבה לעשות חסד ואמת. בו אני בטוח, ולשמו הקדוש הנכבד אני אומר תשבחות. יהי רצון מלפניך שתפתח לבי בתורה, ותמלא משאלות לבי ולבי כל עמך ישראל לטובה ולחיים ולשלום.

תהלים צט רוֹמְמוּ יהוה אֱלֹהֵינוּ וְהִשְׁתַּחֲווּ לַהֲדֹם רַגְלָיו, קָדוֹשׁ הוּא: רוֹמְמוּ
שם יהוה אֱלֹהֵינוּ וְהִשְׁתַּחֲווּ לְהַר קָדְשׁוֹ, כִּי־קָדוֹשׁ יהוה אֱלֹהֵינוּ:

הקהל אומר בלחש (מחזור ויטרי, קסה):

עַל הַכֹּל יִתְגַּדַּל וְיִתְקַדַּשׁ וְיִשְׁתַּבַּח וְיִתְפָּאַר וְיִתְרוֹמַם וְיִתְנַשֵּׂא שְׁמוֹ שֶׁל מֶלֶךְ מַלְכֵי הַמְּלָכִים הַקָּדוֹשׁ בָּרוּךְ הוּא בָּעוֹלָמוֹת שֶׁבָּרָא, הָעוֹלָם הַזֶּה וְהָעוֹלָם הַבָּא, כִּרְצוֹנוֹ וְכִרְצוֹן יְרֵאָיו וְכִרְצוֹן כָּל בֵּית יִשְׂרָאֵל. צוּר הָעוֹלָמִים, אֲדוֹן כָּל הַבְּרִיּוֹת, אֱלוֹהַּ כָּל הַנְּפָשׁוֹת, הַיּוֹשֵׁב בְּמֶרְחֲבֵי מָרוֹם, הַשּׁוֹכֵן בִּשְׁמֵי שְׁמֵי קֶדֶם, קְדֻשָּׁתוֹ עַל הַחַיּוֹת, וּקְדֻשָּׁתוֹ עַל כִּסֵּא הַכָּבוֹד. וּבְכֵן יִתְקַדַּשׁ שִׁמְךָ בָּנוּ יהוה אֱלֹהֵינוּ לְעֵינֵי כָל חָי, וְנֹאמַר לְפָנָיו
תהלים סח שִׁיר חָדָשׁ, כַּכָּתוּב: שִׁירוּ לֵאלֹהִים זַמְּרוּ שְׁמוֹ, סֹלּוּ לָרֹכֵב בָּעֲרָבוֹת, בְּיָהּ
ישעיה נב שְׁמוֹ, וְעִלְזוּ לְפָנָיו: וְנִרְאֵהוּ עַיִן בְּעַיִן בְּשׁוּבוֹ אֶל נָוֵהוּ, כַּכָּתוּב: כִּי עַיִן
ישעיה מ בְּעַיִן יִרְאוּ בְּשׁוּב יהוה צִיּוֹן: וְנֶאֱמַר: וְנִגְלָה כְּבוֹד יהוה, וְרָאוּ כָל־בָּשָׂר
יַחְדָּו כִּי פִּי יהוה דִּבֵּר:

אַב הָרַחֲמִים הוּא יְרַחֵם עַם עֲמוּסִים, וְיִזְכֹּר בְּרִית אֵיתָנִים, וְיַצִּיל נַפְשׁוֹתֵינוּ מִן הַשָּׁעוֹת הָרָעוֹת, וְיִגְעַר בְּיֵצֶר הָרָע מִן הַנְּשׂוּאִים, וְיָחֹן אוֹתָנוּ לִפְלֵיטַת עוֹלָמִים, וִימַלֵּא מִשְׁאֲלוֹתֵינוּ בְּמִדָּה טוֹבָה יְשׁוּעָה וְרַחֲמִים.

מניח את ספר התורה על הבימה, והגבאי מכריז (מחזור ויטרי):

וְיַעֲזֹר וְיָגֵן וְיוֹשִׁיעַ לְכָל הַחוֹסִים בּוֹ, וְנֹאמַר אָמֵן. הַכֹּל הָבוּ גֹדֶל לֵאלֹהֵינוּ וּתְנוּ כָבוֹד לַתּוֹרָה. *כֹּהֵן קְרַב, יַעֲמֹד (פלוני בֶּן פלוני) הַכֹּהֵן.

*אם אין כוהן, הגבאי קורא ללוי או לישראל ואומר:

/אֵין כָּאן כֹּהֵן, יַעֲמֹד (פלוני בֶּן פלוני) בִּמְקוֹם כֹּהֵן./

בָּרוּךְ שֶׁנָּתַן תּוֹרָה לְעַמּוֹ יִשְׂרָאֵל בִּקְדֻשָּׁתוֹ.

הקהל ואחריו הגבאי:

דברים ד וְאַתֶּם הַדְּבֵקִים בַּיהוה אֱלֹהֵיכֶם חַיִּים כֻּלְּכֶם הַיּוֹם:

קריאת התורה בעמ׳ 287.

קודם הברכה על העולה לראות היכן קוראים ולנשק את ספר התורה.
בשעת הברכה אוחז בעמודי הספר.

עולה: **בָּרְכוּ אֶת יהוה הַמְבֹרָךְ.**

קהל: בָּרוּךְ יהוה הַמְבֹרָךְ לְעוֹלָם וָעֶד.

עולה: **בָּרוּךְ יהוה הַמְבֹרָךְ לְעוֹלָם וָעֶד.**
בָּרוּךְ אַתָּה יהוה, אֱלֹהֵינוּ מֶלֶךְ הָעוֹלָם
אֲשֶׁר בָּחַר בָּנוּ מִכָּל הָעַמִּים וְנָתַן לָנוּ אֶת תּוֹרָתוֹ.
בָּרוּךְ אַתָּה יהוה, נוֹתֵן הַתּוֹרָה.

לאחר הקריאה העולה מנשק את ספר התורה ומברך:

עולה: **בָּרוּךְ אַתָּה יהוה אֱלֹהֵינוּ מֶלֶךְ הָעוֹלָם**
אֲשֶׁר נָתַן לָנוּ תּוֹרַת אֱמֶת וְחַיֵּי עוֹלָם נָטַע בְּתוֹכֵנוּ.
בָּרוּךְ אַתָּה יהוה, נוֹתֵן הַתּוֹרָה.

מי שהיה בסכנה וניצל ממנה, מברך ׳הַגּוֹמֵל׳:

בָּרוּךְ אַתָּה יהוה אֱלֹהֵינוּ מֶלֶךְ הָעוֹלָם הַגּוֹמֵל לְחַיָּבִים טוֹבוֹת שֶׁגְּמָלַנִי כָּל טוֹב.

הקהל עונה:

אָמֵן. מִי שֶׁגְּמָלְךָ כָּל טוֹב הוּא יִגְמָלְךָ כָּל טוֹב, סֶלָה.

כאן לפי הצורך אומרים ׳מִי שֶׁבֵּרַךְ׳.

מי שבירך לעולה לתורה

מִי שֶׁבֵּרַךְ אֲבוֹתֵינוּ אַבְרָהָם יִצְחָק וְיַעֲקֹב, הוּא יְבָרֵךְ אֶת (פלוני בֶּן פלוני), **בַּעֲבוּר שֶׁעָלָה לִכְבוֹד הַמָּקוֹם וְלִכְבוֹד הַתּוֹרָה וְלִכְבוֹד יוֹם הַדִּין. בִּשְׂכַר זֶה הַקָּדוֹשׁ בָּרוּךְ הוּא יִשְׁמְרֵהוּ וְיַצִּילֵהוּ מִכָּל צָרָה וְצוּקָה וּמִכָּל נֶגַע וּמַחֲלָה, וְיִשְׁלַח בְּרָכָה וְהַצְלָחָה בְּכָל מַעֲשֵׂה יָדָיו, וְיִכְתְּבֵהוּ וְיַחְתְּמֵהוּ לְחַיִּים טוֹבִים בְּיוֹם הַדִּין הַזֶּה עִם כָּל יִשְׂרָאֵל אֶחָיו, וְנֹאמַר אָמֵן.**

מי שבירך לחוֹלֶה

מִי שֶׁבֵּרַךְ אֲבוֹתֵינוּ אַבְרָהָם יִצְחָק וְיַעֲקֹב, מֹשֶׁה וְאַהֲרֹן דָּוִד וּשְׁלֹמֹה הוּא יְבָרֵךְ וִירַפֵּא אֶת הַחוֹלֶה (פלוני בֶּן פלונית) בַּעֲבוּר שֶׁ(פלוני בֶּן פלוני) נוֹדֵר צְדָקָה בַּעֲבוּרוֹ. בִּשְׂכַר זֶה הַקָּדוֹשׁ בָּרוּךְ הוּא יִמָּלֵא רַחֲמִים עָלָיו לְהַחֲלִימוֹ וּלְרַפְּאתוֹ וּלְהַחֲזִיקוֹ וּלְהַחֲיוֹתוֹ וְיִשְׁלַח לוֹ מְהֵרָה רְפוּאָה שְׁלֵמָה מִן הַשָּׁמַיִם לִרְמַ״ח אֵבָרָיו וּשְׁסָ״ה גִּידָיו בְּתוֹךְ שְׁאָר חוֹלֵי יִשְׂרָאֵל, רְפוּאַת הַנֶּפֶשׁ וּרְפוּאַת הַגּוּף. הַשְׁתָּא בַּעֲגָלָא וּבִזְמַן קָרִיב, וְנֹאמַר אָמֵן.

מי שבירך לחוֹלָה

מִי שֶׁבֵּרַךְ אֲבוֹתֵינוּ אַבְרָהָם יִצְחָק וְיַעֲקֹב, מֹשֶׁה וְאַהֲרֹן דָּוִד וּשְׁלֹמֹה הוּא יְבָרֵךְ וִירַפֵּא אֶת הַחוֹלָה (פלונית בַּת פלונית) בַּעֲבוּר שֶׁ(פלוני בֶּן פלוני) נוֹדֵר צְדָקָה בַּעֲבוּרָהּ. בִּשְׂכַר זֶה הַקָּדוֹשׁ בָּרוּךְ הוּא יִמָּלֵא רַחֲמִים עָלֶיהָ לְהַחֲלִימָהּ וּלְרַפְּאתָהּ וּלְהַחֲזִיקָהּ וּלְהַחֲיוֹתָהּ וְיִשְׁלַח לָהּ מְהֵרָה רְפוּאָה שְׁלֵמָה מִן הַשָּׁמַיִם לְכָל אֵבָרֶיהָ וּלְכָל גִּידֶיהָ בְּתוֹךְ שְׁאָר חוֹלֵי יִשְׂרָאֵל, רְפוּאַת הַנֶּפֶשׁ וּרְפוּאַת הַגּוּף. הַשְׁתָּא בַּעֲגָלָא וּבִזְמַן קָרִיב, וְנֹאמַר אָמֵן.

מי שבירך ליולדת בן

מִי שֶׁבֵּרַךְ אֲבוֹתֵינוּ אַבְרָהָם יִצְחָק וְיַעֲקֹב, מֹשֶׁה וְאַהֲרֹן דָּוִד וּשְׁלֹמֹה, שָׂרָה רִבְקָה רָחֵל וְלֵאָה הוּא יְבָרֵךְ אֶת הָאִשָּׁה הַיּוֹלֶדֶת (פלונית בַּת פלוני) וְאֶת בְּנָהּ שֶׁנּוֹלַד לָהּ לְמַזָּל טוֹב בַּעֲבוּר שֶׁבַּעְלָהּ וְאָבִיו נוֹדֵר צְדָקָה בַּעֲדָם. בִּשְׂכַר זֶה יִזְכּוּ אָבִיו וְאִמּוֹ לְהַכְנִיסוֹ בִּבְרִיתוֹ שֶׁל אַבְרָהָם אָבִינוּ וּלְגַדְּלוֹ לְתוֹרָה וּלְחֻפָּה וּלְמַעֲשִׂים טוֹבִים, וְנֹאמַר אָמֵן.

מי שבירך ליולדת בת

מִי שֶׁבֵּרַךְ אֲבוֹתֵינוּ אַבְרָהָם יִצְחָק וְיַעֲקֹב, מֹשֶׁה וְאַהֲרֹן דָּוִד וּשְׁלֹמֹה, שָׂרָה רִבְקָה רָחֵל וְלֵאָה הוּא יְבָרֵךְ אֶת הָאִשָּׁה הַיּוֹלֶדֶת (פלונית בַּת פלוני) וְאֶת בִּתָּהּ שֶׁנּוֹלְדָה לָהּ לְמַזָּל טוֹב וְיִקָּרֵא שְׁמָהּ בְּיִשְׂרָאֵל (פלונית בַּת פלוני), בַּעֲבוּר שֶׁבַּעְלָהּ וְאָבִיהָ נוֹדֵר צְדָקָה בַּעֲדָן. בִּשְׂכַר זֶה יִזְכּוּ אָבִיהָ וְאִמָּהּ לְגַדְּלָהּ לְתוֹרָה וּלְחֻפָּה וּלְמַעֲשִׂים טוֹבִים, וְנֹאמַר אָמֵן.

קריאת התורה ליום ב׳

וַיְהִי אַחַר הַדְּבָרִים הָאֵלֶּה וְהָאֱלֹהִים נִסָּה אֶת־אַבְרָהָם וַיֹּאמֶר בראשית כב
אֵלָיו אַבְרָהָם וַיֹּאמֶר הִנֵּנִי: וַיֹּאמֶר קַח־נָא אֶת־בִּנְךָ אֶת־יְחִידְךָ
אֲשֶׁר־אָהַבְתָּ אֶת־יִצְחָק וְלֶךְ־לְךָ אֶל־אֶרֶץ הַמֹּרִיָּה וְהַעֲלֵהוּ
שָׁם לְעֹלָה עַל אַחַד הֶהָרִים אֲשֶׁר אֹמַר אֵלֶיךָ: וַיַּשְׁכֵּם אַבְרָהָם
בַּבֹּקֶר וַיַּחֲבֹשׁ אֶת־חֲמֹרוֹ וַיִּקַּח אֶת־שְׁנֵי נְעָרָיו אִתּוֹ וְאֵת יִצְחָק
בְּנוֹ וַיְבַקַּע עֲצֵי עֹלָה וַיָּקָם וַיֵּלֶךְ אֶל־הַמָּקוֹם אֲשֶׁר־אָמַר־לוֹ
הָאֱלֹהִים: בַּיּוֹם הַשְּׁלִישִׁי וַיִּשָּׂא אַבְרָהָם אֶת־עֵינָיו וַיַּרְא אֶת־ לוי
הַמָּקוֹם מֵרָחֹק: וַיֹּאמֶר אַבְרָהָם אֶל־נְעָרָיו שְׁבוּ־לָכֶם פֹּה עִם־
הַחֲמוֹר וַאֲנִי וְהַנַּעַר נֵלְכָה עַד־כֹּה וְנִשְׁתַּחֲוֶה וְנָשׁוּבָה אֲלֵיכֶם:
וַיִּקַּח אַבְרָהָם אֶת־עֲצֵי הָעֹלָה וַיָּשֶׂם עַל־יִצְחָק בְּנוֹ וַיִּקַּח בְּיָדוֹ
אֶת־הָאֵשׁ וְאֶת־הַמַּאֲכֶלֶת וַיֵּלְכוּ שְׁנֵיהֶם יַחְדָּו: וַיֹּאמֶר יִצְחָק
אֶל־אַבְרָהָם אָבִיו וַיֹּאמֶר אָבִי וַיֹּאמֶר הִנֶּנִּי בְנִי וַיֹּאמֶר הִנֵּה
הָאֵשׁ וְהָעֵצִים וְאַיֵּה הַשֶּׂה לְעֹלָה: וַיֹּאמֶר אַבְרָהָם אֱלֹהִים יִרְאֶה־
לּוֹ הַשֶּׂה לְעֹלָה בְּנִי וַיֵּלְכוּ שְׁנֵיהֶם יַחְדָּו: וַיָּבֹאוּ אֶל־הַמָּקוֹם שלישי
אֲשֶׁר אָמַר־לוֹ הָאֱלֹהִים וַיִּבֶן שָׁם אַבְרָהָם אֶת־הַמִּזְבֵּחַ וַיַּעֲרֹךְ
אֶת־הָעֵצִים וַיַּעֲקֹד אֶת־יִצְחָק בְּנוֹ וַיָּשֶׂם אֹתוֹ עַל־הַמִּזְבֵּחַ מִמַּעַל
לָעֵצִים: וַיִּשְׁלַח אַבְרָהָם אֶת־יָדוֹ וַיִּקַּח אֶת־הַמַּאֲכֶלֶת לִשְׁחֹט
אֶת־בְּנוֹ: וַיִּקְרָא אֵלָיו מַלְאַךְ יהוה מִן־הַשָּׁמַיִם וַיֹּאמֶר אַבְרָהָם ׀
אַבְרָהָם וַיֹּאמֶר הִנֵּנִי: וַיֹּאמֶר אַל־תִּשְׁלַח יָדְךָ אֶל־הַנַּעַר וְאַל־
תַּעַשׂ לוֹ מְאוּמָה כִּי ׀ עַתָּה יָדַעְתִּי כִּי־יְרֵא אֱלֹהִים אַתָּה וְלֹא
חָשַׂכְתָּ אֶת־בִּנְךָ אֶת־יְחִידְךָ מִמֶּנִּי: וַיִּשָּׂא אַבְרָהָם אֶת־עֵינָיו
וַיַּרְא וְהִנֵּה־אַיִל אַחַר נֶאֱחַז בַּסְּבַךְ בְּקַרְנָיו וַיֵּלֶךְ אַבְרָהָם וַיִּקַּח

אֶת־הָאַיִל וַיַּעֲלֵהוּ לְעֹלָה תַּחַת בְּנוֹ׃ וַיִּקְרָא אַבְרָהָם שֵׁם־הַמָּקוֹם
רביעי הַהוּא יְהוָה ׀ יִרְאֶה אֲשֶׁר יֵאָמֵר הַיּוֹם בְּהַר יְהוָה יֵרָאֶה׃ וַיִּקְרָא
מַלְאַךְ יְהוָה אֶל־אַבְרָהָם שֵׁנִית מִן־הַשָּׁמָיִם׃ וַיֹּאמֶר בִּי נִשְׁבַּעְתִּי
נְאֻם־יְהוָה כִּי יַעַן אֲשֶׁר עָשִׂיתָ אֶת־הַדָּבָר הַזֶּה וְלֹא חָשַׂכְתָּ
אֶת־בִּנְךָ אֶת־יְחִידֶךָ׃ כִּי־בָרֵךְ אֲבָרֶכְךָ וְהַרְבָּה אַרְבֶּה אֶת־זַרְעֲךָ
כְּכוֹכְבֵי הַשָּׁמַיִם וְכַחוֹל אֲשֶׁר עַל־שְׂפַת הַיָּם וְיִרַשׁ זַרְעֲךָ אֵת
שַׁעַר אֹיְבָיו׃ וְהִתְבָּרְכוּ בְזַרְעֲךָ כֹּל גּוֹיֵי הָאָרֶץ עֵקֶב אֲשֶׁר שָׁמַעְתָּ
בְּקֹלִי׃ וַיָּשָׁב אַבְרָהָם אֶל־נְעָרָיו וַיָּקֻמוּ וַיֵּלְכוּ יַחְדָּו אֶל־בְּאֵר
שָׁבַע וַיֵּשֶׁב אַבְרָהָם בִּבְאֵר שָׁבַע׃
חמישי וַיְהִי אַחֲרֵי הַדְּבָרִים הָאֵלֶּה וַיֻּגַּד לְאַבְרָהָם לֵאמֹר הִנֵּה יָלְדָה
מִלְכָּה גַם־הִוא בָּנִים לְנָחוֹר אָחִיךָ׃ אֶת־עוּץ בְּכֹרוֹ וְאֶת־בּוּז
אָחִיו וְאֶת־קְמוּאֵל אֲבִי אֲרָם׃ וְאֶת־כֶּשֶׂד וְאֶת־חֲזוֹ וְאֶת־פִּלְדָּשׁ
וְאֶת־יִדְלָף וְאֵת בְּתוּאֵל׃ וּבְתוּאֵל יָלַד אֶת־רִבְקָה שְׁמֹנָה אֵלֶּה
יָלְדָה מִלְכָּה לְנָחוֹר אֲחִי אַבְרָהָם׃ וּפִילַגְשׁוֹ וּשְׁמָהּ רְאוּמָה וַתֵּלֶד
גַּם־הִוא אֶת־טֶבַח וְאֶת־גַּחַם וְאֶת־תַּחַשׁ וְאֶת־מַעֲכָה׃

מניחים את הספר השני ליד הראשון.

חצי קדיש

לפני שקוראים למפטיר, בעל הקורא אומר חצי קדיש (רמב״ם, תפילה פי״ב ה״כ).

קורא: יִתְגַּדַּל וְיִתְקַדַּשׁ שְׁמֵהּ רַבָּא (קהל: אָמֵן)
בְּעָלְמָא דִּי בְרָא כִרְעוּתֵהּ
וְיַמְלִיךְ מַלְכוּתֵהּ
בְּחַיֵּיכוֹן וּבְיוֹמֵיכוֹן וּבְחַיֵּי דְכָל בֵּית יִשְׂרָאֵל
בַּעֲגָלָא וּבִזְמַן קָרִיב
וְאִמְרוּ אָמֵן. (קהל: אָמֵן)

קהל וקורא: יְהֵא שְׁמֵהּ רַבָּא מְבָרַךְ לְעָלַם וּלְעָלְמֵי עָלְמַיָּא.

קורא: יִתְבָּרַךְ וְיִשְׁתַּבַּח וְיִתְפָּאַר וְיִתְרוֹמַם וְיִתְנַשֵּׂא
וְיִתְהַדָּר וְיִתְעַלֶּה וְיִתְהַלָּל
שְׁמֵהּ דְּקֻדְשָׁא בְּרִיךְ הוּא (קהל: בְּרִיךְ הוּא)
לְעֵלָּא לְעֵלָּא מִכָּל בִּרְכָתָא וְשִׁירָתָא, תֻּשְׁבְּחָתָא וְנֶחֱמָתָא
דַּאֲמִירָן בְּעָלְמָא
וְאִמְרוּ אָמֵן. (קהל: אָמֵן)

הגבהה וגלילה

מגביהים את ספר התורה הראשון, והקהל אומר:

וְזֹאת הַתּוֹרָה אֲשֶׁר־שָׂם מֹשֶׁה לִפְנֵי בְּנֵי יִשְׂרָאֵל: דברים ד
עַל־פִּי יהוה בְּיַד מֹשֶׁה: במדבר ט

ויש מוסיפים: עֵץ־חַיִּים הִיא לַמַּחֲזִיקִים בָּהּ וְתֹמְכֶיהָ מְאֻשָּׁר: משלי ג
דְּרָכֶיהָ דַרְכֵי־נֹעַם וְכָל־נְתִיבוֹתֶיהָ שָׁלוֹם:
אֹרֶךְ יָמִים בִּימִינָהּ, בִּשְׂמֹאולָהּ עֹשֶׁר וְכָבוֹד:
יהוה חָפֵץ לְמַעַן צִדְקוֹ יַגְדִּיל תּוֹרָה וְיַאְדִּיר: ישעיה מב

מפטיר

קוראים למפטיר בספר שני.

וּבַחֹדֶשׁ הַשְּׁבִיעִי בְּאֶחָד לַחֹדֶשׁ מִקְרָא־קֹדֶשׁ יִהְיֶה לָכֶם כָּל־ במדבר כט, א–ו
מְלֶאכֶת עֲבֹדָה לֹא תַעֲשׂוּ יוֹם תְּרוּעָה יִהְיֶה לָכֶם: וַעֲשִׂיתֶם
עֹלָה לְרֵיחַ נִיחֹחַ לַיהוה פַּר בֶּן־בָּקָר אֶחָד אַיִל אֶחָד כְּבָשִׂים
בְּנֵי־שָׁנָה שִׁבְעָה תְּמִימִם: וּמִנְחָתָם סֹלֶת בְּלוּלָה בַשָּׁמֶן שְׁלֹשָׁה
עֶשְׂרֹנִים לַפָּר שְׁנֵי עֶשְׂרֹנִים לָאָיִל: וְעִשָּׂרוֹן אֶחָד לַכֶּבֶשׂ הָאֶחָד
לְשִׁבְעַת הַכְּבָשִׂים: וּשְׂעִיר־עִזִּים אֶחָד חַטָּאת לְכַפֵּר עֲלֵיכֶם:
מִלְּבַד עֹלַת הַחֹדֶשׁ וּמִנְחָתָהּ וְעֹלַת הַתָּמִיד וּמִנְחָתָהּ וְנִסְכֵּיהֶם
כְּמִשְׁפָּטָם לְרֵיחַ נִיחֹחַ אִשֶּׁה לַיהוה:

הגבהה וגלילה

מגביהים את ספר התורה השני, והקהל אומר:

דברים ד וְזֹאת הַתּוֹרָה אֲשֶׁר־שָׂם מֹשֶׁה לִפְנֵי בְּנֵי יִשְׂרָאֵל:
במדבר ט עַל־פִּי יהוה בְּיַד מֹשֶׁה:

משלי ג ויש מוסיפים: עֵץ־חַיִּים הִיא לַמַּחֲזִיקִים בָּהּ וְתֹמְכֶיהָ מְאֻשָּׁר:
דְּרָכֶיהָ דַרְכֵי־נֹעַם וְכָל־נְתִיבוֹתֶיהָ שָׁלוֹם:
אֹרֶךְ יָמִים בִּימִינָהּ, בִּשְׂמֹאולָהּ עֹשֶׁר וְכָבוֹד:
ישעיה מב יהוה חָפֵץ לְמַעַן צִדְקוֹ יַגְדִּיל תּוֹרָה וְיַאְדִּיר:

ברכה לפני ההפטרה

לפני קריאת ההפטרה בנביא, המפטיר מברך:

בָּרוּךְ אַתָּה יהוה אֱלֹהֵינוּ מֶלֶךְ הָעוֹלָם אֲשֶׁר בָּחַר בִּנְבִיאִים טוֹבִים, וְרָצָה בְדִבְרֵיהֶם הַנֶּאֱמָרִים בֶּאֱמֶת. בָּרוּךְ אַתָּה יהוה, הַבּוֹחֵר בַּתּוֹרָה וּבְמֹשֶׁה עַבְדּוֹ וּבְיִשְׂרָאֵל עַמּוֹ וּבִנְבִיאֵי הָאֱמֶת וָצֶדֶק.

הפטרה ליום ב׳

ירמיה לא, א–יט כֹּה אָמַר יהוה מָצָא חֵן בַּמִּדְבָּר עַם שְׂרִידֵי חָרֶב הָלוֹךְ לְהַרְגִּיעוֹ
יִשְׂרָאֵל: מֵרָחוֹק יהוה נִרְאָה לִי וְאַהֲבַת עוֹלָם אֲהַבְתִּיךְ עַל־
כֵּן מְשַׁכְתִּיךְ חָסֶד: עוֹד אֶבְנֵךְ וְנִבְנֵית בְּתוּלַת יִשְׂרָאֵל עוֹד
תַּעְדִּי תֻפַּיִךְ וְיָצָאת בִּמְחוֹל מְשַׂחֲקִים: עוֹד תִּטְּעִי כְרָמִים בְּהָרֵי
שֹׁמְרוֹן נָטְעוּ נֹטְעִים וְחִלֵּלוּ: כִּי יֶשׁ־יוֹם קָרְאוּ נֹצְרִים בְּהַר אֶפְרָיִם
קוּמוּ וְנַעֲלֶה צִיּוֹן אֶל־יהוה אֱלֹהֵינוּ: כִּי־כֹה ׀ אָמַר
יהוה רָנּוּ לְיַעֲקֹב שִׂמְחָה וְצַהֲלוּ בְּרֹאשׁ הַגּוֹיִם הַשְׁמִיעוּ הַלְלוּ

וְאִמְרוּ הוֹשַׁע יהוה אֶת־עַמְּךָ אֵת שְׁאֵרִית יִשְׂרָאֵל: הִנְנִי מֵבִיא
אוֹתָם מֵאֶרֶץ צָפוֹן וְקִבַּצְתִּים מִיַּרְכְּתֵי־אָרֶץ בָּם עִוֵּר וּפִסֵּחַ הָרָה
וְיֹלֶדֶת יַחְדָּו קָהָל גָּדוֹל יָשׁוּבוּ הֵנָּה: בִּבְכִי יָבֹאוּ וּבְתַחֲנוּנִים
אוֹבִילֵם אוֹלִיכֵם אֶל־נַחֲלֵי מַיִם בְּדֶרֶךְ יָשָׁר לֹא יִכָּשְׁלוּ בָּהּ כִּי־
הָיִיתִי לְיִשְׂרָאֵל לְאָב וְאֶפְרַיִם בְּכֹרִי הוּא: שִׁמְעוּ
דְבַר־יהוה גּוֹיִם וְהַגִּידוּ בָאִיִּים מִמֶּרְחָק וְאִמְרוּ מְזָרֵה יִשְׂרָאֵל
יְקַבְּצֶנּוּ וּשְׁמָרוֹ כְּרֹעֶה עֶדְרוֹ: כִּי־פָדָה יהוה אֶת־יַעֲקֹב וּגְאָלוֹ
מִיַּד חָזָק מִמֶּנּוּ: וּבָאוּ וְרִנְּנוּ בִמְרוֹם־צִיּוֹן וְנָהֲרוּ אֶל־טוּב יהוה
עַל־דָּגָן וְעַל־תִּירֹשׁ וְעַל־יִצְהָר וְעַל־בְּנֵי־צֹאן וּבָקָר וְהָיְתָה
נַפְשָׁם כְּגַן רָוֶה וְלֹא־יוֹסִיפוּ לְדַאֲבָה עוֹד: אָז תִּשְׂמַח בְּתוּלָה
בְּמָחוֹל וּבַחֻרִים וּזְקֵנִים יַחְדָּו וְהָפַכְתִּי אֶבְלָם לְשָׂשׂוֹן וְנִחַמְתִּים
וְשִׂמַּחְתִּים מִיגוֹנָם: וְרִוֵּיתִי נֶפֶשׁ הַכֹּהֲנִים דָּשֶׁן וְעַמִּי אֶת־טוּבִי
יִשְׂבָּעוּ נְאֻם־יהוה: כֹּה ׀ אָמַר יהוה קוֹל בְּרָמָה
נִשְׁמָע נְהִי בְּכִי תַמְרוּרִים רָחֵל מְבַכָּה עַל־בָּנֶיהָ מֵאֲנָה לְהִנָּחֵם
עַל־בָּנֶיהָ כִּי אֵינֶנּוּ: כֹּה ׀ אָמַר יהוה מִנְעִי קוֹלֵךְ
מִבֶּכִי וְעֵינַיִךְ מִדִּמְעָה כִּי יֵשׁ שָׂכָר לִפְעֻלָּתֵךְ נְאֻם־יהוה וְשָׁבוּ
מֵאֶרֶץ אוֹיֵב: וְיֵשׁ־תִּקְוָה לְאַחֲרִיתֵךְ נְאֻם־יהוה וְשָׁבוּ בָנִים
לִגְבוּלָם: שָׁמוֹעַ שָׁמַעְתִּי אֶפְרַיִם מִתְנוֹדֵד יִסַּרְתַּנִי וָאִוָּסֵר כְּעֵגֶל
לֹא לֻמָּד הֲשִׁבֵנִי וְאָשׁוּבָה כִּי אַתָּה יהוה אֱלֹהָי: כִּי־אַחֲרֵי שׁוּבִי
נִחַמְתִּי וְאַחֲרֵי הִוָּדְעִי סָפַקְתִּי עַל־יָרֵךְ בֹּשְׁתִּי וְגַם־נִכְלַמְתִּי כִּי
נָשָׂאתִי חֶרְפַּת נְעוּרָי: הֲבֵן יַקִּיר לִי אֶפְרַיִם אִם יֶלֶד שַׁעֲשֻׁעִים
כִּי־מִדֵּי דַבְּרִי בּוֹ זָכֹר אֶזְכְּרֶנּוּ עוֹד עַל־כֵּן הָמוּ מֵעַי לוֹ רַחֵם
אֲרַחֲמֶנּוּ נְאֻם־יהוה:

ברכות לאחר ההפטרה

אחר קריאת ההפטרה המפטיר מברך:

בָּרוּךְ אַתָּה יהוה אֱלֹהֵינוּ מֶלֶךְ הָעוֹלָם, צוּר כָּל הָעוֹלָמִים, צַדִּיק בְּכָל הַדּוֹרוֹת, הָאֵל הַנֶּאֱמָן, הָאוֹמֵר וְעוֹשֶׂה, הַמְדַבֵּר וּמְקַיֵּם, שֶׁכָּל דְּבָרָיו אֱמֶת וָצֶדֶק. נֶאֱמָן אַתָּה הוּא יהוה אֱלֹהֵינוּ וְנֶאֱמָנִים דְּבָרֶיךָ, וְדָבָר אֶחָד מִדְּבָרֶיךָ אָחוֹר לֹא יָשׁוּב רֵיקָם, כִּי אֵל מֶלֶךְ נֶאֱמָן (וְרַחֲמָן) אָתָּה. בָּרוּךְ אַתָּה יהוה, הָאֵל הַנֶּאֱמָן בְּכָל דְּבָרָיו.

רַחֵם עַל צִיּוֹן כִּי הִיא בֵּית חַיֵּינוּ, וְלַעֲלוּבַת נֶפֶשׁ תּוֹשִׁיעַ בִּמְהֵרָה בְיָמֵינוּ. בָּרוּךְ אַתָּה יהוה, מְשַׂמֵּחַ צִיּוֹן בְּבָנֶיהָ.

שַׂמְּחֵנוּ יהוה אֱלֹהֵינוּ בְּאֵלִיָּהוּ הַנָּבִיא עַבְדֶּךָ, וּבְמַלְכוּת בֵּית דָּוִד מְשִׁיחֶךָ, בִּמְהֵרָה יָבוֹא וְיָגֵל לִבֵּנוּ. עַל כִּסְאוֹ לֹא יֵשֵׁב זָר, וְלֹא יִנְחֲלוּ עוֹד אֲחֵרִים אֶת כְּבוֹדוֹ, כִּי בְשֵׁם קָדְשְׁךָ נִשְׁבַּעְתָּ לּוֹ שֶׁלֹּא יִכְבֶּה נֵרוֹ לְעוֹלָם וָעֶד. בָּרוּךְ אַתָּה יהוה, מָגֵן דָּוִד.

עַל הַתּוֹרָה וְעַל הָעֲבוֹדָה וְעַל הַנְּבִיאִים וְעַל יוֹם הַזִּכָּרוֹן הַזֶּה, שֶׁנָּתַתָּ לָּנוּ יהוה אֱלֹהֵינוּ לְכָבוֹד וּלְתִפְאָרֶת. עַל הַכֹּל יהוה אֱלֹהֵינוּ אֲנַחְנוּ מוֹדִים לָךְ וּמְבָרְכִים אוֹתָךְ, יִתְבָּרַךְ שִׁמְךָ בְּפִי כָּל חַי תָּמִיד לְעוֹלָם וָעֶד, וּדְבָרְךָ אֱמֶת וְקַיָּם לָעַד. בָּרוּךְ אַתָּה יהוה, מֶלֶךְ עַל כָּל הָאָרֶץ, מְקַדֵּשׁ יִשְׂרָאֵל וְיוֹם הַזִּכָּרוֹן.

תפילה לשלום המדינה

אָבִינוּ שֶׁבַּשָּׁמַיִם, צוּר יִשְׂרָאֵל וְגוֹאֲלוֹ, בָּרֵךְ אֶת מְדִינַת יִשְׂרָאֵל, רֵאשִׁית צְמִיחַת גְּאֻלָּתֵנוּ. הָגֵן עָלֶיהָ בְּאֶבְרַת חַסְדֶּךָ וּפְרֹשׂ עָלֶיהָ סֻכַּת שְׁלוֹמֶךָ, וּשְׁלַח אוֹרְךָ וַאֲמִתְּךָ לְרָאשֶׁיהָ, שָׂרֶיהָ וְיוֹעֲצֶיהָ, וְתַקְּנֵם בְּעֵצָה טוֹבָה מִלְּפָנֶיךָ.

חַזֵּק אֶת יְדֵי מְגִנֵּי אֶרֶץ קָדְשֵׁנוּ, וְהַנְחִילֵם אֱלֹהֵינוּ יְשׁוּעָה וַעֲטֶרֶת נִצָּחוֹן תְּעַטְּרֵם, וְנָתַתָּ שָׁלוֹם בָּאָרֶץ וְשִׂמְחַת עוֹלָם לְיוֹשְׁבֶיהָ.

וְאֶת אַחֵינוּ כָּל בֵּית יִשְׂרָאֵל, פְּקָד נָא בְּכָל אַרְצוֹת פְּזוּרֵיהֶם,
וְתוֹלִיכֵם מְהֵרָה קוֹמְמִיּוּת לְצִיּוֹן עִירֶךָ וְלִירוּשָׁלַיִם מִשְׁכַּן
שְׁמֶךָ, כַּכָּתוּב בְּתוֹרַת מֹשֶׁה עַבְדֶּךָ: אִם־יִהְיֶה נִדַּחֲךָ בִּקְצֵה דברים ל
הַשָּׁמָיִם, מִשָּׁם יְקַבֶּצְךָ יהוה אֱלֹהֶיךָ וּמִשָּׁם יִקָּחֶךָ: וֶהֱבִיאֲךָ
יהוה אֱלֹהֶיךָ אֶל־הָאָרֶץ אֲשֶׁר־יָרְשׁוּ אֲבֹתֶיךָ וִירִשְׁתָּהּ, וְהֵיטִבְךָ
וְהִרְבְּךָ מֵאֲבֹתֶיךָ: וּמָל יהוה אֱלֹהֶיךָ אֶת־לְבָבְךָ וְאֶת־לְבַב
זַרְעֶךָ, לְאַהֲבָה אֶת־יהוה אֱלֹהֶיךָ בְּכָל־לְבָבְךָ וּבְכָל־נַפְשְׁךָ,
לְמַעַן חַיֶּיךָ:

וְיַחֵד לְבָבֵנוּ לְאַהֲבָה וּלְיִרְאָה אֶת שְׁמֶךָ, וְלִשְׁמֹר אֶת כָּל דִּבְרֵי תוֹרָתֶךָ, וּשְׁלַח לָנוּ מְהֵרָה בֶּן דָּוִד מְשִׁיחַ צִדְקֶךָ, לִפְדּוֹת מְחַכֵּי קֵץ יְשׁוּעָתֶךָ.

וְהוֹפַע בַּהֲדַר גְּאוֹן עֻזֶּךָ עַל כָּל יוֹשְׁבֵי תֵבֵל אַרְצֶךָ וְיֹאמַר כֹּל אֲשֶׁר נְשָׁמָה בְאַפּוֹ, יהוה אֱלֹהֵי יִשְׂרָאֵל מֶלֶךְ וּמַלְכוּתוֹ בַּכֹּל מָשָׁלָה, אָמֵן סֶלָה.

מי שבירך לחיילי צה״ל

מִי שֶׁבֵּרַךְ אֲבוֹתֵינוּ אַבְרָהָם יִצְחָק וְיַעֲקֹב הוּא יְבָרֵךְ אֶת חַיָּלֵי צְבָא הַהֲגָנָה לְיִשְׂרָאֵל וְאַנְשֵׁי כֹּחוֹת הַבִּטָּחוֹן, הָעוֹמְדִים עַל מִשְׁמַר אַרְצֵנוּ וְעָרֵי אֱלֹהֵינוּ, מִגְּבוּל הַלְּבָנוֹן וְעַד מִדְבַּר מִצְרַיִם וּמִן הַיָּם הַגָּדוֹל עַד לְבוֹא הָעֲרָבָה וּבְכָל מָקוֹם שֶׁהֵם, בַּיַּבָּשָׁה, בָּאֲוִיר וּבַיָּם. יִתֵּן יהוה אֶת אוֹיְבֵינוּ הַקָּמִים עָלֵינוּ נִגָּפִים לִפְנֵיהֶם. הַקָּדוֹשׁ בָּרוּךְ הוּא יִשְׁמֹר וְיַצִּיל אֶת חַיָּלֵינוּ מִכָּל צָרָה וְצוּקָה וּמִכָּל נֶגַע וּמַחֲלָה, וְיִשְׁלַח בְּרָכָה וְהַצְלָחָה בְּכָל מַעֲשֵׂי יְדֵיהֶם. יַדְבֵּר שׂוֹנְאֵינוּ תַּחְתֵּיהֶם וִיעַטְּרֵם בְּכֶתֶר יְשׁוּעָה וּבַעֲטֶרֶת נִצָּחוֹן.
דברים כ וִיקֻיַּם בָּהֶם הַכָּתוּב: כִּי יהוה אֱלֹהֵיכֶם הַהֹלֵךְ עִמָּכֶם לְהִלָּחֵם
לָכֶם עִם־אֹיְבֵיכֶם לְהוֹשִׁיעַ אֶתְכֶם: וְנֹאמַר אָמֵן.

מי שבירך לשבויים

מִי שֶׁבֵּרַךְ אֲבוֹתֵינוּ אַבְרָהָם יִצְחָק וְיַעֲקֹב, יוֹסֵף מֹשֶׁה וְאַהֲרֹן, דָּוִד וּשְׁלֹמֹה, הוּא יְבָרֵךְ וְיִשְׁמֹר וְיִנְצֹר אֶת נֶעְדְּרֵי צְבָא הַהֲגָנָה לְיִשְׂרָאֵל וּשְׁבוּיָיו, וְאֶת כָּל אַחֵינוּ הַנְּתוּנִים בְּצָרָה וּבְשִׁבְיָה, בַּעֲבוּר שֶׁכָּל הַקָּהָל הַקָּדוֹשׁ הַזֶּה מִתְפַּלֵּל בַּעֲבוּרָם. הַקָּדוֹשׁ בָּרוּךְ הוּא יִמָּלֵא רַחֲמִים עֲלֵיהֶם, וְיוֹצִיאֵם מֵחֹשֶׁךְ וְצַלְמָוֶת, וּמוֹסְרוֹתֵיהֶם יְנַתֵּק, וּמִמְּצוּקוֹתֵיהֶם יוֹשִׁיעֵם, וִישִׁיבֵם מְהֵרָה
תהלים קז לְחֵיק מִשְׁפְּחוֹתֵיהֶם. יוֹדוּ לַיהוה חַסְדּוֹ וְנִפְלְאוֹתָיו לִבְנֵי אָדָם:
ישעיה לה וִיקֻיַּם בָּהֶם מִקְרָא שֶׁכָּתוּב: וּפְדוּיֵי יהוה יְשֻׁבוּן, וּבָאוּ צִיּוֹן
בְּרִנָּה, וְשִׂמְחַת עוֹלָם עַל־רֹאשָׁם, שָׂשׂוֹן וְשִׂמְחָה יַשִּׂיגוּ, וְנָסוּ יָגוֹן וַאֲנָחָה: וְנֹאמַר אָמֵן.

אם יש תינוק למול, מלים אותו כאן, ראה עמ׳ 409.

סדר תקיעת שופר

"יֶעְתַּר אֶל־אֱלוֹהַּ וַיִּרְצֵהוּ, וַיַּרְא פָּנָיו בִּתְרוּעָה,
וַיָּשֶׁב לֶאֱנוֹשׁ צִדְקָתוֹ" (איוב לג, כו).

לפני התקיעות נוהגים לומר מזמור זה שבע פעמים.

לַמְנַצֵּחַ לִבְנֵי־קֹרַח מִזְמוֹר: תהלים מז
כָּל־הָעַמִּים תִּקְעוּ־כָף, הָרִיעוּ לֵאלֹהִים בְּקוֹל רִנָּה:
כִּי־יהוה עֶלְיוֹן נוֹרָא, מֶלֶךְ גָּדוֹל עַל־כָּל־הָאָרֶץ:
יַדְבֵּר עַמִּים תַּחְתֵּינוּ, וּלְאֻמִּים תַּחַת רַגְלֵינוּ:
יִבְחַר־לָנוּ אֶת־נַחֲלָתֵנוּ
אֶת גְּאוֹן יַעֲקֹב אֲשֶׁר־אָהֵב סֶלָה:
עָלָה אֱלֹהִים בִּתְרוּעָה, יהוה בְּקוֹל שׁוֹפָר:
זַמְּרוּ אֱלֹהִים זַמֵּרוּ, זַמְּרוּ לְמַלְכֵּנוּ זַמֵּרוּ:
כִּי מֶלֶךְ כָּל־הָאָרֶץ אֱלֹהִים, זַמְּרוּ מַשְׂכִּיל:
מָלַךְ אֱלֹהִים עַל־גּוֹיִם, אֱלֹהִים יָשַׁב עַל־כִּסֵּא קָדְשׁוֹ:
נְדִיבֵי עַמִּים נֶאֱסָפוּ, עַם אֱלֹהֵי אַבְרָהָם
כִּי לֵאלֹהִים מָגִנֵּי־אֶרֶץ, מְאֹד נַעֲלָה:

תחינה לתוקע

יש בעלי תקיעה הנוהגים לומר תחינה זו לפני התקיעות.

רִבּוֹן הָעוֹלָמִים, בָּנֶיךָ בְּנֵי רְחוּמֶיךָ שָׂמוּ פְּנֵיהֶם לְנֶגְדְּךָ וּבָטְחוּ עַל רֹב חֲסָדֶיךָ,
וְשָׂמוּנִי שָׁלִיחַ לִתְקֹעַ בְּשׁוֹפָר לְפָנֶיךָ כְּמוֹ שֶׁצִּוִּיתָנוּ בְּתוֹרָתֶךָ, וְאַתָּה תִּזְכֹּר לָהֶם
זְכוּת אַבְרָהָם אָבִינוּ אֲשֶׁר הִתְהַלֵּךְ לְפָנֶיךָ וְהָיָה תָמִים, וּזְכוּת יִצְחָק אָבִינוּ
וַעֲקֵדָתוֹ כְּשֶׁנֶּעֱקַד עַל גַּב הַמִּזְבֵּחַ, וּזְכוּת יַעֲקֹב אָבִינוּ אִישׁ תָּם יֹשֵׁב אֹהָלִים,
וּזְכוּת שֶׁל מֹשֶׁה וְאַהֲרֹן דָּוִד וּשְׁלֹמֹה וְכָל צַדִּיקֵי עוֹלָם, וְתַעֲמֹד מִכִּסֵּא הַדִּין
וְתֵשֵׁב עַל כִּסֵּא רַחֲמִים, כַּדָּבָר שֶׁנֶּאֱמַר: עָלָה אֱלֹהִים בִּתְרוּעָה, יהוה בְּקוֹל תהלים מז
שׁוֹפָר: וַאֲנִי יוֹדֵעַ בְּעַצְמִי שֶׁאֵינֶנִּי כְּדַאי לְבַקֵּשׁ עַל עַצְמִי, וְכָל שֶׁכֵּן עַל אֲחֵרִים,

וְכָל שֶׁכֵּן שֶׁאֵין בִּי לֹא דַעַת וְלֹא חָכְמָה לְכַוֵּן כַּוָּנוֹת הַתְּקִיעוֹת וְצֵרוּפֵי שְׁמוֹתֶיךָ
הַקְּדוֹשִׁים, אֲבָל בָּטַחְתִּי בְּרַחֲמֶיךָ הָרַבִּים וְיָדַעְתִּי כִּי לֹא תְשִׁיבֵנִי רֵיקָם מִלְּפָנֶיךָ,
וְאַתָּה בְּטוּבְךָ תְּעוֹרֵר רַחֲמֶיךָ, וִיהִי נֹעַם אֲדֹנָי אֱלֹהֵינוּ עָלֵינוּ, וּמַעֲשֵׂה יָדֵינוּ כּוֹנְנָה תהלים צ
עָלֵינוּ, וּמַעֲשֵׂה יָדֵינוּ כּוֹנְנֵהוּ: וּתְצָרֵף מַחְשַׁבְתֵּנוּ הַטּוֹבָה לְמַעֲשֶׂה, כְּאִלּוּ נִתְכַּוַּנּוּ
בְּכָל כַּוָּנוֹת הַתְּקִיעוֹת, וְיַעֲלוּ תְּקִיעוֹתֵינוּ לְעוֹרֵר רַחֲמֶיךָ, וּתְרַחֵם עַל בָּנֶיךָ, וְתַהֲפֹךְ
לָהֶם עַל יְדֵי תְקִיעוֹת אֵלֶּה מִדַּת הַדִּין לְמִדַּת הַחֶסֶד וְהָרַחֲמִים, וְתִכָּנֵס לָהֶם
לִפְנִים מִשּׁוּרַת הַדִּין. סְתֹם וַחֲתֹם פֶּה שָׂטָן וְאַל יַשְׂטִין עָלֵינוּ, וּבְבֹא תוֹכֵחָה
לְנֶגְדֶּךָ שְׁמֵנוּ מִסִּפְרְךָ אַל תִּמַח, וּכְתֹב לְחַיִּים טוֹבִים כָּל בְּנֵי בְרִיתֶךָ. יִהְיוּ לְרָצוֹן תהלים יט
אִמְרֵי־פִי וְהֶגְיוֹן לִבִּי לְפָנֶיךָ, יהוה צוּרִי וְגֹאֲלִי: אָמֵן.

יש מוסיפים:

יְהִי רָצוֹן לְפָנֶיךָ יהוה אֱלֹהֵי אֱלֹהֵי הַמִּשְׁפָּט, שֶׁתְּהֵי עַתָּה עֵת רָצוֹן לְפָנֶיךָ, וְתִקְרַע בְּרַחֲמֶיךָ הָרַבִּים וַחֲסָדֶיךָ הַגְּדוֹלִים אֶת כָּל הַמְּסַכִים אֲשֶׁר הֵם מַבְדִּילִים בֵּינְךָ וּבֵין עַמְּךָ יִשְׂרָאֵל הַיּוֹם הַזֶּה, וְהַעֲבֵר מִלְּפָנֶיךָ כָּל הַמַּשְׂטִינִים וְהַמְקַטְרְגִים עַל עַמְּךָ יִשְׂרָאֵל, סְתֹם פֶּה שָׂטָן וְאַל יַשְׂטִין עָלֵינוּ, כִּי אֵלֶיךָ תְּלוּיוֹת עֵינֵינוּ. אֲרוֹמִמְךָ אֱלֹהֵי הַמֶּלֶךְ אֱלֹהֵי הַמִּשְׁפָּט שׁוֹמֵעַ קוֹל תְּפִלּוֹת וּתְרוּעוֹת עַמְּךָ יִשְׂרָאֵל הַיּוֹם בְּרַחֲמִים, אָמֵן.

״התוקע קודם שיתקע, צריך בעוד שהציבור אומרים הפזמון, שהוא יאמר פסוקים אלו בינו לבינו״ (של״ה, ראש השנה סט). היום נוהגים שהתוקע אומר פסוקים אלה בקול רם, והקהל חוזר אחריו פסוק פסוק.

מִן־הַמֵּצַר קָרָאתִי יָּהּ, עָנָנִי בַמֶּרְחָב יָהּ: תהלים קיח
קוֹלִי שָׁמָעְתָּ, אַל־תַּעְלֵם אָזְנְךָ לְרַוְחָתִי לְשַׁוְעָתִי: איכה ג
רֹאשׁ־דְּבָרְךָ אֱמֶת, וּלְעוֹלָם כָּל־מִשְׁפַּט צִדְקֶךָ: תהלים קיט
עֲרֹב עַבְדְּךָ לְטוֹב, אַל־יַעַשְׁקֻנִי זֵדִים: שם
שָׂשׂ אָנֹכִי עַל־אִמְרָתֶךָ, כְּמוֹצֵא שָׁלָל רָב: שם
טוּב טַעַם וָדַעַת לַמְּדֵנִי, כִּי בְמִצְוֺתֶיךָ הֶאֱמָנְתִּי: שם
נִדְבוֹת פִּי רְצֵה־נָא יהוה, וּמִשְׁפָּטֶיךָ לַמְּדֵנִי: שם

התוקע מוסיף:

עָלָה אֱלֹהִים בִּתְרוּעָה, יהוה בְּקוֹל שׁוֹפָר: שם מז

התוקע מברך ומכוון להוציא ידי חובה את השומעים.

אין להפסיק בדיבור שאינו מענין התפילה והתקיעות,
עד אחרי התקיעות האחרונות שלפני ׳עָלֵינוּ׳ בעמ׳ 353.

בָּרוּךְ אַתָּה יהוה אֱלֹהֵינוּ מֶלֶךְ הָעוֹלָם
אֲשֶׁר קִדְּשָׁנוּ בְּמִצְוֹתָיו, וְצִוָּנוּ לִשְׁמֹעַ קוֹל שׁוֹפָר.

בָּרוּךְ אַתָּה יהוה אֱלֹהֵינוּ מֶלֶךְ הָעוֹלָם
שֶׁהֶחֱיָנוּ וְקִיְּמָנוּ, וְהִגִּיעָנוּ לַזְּמַן הַזֶּה.

המקריא קורא את התקיעות כסדרן אחת אחת, והתוקע יתקע:

תקיעה שברים תרועה תקיעה
תקיעה שברים תרועה תקיעה
תקיעה שברים תרועה תקיעה

יש קהילות שבהן הקהל אומר תחינה זו לאחר התקיעות (ויש פוסקים שהסתייגו מכך).
אין לומר את שמות המלאכים שציינו המקובלים, אלא רק לכוון (׳מטה אפרים׳ תקצ, לו).

יְהִי רָצוֹן לְפָנֶיךָ יהוה אֱלֹהַי וֵאלֹהֵי אֲבוֹתַי שֶׁתְּקִיעַת תשר״ת שֶׁאֲנַחְנוּ תוֹקְעִים הַיּוֹם תֵּעָשֶׂה מִמֶּנָּה עֲטָרָה עַל יַד הַמְמֻנֶּה (אין לומר: **שרשי״ה**) **לִהְיוֹת עוֹלָה וְלֵישֵׁב בְּרֹאשְׁךָ אֱלֹהַי, וַעֲשֵׂה עִמָּנוּ אוֹת לְטוֹבָה וְהִמָּלֵא עָלֵינוּ רַחֲמִים. בָּרוּךְ אַתָּה בַּעַל הָרַחֲמִים.**

המקריא קורא את התקיעות כסדרן אחת אחת, והתוקע יתקע:

תקיעה שברים תקיעה
תקיעה שברים תקיעה
תקיעה שברים תקיעה

יש קהילות שבהן הקהל אומר:

יְהִי רָצוֹן לְפָנֶיךָ יהוה אֱלֹהַי וֵאלֹהֵי אֲבוֹתַי שֶׁתְּקִיעַת תש״ת שֶׁאֲנַחְנוּ תוֹקְעִים הַיּוֹם תְּהִי מְרֻקֶּמֶת עַל הַיְרִיעָה עַל יַד הַמְמֻנֶּה (אין לומר: **טרטיא״ל**) **וּתְקַבְּלֶנָּה עַל יַד אֵלִיָּהוּ זָכוּר לַטּוֹב וְ**(אין לומר: **ישעיה״ה**) **שַׂר הַפָּנִים שַׂר** (אין לומר: **מטטרו״ן**)**, וְהִמָּלֵא עָלֵינוּ רַחֲמִים. בָּרוּךְ אַתָּה בַּעַל הָרַחֲמִים.**

המקריא קורא את התקיעות כסדרן אחת אחת, והתוקע יתקע:

תקיעה	תרועה	תקיעה
תקיעה	תרועה	תקיעה
תקיעה	תרועה	תקיעה גדולה

יש קהילות שבהן הקהל אומר:

וּבְכֵן יְהִי רָצוֹן לְפָנֶיךָ יהוה אֱלֹהֵינוּ וֵאלֹהֵי אֲבוֹתֵינוּ שֶׁיַּעֲלוּ כָּל הַמַּלְאָכִים הַמְמֻנִּים עַל הַשּׁוֹפָר וְעַל הַתְּקִיעָה וְעַל הַשְּׁבָרִים וְעַל הַתְּרוּעָה לִפְנֵי כִּסֵּא כְבוֹדֶךָ וְיַמְלִיצוּ טוֹב בַּעֲדֵנוּ לְכַפֵּר עַל כָּל חַטֹּאתֵינוּ.

התוקע והקהל אומרים פסוק פסוק:

תהלים פט **אַשְׁרֵי הָעָם יוֹדְעֵי תְרוּעָה, יהוה בְּאוֹר־פָּנֶיךָ יְהַלֵּכוּן:**
בְּשִׁמְךָ יְגִילוּן כָּל־הַיּוֹם, וּבְצִדְקָתְךָ יָרוּמוּ:
כִּי־תִפְאֶרֶת עֻזָּמוֹ אָתָּה, וּבִרְצוֹנְךָ תָּרוּם קַרְנֵנוּ:

שליח הציבור אומר את הפסוק הראשון בקול, והכול ממשיכים:

תהלים פד **אַשְׁרֵי יוֹשְׁבֵי בֵיתֶךָ, עוֹד יְהַלְלוּךָ סֶּלָה:**
תהלים קמד **אַשְׁרֵי הָעָם שֶׁכָּכָה לּוֹ, אַשְׁרֵי הָעָם שֶׁיהוה אֱלֹהָיו:**
תהלים קמה **תְּהִלָּה לְדָוִד**

אֲרוֹמִמְךָ אֱלוֹהַי הַמֶּלֶךְ, וַאֲבָרְכָה שִׁמְךָ לְעוֹלָם וָעֶד:
בְּכָל־יוֹם אֲבָרְכֶךָּ, וַאֲהַלְלָה שִׁמְךָ לְעוֹלָם וָעֶד:
גָּדוֹל יהוה וּמְהֻלָּל מְאֹד, וְלִגְדֻלָּתוֹ אֵין חֵקֶר:
דּוֹר לְדוֹר יְשַׁבַּח מַעֲשֶׂיךָ, וּגְבוּרֹתֶיךָ יַגִּידוּ:
הֲדַר כְּבוֹד הוֹדֶךָ, וְדִבְרֵי נִפְלְאֹתֶיךָ אָשִׂיחָה:
וֶעֱזוּז נוֹרְאֹתֶיךָ יֹאמֵרוּ, וּגְדוּלָּתְךָ אֲסַפְּרֶנָּה:
זֵכֶר רַב־טוּבְךָ יַבִּיעוּ, וְצִדְקָתְךָ יְרַנֵּנוּ:
חַנּוּן וְרַחוּם יהוה, אֶרֶךְ אַפַּיִם וּגְדָל־חָסֶד:
טוֹב־יהוה לַכֹּל, וְרַחֲמָיו עַל־כָּל־מַעֲשָׂיו:

יוֹדוּךָ יהוה כָּל־מַעֲשֶׂיךָ, וַחֲסִידֶיךָ יְבָרְכוּכָה:
כְּבוֹד מַלְכוּתְךָ יֹאמֵרוּ, וּגְבוּרָתְךָ יְדַבֵּרוּ:
לְהוֹדִיעַ לִבְנֵי הָאָדָם גְּבוּרֹתָיו, וּכְבוֹד הֲדַר מַלְכוּתוֹ:
מַלְכוּתְךָ מַלְכוּת כָּל־עֹלָמִים, וּמֶמְשַׁלְתְּךָ בְּכָל־דּוֹר וָדֹר:
סוֹמֵךְ יהוה לְכָל־הַנֹּפְלִים, וְזוֹקֵף לְכָל־הַכְּפוּפִים:
עֵינֵי־כֹל אֵלֶיךָ יְשַׂבֵּרוּ, וְאַתָּה נוֹתֵן־לָהֶם אֶת־אָכְלָם בְּעִתּוֹ:
פּוֹתֵחַ אֶת־יָדֶךָ, וּמַשְׂבִּיעַ לְכָל־חַי רָצוֹן:
צַדִּיק יהוה בְּכָל־דְּרָכָיו, וְחָסִיד בְּכָל־מַעֲשָׂיו:
קָרוֹב יהוה לְכָל־קֹרְאָיו, לְכֹל אֲשֶׁר יִקְרָאֻהוּ בֶאֱמֶת:
רְצוֹן־יְרֵאָיו יַעֲשֶׂה, וְאֶת־שַׁוְעָתָם יִשְׁמַע, וְיוֹשִׁיעֵם:
שׁוֹמֵר יהוה אֶת־כָּל־אֹהֲבָיו, וְאֵת כָּל־הָרְשָׁעִים יַשְׁמִיד:
◂ תְּהִלַּת יהוה יְדַבֶּר פִּי, וִיבָרֵךְ כָּל־בָּשָׂר שֵׁם קָדְשׁוֹ לְעוֹלָם וָעֶד:
וַאֲנַחְנוּ נְבָרֵךְ יָהּ מֵעַתָּה וְעַד־עוֹלָם, הַלְלוּיָהּ: תהלים קטו

הכנסת ספר תורה

פותחים את ארון הקודש והקהל עומד על רגליו.
שליח הציבור נוטל את ספר התורה ואומר (סידור הרוקח):

יְהַלְלוּ אֶת־שֵׁם יהוה, כִּי־נִשְׂגָּב שְׁמוֹ, לְבַדּוֹ תהלים קמח

הקהל אומר:

הוֹדוֹ עַל־אֶרֶץ וְשָׁמָיִם:
וַיָּרֶם קֶרֶן לְעַמּוֹ, תְּהִלָּה לְכָל־חֲסִידָיו
לִבְנֵי יִשְׂרָאֵל עַם קְרֹבוֹ, הַלְלוּיָהּ:

מלווים את ספר התורה לארון הקודש באמירת מזמור זה (סידור השל״ה):

לְדָוִד מִזְמוֹר, לַיהוה הָאָרֶץ וּמְלוֹאָהּ, תֵּבֵל וְיֹשְׁבֵי בָהּ: כִּי־הוּא עַל־ תהלים כד
יַמִּים יְסָדָהּ, וְעַל־נְהָרוֹת יְכוֹנְנֶהָ: מִי־יַעֲלֶה בְהַר־יהוה, וּמִי־יָקוּם
בִּמְקוֹם קָדְשׁוֹ: נְקִי כַפַּיִם וּבַר־לֵבָב, אֲשֶׁר לֹא־נָשָׂא לַשָּׁוְא נַפְשִׁי

וְלֹא נִשְׁבַּע לְמִרְמָה: יִשָּׂא בְרָכָה מֵאֵת יהוה, וּצְדָקָה מֵאֱלֹהֵי יִשְׁעוֹ: זֶה דּוֹר דֹּרְשָׁו, מְבַקְשֵׁי פָנֶיךָ, יַעֲקֹב, סֶלָה: שְׂאוּ שְׁעָרִים רָאשֵׁיכֶם, וְהִנָּשְׂאוּ פִּתְחֵי עוֹלָם, וְיָבוֹא מֶלֶךְ הַכָּבוֹד: מִי זֶה מֶלֶךְ הַכָּבוֹד, יהוה עִזּוּז וְגִבּוֹר, יהוה גִּבּוֹר מִלְחָמָה: שְׂאוּ שְׁעָרִים רָאשֵׁיכֶם, וּשְׂאוּ פִּתְחֵי עוֹלָם, וְיָבֹא מֶלֶךְ הַכָּבוֹד: מִי הוּא זֶה מֶלֶךְ הַכָּבוֹד, יהוה צְבָאוֹת הוּא מֶלֶךְ הַכָּבוֹד, סֶלָה:

מכניסים את ספר התורה לארון הקודש ואומרים ׳וּבְנֻחֹה׳
(ספר המחכים, סידור ׳מלאה הארץ דעה׳).

וּבְנֻחֹה יֹאמַר, שׁוּבָה יהוה רִבְבוֹת אַלְפֵי יִשְׂרָאֵל: במדבר י
קוּמָה יהוה לִמְנוּחָתֶךָ, אַתָּה וַאֲרוֹן עֻזֶּךָ: תהלים קלב
כֹּהֲנֶיךָ יִלְבְּשׁוּ־צֶדֶק, וַחֲסִידֶיךָ יְרַנֵּנוּ:
בַּעֲבוּר דָּוִד עַבְדֶּךָ אַל־תָּשֵׁב פְּנֵי מְשִׁיחֶךָ:
כִּי לֶקַח טוֹב נָתַתִּי לָכֶם, תּוֹרָתִי אַל־תַּעֲזֹבוּ: משלי ד
◂ עֵץ־חַיִּים הִיא לַמַּחֲזִיקִים בָּהּ, וְתֹמְכֶיהָ מְאֻשָּׁר: משלי ג
דְּרָכֶיהָ דַרְכֵי־נֹעַם וְכָל־נְתִיבוֹתֶיהָ שָׁלוֹם:
הֲשִׁיבֵנוּ יהוה אֵלֶיךָ וְנָשׁוּבָה, חַדֵּשׁ יָמֵינוּ כְּקֶדֶם: איכה ה

סוגרים את ארון הקודש.

לפני תפילת מוסף שליח הציבור אומר תחינה זו:

הִנְנִי הֶעָנִי מִמַּעַשׂ, נִרְעָשׁ וְנִפְחָד מִפַּחַד יוֹשֵׁב תְּהִלּוֹת יִשְׂרָאֵל, בָּאתִי לַעֲמֹד וּלְהִתְחַנֵּן לְפָנֶיךָ עַל עַמְּךָ יִשְׂרָאֵל אֲשֶׁר שְׁלָחוּנִי, וְאַף עַל פִּי שֶׁאֵינִי כְדַאי וְהָגוּן לְכָךְ. עַל כֵּן אֲבַקֶּשְׁךָ אֱלֹהֵי אַבְרָהָם אֱלֹהֵי יִצְחָק וֵאלֹהֵי יַעֲקֹב, יהוה יהוה, אֵל רַחוּם וְחַנּוּן, אֱלֹהִים, שַׁדַּי אָיֹם וְנוֹרָא, הֱיֵה נָא מַצְלִיחַ דַּרְכִּי אֲשֶׁר אָנֹכִי הוֹלֵךְ לַעֲמֹד לְבַקֵּשׁ רַחֲמִים עָלַי וְעַל שׁוֹלְחָי. וְנָא אַל תַּפְשִׁיעֵם בְּחַטֹּאתַי וְאַל תְּחַיְּבֵם בַּעֲוֹנוֹתַי, כִּי חוֹטֵא וּפוֹשֵׁעַ אָנִי, וְאַל יִכָּלְמוּ בִּפְשָׁעַי, וְאַל

יֵבֹשׁוּ בִּי וְאַל אֵבֹשָׁה בָּהֶם. וְקַבֵּל תְּפִלָּתִי כִּתְפִלַּת זָקֵן וְרָגִיל, וּפִרְקוֹ נָאֶה וּזְקָנוֹ מְגֻדָּל וְקוֹלוֹ נָעִים, וּמְעֹרָב בְּדַעַת עִם הַבְּרִיּוֹת. וְתִגְעַר בְּשָׂטָן לְבַל יַשְׂטִינֵנוּ, וִיהִי נָא דִּגְלֵנוּ עָלֶיךָ אַהֲבָה, וְעַל כָּל פְּשָׁעִים תְּכַסֶּה בְּאַהֲבָה, וְכָל צוֹמוֹתֵינוּ וְעִנּוּיֵינוּ הֲפֹךְ לָנוּ וּלְכָל יִשְׂרָאֵל לְשָׂשׂוֹן וּלְשִׂמְחָה לְחַיִּים וּלְשָׁלוֹם, הָאֱמֶת וְהַשָּׁלוֹם אֱהָבוּ, וְאַל יְהִי שׁוּם מִכְשׁוֹל בִּתְפִלָּתִי.

וִיהִי רָצוֹן מִלְּפָנֶיךָ יהוה אֱלֹהֵי אַבְרָהָם אֱלֹהֵי יִצְחָק וֵאלֹהֵי יַעֲקֹב, הָאֵל הַגָּדוֹל הַגִּבּוֹר וְהַנּוֹרָא אֵל עֶלְיוֹן אֶהְיֶה אֲשֶׁר אֶהְיֶה, שֶׁכָּל הַמַּלְאָכִים שֶׁהֵם בַּעֲלֵי תְפִלּוֹת יָבִיאוּ תְפִלָּתִי לִפְנֵי כִּסֵּא כְבוֹדֶךָ וְיָפִיצוּ אוֹתָהּ לְפָנֶיךָ, בַּעֲבוּר כָּל הַצַּדִּיקִים וְהַחֲסִידִים הַתְּמִימִים וְהַיְשָׁרִים, וּבַעֲבוּר כְּבוֹד שִׁמְךָ הַגָּדוֹל הַגִּבּוֹר וְהַנּוֹרָא. כִּי אַתָּה שׁוֹמֵעַ תְּפִלַּת עַמְּךָ יִשְׂרָאֵל בְּרַחֲמִים, בָּרוּךְ אַתָּה שׁוֹמֵעַ תְּפִלָּה.

חצי קדיש

ש״ץ: יִתְגַּדַּל וְיִתְקַדַּשׁ שְׁמֵהּ רַבָּא (קהל: אָמֵן)
בְּעָלְמָא דִּי בְרָא כִרְעוּתֵהּ
וְיַמְלִיךְ מַלְכוּתֵהּ
בְּחַיֵּיכוֹן וּבְיוֹמֵיכוֹן וּבְחַיֵּי דְכָל בֵּית יִשְׂרָאֵל
בַּעֲגָלָא וּבִזְמַן קָרִיב, וְאִמְרוּ אָמֵן. (קהל: אָמֵן)

קהל וש״ץ: יְהֵא שְׁמֵהּ רַבָּא מְבָרַךְ לְעָלַם וּלְעָלְמֵי עָלְמַיָּא.

ש״ץ: יִתְבָּרַךְ וְיִשְׁתַּבַּח וְיִתְפָּאַר וְיִתְרוֹמַם וְיִתְנַשֵּׂא
וְיִתְהַדָּר וְיִתְעַלֶּה וְיִתְהַלָּל
שְׁמֵהּ דְּקֻדְשָׁא בְּרִיךְ הוּא (קהל: בְּרִיךְ הוּא)
לְעֵלָּא לְעֵלָּא מִכָּל בִּרְכָתָא וְשִׁירָתָא, תֻּשְׁבְּחָתָא וְנֶחֱמָתָא
דַּאֲמִירָן בְּעָלְמָא, וְאִמְרוּ אָמֵן. (קהל: אָמֵן)

מוסף ליום ב׳

עמידה

״המתפלל צריך שיכוין בלבו פירוש המלות שמוציא בשפתיו; ויחשוב כאלו שכינה כנגדו ויסיר כל המחשבות הטורדות אותו עד שתשאר מחשבתו וכוונתו זכה בתפלתו״ (שו״ע צח, א).

פוסע שלוש פסיעות לפנים כמי שנכנס לפני המלך.
עומד ומתפלל בלחש מכאן ועד ׳וּכְשָׁנִים קַדְמֹנִיּוֹת׳ בעמ׳ 318.

כורע במקומות המסומנים ב׳, קד לפנים במילה הבאה וזוקף בשם.

כִּי שֵׁם יהוה אֶקְרָא, הָבוּ גֹדֶל לֵאלֹהֵינוּ: דברים לב
אֲדֹנָי, שְׂפָתַי תִּפְתָּח, וּפִי יַגִּיד תְּהִלָּתֶךָ: תהלים נא

אבות

׳בָּרוּךְ אַתָּה יהוה, אֱלֹהֵינוּ וֵאלֹהֵי אֲבוֹתֵינוּ
אֱלֹהֵי אַבְרָהָם, אֱלֹהֵי יִצְחָק, וֵאלֹהֵי יַעֲקֹב
הָאֵל הַגָּדוֹל הַגִּבּוֹר וְהַנּוֹרָא, אֵל עֶלְיוֹן
גּוֹמֵל חֲסָדִים טוֹבִים, וְקוֹנֵה הַכֹּל
וְזוֹכֵר חַסְדֵי אָבוֹת
וּמֵבִיא גוֹאֵל לִבְנֵי בְנֵיהֶם לְמַעַן שְׁמוֹ בְּאַהֲבָה.

זָכְרֵנוּ לְחַיִּים, מֶלֶךְ חָפֵץ בַּחַיִּים
וְכָתְבֵנוּ בְּסֵפֶר הַחַיִּים, לְמַעַנְךָ אֱלֹהִים חַיִּים.

מֶלֶךְ עוֹזֵר וּמוֹשִׁיעַ וּמָגֵן.
׳בָּרוּךְ אַתָּה יהוה, מָגֵן אַבְרָהָם.

אם שכח לומר ׳זָכְרֵנוּ לְחַיִּים׳, אינו חוזר.

גבורות

אַתָּה גִּבּוֹר לְעוֹלָם, אֲדֹנָי
מְחַיֵּה מֵתִים אַתָּה, רַב לְהוֹשִׁיעַ
בארץ ישראל: מוֹרִיד הַטָּל

מְכַלְכֵּל חַיִּים בְּחֶסֶד, מְחַיֵּה מֵתִים בְּרַחֲמִים רַבִּים
סוֹמֵךְ נוֹפְלִים, וְרוֹפֵא חוֹלִים
וּמַתִּיר אֲסוּרִים
וּמְקַיֵּם אֱמוּנָתוֹ לִישֵׁנֵי עָפָר.
מִי כָמְוֹךָ, בַּעַל גְּבוּרוֹת
וּמִי דּוֹמֶה לָּךְ
מֶלֶךְ, מֵמִית וּמְחַיֶּה וּמַצְמִיחַ יְשׁוּעָה.

מִי כָמְוֹךָ אַב הָרַחֲמִים
זוֹכֵר יְצוּרָיו לְחַיִּים בְּרַחֲמִים.
וְנֶאֱמָן אַתָּה לְהַחֲיוֹת מֵתִים.
בָּרוּךְ אַתָּה יהוה, מְחַיֵּה הַמֵּתִים.

אם שכח לומר ׳מִי כָמְוֹךָ אַב הָרַחֲמִים׳, אינו חוזר.

קדושת השם
אַתָּה קָדוֹשׁ וְשִׁמְךָ קָדוֹשׁ
וּקְדוֹשִׁים בְּכָל יוֹם יְהַלְלְוּךָ סֶּלָה.

וּבְכֵן תֵּן פַּחְדְּךָ יהוה אֱלֹהֵינוּ עַל כָּל מַעֲשֶׂיךָ
וְאֵימָתְךָ עַל כָּל מַה שֶּׁבָּרָאתָ
וְיִירָאְוּךָ כָּל הַמַּעֲשִׂים
וְיִשְׁתַּחֲווּ לְפָנֶיךָ כָּל הַבְּרוּאִים
וְיֵעָשׂוּ כֻלָּם אֲגֻדָּה אֶחָת לַעֲשׂוֹת רְצוֹנְךָ בְּלֵבָב שָׁלֵם
כְּמוֹ שֶׁיָּדַעְנוּ יהוה אֱלֹהֵינוּ שֶׁהַשִּׁלְטָן לְפָנֶיךָ
עֹז בְּיָדְךָ וּגְבוּרָה בִּימִינֶךָ
וְשִׁמְךָ נוֹרָא עַל כָּל מַה שֶּׁבָּרָאתָ.

וּבְכֵן תֵּן כָּבוֹד יהוה לְעַמֶּךָ
תְּהִלָּה לִירֵאֶיךָ
וְתִקְוָה (טוֹבָה) לְדוֹרְשֶׁיךָ
וּפִתְחוֹן פֶּה לַמְיַחֲלִים לָךְ
שִׂמְחָה לְאַרְצֶךָ, וְשָׂשׂוֹן לְעִירֶךָ
וּצְמִיחַת קֶרֶן לְדָוִד עַבְדֶּךָ
וַעֲרִיכַת נֵר לְבֶן יִשַׁי מְשִׁיחֶךָ
בִּמְהֵרָה בְיָמֵינוּ.

וּבְכֵן צַדִּיקִים יִרְאוּ וְיִשְׂמָחוּ, וִישָׁרִים יַעֲלֹזוּ
וַחֲסִידִים בְּרִנָּה יָגִילוּ, וְעוֹלָתָה תִּקְפָּץ פִּיהָ
וְכָל הָרִשְׁעָה כֻּלָּהּ כְּעָשָׁן תִּכְלֶה
כִּי תַעֲבִיר מֶמְשֶׁלֶת זָדוֹן מִן הָאָרֶץ.

וְתִמְלֹךְ אַתָּה יהוה לְבַדֶּךָ עַל כָּל מַעֲשֶׂיךָ
בְּהַר צִיּוֹן מִשְׁכַּן כְּבוֹדֶךָ
וּבִירוּשָׁלַיִם עִיר קָדְשֶׁךָ
כַּכָּתוּב בְּדִבְרֵי קָדְשֶׁךָ
תהלים קמו יִמְלֹךְ יהוה לְעוֹלָם, אֱלֹהַיִךְ צִיּוֹן לְדֹר וָדֹר, הַלְלוּיָהּ:

קָדוֹשׁ אַתָּה וְנוֹרָא שְׁמֶךָ, וְאֵין אֱלוֹהַּ מִבַּלְעָדֶיךָ
ישעיה ה כַּכָּתוּב, וַיִּגְבַּהּ יהוה צְבָאוֹת בַּמִּשְׁפָּט
וְהָאֵל הַקָּדוֹשׁ נִקְדַּשׁ בִּצְדָקָה:
בָּרוּךְ אַתָּה יהוה, הַמֶּלֶךְ הַקָּדוֹשׁ.

אם שכח לומר את הפיסקאות המתחילות בתיבות ׳וּבְכֵן תֵּן פַּחְדְּךָ׳, אינו חוזר,
אך אם חתם ׳הָאֵל הַקָּדוֹשׁ׳ כברוב ימות השנה, חוזר לראש.

קדושת היום ומלכיות

אַתָּה בְחַרְתָּנוּ מִכָּל הָעַמִּים
אָהַבְתָּ אוֹתָנוּ וְרָצִיתָ בָּנוּ
וְרוֹמַמְתָּנוּ מִכָּל הַלְּשׁוֹנוֹת
וְקִדַּשְׁתָּנוּ בְּמִצְוֹתֶיךָ
וְקֵרַבְתָּנוּ מַלְכֵּנוּ לַעֲבוֹדָתֶךָ
וְשִׁמְךָ הַגָּדוֹל וְהַקָּדוֹשׁ עָלֵינוּ קָרָאתָ.

וַתִּתֶּן לָנוּ יהוה אֱלֹהֵינוּ בְּאַהֲבָה
אֶת יוֹם הַזִּכָּרוֹן הַזֶּה
יוֹם תְּרוּעָה מִקְרָא קֹדֶשׁ
זֵכֶר לִיצִיאַת מִצְרָיִם.

וּמִפְּנֵי חֲטָאֵינוּ גָּלִינוּ מֵאַרְצֵנוּ
וְנִתְרַחַקְנוּ מֵעַל אַדְמָתֵנוּ
וְאֵין אֲנַחְנוּ יְכוֹלִים לַעֲשׂוֹת חוֹבוֹתֵינוּ בְּבֵית בְּחִירָתֶךָ
בַּבַּיִת הַגָּדוֹל וְהַקָּדוֹשׁ שֶׁנִּקְרָא שִׁמְךָ עָלָיו
מִפְּנֵי הַיָּד שֶׁנִּשְׁתַּלְּחָה בְּמִקְדָּשֶׁךָ.
יְהִי רָצוֹן מִלְּפָנֶיךָ יהוה אֱלֹהֵינוּ וֵאלֹהֵי אֲבוֹתֵינוּ, מֶלֶךְ רַחֲמָן
שֶׁתָּשׁוּב וּתְרַחֵם עָלֵינוּ וְעַל מִקְדָּשְׁךָ בְּרַחֲמֶיךָ הָרַבִּים
וְתִבְנֵהוּ מְהֵרָה וּתְגַדֵּל כְּבוֹדוֹ.
אָבִינוּ מַלְכֵּנוּ, גַּלֵּה כְּבוֹד מַלְכוּתְךָ עָלֵינוּ מְהֵרָה
וְהוֹפַע וְהִנָּשֵׂא עָלֵינוּ לְעֵינֵי כָּל חָי
וְקָרֵב פְּזוּרֵינוּ מִבֵּין הַגּוֹיִם
וּנְפוּצוֹתֵינוּ כַּנֵּס מִיַּרְכְּתֵי אָרֶץ.

וַהֲבִיאֵנוּ לְצִיּוֹן עִירְךָ בְּרִנָּה
וְלִירוּשָׁלַיִם בֵּית מִקְדָּשְׁךָ בְּשִׂמְחַת עוֹלָם
וְשָׁם נַעֲשֶׂה לְפָנֶיךָ אֶת קָרְבְּנוֹת חוֹבוֹתֵינוּ
תְּמִידִים כְּסִדְרָם וּמוּסָפִים כְּהִלְכָתָם
וְאֶת מוּסְפֵי יוֹם הַזִּכָּרוֹן הַזֶּה
נַעֲשֶׂה וְנַקְרִיב לְפָנֶיךָ בְּאַהֲבָה כְּמִצְוַת רְצוֹנֶךָ
כְּמוֹ שֶׁכָּתַבְתָּ עָלֵינוּ בְּתוֹרָתֶךָ
עַל יְדֵי מֹשֶׁה עַבְדֶּךָ מִפִּי כְבוֹדֶךָ, כָּאָמוּר

במדבר כט וּבַחֹדֶשׁ הַשְּׁבִיעִי בְּאֶחָד לַחֹדֶשׁ מִקְרָא־קֹדֶשׁ יִהְיֶה לָכֶם
כָּל־מְלֶאכֶת עֲבֹדָה לֹא תַעֲשׂוּ, יוֹם תְּרוּעָה יִהְיֶה לָכֶם:
וַעֲשִׂיתֶם עֹלָה לְרֵיחַ נִיחֹחַ לַיהוה, פַּר בֶּן־בָּקָר אֶחָד
אַיִל אֶחָד, כְּבָשִׂים בְּנֵי־שָׁנָה שִׁבְעָה תְּמִימִם:

וּמִנְחָתָם וְנִסְכֵּיהֶם כִּמְדֻבָּר
שְׁלֹשָׁה עֶשְׂרֹנִים לַפָּר וּשְׁנֵי עֶשְׂרֹנִים לָאָיִל
וְעִשָּׂרוֹן לַכֶּבֶשׂ וְיַיִן כְּנִסְכּוֹ
וּשְׁנֵי שְׂעִירִים לְכַפֵּר, וּשְׁנֵי תְמִידִים כְּהִלְכָתָם.

במדבר כט מִלְּבַד עֹלַת הַחֹדֶשׁ וּמִנְחָתָהּ, וְעֹלַת הַתָּמִיד וּמִנְחָתָהּ
וְנִסְכֵּיהֶם כְּמִשְׁפָּטָם, לְרֵיחַ נִיחֹחַ, אִשֶּׁה לַיהוה:

עָלֵינוּ לְשַׁבֵּחַ לַאֲדוֹן הַכֹּל, לָתֵת גְּדֻלָּה לְיוֹצֵר בְּרֵאשִׁית
שֶׁלֹּא עָשָׂנוּ כְּגוֹיֵי הָאֲרָצוֹת, וְלֹא שָׂמָנוּ כְּמִשְׁפְּחוֹת הָאֲדָמָה
שֶׁלֹּא שָׂם חֶלְקֵנוּ כָּהֶם וְגוֹרָלֵנוּ כְּכָל הֲמוֹנָם.
שֶׁהֵם מִשְׁתַּחֲוִים לְהֶבֶל וָרִיק וּמִתְפַּלְלִים אֶל אֵל לֹא יוֹשִׁיעַ.

וַאֲנַֽחְנוּ כּוֹרְעִים וּמִשְׁתַּחֲוִים וּמוֹדִים
לִפְנֵי מֶֽלֶךְ מַלְכֵי הַמְּלָכִים, הַקָּדוֹשׁ בָּרוּךְ הוּא
שֶׁהוּא נוֹטֶה שָׁמַֽיִם וְיוֹסֵד אָֽרֶץ, וּמוֹשַׁב יְקָרוֹ בַּשָּׁמַֽיִם מִמַּֽעַל
וּשְׁכִינַת עֻזּוֹ בְּגָבְהֵי מְרוֹמִים.
הוּא אֱלֹהֵֽינוּ, אֵין עוֹד.
אֱמֶת מַלְכֵּֽנוּ, אֶֽפֶס זוּלָתוֹ
כַּכָּתוּב בְּתוֹרָתוֹ
וְיָדַעְתָּ הַיּוֹם וַהֲשֵׁבֹתָ אֶל־לְבָבֶֽךָ דברים ד
כִּי יהוה הוּא הָאֱלֹהִים בַּשָּׁמַֽיִם מִמַּֽעַל וְעַל־הָאָֽרֶץ מִתָּֽחַת
אֵין עוֹד:

עַל כֵּן נְקַוֶּה לְּךָ יהוה אֱלֹהֵֽינוּ, לִרְאוֹת מְהֵרָה בְּתִפְאֶֽרֶת עֻזֶּֽךָ
לְהַעֲבִיר גִּלּוּלִים מִן הָאָֽרֶץ, וְהָאֱלִילִים כָּרוֹת יִכָּרֵתוּן
לְתַקֵּן עוֹלָם בְּמַלְכוּת שַׁדַּי.
וְכָל בְּנֵי בָשָׂר יִקְרְאוּ בִשְׁמֶֽךָ לְהַפְנוֹת אֵלֶֽיךָ כָּל רִשְׁעֵי אָֽרֶץ.
יַכִּֽירוּ וְיֵדְעוּ כָּל יוֹשְׁבֵי תֵבֵל
כִּי לְךָ תִּכְרַע כָּל בֶּֽרֶךְ, תִּשָּׁבַע כָּל לָשׁוֹן.
לְפָנֶֽיךָ יהוה אֱלֹהֵֽינוּ יִכְרְעוּ וְיִפֹּֽלוּ
וְלִכְבוֹד שִׁמְךָ יְקָר יִתֵּֽנוּ
וִיקַבְּלוּ כֻלָּם אֶת עֹל מַלְכוּתֶֽךָ
וְתִמְלֹךְ עֲלֵיהֶם מְהֵרָה לְעוֹלָם וָעֶד.
כִּי הַמַּלְכוּת שֶׁלְּךָ הִיא וּלְעוֹלְמֵי עַד תִּמְלֹךְ בְּכָבוֹד
כַּכָּתוּב בְּתוֹרָתֶֽךָ
יהוה יִמְלֹךְ לְעֹלָם וָעֶד: שמות טו

וְנֶאֱמַר

במדבר כג לֹא־הִבִּיט אָוֶן בְּיַעֲקֹב, וְלֹא־רָאָה עָמָל בְּיִשְׂרָאֵל

יהוה אֱלֹהָיו עִמּוֹ, וּתְרוּעַת מֶלֶךְ בּוֹ:

וְנֶאֱמַר

דברים לג וַיְהִי בִישֻׁרוּן מֶלֶךְ, בְּהִתְאַסֵּף רָאשֵׁי עָם

יַחַד שִׁבְטֵי יִשְׂרָאֵל:

וּבְדִבְרֵי קָדְשְׁךָ כָּתוּב לֵאמֹר

תהלים כב כִּי לַיהוה הַמְּלוּכָה וּמֹשֵׁל בַּגּוֹיִם:

וְנֶאֱמַר

תהלים צג יהוה מָלָךְ, גֵּאוּת לָבֵשׁ

לָבֵשׁ יהוה עֹז הִתְאַזָּר, אַף־תִּכּוֹן תֵּבֵל בַּל־תִּמּוֹט:

וְנֶאֱמַר

תהלים כד שְׂאוּ שְׁעָרִים רָאשֵׁיכֶם, וְהִנָּשְׂאוּ פִּתְחֵי עוֹלָם

וְיָבוֹא מֶלֶךְ הַכָּבוֹד:

מִי זֶה מֶלֶךְ הַכָּבוֹד, יהוה עִזּוּז וְגִבּוֹר

יהוה גִּבּוֹר מִלְחָמָה:

שְׂאוּ שְׁעָרִים רָאשֵׁיכֶם, וּשְׂאוּ פִּתְחֵי עוֹלָם

וְיָבֹא מֶלֶךְ הַכָּבוֹד:

מִי הוּא זֶה מֶלֶךְ הַכָּבוֹד

יהוה צְבָאוֹת הוּא מֶלֶךְ הַכָּבוֹד סֶלָה:

וְעַל יְדֵי עֲבָדֶיךָ הַנְּבִיאִים כָּתוּב לֵאמֹר

ישעיה מד כֹּה־אָמַר יהוה מֶלֶךְ־יִשְׂרָאֵל וְגֹאֲלוֹ, יהוה צְבָאוֹת

אֲנִי רִאשׁוֹן וַאֲנִי אַחֲרוֹן, וּמִבַּלְעָדַי אֵין אֱלֹהִים:

וְנֶאֱמַר
וְעָלוּ מוֹשִׁעִים בְּהַר צִיּוֹן לִשְׁפֹּט אֶת־הַר עֵשָׂו עובדיה א
וְהָיְתָה לַיהוה הַמְּלוּכָה:

וְנֶאֱמַר
וְהָיָה יהוה לְמֶלֶךְ עַל־כָּל־הָאָרֶץ זכריה יד
בַּיּוֹם הַהוּא יִהְיֶה יהוה אֶחָד וּשְׁמוֹ אֶחָד:

וּבְתוֹרָתְךָ כָּתוּב לֵאמֹר
שְׁמַע יִשְׂרָאֵל, יהוה אֱלֹהֵינוּ יהוה אֶחָד: דברים ו

אֱלֹהֵינוּ וֵאלֹהֵי אֲבוֹתֵינוּ
מְלֹךְ עַל כָּל הָעוֹלָם כֻּלּוֹ בִּכְבוֹדֶךָ
וְהִנָּשֵׂא עַל כָּל הָאָרֶץ בִּיקָרֶךָ
וְהוֹפַע בַּהֲדַר גְּאוֹן עֻזֶּךָ עַל כָּל יוֹשְׁבֵי תֵבֵל אַרְצֶךָ.
וְיֵדַע כָּל פָּעוּל כִּי אַתָּה פְעַלְתּוֹ
וְיָבִין כָּל יָצוּר כִּי אַתָּה יְצַרְתּוֹ
וְיֹאמַר כֹּל אֲשֶׁר נְשָׁמָה בְאַפּוֹ
יהוה אֱלֹהֵי יִשְׂרָאֵל מֶלֶךְ וּמַלְכוּתוֹ בַּכֹּל מָשָׁלָה.
קַדְּשֵׁנוּ בְּמִצְוֹתֶיךָ וְתֵן חֶלְקֵנוּ בְּתוֹרָתֶךָ
שַׂבְּעֵנוּ מִטּוּבֶךָ וְשַׂמְּחֵנוּ בִּישׁוּעָתֶךָ
וְטַהֵר לִבֵּנוּ לְעָבְדְּךָ בֶּאֱמֶת
כִּי אַתָּה אֱלֹהִים אֱמֶת, וּדְבָרְךָ אֱמֶת וְקַיָּם לָעַד.
בָּרוּךְ אַתָּה יהוה, מֶלֶךְ עַל כָּל הָאָרֶץ
מְקַדֵּשׁ יִשְׂרָאֵל וְיוֹם הַזִּכָּרוֹן.

בבתי כנסת המתפללים בנוסח ספרד,
תוקעים כאן עשרה קולות: תשר״ת תש״ת תר״ת.

זיכרונות

אַתָּה זוֹכֵר מַעֲשֵׂה עוֹלָם, וּפוֹקֵד כָּל יְצוּרֵי קֶדֶם
לְפָנֶיךָ נִגְלוּ כָּל תַּעֲלוּמוֹת וַהֲמוֹן נִסְתָּרוֹת שֶׁמִּבְּרֵאשִׁית
כִּי אֵין שִׁכְחָה לִפְנֵי כִסֵּא כְבוֹדֶךָ, וְאֵין נִסְתָּר מִנֶּגֶד עֵינֶיךָ.

אַתָּה זוֹכֵר אֶת כָּל הַמִּפְעָל, וְגַם כָּל הַיְצוּר לֹא נִכְחַד מִמֶּךָּ.
הַכֹּל גָּלוּי וְיָדוּעַ לְפָנֶיךָ יהוה אֱלֹהֵינוּ
צוֹפֶה וּמַבִּיט עַד סוֹף כָּל הַדּוֹרוֹת
כִּי תָבִיא חֹק זִכָּרוֹן לְהִפָּקֵד כָּל רְוּחַ וָנָפֶשׁ
לְהִזָּכֵר מַעֲשִׂים רַבִּים, וַהֲמוֹן בְּרִיּוֹת לְאֵין תַּכְלִית.
מֵרֵאשִׁית כָּזֹאת הוֹדָעְתָּ, וּמִלְּפָנִים אוֹתָהּ גִּלִּיתָ.
זֶה הַיּוֹם תְּחִלַּת מַעֲשֶׂיךָ, זִכָּרוֹן לְיוֹם רִאשׁוֹן
כִּי חֹק לְיִשְׂרָאֵל הוּא, מִשְׁפָּט לֵאלֹהֵי יַעֲקֹב: תהלים פא

וְעַל הַמְּדִינוֹת בּוֹ יֵאָמֵר
אֵיזוֹ לַחֶרֶב, וְאֵיזוֹ לַשָּׁלוֹם
אֵיזוֹ לָרָעָב, וְאֵיזוֹ לַשֹּׂבַע
וּבְרִיּוֹת בּוֹ יִפָּקֵדוּ, לְהַזְכִּירָם לְחַיִּים וְלַמָּוֶת.

מִי לֹא נִפְקַד כְּהַיּוֹם הַזֶּה, כִּי זֵכֶר כָּל הַיְצוּר לְפָנֶיךָ בָּא
מַעֲשֵׂה אִישׁ וּפְקֻדָּתוֹ, וַעֲלִילוֹת מִצְעֲדֵי גָבֶר
מַחְשְׁבוֹת אָדָם וְתַחְבּוּלוֹתָיו, וְיִצְרֵי מַעַלְלֵי אִישׁ.
אַשְׁרֵי אִישׁ שֶׁלֹּא יִשְׁכָּחֶךָּ, וּבֶן אָדָם יִתְאַמֶּץ בָּךְ
כִּי דוֹרְשֶׁיךָ לְעוֹלָם לֹא יִכָּשֵׁלוּ
וְלֹא יִכָּלְמוּ לָנֶצַח כָּל הַחוֹסִים בָּךְ.
כִּי זֵכֶר כָּל הַמַּעֲשִׂים לְפָנֶיךָ בָּא, וְאַתָּה דוֹרֵשׁ מַעֲשֵׂה כֻלָּם.

וְגַם אֶת נֹחַ בְּאַהֲבָה זָכַרְתָּ, וַתִּפְקְדֵהוּ בִּדְבַר יְשׁוּעָה וְרַחֲמִים
בַּהֲבִיאֲךָ אֶת מֵי הַמַּבּוּל לְשַׁחֵת כָּל בָּשָׂר מִפְּנֵי רֹעַ מַעַלְלֵיהֶם
עַל כֵּן זִכְרוֹנוֹ בָּא לְפָנֶיךָ, יהוה אֱלֹהֵינוּ
לְהַרְבּוֹת זַרְעוֹ כְּעַפְרוֹת תֵּבֵל, וְצֶאֱצָאָיו כְּחוֹל הַיָּם.

כַּכָּתוּב בְּתוֹרָתֶךָ
וַיִּזְכֹּר אֱלֹהִים אֶת־נֹחַ בראשית ח
וְאֵת כָּל־הַחַיָּה וְאֶת־כָּל־הַבְּהֵמָה אֲשֶׁר אִתּוֹ בַּתֵּבָה
וַיַּעֲבֵר אֱלֹהִים רוּחַ עַל־הָאָרֶץ, וַיָּשֹׁכּוּ הַמָּיִם:

וְנֶאֱמַר
וַיִּשְׁמַע אֱלֹהִים אֶת־נַאֲקָתָם שמות ב
וַיִּזְכֹּר אֱלֹהִים אֶת־בְּרִיתוֹ
אֶת־אַבְרָהָם אֶת־יִצְחָק וְאֶת־יַעֲקֹב:

וְנֶאֱמַר
וְזָכַרְתִּי אֶת־בְּרִיתִי יַעֲקוֹב ויקרא כו
וְאַף אֶת־בְּרִיתִי יִצְחָק
וְאַף אֶת־בְּרִיתִי אַבְרָהָם אֶזְכֹּר
וְהָאָרֶץ אֶזְכֹּר:

וּבְדִבְרֵי קָדְשְׁךָ כָּתוּב לֵאמֹר
זֵכֶר עָשָׂה לְנִפְלְאוֹתָיו, חַנּוּן וְרַחוּם יהוה: תהלים קיא
וְנֶאֱמַר
טֶרֶף נָתַן לִירֵאָיו, יִזְכֹּר לְעוֹלָם בְּרִיתוֹ: תהלים קיא
וְנֶאֱמַר
וַיִּזְכֹּר לָהֶם בְּרִיתוֹ, וַיִּנָּחֵם כְּרֹב חֲסָדָו: תהלים קו

וְעַל יְדֵי עֲבָדֶיךָ הַנְּבִיאִים כָּתוּב לֵאמֹר
ירמיה ב הָלֹךְ וְקָרָאתָ בְאָזְנֵי יְרוּשָׁלַיִם לֵאמֹר
כֹּה אָמַר יהוה
זָכַרְתִּי לָךְ חֶסֶד נְעוּרַיִךְ, אַהֲבַת כְּלוּלֹתָיִךְ
לֶכְתֵּךְ אַחֲרַי בַּמִּדְבָּר, בְּאֶרֶץ לֹא זְרוּעָה:

וְנֶאֱמַר
יחזקאל טז וְזָכַרְתִּי אֲנִי אֶת־בְּרִיתִי אוֹתָךְ בִּימֵי נְעוּרָיִךְ
וַהֲקִימוֹתִי לָךְ בְּרִית עוֹלָם:

וְנֶאֱמַר
ירמיה לא הֲבֵן יַקִּיר לִי אֶפְרַיִם, אִם יֶלֶד שַׁעֲשֻׁעִים
כִּי־מִדֵּי דַבְּרִי בּוֹ, זָכֹר אֶזְכְּרֶנּוּ עוֹד
עַל־כֵּן הָמוּ מֵעַי לוֹ, רַחֵם אֲרַחֲמֶנּוּ נְאֻם־יהוה:

אֱלֹהֵינוּ וֵאלֹהֵי אֲבוֹתֵינוּ, זָכְרֵנוּ בְּזִכָּרוֹן טוֹב לְפָנֶיךָ
וּפָקְדֵנוּ בִּפְקֻדַּת יְשׁוּעָה וְרַחֲמִים מִשְּׁמֵי שְׁמֵי קֶדֶם
וּזְכָר לָנוּ יהוה אֱלֹהֵינוּ
אֶת הַבְּרִית וְאֶת הַחֶסֶד וְאֶת הַשְּׁבוּעָה
אֲשֶׁר נִשְׁבַּעְתָּ לְאַבְרָהָם אָבִינוּ בְּהַר הַמּוֹרִיָּה
וְתֵרָאֶה לְפָנֶיךָ עֲקֵדָה
שֶׁעָקַד אַבְרָהָם אָבִינוּ אֶת יִצְחָק בְּנוֹ עַל גַּבֵּי הַמִּזְבֵּחַ
וְכָבַשׁ רַחֲמָיו, לַעֲשׂוֹת רְצוֹנְךָ בְּלֵבָב שָׁלֵם.
כֵּן יִכְבְּשׁוּ רַחֲמֶיךָ אֶת כַּעַסְךָ מֵעָלֵינוּ
וּבְטוּבְךָ הַגָּדוֹל יָשׁוּב חֲרוֹן אַפְּךָ מֵעַמְּךָ
וּמֵעִירְךָ וּמֵאַרְצְךָ וּמִנַּחֲלָתֶךָ.

וְקַיֵּם לָנוּ יהוה אֱלֹהֵינוּ אֶת הַדָּבָר שֶׁהִבְטַחְתָּנוּ בְּתוֹרָתֶךָ
עַל יְדֵי מֹשֶׁה עַבְדֶּךָ, מִפִּי כְבוֹדֶךָ
כָּאָמוּר
וְזָכַרְתִּי לָהֶם בְּרִית רִאשֹׁנִים ויקרא כו
אֲשֶׁר הוֹצֵאתִי־אֹתָם מֵאֶרֶץ מִצְרַיִם לְעֵינֵי הַגּוֹיִם
לִהְיוֹת לָהֶם לֵאלֹהִים, אֲנִי יהוה:

כִּי זוֹכֵר כָּל הַנִּשְׁכָּחוֹת אַתָּה הוּא מֵעוֹלָם
וְאֵין שִׁכְחָה לִפְנֵי כִסֵּא כְבוֹדֶךָ
וַעֲקֵדַת יִצְחָק לְזַרְעוֹ הַיּוֹם בְּרַחֲמִים תִּזְכֹּר.
בָּרוּךְ אַתָּה יהוה, זוֹכֵר הַבְּרִית.

בבתי כנסת המתפללים בנוסח ספרד,
תוקעים כאן עשרה קולות: תשר״ת תש״ת תר״ת.

שופרות
אַתָּה נִגְלֵיתָ בַּעֲנַן כְּבוֹדֶךָ עַל עַם קָדְשְׁךָ לְדַבֵּר עִמָּם
מִן הַשָּׁמַיִם הִשְׁמַעְתָּם קוֹלֶךָ, וְנִגְלֵיתָ עֲלֵיהֶם בְּעַרְפִלֵּי טֹהַר.
גַּם כָּל הָעוֹלָם כֻּלּוֹ חָל מִפָּנֶיךָ, וּבְרִיּוֹת בְּרֵאשִׁית חָרְדוּ מִמֶּךָּ
בְּהִגָּלוֹתְךָ מַלְכֵּנוּ עַל הַר סִינַי, לְלַמֵּד לְעַמְּךָ תּוֹרָה וּמִצְוֹת
וַתַּשְׁמִיעֵם אֶת הוֹד קוֹלֶךָ, וְדִבְּרוֹת קָדְשְׁךָ מִלַּהֲבוֹת אֵשׁ.
בְּקוֹלוֹת וּבְרָקִים עֲלֵיהֶם נִגְלֵיתָ, וּבְקוֹל שׁוֹפָר עֲלֵיהֶם הוֹפָעְתָּ.

כַּכָּתוּב בְּתוֹרָתֶךָ
וַיְהִי בַיּוֹם הַשְּׁלִישִׁי בִּהְיֹת הַבֹּקֶר שמות יט
וַיְהִי קֹלֹת וּבְרָקִים וְעָנָן כָּבֵד עַל־הָהָר
וְקֹל שֹׁפָר חָזָק מְאֹד
וַיֶּחֱרַד כָּל־הָעָם אֲשֶׁר בַּמַּחֲנֶה:

וְנֶאֱמַר
שמות יט וַיְהִי קוֹל הַשֹּׁפָר הוֹלֵךְ וְחָזֵק מְאֹד
מֹשֶׁה יְדַבֵּר, וְהָאֱלֹהִים יַעֲנֶנּוּ בְקוֹל:

וְנֶאֱמַר
שמות כ וְכָל־הָעָם רֹאִים אֶת־הַקּוֹלֹת וְאֶת־הַלַּפִּידִם
וְאֵת קוֹל הַשֹּׁפָר, וְאֶת־הָהָר עָשֵׁן
וַיַּרְא הָעָם וַיָּנֻעוּ, וַיַּעַמְדוּ מֵרָחֹק:

וּבְדִבְרֵי קָדְשְׁךָ כָּתוּב לֵאמֹר
תהלים מז עָלָה אֱלֹהִים בִּתְרוּעָה, יהוה בְּקוֹל שׁוֹפָר:

וְנֶאֱמַר
תהלים צח בַּחֲצֹצְרוֹת וְקוֹל שׁוֹפָר, הָרִיעוּ לִפְנֵי הַמֶּלֶךְ יהוה:

וְנֶאֱמַר
תהלים פא תִּקְעוּ בַחֹדֶשׁ שׁוֹפָר, בַּכֶּסֶה לְיוֹם חַגֵּנוּ:
כִּי חֹק לְיִשְׂרָאֵל הוּא, מִשְׁפָּט לֵאלֹהֵי יַעֲקֹב:

וְנֶאֱמַר
תהלים קנ הַלְלוּיָהּ, הַלְלוּ־אֵל בְּקָדְשׁוֹ הַלְלוּהוּ בִּרְקִיעַ עֻזּוֹ:
הַלְלוּהוּ בִגְבוּרֹתָיו הַלְלוּהוּ כְּרֹב גֻּדְלוֹ:
הַלְלוּהוּ בְּתֵקַע שׁוֹפָר הַלְלוּהוּ בְּנֵבֶל וְכִנּוֹר:
הַלְלוּהוּ בְתֹף וּמָחוֹל הַלְלוּהוּ בְּמִנִּים וְעֻגָב:
הַלְלוּהוּ בְצִלְצְלֵי־שָׁמַע הַלְלוּהוּ בְּצִלְצְלֵי תְרוּעָה:
כֹּל הַנְּשָׁמָה תְּהַלֵּל יָהּ, הַלְלוּיָהּ:

וְעַל יְדֵי עֲבָדֶיךָ הַנְּבִיאִים כָּתוּב לֵאמֹר
ישעיה יח כָּל־יֹשְׁבֵי תֵבֵל וְשֹׁכְנֵי אָרֶץ
כִּנְשֹׂא־נֵס הָרִים תִּרְאוּ, וְכִתְקֹעַ שׁוֹפָר תִּשְׁמָעוּ:

וְנֶאֱמַר
וְהָיָה בַּיּוֹם הַהוּא יִתָּקַע בְּשׁוֹפָר גָּדוֹל ישעיה כז
וּבָאוּ הָאֹבְדִים בְּאֶרֶץ אַשּׁוּר, וְהַנִּדָּחִים בְּאֶרֶץ מִצְרָיִם
וְהִשְׁתַּחֲווּ לַיהוה בְּהַר הַקֹּדֶשׁ בִּירוּשָׁלָםִ:

וְנֶאֱמַר
וַיהוה עֲלֵיהֶם יֵרָאֶה, וְיָצָא כַבָּרָק חִצּוֹ זכריה ט
וַאדֹנָי יֱהֹוִה בַּשּׁוֹפָר יִתְקָע, וְהָלַךְ בְּסַעֲרוֹת תֵּימָן:
יהוה צְבָאוֹת יָגֵן עֲלֵיהֶם:

כֵּן תָּגֵן עַל עַמְּךָ יִשְׂרָאֵל בִּשְׁלוֹמֶךָ.

אֱלֹהֵינוּ וֵאלֹהֵי אֲבוֹתֵינוּ
תְּקַע בְּשׁוֹפָר גָּדוֹל לְחֵרוּתֵנוּ, וְשָׂא נֵס לְקַבֵּץ גָּלֻיּוֹתֵינוּ
וְקָרֵב פְּזוּרֵינוּ מִבֵּין הַגּוֹיִם, וּנְפוּצוֹתֵינוּ כַּנֵּס מִיַּרְכְּתֵי אָרֶץ.
וַהֲבִיאֵנוּ לְצִיּוֹן עִירְךָ בְּרִנָּה
וְלִירוּשָׁלַיִם בֵּית מִקְדָּשְׁךָ בְּשִׂמְחַת עוֹלָם
וְשָׁם נַעֲשֶׂה לְפָנֶיךָ אֶת קָרְבְּנוֹת חוֹבוֹתֵינוּ
כִּמְצֻוֶּה עָלֵינוּ בְּתוֹרָתֶךָ עַל יְדֵי מֹשֶׁה עַבְדֶּךָ, מִפִּי כְבוֹדֶךָ
כָּאָמוּר

וּבְיוֹם שִׂמְחַתְכֶם וּבְמוֹעֲדֵיכֶם וּבְרָאשֵׁי חָדְשֵׁכֶם במדבר י
וּתְקַעְתֶּם בַּחֲצֹצְרֹת עַל עֹלֹתֵיכֶם וְעַל זִבְחֵי שַׁלְמֵיכֶם
וְהָיוּ לָכֶם לְזִכָּרוֹן לִפְנֵי אֱלֹהֵיכֶם, אֲנִי יהוה אֱלֹהֵיכֶם:

כִּי אַתָּה שׁוֹמֵעַ קוֹל שׁוֹפָר וּמַאֲזִין תְּרוּעָה, וְאֵין דּוֹמֶה לָּךְ.
בָּרוּךְ אַתָּה יהוה, שׁוֹמֵעַ קוֹל תְּרוּעַת עַמּוֹ יִשְׂרָאֵל בְּרַחֲמִים.

בבתי כנסת המתפללים בנוסח ספרד,
תוקעים כאן עשרה קולות: תשר״ת תש״ת תר״ת.

עבודה

רְצֵה יהוה אֱלֹהֵינוּ בְּעַמְּךָ יִשְׂרָאֵל, וּבִתְפִלָּתָם
וְהָשֵׁב אֶת הָעֲבוֹדָה לִדְבִיר בֵּיתֶךָ
וְאִשֵּׁי יִשְׂרָאֵל וּתְפִלָּתָם בְּאַהֲבָה תְקַבֵּל בְּרָצוֹן
וּתְהִי לְרָצוֹן תָּמִיד עֲבוֹדַת יִשְׂרָאֵל עַמֶּךָ.
וְתֶחֱזֶינָה עֵינֵינוּ בְּשׁוּבְךָ לְצִיּוֹן בְּרַחֲמִים.
בָּרוּךְ אַתָּה יהוה, הַמַּחֲזִיר שְׁכִינָתוֹ לְצִיּוֹן.

הודאה

כורע ב׳מוֹדִים׳ ואינו זוקף עד אמירת השם.

מוֹדִים אֲנַחְנוּ לָךְ
שָׁאַתָּה הוּא יהוה אֱלֹהֵינוּ וֵאלֹהֵי אֲבוֹתֵינוּ לְעוֹלָם וָעֶד.
צוּר חַיֵּינוּ, מָגֵן יִשְׁעֵנוּ, אַתָּה הוּא לְדוֹר וָדוֹר.
נוֹדֶה לְּךָ וּנְסַפֵּר תְּהִלָּתֶךָ, עַל חַיֵּינוּ הַמְּסוּרִים בְּיָדֶךָ
וְעַל נִשְׁמוֹתֵינוּ הַפְּקוּדוֹת לָךְ, וְעַל נִסֶּיךָ שֶׁבְּכָל יוֹם עִמָּנוּ
וְעַל נִפְלְאוֹתֶיךָ וְטוֹבוֹתֶיךָ שֶׁבְּכָל עֵת, עֶרֶב וָבֹקֶר וְצָהֳרָיִם.
הַטּוֹב, כִּי לֹא כָלוּ רַחֲמֶיךָ
וְהַמְרַחֵם, כִּי לֹא תַמּוּ חֲסָדֶיךָ
מֵעוֹלָם קִוִּינוּ לָךְ.
וְעַל כֻּלָּם יִתְבָּרַךְ וְיִתְרוֹמַם שִׁמְךָ מַלְכֵּנוּ תָּמִיד לְעוֹלָם וָעֶד.
וּכְתֹב לְחַיִּים טוֹבִים כָּל בְּנֵי בְרִיתֶךָ.
וְכֹל הַחַיִּים יוֹדוּךָ סֶּלָה, וִיהַלְלוּ אֶת שִׁמְךָ בֶּאֱמֶת
הָאֵל יְשׁוּעָתֵנוּ וְעֶזְרָתֵנוּ סֶלָה.
בָּרוּךְ אַתָּה יהוה, הַטּוֹב שִׁמְךָ וּלְךָ נָאֶה לְהוֹדוֹת.

אם שכח לומר ׳וּכְתֹב לְחַיִּים טוֹבִים׳, אינו חוזר.

שלום

שִׂים שָׁלוֹם טוֹבָה וּבְרָכָה
חֵן וָחֶסֶד וְרַחֲמִים
עָלֵינוּ וְעַל כָּל יִשְׂרָאֵל עַמֶּךָ.
בָּרְכֵנוּ אָבִינוּ כֻּלָּנוּ כְּאֶחָד בְּאוֹר פָּנֶיךָ
כִּי בְאוֹר פָּנֶיךָ נָתַתָּ לָּנוּ, יהוה אֱלֹהֵינוּ
תּוֹרַת חַיִּים וְאַהֲבַת חֶסֶד
וּצְדָקָה וּבְרָכָה וְרַחֲמִים וְחַיִּים וְשָׁלוֹם.
וְטוֹב בְּעֵינֶיךָ לְבָרֵךְ אֶת עַמְּךָ יִשְׂרָאֵל
בְּכָל עֵת וּבְכָל שָׁעָה בִּשְׁלוֹמֶךָ.

בְּסֵפֶר חַיִּים, בְּרָכָה וְשָׁלוֹם, וּפַרְנָסָה טוֹבָה
נִזָּכֵר וְנִכָּתֵב לְפָנֶיךָ
אֲנַחְנוּ וְכָל עַמְּךָ בֵּית יִשְׂרָאֵל
לְחַיִּים טוֹבִים וּלְשָׁלוֹם.*

בָּרוּךְ אַתָּה יהוה, הַמְבָרֵךְ אֶת עַמּוֹ יִשְׂרָאֵל בַּשָּׁלוֹם.

*בני חוץ לארץ מסיימים: בָּרוּךְ אַתָּה יהוה, עֹשֵׂה הַשָּׁלוֹם.

אם שכח לומר ׳בְּסֵפֶר חַיִּים׳, אינו חוזר.

יש מוסיפים:

יִהְיוּ לְרָצוֹן אִמְרֵי־פִי וְהֶגְיוֹן לִבִּי לְפָנֶיךָ, יהוה צוּרִי וְגֹאֲלִי: תהלים יט

אֱלֹהַי ברכות יז.

נְצֹר לְשׁוֹנִי מֵרָע וּשְׂפָתַי מִדַּבֵּר מִרְמָה
וְלִמְקַלְלַי נַפְשִׁי תִדֹּם, וְנַפְשִׁי כֶּעָפָר לַכֹּל תִּהְיֶה.

פְּתַח לִבִּי בְּתוֹרָתֶךָ, וּבְמִצְוֹתֶיךָ תִּרְדֹּף נַפְשִׁי.
וְכָל הַחוֹשְׁבִים עָלַי רָעָה
מְהֵרָה הָפֵר עֲצָתָם וְקַלְקֵל מַחֲשַׁבְתָּם.
עֲשֵׂה לְמַעַן שְׁמֶךָ
עֲשֵׂה לְמַעַן יְמִינֶךָ
עֲשֵׂה לְמַעַן קְדֻשָּׁתֶךָ
עֲשֵׂה לְמַעַן תּוֹרָתֶךָ.
לְמַעַן יֵחָלְצוּן יְדִידֶיךָ, הוֹשִׁיעָה יְמִינְךָ וַעֲנֵנִי: תהלים ס
יִהְיוּ לְרָצוֹן אִמְרֵי־פִי וְהֶגְיוֹן לִבִּי לְפָנֶיךָ, יהוה צוּרִי וְגֹאֲלִי: תהלים יט

כורע ופוסע שלוש פסיעות לאחור. קד לשמאל, לימין ולפנים באמירת:

עֹשֶׂה הַשָּׁלוֹם בִּמְרוֹמָיו
הוּא יַעֲשֶׂה שָׁלוֹם עָלֵינוּ וְעַל כָּל יִשְׂרָאֵל
וְאִמְרוּ אָמֵן.

יְהִי רָצוֹן מִלְּפָנֶיךָ יהוה אֱלֹהֵינוּ וֵאלֹהֵי אֲבוֹתֵינוּ
שֶׁיִּבָּנֶה בֵּית הַמִּקְדָּשׁ בִּמְהֵרָה בְיָמֵינוּ, וְתֵן חֶלְקֵנוּ בְּתוֹרָתֶךָ
וְשָׁם נַעֲבָדְךָ בְּיִרְאָה כִּימֵי עוֹלָם וּכְשָׁנִים קַדְמֹנִיּוֹת.
וְעָרְבָה לַיהוה מִנְחַת יְהוּדָה וִירוּשָׁלָםִ כִּימֵי עוֹלָם וּכְשָׁנִים קַדְמֹנִיּוֹת: מלאכי ג

חזרת הש״ץ למוסף ליום ב׳ של ראש השנה

״יָדַעְתִּי ה׳ כִּי־צֶדֶק מִשְׁפָּטֶיךָ, וֶאֱמוּנָה עִנִּיתָנִי״ (תהלים קיט, עה).
״הַקְשִׁיבָה לִּי וַעֲנֵנִי, אָרִיד בְּשִׂיחִי וְאָהִימָה״ (שם נה, ג).
״וְנַפְשִׁי תָּגִיל בַּה׳, תָּשִׂישׂ בִּישׁוּעָתוֹ״ (שם לה, ט).
״הַנּוֹתֵן תְּשׁוּעָה לַמְּלָכִים, הַפּוֹצֶה אֶת־דָּוִד עַבְדּוֹ מֵחֶרֶב רָעָה״ (שם קמד, י).

פותחים את ארון הקודש.

שליח הציבור פוסע שלוש פסיעות לפנים כמי שנכנס לפני המלך.
כורע במקומות המסומנים ב׳, קד לפנים במילה הבאה וזוקף בשם.

יש אומרים בלחש: **כִּי שֵׁם יהוה אֶקְרָא, הָבוּ גֹדֶל לֵאלֹהֵינוּ:** דברים לב
אֲדֹנָי, שְׂפָתַי תִּפְתָּח, וּפִי יַגִּיד תְּהִלָּתֶךָ: תהלים נא

אבות

ּבָּרוּךְ אַתָּה יהוה, אֱלֹהֵינוּ וֵאלֹהֵי אֲבוֹתֵינוּ
אֱלֹהֵי אַבְרָהָם, אֱלֹהֵי יִצְחָק, וֵאלֹהֵי יַעֲקֹב
הָאֵל הַגָּדוֹל הַגִּבּוֹר וְהַנּוֹרָא, אֵל עֶלְיוֹן
גּוֹמֵל חֲסָדִים טוֹבִים, וְקוֹנֵה הַכֹּל
וְזוֹכֵר חַסְדֵי אָבוֹת
וּמֵבִיא גוֹאֵל לִבְנֵי בְנֵיהֶם לְמַעַן שְׁמוֹ בְּאַהֲבָה.

יש נוהגים שהקהל אומר בקול, ושליח הציבור חוזר אחריו:

זָכְרֵנוּ לְחַיִּים, מֶלֶךְ חָפֵץ בַּחַיִּים
וְכָתְבֵנוּ בְּסֵפֶר הַחַיִּים, לְמַעַנְךָ אֱלֹהִים חַיִּים.

שליח הציבור ממשיך:

מֶלֶךְ עוֹזֵר וּמוֹשִׁיעַ וּמָגֵן.
ּבָּרוּךְ אַתָּה יהוה, מָגֵן אַבְרָהָם.

גבורות

אַתָּה גִּבּוֹר לְעוֹלָם, אֲדֹנָי
מְחַיֵּה מֵתִים אַתָּה, רַב לְהוֹשִׁיעַ
בארץ ישראל: **מוֹרִיד הַטָּל**

מְכַלְכֵּל חַיִּים בְּחֶסֶד
מְחַיֵּה מֵתִים בְּרַחֲמִים רַבִּים
סוֹמֵךְ נוֹפְלִים, וְרוֹפֵא חוֹלִים, וּמַתִּיר אֲסוּרִים
וּמְקַיֵּם אֱמוּנָתוֹ לִישֵׁנֵי עָפָר.
מִי כָמְוֹךָ, בַּעַל גְּבוּרוֹת, וּמִי דּוֹמֶה לָּךְ
מֶלֶךְ, מֵמִית וּמְחַיֶּה וּמַצְמִיחַ יְשׁוּעָה.

יש נוהגים שהקהל אומר בקול, ושליח הציבור חוזר אחריו:

מִי כָמְוֹךָ אַב הָרַחֲמִים, זוֹכֵר יְצוּרָיו לְחַיִּים בְּרַחֲמִים.

שליח הציבור ממשיך:

וְנֶאֱמָן אַתָּה לְהַחֲיוֹת מֵתִים.
בָּרוּךְ אַתָּה יהוה, מְחַיֵּה הַמֵּתִים.

ביום ב׳ של ראש השנה אין אומרים ׳קרובה׳ בתפילת מוסף. יש קהילות שבהן אומרים את הפיוט הבא כאן (ולא בשחרית).

סימן א״ב

וּבְכֵן לְךָ הַכֹּל יַכְתִּירוּ.

לְאֵל עוֹרֵךְ דִּין — לְבוֹחֵן לְבָבוֹת בְּיוֹם דִּין.
לְגוֹלֶה עֲמֻקּוֹת בַּדִּין — לְדוֹבֵר מֵישָׁרִים בְּיוֹם דִּין.
לְהוֹגֶה דֵעוֹת בַּדִּין — לְוָתִיק וְעוֹשֶׂה חֶסֶד בְּיוֹם דִּין.
לְזוֹכֵר בְּרִיתוֹ בַּדִּין — לְחוֹמֵל מַעֲשָׂיו בְּיוֹם דִּין.
לְטַהֵר חוֹסָיו בַּדִּין — לְיוֹדֵעַ מַחֲשָׁבוֹת בְּיוֹם דִּין
לְכוֹבֵשׁ כַּעְסוֹ בַּדִּין — לְלוֹבֵשׁ צְדָקוֹת בְּיוֹם דִּין.
לְמוֹחֵל עֲוֹנוֹת בַּדִּין — לְנוֹרָא תְהִלּוֹת בְּיוֹם דִּין.
לְסוֹלֵחַ לַעֲמוּסָיו בַּדִּין — לְעוֹנֶה לְקוֹרְאָיו בְּיוֹם דִּין.
לְפוֹעֵל רַחֲמָיו בַּדִּין — לְצוֹפֶה נִסְתָּרוֹת בְּיוֹם דִּין.
לְקוֹנֶה עֲבָדָיו בַּדִּין — לְרַחֵם עַמּוֹ בְּיוֹם דִּין.
לְשׁוֹמֵר אֹהֲבָיו בַּדִּין — לְתוֹמֵךְ תְּמִימָיו בְּיוֹם דִּין.

יש קהילות שבהן נוהגים לסגור כאן את ארון הקודש, ולפתחו שוב לפני ׳וּנְתַנֶּה תֹּקֶף׳.

וּבְכֵן לְךָ תַעֲלֶה קְדֻשָּׁה, כִּי אַתָּה אֱלֹהֵינוּ מֶלֶךְ.

סילוק הקהל ושליח הציבור אומרים (ראה עמ׳ 208):

וּנְתַנֶּה תֹּקֶף קְדֻשַּׁת הַיּוֹם / כִּי הוּא נוֹרָא וְאָיֹם

וּבוֹ תִנָּשֵׂא מַלְכוּתֶךָ / וְיִכּוֹן בְּחֶסֶד כִּסְאֶךָ / וְתֵשֵׁב עָלָיו בֶּאֱמֶת.

אֱמֶת, כִּי אַתָּה הוּא דַיָּן וּמוֹכִיחַ, וְיוֹדֵעַ וָעֵד

וְכוֹתֵב וְחוֹתֵם וְסוֹפֵר וּמוֹנֶה

וְתִזְכֹּר כָּל הַנִּשְׁכָּחוֹת / וְתִפְתַּח אֶת סֵפֶר הַזִּכְרוֹנוֹת

וּמֵאֵלָיו יִקָּרֵא / וְחוֹתַם יַד כָּל אָדָם בּוֹ.

וּבְשׁוֹפָר גָּדוֹל יִתָּקַע / וְקוֹל דְּמָמָה דַקָּה יִשָּׁמַע

וּמַלְאָכִים יֵחָפֵזוּן / וְחִיל וּרְעָדָה יֹאחֵזוּן

וְיֹאמְרוּ, הִנֵּה יוֹם הַדִּין / לִפְקֹד עַל צְבָא מָרוֹם בַּדִּין

כִּי לֹא יִזְכּוּ בְעֵינֶיךָ בַּדִּין

וְכָל בָּאֵי עוֹלָם יַעַבְרוּן לְפָנֶיךָ כִּבְנֵי מָרוֹן.

כְּבַקָּרַת רוֹעֶה עֶדְרוֹ / מַעֲבִיר צֹאנוֹ תַּחַת שִׁבְטוֹ

כֵּן תַּעֲבִיר וְתִסְפֹּר וְתִמְנֶה / וְתִפְקֹד נֶפֶשׁ כָּל חָי

וְתַחְתֹּךְ קִצְבָה לְכָל בְּרִיָּה / וְתִכְתֹּב אֶת גְּזַר דִּינָם.

קהל ושליח הציבור אחריו:

בְּרֹאשׁ הַשָּׁנָה יִכָּתֵבוּן / וּבְיוֹם צוֹם כִּפּוּר יֵחָתֵמוּן.

כַּמָּה יַעַבְרוּן וְכַמָּה יִבָּרֵאוּן

מִי יִחְיֶה וּמִי יָמוּת / מִי בְקִצּוֹ וּמִי לֹא בְקִצּוֹ

מִי בַמַּיִם וּמִי בָאֵשׁ / מִי בַחֶרֶב וּמִי בַחַיָּה / מִי בָרָעָב וּמִי בַצָּמָא

מִי בָרַעַשׁ וּמִי בַמַּגֵּפָה / מִי בַחֲנִיקָה וּמִי בַסְּקִילָה.

מִי יָנוּחַ וּמִי יָנוּעַ / מִי יִשָּׁקֵט וּמִי יִטָּרֵף

מִי יִשָּׁלֵו וּמִי יִתְיַסָּר / מִי יֵעָנִי וּמִי יֵעָשֵׁר / מִי יִשָּׁפֵל וּמִי יָרוּם.

הקהל אומר בקול ושליח הציבור אחריו:

צום קול ממון

וּתְשׁוּבָה וּתְפִלָּה וּצְדָקָה / מַעֲבִירִין אֶת רֹעַ הַגְּזֵרָה.

הכול:

כִּי כְּשִׁמְךָ כֵּן תְּהִלָּתֶךָ / קָשֶׁה לִכְעֹס וְנוֹחַ לִרְצוֹת
כִּי לֹא תַחְפֹּץ בְּמוֹת הַמֵּת / כִּי אִם בְּשׁוּבוֹ מִדַּרְכּוֹ, וְחָיָה
וְעַד יוֹם מוֹתוֹ תְּחַכֶּה לּוֹ / אִם יָשׁוּב, מִיַּד תְּקַבְּלוֹ.

שליח הציבור:

אֱמֶת, כִּי אַתָּה הוּא יוֹצְרָם / וְיוֹדֵעַ יִצְרָם / כִּי הֵם בָּשָׂר וָדָם.

אָדָם יְסוֹדוֹ מֵעָפָר / וְסוֹפוֹ לֶעָפָר
בְּנַפְשׁוֹ יָבִיא לַחְמוֹ / מָשׁוּל כַּחֶרֶס הַנִּשְׁבָּר
כְּחָצִיר יָבֵשׁ, וּכְצִיץ נוֹבֵל / כְּצֵל עוֹבֵר, וּכְעָנָן כָּלֶה
וּכְרוּחַ נוֹשָׁבֶת, וּכְאָבָק פּוֹרֵחַ, וְכַחֲלוֹם יָעוּף.

הקהל אומר בקול ושליח הציבור אחריו:

וְאַתָּה הוּא מֶלֶךְ, אֵל חַי וְקַיָּם.

סוגרים את ארון הקודש.

קהל ושליח הציבור אחריו:

אֵין קִצְבָה לִשְׁנוֹתֶיךָ / וְאֵין קֵץ לְאֹרֶךְ יָמֶיךָ
וְאֵין לְשַׁעֵר מַרְכְּבוֹת כְּבוֹדֶךָ / וְאֵין לְפָרֵשׁ עֵילוּם שְׁמֶךָ.
שִׁמְךָ נָאֶה לְךָ / וְאַתָּה נָאֶה לִשְׁמֶךָ / וּשְׁמֵנוּ קָרָאתָ בִשְׁמֶךָ.
עֲשֵׂה לְמַעַן שְׁמֶךָ, וְקַדֵּשׁ אֶת שִׁמְךָ עַל מַקְדִּישֵׁי שְׁמֶךָ
בַּעֲבוּר כְּבוֹד שִׁמְךָ הַנַּעֲרָץ וְהַנִּקְדָּשׁ
כְּסוֹד שִׂיחַ שַׂרְפֵי קֹדֶשׁ, הַמַּקְדִּישִׁים שִׁמְךָ בַּקֹּדֶשׁ
דָּרֵי מַעְלָה עִם דָּרֵי מַטָּה
קוֹרְאִים וּמְשַׁלְּשִׁים בְּשִׁלּוּשׁ קְדֻשָּׁה בַּקֹּדֶשׁ.

קדושה

בבתי כנסת המתפללים בנוסח ספרד, אומרים כאן:

כֶּתֶר יִתְּנוּ לְךָ, יהוה אֱלֹהֵינוּ, מַלְאָכִים הֲמוֹנֵי מַעְלָה, עִם עַמְּךָ יִשְׂרָאֵל קְבוּצֵי מַטָּה,
יַחַד כֻּלָּם קְדֻשָּׁה לְךָ יְשַׁלֵּשׁוּ כַּדָּבָר הָאָמוּר עַל יַד נְבִיאֶךָ, וְקָרָא זֶה אֶל־זֶה וְאָמַר ישעיה ו
ממשיכים ״קָדוֹשׁ, קָדוֹשׁ, קָדוֹשׁ״ למטה.

במקומות המסומנים ב־ˋ, המתפלל מתרומם על קצות אצבעותיו.

קהל ואחריו שליח הציבור:

כַּכָּתוּב עַל יַד נְבִיאֶךָ: וְקָרָא זֶה אֶל־זֶה וְאָמַר ישעיה ו

קהל ואחריו שליח הציבור:

ˋקָדוֹשׁ, ˋקָדוֹשׁ, ˋקָדוֹשׁ, יהוה צְבָאוֹת, מְלֹא כָל־הָאָרֶץ כְּבוֹדוֹ:

יש האומרים כאן פיוטי קדושה בעמ׳ 459.

כְּבוֹדוֹ מָלֵא עוֹלָם, מְשָׁרְתָיו שׁוֹאֲלִים זֶה לָזֶה, אַיֵּה מְקוֹם כְּבוֹדוֹ
לְעֻמָּתָם בָּרוּךְ יֹאמֵרוּ

קהל ואחריו שליח הציבור:

ˋבָּרוּךְ כְּבוֹד־יהוה מִמְּקוֹמוֹ: יחזקאל ג

מִמְּקוֹמוֹ הוּא יִפֶן בְּרַחֲמִים, וְיָחֹן עַם הַמְיַחֲדִים שְׁמוֹ
עֶרֶב וָבֹקֶר בְּכָל יוֹם תָּמִיד, פַּעֲמַיִם בְּאַהֲבָה שְׁמַע אוֹמְרִים

קהל ואחריו שליח הציבור:

שְׁמַע יִשְׂרָאֵל, יהוה אֱלֹהֵינוּ, יהוה אֶחָד: דברים ו

הוּא אֱלֹהֵינוּ, הוּא אָבִינוּ, הוּא מַלְכֵּנוּ, הוּא מוֹשִׁיעֵנוּ
וְהוּא יַשְׁמִיעֵנוּ בְּרַחֲמָיו שֵׁנִית לְעֵינֵי כָּל חָי, לִהְיוֹת לָכֶם לֵאלֹהִים במדבר טו
אֲנִי יהוה אֱלֹהֵיכֶם:

קהל ואחריו שליח הציבור:

אַדִּיר אַדִּירֵנוּ, יהוה אֲדֹנֵינוּ, מָה־אַדִּיר שִׁמְךָ בְּכָל־הָאָרֶץ: תהלים ח
וְהָיָה יהוה לְמֶלֶךְ עַל־כָּל־הָאָרֶץ זכריה יד
בַּיּוֹם הַהוּא יִהְיֶה יהוה אֶחָד וּשְׁמוֹ אֶחָד:

שליח הציבור:

וּבְדִבְרֵי קָדְשְׁךָ כָּתוּב לֵאמֹר

קהל ואחריו שליח הציבור:

ˋיִמְלֹךְ יהוה לְעוֹלָם, אֱלֹהַיִךְ צִיּוֹן לְדֹר וָדֹר, הַלְלוּיָהּ: תהלים קמו

שליח הציבור ממשיך:

לְדוֹר וָדוֹר נַגִּיד גָּדְלֶךָ, וּלְנֵצַח נְצָחִים קְדֻשָּׁתְךָ נַקְדִּישׁ
וְשִׁבְחֲךָ אֱלֹהֵינוּ מִפִּינוּ לֹא יָמוּשׁ לְעוֹלָם וָעֶד
כִּי אֵל מֶלֶךְ גָּדוֹל וְקָדוֹשׁ אָתָּה.

יש האומרים כאן פיוטי קדושה בעמ׳ 459.

בבתי כנסת המתפללים בנוסח ספרד, שליח הציבור מוסיף:
לְדוֹר וָדוֹר הַמְלִיכוּ לָאֵל, כִּי הוּא לְבַדּוֹ מָרוֹם וְקָדוֹשׁ.

קהל ושליח הציבור אומרים יחד:

חֲמֹל עַל מַעֲשֶׂיךָ וְתִשְׂמַח בְּמַעֲשֶׂיךָ
וְיֹאמְרוּ לְךָ חוֹסֶיךָ בְּצַדֶּקְךָ עֲמוּסֶיךָ
תֻּקְדַּשׁ אָדוֹן עַל כָּל מַעֲשֶׂיךָ

כִּי מַקְדִּישֶׁיךָ בִּקְדֻשָּׁתְךָ קִדַּשְׁתָּ
נָאֶה לְקָדוֹשׁ פְּאֵר מִקְּדוֹשִׁים.

שליח הציבור ממשיך:

וּבְכֵן יִתְקַדַּשׁ שִׁמְךָ יהוה אֱלֹהֵינוּ
עַל יִשְׂרָאֵל עַמֶּךָ
וְעַל יְרוּשָׁלַיִם עִירֶךָ
וְעַל צִיּוֹן מִשְׁכַּן כְּבוֹדֶךָ
וְעַל מַלְכוּת בֵּית דָּוִד מְשִׁיחֶךָ
וְעַל מְכוֹנְךָ וְהֵיכָלֶךָ.

עוֹד יִזְכֹּר לָנוּ אַהֲבַת אֵיתָן, אֲדוֹנֵינוּ
וּבַבֵּן הַנֶּעֱקָד יַשְׁבִּית מְדַיְּנֵינוּ
וּבִזְכוּת הַתָּם יוֹצִיא הַיּוֹם לְצֶדֶק דִּינֵנוּ
כִּי־קָדוֹשׁ הַיּוֹם לַאֲדֹנֵינוּ: נחמיה ח

בְּאֵין מֵלִיץ יֹשֶׁר מוּל מַגִּיד פֶּשַׁע
תַּגִּיד לְיַעֲקֹב דָּבָר, חֹק וּמִשְׁפָּט
וְצַדְּקֵנוּ בַּמִּשְׁפָּט, הַמֶּלֶךְ הַמִּשְׁפָּט.

נוהגים ששליח הציבור מצרף את השורה הראשונה בפיוט לסוף המשפט הקודם,
ואומר ׳הַמֶּלֶךְ הַמִּשְׁפָּט. הָאוֹחֵז בְּיַד מִדַּת מִשְׁפָּט׳ בנשימה אחת (מהרי״ל).

פותחים את ארון הקודש.

סימן א״ב

הָאוֹחֵז בְּיַד מִדַּת מִשְׁפָּט
וְכֹל מַאֲמִינִים שֶׁהוּא אֵל אֱמוּנָה.

הַבּוֹחֵן וּבוֹדֵק גִּנְזֵי נִסְתָּרוֹת
וְכֹל מַאֲמִינִים שֶׁהוּא בּוֹחֵן כְּלָיוֹת.

הַגּוֹאֵל מִמָּוֶת וּפוֹדֶה מִשַּׁחַת
וְכֹל מַאֲמִינִים שֶׁהוּא גּוֹאֵל חָזָק.

הַדָּן יְחִידִי לְבָאֵי עוֹלָם
וְכֹל מַאֲמִינִים שֶׁהוּא דַּיַּן אֱמֶת.

הֶהָגוּי בְּאֶהְיֶה אֲשֶׁר אֶהְיֶה
וְכֹל מַאֲמִינִים שֶׁהוּא הָיָה וְהֹוֶה וְיִהְיֶה.

הַוַּדַּאי, כִּשְׁמוֹ כֵּן תְּהִלָּתוֹ
וְכֹל מַאֲמִינִים שֶׁהוּא וְאֵין בִּלְתּוֹ.

הַזּוֹכֵר לְמַזְכִּירָיו טוֹבוֹת זִכְרוֹנוֹת
וְכֹל מַאֲמִינִים שֶׁהוּא זוֹכֵר הַבְּרִית.

הַחוֹתֵךְ חַיִּים לְכָל חָי
וְכֹל מַאֲמִינִים שֶׁהוּא חַי וְקַיָּם.

הַטּוֹב וּמֵטִיב לָרָעִים וְלַטּוֹבִים
וְכֹל מַאֲמִינִים שֶׁהוּא טוֹב לַכֹּל.

הַיּוֹדֵעַ יֵצֶר כָּל יְצוּרִים
וְכֹל מַאֲמִינִים שֶׁהוּא יוֹצְרָם בַּבָּטֶן.

הַכֹּל יָכוֹל, וְכוֹלְלָם יַחַד
וְכֹל מַאֲמִינִים שֶׁהוּא כֹּל יָכוֹל.

הַלָּן בְּסֵתֶר בְּצֵל שַׁדַּי
וְכֹל מַאֲמִינִים שֶׁהוּא לְבַדּוֹ הוּא.

הַמַּמְלִיךְ מְלָכִים, וְלוֹ הַמְּלוּכָה
וְכֹל מַאֲמִינִים שֶׁהוּא מֶלֶךְ עוֹלָם.

הַנּוֹהֵג בְּחַסְדּוֹ עִם כָּל דּוֹר
וְכֹל מַאֲמִינִים שֶׁהוּא נוֹצֵר חֶסֶד.

הַסּוֹבֵל, וּמַעְלִים עַיִן מִסּוֹרְרִים
וְכֹל מַאֲמִינִים שֶׁהוּא סוֹלֵחַ סֶלָה.

הָעֶלְיוֹן, וְעֵינָיו עַל יְרֵאָיו
וְכֹל מַאֲמִינִים שֶׁהוּא עוֹנֶה לָחַשׁ.

הַפּוֹתֵחַ שַׁעַר לְדוֹפְקֵי בִּתְשׁוּבָה
וְכֹל מַאֲמִינִים שֶׁהוּא פְּתוּחָה יָדוֹ.

הַצּוֹפֶה רָשָׁע, וְחָפֵץ לְהַצְדִּיקוֹ
וְכֹל מַאֲמִינִים שֶׁהוּא צַדִּיק וְיָשָׁר.

הַקָּצַר בְּזַעַם, וּמַאֲרִיךְ אַף
וְכֹל מַאֲמִינִים שֶׁהוּא קָשֶׁה לִכְעֹס.

הָרַחוּם, וּמַקְדִּים רַחֲמִים לְרֹגֶז
וְכֹל מַאֲמִינִים שֶׁהוּא רַךְ לִרְצוֹת.

הַשָּׁוֶה, וּמַשְׁוֶה קָטֹן וְגָדוֹל
וְכֹל מַאֲמִינִים שֶׁהוּא שׁוֹפֵט צֶדֶק.

הַתָּם, וּמִתַּמֵּם עִם תְּמִימִים
וְכֹל מַאֲמִינִים שֶׁהוּא תָּמִים פָּעֳלוֹ.

סוגרים את ארון הקודש
(ויש קהילות שבהן סוגרים את ארון הקודש בסוף הפיסקה הבאה).

תִּשְׂגַּב לְבַדֶּךָ, וְתִמְלֹךְ עַל כֹּל בְּיִחוּד
כַּכָּתוּב עַל יַד נְבִיאֶךָ
וְהָיָה יהוה לְמֶלֶךְ עַל־כָּל־הָאָרֶץ זכריה יד
בַּיּוֹם הַהוּא יִהְיֶה יהוה אֶחָד וּשְׁמוֹ אֶחָד:

שליח הציבור ממשיך:
וּבְכֵן תֵּן פַּחְדְּךָ יהוה אֱלֹהֵינוּ עַל כָּל מַעֲשֶׂיךָ
וְאֵימָתְךָ עַל כָּל מַה שֶּׁבָּרָאתָ
וְיִירָאוּךָ כָּל הַמַּעֲשִׂים, וְיִשְׁתַּחֲווּ לְפָנֶיךָ כָּל הַבְּרוּאִים
וְיֵעָשׂוּ כֻלָּם אֲגֻדָּה אַחַת לַעֲשׂוֹת רְצוֹנְךָ בְּלֵבָב שָׁלֵם
כְּמוֹ שֶׁיָּדַעְנוּ יהוה אֱלֹהֵינוּ שֶׁהַשָּׁלְטָן לְפָנֶיךָ
עֹז בְּיָדְךָ וּגְבוּרָה בִּימִינֶךָ
וְשִׁמְךָ נוֹרָא עַל כָּל מַה שֶּׁבָּרָאתָ.

וּבְכֵן תֵּן כָּבוֹד יהוה לְעַמֶּךָ
תְּהִלָּה לִירֵאֶיךָ וְתִקְוָה (טוֹבָה) לְדוֹרְשֶׁיךָ
וּפִתְחוֹן פֶּה לַמְיַחֲלִים לָךְ
שִׂמְחָה לְאַרְצֶךָ, וְשָׂשׂוֹן לְעִירֶךָ
וּצְמִיחַת קֶרֶן לְדָוִד עַבְדֶּךָ
וַעֲרִיכַת נֵר לְבֶן יִשַׁי מְשִׁיחֶךָ
בִּמְהֵרָה בְיָמֵינוּ.

וּבְכֵן צַדִּיקִים יִרְאוּ וְיִשְׂמָחוּ, וִישָׁרִים יַעֲלֹזוּ
וַחֲסִידִים בְּרִנָּה יָגִילוּ, וְעוֹלָתָה תִּקְפָּץ פִּיהָ
וְכָל הָרִשְׁעָה כֻּלָּהּ כְּעָשָׁן תִּכְלֶה
כִּי תַעֲבִיר מֶמְשֶׁלֶת זָדוֹן מִן הָאָרֶץ.

סימן א״ב

וְיֶאֱתָיוּ כֹּל לְעָבְדֶךָ / וִיבָרְכוּ שֵׁם כְּבוֹדֶךָ
וְיַגִּידוּ בָאִיִּים צִדְקֶךָ / וְיִדְרְשׁוּךָ עַמִּים לֹא יְדָעוּךָ
וִיהַלְלוּךָ כָּל אַפְסֵי אָרֶץ / וְיֹאמְרוּ תָמִיד יִגְדַּל יהוה
וְיִזְנְחוּ אֶת עֲצַבֵּיהֶם / וְיַחְפְּרוּ עִם פְּסִילֵיהֶם
וְיַטּוּ שְׁכֶם אֶחָד לְעָבְדֶךָ / וְיִירָאוּךָ עִם שֶׁמֶשׁ מְבַקְשֵׁי פָנֶיךָ
וְיַכִּירוּ כֹּחַ מַלְכוּתֶךָ / וִילַמְּדוּ תוֹעִים בִּינָה
וִימַלְּלוּ אֶת גְּבוּרָתֶךָ / וִינַשְּׂאוּךָ, מִתְנַשֵּׂא לְכֹל לְרֹאשׁ
וִיסַלְּדוּ בְחִילָה פָּנֶיךָ / וִיעַטְּרוּךָ נֵזֶר תִּפְאָרָה
וְיִפְצְחוּ הָרִים רִנָּה / וְיִצְהֲלוּ אִיִּים בְּמָלְכֶךָ
וִיקַבְּלוּ עֹל מַלְכוּתְךָ עֲלֵיהֶם / וִירוֹמְמוּךָ בִּקְהַל עָם
וְיִשְׁמְעוּ רְחוֹקִים וְיָבוֹאוּ / וְיִתְּנוּ לְךָ כֶּתֶר מְלוּכָה.

וְתִמְלֹךְ אַתָּה יהוה לְבַדֶּךָ עַל כָּל מַעֲשֶׂיךָ
בְּהַר צִיּוֹן מִשְׁכַּן כְּבוֹדֶךָ, וּבִירוּשָׁלַיִם עִיר קָדְשֶׁךָ
כַּכָּתוּב בְּדִבְרֵי קָדְשֶׁךָ
יִמְלֹךְ יהוה לְעוֹלָם, אֱלֹהַיִךְ צִיּוֹן לְדֹר וָדֹר, הַלְלוּיָהּ: תהלים קמו

קָדוֹשׁ אַתָּה וְנוֹרָא שְׁמֶךָ, וְאֵין אֱלוֹהַּ מִבַּלְעָדֶיךָ
כַּכָּתוּב, וַיִּגְבַּהּ יהוה צְבָאוֹת בַּמִּשְׁפָּט ישעיה ה
וְהָאֵל הַקָּדוֹשׁ נִקְדַּשׁ בִּצְדָקָה:
בָּרוּךְ אַתָּה יהוה, הַמֶּלֶךְ הַקָּדוֹשׁ.

קדושת היום ומלכיות

אַתָּה בְחַרְתָּנוּ מִכָּל הָעַמִּים
אָהַבְתָּ אוֹתָנוּ וְרָצִיתָ בָּנוּ
וְרוֹמַמְתָּנוּ מִכָּל הַלְּשׁוֹנוֹת
וְקִדַּשְׁתָּנוּ בְּמִצְוֹתֶיךָ
וְקֵרַבְתָּנוּ מַלְכֵּנוּ לַעֲבוֹדָתֶךָ
וְשִׁמְךָ הַגָּדוֹל וְהַקָּדוֹשׁ עָלֵינוּ קָרָאתָ.

וַתִּתֶּן לָנוּ יהוה אֱלֹהֵינוּ בְּאַהֲבָה
אֶת יוֹם הַזִּכָּרוֹן הַזֶּה
יוֹם תְּרוּעָה מִקְרָא קֹדֶשׁ
זֵכֶר לִיצִיאַת מִצְרָיִם.

וּמִפְּנֵי חֲטָאֵינוּ גָּלִינוּ מֵאַרְצֵנוּ
וְנִתְרַחַקְנוּ מֵעַל אַדְמָתֵנוּ
וְאֵין אֲנַחְנוּ יְכוֹלִים לַעֲשׂוֹת חוֹבוֹתֵינוּ בְּבֵית בְּחִירָתֶךָ
בַּבַּיִת הַגָּדוֹל וְהַקָּדוֹשׁ שֶׁנִּקְרָא שִׁמְךָ עָלָיו
מִפְּנֵי הַיָּד שֶׁנִּשְׁתַּלְּחָה בְּמִקְדָּשֶׁךָ.
יְהִי רָצוֹן מִלְּפָנֶיךָ יהוה אֱלֹהֵינוּ וֵאלֹהֵי אֲבוֹתֵינוּ, מֶלֶךְ רַחֲמָן
שֶׁתָּשׁוּב וּתְרַחֵם עָלֵינוּ וְעַל מִקְדָּשְׁךָ בְּרַחֲמֶיךָ הָרַבִּים
וְתִבְנֵהוּ מְהֵרָה וּתְגַדֵּל כְּבוֹדוֹ.
אָבִינוּ מַלְכֵּנוּ, גַּלֵּה כְּבוֹד מַלְכוּתְךָ עָלֵינוּ מְהֵרָה
וְהוֹפַע וְהִנָּשֵׂא עָלֵינוּ לְעֵינֵי כָּל חָי
וְקָרֵב פְּזוּרֵינוּ מִבֵּין הַגּוֹיִם, וּנְפוּצוֹתֵינוּ כַּנֵּס מִיַּרְכְּתֵי אָרֶץ.
וַהֲבִיאֵנוּ לְצִיּוֹן עִירְךָ בְּרִנָּה
וְלִירוּשָׁלַיִם בֵּית מִקְדָּשְׁךָ בְּשִׂמְחַת עוֹלָם

וְשָׁם נַעֲשֶׂה לְפָנֶיךָ אֶת קָרְבְּנוֹת חוֹבוֹתֵינוּ
תְּמִידִים כְּסִדְרָם וּמוּסָפִים כְּהִלְכָתָם
וְאֶת מוּסְפֵי יוֹם הַזִּכָּרוֹן הַזֶּה
נַעֲשֶׂה וְנַקְרִיב לְפָנֶיךָ בְּאַהֲבָה כְּמִצְוַת רְצוֹנֶךָ
כְּמוֹ שֶׁכָּתַבְתָּ עָלֵינוּ בְּתוֹרָתֶךָ
עַל יְדֵי מֹשֶׁה עַבְדֶּךָ מִפִּי כְבוֹדֶךָ, כָּאָמוּר

במדבר כט וּבַחֹדֶשׁ הַשְּׁבִיעִי בְּאֶחָד לַחֹדֶשׁ מִקְרָא־קֹדֶשׁ יִהְיֶה לָכֶם
כָּל־מְלֶאכֶת עֲבֹדָה לֹא תַעֲשׂוּ, יוֹם תְּרוּעָה יִהְיֶה לָכֶם:
וַעֲשִׂיתֶם עֹלָה לְרֵיחַ נִיחֹחַ לַיהוה
פַּר בֶּן־בָּקָר אֶחָד, אַיִל אֶחָד
כְּבָשִׂים בְּנֵי־שָׁנָה שִׁבְעָה תְּמִימִם:

וּמִנְחָתָם וְנִסְכֵּיהֶם כִּמְדֻבָּר
שְׁלֹשָׁה עֶשְׂרֹנִים לַפָּר וּשְׁנֵי עֶשְׂרֹנִים לָאָיִל, וְעִשָּׂרוֹן לַכֶּבֶשׂ
וְיַיִן כְּנִסְכּוֹ, וּשְׁנֵי שְׂעִירִים לְכַפֵּר, וּשְׁנֵי תְמִידִים כְּהִלְכָתָם.

במדבר כט מִלְּבַד עֹלַת הַחֹדֶשׁ וּמִנְחָתָהּ, וְעֹלַת הַתָּמִיד וּמִנְחָתָהּ
וְנִסְכֵּיהֶם כְּמִשְׁפָּטָם, לְרֵיחַ נִיחֹחַ, אִשֶּׁה לַיהוה:

פותחים את ארון הקודש.

עָלֵינוּ לְשַׁבֵּחַ לַאֲדוֹן הַכֹּל, לָתֵת גְּדֻלָּה לְיוֹצֵר בְּרֵאשִׁית
שֶׁלֹּא עָשָׂנוּ כְּגוֹיֵי הָאֲרָצוֹת, וְלֹא שָׂמָנוּ כְּמִשְׁפְּחוֹת הָאֲדָמָה

סוגרים את ארון הקודש.

שֶׁלֹּא שָׂם חֶלְקֵנוּ כָּהֶם וְגוֹרָלֵנוּ כְּכָל הֲמוֹנָם.
שֶׁהֵם מִשְׁתַּחֲוִים לְהֶבֶל וָרִיק וּמִתְפַּלְלִים אֶל אֵל לֹא יוֹשִׁיעַ.

פותחים את ארון הקודש.

הקהל כורע בתיבת ׳כּוֹרְעִים׳, ויש קהילות שבהן רק שליח הציבור כורע.

וַאֲנַחְנוּ כּוֹרְעִים וּמִשְׁתַּחֲוִים וּמוֹדִים
לִפְנֵי מֶלֶךְ מַלְכֵי הַמְּלָכִים, הַקָּדוֹשׁ בָּרוּךְ הוּא
שֶׁהוּא נוֹטֶה שָׁמַיִם וְיוֹסֵד אָרֶץ
וּמוֹשַׁב יְקָרוֹ בַּשָּׁמַיִם מִמַּעַל
וּשְׁכִינַת עֻזּוֹ בְּגָבְהֵי מְרוֹמִים.

כשהקהל אומר ׳הוּא אֱלֹהֵינוּ׳, שליח הציבור אומר ׳אַתָּה הׇרְאֵתָ׳ (למטה).

הוּא אֱלֹהֵינוּ, אֵין עוֹד.
אֱמֶת מַלְכֵּנוּ, אֶפֶס זוּלָתוֹ
כַּכָּתוּב בְּתוֹרָתוֹ
וְיָדַעְתָּ הַיּוֹם וַהֲשֵׁבֹתָ אֶל־לְבָבֶךָ דברים ד
כִּי יהוה הוּא הָאֱלֹהִים בַּשָּׁמַיִם מִמַּעַל וְעַל־הָאָרֶץ מִתָּחַת
אֵין עוֹד:

שליח הציבור אומר:

אַתָּה הׇרְאֵתָ לָדַעַת, כִּי יהוה הוּא הָאֱלֹהִים, אֵין עוֹד מִלְּבַדּוֹ: דברים ד
וְיָדַעְתָּ הַיּוֹם וַהֲשֵׁבֹתָ אֶל־לְבָבֶךָ, כִּי יהוה הוּא הָאֱלֹהִים בַּשָּׁמַיִם
מִמַּעַל וְעַל־הָאָרֶץ מִתָּחַת, אֵין עוֹד: שְׁמַע יִשְׂרָאֵל, יהוה אֱלֹהֵינוּ, דברים ו
יהוה אֶחָד: הֵן לַיהוה אֱלֹהֶיךָ הַשָּׁמַיִם וּשְׁמֵי הַשָּׁמָיִם, הָאָרֶץ וְכׇל־ דברים י
אֲשֶׁר־בָּהּ: כִּי יהוה אֱלֹהֵיכֶם הוּא אֱלֹהֵי הָאֱלֹהִים וַאֲדֹנֵי הָאֲדֹנִים, שם
הָאֵל הַגָּדֹל הַגִּבֹּר וְהַנּוֹרָא אֲשֶׁר לֹא־יִשָּׂא פָנִים וְלֹא יִקַּח שֹׁחַד:
כִּי שֵׁם יהוה אֶקְרָא, הָבוּ גֹדֶל לֵאלֹהֵינוּ: יְהִי שֵׁם יהוה מְבֹרָךְ, דברים לב תהלים קיג
מֵעַתָּה וְעַד־עוֹלָם:

סוגרים את ארון הקודש.

׳רשות׳ למלכיות, זיכרונות ושופרות

אֱלֹהֵינוּ וֵאלֹהֵי אֲבוֹתֵינוּ

הֱיֵה עִם פִּיפִיּוֹת שְׁלוּחֵי עַמְּךָ בֵּית יִשְׂרָאֵל
הָעוֹמְדִים לְבַקֵּשׁ תְּפִלָּה וְתַחֲנוּנִים מִלְּפָנֶיךָ עַל עַמְּךָ בֵּית יִשְׂרָאֵל.

הוֹרֵם מַה שֶּׁיֹּאמְרוּ / הֲבִינֵם מַה שֶּׁיְּדַבֵּרוּ
הֲשִׁיבֵם מַה שֶּׁיִּשְׁאֲלוּ / יַדְּעֵם הֵיךְ יְפָאֵרוּ.

בְּאוֹר פָּנֶיךָ יְהַלֵּכוּן: / בֶּרֶךְ לְךָ יִבְרְכוּן תהלים פט
עַמְּךָ בְּפִיהֶם יְבָרְכוּן / וּמִבִּרְכוֹת פִּיךָ כֻּלָּם יִתְבָּרְכוּן.

עַמְּךָ לְפָנֶיךָ יַעֲבִירוּן / וְהֵם בַּתָּוֶךְ יַעֲבֹרוּן
עֵינֵי עַמְּךָ בָּם תְּלוּיוֹת / וְעֵינֵיהֶם לְךָ מְיַחֲלוֹת.

גָּשִׁים מוּל אֲרוֹן הַקֹּדֶשׁ בְּאֵימָה / לְשַׁכֵּךְ כַּעַס וְחֵמָה
וְעַמְּךָ מְסַבְּבִים אוֹתָם כְּחוֹמָה /
וְאַתָּה מִן הַשָּׁמַיִם תַּשְׁגִּיחַ, אוֹתָם לְרַחֲמָה.

עַיִן נוֹשְׂאִים לְךָ לַשָּׁמַיִם / לֵב שׁוֹפְכִים נִכְחֲךָ כַּמַּיִם
וְאַתָּה תִּשְׁמַע מִן הַשָּׁמַיִם. דברי הימים ב׳ ו

יש קהילות שבהן נוהגים שהקהל אומר בלחש עד ״אֱלֹהֵי יִשְׂרָאֵל״.

שֶׁלֹּא יִכָּשְׁלוּ בִלְשׁוֹנָם / וְלֹא יִנָּקְשׁוּ בְשִׁנּוּנָם
וְלֹא יֵבוֹשׁוּ בְּמַשְׁעֵנָם / וְלֹא יִכָּלְמוּ בָם שְׁאוֹנָם
וְאַל יֹאמַר פִּיהֶם דָּבָר שֶׁלֹּא כִרְצוֹנֶךָ.
כִּי חֲנוּנֶיךָ יהוה אֱלֹהֵינוּ הֵמָּה חֲנוּנִים / וּמְלֻמָּדֶיךָ הֵמָּה מְלֻמָּדִים.

כְּמָה שֶׁיָּדַעְנוּ יהוה אֱלֹהֵינוּ, אֵת אֲשֶׁר תָּחֹן יוּחָן, וְאֵת אֲשֶׁר תְּרַחֵם
יְרֻחָם. כַּכָּתוּב בְּתוֹרָתֶךָ: וַיֹּאמֶר, אֲנִי אַעֲבִיר כָּל־טוּבִי עַל־פָּנֶיךָ, שמות לג
וְקָרָאתִי בְשֵׁם יהוה לְפָנֶיךָ, וְחַנֹּתִי אֶת־אֲשֶׁר אָחֹן וְרִחַמְתִּי אֶת־אֲשֶׁר
אֲרַחֵם: וְנֶאֱמַר: אַל־יֵבֹשׁוּ בִי קֹוֶיךָ, אֲדֹנָי יֱהֹוִה צְבָאוֹת, אַל־יִכָּלְמוּ תהלים סט
בִי מְבַקְשֶׁיךָ, אֱלֹהֵי יִשְׂרָאֵל:

פותחים את ארון הקודש.

המשך הרשות: הבקשה ׳הֱיֵה עִם פִּיפִיּוֹת׳ לעיל הייתה עבור שליחי ציבור בכלל.
׳אוֹחִילָה לָאֵל׳ היא בקשה אישית של שליח הציבור.

סימן א מרובע

אוֹחִילָה לָאֵל, אֲחַלֶּה פָנָיו
אֶשְׁאֲלָה מִמֶּנּוּ מַעֲנֵה לָשׁוֹן.

אֲשֶׁר בִּקְהַל עָם אָשִׁירָה עֻזּוֹ
אַבִּיעָה רְנָנוֹת בְּעַד מִפְעָלָיו.

לְאָדָם מַעַרְכֵי־לֵב וּמֵיהוה מַעֲנֵה לָשׁוֹן: משלי טז
אֲדֹנָי, שְׂפָתַי תִּפְתָּח, וּפִי יַגִּיד תְּהִלָּתֶךָ: תהלים נא

יש שליחי ציבור האומרים פסוק זה בקול, ויש האומרים בלחש:

יִהְיוּ לְרָצוֹן אִמְרֵי־פִי וְהֶגְיוֹן לִבִּי לְפָנֶיךָ, יהוה צוּרִי וְגֹאֲלִי: תהלים יט

סוגרים את ארון הקודש.

יש אומרים את התקיעתא ׳אֲהַלְלָה׳ בעמ׳ 467,
ואם ב׳ של ראש השנה חל ביום ראשון,
את התקיעתא ׳אֲנִסִיכָה מַלְכִּי׳ בעמ׳ 465.

עַל כֵּן נְקַוֶּה לְּךָ יהוה אֱלֹהֵינוּ, לִרְאוֹת מְהֵרָה בְּתִפְאֶרֶת עֻזֶּךָ
לְהַעֲבִיר גִּלּוּלִים מִן הָאָרֶץ, וְהָאֱלִילִים כָּרוֹת יִכָּרֵתוּן
לְתַקֵּן עוֹלָם בְּמַלְכוּת שַׁדַּי.
וְכָל בְּנֵי בָשָׂר יִקְרְאוּ בִשְׁמֶךָ לְהַפְנוֹת אֵלֶיךָ כָּל רִשְׁעֵי אָרֶץ.
יַכִּירוּ וְיֵדְעוּ כָּל יוֹשְׁבֵי תֵבֵל
כִּי לְךָ תִּכְרַע כָּל בֶּרֶךְ, תִּשָּׁבַע כָּל לָשׁוֹן.
לְפָנֶיךָ יהוה אֱלֹהֵינוּ יִכְרְעוּ וְיִפֹּלוּ
וְלִכְבוֹד שִׁמְךָ יְקָר יִתֵּנוּ
וִיקַבְּלוּ כֻלָּם אֶת עֹל מַלְכוּתֶךָ
וְתִמְלֹךְ עֲלֵיהֶם מְהֵרָה לְעוֹלָם וָעֶד.

פסוקי מלכיות

כִּי הַמַּלְכוּת שֶׁלְּךָ הִיא וּלְעוֹלְמֵי עַד תִּמְלֹךְ בְּכָבוֹד

כַּכָּתוּב בְּתוֹרָתֶךָ

שמות טו יהוה יִמְלֹךְ לְעֹלָם וָעֶד:

וְנֶאֱמַר

במדבר כג לֹא־הִבִּיט אָוֶן בְּיַעֲקֹב, וְלֹא־רָאָה עָמָל בְּיִשְׂרָאֵל

יהוה אֱלֹהָיו עִמּוֹ, וּתְרוּעַת מֶלֶךְ בּוֹ:

וְנֶאֱמַר

דברים לג וַיְהִי בִישֻׁרוּן מֶלֶךְ, בְּהִתְאַסֵּף רָאשֵׁי עָם

יַחַד שִׁבְטֵי יִשְׂרָאֵל:

וּבְדִבְרֵי קָדְשְׁךָ כָּתוּב לֵאמֹר

תהלים כב כִּי לַיהוה הַמְּלוּכָה וּמֹשֵׁל בַּגּוֹיִם:

וְנֶאֱמַר

תהלים צג יהוה מָלָךְ, גֵּאוּת לָבֵשׁ

לָבֵשׁ יהוה עֹז הִתְאַזָּר, אַף־תִּכּוֹן תֵּבֵל בַּל־תִּמּוֹט:

וְנֶאֱמַר

תהלים כד שְׂאוּ שְׁעָרִים רָאשֵׁיכֶם, וְהִנָּשְׂאוּ פִּתְחֵי עוֹלָם

וְיָבוֹא מֶלֶךְ הַכָּבוֹד:

מִי זֶה מֶלֶךְ הַכָּבוֹד, יהוה עִזּוּז וְגִבּוֹר

יהוה גִּבּוֹר מִלְחָמָה:

שְׂאוּ שְׁעָרִים רָאשֵׁיכֶם, וּשְׂאוּ פִּתְחֵי עוֹלָם

וְיָבֹא מֶלֶךְ הַכָּבוֹד:

מִי הוּא זֶה מֶלֶךְ הַכָּבוֹד

יהוה צְבָאוֹת הוּא מֶלֶךְ הַכָּבוֹד סֶלָה:

וְעַל יְדֵי עֲבָדֶיךָ הַנְּבִיאִים כָּתוּב לֵאמֹר

כֹּה־אָמַר יהוה מֶלֶךְ־יִשְׂרָאֵל וְגֹאֲלוֹ, יהוה צְבָאוֹת ישעיה מד

אֲנִי רִאשׁוֹן וַאֲנִי אַחֲרוֹן, וּמִבַּלְעָדַי אֵין אֱלֹהִים:

וְנֶאֱמַר

וְעָלוּ מוֹשִׁעִים בְּהַר צִיּוֹן לִשְׁפֹּט אֶת־הַר עֵשָׂו עובדיה א

וְהָיְתָה לַיהוה הַמְּלוּכָה:

וְנֶאֱמַר

וְהָיָה יהוה לְמֶלֶךְ עַל־כָּל־הָאָרֶץ זכריה יד

בַּיּוֹם הַהוּא יִהְיֶה יהוה אֶחָד וּשְׁמוֹ אֶחָד:

וּבְתוֹרָתְךָ כָּתוּב לֵאמֹר

שְׁמַע יִשְׂרָאֵל, יהוה אֱלֹהֵינוּ יהוה אֶחָד: דברים ו

אֱלֹהֵינוּ וֵאלֹהֵי אֲבוֹתֵינוּ, מְלֹךְ עַל כָּל הָעוֹלָם כֻּלּוֹ בִּכְבוֹדֶךָ
וְהִנָּשֵׂא עַל כָּל הָאָרֶץ בִּיקָרֶךָ
וְהוֹפַע בַּהֲדַר גְּאוֹן עֻזֶּךָ עַל כָּל יוֹשְׁבֵי תֵבֵל אַרְצֶךָ.
וְיֵדַע כָּל פָּעוּל כִּי אַתָּה פְעַלְתּוֹ, וְיָבִין כָּל יָצוּר כִּי אַתָּה יְצַרְתּוֹ
וְיֹאמַר כֹּל אֲשֶׁר נְשָׁמָה בְאַפּוֹ
יהוה אֱלֹהֵי יִשְׂרָאֵל מֶלֶךְ וּמַלְכוּתוֹ בַּכֹּל מָשָׁלָה.
קַדְּשֵׁנוּ בְּמִצְוֹתֶיךָ וְתֵן חֶלְקֵנוּ בְּתוֹרָתֶךָ
שַׂבְּעֵנוּ מִטּוּבֶךָ וְשַׂמְּחֵנוּ בִּישׁוּעָתֶךָ
וְטַהֵר לִבֵּנוּ לְעָבְדְּךָ בֶּאֱמֶת
כִּי אַתָּה אֱלֹהִים אֱמֶת, וּדְבָרְךָ אֱמֶת וְקַיָּם לָעַד.
בָּרוּךְ אַתָּה יהוה, מֶלֶךְ עַל כָּל הָאָרֶץ
מְקַדֵּשׁ יִשְׂרָאֵל וְיוֹם הַזִּכָּרוֹן.

תוקעים:

תקיעה	שברים תרועה	תקיעה
תקיעה	שברים	תקיעה
תקיעה	תרועה	תקיעה

הקהל ושליח הציבור אומרים:

הַיּוֹם הֲרַת עוֹלָם, הַיּוֹם יַעֲמִיד בַּמִּשְׁפָּט כָּל יְצוּרֵי עוֹלָמִים
אִם כְּבָנִים אִם כַּעֲבָדִים.
אִם כְּבָנִים, רַחֲמֵנוּ כְּרַחֵם אָב עַל בָּנִים
וְאִם כַּעֲבָדִים, עֵינֵינוּ לְךָ תְלוּיוֹת עַד שֶׁתְּחָנֵּנוּ
וְתוֹצִיא כָאוֹר מִשְׁפָּטֵנוּ, אָיֹם קָדוֹשׁ.

אֲרֶשֶׁת שְׂפָתֵינוּ יֶעֱרַב לְפָנֶיךָ
אֵל רָם וְנִשָּׂא, מֵבִין וּמַאֲזִין, מַבִּיט וּמַקְשִׁיב לְקוֹל תְּקִיעָתֵנוּ.
וּתְקַבֵּל בְּרַחֲמִים וּבְרָצוֹן סֵדֶר מַלְכִיּוֹתֵינוּ.

זיכרונות

יש הפותחים בתקיעתא ׳אֹחֵד בְּמַעֲשַׂי׳ בעמ׳ 472,
ואם ב׳ של ראש השנה חל ביום ראשון, בתקיעתא ׳זֵכֶר תְּחִלַּת כָּל מַעַשׂ׳ בעמ׳ 469.

אַתָּה זוֹכֵר מַעֲשֵׂה עוֹלָם, וּפוֹקֵד כָּל יְצוּרֵי קֶדֶם
לְפָנֶיךָ נִגְלוּ כָּל תַּעֲלוּמוֹת וַהֲמוֹן נִסְתָּרוֹת שֶׁמִּבְּרֵאשִׁית
כִּי אֵין שִׁכְחָה לִפְנֵי כִסֵּא כְבוֹדֶךָ וְאֵין נִסְתָּר מִנֶּגֶד עֵינֶיךָ.

אַתָּה זוֹכֵר אֶת כָּל הַמִּפְעָל, וְגַם כָּל הַיְצוּר לֹא נִכְחַד מִמֶּךָּ.
הַכֹּל גָּלוּי וְיָדוּעַ לְפָנֶיךָ יהוה אֱלֹהֵינוּ
צוֹפֶה וּמַבִּיט עַד סוֹף כָּל הַדּוֹרוֹת
כִּי תָבִיא חֹק זִכָּרוֹן לְהִפָּקֵד כָּל רוּחַ וָנֶפֶשׁ
לְהִזָּכֵר מַעֲשִׂים רַבִּים, וַהֲמוֹן בְּרִיּוֹת לְאֵין תַּכְלִית.

מֵרֵאשִׁית כָּזֹאת הוֹדַעְתָּ וּמִלְּפָנִים אוֹתָהּ גִּלִּיתָ.
זֶה הַיּוֹם תְּחִלַּת מַעֲשֶׂיךָ, זִכָּרוֹן לְיוֹם רִאשׁוֹן
כִּי חֹק לְיִשְׂרָאֵל הוּא, מִשְׁפָּט לֵאלֹהֵי יַעֲקֹב: תהלים פא

וְעַל הַמְּדִינוֹת בּוֹ יֵאָמֵר
אֵיזוֹ לַחֶרֶב, וְאֵיזוֹ לַשָּׁלוֹם, אֵיזוֹ לָרָעָב, וְאֵיזוֹ לַשֹּׂבַע
וּבְרִיּוֹת בּוֹ יִפָּקֵדוּ, לְהַזְכִּירָם לַחַיִּים וְלַמָּוֶת.

מִי לֹא נִפְקַד כְּהַיּוֹם הַזֶּה
כִּי זֵכֶר כָּל הַיְצוּר לְפָנֶיךָ בָּא
מַעֲשֵׂה אִישׁ וּפְקֻדָּתוֹ, וַעֲלִילוֹת מִצְעֲדֵי גָבֶר
מַחְשְׁבוֹת אָדָם וְתַחְבּוּלוֹתָיו, וְיִצְרֵי מַעַלְלֵי אִישׁ.
אַשְׁרֵי אִישׁ שֶׁלֹּא יִשְׁכָּחֶךָּ, וּבֶן אָדָם יִתְאַמֶּץ בָּךְ
כִּי דוֹרְשֶׁיךָ לְעוֹלָם לֹא יִכָּשֵׁלוּ
וְלֹא יִכָּלְמוּ לָנֶצַח כָּל הַחוֹסִים בָּךְ.
כִּי זֵכֶר כָּל הַמַּעֲשִׂים לְפָנֶיךָ בָּא, וְאַתָּה דוֹרֵשׁ מַעֲשֵׂה כֻלָּם.

וְגַם אֶת נֹחַ בְּאַהֲבָה זָכַרְתָּ, וַתִּפְקְדֵהוּ בִּדְבַר יְשׁוּעָה וְרַחֲמִים
בַּהֲבִיאֲךָ אֶת מֵי הַמַּבּוּל לְשַׁחֵת כָּל בָּשָׂר מִפְּנֵי רֹעַ מַעַלְלֵיהֶם
עַל כֵּן זִכְרוֹנוֹ בָּא לְפָנֶיךָ, יהוה אֱלֹהֵינוּ
לְהַרְבּוֹת זַרְעוֹ כְּעַפְרוֹת תֵּבֵל, וְצֶאֱצָאָיו כְּחוֹל הַיָּם.

פסוקי זיכרונות

כַּכָּתוּב בְּתוֹרָתֶךָ
וַיִּזְכֹּר אֱלֹהִים אֶת־נֹחַ בראשית ח
וְאֵת כָּל־הַחַיָּה וְאֶת־כָּל־הַבְּהֵמָה אֲשֶׁר אִתּוֹ בַּתֵּבָה
וַיַּעֲבֵר אֱלֹהִים רוּחַ עַל־הָאָרֶץ, וַיָּשֹׁכּוּ הַמָּיִם:

וְנֶאֱמַר

וַיִּשְׁמַע אֱלֹהִים אֶת־נַאֲקָתָם, וַיִּזְכֹּר אֱלֹהִים אֶת־בְּרִיתוֹ שמות ב

אֶת־אַבְרָהָם אֶת־יִצְחָק וְאֶת־יַעֲקֹב:

וְנֶאֱמַר

וְזָכַרְתִּי אֶת־בְּרִיתִי יַעֲקוֹב ויקרא כו

וְאַף אֶת־בְּרִיתִי יִצְחָק, וְאַף אֶת־בְּרִיתִי אַבְרָהָם אֶזְכֹּר

וְהָאָרֶץ אֶזְכֹּר:

וּבְדִבְרֵי קָדְשְׁךָ כָּתוּב לֵאמֹר

זֵכֶר עָשָׂה לְנִפְלְאוֹתָיו, חַנּוּן וְרַחוּם יהוה: תהלים קיא

וְנֶאֱמַר

טֶרֶף נָתַן לִירֵאָיו, יִזְכֹּר לְעוֹלָם בְּרִיתוֹ: תהלים קיא

וְנֶאֱמַר

וַיִּזְכֹּר לָהֶם בְּרִיתוֹ, וַיִּנָּחֵם כְּרֹב חֲסָדָו: תהלים קו

וְעַל יְדֵי עֲבָדֶיךָ הַנְּבִיאִים כָּתוּב לֵאמֹר

הָלֹךְ וְקָרָאתָ בְאָזְנֵי יְרוּשָׁלַיִם לֵאמֹר ירמיה ב

כֹּה אָמַר יהוה

זָכַרְתִּי לָךְ חֶסֶד נְעוּרַיִךְ, אַהֲבַת כְּלוּלֹתָיִךְ

לֶכְתֵּךְ אַחֲרַי בַּמִּדְבָּר, בְּאֶרֶץ לֹא זְרוּעָה:

וְנֶאֱמַר

וְזָכַרְתִּי אֲנִי אֶת־בְּרִיתִי אוֹתָךְ בִּימֵי נְעוּרָיִךְ יחזקאל טז

וַהֲקִימוֹתִי לָךְ בְּרִית עוֹלָם:

וְנֶאֱמַר

הֲבֵן יַקִּיר לִי אֶפְרַיִם, אִם יֶלֶד שַׁעֲשׁוּעִים ירמיה לא

כִּי־מִדֵּי דַבְּרִי בּוֹ, זָכֹר אֶזְכְּרֶנּוּ עוֹד

עַל־כֵּן הָמוּ מֵעַי לוֹ, רַחֵם אֲרַחֲמֶנּוּ נְאֻם־יהוה:

אֱלֹהֵינוּ וֵאלֹהֵי אֲבוֹתֵינוּ, זָכְרֵנוּ בְּזִכְרוֹן טוֹב לְפָנֶיךָ
וּפָקְדֵנוּ בִּפְקֻדַּת יְשׁוּעָה וְרַחֲמִים מִשְּׁמֵי שְׁמֵי קֶדֶם
וּזְכָר לָנוּ יהוה אֱלֹהֵינוּ אֶת הַבְּרִית וְאֶת הַחֶסֶד וְאֶת הַשְּׁבוּעָה
אֲשֶׁר נִשְׁבַּעְתָּ לְאַבְרָהָם אָבִינוּ בְּהַר הַמּוֹרִיָּה
וְתֵרָאֶה לְפָנֶיךָ עֲקֵדָה
שֶׁעָקַד אַבְרָהָם אָבִינוּ אֶת יִצְחָק בְּנוֹ עַל גַּבֵּי הַמִּזְבֵּחַ
וְכָבַשׁ רַחֲמָיו, לַעֲשׂוֹת רְצוֹנְךָ בְּלֵבָב שָׁלֵם.
כֵּן יִכְבְּשׁוּ רַחֲמֶיךָ אֶת כַּעַסְךָ מֵעָלֵינוּ
וּבְטוּבְךָ הַגָּדוֹל יָשׁוּב חֲרוֹן אַפְּךָ
מֵעַמְּךָ וּמֵעִירְךָ וּמֵאַרְצְךָ וּמִנַּחֲלָתֶךָ.
וְקַיֶּם לָנוּ יהוה אֱלֹהֵינוּ אֶת הַדָּבָר שֶׁהִבְטַחְתָּנוּ בְּתוֹרָתֶךָ
עַל יְדֵי מֹשֶׁה עַבְדֶּךָ, מִפִּי כְבוֹדֶךָ
כָּאָמוּר
וְזָכַרְתִּי לָהֶם בְּרִית רִאשֹׁנִים ויקרא כו
אֲשֶׁר הוֹצֵאתִי־אֹתָם מֵאֶרֶץ מִצְרַיִם לְעֵינֵי הַגּוֹיִם
לִהְיוֹת לָהֶם לֵאלֹהִים, אֲנִי יהוה:
כִּי זוֹכֵר כָּל הַנִּשְׁכָּחוֹת אַתָּה הוּא מֵעוֹלָם
וְאֵין שִׁכְחָה לִפְנֵי כִסֵּא כְבוֹדֶךָ
וַעֲקֵדַת יִצְחָק לְזַרְעוֹ הַיּוֹם בְּרַחֲמִים תִּזְכֹּר.
בָּרוּךְ אַתָּה יהוה, זוֹכֵר הַבְּרִית.

תוקעים:

תקיעה שברים תרועה תקיעה
תקיעה שברים תקיעה
תקיעה תרועה תקיעה

הקהל ושליח הציבור אומרים:

הַיּוֹם הֲרַת עוֹלָם, הַיּוֹם יַעֲמִיד בַּמִּשְׁפָּט כָּל יְצוּרֵי עוֹלָמִים
אִם כְּבָנִים אִם כַּעֲבָדִים.
אִם כְּבָנִים, רַחֲמֵנוּ כְּרַחֵם אָב עַל בָּנִים
וְאִם כַּעֲבָדִים, עֵינֵינוּ לְךָ תְלוּיוֹת עַד שֶׁתְּחָנֵּנוּ
וְתוֹצִיא כָאוֹר מִשְׁפָּטֵנוּ, אָיֹם קָדוֹשׁ.

אֲרֶשֶׁת שְׂפָתֵינוּ יֶעֱרַב לְפָנֶיךָ
אֵל רָם וְנִשָּׂא, מֵבִין וּמַאֲזִין, מַבִּיט וּמַקְשִׁיב לְקוֹל תְּקִיעָתֵנוּ.
וּתְקַבֵּל בְּרַחֲמִים וּבְרָצוֹן סֵדֶר זִכְרוֹנוֹתֵינוּ.

שופרות

יש הפותחים בתקיעתא ׳אֲנוּסָה לְעֶזְרָה׳ בעמ׳ 477,
ואם ב׳ של ראש השנה חל ביום ראשון, בתקיעתא ׳אֶשָּׂא דֵעִי׳ בעמ׳ 474.

אַתָּה נִגְלֵיתָ בַּעֲנַן כְּבוֹדֶךָ עַל עַם קָדְשְׁךָ לְדַבֵּר עִמָּם
מִן הַשָּׁמַיִם הִשְׁמַעְתָּם קוֹלֶךָ, וְנִגְלֵיתָ עֲלֵיהֶם בְּעַרְפְלֵּי טֹהַר.
גַּם כָּל הָעוֹלָם כֻּלּוֹ חָל מִפָּנֶיךָ, וּבְרִיּוֹת בְּרֵאשִׁית חָרְדוּ מִמֶּךָּ
בְּהִגָּלוֹתְךָ מַלְכֵּנוּ עַל הַר סִינַי, לְלַמֵּד לְעַמְּךָ תּוֹרָה וּמִצְוֹת
וַתַּשְׁמִיעֵם אֶת הוֹד קוֹלֶךָ, וְדִבְּרוֹת קָדְשְׁךָ מִלַּהֲבוֹת אֵשׁ.
בְּקוֹלוֹת וּבְרָקִים עֲלֵיהֶם נִגְלֵיתָ, וּבְקוֹל שׁוֹפָר עֲלֵיהֶם הוֹפָעְתָּ.

פסוקי שופרות

כַּכָּתוּב בְּתוֹרָתֶךָ
שמות יט וַיְהִי בַיּוֹם הַשְּׁלִישִׁי בִּהְיֹת הַבֹּקֶר
וַיְהִי קֹלֹת וּבְרָקִים וְעָנָן כָּבֵד עַל־הָהָר
וְקֹל שֹׁפָר חָזָק מְאֹד, וַיֶּחֱרַד כָּל־הָעָם אֲשֶׁר בַּמַּחֲנֶה:
וְנֶאֱמַר
שמות יט וַיְהִי קוֹל הַשֹּׁפָר הוֹלֵךְ וְחָזֵק מְאֹד
מֹשֶׁה יְדַבֵּר, וְהָאֱלֹהִים יַעֲנֶנּוּ בְקוֹל:

וְנֶאֱמַר
וְכָל־הָעָם רֹאִים אֶת־הַקּוֹלֹת וְאֶת־הַלַּפִּידִם שמות כ
וְאֵת קוֹל הַשֹּׁפָר, וְאֶת־הָהָר עָשֵׁן
וַיַּרְא הָעָם וַיָּנֻעוּ, וַיַּעַמְדוּ מֵרָחֹק:

וּבְדִבְרֵי קָדְשְׁךָ כָּתוּב לֵאמֹר
עָלָה אֱלֹהִים בִּתְרוּעָה, יהוה בְּקוֹל שׁוֹפָר: תהלים מז

וְנֶאֱמַר
בַּחֲצֹצְרוֹת וְקוֹל שׁוֹפָר, הָרִיעוּ לִפְנֵי הַמֶּלֶךְ יהוה: תהלים צח

וְנֶאֱמַר
תִּקְעוּ בַחֹדֶשׁ שׁוֹפָר, בַּכֵּסֶה לְיוֹם חַגֵּנוּ: תהלים פא
כִּי חֹק לְיִשְׂרָאֵל הוּא, מִשְׁפָּט לֵאלֹהֵי יַעֲקֹב:

וְנֶאֱמַר
הַלְלוּיָהּ, הַלְלוּ־אֵל בְּקָדְשׁוֹ הַלְלוּהוּ בִּרְקִיעַ עֻזּוֹ: תהלים קנ
הַלְלוּהוּ בִגְבוּרֹתָיו הַלְלוּהוּ כְּרֹב גֻּדְלוֹ:
הַלְלוּהוּ בְּתֵקַע שׁוֹפָר הַלְלוּהוּ בְּנֵבֶל וְכִנּוֹר:
הַלְלוּהוּ בְּתֹף וּמָחוֹל הַלְלוּהוּ בְּמִנִּים וְעֻגָב:
הַלְלוּהוּ בְצִלְצְלֵי־שָׁמַע הַלְלוּהוּ בְּצִלְצְלֵי תְרוּעָה:
כֹּל הַנְּשָׁמָה תְּהַלֵּל יָהּ, הַלְלוּיָהּ:

וְעַל יְדֵי עֲבָדֶיךָ הַנְּבִיאִים כָּתוּב לֵאמֹר
כָּל־יֹשְׁבֵי תֵבֵל וְשֹׁכְנֵי אָרֶץ ישעיה יח
כִּנְשֹׂא־נֵס הָרִים תִּרְאוּ, וְכִתְקֹעַ שׁוֹפָר תִּשְׁמָעוּ:

וְנֶאֱמַר
וְהָיָה בַּיּוֹם הַהוּא יִתָּקַע בְּשׁוֹפָר גָּדוֹל ישעיה כז
וּבָאוּ הָאֹבְדִים בְּאֶרֶץ אַשּׁוּר, וְהַנִּדָּחִים בְּאֶרֶץ מִצְרָיִם
וְהִשְׁתַּחֲווּ לַיהוה בְּהַר הַקֹּדֶשׁ בִּירוּשָׁלָםִ:

וְנֶאֱמַר

זכריה ט וַיהוה עֲלֵיהֶם יֵרָאֶה, וְיָצָא כַבָּרָק חִצּוֹ
וַאדֹנָי יֱהֹוִה בַּשּׁוֹפָר יִתְקָע
וְהָלַךְ בְּסַעֲרוֹת תֵּימָן:
יהוה צְבָאוֹת יָגֵן עֲלֵיהֶם:
כֵּן תָּגֵן עַל עַמְּךָ יִשְׂרָאֵל בִּשְׁלוֹמֶךָ.

אֱלֹהֵינוּ וֵאלֹהֵי אֲבוֹתֵינוּ
תְּקַע בְּשׁוֹפָר גָּדוֹל לְחֵרוּתֵנוּ
וְשָׂא נֵס לְקַבֵּץ גָּלֻיּוֹתֵינוּ
וְקָרֵב פְּזוּרֵינוּ מִבֵּין הַגּוֹיִם
וּנְפוּצוֹתֵינוּ כַּנֵּס מִיַּרְכְּתֵי אָרֶץ.
וַהֲבִיאֵנוּ לְצִיּוֹן עִירְךָ בְּרִנָּה
וְלִירוּשָׁלַיִם בֵּית מִקְדָּשְׁךָ בְּשִׂמְחַת עוֹלָם
וְשָׁם נַעֲשֶׂה לְפָנֶיךָ אֶת קָרְבְּנוֹת חוֹבוֹתֵינוּ
כִּמְצֻוֶּה עָלֵינוּ בְּתוֹרָתֶךָ עַל יְדֵי מֹשֶׁה עַבְדֶּךָ, מִפִּי כְבוֹדֶךָ
כָּאָמוּר

במדבר י וּבְיוֹם שִׂמְחַתְכֶם וּבְמוֹעֲדֵיכֶם וּבְרָאשֵׁי חָדְשֵׁכֶם
וּתְקַעְתֶּם בַּחֲצֹצְרֹת עַל עֹלֹתֵיכֶם וְעַל זִבְחֵי שַׁלְמֵיכֶם
וְהָיוּ לָכֶם לְזִכָּרוֹן לִפְנֵי אֱלֹהֵיכֶם, אֲנִי יהוה אֱלֹהֵיכֶם:

כִּי אַתָּה שׁוֹמֵעַ קוֹל שׁוֹפָר וּמַאֲזִין תְּרוּעָה, וְאֵין דּוֹמֶה לָּךְ.
בָּרוּךְ אַתָּה יהוה, שׁוֹמֵעַ קוֹל תְּרוּעַת עַמּוֹ יִשְׂרָאֵל בְּרַחֲמִים.

תוקעים:

תקיעה	שברים תרועה	תקיעה
תקיעה	שברים	תקיעה
תקיעה	תרועה	תקיעה

הקהל ושליח הציבור אומרים:

הַיּוֹם הֲרַת עוֹלָם, הַיּוֹם יַעֲמִיד בַּמִּשְׁפָּט כָּל יְצוּרֵי עוֹלָמִים
אִם כְּבָנִים אִם כַּעֲבָדִים.
אִם כְּבָנִים, רַחֲמֵנוּ כְּרַחֵם אָב עַל בָּנִים
וְאִם כַּעֲבָדִים, עֵינֵינוּ לְךָ תְלוּיוֹת עַד שֶׁתְּחָנֵּנוּ
וְתוֹצִיא כָאוֹר מִשְׁפָּטֵנוּ, אָיֹם קָדוֹשׁ.

אֲרֶשֶׁת שְׂפָתֵינוּ יֶעֱרַב לְפָנֶיךָ
אֵל רָם וְנִשָּׂא, מֵבִין וּמַאֲזִין, מַבִּיט וּמַקְשִׁיב לְקוֹל תְּקִיעָתֵנוּ.
וּתְקַבֵּל בְּרַחֲמִים וּבְרָצוֹן סֵדֶר שׁוֹפְרוֹתֵינוּ.

עבודה

רְצֵה יהוה אֱלֹהֵינוּ בְּעַמְּךָ יִשְׂרָאֵל, וּבִתְפִלָּתָם
וְהָשֵׁב אֶת הָעֲבוֹדָה לִדְבִיר בֵּיתֶךָ
וְאִשֵּׁי יִשְׂרָאֵל וּתְפִלָּתָם בְּאַהֲבָה תְקַבֵּל בְּרָצוֹן
וּתְהִי לְרָצוֹן תָּמִיד עֲבוֹדַת יִשְׂרָאֵל עַמֶּךָ.

אם כוהנים עולים לברך, אומרים כאן ׳וְתֶעֱרַב׳.
אם אין כוהנים, שליח הציבור ממשיך ׳וְתֶחֱזֶינָה׳ בעמוד הבא.

בארץ ישראל:

קהל וש״ץ: וְתֶעֱרַב עָלֶיךָ עֲתִירָתֵנוּ כְּעוֹלָה וּכְקָרְבָּן. אָנָּא רַחוּם, בְּרַחֲמֶיךָ הָרַבִּים הָשֵׁב שְׁכִינָתְךָ לְצִיּוֹן עִירְךָ, וְסֵדֶר הָעֲבוֹדָה לִירוּשָׁלָיִם. וְשָׁם נַעֲבָדְךָ בְּיִרְאָה כִּימֵי עוֹלָם וּכְשָׁנִים קַדְמוֹנִיּוֹת.

שליח הציבור ממשיך ׳וְתֶחֱזֶינָה׳ בעמוד הבא.

בחוץ לארץ:

קהל וש״ץ: וְתֶעֱרַב עָלֶיךָ עֲתִירָתֵנוּ כְּעוֹלָה וּכְקָרְבָּן. אָנָּא רַחוּם, בְּרַחֲמֶיךָ הָרַבִּים הָשֵׁב שְׁכִינָתְךָ לְצִיּוֹן עִירְךָ, וְסֵדֶר הָעֲבוֹדָה לִירוּשָׁלָיִם. וְתֶחֱזֶינָה עֵינֵינוּ בְּשׁוּבְךָ לְצִיּוֹן בְּרַחֲמִים. וְשָׁם נַעֲבָדְךָ בְּיִרְאָה כִּימֵי עוֹלָם וּכְשָׁנִים קַדְמוֹנִיּוֹת.

ש״ץ: בָּרוּךְ אַתָּה יהוה שֶׁאוֹתְךָ לְבַדְּךָ בְּיִרְאָה נַעֲבֹד.

ממשיכים ׳מוֹדִים׳ בעמוד הבא.

וְתֶחֱזֶינָה עֵינֵינוּ בְּשׁוּבְךָ לְצִיּוֹן בְּרַחֲמִים.
בָּרוּךְ אַתָּה יהוה, הַמַּחֲזִיר שְׁכִינָתוֹ לְצִיּוֹן.

הודאה

כורע ב׳מוֹדִים׳ ואינו זוקף עד אמירת השם.

מוֹדִים אֲנַחְנוּ לָךְ
שָׁאַתָּה הוּא יהוה אֱלֹהֵינוּ
וֵאלֹהֵי אֲבוֹתֵינוּ לְעוֹלָם וָעֶד.
צוּר חַיֵּינוּ, מָגֵן יִשְׁעֵנוּ
אַתָּה הוּא לְדוֹר וָדוֹר.
נוֹדֶה לְּךָ וּנְסַפֵּר תְּהִלָּתֶךָ
עַל חַיֵּינוּ הַמְּסוּרִים בְּיָדֶךָ
וְעַל נִשְׁמוֹתֵינוּ הַפְּקוּדוֹת לָךְ
וְעַל נִסֶּיךָ שֶׁבְּכָל יוֹם עִמָּנוּ
וְעַל נִפְלְאוֹתֶיךָ וְטוֹבוֹתֶיךָ
שֶׁבְּכָל עֵת, עֶרֶב וָבֹקֶר וְצָהֳרָיִם.
הַטּוֹב, כִּי לֹא כָלוּ רַחֲמֶיךָ
וְהַמְרַחֵם, כִּי לֹא תַמּוּ חֲסָדֶיךָ
מֵעוֹלָם קִוִּינוּ לָךְ.

כששליח הציבור אומר ׳מוֹדִים׳, הקהל אומר בלחש:

מוֹדִים אֲנַחְנוּ לָךְ
שָׁאַתָּה הוּא יהוה אֱלֹהֵינוּ
וֵאלֹהֵי אֲבוֹתֵינוּ
אֱלֹהֵי כָל בָּשָׂר
יוֹצְרֵנוּ, יוֹצֵר בְּרֵאשִׁית.
בְּרָכוֹת וְהוֹדָאוֹת
לְשִׁמְךָ הַגָּדוֹל וְהַקָּדוֹשׁ
עַל שֶׁהֶחֱיִיתָנוּ וְקִיַּמְתָּנוּ.
כֵּן תְּחַיֵּנוּ וּתְקַיְּמֵנוּ
וְתֶאֱסֹף גָּלֻיּוֹתֵינוּ
לְחַצְרוֹת קָדְשֶׁךָ
לִשְׁמֹר חֻקֶּיךָ וְלַעֲשׂוֹת רְצוֹנֶךָ
וּלְעָבְדְּךָ בְּלֵבָב שָׁלֵם
עַל שֶׁאֲנַחְנוּ מוֹדִים לָךְ.
בָּרוּךְ אֵל הַהוֹדָאוֹת.

וְעַל כֻּלָּם יִתְבָּרַךְ וְיִתְרוֹמַם שִׁמְךָ מַלְכֵּנוּ תָּמִיד לְעוֹלָם וָעֶד.

קהל ואחריו שליח הציבור:

אָבִינוּ מַלְכֵּנוּ, זְכֹר רַחֲמֶיךָ וּכְבֹשׁ כַּעַסְךָ
וְכַלֵּה דֶבֶר, וְחֶרֶב, וְרָעָב, וּשְׁבִי, וּמַשְׁחִית, וְעָוֹן וּמַגֵּפָה, וּפֶגַע רַע
וְכָל מַחֲלָה, וְכָל תַּקָּלָה, וְכָל קְטָטָה, וְכָל מִינֵי פֻרְעָנִיּוֹת
וְכָל גְּזֵרָה רָעָה, וְשִׂנְאַת חִנָּם מֵעָלֵינוּ וּמֵעַל כָּל בְּנֵי בְרִיתֶךָ.

קהל ואחריו שליח הציבור:

וּכְתֹב לְחַיִּים טוֹבִים כָּל בְּנֵי בְרִיתֶךָ.

וְכֹל הַחַיִּים יוֹדְוּךָ סֶּלָה, וִיהַלְלוּ אֶת שִׁמְךָ בֶּאֱמֶת
הָאֵל יְשׁוּעָתֵנוּ וְעֶזְרָתֵנוּ סֶלָה.
בָּרוּךְ אַתָּה יהוה, הַטּוֹב שִׁמְךָ וּלְךָ נָאֶה לְהוֹדוֹת.

ברכת כוהנים

אם יותר מכוהן אחד עולה לדוכן, הגבאי קורא:

כֹּהֲנִים

הכוהנים מברכים:

בָּרוּךְ אַתָּה יהוה אֱלֹהֵינוּ מֶלֶךְ הָעוֹלָם, אֲשֶׁר קִדְּשָׁנוּ בִּקְדֻשָּׁתוֹ שֶׁל אַהֲרֹן, וְצִוָּנוּ לְבָרֵךְ אֶת עַמּוֹ יִשְׂרָאֵל בְּאַהֲבָה.

שליח הציבור מקריא מילה במילה, והכוהנים אחריו:

יְבָרֶכְךָ יהוה וְיִשְׁמְרֶךָ: קהל: **אָמֵן** במדבר ו
יָאֵר יהוה פָּנָיו אֵלֶיךָ וִיחֻנֶּךָּ: קהל: **אָמֵן**
יִשָּׂא יהוה פָּנָיו אֵלֶיךָ וְיָשֵׂם לְךָ שָׁלוֹם: קהל: **אָמֵן**

שליח הציבור ממשיך ׳שִׂים שָׁלוֹם׳.

הקהל אומר:

אַדִּיר בַּמָּרוֹם שׁוֹכֵן בִּגְבוּרָה, אַתָּה שָׁלוֹם וְשִׁמְךָ שָׁלוֹם. יְהִי רָצוֹן שֶׁתָּשִׂים עָלֵינוּ וְעַל כָּל עַמְּךָ בֵּית יִשְׂרָאֵל חַיִּים וּבְרָכָה לְמִשְׁמֶרֶת שָׁלוֹם.

הכוהנים אומרים:

רִבּוֹנוֹ שֶׁל עוֹלָם, עָשִׂינוּ מַה שֶּׁגָּזַרְתָּ עָלֵינוּ, אַף אַתָּה עֲשֵׂה עִמָּנוּ כְּמוֹ שֶׁהִבְטַחְתָּנוּ. הַשְׁקִיפָה מִמְּעוֹן דברים כו
קָדְשְׁךָ מִן־הַשָּׁמַיִם, וּבָרֵךְ אֶת־עַמְּךָ אֶת־יִשְׂרָאֵל, וְאֵת הָאֲדָמָה אֲשֶׁר נָתַתָּה לָנוּ, כַּאֲשֶׁר נִשְׁבַּעְתָּ לַאֲבֹתֵינוּ, אֶרֶץ זָבַת חָלָב וּדְבָשׁ:

אם אין כוהנים העולים לדוכן, שליח הציבור אומר:

אֱלֹהֵינוּ וֵאלֹהֵי אֲבוֹתֵינוּ, בָּרְכֵנוּ בַּבְּרָכָה הַמְשֻׁלֶּשֶׁת בַּתּוֹרָה, הַכְּתוּבָה עַל יְדֵי מֹשֶׁה עַבְדֶּךָ, הָאֲמוּרָה מִפִּי אַהֲרֹן וּבָנָיו כֹּהֲנִים עַם קְדוֹשֶׁיךָ, כָּאָמוּר

יְבָרֶכְךָ יהוה וְיִשְׁמְרֶךָ: קהל: **כֵּן יְהִי רָצוֹן** במדבר ו
יָאֵר יהוה פָּנָיו אֵלֶיךָ וִיחֻנֶּךָּ: קהל: **כֵּן יְהִי רָצוֹן**
יִשָּׂא יהוה פָּנָיו אֵלֶיךָ וְיָשֵׂם לְךָ שָׁלוֹם: קהל: **כֵּן יְהִי רָצוֹן**

שלום

שִׂים שָׁלוֹם טוֹבָה וּבְרָכָה, חֵן וָחֶסֶד וְרַחֲמִים
עָלֵינוּ וְעַל כָּל יִשְׂרָאֵל עַמֶּךָ.
בָּרְכֵנוּ אָבִינוּ כֻּלָּנוּ כְּאֶחָד בְּאוֹר פָּנֶיךָ
כִּי בְאוֹר פָּנֶיךָ נָתַתָּ לָּנוּ, יהוה אֱלֹהֵינוּ
תּוֹרַת חַיִּים וְאַהֲבַת חֶסֶד
וּצְדָקָה וּבְרָכָה וְרַחֲמִים וְחַיִּים וְשָׁלוֹם.
וְטוֹב בְּעֵינֶיךָ לְבָרֵךְ אֶת עַמְּךָ יִשְׂרָאֵל
בְּכָל עֵת וּבְכָל שָׁעָה בִּשְׁלוֹמֶךָ.

קהל ואחריו שליח הציבור:

בְּסֵפֶר חַיִּים, בְּרָכָה וְשָׁלוֹם, וּפַרְנָסָה טוֹבָה
נִזָּכֵר וְנִכָּתֵב לְפָנֶיךָ
אֲנַחְנוּ וְכָל עַמְּךָ בֵּית יִשְׂרָאֵל
לְחַיִּים טוֹבִים וּלְשָׁלוֹם.

שליח הציבור ממשיך:

וְנֶאֱמַר
משלי ט כִּי־בִי יִרְבּוּ יָמֶיךָ
וְיוֹסִיפוּ לְּךָ שְׁנוֹת חַיִּים:
לְחַיִּים טוֹבִים תִּכְתְּבֵנוּ
אֱלֹהִים חַיִּים, כָּתְבֵנוּ בְּסֵפֶר הַחַיִּים.
כַּכָּתוּב
דברים ד וְאַתֶּם הַדְּבֵקִים בַּיהוה אֱלֹהֵיכֶם
חַיִּים כֻּלְּכֶם הַיּוֹם:

פותחים את ארון הקודש.

נוהגים לומר כאן שבע שורות מהפיוט ׳הַיּוֹם תְּאַמְּצֵנוּ׳. הפיוט המלא בעמ׳ 479.

הקהל אומר את השורות אחת אחת, ושליח הציבור חוזר עליהן.

לאחר שליח הציבור הקהל עונה ׳אָמֵן׳ וממשיך בשורה הבאה.

סימן א״ב

הַיּוֹם תְּאַמְּצֵנוּ. אָמֵן

הַיּוֹם תְּבָרְכֵנוּ. אָמֵן

הַיּוֹם תְּגַדְּלֵנוּ. אָמֵן

הַיּוֹם תִּדְרְשֵׁנוּ לְטוֹבָה. אָמֵן

הַיּוֹם תִּשְׁמַע שַׁוְעָתֵנוּ. אָמֵן

הַיּוֹם תְּקַבֵּל בְּרַחֲמִים וּבְרָצוֹן אֶת תְּפִלָּתֵנוּ. אָמֵן

הַיּוֹם תִּתְמְכֵנוּ בִּימִין צִדְקֶךָ. אָמֵן

סוגרים את ארון הקודש.

שליח הציבור ממשיך:

כְּהַיּוֹם הַזֶּה תְּבִיאֵנוּ, שָׂשִׂים וּשְׂמֵחִים בְּבִנְיָן שָׁלֵם.

כַּכָּתוּב

וַהֲבִיאוֹתִים אֶל־הַר קָדְשִׁי וְשִׂמַּחְתִּים בְּבֵית תְּפִלָּתִי ישעיה נו

עוֹלֹתֵיהֶם וְזִבְחֵיהֶם לְרָצוֹן עַל־מִזְבְּחִי

כִּי בֵיתִי בֵּית־תְּפִלָּה יִקָּרֵא לְכָל־הָעַמִּים:

וְנֶאֱמַר

וַיְצַוֵּנוּ יהוה לַעֲשׂוֹת אֶת־כָּל־הַחֻקִּים הָאֵלֶּה דברים ו

לְיִרְאָה אֶת־יהוה אֱלֹהֵינוּ

לְטוֹב לָנוּ כָּל־הַיָּמִים לְחַיֹּתֵנוּ כְּהַיּוֹם הַזֶּה:

וְנֶאֱמַר

וּצְדָקָה תִּהְיֶה־לָּנוּ, כִּי־נִשְׁמֹר לַעֲשׂוֹת אֶת־כָּל־הַמִּצְוָה הַזֹּאת דברים ו

לִפְנֵי יהוה אֱלֹהֵינוּ, כַּאֲשֶׁר צִוָּנוּ:

וּצְדָקָה וּבְרָכָה וְרַחֲמִים וְחַיִּים וְשָׁלוֹם
יִהְיֶה לָנוּ וּלְכָל יִשְׂרָאֵל עַד הָעוֹלָם.*

שליח הציבור מסיים:

בָּרוּךְ אַתָּה יהוה, הַמְבָרֵךְ אֶת עַמּוֹ יִשְׂרָאֵל בַּשָּׁלוֹם.

*בחוץ לארץ מסיימים: **בָּרוּךְ אַתָּה יהוה, עוֹשֵׂה הַשָּׁלוֹם.**

שליח הציבור מסיים בלחש:

יִהְיוּ לְרָצוֹן אִמְרֵי־פִי וְהֶגְיוֹן לִבִּי לְפָנֶיךָ, יהוה צוּרִי וְגֹאֲלִי: תהלים יט

בסוף התפילה תוקעים בשופר להשלים למאה קולות.
בקהילות הספרדים נוהגים לתקוע עשרה קולות באמצע קדיש שלם,
ומנהג זה התקבל ברוב בתי הכנסת המתפללים בנוסח ספרד
(ויש התוקעים אחרי הקדיש). יש קהילות בחו״ל שאימצו מנהג זה בחלקו,
ובהן תוקעים ארבעים קולות באמצע הקדיש.
המנהג הנפוץ בקהילות אשכנז הוא לתקוע שלושים קולות בסוף הקדיש
ועוד עשרה לפני ׳עָלֵינוּ׳.

קדיש שלם

ש״ץ: יִתְגַּדַּל וְיִתְקַדַּשׁ שְׁמֵהּ רַבָּא (קהל: אָמֵן)
בְּעָלְמָא דִּי בְרָא כִרְעוּתֵהּ
וְיַמְלִיךְ מַלְכוּתֵהּ
בְּחַיֵּיכוֹן וּבְיוֹמֵיכוֹן וּבְחַיֵּי דְכָל בֵּית יִשְׂרָאֵל
בַּעֲגָלָא וּבִזְמַן קָרִיב
וְאִמְרוּ אָמֵן. (קהל: אָמֵן)

קהל וש״ץ: יְהֵא שְׁמֵהּ רַבָּא מְבָרַךְ לְעָלַם וּלְעָלְמֵי עָלְמַיָּא.

ש״ץ: יִתְבָּרַךְ וְיִשְׁתַּבַּח וְיִתְפָּאַר וְיִתְרוֹמַם וְיִתְנַשֵּׂא
וְיִתְהַדָּר וְיִתְעַלֶּה וְיִתְהַלָּל
שְׁמֵהּ דְּקֻדְשָׁא בְּרִיךְ הוּא (קהל: בְּרִיךְ הוּא)
לְעֵלָּא לְעֵלָּא מִכָּל בִּרְכָתָא וְשִׁירָתָא, תֻּשְׁבְּחָתָא וְנֶחֱמָתָא
דַּאֲמִירָן בְּעָלְמָא
וְאִמְרוּ אָמֵן. (קהל: אָמֵן)

יש התוקעים כאן להשלים למאה קולות (ראה בעמוד הקודם).

תִּתְקַבַּל צְלוֹתְהוֹן וּבָעוּתְהוֹן דְּכָל יִשְׂרָאֵל
קֳדָם אֲבוּהוֹן דִּי בִשְׁמַיָּא
וְאִמְרוּ אָמֵן. (קהל: אָמֵן)

יְהֵא שְׁלָמָא רַבָּא מִן שְׁמַיָּא
וְחַיִּים, עָלֵינוּ וְעַל כָּל יִשְׂרָאֵל
וְאִמְרוּ אָמֵן. (קהל: אָמֵן)

כורע ופוסע שלוש פסיעות לאחור, קד לשמאל, לימין ולפנים באמירת:

עֹשֶׂה הַשָּׁלוֹם בִּמְרוֹמָיו
הוּא יַעֲשֶׂה שָׁלוֹם עָלֵינוּ וְעַל כָּל יִשְׂרָאֵל
וְאִמְרוּ אָמֵן. (קהל: אָמֵן)

המקריא קורא את התקיעות כסדרן אחת אחת, והתוקע יתקע:

תקיעה שברים תרועה תקיעה
תקיעה שברים תרועה תקיעה
תקיעה שברים תרועה תקיעה

תקיעה שברים תקיעה
תקיעה שברים תקיעה
תקיעה שברים תקיעה

תקיעה תרועה תקיעה
תקיעה תרועה תקיעה
תקיעה תרועה תקיעה

יש האומרים פסוקים אלה כבנוסח ספרד:

תהלים כז קַוֵּה אֶל־יהוה, חֲזַק וְיַאֲמֵץ לִבֶּךָ, וְקַוֵּה אֶל־יהוה:
שמואל א׳ ב אֵין־קָדוֹשׁ כַּיהוה, כִּי־אֵין בִּלְתֶּךָ, וְאֵין צוּר כֵּאלֹהֵינוּ:
תהלים יח כִּי מִי אֱלוֹהַּ מִבַּלְעֲדֵי יהוה, וּמִי צוּר זוּלָתִי אֱלֹהֵינוּ:

פתיחה לסדר הקטורת מסדר רב עמרם גאון

אֵין כֵּאלֹהֵינוּ, אֵין כַּאדוֹנֵינוּ, אֵין כְּמַלְכֵּנוּ, אֵין כְּמוֹשִׁיעֵנוּ.
מִי כֵאלֹהֵינוּ, מִי כַאדוֹנֵינוּ, מִי כְמַלְכֵּנוּ, מִי כְמוֹשִׁיעֵנוּ.
נוֹדֶה לֵאלֹהֵינוּ, נוֹדֶה לַאדוֹנֵינוּ, נוֹדֶה לְמַלְכֵּנוּ, נוֹדֶה לְמוֹשִׁיעֵנוּ.
בָּרוּךְ אֱלֹהֵינוּ, בָּרוּךְ אֲדוֹנֵינוּ, בָּרוּךְ מַלְכֵּנוּ, בָּרוּךְ מוֹשִׁיעֵנוּ.
אַתָּה הוּא אֱלֹהֵינוּ, אַתָּה הוּא אֲדוֹנֵינוּ
אַתָּה הוּא מַלְכֵּנוּ, אַתָּה הוּא מוֹשִׁיעֵנוּ.
אַתָּה הוּא שֶׁהִקְטִירוּ אֲבוֹתֵינוּ לְפָנֶיךָ אֶת קְטֹרֶת הַסַּמִּים.

פִּטּוּם הַקְּטֹֽרֶת. הַצֳּרִי, וְהַצִּפֹּֽרֶן, וְהַחֶלְבְּנָה, וְהַלְּבוֹנָה מִשְׁקַל שִׁבְעִים שִׁבְעִים כריתות ו.
מָנֶה, מוֹר, וּקְצִיעָה, שִׁבֹּֽלֶת נֵרְדְּ, וְכַרְכֹּם מִשְׁקַל שִׁשָּׁה עָשָׂר שִׁשָּׁה עָשָׂר
מָנֶה, הַקֹּֽשְׁטְ שְׁנֵים עָשָׂר, קִלּוּפָה שְׁלֹשָׁה, וְקִנָּמוֹן תִּשְׁעָה, בֹּרִית כַּרְשִׁינָה
תִּשְׁעָה קַבִּין, יֵין קַפְרִיסִין סְאִין תְּלָת וְקַבִּין תְּלָתָא וְאִם אֵין לוֹ יֵין קַפְרִיסִין,
מֵבִיא חֲמַר חִוַּרְיָן עַתִּיק. מֶֽלַח סְדוֹמִית רֹֽבַע, מַעֲלֶה עָשָׁן כָּל שֶׁהוּא. רַבִּי
נָתָן הַבַּבְלִי אוֹמֵר: אַף כִּפַּת הַיַּרְדֵּן כָּל שֶׁהוּא, וְאִם נָתַן בָּהּ דְּבַשׁ פְּסָלָהּ,
וְאִם חִסַּר אֶחָד מִכָּל סַמָּנֶֽיהָ, חַיָּב מִיתָה.

רַבָּן שִׁמְעוֹן בֶּן גַּמְלִיאֵל אוֹמֵר: הַצֳּרִי אֵינוֹ אֶלָּא שְׂרָף הַנּוֹטֵף מֵעֲצֵי הַקְּטָף.
בֹּרִית כַּרְשִׁינָה שֶׁשָּׁפִין בָּהּ אֶת הַצִּפֹּֽרֶן כְּדֵי שֶׁתְּהֵא נָאָה, יֵין קַפְרִיסִין
שֶׁשּׁוֹרִין בּוֹ אֶת הַצִּפֹּֽרֶן כְּדֵי שֶׁתְּהֵא עַזָּה, וַהֲלֹא מֵי רַגְלַֽיִם יָפִין לָהּ, אֶלָּא
שֶׁאֵין מַכְנִיסִין מֵי רַגְלַֽיִם בַּמִּקְדָּשׁ מִפְּנֵי הַכָּבוֹד.

הַשִּׁיר שֶׁהַלְוִיִּם הָיוּ אוֹמְרִים בְּבֵית הַמִּקְדָּשׁ: משנה, תמיד ז
בַּיּוֹם הָרִאשׁוֹן הָיוּ אוֹמְרִים, לַיהוה הָאָֽרֶץ וּמְלוֹאָהּ, תֵּבֵל וְיֹֽשְׁבֵי בָהּ: תהלים כד
בַּשֵּׁנִי הָיוּ אוֹמְרִים, גָּדוֹל יהוה וּמְהֻלָּל מְאֹד, בְּעִיר אֱלֹהֵֽינוּ הַר־קָדְשׁוֹ: תהלים מח
בַּשְּׁלִישִׁי הָיוּ אוֹמְרִים, אֱלֹהִים נִצָּב בַּעֲדַת־אֵל, בְּקֶֽרֶב אֱלֹהִים יִשְׁפֹּט: תהלים פב
בָּרְבִיעִי הָיוּ אוֹמְרִים, אֵל־נְקָמוֹת יהוה, אֵל נְקָמוֹת הוֹפִֽיעַ: תהלים צד
בַּחֲמִישִׁי הָיוּ אוֹמְרִים, הַרְנִֽינוּ לֵאלֹהִים עוּזֵּֽנוּ, הָרִֽיעוּ לֵאלֹהֵי יַעֲקֹב: תהלים פא
בַּשִּׁשִּׁי הָיוּ אוֹמְרִים, יהוה מָלָךְ גֵּאוּת לָבֵשׁ, לָבֵשׁ יהוה עֹז הִתְאַזָּר תהלים צג
אַף־תִּכּוֹן תֵּבֵל בַּל־תִּמּוֹט:
בַּשַּׁבָּת הָיוּ אוֹמְרִים, מִזְמוֹר שִׁיר לְיוֹם הַשַּׁבָּת: מִזְמוֹר שִׁיר לֶעָתִיד לָבוֹא תהלים צב
לְיוֹם שֶׁכֻּלּוֹ שַׁבָּת וּמְנוּחָה לְחַיֵּי הָעוֹלָמִים.

תָּנָא דְבֵי אֵלִיָּֽהוּ: כָּל הַשּׁוֹנֶה הֲלָכוֹת בְּכָל יוֹם, מֻבְטָח לוֹ שֶׁהוּא בֶּן עוֹלָם מגילה כח:
הַבָּא, שֶׁנֶּאֱמַר, הֲלִיכוֹת עוֹלָם לוֹ: אַל תִּקְרֵי הֲלִיכוֹת אֶלָּא הֲלָכוֹת. חבקוק ג

אָמַר רַבִּי אֶלְעָזָר, אָמַר רַבִּי חֲנִינָא: תַּלְמִידֵי חֲכָמִים מַרְבִּים שָׁלוֹם בָּעוֹלָם, ברכות סד.
שֶׁנֶּאֱמַר, וְכָל־בָּנַֽיִךְ לִמּוּדֵי יהוה, וְרַב שְׁלוֹם בָּנָֽיִךְ: אַל תִּקְרֵי בָּנָֽיִךְ, אֶלָּא בּוֹנָֽיִךְ. ישעיה נד
שָׁלוֹם רָב לְאֹהֲבֵי תוֹרָתֶֽךָ, וְאֵין־לָֽמוֹ מִכְשׁוֹל: יְהִי־שָׁלוֹם בְּחֵילֵךְ, שַׁלְוָה תהלים קיט תהלים קכב
בְּאַרְמְנוֹתָֽיִךְ: לְמַֽעַן אַחַי וְרֵעָי אֲדַבְּרָה־נָּא שָׁלוֹם בָּךְ: לְמַֽעַן בֵּית־יהוה אֱלֹהֵֽינוּ
אֲבַקְשָׁה טוֹב לָךְ: › יהוה עֹז לְעַמּוֹ יִתֵּן, יהוה יְבָרֵךְ אֶת־עַמּוֹ בַשָּׁלוֹם: תהלים כט

קדיש דרבנן

אבל: יִתְגַּדַּל וְיִתְקַדַּשׁ שְׁמֵהּ רַבָּא (קהל: אָמֵן)
בְּעָלְמָא דִּי בְרָא כִרְעוּתֵהּ
וְיַמְלִיךְ מַלְכוּתֵהּ
בְּחַיֵּיכוֹן וּבְיוֹמֵיכוֹן וּבְחַיֵּי דְכָל בֵּית יִשְׂרָאֵל
בַּעֲגָלָא וּבִזְמַן קָרִיב, וְאִמְרוּ אָמֵן. (קהל: אָמֵן)

קהל ואבל: יְהֵא שְׁמֵהּ רַבָּא מְבָרַךְ לְעָלַם וּלְעָלְמֵי עָלְמַיָּא.

אבל: יִתְבָּרַךְ וְיִשְׁתַּבַּח וְיִתְפָּאַר וְיִתְרוֹמַם וְיִתְנַשֵּׂא
וְיִתְהַדָּר וְיִתְעַלֶּה וְיִתְהַלָּל
שְׁמֵהּ דְּקֻדְשָׁא בְּרִיךְ הוּא (קהל: בְּרִיךְ הוּא)
לְעֵלָּא לְעֵלָּא מִכָּל בִּרְכָתָא וְשִׁירָתָא, תֻּשְׁבְּחָתָא וְנֶחֱמָתָא
דַּאֲמִירָן בְּעָלְמָא, וְאִמְרוּ אָמֵן. (קהל: אָמֵן)

עַל יִשְׂרָאֵל וְעַל רַבָּנָן
וְעַל תַּלְמִידֵיהוֹן וְעַל כָּל תַּלְמִידֵי תַלְמִידֵיהוֹן
וְעַל כָּל מָאן דְּעָסְקִין בְּאוֹרַיְתָא
דִּי בְאַתְרָא קַדִּישָׁא הָדֵין, וְדִי בְכָל אֲתַר וַאֲתַר
יְהֵא לְהוֹן וּלְכוֹן שְׁלָמָא רַבָּא
חִנָּא וְחִסְדָּא, וְרַחֲמֵי, וְחַיֵּי אֲרִיכֵי, וּמְזוֹנֵי רְוִיחֵי
וּפֻרְקָנָא מִן קֳדָם אֲבוּהוֹן דִּי בִשְׁמַיָּא, וְאִמְרוּ אָמֵן. (קהל: אָמֵן)

יְהֵא שְׁלָמָא רַבָּא מִן שְׁמַיָּא
וְחַיִּים (טוֹבִים) עָלֵינוּ וְעַל כָּל יִשְׂרָאֵל, וְאִמְרוּ אָמֵן. (קהל: אָמֵן)

כורע ופוסע שלוש פסיעות לאחור. קד לשמאל, לימין ולפנים באמירת:
עֹשֶׂה הַשָּׁלוֹם בִּמְרוֹמָיו
הוּא יַעֲשֶׂה שָׁלוֹם עָלֵינוּ
וְעַל כָּל יִשְׂרָאֵל, וְאִמְרוּ אָמֵן. (קהל: אָמֵן)

תוקעים עשרה קולות אחרונים (ויש תוקעים שלוש פעמים תשר״ת).

תקיעה שברים תרועה תקיעה

תקיעה שברים תקיעה

תקיעה תרועה תקיעה גדולה

אומרים ׳עָלֵינוּ׳ בעמידה ומשתחווים במקום המסומן ב°.

עָלֵינוּ לְשַׁבֵּחַ לַאֲדוֹן הַכֹּל, לָתֵת גְּדֻלָּה לְיוֹצֵר בְּרֵאשִׁית
שֶׁלֹּא עָשָׂנוּ כְּגוֹיֵי הָאֲרָצוֹת, וְלֹא שָׂמָנוּ כְּמִשְׁפְּחוֹת הָאֲדָמָה
שֶׁלֹּא שָׂם חֶלְקֵנוּ כָּהֶם וְגוֹרָלֵנוּ כְּכָל הֲמוֹנָם.
שֶׁהֵם מִשְׁתַּחֲוִים לְהֶבֶל וָרִיק וּמִתְפַּלְּלִים אֶל אֵל לֹא יוֹשִׁיעַ.
°וַאֲנַחְנוּ כּוֹרְעִים וּמִשְׁתַּחֲוִים וּמוֹדִים
לִפְנֵי מֶלֶךְ מַלְכֵי הַמְּלָכִים, הַקָּדוֹשׁ בָּרוּךְ הוּא
שֶׁהוּא נוֹטֶה שָׁמַיִם וְיוֹסֵד אָרֶץ, וּמוֹשַׁב יְקָרוֹ בַּשָּׁמַיִם מִמַּעַל
וּשְׁכִינַת עֻזּוֹ בְּגָבְהֵי מְרוֹמִים.
הוּא אֱלֹהֵינוּ, אֵין עוֹד.
אֱמֶת מַלְכֵּנוּ, אֶפֶס זוּלָתוֹ, כַּכָּתוּב בְּתוֹרָתוֹ
וְיָדַעְתָּ הַיּוֹם וַהֲשֵׁבֹתָ אֶל־לְבָבֶךָ דברים ד
כִּי יהוה הוּא הָאֱלֹהִים בַּשָּׁמַיִם מִמַּעַל וְעַל־הָאָרֶץ מִתָּחַת, אֵין עוֹד:

עַל כֵּן נְקַוֶּה לְּךָ יהוה אֱלֹהֵינוּ, לִרְאוֹת מְהֵרָה בְּתִפְאֶרֶת עֻזֶּךָ
לְהַעֲבִיר גִּלּוּלִים מִן הָאָרֶץ, וְהָאֱלִילִים כָּרוֹת יִכָּרֵתוּן
לְתַקֵּן עוֹלָם בְּמַלְכוּת שַׁדַּי.
וְכָל בְּנֵי בָשָׂר יִקְרְאוּ בִשְׁמֶךָ לְהַפְנוֹת אֵלֶיךָ כָּל רִשְׁעֵי אָרֶץ.
יַכִּירוּ וְיֵדְעוּ כָּל יוֹשְׁבֵי תֵבֵל
כִּי לְךָ תִּכְרַע כָּל בֶּרֶךְ, תִּשָּׁבַע כָּל לָשׁוֹן.
לְפָנֶיךָ יהוה אֱלֹהֵינוּ יִכְרְעוּ וְיִפֹּלוּ, וְלִכְבוֹד שִׁמְךָ יְקָר יִתֵּנוּ
וִיקַבְּלוּ כֻלָּם אֶת עֹל מַלְכוּתֶךָ, וְתִמְלֹךְ עֲלֵיהֶם מְהֵרָה לְעוֹלָם וָעֶד.

כִּי הַמַּלְכוּת שֶׁלְּךָ הִיא וּלְעוֹלְמֵי עַד תִּמְלֹךְ בְּכָבוֹד
שמות טו כַּכָּתוּב בְּתוֹרָתֶךָ, יהוה יִמְלֹךְ לְעֹלָם וָעֶד:
זכריה יד ◄ וְנֶאֱמַר, וְהָיָה יהוה לְמֶלֶךְ עַל־כָּל־הָאָרֶץ
בַּיּוֹם הַהוּא יִהְיֶה יהוה אֶחָד וּשְׁמוֹ אֶחָד:

יש מוסיפים:

משלי ג אַל־תִּירָא מִפַּחַד פִּתְאֹם וּמִשֹּׁאַת רְשָׁעִים כִּי תָבֹא:
ישעיה ח עֻצוּ עֵצָה וְתֻפָר, דַּבְּרוּ דָבָר וְלֹא יָקוּם, כִּי עִמָּנוּ אֵל:
ישעיה מו וְעַד־זִקְנָה אֲנִי הוּא, וְעַד־שֵׂיבָה אֲנִי אֶסְבֹּל
אֲנִי עָשִׂיתִי וַאֲנִי אֶשָּׂא וַאֲנִי אֶסְבֹּל וַאֲמַלֵּט:

קדיש יתום

אבל: יִתְגַּדַּל וְיִתְקַדַּשׁ שְׁמֵהּ רַבָּא (קהל: אָמֵן)
בְּעָלְמָא דִּי בְרָא כִרְעוּתֵהּ
וְיַמְלִיךְ מַלְכוּתֵהּ
בְּחַיֵּיכוֹן וּבְיוֹמֵיכוֹן וּבְחַיֵּי דְכָל בֵּית יִשְׂרָאֵל
בַּעֲגָלָא וּבִזְמַן קָרִיב, וְאִמְרוּ אָמֵן. (קהל: אָמֵן)

קהל ואבל: יְהֵא שְׁמֵהּ רַבָּא מְבָרַךְ לְעָלַם וּלְעָלְמֵי עָלְמַיָּא.

אבל: יִתְבָּרַךְ וְיִשְׁתַּבַּח וְיִתְפָּאַר וְיִתְרוֹמַם וְיִתְנַשֵּׂא
וְיִתְהַדָּר וְיִתְעַלֶּה וְיִתְהַלָּל
שְׁמֵהּ דְּקֻדְשָׁא בְּרִיךְ הוּא (קהל: בְּרִיךְ הוּא)
לְעֵלָּא לְעֵלָּא מִכָּל בִּרְכָתָא וְשִׁירָתָא, תֻּשְׁבְּחָתָא וְנֶחֱמָתָא
דַּאֲמִירָן בְּעָלְמָא, וְאִמְרוּ אָמֵן. (קהל: אָמֵן)

יְהֵא שְׁלָמָא רַבָּא מִן שְׁמַיָּא
וְחַיִּים, עָלֵינוּ וְעַל כָּל יִשְׂרָאֵל, וְאִמְרוּ אָמֵן. (קהל: אָמֵן)

כורע ופוסע שלוש פסיעות לאחור. קד לשמאל, לימין ולפנים באמירת:

עֹשֶׂה הַשָּׁלוֹם בִּמְרוֹמָיו
הוּא יַעֲשֶׂה שָׁלוֹם עָלֵינוּ וְעַל כָּל יִשְׂרָאֵל, וְאִמְרוּ אָמֵן. (קהל: אָמֵן)

שיר של יום

חלק ממצוות זיכרון השבת היא קריאת כל ימות השבוע על שמה (מכילתא, מובא ברמב״ן שמות כ, ח).

נוהגים לומר אחר התפילה את השיר שאמרו הלוויים במקדש באותו יום (סדר רב עמרם גאון), ולאחריו קדיש יתום. והנוהגים כדעת הגר״א אומרים תמיד את מזמור פא בעמ׳ 357 (׳מעשה רב׳ רח).

מזמור זה אומרים ביום ראשון, כיוון שהוא מדגיש את בעלותו של הקב״ה על העולם שהוא ברא (ראש השנה לא ע״א).

ליום א׳ **הַיּוֹם יוֹם רִאשׁוֹן בְּשַׁבָּת, שֶׁבּוֹ הָיוּ הַלְוִיִּם אוֹמְרִים בְּבֵית הַמִּקְדָּשׁ:**

תהלים כד **לְדָוִד מִזְמוֹר, לַיהוה הָאָרֶץ וּמְלוֹאָהּ, תֵּבֵל וְיֹשְׁבֵי בָהּ: כִּי־הוּא עַל־**
יַמִּים יְסָדָהּ, וְעַל־נְהָרוֹת יְכוֹנְנֶהָ: מִי־יַעֲלֶה בְהַר־יהוה, וּמִי־יָקוּם
בִּמְקוֹם קָדְשׁוֹ: נְקִי כַפַּיִם וּבַר־לֵבָב, אֲשֶׁר לֹא־נָשָׂא לַשָּׁוְא נַפְשִׁי,
וְלֹא נִשְׁבַּע לְמִרְמָה: יִשָּׂא בְרָכָה מֵאֵת יהוה, וּצְדָקָה מֵאֱלֹהֵי יִשְׁעוֹ:
זֶה דּוֹר דֹּרְשָׁו, מְבַקְשֵׁי פָנֶיךָ יַעֲקֹב סֶלָה: שְׂאוּ שְׁעָרִים רָאשֵׁיכֶם,
וְהִנָּשְׂאוּ פִּתְחֵי עוֹלָם, וְיָבוֹא מֶלֶךְ הַכָּבוֹד: מִי זֶה מֶלֶךְ הַכָּבוֹד, יהוה
עִזּוּז וְגִבּוֹר, יהוה גִּבּוֹר מִלְחָמָה: שְׂאוּ שְׁעָרִים רָאשֵׁיכֶם, וּשְׂאוּ פִּתְחֵי
עוֹלָם, וְיָבֹא מֶלֶךְ הַכָּבוֹד: ◂ מִי הוּא זֶה מֶלֶךְ הַכָּבוֹד, יהוה צְבָאוֹת
הוּא מֶלֶךְ הַכָּבוֹד סֶלָה:

קדיש יתום (בעמ׳ 357)

מזמור זה אומרים ביום שלישי, כיוון שהארץ נתגלתה ביום זה וקיומה תלוי בשמירת משפטי התורה כמו שכתוב במזמור, שנאמר (ירמיהו לג, כה): ״כֹּה אָמַר ה׳, אִם־לֹא בְרִיתִי יוֹמָם וָלָיְלָה, חֻקּוֹת שָׁמַיִם וָאָרֶץ לֹא־שָׂמְתִּי״ (ר״ח, ראש השנה לא ע״א).

ליום ג׳ **הַיּוֹם יוֹם שְׁלִישִׁי בְּשַׁבָּת, שֶׁבּוֹ הָיוּ הַלְוִיִּם אוֹמְרִים בְּבֵית הַמִּקְדָּשׁ:**

תהלים פב **מִזְמוֹר לְאָסָף, אֱלֹהִים נִצָּב בַּעֲדַת־אֵל, בְּקֶרֶב אֱלֹהִים יִשְׁפֹּט: עַד־**
מָתַי תִּשְׁפְּטוּ־עָוֶל, וּפְנֵי רְשָׁעִים תִּשְׂאוּ־סֶלָה: שִׁפְטוּ־דַל וְיָתוֹם, עָנִי
וָרָשׁ הַצְדִּיקוּ: פַּלְּטוּ־דַל וְאֶבְיוֹן, מִיַּד רְשָׁעִים הַצִּילוּ: לֹא יָדְעוּ וְלֹא
יָבִינוּ, בַּחֲשֵׁכָה יִתְהַלָּכוּ, יִמּוֹטוּ כָּל־מוֹסְדֵי אָרֶץ: אֲנִי־אָמַרְתִּי אֱלֹהִים
אַתֶּם, וּבְנֵי עֶלְיוֹן כֻּלְּכֶם: אָכֵן כְּאָדָם תְּמוּתוּן, וּכְאַחַד הַשָּׂרִים תִּפֹּלוּ:
◂ קוּמָה אֱלֹהִים שָׁפְטָה הָאָרֶץ, כִּי־אַתָּה תִנְחַל בְּכָל־הַגּוֹיִם:

קדיש יתום (בעמ׳ 357)

מזמור זה אומרים ביום רביעי, כיון שהוא מתאר את הנקמה בעובדי הכוכבים, שנבראו ביום הרביעי (ראש השנה לא ע״א).

רבים נוהגים לסיים בפתיחה לקבלת שבת (בשלושת הפסוקים המתחילים את הפרק הבא), מפני שיום רביעי נחשב מכין לשבת הבאה (שפת אמת).

ליום ד׳ **הַיּוֹם יוֹם רְבִיעִי בְּשַׁבָּת, שֶׁבּוֹ הָיוּ הַלְוִיִּם אוֹמְרִים בְּבֵית הַמִּקְדָּשׁ:**

תהלים צד **אֵל־נְקָמוֹת יהוה, אֵל נְקָמוֹת הוֹפִיעַ: הִנָּשֵׂא שֹׁפֵט הָאָרֶץ, הָשֵׁב גְּמוּל עַל־גֵּאִים: עַד־מָתַי רְשָׁעִים, יהוה, עַד־מָתַי רְשָׁעִים יַעֲלֹזוּ: יַבִּיעוּ יְדַבְּרוּ עָתָק, יִתְאַמְּרוּ כָּל־פֹּעֲלֵי אָוֶן: עַמְּךָ יהוה יְדַכְּאוּ, וְנַחֲלָתְךָ יְעַנּוּ: אַלְמָנָה וְגֵר יַהֲרֹגוּ, וִיתוֹמִים יְרַצֵּחוּ: וַיֹּאמְרוּ לֹא יִרְאֶה־יָּהּ, וְלֹא־יָבִין אֱלֹהֵי יַעֲקֹב: בִּינוּ בֹּעֲרִים בָּעָם, וּכְסִילִים מָתַי תַּשְׂכִּילוּ: הֲנֹטַע אֹזֶן הֲלֹא יִשְׁמָע, אִם־יֹצֵר עַיִן הֲלֹא יַבִּיט: הֲיֹסֵר גּוֹיִם הֲלֹא יוֹכִיחַ, הַמְלַמֵּד אָדָם דָּעַת: יהוה יֹדֵעַ מַחְשְׁבוֹת אָדָם, כִּי־הֵמָּה הָבֶל: אַשְׁרֵי הַגֶּבֶר אֲשֶׁר־תְּיַסְּרֶנּוּ יָּהּ, וּמִתּוֹרָתְךָ תְלַמְּדֶנּוּ: לְהַשְׁקִיט לוֹ מִימֵי רָע, עַד יִכָּרֶה לָרָשָׁע שָׁחַת: כִּי לֹא־יִטֹּשׁ יהוה עַמּוֹ, וְנַחֲלָתוֹ לֹא יַעֲזֹב: כִּי־עַד־צֶדֶק יָשׁוּב מִשְׁפָּט, וְאַחֲרָיו כָּל־יִשְׁרֵי־לֵב: מִי־יָקוּם לִי עִם־מְרֵעִים, מִי־יִתְיַצֵּב לִי עִם־פֹּעֲלֵי אָוֶן: לוּלֵי יהוה עֶזְרָתָה לִּי, כִּמְעַט שָׁכְנָה דוּמָה נַפְשִׁי: אִם־אָמַרְתִּי מָטָה רַגְלִי, חַסְדְּךָ יהוה יִסְעָדֵנִי: בְּרֹב שַׂרְעַפַּי בְּקִרְבִּי, תַּנְחוּמֶיךָ יְשַׁעַשְׁעוּ נַפְשִׁי: הַיְחָבְרְךָ כִּסֵּא הַוּוֹת, יֹצֵר עָמָל עֲלֵי־חֹק: יָגוֹדּוּ עַל־נֶפֶשׁ צַדִּיק, וְדָם נָקִי יַרְשִׁיעוּ: וַיְהִי יהוה לִי לְמִשְׂגָּב, וֵאלֹהַי לְצוּר מַחְסִי: וַיָּשֶׁב עֲלֵיהֶם אֶת־אוֹנָם, וּבְרָעָתָם יַצְמִיתֵם, יַצְמִיתֵם יהוה אֱלֹהֵינוּ:**

תהלים צה ◂ **לְכוּ נְרַנְּנָה לַיהוה, נָרִיעָה לְצוּר יִשְׁעֵנוּ: נְקַדְּמָה פָנָיו בְּתוֹדָה, בִּזְמִרוֹת נָרִיעַ לוֹ: כִּי אֵל גָּדוֹל יהוה, וּמֶלֶךְ גָּדוֹל עַל־כָּל־אֱלֹהִים:**

קדיש יתום (בעמוד הבא)

מזמור זה אומרים ביום שישי, כיון שביום זה הקב״ה סיים את בריאת העולם ונתעלה למלך עליו (ראש השנה לא ע״א).

ליום ו׳ **הַיּוֹם יוֹם שִׁשִּׁי בְּשַׁבָּת, שֶׁבּוֹ הָיוּ הַלְוִיִּם אוֹמְרִים בְּבֵית הַמִּקְדָּשׁ:**

תהלים צג **יהוה מָלָךְ, גֵּאוּת לָבֵשׁ, לָבֵשׁ יהוה עֹז הִתְאַזָּר, אַף־תִּכּוֹן תֵּבֵל בַּל־תִּמּוֹט: נָכוֹן כִּסְאֲךָ מֵאָז, מֵעוֹלָם אָתָּה: נָשְׂאוּ נְהָרוֹת יהוה, נָשְׂאוּ**

נְהָרוֹת קוֹלָם, יִשְׂאוּ נְהָרוֹת דָּכְיָם: מִקֹּלוֹת מַיִם רַבִּים, אַדִּירִים
מִשְׁבְּרֵי־יָם, אַדִּיר בַּמָּרוֹם יהוה: ‹ עֵדֹתֶיךָ נֶאֶמְנוּ מְאֹד, לְבֵיתְךָ נַאֲוָה־
קֹדֶשׁ, יהוה לְאֹרֶךְ יָמִים: קדיש יתום (למטה)

לדעת הגר״א, אומרים בכל יום מזמור זה, שהיו אומרים
בראש השנה בבית המקדש (ראש השנה ל ע״ב).

תהלים פא לַמְנַצֵּחַ עַל־הַגִּתִּית לְאָסָף: הַרְנִינוּ לֵאלֹהִים עוּזֵּנוּ, הָרִיעוּ לֵאלֹהֵי
יַעֲקֹב: שְׂאוּ־זִמְרָה וּתְנוּ־תֹף, כִּנּוֹר נָעִים עִם־נָבֶל: תִּקְעוּ בַחֹדֶשׁ שׁוֹפָר,
בַּכֶּסֶה לְיוֹם חַגֵּנוּ: כִּי חֹק לְיִשְׂרָאֵל הוּא, מִשְׁפָּט לֵאלֹהֵי יַעֲקֹב: עֵדוּת
בִּיהוֹסֵף שָׂמוֹ, בְּצֵאתוֹ עַל־אֶרֶץ מִצְרָיִם, שְׂפַת לֹא־יָדַעְתִּי אֶשְׁמָע:
הֲסִירוֹתִי מִסֵּבֶל שִׁכְמוֹ, כַּפָּיו מִדּוּד תַּעֲבֹרְנָה: בַּצָּרָה קָרָאתָ וָאֲחַלְּצֶךָּ,
אֶעֶנְךָ בְּסֵתֶר רַעַם, אֶבְחָנְךָ עַל־מֵי מְרִיבָה סֶלָה: שְׁמַע עַמִּי וְאָעִידָה
בָּךְ, יִשְׂרָאֵל אִם־תִּשְׁמַע־לִי: לֹא־יִהְיֶה בְךָ אֵל זָר, וְלֹא תִשְׁתַּחֲוֶה לְאֵל
נֵכָר: אָנֹכִי יהוה אֱלֹהֶיךָ, הַמַּעַלְךָ מֵאֶרֶץ מִצְרָיִם, הַרְחֶב־פִּיךָ וַאֲמַלְאֵהוּ:
וְלֹא־שָׁמַע עַמִּי לְקוֹלִי, וְיִשְׂרָאֵל לֹא־אָבָה לִי: וָאֲשַׁלְּחֵהוּ בִּשְׁרִירוּת
לִבָּם, יֵלְכוּ בְּמוֹעֲצוֹתֵיהֶם: לוּ עַמִּי שֹׁמֵעַ לִי, יִשְׂרָאֵל בִּדְרָכַי יְהַלֵּכוּ:
כִּמְעַט אוֹיְבֵיהֶם אַכְנִיעַ, וְעַל־צָרֵיהֶם אָשִׁיב יָדִי: מְשַׂנְאֵי יהוה יְכַחֲשׁוּ־
לוֹ, וִיהִי עִתָּם לְעוֹלָם: ‹ וַיַּאֲכִילֵהוּ מֵחֵלֶב חִטָּה, וּמִצּוּר, דְּבַשׁ אַשְׂבִּיעֶךָ:

קדיש יתום

אבל: יִתְגַּדַּל וְיִתְקַדַּשׁ שְׁמֵהּ רַבָּא (קהל: אָמֵן)
בְּעָלְמָא דִּי בְרָא כִרְעוּתֵהּ, וְיַמְלִיךְ מַלְכוּתֵהּ
בְּחַיֵּיכוֹן וּבְיוֹמֵיכוֹן וּבְחַיֵּי דְכָל בֵּית יִשְׂרָאֵל
בַּעֲגָלָא וּבִזְמַן קָרִיב, וְאִמְרוּ אָמֵן. (קהל: אָמֵן)

קהל ואבל: יְהֵא שְׁמֵהּ רַבָּא מְבָרַךְ לְעָלַם וּלְעָלְמֵי עָלְמַיָּא.

אבל: יִתְבָּרַךְ וְיִשְׁתַּבַּח וְיִתְפָּאַר וְיִתְרוֹמַם וְיִתְנַשֵּׂא
וְיִתְהַדָּר וְיִתְעַלֶּה וְיִתְהַלָּל
שְׁמֵהּ דְּקֻדְשָׁא בְּרִיךְ הוּא (קהל: בְּרִיךְ הוּא)

לְעֵלָּא לְעֵלָּא מִכָּל בִּרְכָתָא
וְשִׁירָתָא, תֻּשְׁבְּחָתָא וְנֶחֱמָתָא
דַּאֲמִירָן בְּעָלְמָא, וְאִמְרוּ אָמֵן. (קהל: אָמֵן)

יְהֵא שְׁלָמָא רַבָּא מִן שְׁמַיָּא
וְחַיִּים, עָלֵינוּ וְעַל כָּל יִשְׂרָאֵל, וְאִמְרוּ אָמֵן. (קהל: אָמֵן)

כורע ופוסע שלוש פסיעות לאחור. קד לשמאל, לימין ולפנים באמירת:

עֹשֶׂה הַשָּׁלוֹם בִּמְרוֹמָיו
הוּא יַעֲשֶׂה שָׁלוֹם עָלֵינוּ
וְעַל כָּל יִשְׂרָאֵל, וְאִמְרוּ אָמֵן. (קהל: אָמֵן)

ברוב הקהילות נוהגים להוסיף:

תהלים כז לְדָוִד, יהוה אוֹרִי וְיִשְׁעִי, מִמִּי אִירָא, יהוה מָעוֹז־חַיַּי, מִמִּי אֶפְחָד: בִּקְרֹב עָלַי מְרֵעִים לֶאֱכֹל אֶת־בְּשָׂרִי, צָרַי וְאֹיְבַי לִי, הֵמָּה כָשְׁלוּ וְנָפָלוּ: אִם־תַּחֲנֶה עָלַי מַחֲנֶה, לֹא־יִירָא לִבִּי, אִם־תָּקוּם עָלַי מִלְחָמָה, בְּזֹאת אֲנִי בוֹטֵחַ: אַחַת שָׁאַלְתִּי מֵאֵת־יהוה, אוֹתָהּ אֲבַקֵּשׁ, שִׁבְתִּי בְּבֵית־יהוה כָּל־יְמֵי חַיַּי, לַחֲזוֹת בְּנֹעַם־יהוה, וּלְבַקֵּר בְּהֵיכָלוֹ: כִּי יִצְפְּנֵנִי בְּסֻכֹּה בְּיוֹם רָעָה, יַסְתִּרֵנִי בְּסֵתֶר אָהֳלוֹ, בְּצוּר יְרוֹמְמֵנִי: וְעַתָּה יָרוּם רֹאשִׁי עַל אֹיְבַי סְבִיבוֹתַי, וְאֶזְבְּחָה בְאָהֳלוֹ זִבְחֵי תְרוּעָה, אָשִׁירָה וַאֲזַמְּרָה לַיהוה: שְׁמַע־יהוה קוֹלִי אֶקְרָא, וְחָנֵּנִי וַעֲנֵנִי: לְךָ אָמַר לִבִּי בַּקְּשׁוּ פָנָי, אֶת־פָּנֶיךָ יהוה אֲבַקֵּשׁ: אַל־תַּסְתֵּר פָּנֶיךָ מִמֶּנִּי, אַל תַּט־בְּאַף עַבְדֶּךָ, עֶזְרָתִי הָיִיתָ, אַל־תִּטְּשֵׁנִי וְאַל־תַּעַזְבֵנִי, אֱלֹהֵי יִשְׁעִי: כִּי־אָבִי וְאִמִּי עֲזָבוּנִי, וַיהוה יַאַסְפֵנִי: הוֹרֵנִי יהוה דַּרְכֶּךָ, וּנְחֵנִי בְּאֹרַח מִישׁוֹר, לְמַעַן שׁוֹרְרָי: אַל־תִּתְּנֵנִי בְּנֶפֶשׁ צָרָי, כִּי קָמוּ־בִי עֵדֵי־שֶׁקֶר, וִיפֵחַ חָמָס: ◂ לוּלֵא הֶאֱמַנְתִּי לִרְאוֹת בְּטוּב־יהוה בְּאֶרֶץ חַיִּים: קַוֵּה אֶל־יהוה, חֲזַק וְיַאֲמֵץ לִבֶּךָ, וְקַוֵּה אֶל־יהוה:

קדיש יתום (בעמוד הקודם)

שיר הכבוד

פיוט זה נכתב במקורו לליל יום הכיפורים (מהרי״ל).
היו שהסתייגו ממנו, מפני החשש שהדימויים שבו קרובים מדי להגשמה (מהרש״ל).
אך ברוב הקהילות נוהגים לאומרו בכל שבת ויום טוב בסוף התפילה (לבוש׳ קלג).

פותחים את ארון הקודש, והקהל עומד.

ש״ץ: **אַנְעִים זְמִירוֹת וְשִׁירִים אֶאֱרֹג, כִּי אֵלֶיךָ נַפְשִׁי תַעֲרֹג.**

קהל: נַפְשִׁי חָמְדָה בְּצֵל יָדֶךָ, לָדַעַת כָּל רָז סוֹדֶךָ.

ש״ץ: **מִדֵּי דַבְּרִי בִּכְבוֹדֶךָ, הוֹמֶה לִבִּי אֶל דּוֹדֶיךָ.**

קהל: עַל כֵּן אֲדַבֵּר בְּךָ נִכְבָּדוֹת, וְשִׁמְךָ אֲכַבֵּד בְּשִׁירֵי יְדִידוֹת.

ש״ץ: **אֲסַפְּרָה כְבוֹדְךָ וְלֹא רְאִיתִיךָ, אֲדַמְּךָ אֲכַנְּךָ וְלֹא יְדַעְתִּיךָ.**

קהל: בְּיַד נְבִיאֶיךָ בְּסוֹד עֲבָדֶיךָ, דִּמִּיתָ הֲדַר כְּבוֹד הוֹדֶךָ.

ש״ץ: **גְּדֻלָּתְךָ וּגְבוּרָתֶךָ, כִּנּוּ לְתֹקֶף פְּעֻלָּתֶךָ.**

קהל: דִּמּוּ אוֹתְךָ וְלֹא כְּפִי יֶשְׁךָ, וַיְשַׁוּוּךָ לְפִי מַעֲשֶׂיךָ.

ש״ץ: **הִמְשִׁילוּךָ בְּרֹב חֶזְיוֹנוֹת, הִנְּךָ אֶחָד בְּכָל דִּמְיוֹנוֹת.**

קהל: וַיֶּחֱזוּ בְךָ זִקְנָה וּבַחֲרוּת, וּשְׂעַר רֹאשְׁךָ בְּשֵׂיבָה וְשַׁחֲרוּת.

ש״ץ: **זִקְנָה בְּיוֹם דִּין וּבַחֲרוּת בְּיוֹם קְרָב, כְּאִישׁ מִלְחָמוֹת יָדָיו לוֹ רָב.**

קהל: חָבַשׁ כּוֹבַע יְשׁוּעָה בְּרֹאשׁוֹ, הוֹשִׁיעָה לּוֹ יְמִינוֹ וּזְרוֹעַ קָדְשׁוֹ.

ש״ץ: **טַלְלֵי אוֹרוֹת רֹאשׁוֹ נִמְלָא, קְוֻצּוֹתָיו רְסִיסֵי לָיְלָה.**

קהל: יִתְפָּאֵר בִּי כִּי חָפֵץ בִּי, וְהוּא יִהְיֶה לִּי לַעֲטֶרֶת צְבִי.

ש״ץ: **כֶּתֶם טָהוֹר פָּז דְּמוּת רֹאשׁוֹ, וְחַק עַל מֵצַח כְּבוֹד שֵׁם קָדְשׁוֹ.**

קהל: לְחֵן וּלְכָבוֹד צְבִי תִפְאָרָה, אֻמָּתוֹ לוֹ עִטְּרָה עֲטָרָה.

ש״ץ: **מַחְלְפוֹת רֹאשׁוֹ כְּבִימֵי בְחוּרוֹת, קְוֻצּוֹתָיו תַּלְתַּלִּים שְׁחוֹרוֹת.**

קהל: נְוֵה הַצֶּדֶק צְבִי תִפְאַרְתּוֹ, יַעֲלֶה נָּא עַל רֹאשׁ שִׂמְחָתוֹ.

ש״ץ: סְגֻלָּתוֹ תְּהִי בְיָדוֹ עֲטֶרֶת, וּצְנִיף מְלוּכָה צְבִי תִפְאֶרֶת.

קהל: עֲמוּסִים נְשָׂאָם, עֲטֶרֶת עִנְּדָם, מֵאֲשֶׁר יָקְרוּ בְעֵינָיו כִּבְּדָם.

ש״ץ: פְּאֵרוֹ עָלַי וּפְאֵרִי עָלָיו, וְקָרוֹב אֵלַי בְּקָרְאִי אֵלָיו.

קהל: צַח וְאָדֹם לִלְבוּשׁוֹ אָדֹם, פּוּרָה בְדָרְכוֹ בְּבוֹאוֹ מֵאֱדוֹם.

ש״ץ: קֶשֶׁר תְּפִלִּין הֶרְאָה לֶעָנָו, תְּמוּנַת יהוה לְנֶגֶד עֵינָיו.

קהל: רוֹצֶה בְעַמּוֹ עֲנָוִים יְפָאֵר, יוֹשֵׁב תְּהִלּוֹת בָּם לְהִתְפָּאֵר.

ש״ץ: רֹאשׁ דְּבָרְךָ אֱמֶת קוֹרֵא מֵרֹאשׁ דּוֹר וָדוֹר, עַם דּוֹרֶשְׁךָ דְּרֹשׁ.

קהל: שִׁית הֲמוֹן שִׁירַי נָא עָלֶיךָ, וְרִנָּתִי תִּקְרַב אֵלֶיךָ.

ש״ץ: תְּהִלָּתִי תְּהִי לְרֹאשְׁךָ עֲטֶרֶת, וּתְפִלָּתִי תִּכּוֹן קְטֹרֶת.

קהל: תִּיקַר שִׁירַת רָשׁ בְּעֵינֶיךָ, כַּשִּׁיר יוּשַׁר עַל קָרְבָּנֶיךָ.

ש״ץ: בִּרְכָתִי תַעֲלֶה לְרֹאשׁ מַשְׁבִּיר, מְחוֹלֵל וּמוֹלִיד, צַדִּיק כַּבִּיר.

קהל: וּבְבִרְכָתִי תְנַעֲנַע לִי רֹאשׁ, וְאוֹתָהּ קַח לְךָ כִּבְשָׂמִים רֹאשׁ.

ש״ץ: יֶעֱרַב נָא שִׂיחִי עָלֶיךָ, כִּי נַפְשִׁי תַעֲרֹג אֵלֶיךָ.

סוגרים את ארון הקודש.

דברי הימים א׳ כט לְךָ יהוה הַגְּדֻלָּה וְהַגְּבוּרָה וְהַתִּפְאֶרֶת וְהַנֵּצַח וְהַהוֹד
כִּי־כֹל בַּשָּׁמַיִם וּבָאָרֶץ
לְךָ יהוה הַמַּמְלָכָה וְהַמִּתְנַשֵּׂא לְכֹל לְרֹאשׁ:

תהלים קו ◂ מִי יְמַלֵּל גְּבוּרוֹת יהוה, יַשְׁמִיעַ כָּל־תְּהִלָּתוֹ:

קדיש יתום (בעמ׳ 357)

תפילת מנחה

מנחה לשני הימים

"וְעָרְבָה לַה' מִנְחַת יְהוּדָה וִירוּשָׁלָם כִּימֵי עוֹלָם וּכְשָׁנִים קַדְמֹנִיּוֹת" (מלאכי ג, ד).

ראוי לומר לפני תפילת מנחה את סדר הקרבנות בעמ' 81
(פרשת הכיור, פרשת התמיד וסדר הקטורת עד אחרי 'אָנָּא, בְּכֹחַ').

אַשְׁרֵי יוֹשְׁבֵי בֵיתֶךָ, עוֹד יְהַלְלוּךָ סֶּלָה: תהלים פד

אַשְׁרֵי הָעָם שֶׁכָּכָה לּוֹ, אַשְׁרֵי הָעָם שֶׁיהוה אֱלֹהָיו: תהלים קמד

תְּהִלָּה לְדָוִד תהלים קמה

אֲרוֹמִמְךָ אֱלוֹהַי הַמֶּלֶךְ, וַאֲבָרְכָה שִׁמְךָ לְעוֹלָם וָעֶד:
בְּכָל־יוֹם אֲבָרְכֶךָּ, וַאֲהַלְלָה שִׁמְךָ לְעוֹלָם וָעֶד:
גָּדוֹל יהוה וּמְהֻלָּל מְאֹד, וְלִגְדֻלָּתוֹ אֵין חֵקֶר:
דּוֹר לְדוֹר יְשַׁבַּח מַעֲשֶׂיךָ, וּגְבוּרֹתֶיךָ יַגִּידוּ:
הֲדַר כְּבוֹד הוֹדֶךָ, וְדִבְרֵי נִפְלְאוֹתֶיךָ אָשִׂיחָה:
וֶעֱזוּז נוֹרְאוֹתֶיךָ יֹאמֵרוּ, וּגְדוּלָּתְךָ אֲסַפְּרֶנָּה:
זֵכֶר רַב־טוּבְךָ יַבִּיעוּ, וְצִדְקָתְךָ יְרַנֵּנוּ:
חַנּוּן וְרַחוּם יהוה, אֶרֶךְ אַפַּיִם וּגְדָל־חָסֶד:
טוֹב־יהוה לַכֹּל, וְרַחֲמָיו עַל־כָּל־מַעֲשָׂיו:
יוֹדוּךָ יהוה כָּל־מַעֲשֶׂיךָ, וַחֲסִידֶיךָ יְבָרְכוּכָה:
כְּבוֹד מַלְכוּתְךָ יֹאמֵרוּ, וּגְבוּרָתְךָ יְדַבֵּרוּ:
לְהוֹדִיעַ לִבְנֵי הָאָדָם גְּבוּרֹתָיו, וּכְבוֹד הֲדַר מַלְכוּתוֹ:
מַלְכוּתְךָ מַלְכוּת כָּל־עֹלָמִים, וּמֶמְשַׁלְתְּךָ בְּכָל־דּוֹר וָדֹר:
סוֹמֵךְ יהוה לְכָל־הַנֹּפְלִים, וְזוֹקֵף לְכָל־הַכְּפוּפִים:
עֵינֵי־כֹל אֵלֶיךָ יְשַׂבֵּרוּ, וְאַתָּה נוֹתֵן־לָהֶם אֶת־אָכְלָם בְּעִתּוֹ:
פּוֹתֵחַ אֶת־יָדֶךָ, וּמַשְׂבִּיעַ לְכָל־חַי רָצוֹן:

צַדִּיק יהוה בְּכָל־דְּרָכָיו, וְחָסִיד בְּכָל־מַעֲשָׂיו:
קָרוֹב יהוה לְכָל־קֹרְאָיו, לְכֹל אֲשֶׁר יִקְרָאֻהוּ בֶאֱמֶת:
רְצוֹן־יְרֵאָיו יַעֲשֶׂה, וְאֶת־שַׁוְעָתָם יִשְׁמַע, וְיוֹשִׁיעֵם:
שׁוֹמֵר יהוה אֶת־כָּל־אֹהֲבָיו, וְאֵת כָּל־הָרְשָׁעִים יַשְׁמִיד:
◂ תְּהִלַּת יהוה יְדַבֶּר פִּי, וִיבָרֵךְ כָּל־בָּשָׂר שֵׁם קָדְשׁוֹ לְעוֹלָם וָעֶד:
וַאֲנַחְנוּ נְבָרֵךְ יָהּ מֵעַתָּה וְעַד־עוֹלָם, הַלְלוּיָהּ: תהלים קטו

וּבָא לְצִיּוֹן גּוֹאֵל, וּלְשָׁבֵי פֶשַׁע בְּיַעֲקֹב, נְאֻם יהוה: ישעיה נט
וַאֲנִי זֹאת בְּרִיתִי אוֹתָם, אָמַר יהוה
רוּחִי אֲשֶׁר עָלֶיךָ וּדְבָרַי אֲשֶׁר־שַׂמְתִּי בְּפִיךָ
לֹא־יָמוּשׁוּ מִפִּיךָ וּמִפִּי זַרְעֲךָ וּמִפִּי זֶרַע זַרְעֲךָ
אָמַר יהוה, מֵעַתָּה וְעַד־עוֹלָם:

◂ וְאַתָּה קָדוֹשׁ יוֹשֵׁב תְּהִלּוֹת יִשְׂרָאֵל: וְקָרָא זֶה אֶל־זֶה וְאָמַר ◂ תהלים כב ישעיה ו
קָדוֹשׁ, קָדוֹשׁ, קָדוֹשׁ, יהוה צְבָאוֹת, מְלֹא כָל־הָאָרֶץ כְּבוֹדוֹ:
וּמְקַבְּלִין דֵּין מִן דֵּין וְאָמְרִין, קַדִּישׁ בִּשְׁמֵי מְרוֹמָא עִלָּאָה בֵּית שְׁכִינְתֵּהּ תרגום יונתן ישעיה ו
קַדִּישׁ עַל אַרְעָא עוֹבַד גְּבוּרְתֵּהּ, קַדִּישׁ לְעָלַם וּלְעָלְמֵי עָלְמַיָּא
יהוה צְבָאוֹת, מַלְיָא כָל אַרְעָא זִיו יְקָרֵהּ.

◂ וַתִּשָּׂאֵנִי רוּחַ, וָאֶשְׁמַע אַחֲרַי קוֹל רַעַשׁ גָּדוֹל ◂ יחזקאל ג
בָּרוּךְ כְּבוֹד־יהוה מִמְּקוֹמוֹ:
וּנְטָלַתְנִי רוּחָא, וּשְׁמָעִית בַּתְרַי קָל זִיעַ סַגִּיא, דִּמְשַׁבְּחִין וְאָמְרִין תרגום יונתן יחזקאל ג
בְּרִיךְ יְקָרָא דַיהוה מֵאֲתַר בֵּית שְׁכִינְתֵּהּ.

יהוה יִמְלֹךְ לְעֹלָם וָעֶד: שמות טו
יהוה מַלְכוּתֵהּ קָאֵם לְעָלַם וּלְעָלְמֵי עָלְמַיָּא. תרגום אונקלוס שמות טו

דברי הימים א, כט יהוה אֱלֹהֵי אַבְרָהָם יִצְחָק וְיִשְׂרָאֵל אֲבֹתֵינוּ, שָׁמְרָה־זֹּאת לְעוֹלָם
תהלים עח לְיֵצֶר מַחְשְׁבוֹת לְבַב עַמֶּךָ, וְהָכֵן לְבָבָם אֵלֶיךָ: וְהוּא רַחוּם יְכַפֵּר
עָוֹן וְלֹא־יַשְׁחִית, וְהִרְבָּה לְהָשִׁיב אַפּוֹ, וְלֹא־יָעִיר כָּל־חֲמָתוֹ:
תהלים פו תהלים קיט כִּי־אַתָּה אֲדֹנָי טוֹב וְסַלָּח, וְרַב־חֶסֶד לְכָל־קֹרְאֶיךָ: צִדְקָתְךָ
מיכה ז צֶדֶק לְעוֹלָם וְתוֹרָתְךָ אֱמֶת: תִּתֵּן אֱמֶת לְיַעֲקֹב, חֶסֶד לְאַבְרָהָם,
תהלים סח אֲשֶׁר־נִשְׁבַּעְתָּ לַאֲבֹתֵינוּ מִימֵי קֶדֶם: בָּרוּךְ אֲדֹנָי יוֹם יוֹם יַעֲמָס־
תהלים מו לָנוּ, הָאֵל יְשׁוּעָתֵנוּ סֶלָה: יהוה צְבָאוֹת עִמָּנוּ, מִשְׂגָּב לָנוּ אֱלֹהֵי
תהלים כ תהלים פד יַעֲקֹב סֶלָה: יהוה צְבָאוֹת, אַשְׁרֵי אָדָם בֹּטֵחַ בָּךְ: יהוה הוֹשִׁיעָה,
הַמֶּלֶךְ יַעֲנֵנוּ בְיוֹם־קָרְאֵנוּ:

בָּרוּךְ הוּא אֱלֹהֵינוּ שֶׁבְּרָאָנוּ לִכְבוֹדוֹ, וְהִבְדִּילָנוּ מִן הַתּוֹעִים, וְנָתַן לָנוּ תּוֹרַת אֱמֶת, וְחַיֵּי עוֹלָם נָטַע בְּתוֹכֵנוּ. הוּא יִפְתַּח לִבֵּנוּ בְּתוֹרָתוֹ, וְיָשֵׂם בְּלִבֵּנוּ אַהֲבָתוֹ וְיִרְאָתוֹ וְלַעֲשׂוֹת רְצוֹנוֹ וּלְעָבְדוֹ בְּלֵבָב שָׁלֵם, לְמַעַן לֹא נִיגַע לָרִיק וְלֹא נֵלֵד לַבֶּהָלָה.

יְהִי רָצוֹן מִלְּפָנֶיךָ יהוה אֱלֹהֵינוּ וֵאלֹהֵי אֲבוֹתֵינוּ, שֶׁנִּשְׁמֹר חֻקֶּיךָ
בָּעוֹלָם הַזֶּה, וְנִזְכֶּה וְנִחְיֶה וְנִרְאֶה וְנִירַשׁ טוֹבָה וּבְרָכָה, לִשְׁנֵי
תהלים ל יְמוֹת הַמָּשִׁיחַ וּלְחַיֵּי הָעוֹלָם הַבָּא. לְמַעַן יְזַמֶּרְךָ כָבוֹד וְלֹא יִדֹּם,
ירמיה יז יהוה אֱלֹהַי, לְעוֹלָם אוֹדֶךָּ: בָּרוּךְ הַגֶּבֶר אֲשֶׁר יִבְטַח בַּיהוה,
ישעיה כו וְהָיָה יהוה מִבְטַחוֹ: בִּטְחוּ בַיהוה עֲדֵי־עַד, כִּי בְּיָהּ יהוה צוּר
תהלים ט עוֹלָמִים: ◂ וְיִבְטְחוּ בְךָ יוֹדְעֵי שְׁמֶךָ, כִּי לֹא־עָזַבְתָּ דֹרְשֶׁיךָ, יהוה:
ישעיה מב יהוה חָפֵץ לְמַעַן צִדְקוֹ, יַגְדִּיל תּוֹרָה וְיַאְדִּיר:

ממשיכים בחצי קדיש (עמ׳ 370) ואחריו תפילת עמידה,
ואם חל בשבת ממשיכים בעמוד הבא.

חצי קדיש

ש״ץ: יִתְגַּדַּל וְיִתְקַדַּשׁ שְׁמֵהּ רַבָּא (קהל: אָמֵן)

בְּעָלְמָא דִּי בְרָא כִרְעוּתֵהּ

וְיַמְלִיךְ מַלְכוּתֵהּ

בְּחַיֵּיכוֹן וּבְיוֹמֵיכוֹן וּבְחַיֵּי דְכָל בֵּית יִשְׂרָאֵל

בַּעֲגָלָא וּבִזְמַן קָרִיב, וְאִמְרוּ אָמֵן. (קהל: אָמֵן)

קהל וש״ץ: יְהֵא שְׁמֵהּ רַבָּא מְבָרַךְ לְעָלַם וּלְעָלְמֵי עָלְמַיָּא.

ש״ץ: יִתְבָּרַךְ וְיִשְׁתַּבַּח וְיִתְפָּאַר וְיִתְרוֹמַם וְיִתְנַשֵּׂא

וְיִתְהַדָּר וְיִתְעַלֶּה וְיִתְהַלָּל

שְׁמֵהּ דְּקֻדְשָׁא בְּרִיךְ הוּא (קהל: בְּרִיךְ הוּא)

לְעֵלָּא לְעֵלָּא מִכָּל בִּרְכָתָא וְשִׁירָתָא, תֻּשְׁבְּחָתָא וְנֶחֱמָתָא

דַּאֲמִירָן בְּעָלְמָא, וְאִמְרוּ אָמֵן. (קהל: אָמֵן)

תהלים סט וַאֲנִי תְפִלָּתִי־לְךָ יהוה, עֵת רָצוֹן, אֱלֹהִים בְּרָב־חַסְדֶּךָ

עֲנֵנִי בֶּאֱמֶת יִשְׁעֶךָ:

פותחים את ארון הקודש. הקהל עומד על רגליו.

במדבר י וַיְהִי בִּנְסֹעַ הָאָרֹן וַיֹּאמֶר מֹשֶׁה

קוּמָה יהוה וְיָפֻצוּ אֹיְבֶיךָ וְיָנֻסוּ מְשַׂנְאֶיךָ מִפָּנֶיךָ:

ישעיה ב כִּי מִצִּיּוֹן תֵּצֵא תוֹרָה וּדְבַר־יהוה מִירוּשָׁלָםִ:

בָּרוּךְ שֶׁנָּתַן תּוֹרָה לְעַמּוֹ יִשְׂרָאֵל בִּקְדֻשָּׁתוֹ.

זוהר ויקהל בְּרִיךְ שְׁמֵהּ דְּמָרֵא עָלְמָא, בְּרִיךְ כִּתְרָךְ וְאַתְרָךְ. יְהֵא רְעוּתָךְ עִם עַמָּךְ יִשְׂרָאֵל
לְעָלַם, וּפֻרְקַן יְמִינָךְ אַחֲזִי לְעַמָּךְ בְּבֵית מַקְדְּשָׁךְ, וּלְאַמְטוּיֵי לַנָא מִטּוּב
נְהוֹרָךְ, וּלְקַבֵּל צְלוֹתַנָא בְּרַחֲמִין. יְהֵא רַעֲוָא קֳדָמָךְ דְּתוֹרִיךְ לַן חַיִּין בְּטִיבוּ,
וְלֶהֱוֵי אֲנָא פְּקִידָא בְּגוֹ צַדִּיקַיָּא, לְמִרְחַם עָלַי וּלְמִנְטַר יָתִי וְיַת כָּל דִּי לִי וְדִי
לְעַמָּךְ יִשְׂרָאֵל. אַנְתְּ הוּא זָן לְכֹלָּא וּמְפַרְנֵס לְכֹלָּא, אַנְתְּ הוּא שַׁלִּיט עַל כֹּלָּא,

אַנְתְּ הוּא דְשַׁלִּיט עַל מַלְכַיָּא, וּמַלְכוּתָא דִּילָךְ הִיא. אֲנָא עַבְדָּא דְקֻדְשָׁא בְּרִיךְ הוּא, דְּסָגֵדְנָא קַמֵּהּ וּמִקַּמֵּי דִּיקַר אוֹרַיְתֵהּ בְּכָל עִדָּן וְעִדָּן. לָא עַל אֱנָשׁ רְחִיצְנָא וְלָא עַל בַּר אֱלָהִין סָמִיכְנָא, אֶלָּא בֶּאֱלָהָא דִשְׁמַיָּא, דְּהוּא אֱלָהָא קְשׁוֹט, וְאוֹרַיְתֵהּ קְשׁוֹט, וּנְבִיאוֹהִי קְשׁוֹט, וּמַסְגֵּא לְמֶעְבַּד טַבְוָן וּקְשׁוֹט. • בֵּהּ אֲנָא רָחִיץ, וְלִשְׁמֵהּ קַדִּישָׁא יַקִּירָא אֲנָא אֵמַר תֻּשְׁבְּחָן. יְהֵא רַעֲוָא קֳדָמָךְ דְּתִפְתַּח לִבַּאי בְּאוֹרַיְתָא, וְתַשְׁלִים מִשְׁאֲלִין דְּלִבַּאי וְלִבָּא דְכָל עַמָּךְ יִשְׂרָאֵל לְטָב וּלְחַיִּין וְלִשְׁלָם.

שליח הציבור מקבל את ספר התורה בימינו, קד לעבר ארון הקודש, פונה לקהל ואומר:

גַּדְּלוּ לַיהוה אִתִּי וּנְרוֹמְמָה שְׁמוֹ יַחְדָּו: תהלים לד

סוגרים את ארון הקודש. שליח הציבור הולך אל הבימה והקהל אומר:

לְךָ יהוה הַגְּדֻלָּה וְהַגְּבוּרָה וְהַתִּפְאֶרֶת וְהַנֵּצַח וְהַהוֹד, כִּי־כֹל בַּשָּׁמַיִם וּבָאָרֶץ: לְךָ יהוה הַמַּמְלָכָה וְהַמִּתְנַשֵּׂא לְכֹל לְרֹאשׁ: דברי הימים א׳ כט

רוֹמְמוּ יהוה אֱלֹהֵינוּ וְהִשְׁתַּחֲווּ לַהֲדֹם רַגְלָיו, קָדוֹשׁ הוּא: רוֹמְמוּ יהוה תהלים צט
אֱלֹהֵינוּ וְהִשְׁתַּחֲווּ לְהַר קָדְשׁוֹ, כִּי־קָדוֹשׁ יהוה אֱלֹהֵינוּ: שם

אַב הָרַחֲמִים הוּא יְרַחֵם עַם עֲמוּסִים, וְיִזְכֹּר בְּרִית אֵיתָנִים, וְיַצִּיל נַפְשׁוֹתֵינוּ מִן הַשָּׁעוֹת הָרָעוֹת, וְיִגְעַר בְּיֵצֶר הָרָע מִן הַנְּשׂוּאִים, וְיָחֹן אוֹתָנוּ לִפְלֵיטַת עוֹלָמִים, וִימַלֵּא מִשְׁאֲלוֹתֵינוּ בְּמִדָּה טוֹבָה יְשׁוּעָה וְרַחֲמִים.

מניח את הספר על הבימה, והגבאי מכריז:

וְתִגָּלֶה וְתֵרָאֶה מַלְכוּתוֹ עָלֵינוּ בִּזְמַן קָרוֹב, וְיָחֹן פְּלֵיטָתֵנוּ וּפְלֵיטַת עַמּוֹ בֵּית יִשְׂרָאֵל לְחֵן וּלְחֶסֶד וּלְרַחֲמִים וּלְרָצוֹן וְנֹאמַר אָמֵן. הַכֹּל הָבוּ גֹדֶל לֵאלֹהֵינוּ וּתְנוּ כָבוֹד לַתּוֹרָה.
*כֹּהֵן קְרַב, יַעֲמֹד (פלוני בֶּן פלוני) הַכֹּהֵן.

*אם אין כוהן, הגבאי קורא ללוי או לישראל ואומר:

/אֵין כָּאן כֹּהֵן, יַעֲמֹד (פלוני בֶּן פלוני) בִּמְקוֹם כֹּהֵן./

בָּרוּךְ שֶׁנָּתַן תּוֹרָה לְעַמּוֹ יִשְׂרָאֵל בִּקְדֻשָּׁתוֹ.

קהל ואחריו הגבאי:

וְאַתֶּם הַדְּבֵקִים בַּיהוה אֱלֹהֵיכֶם חַיִּים כֻּלְּכֶם הַיּוֹם: דברים ד

קודם הברכה על העולה לראות היכן קוראים ולנשק את ספר התורה. בשעת הברכה אוחז בעמודי הספר.

עולה: בָּרְכוּ אֶת יהוה הַמְבֹרָךְ.

קהל: בָּרוּךְ יהוה הַמְבֹרָךְ לְעוֹלָם וָעֶד.

עולה: בָּרוּךְ יהוה הַמְבֹרָךְ לְעוֹלָם וָעֶד.

בָּרוּךְ אַתָּה יהוה, אֱלֹהֵינוּ מֶלֶךְ הָעוֹלָם אֲשֶׁר בָּחַר בָּנוּ מִכָּל הָעַמִּים וְנָתַן לָנוּ אֶת תּוֹרָתוֹ. בָּרוּךְ אַתָּה יהוה, נוֹתֵן הַתּוֹרָה.

לאחר הקריאה העולה מנשק את ספר התורה ומברך:

עולה: בָּרוּךְ אַתָּה יהוה אֱלֹהֵינוּ מֶלֶךְ הָעוֹלָם אֲשֶׁר נָתַן לָנוּ תּוֹרַת אֱמֶת וְחַיֵּי עוֹלָם נָטַע בְּתוֹכֵנוּ. בָּרוּךְ אַתָּה יהוה, נוֹתֵן הַתּוֹרָה.

קריאת התורה

דברים לב, א–יח
הַאֲזִינוּ הַשָּׁמַיִם וַאֲדַבֵּרָה וְתִשְׁמַע הָאָרֶץ אִמְרֵי־פִי:
יַעֲרֹף כַּמָּטָר לִקְחִי תִּזַּל כַּטַּל אִמְרָתִי
כִּשְׂעִירִם עֲלֵי־דֶשֶׁא וְכִרְבִיבִים עֲלֵי־עֵשֶׂב:
כִּי שֵׁם יהוה אֶקְרָא הָבוּ גֹדֶל לֵאלֹהֵינוּ:
לוי (ברוב הקהילות) *הַצּוּר תָּמִים פָּעֳלוֹ כִּי כָל־דְּרָכָיו מִשְׁפָּט
אֵל אֱמוּנָה וְאֵין עָוֶל צַדִּיק וְיָשָׁר הוּא:
שִׁחֵת לוֹ לֹא בָּנָיו מוּמָם דּוֹר עִקֵּשׁ וּפְתַלְתֹּל:
הַ לְיהוה תִּגְמְלוּ־זֹאת עַם נָבָל וְלֹא חָכָם
הֲלוֹא־הוּא אָבִיךָ קָּנֶךָ הוּא עָשְׂךָ וַיְכֹנְנֶךָ:

יש המתחילים כאן את הקריאה ללוי.

ישראל *זְכֹר יְמוֹת עוֹלָם בִּינוּ שְׁנוֹת דֹּר־וָדֹר
שְׁאַל אָבִיךָ וְיַגֵּדְךָ זְקֵנֶיךָ וְיֹאמְרוּ לָךְ:
בְּהַנְחֵל עֶלְיוֹן גּוֹיִם בְּהַפְרִידוֹ בְּנֵי אָדָם
יַצֵּב גְּבֻלֹת עַמִּים לְמִסְפַּר בְּנֵי יִשְׂרָאֵל:
כִּי חֵלֶק יהוה עַמּוֹ יַעֲקֹב חֶבֶל נַחֲלָתוֹ:
יִמְצָאֵהוּ בְּאֶרֶץ מִדְבָּר וּבְתֹהוּ יְלֵל יְשִׁמֹן
יְסֹבְבֶנְהוּ יְבוֹנְנֵהוּ יִצְּרֶנְהוּ כְּאִישׁוֹן עֵינוֹ:

כְּנֶשֶׁר יָעִיר קִנּוֹ עַל־גּוֹזָלָיו יְרַחֵף

יִפְרֹשׂ כְּנָפָיו יִקָּחֵהוּ יִשָּׂאֵהוּ עַל־אֶבְרָתוֹ:

יהוה בָּדָד יַנְחֶנּוּ וְאֵין עִמּוֹ אֵל נֵכָר:

עד כאן קוראים ברוב הקהילות. יש המתחילים כאן את הקריאה לישראל כדי לקרוא כסדר הנזכר בראש השנה לא ע״א (שו״ע תכח, ה).

*יַרְכִּבֵהוּ עַל־בָּמֳתֵי אָרֶץ וַיֹּאכַל תְּנוּבֹת שָׂדָי במתי

וַיֵּנִקֵהוּ דְבַשׁ מִסֶּלַע וְשֶׁמֶן מֵחַלְמִישׁ צוּר:

חֶמְאַת בָּקָר וַחֲלֵב צֹאן עִם־חֵלֶב כָּרִים

וְאֵילִים בְּנֵי־בָשָׁן וְעַתּוּדִים עִם־חֵלֶב כִּלְיוֹת חִטָּה

וְדַם־עֵנָב תִּשְׁתֶּה־חָמֶר: וַיִּשְׁמַן יְשֻׁרוּן וַיִּבְעָט

שָׁמַנְתָּ עָבִיתָ כָּשִׂיתָ וַיִּטֹּשׁ אֱלוֹהַ עָשָׂהוּ

וַיְנַבֵּל צוּר יְשֻׁעָתוֹ: יַקְנִאֻהוּ בְּזָרִים

בְּתוֹעֵבֹת יַכְעִיסֻהוּ: יִזְבְּחוּ לַשֵּׁדִים לֹא אֱלֹהַ

אֱלֹהִים לֹא יְדָעוּם חֲדָשִׁים מִקָּרֹב בָּאוּ

לֹא שְׂעָרוּם אֲבֹתֵיכֶם: צוּר יְלָדְךָ תֶּשִׁי

וַתִּשְׁכַּח אֵל מְחֹלְלֶךָ:

הגבהה

כאשר מגביהים את ספר התורה, הקהל אומר:

וְזֹאת הַתּוֹרָה אֲשֶׁר־שָׂם מֹשֶׁה לִפְנֵי בְּנֵי יִשְׂרָאֵל: דברים ד

עַל־פִּי יהוה בְּיַד מֹשֶׁה: במדבר ט

יש מוסיפים: עֵץ־חַיִּים הִיא לַמַּחֲזִיקִים בָּהּ וְתֹמְכֶיהָ מְאֻשָּׁר: דְּרָכֶיהָ דַרְכֵי־נֹעַם וְכָל־ משלי ג

נְתִיבוֹתֶיהָ שָׁלוֹם: אֹרֶךְ יָמִים בִּימִינָהּ, בִּשְׂמֹאולָהּ עֹשֶׁר וְכָבוֹד: יהוה ישעיה מב

חָפֵץ לְמַעַן צִדְקוֹ יַגְדִּיל תּוֹרָה וְיַאְדִּיר:

פותחים את ארון הקודש. שליח הציבור לוקח את ספר התורה בימינו ואומר:

יְהַלְלוּ אֶת־שֵׁם יהוה, כִּי־נִשְׂגָּב שְׁמוֹ, לְבַדּוֹ תהלים קמח

הקהל אומר:

הוֹדוֹ עַל־אֶרֶץ וְשָׁמָיִם: וַיָּרֶם קֶרֶן לְעַמּוֹ, תְּהִלָּה לְכָל־חֲסִידָיו, לִבְנֵי יִשְׂרָאֵל עַם קְרֹבוֹ, הַלְלוּיָהּ:

כאשר מלווים את ספר התורה לארון הקודש, אומרים:

תהלים כד לְדָוִד מִזְמוֹר, לַיהוה הָאָרֶץ וּמְלוֹאָהּ, תֵּבֵל וְיֹשְׁבֵי בָהּ: כִּי־הוּא עַל־יַמִּים יְסָדָהּ, וְעַל־נְהָרוֹת יְכוֹנְנֶהָ: מִי־יַעֲלֶה בְהַר־יהוה, וּמִי־יָקוּם בִּמְקוֹם קָדְשׁוֹ: נְקִי כַפַּיִם וּבַר־לֵבָב, אֲשֶׁר לֹא־נָשָׂא לַשָּׁוְא נַפְשִׁי וְלֹא נִשְׁבַּע לְמִרְמָה: יִשָּׂא בְרָכָה מֵאֵת יהוה, וּצְדָקָה מֵאֱלֹהֵי יִשְׁעוֹ: זֶה דּוֹר דֹּרְשָׁו, מְבַקְשֵׁי פָנֶיךָ, יַעֲקֹב, סֶלָה: שְׂאוּ שְׁעָרִים רָאשֵׁיכֶם, וְהִנָּשְׂאוּ פִּתְחֵי עוֹלָם, וְיָבוֹא מֶלֶךְ הַכָּבוֹד: מִי זֶה מֶלֶךְ הַכָּבוֹד, יהוה עִזּוּז וְגִבּוֹר, יהוה גִּבּוֹר מִלְחָמָה: שְׂאוּ שְׁעָרִים רָאשֵׁיכֶם, וּשְׂאוּ פִּתְחֵי עוֹלָם, וְיָבֹא מֶלֶךְ הַכָּבוֹד: מִי הוּא זֶה מֶלֶךְ הַכָּבוֹד, יהוה צְבָאוֹת הוּא מֶלֶךְ הַכָּבוֹד, סֶלָה:

מכניסים את ספר התורה לארון הקודש ואומרים:

במדבר י תהלים קלב וּבְנֻחֹה יֹאמַר, שׁוּבָה יהוה רִבְבוֹת אַלְפֵי יִשְׂרָאֵל: קוּמָה יהוה
לִמְנוּחָתֶךָ, אַתָּה וַאֲרוֹן עֻזֶּךָ: כֹּהֲנֶיךָ יִלְבְּשׁוּ־צֶדֶק, וַחֲסִידֶיךָ יְרַנֵּנוּ:
משלי ד בַּעֲבוּר דָּוִד עַבְדֶּךָ אַל־תָּשֵׁב פְּנֵי מְשִׁיחֶךָ: כִּי לֶקַח טוֹב נָתַתִּי לָכֶם,
משלי ג תּוֹרָתִי אַל־תַּעֲזֹבוּ: ‹ עֵץ־חַיִּים הִיא לַמַּחֲזִיקִים בָּהּ, וְתֹמְכֶיהָ מְאֻשָּׁר:
איכה ה דְּרָכֶיהָ דַרְכֵי־נֹעַם וְכָל־נְתִיבֹתֶיהָ שָׁלוֹם: הֲשִׁיבֵנוּ יהוה אֵלֶיךָ וְנָשׁוּבָה,
חַדֵּשׁ יָמֵינוּ כְּקֶדֶם:

סוגרים את ארון הקודש.

חצי קדיש

ש״ץ: יִתְגַּדַּל וְיִתְקַדַּשׁ שְׁמֵהּ רַבָּא (קהל: אָמֵן)
בְּעָלְמָא דִּי בְרָא כִרְעוּתֵהּ, וְיַמְלִיךְ מַלְכוּתֵהּ
בְּחַיֵּיכוֹן וּבְיוֹמֵיכוֹן וּבְחַיֵּי דְכָל בֵּית יִשְׂרָאֵל
בַּעֲגָלָא וּבִזְמַן קָרִיב, וְאִמְרוּ אָמֵן. (קהל: אָמֵן)

קהל וש״ץ: יְהֵא שְׁמֵהּ רַבָּא מְבָרַךְ לְעָלַם וּלְעָלְמֵי עָלְמַיָּא.

ש״ץ: יִתְבָּרַךְ וְיִשְׁתַּבַּח וְיִתְפָּאַר וְיִתְרוֹמַם וְיִתְנַשֵּׂא
וְיִתְהַדָּר וְיִתְעַלֶּה וְיִתְהַלָּל שְׁמֵהּ דְּקֻדְשָׁא בְּרִיךְ הוּא (קהל: בְּרִיךְ הוּא)
לְעֵלָּא לְעֵלָּא מִכָּל בִּרְכָתָא וְשִׁירָתָא, תֻּשְׁבְּחָתָא וְנֶחֱמָתָא
דַּאֲמִירָן בְּעָלְמָא, וְאִמְרוּ אָמֵן. (קהל: אָמֵן)

עמידה

"המתפלל צריך שיכוין בלבו פירוש המלות שמוציא בשפתיו; ויחשוב כאלו שכינה כנגדו ויסיר כל המחשבות הטורדות אותו עד שתשאר מחשבתו וכוונתו זכה בתפלתו" (שו״ע צח, א).

פוסע שלוש פסיעות לפנים כמי שנכנס לפני המלך. עומד ומתפלל בלחש מכאן ועד 'וְכִשָׁנִים קַדְמֹנִיּוֹת' בעמ' 378. כורע במקומות המסומנים ב', קד לפנים במילה הבאה וזוקף בשם.

כִּי שֵׁם יהוה אֶקְרָא, הָבוּ גֹדֶל לֵאלֹהֵינוּ: דברים לב

אֲדֹנָי, שְׂפָתַי תִּפְתָּח, וּפִי יַגִּיד תְּהִלָּתֶךָ: תהלים נא

אבות

בָּרוּךְ אַתָּה יהוה, אֱלֹהֵינוּ וֵאלֹהֵי אֲבוֹתֵינוּ
אֱלֹהֵי אַבְרָהָם, אֱלֹהֵי יִצְחָק, וֵאלֹהֵי יַעֲקֹב
הָאֵל הַגָּדוֹל הַגִּבּוֹר וְהַנּוֹרָא, אֵל עֶלְיוֹן
גּוֹמֵל חֲסָדִים טוֹבִים, וְקוֹנֵה הַכֹּל
וְזוֹכֵר חַסְדֵי אָבוֹת
וּמֵבִיא גוֹאֵל לִבְנֵי בְנֵיהֶם לְמַעַן שְׁמוֹ בְּאַהֲבָה.

בחזרת הש״ץ יש נוהגים שהקהל אומר בקול ושליח הציבור חוזר אחריו:

זָכְרֵנוּ לְחַיִּים, מֶלֶךְ חָפֵץ בַּחַיִּים
וְכָתְבֵנוּ בְּסֵפֶר הַחַיִּים, לְמַעַנְךָ אֱלֹהִים חַיִּים.

מֶלֶךְ עוֹזֵר וּמוֹשִׁיעַ וּמָגֵן.
בָּרוּךְ אַתָּה יהוה, מָגֵן אַבְרָהָם.

אם שכח לומר 'זָכְרֵנוּ לְחַיִּים', אינו חוזר.

גבורות

אַתָּה גִּבּוֹר לְעוֹלָם, אֲדֹנָי
מְחַיֵּה מֵתִים אַתָּה, רַב לְהוֹשִׁיעַ

בארץ ישראל: מוֹרִיד הַטָּל

מְכַלְכֵּל חַיִּים בְּחֶסֶד, מְחַיֵּה מֵתִים בְּרַחֲמִים רַבִּים
סוֹמֵךְ נוֹפְלִים, וְרוֹפֵא חוֹלִים, וּמַתִּיר אֲסוּרִים
וּמְקַיֵּם אֱמוּנָתוֹ לִישֵׁנֵי עָפָר.

מִי כָמְוֹךָ, בַּעַל גְּבוּרוֹת, וּמִי דְּוֹמֶה לָּךְ
מֶלֶךְ, מֵמִית וּמְחַיֶּה וּמַצְמִיחַ יְשׁוּעָה.

בחזרת הש״ץ יש נוהגים שהקהל אומר בקול ושליח הציבור חוזר אחריו:

מִי כָמְוֹךָ אַב הָרַחֲמִים, זוֹכֵר יְצוּרָיו לְחַיִּים בְּרַחֲמִים.

וְנֶאֱמָן אַתָּה לְהַחֲיוֹת מֵתִים.
בָּרוּךְ אַתָּה יהוה, מְחַיֵּה הַמֵּתִים.

אם שכח לומר ׳מִי כָמְוֹךָ אַב הָרַחֲמִים׳, אינו חוזר.

בתפילת לחש ממשיך ׳אַתָּה קָדוֹשׁ׳ בעמוד הבא.

קדושה

בחזרת שליח הציבור הקהל עומד ואומר קדושה.
במקומות המסומנים ב°, המתפלל מתרומם על קצות אצבעותיו.

קהל ואחריו שליח הציבור:

נְקַדֵּשׁ אֶת שִׁמְךָ בָּעוֹלָם, כְּשֵׁם שֶׁמַּקְדִּישִׁים אוֹתוֹ בִּשְׁמֵי מָרוֹם
כַּכָּתוּב עַל יַד נְבִיאֶךָ: וְקָרָא זֶה אֶל־זֶה וְאָמַר ישעיה ו

קהל ואחריו שליח הציבור:

°קָדוֹשׁ, °קָדוֹשׁ, °קָדוֹשׁ, יהוה צְבָאוֹת, מְלֹא כָל־הָאָרֶץ כְּבוֹדוֹ:
לְעֻמָּתָם בָּרוּךְ יֹאמֵרוּ

קהל ואחריו שליח הציבור:

°בָּרוּךְ כְּבוֹד־יהוה מִמְּקוֹמוֹ: יחזקאל ג
וּבְדִבְרֵי קָדְשְׁךָ כָּתוּב לֵאמֹר

קהל ואחריו שליח הציבור:

°יִמְלֹךְ יהוה לְעוֹלָם, אֱלֹהַיִךְ צִיּוֹן לְדֹר וָדֹר, הַלְלוּיָהּ: תהלים קמו

(בבתי כנסת המתפללים בנוסח ספרד, ממשיכים ׳אַתָּה קָדוֹשׁ׳ בעמוד הבא).
שליח הציבור ממשיך:

לְדוֹר וָדוֹר נַגִּיד גָּדְלֶךָ, וּלְנֵצַח נְצָחִים קְדֻשָּׁתְךָ נַקְדִּישׁ
וְשִׁבְחֲךָ אֱלֹהֵינוּ מִפִּינוּ לֹא יָמוּשׁ לְעוֹלָם וָעֶד
כִּי אֵל מֶלֶךְ גָּדוֹל וְקָדוֹשׁ אָתָּה.

שליח הציבור ממשיך ׳וּבְכֵן תֵּן פַּחְדְּךָ׳ (בעמוד הבא).

בבתי כנסת המתפללים בנוסח ספרד, במקום ׳לְדוֹר וָדוֹר נַגִּיד גָּדְלֶךָ׳
שליח הציבור אומר את שלוש הפיסקאות הבאות:
אַתָּה קָדוֹשׁ וְשִׁמְךָ קָדוֹשׁ, וּקְדוֹשִׁים בְּכָל יוֹם יְהַלְלוּךָ סֶּלָה
כִּי אֵל מֶלֶךְ גָּדוֹל וְקָדוֹשׁ אָתָּה.
לְדוֹר וָדוֹר הַמְלִיכוּ לָאֵל, כִּי הוּא לְבַדּוֹ מָרוֹם וְקָדוֹשׁ.

וּבְכֵן יִתְקַדַּשׁ שִׁמְךָ יהוה אֱלֹהֵינוּ עַל יִשְׂרָאֵל עַמֶּךָ וְעַל יְרוּשָׁלַיִם עִירֶךָ
וְעַל צִיּוֹן מִשְׁכַּן כְּבוֹדֶךָ וְעַל מַלְכוּת בֵּית דָּוִד מְשִׁיחֶךָ, וְעַל מְכוֹנְךָ וְהֵיכָלָךְ.

קדושת השם
אַתָּה קָדוֹשׁ וְשִׁמְךָ קָדוֹשׁ, וּקְדוֹשִׁים בְּכָל יוֹם יְהַלְלוּךָ סֶּלָה.

וּבְכֵן תֵּן פַּחְדְּךָ יהוה אֱלֹהֵינוּ עַל כָּל מַעֲשֶׂיךָ
וְאֵימָתְךָ עַל כָּל מַה שֶּׁבָּרָאתָ
וְיִירָאוּךָ כָּל הַמַּעֲשִׂים, וְיִשְׁתַּחֲווּ לְפָנֶיךָ כָּל הַבְּרוּאִים
וְיֵעָשׂוּ כֻלָּם אֲגֻדָּה אֶחָת לַעֲשׂוֹת רְצוֹנְךָ בְּלֵבָב שָׁלֵם
כְּמוֹ שֶׁיָּדַעְנוּ יהוה אֱלֹהֵינוּ שֶׁהַשָּׁלְטָן לְפָנֶיךָ
עֹז בְּיָדְךָ וּגְבוּרָה בִּימִינֶךָ, וְשִׁמְךָ נוֹרָא עַל כָּל מַה שֶּׁבָּרָאתָ.

וּבְכֵן תֵּן כָּבוֹד יהוה לְעַמֶּךָ
תְּהִלָּה לִירֵאֶיךָ וְתִקְוָה (טוֹבָה) לְדוֹרְשֶׁיךָ
וּפִתְחוֹן פֶּה לַמְיַחֲלִים לָךְ, שִׂמְחָה לְאַרְצֶךָ, וְשָׂשׂוֹן לְעִירֶךָ
וּצְמִיחַת קֶרֶן לְדָוִד עַבְדֶּךָ
וַעֲרִיכַת נֵר לְבֶן יִשַׁי מְשִׁיחֶךָ, בִּמְהֵרָה בְיָמֵינוּ.

וּבְכֵן צַדִּיקִים יִרְאוּ וְיִשְׂמָחוּ, וִישָׁרִים יַעֲלֹזוּ
וַחֲסִידִים בְּרִנָּה יָגִילוּ, וְעוֹלָתָה תִּקְפָּץ פִּיהָ
וְכָל הָרִשְׁעָה כֻּלָּהּ כֶּעָשָׁן תִּכְלֶה
כִּי תַעֲבִיר מֶמְשֶׁלֶת זָדוֹן מִן הָאָרֶץ.

וְתִמְלֹךְ אַתָּה יהוה לְבַדֶּךָ עַל כָּל מַעֲשֶׂיךָ
בְּהַר צִיּוֹן מִשְׁכַּן כְּבוֹדֶךָ, וּבִירוּשָׁלַיִם עִיר קָדְשֶׁךָ
כַּכָּתוּב בְּדִבְרֵי קָדְשֶׁךָ
תהלים קמו יִמְלֹךְ יהוה לְעוֹלָם, אֱלֹהַיִךְ צִיּוֹן לְדֹר וָדֹר, הַלְלוּיָהּ:

קָדוֹשׁ אַתָּה וְנוֹרָא שְׁמֶךָ, וְאֵין אֱלוֹהַּ מִבַּלְעָדֶיךָ
ישעיה ה כַּכָּתוּב, וַיִּגְבַּהּ יהוה צְבָאוֹת בַּמִּשְׁפָּט
וְהָאֵל הַקָּדוֹשׁ נִקְדַּשׁ בִּצְדָקָה:
בָּרוּךְ אַתָּה יהוה, הַמֶּלֶךְ הַקָּדוֹשׁ.

אם שכח לומר את הפיסקאות המתחילות בתיבות 'וּבְכֵן תֵּן פַּחְדְּךָ', אינו חוזר,
אך אם חתם 'הָאֵל הַקָּדוֹשׁ', כברוב ימות השנה, חוזר לראש.

קדושת היום
אַתָּה בְחַרְתָּנוּ מִכָּל הָעַמִּים
אָהַבְתָּ אוֹתָנוּ וְרָצִיתָ בָּנוּ, וְרוֹמַמְתָּנוּ מִכָּל הַלְּשׁוֹנוֹת
וְקִדַּשְׁתָּנוּ בְּמִצְוֹתֶיךָ וְקֵרַבְתָּנוּ מַלְכֵּנוּ לַעֲבוֹדָתֶךָ
וְשִׁמְךָ הַגָּדוֹל וְהַקָּדוֹשׁ עָלֵינוּ קָרָאתָ.

בשבת מוסיפים את המילים שבסוגריים.
וַתִּתֶּן לָנוּ יהוה אֱלֹהֵינוּ בְּאַהֲבָה
אֶת יוֹם (הַשַּׁבָּת הַזֶּה וְאֶת יוֹם) הַזִּכָּרוֹן הַזֶּה
יוֹם (זִכְרוֹן) תְּרוּעָה (בְּאַהֲבָה) מִקְרָא קֹדֶשׁ, זֵכֶר לִיצִיאַת מִצְרָיִם.

אֱלֹהֵינוּ וֵאלֹהֵי אֲבוֹתֵינוּ
יַעֲלֶה וְיָבוֹא וְיַגִּיעַ, וְיֵרָאֶה וְיֵרָצֶה וְיִשָּׁמַע
וְיִפָּקֵד וְיִזָּכֵר זִכְרוֹנֵנוּ וּפִקְדּוֹנֵנוּ וְזִכְרוֹן אֲבוֹתֵינוּ
וְזִכְרוֹן מָשִׁיחַ בֶּן דָּוִד עַבְדֶּךָ, וְזִכְרוֹן יְרוּשָׁלַיִם עִיר קָדְשֶׁךָ
וְזִכְרוֹן כָּל עַמְּךָ בֵּית יִשְׂרָאֵל, לְפָנֶיךָ

לִפְלֵיטָה לְטוֹבָה, לְחֵן וּלְחֶסֶד וּלְרַחֲמִים, לְחַיִּים וּלְשָׁלוֹם
בְּיוֹם הַזִּכָּרוֹן הַזֶּה.
זָכְרֵנוּ יהוה אֱלֹהֵינוּ בּוֹ לְטוֹבָה, וּפָקְדֵנוּ בוֹ לִבְרָכָה
וְהוֹשִׁיעֵנוּ בוֹ לְחַיִּים.
וּבִדְבַר יְשׁוּעָה וְרַחֲמִים חוּס וְחָנֵּנוּ, וְרַחֵם עָלֵינוּ וְהוֹשִׁיעֵנוּ
כִּי אֵלֶיךָ עֵינֵינוּ, כִּי אֵל מֶלֶךְ חַנּוּן וְרַחוּם אָתָּה.

אֱלֹהֵינוּ וֵאלֹהֵי אֲבוֹתֵינוּ
מְלֹךְ עַל כָּל הָעוֹלָם כֻּלּוֹ בִּכְבוֹדֶךָ
וְהִנָּשֵׂא עַל כָּל הָאָרֶץ בִּיקָרֶךָ
וְהוֹפַע בַּהֲדַר גְּאוֹן עֻזֶּךָ עַל כָּל יוֹשְׁבֵי תֵבֵל אַרְצֶךָ.
וְיֵדַע כָּל פָּעוּל כִּי אַתָּה פְעַלְתּוֹ
וְיָבִין כָּל יָצוּר כִּי אַתָּה יְצַרְתּוֹ
וְיֹאמַר כֹּל אֲשֶׁר נְשָׁמָה בְאַפּוֹ
יהוה אֱלֹהֵי יִשְׂרָאֵל מֶלֶךְ וּמַלְכוּתוֹ בַּכֹּל מָשָׁלָה.

בשבת מוסיפים את המילים שבסוגריים.

(אֱלֹהֵינוּ וֵאלֹהֵי אֲבוֹתֵינוּ, רְצֵה בִמְנוּחָתֵנוּ)
קַדְּשֵׁנוּ בְּמִצְוֹתֶיךָ וְתֵן חֶלְקֵנוּ בְּתוֹרָתֶךָ
שַׂבְּעֵנוּ מִטּוּבֶךָ וְשַׂמְּחֵנוּ בִּישׁוּעָתֶךָ
(וְהַנְחִילֵנוּ יהוה אֱלֹהֵינוּ בְּאַהֲבָה וּבְרָצוֹן שַׁבְּתוֹת קָדְשֶׁךָ
וְיָנוּחוּ בָם יִשְׂרָאֵל מְקַדְּשֵׁי שְׁמֶךָ)
וְטַהֵר לִבֵּנוּ לְעָבְדְּךָ בֶּאֱמֶת
כִּי אַתָּה אֱלֹהִים אֱמֶת, וּדְבָרְךָ אֱמֶת וְקַיָּם לָעַד.
בָּרוּךְ אַתָּה יהוה, מֶלֶךְ עַל כָּל הָאָרֶץ
מְקַדֵּשׁ (הַשַּׁבָּת וְ) יִשְׂרָאֵל וְיוֹם הַזִּכָּרוֹן.

עבודה

רְצֵה יהוה אֱלֹהֵינוּ בְּעַמְּךָ יִשְׂרָאֵל, וּבִתְפִלָּתָם
וְהָשֵׁב אֶת הָעֲבוֹדָה לִדְבִיר בֵּיתֶךָ
וְאִשֵּׁי יִשְׂרָאֵל וּתְפִלָּתָם בְּאַהֲבָה תְקַבֵּל בְּרָצוֹן
וּתְהִי לְרָצוֹן תָּמִיד עֲבוֹדַת יִשְׂרָאֵל עַמֶּךָ.
וְתֶחֱזֶינָה עֵינֵינוּ בְּשׁוּבְךָ לְצִיּוֹן בְּרַחֲמִים.
בָּרוּךְ אַתָּה יהוה, הַמַּחֲזִיר שְׁכִינָתוֹ לְצִיּוֹן.

הודאה

כורע ב׳מודים׳ ואינו זוקף עד אמירת השם.

מוֹדִים אֲנַחְנוּ לָךְ
שָׁאַתָּה הוּא יהוה אֱלֹהֵינוּ
וֵאלֹהֵי אֲבוֹתֵינוּ לְעוֹלָם וָעֶד.
צוּר חַיֵּינוּ, מָגֵן יִשְׁעֵנוּ
אַתָּה הוּא לְדוֹר וָדוֹר.
נוֹדֶה לְּךָ וּנְסַפֵּר תְּהִלָּתֶךָ
עַל חַיֵּינוּ הַמְּסוּרִים בְּיָדֶךָ
וְעַל נִשְׁמוֹתֵינוּ הַפְּקוּדוֹת לָךְ
וְעַל נִסֶּיךָ שֶׁבְּכָל יוֹם עִמָּנוּ
וְעַל נִפְלְאוֹתֶיךָ וְטוֹבוֹתֶיךָ
שֶׁבְּכָל עֵת, עֶרֶב וָבֹקֶר וְצָהֳרָיִם.
הַטּוֹב, כִּי לֹא כָלוּ רַחֲמֶיךָ
וְהַמְרַחֵם, כִּי לֹא תַמּוּ חֲסָדֶיךָ
מֵעוֹלָם קִוִּינוּ לָךְ.

כששליח הציבור אומר ׳מודים׳, הקהל אומר בלחש:

מוֹדִים אֲנַחְנוּ לָךְ
שָׁאַתָּה הוּא יהוה אֱלֹהֵינוּ
וֵאלֹהֵי אֲבוֹתֵינוּ
אֱלֹהֵי כָל בָּשָׂר
יוֹצְרֵנוּ, יוֹצֵר בְּרֵאשִׁית.
בְּרָכוֹת וְהוֹדָאוֹת
לְשִׁמְךָ הַגָּדוֹל וְהַקָּדוֹשׁ
עַל שֶׁהֶחֱיִיתָנוּ וְקִיַּמְתָּנוּ.
כֵּן תְּחַיֵּנוּ וּתְקַיְּמֵנוּ
וְתֶאֱסֹף גָּלֻיּוֹתֵינוּ
לְחַצְרוֹת קָדְשֶׁךָ
לִשְׁמֹר חֻקֶּיךָ וְלַעֲשׂוֹת רְצוֹנֶךָ
וּלְעָבְדְּךָ בְּלֵבָב שָׁלֵם
עַל שֶׁאֲנַחְנוּ מוֹדִים לָךְ.
בָּרוּךְ אֵל הַהוֹדָאוֹת.

וְעַל כֻּלָּם יִתְבָּרַךְ וְיִתְרוֹמַם שִׁמְךָ מַלְכֵּנוּ תָּמִיד לְעוֹלָם וָעֶד.

בחזרת הש״ץ הקהל אומר ושליח הציבור חוזר אחריו:

וּכְתֹב לְחַיִּים טוֹבִים כָּל בְּנֵי בְרִיתֶךָ.

וְכֹל הַחַיִּים יוֹדְוּךָ סֶּלָה, וִיהַלְלוּ אֶת שִׁמְךָ בֶּאֱמֶת
הָאֵל יְשׁוּעָתֵנוּ וְעֶזְרָתֵנוּ סֶלָה.
בָּרוּךְ אַתָּה יהוה, הַטּוֹב שִׁמְךָ וּלְךָ נָאֶה לְהוֹדוֹת.

אם שכח לומר ׳וּכְתֹב לְחַיִּים טוֹבִים׳, אינו חוזר.

ברכת שלום

אם ראש השנה חל ביום חול:

שָׁלוֹם רָב עַל יִשְׂרָאֵל עַמְּךָ
תָּשִׂים לְעוֹלָם
כִּי אַתָּה הוּא
מֶלֶךְ אָדוֹן לְכָל הַשָּׁלוֹם.
וְטוֹב בְּעֵינֶיךָ
לְבָרֵךְ אֶת עַמְּךָ יִשְׂרָאֵל
בְּכָל עֵת וּבְכָל שָׁעָה
בִּשְׁלוֹמֶךָ.

אם ראש השנה חל בשבת, רבים נוהגים לומר:

שִׂים שָׁלוֹם טוֹבָה וּבְרָכָה
חֵן וָחֶסֶד וְרַחֲמִים
עָלֵינוּ וְעַל כָּל יִשְׂרָאֵל עַמֶּךָ.
בָּרְכֵנוּ אָבִינוּ כֻּלָּנוּ כְּאֶחָד בְּאוֹר פָּנֶיךָ
כִּי בְאוֹר פָּנֶיךָ נָתַתָּ לָנוּ יהוה אֱלֹהֵינוּ
תּוֹרַת חַיִּים וְאַהֲבַת חֶסֶד
וּצְדָקָה וּבְרָכָה וְרַחֲמִים וְחַיִּים וְשָׁלוֹם.
וְטוֹב בְּעֵינֶיךָ לְבָרֵךְ אֶת עַמְּךָ יִשְׂרָאֵל
בְּכָל עֵת וּבְכָל שָׁעָה בִּשְׁלוֹמֶךָ.

בחזרת הש״ץ הקהל אומר ושליח הציבור חוזר אחריו:

בְּסֵפֶר חַיִּים, בְּרָכָה וְשָׁלוֹם, וּפַרְנָסָה טוֹבָה
נִזָּכֵר וְנִכָּתֵב לְפָנֶיךָ, אֲנַחְנוּ וְכָל עַמְּךָ בֵּית יִשְׂרָאֵל
לְחַיִּים טוֹבִים וּלְשָׁלוֹם.*

בָּרוּךְ אַתָּה יהוה, הַמְבָרֵךְ אֶת עַמּוֹ יִשְׂרָאֵל בַּשָּׁלוֹם.

*בני חוץ לארץ מסיימים:

בָּרוּךְ אַתָּה יהוה, עוֹשֵׂה הַשָּׁלוֹם.

אם שכח לומר ׳בְּסֵפֶר חַיִּים׳, אינו חוזר.

שליח הציבור מסיים באמירת הפסוק הבא בלחש,
ויש הנוהגים לאומרו גם בסוף תפילת לחש של יחיד.

יִהְיוּ לְרָצוֹן אִמְרֵי־פִי וְהֶגְיוֹן לִבִּי לְפָנֶיךָ, יהוה צוּרִי וְגֹאֲלִי: תהלים יט

אֱלֹהַי ברכות יז.

נְצֹר לְשׁוֹנִי מֵרָע וּשְׂפָתַי מִדַּבֵּר מִרְמָה
וְלִמְקַלְלַי נַפְשִׁי תִדֹּם, וְנַפְשִׁי כֶּעָפָר לַכֹּל תִּהְיֶה.
פְּתַח לִבִּי בְּתוֹרָתֶךָ, וּבְמִצְוֹתֶיךָ תִּרְדֹּף נַפְשִׁי.
וְכָל הַחוֹשְׁבִים עָלַי רָעָה
מְהֵרָה הָפֵר עֲצָתָם וְקַלְקֵל מַחֲשַׁבְתָּם.
עֲשֵׂה לְמַעַן שְׁמֶךָ, עֲשֵׂה לְמַעַן יְמִינֶךָ
עֲשֵׂה לְמַעַן קְדֻשָּׁתֶךָ, עֲשֵׂה לְמַעַן תּוֹרָתֶךָ.
לְמַעַן יֵחָלְצוּן יְדִידֶיךָ, הוֹשִׁיעָה יְמִינְךָ וַעֲנֵנִי: תהלים ס
יִהְיוּ לְרָצוֹן אִמְרֵי־פִי וְהֶגְיוֹן לִבִּי לְפָנֶיךָ, יהוה צוּרִי וְגֹאֲלִי: תהלים יט

כורע ופוסע שלוש פסיעות לאחור. קד לשמאל, לימין ולפנים באמירת:

עֹשֶׂה הַשָּׁלוֹם בִּמְרוֹמָיו
הוּא יַעֲשֶׂה שָׁלוֹם עָלֵינוּ וְעַל כָּל יִשְׂרָאֵל, וְאִמְרוּ אָמֵן.

יְהִי רָצוֹן מִלְּפָנֶיךָ יהוה אֱלֹהֵינוּ וֵאלֹהֵי אֲבוֹתֵינוּ
שֶׁיִּבָּנֶה בֵּית הַמִּקְדָּשׁ בִּמְהֵרָה בְיָמֵינוּ, וְתֵן חֶלְקֵנוּ בְּתוֹרָתֶךָ
וְשָׁם נַעֲבָדְךָ בְּיִרְאָה כִּימֵי עוֹלָם וּכְשָׁנִים קַדְמֹנִיּוֹת.
וְעָרְבָה לַיהוה מִנְחַת יְהוּדָה וִירוּשָׁלָםִ כִּימֵי עוֹלָם וּכְשָׁנִים קַדְמֹנִיּוֹת: מלאכי ג

שליח הציבור חוזר על העמידה בקול רם (עמ׳ 371).

ביום שישי ובשבת אין אומרים ׳אָבִינוּ מַלְכֵּנוּ׳
וממשיכים בקדיש שלם בעמ׳ 381. ויש הנוהגים שלא לומר ׳אָבִינוּ מַלְכֵּנוּ׳
גם כאשר מתפללים מנחה מיד לאחר תפילת מוסף.

יש שאינם אומרים את השורה הראשונה 'אָבִינוּ מַלְכֵּנוּ חָטָאנוּ לְפָנֶיךָ'.

פותחים את ארון הקודש.

אָבִינוּ מַלְכֵּנוּ, חָטָאנוּ לְפָנֶיךָ.
אָבִינוּ מַלְכֵּנוּ, אֵין לָנוּ מֶלֶךְ אֶלָּא אָתָּה.
אָבִינוּ מַלְכֵּנוּ, עֲשֵׂה עִמָּנוּ לְמַעַן שְׁמֶךָ.
אָבִינוּ מַלְכֵּנוּ, חַדֵּשׁ עָלֵינוּ שָׁנָה טוֹבָה.
אָבִינוּ מַלְכֵּנוּ, בַּטֵּל מֵעָלֵינוּ כָּל גְּזֵרוֹת קָשׁוֹת.
אָבִינוּ מַלְכֵּנוּ, בַּטֵּל מַחְשְׁבוֹת שׂוֹנְאֵינוּ.
אָבִינוּ מַלְכֵּנוּ, הָפֵר עֲצַת אוֹיְבֵינוּ.
אָבִינוּ מַלְכֵּנוּ, כַּלֵּה כָּל צַר וּמַשְׂטִין מֵעָלֵינוּ.
אָבִינוּ מַלְכֵּנוּ, סְתֹם פִּיּוֹת מַשְׂטִינֵנוּ וּמְקַטְרְגֵינוּ.
אָבִינוּ מַלְכֵּנוּ, כַּלֵּה דֶּבֶר וְחֶרֶב וְרָעָב וּשְׁבִי וּמַשְׁחִית וְעָוֹן וּשְׁמַד מִבְּנֵי בְרִיתֶךָ.
אָבִינוּ מַלְכֵּנוּ, מְנַע מַגֵּפָה מִנַּחֲלָתֶךָ.
אָבִינוּ מַלְכֵּנוּ, סְלַח וּמְחַל לְכָל עֲוֹנוֹתֵינוּ.
אָבִינוּ מַלְכֵּנוּ, מְחֵה וְהַעֲבֵר פְּשָׁעֵינוּ וְחַטֹּאתֵינוּ מִנֶּגֶד עֵינֶיךָ.
אָבִינוּ מַלְכֵּנוּ, מְחֹק בְּרַחֲמֶיךָ הָרַבִּים כָּל שִׁטְרֵי חוֹבוֹתֵינוּ.

מכאן עד 'סְלִיחָה וּמְחִילָה' שליח הציבור אומר כל משפט בקול רם, והקהל אחריו:

אָבִינוּ מַלְכֵּנוּ, הַחֲזִירֵנוּ בִּתְשׁוּבָה שְׁלֵמָה לְפָנֶיךָ.
אָבִינוּ מַלְכֵּנוּ, שְׁלַח רְפוּאָה שְׁלֵמָה לְחוֹלֵי עַמֶּךָ.
אָבִינוּ מַלְכֵּנוּ, קְרַע רֹעַ גְּזַר דִּינֵנוּ.
אָבִינוּ מַלְכֵּנוּ, זָכְרֵנוּ בְּזִכְרוֹן טוֹב לְפָנֶיךָ.
אָבִינוּ מַלְכֵּנוּ, כָּתְבֵנוּ בְּסֵפֶר חַיִּים טוֹבִים.
אָבִינוּ מַלְכֵּנוּ, כָּתְבֵנוּ בְּסֵפֶר גְּאֻלָּה וִישׁוּעָה.
אָבִינוּ מַלְכֵּנוּ, כָּתְבֵנוּ בְּסֵפֶר פַּרְנָסָה וְכַלְכָּלָה.

אָבִינוּ מַלְכֵּנוּ, כָּתְבֵנוּ בְּסֵפֶר זְכֻיּוֹת.

אָבִינוּ מַלְכֵּנוּ, כָּתְבֵנוּ בְּסֵפֶר סְלִיחָה וּמְחִילָה. עד כאן בקול.

אָבִינוּ מַלְכֵּנוּ, הַצְמַח לָנוּ יְשׁוּעָה בְּקָרוֹב.

אָבִינוּ מַלְכֵּנוּ, הָרֵם קֶרֶן יִשְׂרָאֵל עַמֶּךָ.

אָבִינוּ מַלְכֵּנוּ, הָרֵם קֶרֶן מְשִׁיחֶךָ.

אָבִינוּ מַלְכֵּנוּ, מַלֵּא יָדֵינוּ מִבִּרְכוֹתֶיךָ.

אָבִינוּ מַלְכֵּנוּ, מַלֵּא אֲסָמֵינוּ שָׂבָע.

אָבִינוּ מַלְכֵּנוּ, שְׁמַע קוֹלֵנוּ, חוּס וְרַחֵם עָלֵינוּ.

אָבִינוּ מַלְכֵּנוּ, קַבֵּל בְּרַחֲמִים וּבְרָצוֹן אֶת תְּפִלָּתֵנוּ.

אָבִינוּ מַלְכֵּנוּ, פְּתַח שַׁעֲרֵי שָׁמַיִם לִתְפִלָּתֵנוּ.

אָבִינוּ מַלְכֵּנוּ, זְכֹר כִּי עָפָר אֲנָחְנוּ.

אָבִינוּ מַלְכֵּנוּ, נָא אַל תְּשִׁיבֵנוּ רֵיקָם מִלְּפָנֶיךָ.

אָבִינוּ מַלְכֵּנוּ, תְּהֵא הַשָּׁעָה הַזֹּאת שְׁעַת רַחֲמִים וְעֵת רָצוֹן מִלְּפָנֶיךָ.

אָבִינוּ מַלְכֵּנוּ, חֲמֹל עָלֵינוּ וְעַל עוֹלָלֵינוּ וְטַפֵּנוּ.

אָבִינוּ מַלְכֵּנוּ, עֲשֵׂה לְמַעַן הֲרוּגִים עַל שֵׁם קָדְשֶׁךָ.

אָבִינוּ מַלְכֵּנוּ, עֲשֵׂה לְמַעַן טְבוּחִים עַל יִחוּדֶךָ.

אָבִינוּ מַלְכֵּנוּ, עֲשֵׂה לְמַעַן בָּאֵי בָאֵשׁ וּבַמַּיִם עַל קִדּוּשׁ שְׁמֶךָ.

אָבִינוּ מַלְכֵּנוּ, נְקֹם לְעֵינֵינוּ נִקְמַת דַּם עֲבָדֶיךָ הַשָּׁפוּךְ.

אָבִינוּ מַלְכֵּנוּ, עֲשֵׂה לְמַעַנְךָ אִם לֹא לְמַעֲנֵנוּ.

אָבִינוּ מַלְכֵּנוּ, עֲשֵׂה לְמַעַנְךָ וְהוֹשִׁיעֵנוּ.

אָבִינוּ מַלְכֵּנוּ, עֲשֵׂה לְמַעַן רַחֲמֶיךָ הָרַבִּים.

אָבִינוּ מַלְכֵּנוּ, עֲשֵׂה לְמַעַן שִׁמְךָ הַגָּדוֹל הַגִּבּוֹר וְהַנּוֹרָא שֶׁנִּקְרָא עָלֵינוּ.

◂ אָבִינוּ מַלְכֵּנוּ, חָנֵּנוּ וַעֲנֵנוּ, כִּי אֵין בָּנוּ מַעֲשִׂים
עֲשֵׂה עִמָּנוּ צְדָקָה וָחֶסֶד וְהוֹשִׁיעֵנוּ.

סוגרים את ארון הקודש.

קדיש שלם

ש״ץ: יִתְגַּדַּל וְיִתְקַדַּשׁ שְׁמֵהּ רַבָּא (קהל: אָמֵן)
בְּעָלְמָא דִּי בְרָא כִרְעוּתֵהּ
וְיַמְלִיךְ מַלְכוּתֵהּ
בְּחַיֵּיכוֹן וּבְיוֹמֵיכוֹן וּבְחַיֵּי דְכָל בֵּית יִשְׂרָאֵל
בַּעֲגָלָא וּבִזְמַן קָרִיב, וְאִמְרוּ אָמֵן. (קהל: אָמֵן)

קהל וש״ץ: יְהֵא שְׁמֵהּ רַבָּא מְבָרַךְ לְעָלַם וּלְעָלְמֵי עָלְמַיָּא.

ש״ץ: יִתְבָּרַךְ וְיִשְׁתַּבַּח וְיִתְפָּאַר וְיִתְרוֹמַם וְיִתְנַשֵּׂא
וְיִתְהַדָּר וְיִתְעַלֶּה וְיִתְהַלָּל
שְׁמֵהּ דְּקֻדְשָׁא בְּרִיךְ הוּא (קהל: בְּרִיךְ הוּא)
לְעֵלָּא לְעֵלָּא מִכָּל בִּרְכָתָא וְשִׁירָתָא, תֻּשְׁבְּחָתָא וְנֶחֱמָתָא
דַּאֲמִירָן בְּעָלְמָא, וְאִמְרוּ אָמֵן. (קהל: אָמֵן)

תִּתְקַבַּל צְלוֹתְהוֹן וּבָעוּתְהוֹן דְּכָל יִשְׂרָאֵל
קֳדָם אֲבוּהוֹן דִּי בִשְׁמַיָּא, וְאִמְרוּ אָמֵן. (קהל: אָמֵן)

יְהֵא שְׁלָמָא רַבָּא מִן שְׁמַיָּא
וְחַיִּים, עָלֵינוּ וְעַל כָּל יִשְׂרָאֵל, וְאִמְרוּ אָמֵן. (קהל: אָמֵן)

כורע ופוסע שלוש פסיעות לאחור. קד לשמאל, לימין ולפנים באמירת:

עֹשֶׂה הַשָּׁלוֹם בִּמְרוֹמָיו
הוּא יַעֲשֶׂה שָׁלוֹם עָלֵינוּ
וְעַל כָּל יִשְׂרָאֵל, וְאִמְרוּ אָמֵן. (קהל: אָמֵן)

אומרים ׳עָלֵינוּ׳ בעמידה ומשתחווים במקום המסומן ב°.

עָלֵינוּ לְשַׁבֵּחַ לַאֲדוֹן הַכֹּל, לָתֵת גְּדֻלָּה לְיוֹצֵר בְּרֵאשִׁית
שֶׁלֹּא עָשָׂנוּ כְּגוֹיֵי הָאֲרָצוֹת, וְלֹא שָׂמָנוּ כְּמִשְׁפְּחוֹת הָאֲדָמָה
שֶׁלֹּא שָׂם חֶלְקֵנוּ כָּהֶם וְגוֹרָלֵנוּ כְּכָל הֲמוֹנָם.
שֶׁהֵם מִשְׁתַּחֲוִים לְהֶבֶל וָרִיק וּמִתְפַּלְלִים אֶל אֵל לֹא יוֹשִׁיעַ.
°וַאֲנַחְנוּ כּוֹרְעִים וּמִשְׁתַּחֲוִים וּמוֹדִים
לִפְנֵי מֶלֶךְ מַלְכֵי הַמְּלָכִים, הַקָּדוֹשׁ בָּרוּךְ הוּא
שֶׁהוּא נוֹטֶה שָׁמַיִם וְיוֹסֵד אָרֶץ, וּמוֹשַׁב יְקָרוֹ בַּשָּׁמַיִם מִמַּעַל
וּשְׁכִינַת עֻזּוֹ בְּגָבְהֵי מְרוֹמִים.
הוּא אֱלֹהֵינוּ, אֵין עוֹד.
אֱמֶת מַלְכֵּנוּ, אֶפֶס זוּלָתוֹ
כַּכָּתוּב בְּתוֹרָתוֹ
דברים ד וְיָדַעְתָּ הַיּוֹם וַהֲשֵׁבֹתָ אֶל־לְבָבֶךָ
כִּי יהוה הוּא הָאֱלֹהִים בַּשָּׁמַיִם מִמַּעַל וְעַל־הָאָרֶץ מִתָּחַת
אֵין עוֹד:

עַל כֵּן נְקַוֶּה לְּךָ יהוה אֱלֹהֵינוּ, לִרְאוֹת מְהֵרָה בְּתִפְאֶרֶת עֻזֶּךָ
לְהַעֲבִיר גִּלּוּלִים מִן הָאָרֶץ, וְהָאֱלִילִים כָּרוֹת יִכָּרֵתוּן
לְתַקֵּן עוֹלָם בְּמַלְכוּת שַׁדַּי.
וְכָל בְּנֵי בָשָׂר יִקְרְאוּ בִשְׁמֶךָ
לְהַפְנוֹת אֵלֶיךָ כָּל רִשְׁעֵי אָרֶץ.
יַכִּירוּ וְיֵדְעוּ כָּל יוֹשְׁבֵי תֵבֵל
כִּי לְךָ תִּכְרַע כָּל בֶּרֶךְ, תִּשָּׁבַע כָּל לָשׁוֹן.
לְפָנֶיךָ יהוה אֱלֹהֵינוּ יִכְרְעוּ וְיִפֹּלוּ, וְלִכְבוֹד שִׁמְךָ יְקָר יִתֵּנוּ
וִיקַבְּלוּ כֻלָּם אֶת עֹל מַלְכוּתֶךָ
וְתִמְלֹךְ עֲלֵיהֶם מְהֵרָה לְעוֹלָם וָעֶד.

כִּי הַמַּלְכוּת שֶׁלְּךָ הִיא וּלְעוֹלְמֵי עַד תִּמְלֹךְ בְּכָבוֹד
כַּכָּתוּב בְּתוֹרָתֶךָ, יהוה יִמְלֹךְ לְעֹלָם וָעֶד: שמות טו
▸ וְנֶאֱמַר, וְהָיָה יהוה לְמֶלֶךְ עַל־כָּל־הָאָרֶץ זכריה יד
בַּיּוֹם הַהוּא יִהְיֶה יהוה אֶחָד וּשְׁמוֹ אֶחָד:

יש מוסיפים:

אַל־תִּירָא מִפַּחַד פִּתְאֹם וּמִשֹּׁאַת רְשָׁעִים כִּי תָבֹא: משלי ג
עֻצוּ עֵצָה וְתֻפָר, דַּבְּרוּ דָבָר וְלֹא יָקוּם, כִּי עִמָּנוּ אֵל: ישעיה ח
וְעַד־זִקְנָה אֲנִי הוּא, וְעַד־שֵׂיבָה אֲנִי אֶסְבֹּל, אֲנִי עָשִׂיתִי וַאֲנִי אֶשָּׂא וַאֲנִי אֶסְבֹּל וַאֲמַלֵּט: ישעיה מו

קדיש יתום

אבל: יִתְגַּדַּל וְיִתְקַדַּשׁ שְׁמֵהּ רַבָּא (קהל: אָמֵן)
בְּעָלְמָא דִּי בְרָא כִרְעוּתֵהּ
וְיַמְלִיךְ מַלְכוּתֵהּ
בְּחַיֵּיכוֹן וּבְיוֹמֵיכוֹן וּבְחַיֵּי דְכָל בֵּית יִשְׂרָאֵל
בַּעֲגָלָא וּבִזְמַן קָרִיב, וְאִמְרוּ אָמֵן. (קהל: אָמֵן)

קהל ואבל: יְהֵא שְׁמֵהּ רַבָּא מְבָרַךְ לְעָלַם וּלְעָלְמֵי עָלְמַיָּא.

אבל: יִתְבָּרַךְ וְיִשְׁתַּבַּח וְיִתְפָּאַר וְיִתְרוֹמַם וְיִתְנַשֵּׂא
וְיִתְהַדָּר וְיִתְעַלֶּה וְיִתְהַלָּל
שְׁמֵהּ דְּקֻדְשָׁא בְּרִיךְ הוּא (קהל: בְּרִיךְ הוּא)
לְעֵלָּא לְעֵלָּא מִכָּל בִּרְכָתָא וְשִׁירָתָא, תֻּשְׁבְּחָתָא וְנֶחֱמָתָא
דַּאֲמִירָן בְּעָלְמָא, וְאִמְרוּ אָמֵן. (קהל: אָמֵן)

יְהֵא שְׁלָמָא רַבָּא מִן שְׁמַיָּא
וְחַיִּים, עָלֵינוּ וְעַל כָּל יִשְׂרָאֵל, וְאִמְרוּ אָמֵן. (קהל: אָמֵן)

כורע ופוסע שלוש פסיעות לאחור. קד לשמאל, לימין ולפנים באמירת:

עֹשֶׂה הַשָּׁלוֹם בִּמְרוֹמָיו, הוּא יַעֲשֶׂה שָׁלוֹם עָלֵינוּ
וְעַל כָּל יִשְׂרָאֵל, וְאִמְרוּ אָמֵן. (קהל: אָמֵן)

תשליך

ביום א׳ של ראש השנה (ואם חל בשבת, ביום ב׳)
נוהגים לצאת אל הנהר, אל הים או אל בור מים ולומר ׳מִי אֵל כָּמְוֹךָ׳.

מיכה ז שלוש פעמים: מִי־אֵל כָּמְוֹךָ
נֹשֵׂא עָוֹן וְעֹבֵר עַל־פֶּשַׁע לִשְׁאֵרִית נַחֲלָתוֹ
לֹא־הֶחֱזִיק לָעַד אַפּוֹ
כִּי־חָפֵץ חֶסֶד הוּא:
יָשׁוּב יְרַחֲמֵנוּ, יִכְבֹּשׁ עֲוֹנֹתֵינוּ
וְתַשְׁלִיךְ בִּמְצֻלוֹת יָם כָּל־חַטֹּאתָם:
תִּתֵּן אֱמֶת לְיַעֲקֹב, חֶסֶד לְאַבְרָהָם
אֲשֶׁר־נִשְׁבַּעְתָּ לַאֲבֹתֵינוּ מִימֵי קֶדֶם:

תהלים קיח מִן־הַמֵּצַר קָרָאתִי יָּהּ, עָנָנִי בַמֶּרְחָב יָהּ:
יהוה לִי לֹא אִירָא, מַה־יַּעֲשֶׂה לִי אָדָם:
יהוה לִי בְּעֹזְרָי, וַאֲנִי אֶרְאֶה בְשֹׂנְאָי:
טוֹב לַחֲסוֹת בַּיהוה, מִבְּטֹחַ בָּאָדָם:
טוֹב לַחֲסוֹת בַּיהוה, מִבְּטֹחַ בִּנְדִיבִים:

יש נוהגים להוסיף:

תהלים לג רַנְּנוּ צַדִּיקִים בַּיהוה, לַיְשָׁרִים נָאוָה תְהִלָּה: הוֹדוּ לַיהוה בְּכִנּוֹר, בְּנֵבֶל עָשׂוֹר
זַמְּרוּ־לוֹ: שִׁירוּ־לוֹ שִׁיר חָדָשׁ, הֵיטִיבוּ נַגֵּן בִּתְרוּעָה: כִּי־יָשָׁר דְּבַר־יהוה, וְכָל־
מַעֲשֵׂהוּ בֶּאֱמוּנָה: אֹהֵב צְדָקָה וּמִשְׁפָּט, חֶסֶד יהוה מָלְאָה הָאָרֶץ: בִּדְבַר יהוה
שָׁמַיִם נַעֲשׂוּ, וּבְרוּחַ פִּיו כָּל־צְבָאָם: כֹּנֵס כַּנֵּד מֵי הַיָּם, נֹתֵן בְּאֹצָרוֹת תְּהוֹמוֹת:
יִירְאוּ מֵיהוה כָּל־הָאָרֶץ, מִמֶּנּוּ יָגוּרוּ כָּל־יֹשְׁבֵי תֵבֵל: כִּי הוּא אָמַר וַיֶּהִי, הוּא־
צִוָּה וַיַּעֲמֹד: יהוה הֵפִיר עֲצַת־גּוֹיִם, הֵנִיא מַחְשְׁבוֹת עַמִּים: עֲצַת יהוה לְעוֹלָם
תַּעֲמֹד, מַחְשְׁבוֹת לִבּוֹ לְדֹר וָדֹר: אַשְׁרֵי הַגּוֹי אֲשֶׁר־יהוה אֱלֹהָיו, הָעָם בָּחַר
לְנַחֲלָה לוֹ: מִשָּׁמַיִם הִבִּיט יהוה, רָאָה אֶת־כָּל־בְּנֵי הָאָדָם: מִמְּכוֹן־שִׁבְתּוֹ

הִשְׁגִּיחַ, אֶל כָּל־יֹשְׁבֵי הָאָרֶץ: הַיֹּצֵר יַחַד לִבָּם, הַמֵּבִין אֶל־כָּל־מַעֲשֵׂיהֶם: אֵין־הַמֶּלֶךְ נוֹשָׁע בְּרָב־חָיִל, גִּבּוֹר לֹא־יִנָּצֵל בְּרָב־כֹּחַ: שֶׁקֶר הַסּוּס לִתְשׁוּעָה, וּבְרֹב חֵילוֹ לֹא יְמַלֵּט: הִנֵּה עֵין יהוה אֶל־יְרֵאָיו, לַמְיַחֲלִים לְחַסְדּוֹ: לְהַצִּיל מִמָּוֶת נַפְשָׁם, וּלְחַיּוֹתָם בָּרָעָב: נַפְשֵׁנוּ חִכְּתָה לַיהוה, עֶזְרֵנוּ וּמָגִנֵּנוּ הוּא: כִּי־בוֹ יִשְׂמַח לִבֵּנוּ, כִּי בְשֵׁם קָדְשׁוֹ בָטָחְנוּ: יְהִי־חַסְדְּךָ יהוה עָלֵינוּ, כַּאֲשֶׁר יִחַלְנוּ לָךְ:

יש הממשיכים בתיבות ׳לֹא־יָרֵעוּ׳ בעמ׳ 388.

תהלים כד
לְדָוִד מִזְמוֹר, לַיהוה הָאָרֶץ וּמְלוֹאָהּ, תֵּבֵל וְיֹשְׁבֵי בָהּ: כִּי־הוּא עַל־יַמִּים יְסָדָהּ, וְעַל־נְהָרוֹת יְכוֹנְנֶהָ: מִי־יַעֲלֶה בְהַר־יהוה, וּמִי־יָקוּם בִּמְקוֹם קָדְשׁוֹ: נְקִי כַפַּיִם וּבַר־לֵבָב, אֲשֶׁר לֹא־נָשָׂא לַשָּׁוְא נַפְשִׁי, וְלֹא נִשְׁבַּע לְמִרְמָה: יִשָּׂא בְרָכָה מֵאֵת יהוה, וּצְדָקָה מֵאֱלֹהֵי יִשְׁעוֹ: זֶה דּוֹר דֹּרְשָׁו, מְבַקְשֵׁי פָנֶיךָ יַעֲקֹב סֶלָה: שְׂאוּ שְׁעָרִים רָאשֵׁיכֶם, וְהִנָּשְׂאוּ פִּתְחֵי עוֹלָם, וְיָבוֹא מֶלֶךְ הַכָּבוֹד: מִי זֶה מֶלֶךְ הַכָּבוֹד, יהוה עִזּוּז וְגִבּוֹר, יהוה גִּבּוֹר מִלְחָמָה: שְׂאוּ שְׁעָרִים רָאשֵׁיכֶם, וּשְׂאוּ פִּתְחֵי עוֹלָם, וְיָבֹא מֶלֶךְ הַכָּבוֹד: מִי הוּא זֶה מֶלֶךְ הַכָּבוֹד, יהוה צְבָאוֹת הוּא מֶלֶךְ הַכָּבוֹד סֶלָה:

רִבּוֹנוֹ שֶׁל עוֹלָם, בְּהַעֲלוֹתֵנוּ עַל לְבָבֵנוּ רֹב קִצּוּרֵנוּ בַּעֲבוֹדָתֶךָ וּבְעֵסֶק תּוֹרָתְךָ הַקְּדוֹשָׁה וְקִיּוּם מִצְוֹתֶיךָ, כָּל עַצְמוֹתֵינוּ יֹאחֲזֵמוֹ רָעַד, וְנָמֵס לִבֵּנוּ וְהָיָה לְמָיִם. מַה נַּעֲנֶה וּמַה נֹּאמַר, כִּי הַצַּר הַצּוֹרֵר בְּחֶבְרַת הַחֹמֶר הֶעָכוּר הָיָה בְּעוֹכְרֵנוּ, גַּם אָסוּר נִלְוָה עִמָּם, אֲסוּרִים וּלְטוּשִׁים בְּגַלְיוֹת קָשִׁים, גָּלוּת הַנֶּפֶשׁ וְהַגּוּף. הָאָמְנָם גָּלוּי וְיָדוּעַ לְפָנֶיךָ שֶׁרְצוֹנֵנוּ לַעֲשׂוֹת רְצוֹנֶךָ וְלִשְׁקֹד עַל דַּלְתוֹתֶיךָ, כִּי טוֹב יוֹם בַּחֲצֵרֶיךָ מֵאֶלֶף בָּחַרְנוּ, וִירֵאִים וַחֲרֵדִים אֲנַחְנוּ מֵאֵימַת דִּינְךָ הַקָּדוֹשׁ. עַל כֵּן בָּאנוּ אֵלֶיךָ בִּכְפִיפַת רֹאשׁ וּנְמִיכַת קוֹמָה וַחֲלִישַׁת חַיִל לְהַזְכִּיר וּלְעוֹרֵר רַחֲמֶיךָ.

וִיהִי רָצוֹן מִלְּפָנֶיךָ יהוה אֱלֹהַי וֵאלֹהֵי אֲבוֹתַי, אֵל עֶלְיוֹן מֻכְתָּר בִּתְלֵיסַר מְכִילָן דְּרַחֲמֵי, שֶׁתְּהֵא שָׁעָה זוֹ עֵת רָצוֹן לְפָנֶיךָ, וְתִהְיֶה עוֹלָה לְפָנֶיךָ קְרִיאַת שְׁלֹשׁ עֶשְׂרֵה מִדּוֹת שֶׁל רַחֲמִים שֶׁבַּפְּסוּקִים מִי אֵל כָּמוֹךָ, הַמְכֻוָּנִים אֶל שְׁלֹשׁ עֶשְׂרֵה מִדּוֹת אֵל רַחוּם וְחַנּוּן וגו׳, אֲשֶׁר קָרִינוּ לְפָנֶיךָ, כְּאִלּוּ הִשַּׂגְנוּ כָּל הַסּוֹדוֹת וְצֵרוּפֵי שֵׁמוֹת הַיּוֹצְאִים מֵהֶם וְזִוּוּגֵי מִדּוֹתֵיהֶם, אֲשֶׁר אֶחָד בְּאֶחָד יִגָּשׁוּ לְהַמְתִּיק הַדִּינִים תַּקִּיפִים, וְתַשְׁלִיךְ בִּמְצוּלוֹת יָם כָּל חַטֹּאתֵינוּ. וְאַתָּה בְּטוּבְךָ תְּעוֹרֵר רַחֲמֶיךָ, וְנִהְיֶה נְקִיִּים מִכָּל טֻמְאָה וְחֶלְאָה וְזֻהֲמָא, וְיַעֲלוּ כָּל

נִיצוֹצֵי הַקְּדֻשָּׁה אֲשֶׁר נִתְפַּזְּרוּ, וְיִתְבָּרְרוּ וְיִתְלַבְּנוּ בְּמִדַּת טוּבְךָ, אַתָּה אֵל יְשׁוּעָתֵנוּ נֹצֵר חֶסֶד לָאֲלָפִים, וּבְרֹב רַחֲמֶיךָ תִּתֵּן לָנוּ חַיִּים אֲרוּכִים, חַיִּים שֶׁל שָׁלוֹם, חַיִּים שֶׁל טוֹבָה, חַיִּים שֶׁל בְּרָכָה, חַיִּים שֶׁל פַּרְנָסָה טוֹבָה, חַיִּים שֶׁל חִלּוּץ עֲצָמוֹת, חַיִּים שֶׁיֵּשׁ בָּהֶם יִרְאַת שָׁמַיִם וְיִרְאַת חֵטְא, חַיִּים שֶׁאֵין בָּהֶם בּוּשָׁה וּכְלִמָּה, חַיִּים שֶׁל עֹשֶׁר וְכָבוֹד לַעֲבוֹדָתֶךָ, חַיִּים שֶׁתְּהֵא בָנוּ אַהֲבַת תּוֹרָה וְיִרְאַת שָׁמַיִם, חַיִּים שֶׁתְּמַלֵּא כָּל מִשְׁאֲלוֹת לִבֵּנוּ לְטוֹבָה, וְזָכְרֵנוּ לְחַיִּים מֶלֶךְ חָפֵץ בַּחַיִּים, וְכָתְבֵנוּ בְּסֵפֶר הַחַיִּים לְמַעַנְךָ אֱלֹהִים חַיִּים, וּקְרַע רֹעַ גְּזַר דִּינֵנוּ, וְיִקָּרְאוּ לְפָנֶיךָ זָכֻיּוֹתֵינוּ.

אֵל מָלֵא רַחֲמִים, יֶהֱמוּ נָא רַחֲמֶיךָ לְקַבֵּל בְּרָצוֹן הַכְנָעָתֵנוּ וְהַרְהוּרֵי תְשׁוּבָה הַמִּתְנוֹצְצִים בָּנוּ, בְּשֶׁגַּם לִבֵּנוּ אָטוּם סָתוּם וְחָתוּם, לֹא אִתָּנוּ יוֹדֵעַ זוֹ הִיא בִיאָה זוֹ הִיא שִׁיבָה, מָה אָנוּ וּמָה בָּאנוּ לְתַקֵּן. רַב לְהוֹשִׁיעַ, הָאֵר עֵינֵינוּ כַּאֲשֶׁר בְּגֹדֶל רַחֲמֶיךָ הִבְטַחְתָּנוּ: פִּתְחוּ לִי פֶּתַח כְּחֻדּוֹ שֶׁל מַחַט, וַאֲנִי אֶפְתַּח לָכֶם פֶּתַח כְּפִתְחוֹ שֶׁל אוּלָם, וּרְאֵה כִּי אָזְלַת יָד, וְאֶפֶס עָצוּר וְעָזוּב, וְאֵין חוֹנֵן
וְאֵין מְרַחֵם זוּלָתֶךָ, כִּי חֲנוּנֶיךָ הֵם חֲנוּנִים וּמְרֻחָמֶיךָ הֵם מְרֻחָמִים, כְּדִכְתִיב:
שמות לג וְחַנֹּתִי אֶת־אֲשֶׁר אָחֹן, וְרִחַמְתִּי אֶת־אֲשֶׁר אֲרַחֵם: וּבְכֵן, לֵב טָהוֹר בְּרָא לָנוּ
אֱלֹהִים, וְרוּחַ נָכוֹן חַדֵּשׁ בְּקִרְבֵּנוּ, וְרִשְׁפֵּי הִתְעוֹרְרוּת לִבֵּנוּ בְּאַהֲבָתֶךָ וּבְתוֹרָתֶךָ
תהלים עט יַתְמִידוּ וְיִתְרַבּוּ בְּלִי הֶפְסֵק. עָזְרֵנוּ אֱלֹהֵי יִשְׁעֵנוּ עַל־דְּבַר כְּבוֹד־שְׁמֶךָ: תָּחֵל
שָׁנָה וּבִרְכוֹתֶיהָ, וּתְזַכֵּנוּ שֶׁיְּהֵא לִבֵּנוּ נָכוֹן וּמָסוּר בְּיָדֵינוּ, וְלֹא נִכְעַס וְלֹא נַכְעִיסֶךָ, וְתַסְפִּיק בְּיָדֵינוּ לְהִתְרַחֵק מִכָּל הַמִּדּוֹת הָרָעוֹת וְהָאֲסוּרוֹת, וּבִפְרָט זַכֵּנוּ לְהִתְרַחֵק מֵהַגַּאֲוָה וְהַכַּעַס וְהַהַקְפָּדָה וְכָל גֹּבַהּ לֵב, וְנִהְיֶה מְיֻשָּׁבִים בְּדַעְתֵּנוּ וְנַכִּיר מִעוּט עֶרְכֵּנוּ, וְנַפְשֵׁנוּ כֶּעָפָר לַכֹּל תִּהְיֶה, וְלֹא נִתְכַּעֵס וְלֹא נַקְפִּיד, וְנִהְיֶה אוֹהֲבֵי שָׁלוֹם וּמַרְבִּים שָׁלוֹם, וּבְצֵל כְּנָפֶיךָ נֶחֱסֶה. וּתְזַכֵּנוּ לְהִתְרַחֵק מִלֵּיצָנוּת וְשֶׁקֶר וַחֲנֻפָּה וְלָשׁוֹן הָרָע וְדִבּוּר חֹל בְּשַׁבָּת וְכָל דִּבּוּר אָסוּר, וִיהִי רֹב דִּבּוּרֵנוּ בַּתּוֹרָה וּבַסֵּדֶר וְאֹפֶן עֲבוֹדָתֶךָ עֲבוֹדַת הַקֹּדֶשׁ. וּתְאַזְּרֵנוּ חַיִל לִשְׁמֹר לְפִינוּ מֵחֵטְא בִלְשׁוֹנֵנוּ.

אָב הָרַחֲמָן, תֵּן בָּנוּ כֹּחַ וּבְרִיאוּת, וְזַכֵּנוּ לְהִתְרַחֵק מִתַּאֲוַת תַּעֲנוּגֵי וְהַבְלֵי הָעוֹלָם הַזֶּה, וְנֹאכַל לְשֹׂבַע נַפְשֵׁנוּ, וְכֵן בְּכָל צְרָכֵינוּ יִהְיוּ כָּל מַעֲשֵׂינוּ לְשֵׁם שָׁמַיִם. וּתְזַכֵּנוּ לִהְיוֹת שְׂמֵחִים בְּעֵסֶק תּוֹרָתֶךָ וּבְמִצְוֹתֶיךָ, וְלִהְיוֹת בִּטְחוֹנֵנוּ בְּךָ תָּדִיר, וְיִהְיֶה לָנוּ לֵב שָׂמֵחַ לַעֲבוֹדָתֶךָ.

אָנָּא מֶלֶךְ רַחוּם וְחַנּוּן, הַנְּשָׁמָה לָךְ וְהַגּוּף פָּעֳלָךְ, חוּסָה עַל עֲמָלָךְ. וּבְכֵן יֶהֱמוּ נָא רַחֲמֶיךָ עָלֵינוּ, וּתְזַכֵּנוּ לְהַשְׁלִים תִּקּוּן נר״ן בְּגִלְגּוּל זֶה וְלֹא נֹאבַד חַס וְשָׁלוֹם, וְתַשְׁפִּיעַ שֶׁפַע קֹדֶשׁ עַל נר״ן לְהַתְמִיד בַּעֲבוֹדָתֶךָ וְלַעֲשׂוֹת רְצוֹנֵנוּ כִּרְצוֹנְךָ כָּל יְמֵי חַיֵּינוּ, אֲנַחְנוּ וְזַרְעֵנוּ וְזֶרַע זַרְעֵנוּ, וּתְזַכֵּנוּ לַעֲסֹק בְּתוֹרָתְךָ הַקְּדוֹשָׁה לִשְׁמָהּ וּלְכַוֵּן לַאֲמִתָּהּ שֶׁל תּוֹרָה, וְתַצִּיל מִלִּבֵּנוּ טָעוּת בַּהֲלָכָה וּבְהוֹרָאָה, וְאַל תַּצֵּל מִפִּינוּ דְּבַר אֱמֶת לְעוֹלָם. וְנִהְיֶה אֲנַחְנוּ וְצֶאֱצָאֵינוּ וְצֶאֱצָאֵי צֶאֱצָאֵינוּ כֻּלָּנוּ יוֹדְעֵי שְׁמֶךָ, וְלוֹמְדֵי תוֹרָתֶךָ לִשְׁמָהּ וּמְקַיְּמֵי מִצְוֹתֶיךָ. וְלֹא יִמָּצֵא בָּנוּ וְלֹא בְּזַרְעֵנוּ וְלֹא בְּזֶרַע זַרְעֵנוּ שׁוּם פְּגַם וְשׁוּם פְּסוּל. וְלֹא יִתְחַלֵּל שִׁמְךָ עַל יָדֵינוּ חַס וְשָׁלוֹם.

וּרְאֵה כִּי עַמְּךָ הַגּוֹי הַגָּדוֹל הַזֶּה, זֶרַע אוֹהַבְךָ אַבְרָהָם יִצְחָק וְיִשְׂרָאֵל, עֲבָדֶיךָ בְּנֵי בְחוּנֶיךָ, וּבְגָלוּתָם וְדַלּוּתָם וְשִׁפְלוּתָם וְלַחֲצָם וְדָחְקָם זֶה כַּמָּה מֵאוֹת שָׁנִים קוֹרְאִים בְּשִׁמְךָ וּמַאֲמִינִים בְּךָ וּבְתוֹרָתֶךָ, וְכַמָּה אֲלָפִים וּרְבָבוֹת מָסְרוּ עַצְמָן לַהֲרִיגָה וְלִשְׂרֵפָה עַל קְדֻשַּׁת שְׁמֶךָ. נָא גִבּוֹר דּוֹרְשֵׁי יִחוּדְךָ כְּבָבַת שָׁמְרֵם. וְתִתְמַלֵּא רַחֲמִים עַל כָּל אַחֵינוּ בֵּית יִשְׂרָאֵל הַנְּפוּצִים בְּאַרְבַּע כַּנְפוֹת הָאָרֶץ, וּבִפְרָט עַל יוֹשְׁבֵי אֶרֶץ יִשְׂרָאֵל, וְעַל יוֹשְׁבֵי הָעִיר הַזֹּאת וְעַל כָּל הַקָּהָל הַקָּדוֹשׁ הַזֶּה, וְתִרְחַם עָלֵינוּ וַעֲלֵיהֶם, וְתַצִּילֵנוּ מֵרָעָה וּמֵרָעָב וּמִשְּׁבִי וּבִזָּה וּמִכָּל חֵטְא, וְתִשְׁלַח רְפוּאָה שְׁלֵמָה לְכָל חוֹלֵי עַמְּךָ יִשְׂרָאֵל, אֵל נָא רְפָא נָא לָהֶם וּתְקַיֵּם בְּכָל אֶחָד מֵהֶם מִקְרָא שֶׁכָּתוּב: יְהוָה יִסְעָדֶנּוּ עַל־עֶרֶשׂ דְּוָי, כָּל־מִשְׁכָּבוֹ הָפַכְתָּ בְחָלְיוֹ: וְהַבְּרִיאִים מֵעַמְּךָ יִשְׂרָאֵל תַּתְמִיד בְּרִיאוּתָם, שֶׁלֹּא יֶחֱלוּ חַס וְשָׁלוֹם. וְתַצִּילֵנוּ וְתַצִּיל לְכָל יִשְׂרָאֵל מִכָּל נֶזֶק וּמִכָּל צַר וּמַשְׂטִין וּמְקַטְרֵג וּמֵרוּחַ רָעָה וּמִדִּקְדּוּקֵי עֲנִיּוּת, וּמִכָּל מִינֵי פֻּרְעָנִיּוֹת הַמִּתְרַגְּשׁוֹת בָּעוֹלָם. וְתִפְקֹד בְּזֶרַע שֶׁל קַיָּמָא זֶרַע קֹדֶשׁ לְכָל חֲשׂוּכֵי בָנִים, וְהַיּוֹשְׁבוֹת עַל הַמַּשְׁבֵּר תּוֹצִיא אוֹתָן מֵאֲפֵלָה לְאוֹרָה, וְיֵצֵא הַוָּלָד בְּשָׁעָה טוֹבָה וְלֹא יֶאֱרַע שׁוּם צַעַר וְשׁוּם נֶזֶק לֹא לַיּוֹלְדוֹת וְלֹא לְיַלְדֵיהֶן, וְאַל יִמְשֹׁל אַסְכָּרָה וְשֵׁדִין וְרוּחִין וְלִילִין לְכָל יַלְדֵי עַמְּךָ בֵּית יִשְׂרָאֵל, וּתְגַדְּלֵם לְתוֹרָתֶךָ וּלְמִצְוֹתֶיךָ בְּחַיֵּי אֲבִיהֶם וְאִמָּם. תהלים מא

וּבְנֵי יִשְׂרָאֵל עַמְּךָ יוֹרְדֵי הַיָּם, פְּצֵם וְהַצִּילֵם מִמַּיִם רַבִּים, מִיַּד בְּנֵי נֵכָר, הַצִּילֵם מִטִּיט וְאַל יִטְבָּעוּ, יִנָּצְלוּ מִשֹּׂנְאֵיהֶם וּמִמַּעֲמַקֵּי מָיִם. וּבְנֵי יִשְׂרָאֵל הַהוֹלְכִים בַּיַּבָּשָׁה, הַדְרִיכֵם בְּדֶרֶךְ יְשָׁרָה לָלֶכֶת אֶל עִיר מוֹשָׁב, וְתַצִּילֵם מִכַּף כָּל אוֹיֵב

וְאוֹרֵב בַּדֶּרֶךְ. וְכָל הָאֲסוּרִים בְּכֶלֶא מֵעַמְּךָ יִשְׂרָאֵל, הַתֵּר מַאַסְרֵיהֶם וְתוֹצִיאֵם
לִרְוָחָה, וְהָשֵׁב לִירֵאתְךָ כָּל הָאֲנוּסִים בְּיַד גֵּאִים, וְתָחֹן זְכוּת אָבוֹת לְהוֹצִיא
לָאוֹר מִשְׁפָּטֵנוּ, כָּתְבֵנוּ בְּסֵפֶר חַיִּים לְמַעַנְךָ אֱלֹהִים חַיִּים, וְהָאֵר פָּנֶיךָ עַל־ דניאל ט
מִקְדָּשְׁךָ הַשָּׁמֵם לְמַעַן אֲדֹנָי:

אֱלֹהֵינוּ וֵאלֹהֵי אֲבוֹתֵינוּ מֶלֶךְ רַחֲמָן רַחֵם עָלֵינוּ, טוֹב וּמֵטִיב הִדָּרֶשׁ לָנוּ, שׁוּבָה אֵלֵינוּ בַּהֲמוֹן רַחֲמֶיךָ, בִּגְלַל אָבוֹת שֶׁעָשׂוּ רְצוֹנֶךָ. בְּנֵה בֵיתְךָ כְּבַתְּחִלָּה, וְכוֹנֵן מִקְדָּשְׁךָ עַל מְכוֹנוֹ, וְהַרְאֵנוּ בְּבִנְיָנוֹ וְשַׂמְּחֵנוּ בְּתִקּוּנוֹ, וְהָשֵׁב כֹּהֲנִים לַעֲבוֹדָתָם, וּלְוִיִּם לְשִׁירָם וּלְזִמְרָם, וְהָשֵׁב יִשְׂרָאֵל לִנְוֵיהֶם.

וּמָלְאָה הָאָרֶץ דֵּעָה אֶת יהוה, לְיִרְאָה וּלְאַהֲבָה אֶת שִׁמְךָ הַגָּדוֹל וְהַנּוֹרָא, אָמֵן כֵּן יְהִי רָצוֹן.

כָּל־כְּלִי יוּצַר עָלַיִךְ לֹא יִצְלָח, וְכָל־לָשׁוֹן תָּקוּם־אִתָּךְ לַמִּשְׁפָּט תַּרְשִׁיעִי זֹאת ישעיה נד
נַחֲלַת עַבְדֵי יהוה וְצִדְקָתָם מֵאִתִּי נְאֻם־יהוה:

לֹא־יָרֵעוּ וְלֹא־יַשְׁחִיתוּ בְּכָל־הַר קָדְשִׁי ישעיה יא
כִּי־מָלְאָה הָאָרֶץ דֵּעָה אֶת־יהוה, כַּמַּיִם לַיָּם מְכַסִּים:

יְהִי רָצוֹן מִלְּפָנֶיךָ, עַל יְדֵי הֶאָרַת תִּקּוּנִים, עַתִּיקָא קַדִּישָׁא דַעֲתִיקִין בְּזְעֵר שֶׁבְּאַרִיךְ, יִכְבְּשׁוּ רַחֲמֶיךָ אֶת כַּעַסְךָ, וְיִגֹּלּוּ רַחֲמֶיךָ עַל מִדּוֹתֶיךָ, וְתִתְנַהֵג עִמָּנוּ בְּמִדַּת הָרַחֲמִים, וְתִתֶּן לָנוּ חַיִּים אֲרוּכִים וְטוֹבִים בְּעִסְקֵי תוֹרָתֶךָ, וּלְקַיֵּם מִצְוֹתֶיךָ וְלַעֲשׂוֹת רְצוֹנֶךָ, אָמֵן כֵּן יְהִי רָצוֹן.

שִׁיר הַמַּעֲלוֹת, מִמַּעֲמַקִּים קְרָאתִיךָ יהוה: אֲדֹנָי שִׁמְעָה בְקוֹלִי, תִּהְיֶינָה תהלים קל
אָזְנֶיךָ קַשֻּׁבוֹת לְקוֹל תַּחֲנוּנָי: אִם־עֲוֹנוֹת תִּשְׁמָר־יָהּ, אֲדֹנָי מִי יַעֲמֹד: כִּי־עִמְּךָ
הַסְּלִיחָה, לְמַעַן תִּוָּרֵא: קִוִּיתִי יהוה קִוְּתָה נַפְשִׁי, וְלִדְבָרוֹ הוֹחָלְתִּי: נַפְשִׁי
לַאדֹנָי, מִשֹּׁמְרִים לַבֹּקֶר, שֹׁמְרִים לַבֹּקֶר: יַחֵל יִשְׂרָאֵל אֶל־יהוה, כִּי־עִם־יהוה
הַחֶסֶד, וְהַרְבֵּה עִמּוֹ פְדוּת: וְהוּא יִפְדֶּה אֶת־יִשְׂרָאֵל, מִכֹּל עֲוֹנֹתָיו:

אומרים את הפסוק הבא שבע פעמים:

לְעוֹלָם יהוה דְּבָרְךָ נִצָּב בַּשָּׁמָיִם: תהלים קיט

ערבית למוצאי ראש השנה

ערבית למוצאי ראש השנה

"וַיִּירְאוּ יֹשְׁבֵי קְצָוֹת מֵאוֹתֹתֶיךָ, מוֹצָאֵי־בֹקֶר וָעֶרֶב תַּרְנִין" (תהלים סה, ט).

"תרנין – לך את הבריות... בבקר אומרים ברוך יוצר המאורות,
ובערב ברוך המעריב ערבים" (רש"י שם).

וְהוּא רַחוּם, יְכַפֵּר עָוֹן וְלֹא־יַשְׁחִית תהלים עח
וְהִרְבָּה לְהָשִׁיב אַפּוֹ, וְלֹא־יָעִיר כָּל־חֲמָתוֹ:
יהוה הוֹשִׁיעָה, הַמֶּלֶךְ יַעֲנֵנוּ בְיוֹם־קָרְאֵנוּ: תהלים כ

קריאת שמע וברכותיה

שליח הציבור כורע בתיבת 'בָּרְכוּ' וזוקף בשם. הקהל כורע בתיבת 'בָּרוּךְ'
וזוקף בשם, ושליח הציבור כורע שוב כאשר הוא חוזר אחריהם.

ש"ץ: 

אֶת יהוה הַמְבֹרָךְ.

קהל: בָּרוּךְ יהוה הַמְבֹרָךְ לְעוֹלָם וָעֶד.

ש"ץ: בָּרוּךְ יהוה הַמְבֹרָךְ לְעוֹלָם וָעֶד.

בָּרוּךְ אַתָּה יהוה אֱלֹהֵינוּ מֶלֶךְ הָעוֹלָם
אֲשֶׁר בִּדְבָרוֹ מַעֲרִיב עֲרָבִים
בְּחָכְמָה פּוֹתֵחַ שְׁעָרִים
וּבִתְבוּנָה מְשַׁנֶּה עִתִּים וּמַחֲלִיף אֶת הַזְּמַנִּים
וּמְסַדֵּר אֶת הַכּוֹכָבִים בְּמִשְׁמְרוֹתֵיהֶם בָּרָקִיעַ כִּרְצוֹנוֹ.

בּוֹרֵא יוֹם וָלָיְלָה, גּוֹלֵל אוֹר מִפְּנֵי חֹשֶׁךְ וְחֹשֶׁךְ מִפְּנֵי אוֹר
◂ וּמַעֲבִיר יוֹם וּמֵבִיא לָיְלָה
וּמַבְדִּיל בֵּין יוֹם וּבֵין לָיְלָה
יהוה צְבָאוֹת שְׁמוֹ.
אֵל חַי וְקַיָּם תָּמִיד, יִמְלֹךְ עָלֵינוּ לְעוֹלָם וָעֶד.
בָּרוּךְ אַתָּה יהוה, הַמַּעֲרִיב עֲרָבִים.

אַהֲבַת עוֹלָם בֵּית יִשְׂרָאֵל עַמְּךָ אָהָבְתָּ
תּוֹרָה וּמִצְוֹת, חֻקִּים וּמִשְׁפָּטִים, אוֹתָנוּ לִמַּדְתָּ
עַל כֵּן יהוה אֱלֹהֵינוּ בְּשָׁכְבֵנוּ וּבְקוּמֵנוּ נָשִׂיחַ בְּחֻקֶּיךָ
וְנִשְׂמַח בְּדִבְרֵי תוֹרָתֶךָ וּבְמִצְוֹתֶיךָ לְעוֹלָם וָעֶד
◂ כִּי הֵם חַיֵּינוּ וְאֹרֶךְ יָמֵינוּ, וּבָהֶם נֶהְגֶּה יוֹמָם וָלָיְלָה.
וְאַהֲבָתְךָ אַל תָּסִיר מִמֶּנּוּ לְעוֹלָמִים.
בָּרוּךְ אַתָּה יהוה, אוֹהֵב עַמּוֹ יִשְׂרָאֵל.

״יקרא קריאת שמע בכוונה – באימה, ביראה, ברתת וזיע״ (שו״ע סא, א).

המתפלל ביחידות אומר:

אֵל מֶלֶךְ נֶאֱמָן

מכסה את עיניו בידו ואומר בכוונה ובקול רם:

דברים ו **שְׁמַע יִשְׂרָאֵל, יְהוָה אֱלֹהֵינוּ, יְהוָה ׀ אֶחָד:**

בלחש: בָּרוּךְ שֵׁם כְּבוֹד מַלְכוּתוֹ לְעוֹלָם וָעֶד.

דברים ו וְאָהַבְתָּ אֵת יְהוָה אֱלֹהֶיךָ, בְּכָל־לְבָבְךָ וּבְכָל־נַפְשְׁךָ וּבְכָל־מְאֹדֶךָ:
וְהָיוּ הַדְּבָרִים הָאֵלֶּה, אֲשֶׁר אָנֹכִי מְצַוְּךָ הַיּוֹם, עַל־לְבָבֶךָ: וְשִׁנַּנְתָּם
לְבָנֶיךָ וְדִבַּרְתָּ בָּם, בְּשִׁבְתְּךָ בְּבֵיתֶךָ וּבְלֶכְתְּךָ בַדֶּרֶךְ, וּבְשָׁכְבְּךָ
וּבְקוּמֶךָ: וּקְשַׁרְתָּם לְאוֹת עַל־יָדֶךָ וְהָיוּ לְטֹטָפֹת בֵּין עֵינֶיךָ:
וּכְתַבְתָּם עַל־מְזֻזוֹת בֵּיתֶךָ וּבִשְׁעָרֶיךָ:

וְהָיָה אִם־שָׁמֹעַ תִּשְׁמְעוּ אֶל־מִצְוֺתַי אֲשֶׁר אָנֹכִי מְצַוֶּה אֶתְכֶם דברים יא
הַיּוֹם, לְאַהֲבָה אֶת־יהוה אֱלֹהֵיכֶם וּלְעָבְדוֹ, בְּכָל־לְבַבְכֶם וּבְכָל־
נַפְשְׁכֶם: וְנָתַתִּי מְטַר־אַרְצְכֶם בְּעִתּוֹ, יוֹרֶה וּמַלְקוֹשׁ, וְאָסַפְתָּ
דְגָנֶךָ וְתִירֹשְׁךָ וְיִצְהָרֶךָ: וְנָתַתִּי עֵשֶׂב בְּשָׂדְךָ לִבְהֶמְתֶּךָ, וְאָכַלְתָּ
וְשָׂבָעְתָּ: הִשָּׁמְרוּ לָכֶם פֶּן־יִפְתֶּה לְבַבְכֶם, וְסַרְתֶּם וַעֲבַדְתֶּם אֱלֹהִים
אֲחֵרִים וְהִשְׁתַּחֲוִיתֶם לָהֶם: וְחָרָה אַף־יהוה בָּכֶם, וְעָצַר אֶת־
הַשָּׁמַיִם וְלֹא־יִהְיֶה מָטָר, וְהָאֲדָמָה לֹא תִתֵּן אֶת־יְבוּלָהּ, וַאֲבַדְתֶּם
מְהֵרָה מֵעַל הָאָרֶץ הַטֹּבָה אֲשֶׁר יהוה נֹתֵן לָכֶם: וְשַׂמְתֶּם אֶת־
דְּבָרַי אֵלֶּה עַל־לְבַבְכֶם וְעַל־נַפְשְׁכֶם, וּקְשַׁרְתֶּם אֹתָם לְאוֹת
עַל־יֶדְכֶם, וְהָיוּ לְטוֹטָפֹת בֵּין עֵינֵיכֶם: וְלִמַּדְתֶּם אֹתָם אֶת־בְּנֵיכֶם
לְדַבֵּר בָּם, בְּשִׁבְתְּךָ בְּבֵיתֶךָ וּבְלֶכְתְּךָ בַדֶּרֶךְ, וּבְשָׁכְבְּךָ וּבְקוּמֶךָ:
וּכְתַבְתָּם עַל־מְזוּזוֹת בֵּיתֶךָ וּבִשְׁעָרֶיךָ: לְמַעַן יִרְבּוּ יְמֵיכֶם וִימֵי
בְנֵיכֶם עַל הָאֲדָמָה אֲשֶׁר נִשְׁבַּע יהוה לַאֲבֹתֵיכֶם לָתֵת לָהֶם,
כִּימֵי הַשָּׁמַיִם עַל־הָאָרֶץ:

וַיֹּאמֶר יהוה אֶל־מֹשֶׁה לֵּאמֹר: דַּבֵּר אֶל־בְּנֵי יִשְׂרָאֵל וְאָמַרְתָּ במדבר טו
אֲלֵהֶם, וְעָשׂוּ לָהֶם צִיצִת עַל־כַּנְפֵי בִגְדֵיהֶם לְדֹרֹתָם, וְנָתְנוּ עַל־
צִיצִת הַכָּנָף פְּתִיל תְּכֵלֶת: וְהָיָה לָכֶם לְצִיצִת, וּרְאִיתֶם אֹתוֹ
וּזְכַרְתֶּם אֶת־כָּל־מִצְוֺת יהוה וַעֲשִׂיתֶם אֹתָם, וְלֹא תָתֻרוּ אַחֲרֵי
לְבַבְכֶם וְאַחֲרֵי עֵינֵיכֶם, אֲשֶׁר־אַתֶּם זֹנִים אַחֲרֵיהֶם: לְמַעַן תִּזְכְּרוּ
וַעֲשִׂיתֶם אֶת־כָּל־מִצְוֺתָי, וִהְיִיתֶם קְדֹשִׁים לֵאלֹהֵיכֶם: אֲנִי יהוה
אֱלֹהֵיכֶם, אֲשֶׁר הוֹצֵאתִי אֶתְכֶם מֵאֶרֶץ מִצְרַיִם, לִהְיוֹת לָכֶם
לֵאלֹהִים, אֲנִי יהוה אֱלֹהֵיכֶם:

אֱמֶת

שליח הציבור חוזר ואומר:

◂ יהוה אֱלֹהֵיכֶם אֱמֶת

וֶאֱמוּנָה כָּל זֹאת וְקַיָּם עָלֵינוּ
כִּי הוּא יהוה אֱלֹהֵינוּ וְאֵין זוּלָתוֹ
וַאֲנַחְנוּ יִשְׂרָאֵל עַמּוֹ.
הַפּוֹדֵנוּ מִיַּד מְלָכִים
מַלְכֵּנוּ הַגּוֹאֲלֵנוּ מִכַּף כָּל הֶעָרִיצִים.
הָאֵל הַנִּפְרָע לָנוּ מִצָּרֵינוּ
וְהַמְשַׁלֵּם גְּמוּל לְכָל אוֹיְבֵי נַפְשֵׁנוּ.
הָעוֹשֶׂה גְדוֹלוֹת עַד אֵין חֵקֶר, וְנִפְלָאוֹת עַד אֵין מִסְפָּר
הַשָּׂם נַפְשֵׁנוּ בַּחַיִּים, וְלֹא נָתַן לַמּוֹט רַגְלֵנוּ
הַמַּדְרִיכֵנוּ עַל בָּמוֹת אוֹיְבֵינוּ
וַיָּרֶם קַרְנֵנוּ עַל כָּל שׂוֹנְאֵינוּ.
הָעוֹשֶׂה לָּנוּ נִסִּים וּנְקָמָה בְּפַרְעֹה
אוֹתוֹת וּמוֹפְתִים בְּאַדְמַת בְּנֵי חָם.
הַמַּכֶּה בְעֶבְרָתוֹ כָּל בְּכוֹרֵי מִצְרָיִם
וַיּוֹצֵא אֶת עַמּוֹ יִשְׂרָאֵל מִתּוֹכָם לְחֵרוּת עוֹלָם.
הַמַּעֲבִיר בָּנָיו בֵּין גִּזְרֵי יַם סוּף
אֶת רוֹדְפֵיהֶם וְאֶת שׂוֹנְאֵיהֶם בִּתְהוֹמוֹת טִבַּע
וְרָאוּ בָנָיו גְּבוּרָתוֹ, שִׁבְּחוּ וְהוֹדוּ לִשְׁמוֹ
◂ וּמַלְכוּתוֹ בְּרָצוֹן קִבְּלוּ עֲלֵיהֶם.
מֹשֶׁה וּבְנֵי יִשְׂרָאֵל, לְךָ עָנוּ שִׁירָה בְּשִׂמְחָה רַבָּה
וְאָמְרוּ כֻלָּם
מִי־כָמֹכָה בָּאֵלִם יהוה שמות טו
מִי כָּמֹכָה נֶאְדָּר בַּקֹּדֶשׁ
נוֹרָא תְהִלֹּת עֹשֵׂה פֶלֶא:

◂ מַלְכוּתְךָ רָאוּ בָנֶיךָ, בּוֹקֵעַ יָם לִפְנֵי מֹשֶׁה
זֶה אֵלִי עָנוּ, וְאָמְרוּ
יהוה יִמְלֹךְ לְעֹלָם וָעֶד: שמות טו

◂ וְנֶאֱמַר
כִּי־פָדָה יהוה אֶת־יַעֲקֹב, וּגְאָלוֹ מִיַּד חָזָק מִמֶּנּוּ: ירמיה לא
בָּרוּךְ אַתָּה יהוה, גָּאַל יִשְׂרָאֵל.

הַשְׁכִּיבֵנוּ יהוה אֱלֹהֵינוּ לְשָׁלוֹם
וְהַעֲמִידֵנוּ מַלְכֵּנוּ לְחַיִּים
וּפְרֹשׂ עָלֵינוּ סֻכַּת שְׁלוֹמֶךָ, וְתַקְּנֵנוּ בְּעֵצָה טוֹבָה מִלְּפָנֶיךָ
וְהוֹשִׁיעֵנוּ לְמַעַן שְׁמֶךָ.
וְהָגֵן בַּעֲדֵנוּ, וְהָסֵר מֵעָלֵינוּ אוֹיֵב, דֶּבֶר וְחֶרֶב וְרָעָב וְיָגוֹן
וְהָסֵר שָׂטָן מִלְּפָנֵינוּ וּמֵאַחֲרֵינוּ, וּבְצֵל כְּנָפֶיךָ תַּסְתִּירֵנוּ
כִּי אֵל שׁוֹמְרֵנוּ וּמַצִּילֵנוּ אָתָּה
כִּי אֵל מֶלֶךְ חַנּוּן וְרַחוּם אָתָּה.
◂ וּשְׁמֹר צֵאתֵנוּ וּבוֹאֵנוּ לְחַיִּים וּלְשָׁלוֹם מֵעַתָּה וְעַד עוֹלָם.
בָּרוּךְ אַתָּה יהוה, שׁוֹמֵר עַמּוֹ יִשְׂרָאֵל לָעַד.

בארץ ישראל ממשיכים את התפילה בחצי קדיש בעמ' 397.

בָּרוּךְ יהוה לְעוֹלָם, אָמֵן וְאָמֵן: תהלים פט
בָּרוּךְ יהוה מִצִּיּוֹן, שֹׁכֵן יְרוּשָׁלָםִ, הַלְלוּיָהּ: תהלים קלה
בָּרוּךְ יהוה אֱלֹהִים אֱלֹהֵי יִשְׂרָאֵל, עֹשֵׂה נִפְלָאוֹת לְבַדּוֹ: תהלים עב
וּבָרוּךְ שֵׁם כְּבוֹדוֹ לְעוֹלָם
וְיִמָּלֵא כְבוֹדוֹ אֶת־כָּל־הָאָרֶץ, אָמֵן וְאָמֵן:
יְהִי כְבוֹד יהוה לְעוֹלָם, יִשְׂמַח יהוה בְּמַעֲשָׂיו: תהלים קד
יְהִי שֵׁם יהוה מְבֹרָךְ מֵעַתָּה וְעַד־עוֹלָם: תהלים קיג

כִּי לֹא־יִטֹּשׁ יהוה אֶת־עַמּוֹ בַּעֲבוּר שְׁמוֹ הַגָּדוֹל שמואל א׳ יב
כִּי הוֹאִיל יהוה לַעֲשׂוֹת אֶתְכֶם לוֹ לְעָם:
וַיַּרְא כָּל־הָעָם וַיִּפְּלוּ עַל־פְּנֵיהֶם מלכים א׳ יח
וַיֹּאמְרוּ, יהוה הוּא הָאֱלֹהִים, יהוה הוּא הָאֱלֹהִים:
וְהָיָה יהוה לְמֶלֶךְ עַל־כָּל־הָאָרֶץ זכריה יד
בַּיּוֹם הַהוּא יִהְיֶה יהוה אֶחָד וּשְׁמוֹ אֶחָד:
יְהִי־חַסְדְּךָ יהוה עָלֵינוּ, כַּאֲשֶׁר יִחַלְנוּ לָךְ: תהלים לג
הוֹשִׁיעֵנוּ יהוה אֱלֹהֵינוּ, וְקַבְּצֵנוּ מִן־הַגּוֹיִם תהלים קו
לְהוֹדוֹת לְשֵׁם קָדְשֶׁךָ, לְהִשְׁתַּבֵּחַ בִּתְהִלָּתֶךָ:
כָּל־גּוֹיִם אֲשֶׁר עָשִׂיתָ, יָבוֹאוּ וְיִשְׁתַּחֲווּ לְפָנֶיךָ, אֲדֹנָי תהלים פו
וִיכַבְּדוּ לִשְׁמֶךָ:
כִּי־גָדוֹל אַתָּה וְעֹשֵׂה נִפְלָאוֹת, אַתָּה אֱלֹהִים לְבַדֶּךָ:
וַאֲנַחְנוּ עַמְּךָ וְצֹאן מַרְעִיתֶךָ, נוֹדֶה לְּךָ לְעוֹלָם תהלים עט
לְדוֹר וָדֹר נְסַפֵּר תְּהִלָּתֶךָ:

בָּרוּךְ יהוה בַּיּוֹם, בָּרוּךְ יהוה בַּלָּיְלָה
בָּרוּךְ יהוה בְּשָׁכְבֵנוּ, בָּרוּךְ יהוה בְּקוּמֵנוּ.
כִּי בְיָדְךָ נַפְשׁוֹת הַחַיִּים וְהַמֵּתִים.
אֲשֶׁר בְּיָדוֹ נֶפֶשׁ כָּל־חָי, וְרוּחַ כָּל־בְּשַׂר־אִישׁ: איוב יב
בְּיָדְךָ אַפְקִיד רוּחִי, פָּדִיתָה אוֹתִי יהוה אֵל אֱמֶת: תהלים לא
אֱלֹהֵינוּ שֶׁבַּשָּׁמַיִם, יַחֵד שִׁמְךָ וְקַיֵּם מַלְכוּתְךָ תָּמִיד
וּמְלֹךְ עָלֵינוּ לְעוֹלָם וָעֶד.

יִרְאוּ עֵינֵינוּ וְיִשְׂמַח לִבֵּנוּ, וְתָגֵל נַפְשֵׁנוּ בִּישׁוּעָתְךָ בֶּאֱמֶת
בֶּאֱמֹר לְצִיּוֹן מָלַךְ אֱלֹהָיִךְ. ישעיה נב
יהוה מֶלֶךְ, יהוה מָלָךְ, יהוה יִמְלֹךְ לְעֹלָם וָעֶד.
◂ כִּי הַמַּלְכוּת שֶׁלְּךָ הִיא, וּלְעוֹלְמֵי עַד תִּמְלֹךְ בְּכָבוֹד
כִּי אֵין לָנוּ מֶלֶךְ אֶלָּא אָתָּה.
בָּרוּךְ אַתָּה יהוה, הַמֶּלֶךְ בִּכְבוֹדוֹ תָּמִיד, יִמְלֹךְ עָלֵינוּ לְעוֹלָם וָעֶד
וְעַל כָּל מַעֲשָׂיו.

חצי קדיש

ש״ץ: יִתְגַּדַּל וְיִתְקַדַּשׁ שְׁמֵהּ רַבָּא (קהל: אָמֵן)
בְּעָלְמָא דִּי בְרָא כִרְעוּתֵהּ
וְיַמְלִיךְ מַלְכוּתֵהּ
בְּחַיֵּיכוֹן וּבְיוֹמֵיכוֹן וּבְחַיֵּי דְכָל בֵּית יִשְׂרָאֵל
בַּעֲגָלָא וּבִזְמַן קָרִיב, וְאִמְרוּ אָמֵן. (קהל: אָמֵן)

קהל וש״ץ: יְהֵא שְׁמֵהּ רַבָּא מְבָרַךְ לְעָלַם וּלְעָלְמֵי עָלְמַיָּא.

ש״ץ: יִתְבָּרַךְ וְיִשְׁתַּבַּח וְיִתְפָּאַר וְיִתְרוֹמַם וְיִתְנַשֵּׂא
וְיִתְהַדָּר וְיִתְעַלֶּה וְיִתְהַלָּל
שְׁמֵהּ דְּקֻדְשָׁא בְּרִיךְ הוּא (קהל: בְּרִיךְ הוּא)
לְעֵלָּא לְעֵלָּא מִכָּל בִּרְכָתָא וְשִׁירָתָא, תֻּשְׁבְּחָתָא וְנֶחֱמָתָא
דַּאֲמִירָן בְּעָלְמָא, וְאִמְרוּ אָמֵן. (קהל: אָמֵן)

עמידה

״המתפלל צריך שיכוין בלבו פירוש המלות שמוציא בשפתיו; ויחשוב כאלו שכינה כנגדו ויסיר כל המחשבות הטורדות אותו עד שתשאר מחשבתו וכוונתו זכה בתפלתו״ (שו״ע צח, א).

פוסע שלוש פסיעות לפנים, כמי שנכנס לפני המלך. עומד ומתפלל
בלחש מכאן ועד ׳וּכְשָׁנִים קַדְמֹנִיּוֹת׳ בעמ׳ 404.

כורע במקומות המסומנים ב־׳, קד לפנים במילה הבאה וזוקף בשם.

אֲדֹנָי, שְׂפָתַי תִּפְתָּח, וּפִי יַגִּיד תְּהִלָּתֶךָ: תהלים נא

אבות

׳בָּרוּךְ אַתָּה יהוה, אֱלֹהֵינוּ וֵאלֹהֵי אֲבוֹתֵינוּ
אֱלֹהֵי אַבְרָהָם, אֱלֹהֵי יִצְחָק, וֵאלֹהֵי יַעֲקֹב
הָאֵל הַגָּדוֹל הַגִּבּוֹר וְהַנּוֹרָא, אֵל עֶלְיוֹן
גּוֹמֵל חֲסָדִים טוֹבִים, וְקוֹנֵה הַכֹּל
וְזוֹכֵר חַסְדֵי אָבוֹת
וּמֵבִיא גוֹאֵל לִבְנֵי בְנֵיהֶם לְמַעַן שְׁמוֹ בְּאַהֲבָה.

זָכְרֵנוּ לְחַיִּים, מֶלֶךְ חָפֵץ בַּחַיִּים
וְכָתְבֵנוּ בְּסֵפֶר הַחַיִּים, לְמַעַנְךָ אֱלֹהִים חַיִּים.
מֶלֶךְ עוֹזֵר וּמוֹשִׁיעַ וּמָגֵן.
בָּרוּךְ אַתָּה יהוה, מָגֵן אַבְרָהָם.

אם שכח לומר ׳זָכְרֵנוּ לְחַיִּים׳, אינו חוזר.

גבורות

אַתָּה גִּבּוֹר לְעוֹלָם, אֲדֹנָי
מְחַיֵּה מֵתִים אַתָּה, רַב לְהוֹשִׁיעַ
בארץ ישראל: מוֹרִיד הַטָּל
מְכַלְכֵּל חַיִּים בְּחֶסֶד, מְחַיֵּה מֵתִים בְּרַחֲמִים רַבִּים
סוֹמֵךְ נוֹפְלִים, וְרוֹפֵא חוֹלִים, וּמַתִּיר אֲסוּרִים
וּמְקַיֵּם אֱמוּנָתוֹ לִישֵׁנֵי עָפָר.
מִי כָמוֹךָ, בַּעַל גְּבוּרוֹת, וּמִי דּוֹמֶה לָּךְ
מֶלֶךְ, מֵמִית וּמְחַיֶּה וּמַצְמִיחַ יְשׁוּעָה.
מִי כָמוֹךָ אַב הָרַחֲמִים
זוֹכֵר יְצוּרָיו לְחַיִּים בְּרַחֲמִים.
וְנֶאֱמָן אַתָּה לְהַחֲיוֹת מֵתִים.
בָּרוּךְ אַתָּה יהוה, מְחַיֵּה הַמֵּתִים.

אם שכח לומר ׳מִי כָמוֹךָ אַב הָרַחֲמִים׳, אינו חוזר.

קדושת השם

אַתָּה קָדוֹשׁ וְשִׁמְךָ קָדוֹשׁ
וּקְדוֹשִׁים בְּכָל יוֹם יְהַלְלוּךָ סֶּלָה.
בָּרוּךְ אַתָּה יהוה, הַמֶּלֶךְ הַקָּדוֹשׁ.

אם חתם ׳הָאֵל הַקָּדוֹשׁ׳ כברוב ימות השנה, חוזר לראש.

דעת

אַתָּה חוֹנֵן לְאָדָם דַּעַת
וּמְלַמֵּד לֶאֱנוֹשׁ בִּינָה.
אַתָּה חוֹנַנְתָּנוּ לְמַדַּע תּוֹרָתֶךָ
וַתְּלַמְּדֵנוּ לַעֲשׂוֹת חֻקֵּי רְצוֹנֶךָ
וַתַּבְדֵּל יהוה אֱלֹהֵינוּ בֵּין קֹדֶשׁ לְחוֹל
בֵּין אוֹר לְחֹשֶׁךְ, בֵּין יִשְׂרָאֵל לָעַמִּים
בֵּין יוֹם הַשְּׁבִיעִי לְשֵׁשֶׁת יְמֵי הַמַּעֲשֶׂה.
אָבִינוּ מַלְכֵּנוּ
הָחֵל עָלֵינוּ הַיָּמִים הַבָּאִים לִקְרָאתֵנוּ לְשָׁלוֹם
חֲשׂוּכִים מִכָּל חֵטְא וּמְנֻקִּים מִכָּל עָוֹן וּמְדֻבָּקִים בְּיִרְאָתֶךָ.
וְחָנֵּנוּ מֵאִתְּךָ דֵּעָה בִּינָה וְהַשְׂכֵּל.
בָּרוּךְ אַתָּה יהוה, חוֹנֵן הַדָּעַת.

תשובה

הֲשִׁיבֵנוּ אָבִינוּ לְתוֹרָתֶךָ
וְקָרְבֵנוּ מַלְכֵּנוּ לַעֲבוֹדָתֶךָ
וְהַחֲזִירֵנוּ בִּתְשׁוּבָה שְׁלֵמָה לְפָנֶיךָ.
בָּרוּךְ אַתָּה יהוה, הָרוֹצֶה בִּתְשׁוּבָה.

סליחה

נוהגים להכות כנגד הלב במקומות המסומנים ב°.

סְלַח לָנוּ אָבִינוּ כִּי °חָטָאנוּ
מְחַל לָנוּ מַלְכֵּנוּ כִּי °פָשָׁעְנוּ
כִּי מוֹחֵל וְסוֹלֵחַ אָתָּה.
בָּרוּךְ אַתָּה יהוה, חַנּוּן הַמַּרְבֶּה לִסְלֹחַ.

גאולה

רְאֵה בְעָנְיֵנוּ, וְרִיבָה רִיבֵנוּ
וּגְאָלֵנוּ מְהֵרָה לְמַעַן שְׁמֶךָ
כִּי גוֹאֵל חָזָק אָתָּה.
בָּרוּךְ אַתָּה יהוה, גּוֹאֵל יִשְׂרָאֵל.

רפואה

רְפָאֵנוּ יהוה וְנֵרָפֵא, הוֹשִׁיעֵנוּ וְנִוָּשֵׁעָה, כִּי תְהִלָּתֵנוּ אָתָּה
וְהַעֲלֵה רְפוּאָה שְׁלֵמָה לְכָל מַכּוֹתֵינוּ

המתפלל על חולה מוסיף:

יְהִי רָצוֹן מִלְּפָנֶיךָ יהוה אֱלֹהַי וֵאלֹהֵי אֲבוֹתַי, שֶׁתִּשְׁלַח מְהֵרָה רְפוּאָה שְׁלֵמָה מִן הַשָּׁמַיִם, רְפוּאַת הַנֶּפֶשׁ וּרְפוּאַת הַגּוּף, לַחוֹלֶה פלוני בֶּן פלונית/ לַחוֹלָה פלונית בַּת פלונית בְּתוֹךְ שְׁאָר חוֹלֵי יִשְׂרָאֵל

כִּי אֵל מֶלֶךְ רוֹפֵא נֶאֱמָן וְרַחֲמָן אָתָּה.
בָּרוּךְ אַתָּה יהוה, רוֹפֵא חוֹלֵי עַמּוֹ יִשְׂרָאֵל.

ברכת השנים

בָּרֵךְ עָלֵינוּ יהוה אֱלֹהֵינוּ אֶת הַשָּׁנָה הַזֹּאת
וְאֶת כָּל מִינֵי תְבוּאָתָהּ, לְטוֹבָה
וְתֵן בְּרָכָה עַל פְּנֵי הָאֲדָמָה, וְשַׂבְּעֵנוּ מִטּוּבָהּ
וּבָרֵךְ שְׁנָתֵנוּ כַּשָּׁנִים הַטּוֹבוֹת.
בָּרוּךְ אַתָּה יהוה, מְבָרֵךְ הַשָּׁנִים.

קיבוץ גלויות

תְּקַע בְּשׁוֹפָר גָּדוֹל לְחֵרוּתֵנוּ, וְשָׂא נֵס לְקַבֵּץ גָּלֻיּוֹתֵינוּ
וְקַבְּצֵנוּ יַחַד מֵאַרְבַּע כַּנְפוֹת הָאָרֶץ.
בָּרוּךְ אַתָּה יהוה, מְקַבֵּץ נִדְחֵי עַמּוֹ יִשְׂרָאֵל.

השבת המשפט

הָשִׁיבָה שׁוֹפְטֵינוּ כְּבָרִאשׁוֹנָה, וְיוֹעֲצֵינוּ כְּבַתְּחִלָּה
וְהָסֵר מִמֶּנּוּ יָגוֹן וַאֲנָחָה
וּמְלֹךְ עָלֵינוּ אַתָּה יהוה לְבַדְּךָ בְּחֶסֶד וּבְרַחֲמִים
וְצַדְּקֵנוּ בַּמִּשְׁפָּט.
בָּרוּךְ אַתָּה יהוה, הַמֶּלֶךְ הַמִּשְׁפָּט.

אם חתם ׳מֶלֶךְ אוֹהֵב צְדָקָה וּמִשְׁפָּט׳ כברוב ימות השנה, אינו חוזר.

ברכת המינים

וְלַמַּלְשִׁינִים אַל תְּהִי תִקְוָה, וְכָל הָרִשְׁעָה כְּרֶגַע תֹּאבֵד
וְכָל אוֹיְבֵי עַמְּךָ מְהֵרָה יִכָּרֵתוּ
וְהַזֵּדִים מְהֵרָה
תְעַקֵּר וּתְשַׁבֵּר וּתְמַגֵּר וְתַכְנִיעַ
בִּמְהֵרָה בְיָמֵינוּ.
בָּרוּךְ אַתָּה יהוה, שׁוֹבֵר אוֹיְבִים וּמַכְנִיעַ זֵדִים.

על הצדיקים

עַל הַצַּדִּיקִים וְעַל הַחֲסִידִים
וְעַל זִקְנֵי עַמְּךָ בֵּית יִשְׂרָאֵל
וְעַל פְּלֵיטַת סוֹפְרֵיהֶם
וְעַל גֵּרֵי הַצֶּדֶק, וְעָלֵינוּ
יֶהֱמוּ רַחֲמֶיךָ יהוה אֱלֹהֵינוּ
וְתֵן שָׂכָר טוֹב לְכָל הַבּוֹטְחִים בְּשִׁמְךָ בֶּאֱמֶת
וְשִׂים חֶלְקֵנוּ עִמָּהֶם
וּלְעוֹלָם לֹא נֵבוֹשׁ כִּי בְךָ בָטָחְנוּ.
בָּרוּךְ אַתָּה יהוה, מִשְׁעָן וּמִבְטָח לַצַּדִּיקִים.

בניין ירושלים

וְלִירוּשָׁלַיִם עִירְךָ בְּרַחֲמִים תָּשׁוּב, וְתִשְׁכֹּן בְּתוֹכָהּ כַּאֲשֶׁר דִּבַּרְתָּ
וּבְנֵה אוֹתָהּ בְּקָרוֹב בְּיָמֵינוּ בִּנְיַן עוֹלָם
וְכִסֵּא דָוִד מְהֵרָה לְתוֹכָהּ תָּכִין.
בָּרוּךְ אַתָּה יהוה, בּוֹנֵה יְרוּשָׁלָיִם.

משיח בן דוד

אֶת צֶמַח דָּוִד עַבְדְּךָ מְהֵרָה תַצְמִיחַ, וְקַרְנוֹ תָּרוּם בִּישׁוּעָתֶךָ
כִּי לִישׁוּעָתְךָ קִוִּינוּ כָּל הַיּוֹם.
בָּרוּךְ אַתָּה יהוה, מַצְמִיחַ קֶרֶן יְשׁוּעָה.

שומע תפלה

שְׁמַע קוֹלֵנוּ יהוה אֱלֹהֵינוּ, חוּס וְרַחֵם עָלֵינוּ
וְקַבֵּל בְּרַחֲמִים וּבְרָצוֹן אֶת תְּפִלָּתֵנוּ
כִּי אֵל שׁוֹמֵעַ תְּפִלּוֹת וְתַחֲנוּנִים אָתָּה
וּמִלְּפָנֶיךָ מַלְכֵּנוּ רֵיקָם אַל תְּשִׁיבֵנוּ
כִּי אַתָּה שׁוֹמֵעַ תְּפִלַּת עַמְּךָ יִשְׂרָאֵל בְּרַחֲמִים.
בָּרוּךְ אַתָּה יהוה, שׁוֹמֵעַ תְּפִלָּה.

עבודה

רְצֵה יהוה אֱלֹהֵינוּ בְּעַמְּךָ יִשְׂרָאֵל, וּבִתְפִלָּתָם
וְהָשֵׁב אֶת הָעֲבוֹדָה לִדְבִיר בֵּיתֶךָ
וְאִשֵּׁי יִשְׂרָאֵל וּתְפִלָּתָם בְּאַהֲבָה תְקַבֵּל בְּרָצוֹן
וּתְהִי לְרָצוֹן תָּמִיד עֲבוֹדַת יִשְׂרָאֵל עַמֶּךָ.
וְתֶחֱזֶינָה עֵינֵינוּ בְּשׁוּבְךָ לְצִיּוֹן בְּרַחֲמִים.
בָּרוּךְ אַתָּה יהוה, הַמַּחֲזִיר שְׁכִינָתוֹ לְצִיּוֹן.

הודאה

כורע ב׳מוֹדִים׳ ואינו זוקף עד אמירת השם.

מוֹדִים אֲנַחְנוּ לָךְ
שָׁאַתָּה הוּא יהוה אֱלֹהֵינוּ וֵאלֹהֵי אֲבוֹתֵינוּ לְעוֹלָם וָעֶד.
צוּר חַיֵּינוּ, מָגֵן יִשְׁעֵנוּ
אַתָּה הוּא לְדוֹר וָדוֹר.
נוֹדֶה לְּךָ וּנְסַפֵּר תְּהִלָּתֶךָ
עַל חַיֵּינוּ הַמְּסוּרִים בְּיָדֶךָ
וְעַל נִשְׁמוֹתֵינוּ הַפְּקוּדוֹת לָךְ
וְעַל נִסֶּיךָ שֶׁבְּכָל יוֹם עִמָּנוּ
וְעַל נִפְלְאוֹתֶיךָ וְטוֹבוֹתֶיךָ שֶׁבְּכָל עֵת עֶרֶב וָבֹקֶר וְצָהֳרָיִם.
הַטּוֹב, כִּי לֹא כָלוּ רַחֲמֶיךָ, וְהַמְרַחֵם, כִּי לֹא תַמּוּ חֲסָדֶיךָ
מֵעוֹלָם קִוִּינוּ לָךְ.
וְעַל כֻּלָּם יִתְבָּרַךְ וְיִתְרוֹמַם שִׁמְךָ מַלְכֵּנוּ תָּמִיד לְעוֹלָם וָעֶד.
וּכְתֹב לְחַיִּים טוֹבִים כָּל בְּנֵי בְרִיתֶךָ.
וְכֹל הַחַיִּים יוֹדוּךָ סֶּלָה, וִיהַלְלוּ אֶת שִׁמְךָ בֶּאֱמֶת
הָאֵל יְשׁוּעָתֵנוּ וְעֶזְרָתֵנוּ סֶלָה.
בָּרוּךְ אַתָּה יהוה, הַטּוֹב שִׁמְךָ וּלְךָ נָאֶה לְהוֹדוֹת.

אם שכח לומר וּכְתֹב לְחַיִּים טוֹבִים, אינו חוזר.

ברכת שלום

שָׁלוֹם רָב עַל יִשְׂרָאֵל עַמְּךָ תָּשִׂים לְעוֹלָם
כִּי אַתָּה הוּא מֶלֶךְ אָדוֹן לְכָל הַשָּׁלוֹם.
וְטוֹב בְּעֵינֶיךָ לְבָרֵךְ אֶת עַמְּךָ יִשְׂרָאֵל
בְּכָל עֵת וּבְכָל שָׁעָה בִּשְׁלוֹמֶךָ.

בְּסֵפֶר חַיִּים, בְּרָכָה וְשָׁלוֹם, וּפַרְנָסָה טוֹבָה
נִזָּכֵר וְנִכָּתֵב לְפָנֶיךָ, אֲנַחְנוּ וְכָל עַמְּךָ בֵּית יִשְׂרָאֵל
לְחַיִּים טוֹבִים וּלְשָׁלוֹם.*

בָּרוּךְ אַתָּה יהוה, הַמְבָרֵךְ אֶת עַמּוֹ יִשְׂרָאֵל בַּשָּׁלוֹם.

* בני חוץ לארץ מסיימים:
בָּרוּךְ אַתָּה יהוה, עוֹשֵׂה הַשָּׁלוֹם.

אם שכח לומר ׳בְּסֵפֶר חַיִּים׳, אינו חוזר.

יש מוסיפים
תהלים יט יִהְיוּ לְרָצוֹן אִמְרֵי־פִי וְהֶגְיוֹן לִבִּי לְפָנֶיךָ, יהוה צוּרִי וְגֹאֲלִי:

ברכות יז. אֱלֹהַי
נְצֹר לְשׁוֹנִי מֵרָע וּשְׂפָתַי מִדַּבֵּר מִרְמָה
וְלִמְקַלְלַי נַפְשִׁי תִדֹּם, וְנַפְשִׁי כֶּעָפָר לַכֹּל תִּהְיֶה.
פְּתַח לִבִּי בְּתוֹרָתֶךָ, וּבְמִצְוֹתֶיךָ תִּרְדֹּף נַפְשִׁי.
וְכָל הַחוֹשְׁבִים עָלַי רָעָה
מְהֵרָה הָפֵר עֲצָתָם וְקַלְקֵל מַחֲשַׁבְתָּם.
עֲשֵׂה לְמַעַן שְׁמֶךָ, עֲשֵׂה לְמַעַן יְמִינֶךָ
עֲשֵׂה לְמַעַן קְדֻשָּׁתֶךָ, עֲשֵׂה לְמַעַן תּוֹרָתֶךָ.
תהלים ס לְמַעַן יֵחָלְצוּן יְדִידֶיךָ, הוֹשִׁיעָה יְמִינְךָ וַעֲנֵנִי:
תהלים יט יִהְיוּ לְרָצוֹן אִמְרֵי־פִי וְהֶגְיוֹן לִבִּי לְפָנֶיךָ, יהוה צוּרִי וְגֹאֲלִי:
כורע ופוסע שלוש פסיעות לאחור. קד לשמאל, לימין ולפנים באמירת:
עֹשֶׂה הַשָּׁלוֹם בִּמְרוֹמָיו
הוּא יַעֲשֶׂה שָׁלוֹם עָלֵינוּ וְעַל כָּל יִשְׂרָאֵל, וְאִמְרוּ אָמֵן.

יְהִי רָצוֹן מִלְּפָנֶיךָ יהוה אֱלֹהֵינוּ וֵאלֹהֵי אֲבוֹתֵינוּ
שֶׁיִּבָּנֶה בֵּית הַמִּקְדָּשׁ בִּמְהֵרָה בְיָמֵינוּ, וְתֵן חֶלְקֵנוּ בְּתוֹרָתֶךָ
וְשָׁם נַעֲבָדְךָ בְּיִרְאָה כִּימֵי עוֹלָם וּכְשָׁנִים קַדְמוֹנִיּוֹת.
מלאכי ג וְעָרְבָה לַיהוה מִנְחַת יְהוּדָה וִירוּשָׁלָםִ כִּימֵי עוֹלָם וּכְשָׁנִים קַדְמוֹנִיּוֹת:

קדיש שלם

ש״ץ: יִתְגַּדַּל וְיִתְקַדַּשׁ שְׁמֵהּ רַבָּא (קהל: אָמֵן)
בְּעָלְמָא דִּי בְרָא כִרְעוּתֵהּ
וְיַמְלִיךְ מַלְכוּתֵהּ
בְּחַיֵּיכוֹן וּבְיוֹמֵיכוֹן וּבְחַיֵּי דְכָל בֵּית יִשְׂרָאֵל
בַּעֲגָלָא וּבִזְמַן קָרִיב, וְאִמְרוּ אָמֵן. (קהל: אָמֵן)

קהל וש״ץ: יְהֵא שְׁמֵהּ רַבָּא מְבָרַךְ לְעָלַם וּלְעָלְמֵי עָלְמַיָּא.

ש״ץ: יִתְבָּרַךְ וְיִשְׁתַּבַּח וְיִתְפָּאַר וְיִתְרוֹמַם וְיִתְנַשֵּׂא
וְיִתְהַדָּר וְיִתְעַלֶּה וְיִתְהַלָּל
שְׁמֵהּ דְּקֻדְשָׁא בְּרִיךְ הוּא (קהל: בְּרִיךְ הוּא)
לְעֵלָּא לְעֵלָּא מִכָּל בִּרְכָתָא וְשִׁירָתָא
תֻּשְׁבְּחָתָא וְנֶחֱמָתָא
דַּאֲמִירָן בְּעָלְמָא, וְאִמְרוּ אָמֵן. (קהל: אָמֵן)
תִּתְקַבַּל צְלוֹתְהוֹן וּבָעוּתְהוֹן דְּכָל יִשְׂרָאֵל
קֳדָם אֲבוּהוֹן דִּי בִשְׁמַיָּא
וְאִמְרוּ אָמֵן. (קהל: אָמֵן)
יְהֵא שְׁלָמָא רַבָּא מִן שְׁמַיָּא
וְחַיִּים, עָלֵינוּ וְעַל כָּל יִשְׂרָאֵל, וְאִמְרוּ אָמֵן. (קהל: אָמֵן)

כורע ופוסע שלוש פסיעות לאחור. קד לשמאל, לימין ולפנים באמירת:

עֹשֶׂה הַשָּׁלוֹם בִּמְרוֹמָיו
הוּא יַעֲשֶׂה שָׁלוֹם
עָלֵינוּ וְעַל כָּל יִשְׂרָאֵל, וְאִמְרוּ אָמֵן. (קהל: אָמֵן)

בבתי כנסת המתפללים בנוסח ספרד, נוהגים לומר כאן את מזמור קכא (עמ׳ 98),
ואחריו קדיש יתום ו׳בָּרְכוּ׳.

בבתי כנסת רבים נוהגים ששליח הציבור מבדיל על הכוס (עמ׳ 408).
מי שמבדיל בביתו, מוטב שיתכוון שלא לצאת ידי חובתו.

אומרים 'עָלֵינוּ' בעמידה ומשתחווים במקום המסומן ב*.

עָלֵינוּ לְשַׁבֵּחַ לַאֲדוֹן הַכֹּל, לָתֵת גְּדֻלָּה לְיוֹצֵר בְּרֵאשִׁית
שֶׁלֹּא עָשָׂנוּ כְּגוֹיֵי הָאֲרָצוֹת, וְלֹא שָׂמָנוּ כְּמִשְׁפְּחוֹת הָאֲדָמָה
שֶׁלֹּא שָׂם חֶלְקֵנוּ כָּהֶם וְגוֹרָלֵנוּ כְּכָל הֲמוֹנָם.
שֶׁהֵם מִשְׁתַּחֲוִים לְהֶבֶל וָרִיק וּמִתְפַּלְלִים אֶל אֵל לֹא יוֹשִׁיעַ.
*וַאֲנַחְנוּ כּוֹרְעִים וּמִשְׁתַּחֲוִים וּמוֹדִים
לִפְנֵי מֶלֶךְ מַלְכֵי הַמְּלָכִים, הַקָּדוֹשׁ בָּרוּךְ הוּא
שֶׁהוּא נוֹטֶה שָׁמַיִם וְיוֹסֵד אָרֶץ
וּמוֹשַׁב יְקָרוֹ בַּשָּׁמַיִם מִמַּעַל
וּשְׁכִינַת עֻזּוֹ בְּגָבְהֵי מְרוֹמִים.
הוּא אֱלֹהֵינוּ, אֵין עוֹד.
אֱמֶת מַלְכֵּנוּ, אֶפֶס זוּלָתוֹ, כַּכָּתוּב בְּתוֹרָתוֹ
וְיָדַעְתָּ הַיּוֹם וַהֲשֵׁבֹתָ אֶל־לְבָבֶךָ דברים ד
כִּי יהוה הוּא הָאֱלֹהִים בַּשָּׁמַיִם מִמַּעַל וְעַל־הָאָרֶץ מִתָּחַת
אֵין עוֹד:

עַל כֵּן נְקַוֶּה לְּךָ יהוה אֱלֹהֵינוּ, לִרְאוֹת מְהֵרָה בְּתִפְאֶרֶת עֻזֶּךָ
לְהַעֲבִיר גִּלּוּלִים מִן הָאָרֶץ, וְהָאֱלִילִים כָּרוֹת יִכָּרֵתוּן
לְתַקֵּן עוֹלָם בְּמַלְכוּת שַׁדַּי.
וְכָל בְּנֵי בָשָׂר יִקְרְאוּ בִשְׁמֶךָ לְהַפְנוֹת אֵלֶיךָ כָּל רִשְׁעֵי אָרֶץ.
יַכִּירוּ וְיֵדְעוּ כָּל יוֹשְׁבֵי תֵבֵל
כִּי לְךָ תִּכְרַע כָּל בֶּרֶךְ, תִּשָּׁבַע כָּל לָשׁוֹן.
לְפָנֶיךָ יהוה אֱלֹהֵינוּ יִכְרְעוּ וְיִפֹּלוּ, וְלִכְבוֹד שִׁמְךָ יְקָר יִתֵּנוּ
וִיקַבְּלוּ כֻלָּם אֶת עֹל מַלְכוּתֶךָ
וְתִמְלֹךְ עֲלֵיהֶם מְהֵרָה לְעוֹלָם וָעֶד.
כִּי הַמַּלְכוּת שֶׁלְּךָ הִיא וּלְעוֹלְמֵי עַד תִּמְלֹךְ בְּכָבוֹד
כַּכָּתוּב בְּתוֹרָתֶךָ, יהוה יִמְלֹךְ לְעֹלָם וָעֶד: שמות טו

▸ וְנֶאֱמַר, וְהָיָה יהוה לְמֶלֶךְ עַל־כָּל־הָאָרֶץ זכריה יד
בַּיּוֹם הַהוּא יִהְיֶה יהוה אֶחָד וּשְׁמוֹ אֶחָד:

יש מוסיפים:

אַל־תִּירָא מִפַּחַד פִּתְאֹם וּמִשֹּׁאַת רְשָׁעִים כִּי תָבֹא: משלי ג
עֻצוּ עֵצָה וְתֻפָר, דַּבְּרוּ דָבָר וְלֹא יָקוּם, כִּי עִמָּנוּ אֵל: ישעיה ח
וְעַד־זִקְנָה אֲנִי הוּא, וְעַד־שֵׂיבָה אֲנִי אֶסְבֹּל, אֲנִי עָשִׂיתִי וַאֲנִי אֶשָּׂא וַאֲנִי אֶסְבֹּל וַאֲמַלֵּט: ישעיה מו

קדיש יתום

אם יש מניין, האבלים אומרים קדיש.

אבל: יִתְגַּדַּל וְיִתְקַדַּשׁ שְׁמֵהּ רַבָּא (קהל: אָמֵן)
בְּעָלְמָא דִּי בְרָא כִרְעוּתֵהּ
וְיַמְלִיךְ מַלְכוּתֵהּ
בְּחַיֵּיכוֹן וּבְיוֹמֵיכוֹן וּבְחַיֵּי דְכָל בֵּית יִשְׂרָאֵל
בַּעֲגָלָא וּבִזְמַן קָרִיב, וְאִמְרוּ אָמֵן. (קהל: אָמֵן)

קהל ואבל: יְהֵא שְׁמֵהּ רַבָּא מְבָרַךְ לְעָלַם וּלְעָלְמֵי עָלְמַיָּא.

אבל: יִתְבָּרַךְ וְיִשְׁתַּבַּח וְיִתְפָּאַר וְיִתְרוֹמַם וְיִתְנַשֵּׂא
וְיִתְהַדָּר וְיִתְעַלֶּה וְיִתְהַלָּל
שְׁמֵהּ דְּקֻדְשָׁא בְּרִיךְ הוּא (קהל: בְּרִיךְ הוּא)
לְעֵלָּא לְעֵלָּא מִכָּל בִּרְכָתָא וְשִׁירָתָא, תֻּשְׁבְּחָתָא וְנֶחֱמָתָא
דַּאֲמִירָן בְּעָלְמָא, וְאִמְרוּ אָמֵן. (קהל: אָמֵן)

יְהֵא שְׁלָמָא רַבָּא מִן שְׁמַיָּא
וְחַיִּים, עָלֵינוּ וְעַל כָּל יִשְׂרָאֵל, וְאִמְרוּ אָמֵן. (קהל: אָמֵן)

כורע ופוסע שלוש פסיעות לאחור. קד לשמאל, לימין ולפנים באמירת:

עֹשֶׂה הַשָּׁלוֹם בִּמְרוֹמָיו
הוּא יַעֲשֶׂה שָׁלוֹם עָלֵינוּ
וְעַל כָּל יִשְׂרָאֵל, וְאִמְרוּ אָמֵן. (קהל: אָמֵן)

ברוב הקהילות נוהגים להוסיף:

תהלים כז לְדָוִד, יהוה אוֹרִי וְיִשְׁעִי, מִמִּי אִירָא, יהוה מָעוֹז־חַיַּי, מִמִּי אֶפְחָד: בִּקְרֹב עָלַי מְרֵעִים לֶאֱכֹל אֶת־בְּשָׂרִי, צָרַי וְאֹיְבַי לִי, הֵמָּה כָשְׁלוּ וְנָפָלוּ: אִם־תַּחֲנֶה עָלַי מַחֲנֶה, לֹא־יִירָא לִבִּי, אִם־תָּקוּם עָלַי מִלְחָמָה, בְּזֹאת אֲנִי בוֹטֵחַ: אַחַת שָׁאַלְתִּי מֵאֵת־יהוה, אוֹתָהּ אֲבַקֵּשׁ, שִׁבְתִּי בְּבֵית־יהוה כָּל־יְמֵי חַיַּי, לַחֲזוֹת בְּנֹעַם־יהוה, וּלְבַקֵּר בְּהֵיכָלוֹ: כִּי יִצְפְּנֵנִי בְּסֻכֹּה בְּיוֹם רָעָה, יַסְתִּרֵנִי בְּסֵתֶר אָהֳלוֹ, בְּצוּר יְרוֹמְמֵנִי: וְעַתָּה יָרוּם רֹאשִׁי עַל אֹיְבַי סְבִיבוֹתַי, וְאֶזְבְּחָה בְאָהֳלוֹ זִבְחֵי תְרוּעָה, אָשִׁירָה וַאֲזַמְּרָה לַיהוה: שְׁמַע־יהוה קוֹלִי אֶקְרָא, וְחָנֵּנִי וַעֲנֵנִי: לְךָ אָמַר לִבִּי בַּקְּשׁוּ פָנָי, אֶת־פָּנֶיךָ יהוה אֲבַקֵּשׁ: אַל־תַּסְתֵּר פָּנֶיךָ מִמֶּנִּי, אַל תַּט־בְּאַף עַבְדֶּךָ, עֶזְרָתִי הָיִיתָ, אַל־תִּטְּשֵׁנִי וְאַל־תַּעַזְבֵנִי, אֱלֹהֵי יִשְׁעִי: כִּי־אָבִי וְאִמִּי עֲזָבוּנִי, וַיהוה יַאַסְפֵנִי: הוֹרֵנִי יהוה דַּרְכֶּךָ, וּנְחֵנִי בְּאֹרַח מִישׁוֹר, לְמַעַן שׁוֹרְרָי: אַל־תִּתְּנֵנִי בְּנֶפֶשׁ צָרָי, כִּי קָמוּ־בִי עֵדֵי־שֶׁקֶר, וִיפֵחַ חָמָס: ◂ לוּלֵא הֶאֱמַנְתִּי לִרְאוֹת בְּטוּב־יהוה בְּאֶרֶץ חַיִּים: קַוֵּה אֶל־יהוה, חֲזַק וְיַאֲמֵץ לִבֶּךָ, וְקַוֵּה אֶל־יהוה:

קדיש יתום (בעמוד הקודם)

סדר הבדלה

המבדיל לוקח כוס יין בידו ומברך ׳בּוֹרֵא פְּרִי הַגָּפֶן׳.

המבדיל לאחרים, מוסיף:

סַבְרִי מָרָנָן

בָּרוּךְ אַתָּה יהוה אֱלֹהֵינוּ מֶלֶךְ הָעוֹלָם, בּוֹרֵא פְּרִי הַגָּפֶן.

בָּרוּךְ אַתָּה יהוה אֱלֹהֵינוּ מֶלֶךְ הָעוֹלָם
הַמַּבְדִּיל בֵּין קֹדֶשׁ לְחֹל, בֵּין אוֹר לְחֹשֶׁךְ
בֵּין יִשְׂרָאֵל לָעַמִּים, בֵּין יוֹם הַשְּׁבִיעִי לְשֵׁשֶׁת יְמֵי הַמַּעֲשֶׂה.
בָּרוּךְ אַתָּה יהוה, הַמַּבְדִּיל בֵּין קֹדֶשׁ לְחֹל.

סדר ברית מילה

כשמביאים את הילד, הקהל עומד על רגליו ואומר (ספר המנהיג):

בָּרוּךְ הַבָּא.

פסוק זה נדרש בזוהר (לך לך, עו ע״ב)
על הבחירה בישראל הבאה לידי ביטוי בברית המילה.

המוהל: **אַשְׁרֵי תִּבְחַר וּתְקָרֵב, יִשְׁכֹּן חֲצֵרֶיךָ** תהלים סה

הקהל: **נִשְׂבְּעָה בְּטוּב בֵּיתֶךָ, קְדֹשׁ הֵיכָלֶךָ:**

האב לוקח את בנו ואומר בלחש:

אִם־אֶשְׁכָּחֵךְ יְרוּשָׁלָםִ, תִּשְׁכַּח יְמִינִי: תהלים קלז
תִּדְבַּק לְשׁוֹנִי לְחִכִּי אִם־לֹא אֶזְכְּרֵכִי
אִם־לֹא אַעֲלֶה אֶת־יְרוּשָׁלַםִ עַל רֹאשׁ שִׂמְחָתִי:

מנהג ארץ ישראל הוא שהאב אומר את הפסוקים הבאים בקול רם, והקהל אחריו:

שְׁמַע יִשְׂרָאֵל, יהוה אֱלֹהֵינוּ, יהוה אֶחָד: דברים ו

פעמיים: **יהוה מֶלֶךְ, יהוה מָלָךְ, יהוה יִמְלֹךְ לְעוֹלָם וָעֶד.**

פעמיים: **אָנָּא יהוה הוֹשִׁיעָה נָּא** תהלים קיח

פעמיים: **אָנָּא יהוה הַצְלִיחָה נָא:**

לאחר שאליהו הנביא קינא לקיום ברית המילה,
שנאמר ״קַנֹּא קִנֵּאתִי לַה׳ אֱלֹהֵי צְבָאוֹת, כִּי־עָזְבוּ בְרִיתְךָ בְּנֵי יִשְׂרָאֵל״ (מל״א יט, יד),
הקב״ה ציווה עליו שיהא נוכח בכל טקס מילה (שיבולי הלקט).

מניחים את הילד על כיסא אליהו, והמוהל אומר:

זֶה הַכִּסֵּא שֶׁל אֵלִיָּהוּ הַנָּבִיא זָכוּר לַטּוֹב.

בראשית מט לִישׁוּעָתְךָ קִוִּיתִי יהוה:
תהלים קיט שִׂבַּרְתִּי לִישׁוּעָתְךָ יהוה, וּמִצְוֺתֶיךָ עָשִׂיתִי:
אֵלִיָּהוּ מַלְאַךְ הַבְּרִית, הִנֵּה שֶׁלְּךָ לְפָנֶיךָ, עֲמֹד עַל יְמִינִי וְסָמְכֵנִי.
תהלים קיט שִׂבַּרְתִּי לִישׁוּעָתְךָ יהוה:
שָׂשׂ אָנֹכִי עַל־אִמְרָתֶךָ, כְּמוֹצֵא שָׁלָל רָב:
שָׁלוֹם רָב לְאֹהֲבֵי תוֹרָתֶךָ, וְאֵין־לָמוֹ מִכְשׁוֹל:
תהלים סה אַשְׁרֵי תִּבְחַר וּתְקָרֵב, יִשְׁכֹּן חֲצֵרֶיךָ

והקהל עונה:

נִשְׂבְּעָה בְּטוּב בֵּיתֶךָ, קְדֹשׁ הֵיכָלֶךָ:

הסנדק מקבל את הילד על ברכיו, והמוהל מברך:

בָּרוּךְ אַתָּה יהוה אֱלֹהֵינוּ מֶלֶךְ הָעוֹלָם
אֲשֶׁר קִדְּשָׁנוּ בְּמִצְוֺתָיו וְצִוָּנוּ עַל הַמִּילָה.

ומיד אבי הבן מברך:

בָּרוּךְ אַתָּה יהוה אֱלֹהֵינוּ מֶלֶךְ הָעוֹלָם
אֲשֶׁר קִדְּשָׁנוּ בְּמִצְוֺתָיו
וְצִוָּנוּ לְהַכְנִיסוֹ בִּבְרִיתוֹ שֶׁל אַבְרָהָם אָבִינוּ.

בארץ ישראל נוהגים שהאב מברך ׳שֶׁהֶחֱיָנוּ׳ (רמב״ם):

בָּרוּךְ אַתָּה יהוה אֱלֹהֵינוּ מֶלֶךְ הָעוֹלָם
שֶׁהֶחֱיָנוּ וְקִיְּמָנוּ וְהִגִּיעָנוּ לַזְּמַן הַזֶּה.

הקהל עונה:

אָמֵן. כְּשֵׁם שֶׁנִּכְנַס לַבְּרִית
כֵּן יִכָּנֵס לְתוֹרָה וּלְחֻפָּה וּלְמַעֲשִׂים טוֹבִים.

אחר המילה מברך (שבת קלז ע״ב):

בָּרוּךְ אַתָּה יהוה אֱלֹהֵינוּ מֶלֶךְ הָעוֹלָם, בּוֹרֵא פְּרִי הַגָּפֶן.

בָּרוּךְ אַתָּה יהוה אֱלֹהֵינוּ מֶלֶךְ הָעוֹלָם, אֲשֶׁר קִדֵּשׁ יְדִיד מִבֶּטֶן, וְחֹק בִּשְׁאֵרוֹ שָׂם, וְצֶאֱצָאָיו חָתַם בְּאוֹת בְּרִית קֹדֶשׁ. עַל כֵּן בִּשְׂכַר זֹאת, אֵל חַי חֶלְקֵנוּ צוּרֵנוּ צַוֵּה לְהַצִּיל יְדִידוּת שְׁאֵרֵנוּ מִשַּׁחַת, לְמַעַן בְּרִיתוֹ אֲשֶׁר שָׂם בִּבְשָׂרֵנוּ. בָּרוּךְ אַתָּה יהוה, כּוֹרֵת הַבְּרִית.

המברך אומר:

אֱלֹהֵינוּ וֵאלֹהֵי אֲבוֹתֵינוּ, קַיֵּם אֶת הַיֶּלֶד הַזֶּה לְאָבִיו וּלְאִמּוֹ,
וְיִקָּרֵא שְׁמוֹ בְּיִשְׂרָאֵל (פלוני בֶּן פלוני). **יִשְׂמַח הָאָב בְּיוֹצֵא חֲלָצָיו**
וְתָגֵל אִמּוֹ בִּפְרִי בִטְנָהּ, כַּכָּתוּב: יִשְׂמַח־אָבִיךָ וְאִמֶּךָ, וְתָגֵל משלי כג
יוֹלַדְתֶּךָ: וְנֶאֱמַר: וָאֶעֱבֹר עָלַיִךְ וָאֶרְאֵךְ מִתְבּוֹסֶסֶת בְּדָמָיִךְ, יחזקאל טז
וָאֹמַר לָךְ בְּדָמַיִךְ חֲיִי, וָאֹמַר לָךְ בְּדָמַיִךְ חֲיִי: וְנֶאֱמַר: זָכַר לְעוֹלָם תהלים קה
בְּרִיתוֹ, דָּבָר צִוָּה לְאֶלֶף דּוֹר: אֲשֶׁר כָּרַת אֶת־אַבְרָהָם, וּשְׁבוּעָתוֹ
לְיִשְׂחָק: וַיַּעֲמִידֶהָ לְיַעֲקֹב לְחֹק, לְיִשְׂרָאֵל בְּרִית עוֹלָם: וְנֶאֱמַר:
וַיָּמָל אַבְרָהָם אֶת־יִצְחָק בְּנוֹ בֶּן־שְׁמֹנַת יָמִים, כַּאֲשֶׁר צִוָּה אֹתוֹ בראשית כא
אֱלֹהִים: הוֹדוּ לַיהוה כִּי־טוֹב, כִּי לְעוֹלָם חַסְדּוֹ: תהלים קיח

הקהל עונה:

הוֹדוּ לַיהוה כִּי־טוֹב, כִּי לְעוֹלָם חַסְדּוֹ:

המברך ממשיך:

(פלוני בֶּן פלוני) **זֶה הַקָּטָן גָּדוֹל יִהְיֶה, כְּשֵׁם שֶׁנִּכְנַס לַבְּרִית, כֵּן יִכָּנֵס לְתוֹרָה וּלְחֻפָּה וּלְמַעֲשִׂים טוֹבִים.**

נותנים מעט מהיין לתינוק, לסנדק ולאם.

אומרים ׳עָלֵינוּ׳ (עמ׳ 242) ואחריו קדיש יתום.

ממשיכים בסדר תקיעת השופר, ביום א׳ של ראש השנה בעמוד 176 וביום ב׳ בעמוד 295.

פיוטים נוספים

פיוטים נוספים לשחרית

יוצר ליום א׳ של ראש השנה

פותחים את ארון הקודש.

הבית ׳מֶלֶךְ בַּעֲשָׂרָה לְבוּשִׁים׳ נכתב במקורו להיות פזמון אחרי כל
שלוש שורות, אך מימות הראשונים נהגו לאומרו רק בפעם הראשונה,
ובסוף הפיוט נהגו לומר את הבית ׳מֶלֶךְ אֱלֹהֵי עוֹלָם׳.

הכול:

סימן א״ב

מֶלֶךְ אָזוּר גְּבוּרָה / גָּדוֹל שִׁמְךָ בִּגְבוּרָה / לְךָ זְרוֹעַ עִם־גְּבוּרָה: תהלים פט
מֶלֶךְ בִּגְדֵי נָקָם / לָבַשׁ בְּיוֹם נָקָם / לְצָרָיו יָשִׁיב אֶל חֵיקָם.
מֶלֶךְ גֵּאוּת לָבֵשׁ / יַמִּים מְיַבֵּשׁ / וְגַאֲוַת אֲפִיקִים מְכַבֵּשׁ.

שליח הציבור:

מֶלֶךְ בַּעֲשָׂרָה לְבוּשִׁים / הִתְאַזָּר בִּקְדוֹשִׁים
אֵל נַעֲרָץ בְּסוֹד־קְדֹשִׁים: / קָדוֹשׁ. תהלים פט

הכול:

מֶלֶךְ דָּר בִּנְהוֹרָא / עוֹטֶה אוֹרָה / מִשְׁפָּטֵנוּ יוֹצִיא לָאוֹרָה.
מֶלֶךְ הִתְאַזָּר עֹז / יְמִינוֹ תָּעֹז / וֶאֱנוֹשׁ אַל יָעֹז.
מֶלֶךְ וַיִּלְבַּשׁ צְדָקָה / וְנִקְדַּשׁ בִּצְדָקָה / לְךָ יהוה הַצְּדָקָה: דניאל ט

מֶלֶךְ זֶה הָדוּר בִּלְבוּשׁוֹ: / וְכוֹבַע יְשׁוּעָה בְּרֹאשׁוֹ: / ישעיה סג ישעיה נט
אֱלֹהִים יָשַׁב עַל־כִּסֵּא קָדְשׁוֹ: תהלים מז
מֶלֶךְ חָמוּץ בְּגָדִים / בְּדָרְכוֹ בּוֹגְדִים / יִבְצֹר רוּחַ נְגִידִים: תהלים עו
מֶלֶךְ טַלִּיתוֹ כַּשֶּׁלֶג מְצֻחְצָח / צַח וּבְצַחְצָחוֹת יְצַחְצַח /
מְצַחְצְחִים פְּעָלָם דְּדָם לָנֶצַח.

מֶלֶךְ יַעַט קִנְאָה / קַנֹּא קַנָּא, גָּאֹה גָּאָה / כְּאִישׁ מִלְחָמוֹת יָעִיר קִנְאָה: ישעיה מב
מֶלֶךְ כָּל אַפְסֵי אָרֶץ / יִשְׁתַּחֲווּ לְמֶלֶךְ עַל כָּל הָאָרֶץ /
כִּי־בָא לִשְׁפּוֹט אֶת־הָאָרֶץ: דברי הימים א׳ טז
מֶלֶךְ לְיוֹם קוּמוֹ לָעַד / כָּל יְצוּר לְפָנָיו יִרְעַד / רָם וְנִשָּׂא, שֹׁכֵן עַד: ישעיה נז

תהלים מו מֶלֶךְ מֹשֵׁל עוֹלָם בִּגְבוּרָתוֹ / יִרְעֲשׁוּ־הָרִים בְּגַאֲוָתוֹ: /
וּכְאֵילִים יִרְקְדוּ מִגַּעֲרָתוֹ.
מֶלֶךְ נוֹרָא לְמַלְכֵי אֶרֶץ / חוּל תָּחוּל הָאָרֶץ /
מִיּשֵׁב הַכְּרוּבִים תָּנוּט הָאָרֶץ.
ישעיה מ מֶלֶךְ שְׂאֵתוֹ מִי יַעֲצָר כֹּחַ / וְהוּא נוֹשֵׂא כֹּל בְּכֹחַ / נֹתֵן לַיָּעֵף כֹּחַ:

מֶלֶךְ עָמְדוֹ לָדִין / בְּיוֹם הַדִּין / שׁוֹפֵט גֵּאִים בַּדִּין.
מֶלֶךְ פִּלֵּשׁ סוֹד הַמַּעֲמִיקִים / לַסְתִּיר עֵצָה בְּמַעֲמַקִּים /
יַחְשֹׂף וִיגַלֶּה עֲמֻקִּים.
מֶלֶךְ צִוָּה מִכָּל רוּחַ / עָרִיצֵי גַּסֵּי הָרוּחַ / לְאַפְּפָם בְּשֶׁטֶף רוּחַ.

מֶלֶךְ קְהַל מַלְכֵי אֲדָמָה / בְּסַעֲרוֹ מַשָּׂא דוּמָה / יִפְקֹד עַל צְבָא רוּמָה.
מֶלֶךְ רָם וְגָבֹהַּ בַּמִּשְׁפָּט / וְעֹז מֶלֶךְ אָהֵב מִשְׁפָּט /
מְכוֹן כִּסְאוֹ צֶדֶק וּמִשְׁפָּט.
מֶלֶךְ שׁוֹפֵט צֶדֶק / לְפָנָיו יְהַלֵּךְ צֶדֶק / לְהָלִיץ בְּעַד רוֹדְפֵי צֶדֶק.

תהלים קג מֶלֶךְ תַּקִּיף בְּמֶמְשָׁלָה / כִּסְאוֹ תָּלָה לְמַעְלָה / וּמַלְכוּתוֹ בַּכֹּל מָשָׁלָה:
מֶלֶךְ תַּחַת חֶלֶד מֵהַבִּיטוֹ / מַרְעִיד יְסוֹד בְּהַבִּיטוֹ / בַּכֹּל מְשׁוֹטֵט מַבָּטוֹ.
מֶלֶךְ תָּר בְּכָל פֹּעַל / בַּכֹּל מַה יִּפְעַל / בְּמַטָּה וּבְמָעַל.

שליח הציבור:

מֶלֶךְ אֱלֹהֵי עוֹלָם / הַמְלִיכוּהוּ עַם עוֹלָם
יהוה יִמְלֹךְ לְעֹלָם / קָדוֹשׁ.

ביום חול ממשיכים ׳הַמֵּאִיר לָאָרֶץ׳ בעמ׳ 117,
ובשבת ממשיכים ׳הַכֹּל יוֹדוּךָ׳ בעמ׳ 118.

יוצר ליום ב׳ של ראש השנה

פותחים את ארון הקודש.

סימן א״ב

הכול:

מֶלֶךְ אָמוֹן מַאֲמָרְךָ מֵרָחוֹק מֻצָּב / שִׁמְךָ יִתְפָּאֵר בַּעֲדָתְךָ תִּתְיַצָּב
לְעוֹלָם יהוה דְּבָרְךָ נִצָּב: תהלים קיט
מֶלֶךְ בְּכַלּוֹתְךָ הַיּוֹם מַעֲשׂ אֻמָּנוּתֶךָ / מִדִּין הַצָּלַת מְרֻקָּם בְּתַמּוּנָתֶךָ
לְדֹר וָדֹר אֱמוּנָתֶךָ: תהלים קיט
מֶלֶךְ גְּזֵרַת כְּמוֹ כֵן לְצֶאֱצָאָיו פִּדְיוֹם / עֲבוּר לְהִמָּלֵט מִשְּׁאֵתְךָ אָיֹם
לְמִשְׁפָּטֶיךָ עָמְדוּ הַיּוֹם: תהלים קיט

שליח הציבור:

שׁוֹמְרֵי מִצְוֹת, עֵדֶיךָ וַעֲבָדֶיךָ / נִטָּלִים וְנִשָּׂאִים לְהַרְבּוֹת כְּבוֹדֶךָ
כִּי הַכֹּל עֲבָדֶיךָ: / קָדוֹשׁ. תהלים קיט

הכול:

זְכֹר דּוֹרְשֶׁיךָ, לְתַחִי לְעוֹדְדָם / וְהָרֵם קַרְנָם בְּרַחֲמֶיךָ לְהַקְדֵּם
זְכֹר עֲדָתְךָ קָנִיתָ קֶּדֶם: תהלים עד
זְכֹר הַמְּשׁוּכָה אַחֲרֶיךָ בְּאַהַב לְחִלּוּתֶךָ / נִסְמֶכֶת בְּשַׁעְשׁוּעַ דָּת גַּחֲלָתֶךָ
גָּאַלְתָּ שֵׁבֶט נַחֲלָתֶךָ: תהלים עד
זְכֹר וּמַהֵר יוֹם יִשְׁעֲךָ לְקָרְבוֹ / בִּדְבִירְךָ לְהִשְׁתַּחֲווֹת וּבְמִשְׁכְּנוֹתֶיךָ לָבֹא
הַר־צִיּוֹן זֶה שָׁכַנְתָּ בּוֹ: תהלים עד

שליח הציבור:

בְּרַחֲמִים יַקֵּר צְעִירֵי הַצֹּאן / חֻקָּם הַטְרִיפֵם, פְּנִימִי וְחִיצוֹן
וַאֲנִי תְפִלָּתִי־לְךָ יהוה, עֵת רָצוֹן: / קָדוֹשׁ. תהלים סט

הכול:

שׁוֹפָר זְמַנּוֹ בָּא תִּקּוּעַ בְּעִנְיָנָיו / בְּקֶרֶן אַיִל לְהִזָּכֵר בְּחוּנָיו
אַחַר נֶאֱחַז בַּסְּבַךְ בְּקַרְנָיו: בראשית כב
שׁוֹפָר חָרַד הַמַּחֲנֶה מֵרָחוֹק לַעֲמֹד / רַחוּם זָכְרֵהוּ וּלְצַדְּקֵהוּ תַּחְמֹד
הַשֹּׁפָר הוֹלֵךְ וְחָזֵק מְאֹד: שמות יט

שׁוֹפָר טִכְּסְתָּ בַּכֶּסֶה לְמִי מָנָה עָפָר / יְשׁוּבוּן מֵאָוֶן, בְּכִפּוּר לְהִתְכַּפָּר
תִּקְעוּ בַחֹדֶשׁ שׁוֹפָר: תהלים פא

שליח הציבור:

אֵל חָנַן נַחֲלָתוֹ בְּנֹעַם לְהַשְׁפַּר / יְדָעָם קְרָא קָרְבְּנוֹתָיו בְּמִסְפָּר
וְתִיטַב לַיהוה מִשּׁוֹר פָּר: / קָדוֹשׁ. תהלים סט

הכול:

מֶלֶךְ יִשְׁפֹּט עַמִּים בְּמֵישָׁרִים לְנַשְּׂאוֹ / צוֹפֶה לְדַקְדֵּק בְּדִינָם בְּהִתְנַשְּׂאוֹ
כּוֹנֵן לַמִּשְׁפָּט כִּסְאוֹ: תהלים ט

מֶלֶךְ כַּבִּיר, נִקְדָּשׁ בִּצְדָקָה לְבַדּוֹ / חַי יִגְבַּהּ בַּמִּשְׁפָּט בְּהִתְכַּבְּדוֹ
לַעֲשׂוֹת מִשְׁפַּט עַבְדּוֹ: מלכים א׳ ח

מֶלֶךְ לְרֹגֶז רַחֵם יִזְכֹּר כִּנְאֻמוֹ / קָרוֹב לְהַצְדִּיק עִם הַמְיַחֲדִים שְׁמוֹ
עַמּוֹ יִשְׂרָאֵל דְּבַר־יוֹם בְּיוֹמוֹ: מלכים א׳ ח

שליח הציבור:

יֵרָאֶה פָעֳלְךָ וַהֲדָרְךָ לִתְמִימִים / חַיּוּת בְּצִלְּךָ לְאֹרֶךְ יָמִים
מַלְכוּתְךָ מַלְכוּת כָּל־עֹלָמִים: / קָדוֹשׁ. תהלים קמה

הכול:

זְכֹר מְקַוֶּיךָ, נַחַת שֻׁלְחָנְךָ לַעֲרָכָה / אֶדֶר תְּהִלָּתְךָ בְּפִימוֹ לְהִתְבָּרְכָה
זֵכֶר צַדִּיק לִבְרָכָה: משלי י

זְכֹר נְדִיבֵי עַמִּים אֲבוֹת הָעוֹלָם / חֲשׂךְ עֲבָדֶיךָ מִזָּדוֹן וְנֶעְלָם
וְחֶסֶד יהוה מֵעוֹלָם וְעַד־עוֹלָם: תהלים קג

זְכֹר סֻכַּת שָׁלֵם הַיּוֹשֶׁבֶת בְּדוּדָה / חוּשָׁה לַהֲכִין אֹתָהּ וּלְסַעֲדָהּ
יִשְׂמַח הַר־צִיּוֹן תָּגֵלְנָה בְּנוֹת יְהוּדָה: תהלים מח

שליח הציבור:

לְחַיֵּי עוֹלָם יִכָּתְבוּ אֱמוּנַי / יִזְכּוּ לַחֲזוֹת בְּנֹעַם יהוה תהלים כז
זִכָּרוֹן לְפָנָיו לְיִרְאֵי יהוה: / קָדוֹשׁ. מלאכי ג

הכול:

שׁוֹפָר עֶבְרַת קוֹלוֹ נִשְׁמַע בְּאַשּׁוּר / לְהֵעָטוֹת שִׂמְחַת עוֹלָם בְּקִשּׁוּר
וּבָאוּ הָאֹבְדִים בְּאֶרֶץ אַשּׁוּר: ישעיה כז

שׁוֹפָר פּוֹצֵץ קוֹלוֹ בְּעֶבְרֵי נַהֲרַיִם / חֵרוּת לְהַשְׁמִיעַ יְהוּדָה וְאֶפְרָיִם
וְהַנִּדָּחִים בְּאֶרֶץ מִצְרָיִם: תהלים כז
שׁוֹפָר צָרְפַת וּסְפָרַד יִצְרַח לְהִתְקַדֵּשׁ / נְפוּצִים בְּאַרְבַּע נֵצַח יְחַדֵּשׁ
וְהִשְׁתַּחֲווּ לַיהוה בְּהַר הַקֹּדֶשׁ: תהלים כז

שליח הציבור:

אִמְרֵי נִחוּמֶיךָ יְשַׁעַשְׁעוּנוּ בְּכִפְלַיִם / סֶלָה לְעַבְדְּךָ בְּכָל גְּבוּלַיִם
בְּהַר הַקֹּדֶשׁ בִּירוּשָׁלָיִם: / קָדוֹשׁ. תהלים כז

הכול:

מֶלֶךְ קָדוֹשׁ שׁוֹכֵן שְׁמֵי עֶרֶץ / נַחֵץ מְבַשֵּׂר עֲלוֹת הַפֹּרֶץ
יהוה מָלָךְ תָּגֵל הָאָרֶץ: תהלים צז
מֶלֶךְ רָם וְנִשָּׂא הַיּוֹדֵעַ וָעֵד / בְּנֵה קִרְיָתְךָ כִּי בָא מוֹעֵד
יהוה יִמְלֹךְ לְעֹלָם וָעֶד: שמות טו
מֶלֶךְ שִׁלְטוֹנְךָ לָעַד בְּכֹל מָשְׁלָם / יַשֵּׁר לִירֵאֶיךָ דֶּרֶךְ לְהוֹעִילָם
יִמְלֹךְ יהוה לְעוֹלָם: תהלים קמו

שליח הציבור:

תְּנַהֲגֵנוּ בְּאַרְצוֹת הַחַיִּים לְהִתְהַלְּכָה / בְּאוֹר יהוה לְכוּ וְנֵלְכָה
וְהָיְתָה לַיהוה הַמְּלוּכָה: / קָדוֹשׁ. עובדיה א

ממשיכים ׳הַמֵּאִיר לָאָרֶץ׳ בעמ׳ 117.

אופן ליום א׳ וב׳ של ראש השנה

הפיוט השני בברכות קריאת שמע (ולמנהג קהילות אשכנז, האחרון שאומרים בראש השנה) מכונה ׳אופן׳, כיוון שהוא מחליף את שורת המעבר ׳וְהָאוֹפַנִּים וְחַיּוֹת הַקֹּדֶשׁ׳ שבין שני פסוקי הקדושה.

סימן א״ב

הכול:

כְּבוֹדוֹ אִהֵל כְּהַיּוֹם בְּרַחֲמִים מֶֽלֶךְ.
בּוֹחֵן כָּל עֶשְׁתּוֹנוֹת צָעִיר וָרַב מֶֽלֶךְ.
גֵּאוּת וָעֹז הִתְאַזָּר מֶֽלֶךְ.
דּוֹק וָחֶֽלֶד יֶחֶרְדוּן מֵאֵימַת מֶֽלֶךְ.
הַיּוֹצֵר יַֽחַד לִבָּם יָחוֹן מֶֽלֶךְ.
וּמֵבִין אֶל כָּל מַעֲשֵׂיהֶם יַצְדִּיק מֶֽלֶךְ.
זִכָּרוֹן הוּא יוֹם תְּרוּעַת מֶֽלֶךְ.

שליח הציבור:

חֹק לְיִשְׂרָאֵל הוּא לְזַכּוֹתָם מֶֽלֶךְ.
טֶֽרֶף נָֽתַן לִירֵאָיו מַמְלִיךְ כָּל מֶֽלֶךְ.
יִזְכֹּר לְעוֹלָם בְּרִיתוֹ בְּזִכְרוֹן טוֹב מֶֽלֶךְ.

הכול:

כָּלָה אַל תַּֽעַשׂ לִשְׁאֵרִית בְּנֵי מֶֽלֶךְ.
לָכֵן אָתָֽנוּ לְךָ מַלְכֵּֽנוּ מֶֽלֶךְ.
מֵאֶתְמוֹל קִדַּמְנֽוּךָ לְחַלּוֹתְךָ מֶֽלֶךְ.

שליח הציבור:

נָא נְצֹר חֶסֶד לִנְנִי שֶׁלְּחוּ לוֹ שְׁלֹשֶׁת אֵילֵי מֶֽלֶךְ.
סְכוּת בָּאֵי בְתַֽחַן לְמַר בָּכוּ אֶרְאֶלֵּי מֶֽלֶךְ.
עֲנוּתָם בַּל תִּבֶז לָלֶן בִּמְקוֹם עָלוּ וְיָרְדוּ בוֹ מַלְאֲכֵי מֶֽלֶךְ.

הכול:

פְּדֵם הַיּוֹם מִדִּין גָּמוּר מִלְּחַיְּבָם מֶֽלֶךְ.

שליח הציבור:

צַדְּקֵם בְּרַחֲמִים לְפָקְדָם לְטוֹבָה מֶֽלֶךְ.

בחול: קְשֹׁב קוֹל תְּקִיעָה מְתוֹקְעֵי לְךָ הַיּוֹם מֶלֶךְ.

בשבת: קְשֹׁב זִכְרוֹן תְּקִיעָה מְזוֹכְרֵי לְךָ הַיּוֹם מֶלֶךְ.

רַחֲמִים תְּעוֹרֵר לִמְחַכֶּיךָ מֶלֶךְ.

הכול:

שְׁעֵה שַׁוְעַת עַם מְשַׁחֲרֶיךָ מֶלֶךְ.

תֵּאֱמַן בְּתוֹמְכֵי בָרוּךְ, וּנְבָרֶכְךָ אֱלֹהִים חַיִּים וָמֶלֶךְ.

כאשר אומרים ׳אופן׳, מחליפים את חרוז המעבר ׳וְהָאוֹפַנִּים וְחַיּוֹת הַקֹּדֶשׁ׳ בחרוז ׳וְהַחַיּוֹת יְשׁוֹרֵרוּ׳ בעמ׳ 122.

פיוטים לחזרת הש״ץ ליום א׳ של ראש השנה (או ליום ב׳, אם חל ביום ראשון)

בדורות האחרונים פשט המנהג שלא לומר את שלושת הפיוטים הבאים, אלא רק את שורות הפזמון. אם יום א׳ של ראש השנה חל בשבת, אומרים את הפיוטים ׳אֵם אֲשֶׁר בְּצֶדֶק נִתַּשְׁנָה׳ (בעמוד הבא), ׳שְׁמוֹ מְפָאֲרִים׳ ואחריו ׳אֶדֶר וָהוֹד׳ ליום ב׳ (עמ׳ 426, פרט לבית המתחיל ׳עֲמוּסֶיךָ תּוֹקְעִים׳) ו׳אֶתֵּן לְפוֹעֲלִי צֶדֶק׳ (עמ׳ 430).

שליח הציבור ואחריו הקהל:

תָּעִיר וְתָרִיעַ, לְהַכְרִית כָּל מֵרִיעַ
וְתֻקְדַּשׁ בְּיוֹדְעֵי לְהָרִיעַ. קָדוֹשׁ.

הכול: סימן אלעזר בירבי קיליר

אַדֶּרֶת מַמְלָכָה / עַל מָה הֻשְׁלָכָה / וְעוֹד לֹא מָלְכָה
לְבֵל הַמְלִיכָה / וְאַחֲרָיו הָלְכָה / שֶׁלֹּא כַּהֲלָכָה
עָלֶיהָ הָמְלְכָה / גְּבֶרֶת מַמְלָכָה / עַד תּוֹפִיעַ מְלוּכָה.

זְבוּלֵי חֲרֵבָה / מִתְמִימֵי פָּרְכָה / וְנִתַּן לָהּ אֲרֻכָּה
רְחָבָה וַאֲרֻכָּה / וְקֶשֶׁת דְּרוּכָה / וְעַל הֶאֱרִיכָה
בְּעִתָּה בְּרֻכָּה / וְהִנֵּה דְרוּכָה / וְעַד עַתָּה מוֹלְכָה.

יְסוֹדוֹת עֲרֵמָה / עֵרָה וְהֶחֱרִימָה / וְעַד יְסוֹד עָרְמָה
רֹאשׁ הֵרִימָה / וְסוֹד הֶעֱרִימָה / וְיָדָהּ רָמָה
בָּעֲרָה מֵעָרְמָה / וְעַד שַׁחַק רוֹמָה / וְתֶאְפַּד מְלוּכָה.

יְרִיעוֹתַי גְּדוּדָה / אָהֳלֵי שֻׁדְּדָה / וְחָרְשָׁה וְשִׁדְּדָה
קְצִינוּת רָפְדָה / וּמַלְכוּת אָפְדָה / וְזֹאת הִקְפִּידָה
יָזְמָה וּמָרְדָה / עֶבֶד לַזָּר חָרְדָה / וְחִלְּלָה מְלוּכָה.

לְחָצָה בְּנֵי מֶלֶךְ / וּפָצָה לְעֵין מֶלֶךְ / מִי לִי בְּדוֹק מֶלֶךְ
יְהֻרָה בְּכֵס מֶלֶךְ / זוּלָתִי אֵין מֶלֶךְ / אֲנִי וְאַפְסִי מֶלֶךְ
▸ רָם עַל כָּל מֶלֶךְ / תַּגְעִילֶנָּה מִמֶּלֶךְ / וּלְךָ תָּשִׁיב מְלוּכָה.

שליח הציבור ואחריו הקהל:

תָּעִיר וְתָרִיעַ, לְהַכְרִית כָּל מֵרִיעַ
וְתֻקְדַּשׁ בְּיוֹדְעֵי לְהָרִיעַ. קָדוֹשׁ.

אם יום ב׳ של ראש השנה חל ביום ראשון, ממשיכים ׳מֶלֶךְ מְמַלֵּט מֵרָעָה׳ בעמ׳ 424.

שליח הציבור:

וּבְכֵן, וַיהוה פָּקַד אֶת שָׂרָה כַּאֲשֶׁר אָמָר בראשית כא

קהל ואחריו שליח הציבור:

צְאֶצָאֶיהָ כֵּן פְּקֹד לְטוֹב הַיּוֹם. קָדוֹשׁ.

הכול:

סימן א״ב

אֵם אֲשֶׁר בְּצֶדֶק נִתְיַשְּׁנָה / בְּמוֹ נִתְיָאֲשָׁה בְּתֶכֶל דְּשֵׁנָה
גּוֹחָה, פְּקָדָהּ, בְּרֹאשׁ הַשָּׁנָה.

דִּבְּבָה, הַיּוֹם אֲנִי נִדּוֹנָה / הִנְנִי עֲגוּמָה כִּבְלוֹת עֶדְנָה
וַתְּחַתֵּם בְּצֶדֶק לְבַל הֱיוֹת עֲגוּנָה.

זֹאת כְּהִתְבַּשְּׂרָה הַשְׁקֵדָה / חַלּוֹת פְּנֵי צַח שָׁקְדָה
טֶרֶם קָרְאָה מִיָּד נִפְקָדָה.

יִצְחַק כָּל שֹׁמֵעַ זֹאת, שְׂמֵחָה / כִּי גַלְמוּדָה לְלֹא עֵת צָמֵחָה
לָהּ הַכֹּל שָׁמְעוּ, אֵם הַבָּנִים שְׂמֵחָה: תהלים קיג

מָצְאָה הַשֶּׁקֶט אַחֲרֵי בְלוֹתָהּ / נִתְחַדְּשָׁה כַּנֶּשֶׁר בְּנוֹתָהּ
שָׂשׂוּ שָׂרוֹת לְלַוּוֹתָהּ.

עָלְזִי וְשִׂישִׂי עֲבוּרָהּ נִקְרָא / פִּצְוּ עֲדֶיהָ, רָנִּי עֲקָרָה: ישעיה נד
צָמְקוּ שָׁדֶיהָ וְעוֹד בָּם יְקָרָה.

קְשַׁת רוּחַ אֲשֶׁר הָעֲקָרָה / וְרָפְאָה לְקֵץ תִּשְׁעִים, כְּנִתְבַּקְּרָה
שִׁלְּחָה פֹּארוֹת וְלֹא שְׁקָרָה.

שליח הציבור:

תֵּפֶן בַּנְּצָרִים אֲשֶׁר חוֹלְלוּ כְּהַיּוֹם / וְשָׁלֹשׁ עֲקָרוֹת שֶׁהִפָּקְדוּ בְּזֶה יוֹם
תַּצְדִּיק בְּצִדְקָתָם מְיַחֲלֶיךָ, אָיֹם.

הקהל חוזר ומסיים:

צְאֶצָאֶיהָ כֵּן פְּקֹד לְטוֹב הַיּוֹם.
קָדוֹשׁ.

בשבת ממשיכים ׳שְׁמוֹ מְפָאֲרִים׳ בעמ׳ 426.

שליח הציבור ואחריו הקהל:

מֶלֶךְ מְמַלֵּט מֵרָעָה, לְיוֹדְעֵי תְרוּעָה.
הָאֵל קָדוֹשׁ.

שליח הציבור ואחריו הקהל:

מֶלֶךְ זְכֹר אֲחוּז קֶרֶן, לְתוֹקְעֵי לְךָ הַיּוֹם בְּקֶרֶן.
נוֹרָא וְקָדוֹשׁ.

הכול:

סימן א״ב כפול (לעתים משולש)

אַאְפִּיד נֵזֶר אַיִם / בְּשִׁלּוּשׁ קְדֻשָּׁה בַּיּוֹם.
גִּבּוֹרֵי כֹחַ גְּדֻלָּה / דַּהֲרוּהוּ בְּבֵית דְּגִילָה.
הוֹגֵי הֶגֶה הֲמֻלָּה / וַתְּקוּהוּ בְּהַלֵּל וּמִלָּה.
זוֹכֵר לָעַד זְכִיּוֹת / חַדְּשׁוּהוּ זֶמֶר חַיּוֹת.
טוֹב עוֹמֵס טֹרַח / יַחְדוּהוּ בְּחִדּוּשׁ יָרֵחַ.
כּוֹבֵשׁ כָּל כְּעָסִים / לְבַל אַף לְהָשִׂים.
מְשָׁרְתֵי בְּחִיל מוֹרָא / נְכֹחַם הַלְלוּ נוֹרָא.
שַׂרְפֵי סָבִיב סְעָרָה / עֲנוּ לְמַעֲבִיר עֶבְרָה.
פְּלִיאִים פִּצְחוּ פֶה / צַלְצְלוּ הַכֹּל צוֹפֶה.
קְהִלּוֹת עַם קְדוֹשִׁים / רוֹמְמוּהוּ רִבְבוֹת רוֹעֲשִׁים.
שֵׁמַע קוֹל שׁוֹפָר / תַּאֲזִין, וְאַשְׁמָה תוּפָר.

שליח הציבור:

תְּשַׁלֵּשׁ שׁוֹפָרוֹת בְּהַר הַקֹּדֶשׁ
וַאֲשַׁלֵּשׁ קְדֻשָּׁה בַּקֹּדֶשׁ.

הקהל חוזר ומסיים:

מֶלֶךְ זְכֹר אֲחוּז קֶרֶן
לְתוֹקְעֵי לְךָ הַיּוֹם בְּקֶרֶן.
נוֹרָא וְקָדוֹשׁ.

ביום א׳ של ראש השנה ממשיכים ׳אַדִּירֵי אֲיֻמָּה׳ בעמ׳ 147.

אם יום ב׳ של ראש השנה חל ביום ראשון, מוסיפים:

בית זה מתוך הפיוט ׳אַדֶּר וְהוֹד׳ (עמ׳ 427) מה׳קרובה׳ ליום ב׳ של
ראש השנה עוסק בתקיעת שופר. לכן כאשר ראש השנה חל בשבת,
ומחליפים את הפיוטים של תפילת שחרית, אין אומרים בית זה,
ומוסיפים אותו ביום ב׳ לפני ׳אָדוֹן, אִם מַעֲשִׂים אֵין בָּנוּ׳ (עמ׳ 431).

ש״ץ: עֲמוּסֶיךָ תּוֹקְעִים וּמְרִיעִים בַּשּׁוֹפָר
אִמְרָתְךָ לְקַיֵּם כְּחֹק הַמְּסֻפָּר
קהל: תִּקְעוּ בַחֹדֶשׁ שׁוֹפָר: תהלים פא

ש״ץ: פִּשְׁעָם הַעֲבֵר וַעֲוֹנָם יְכֻפַּר
מַעֲנָם יֶעֱרַב כְּהַקְרָבַת כְּבָשִׂים וָפָר
קהל: בַּחֲצֹצְרוֹת וְקוֹל שׁוֹפָר: תהלים צח

ש״ץ: צִמְחֵיהֶם יִרְבּוּ כְּחוֹל אֵין מִסְפָּר
צְבָרֵיהֶם יְעוֹרְרוּ וְיַעֲלוּ מֵעָפָר
קהל: כִּנְשֹׂא־נֵס הָרִים תִּרְאוּ, וְכִתְקֹעַ שׁוֹפָר: ישעיה יח

שליח הציבור ואחריו הקהל:
שֶׁבַח מִגְדַּל עֹז, שֵׁם הַגָּדוֹל
נֶצַח בְּתִתּוֹ לְמַלְכּוֹ עֹז וּמִגְדּוֹל
בַּיּוֹם הַהוּא יִתָּקַע בְּשׁוֹפָר גָּדוֹל: ישעיה כז
קָדוֹשׁ.

ממשיכים ׳אָדוֹן, אִם מַעֲשִׂים אֵין בָּנוּ׳ בעמ׳ 431.

פיוטים לחזרת הש״ץ ליום ב׳ של ראש השנה (או ליום א׳, אם חל בשבת)

בדורות האחרונים פשט המנהג שלא לומר את שלושת הפיוטים הבאים,
אלא רק את שורות הפזמון. בקהילות שבהן אומרים את ה׳קרובה׳ במלואה,
נוהגים לומר לפני כל פיוט את כל שורות הפזמון: שליח הציבור
ואחריו הקהל. אם יום א׳ של ראש השנה חל בשבת, אומרים
את שני הפיוטים הבאים אחרי ׳אם אֲשֶׁר בְּצֶדֶק׳ (עמ׳ 423).

שליח הציבור אומר את שבעת החרוזים הבאים,
והקהל חוזר אחריו אחרי כל אחד מהם:

סימן שמעון (6)

שְׁמוֹ מְפָאֲרִים עֲדַת חֲבָלוֹ
וְנַעֲרָץ בְּאֶרְאֶלֵּי קֹדֶשׁ הִלּוּלוֹ
וּבְהֵיכָלוֹ כָּבוֹד אֹמֵר כֻּלּוֹ / קָדוֹשׁ.

שׁוֹמְרֵי מִצְוֹתָיו עוֹד יְשׁוּבוּן לְבִצָּרוֹן
נְדָבִים יֵרָאוּ בְּהֶכְשֵׁר וְיִתְרוֹן
מלאכי ג וַיַּקְשֵׁב יהוה וַיִּשְׁמָע, וַיִּכָּתֵב סֵפֶר זִכָּרוֹן: / קָדוֹשׁ.

שַׁפְּרוּ מַעֲשֵׂיכֶם, וּבְרִית לֹא תוּפַר
נַאֲקַתְכֶם יַאֲזִין, שְׁחָקִים שִׁפַּר
תהלים סט וְתִיטַב לַיהוה מִשּׁוֹר פָּר: / קָדוֹשׁ.

שִׁבְטֵי מִקְרָאֶךָ עֲלֵה וְהַמְשֵׁל
נְטִישׁוֹת צָרִים בְּהִתּוֹךְ לְנַשֵּׁל
תהלים כב כִּי לַיהוה הַמְּלוּכָה, וּמֹשֵׁל: / קָדוֹשׁ.

שְׁבוּתֵנוּ מִמֶּרְחָק, עֲלוֹת לְהַר קָדְשׁוֹ
וּנְפָאֲרֵנוּ תָּמִיד בִּדְבִיר מִקְדָּשׁוֹ
תהלים קה כִּי־זָכַר אֶת־דְּבַר קָדְשׁוֹ: / קָדוֹשׁ.

בשבת אין אומרים חרוז זה, וממשיכים ׳כָּל־יֹשְׁבֵי תֵבֵל׳ בעמוד הבא.

שֶׁבַח מִגְדַּל עֹז, שֵׁם הַגָּדוֹל
נֶצַח בְּתִתּוֹ לְמַלְכּוֹ עֹז וּמִגְדּוֹל
ישעיה כז בַּיּוֹם הַהוּא יִתָּקַע בְּשׁוֹפָר גָּדוֹל: / קָדוֹשׁ.

כָּל־יֹשְׁבֵי תֵבֵל וְשֹׁכְנֵי אָרֶץ: ישעיה יח

יֹאמְרוּ תָמִיד, הִגְדִּיל יהוה לַעֲשׂוֹת בָּאָרֶץ

וְהָיָה יהוה לְמֶלֶךְ עַל־כָּל־הָאָרֶץ: / קָדוֹשׁ. זכריה יד

סימן א״ב בתים בני ג׳ טורים

ש״ץ: אֶדֶר וָהוֹד אֶתֵּן בְּצִבְיוֹן / שֶׁוַע אֶעֱרֹךְ בְּנִיב וְהִגָּיוֹן

קהל: אֶקְרָא לֵאלֹהִים עֶלְיוֹן: תהלים נז

ש״ץ: בְּיוֹם הַנִּבְחָר מִשְּׁמֵי עֶרֶץ / מֵישָׁרִים לִשְׁפֹּט, קְדֻשָּׁתוֹ לְהַעֲרֵץ

קהל: יהוה מָלָךְ תָּגֵל הָאָרֶץ: תהלים צז

ש״ץ: גַּאֲוָתוֹ גָּדְלָה עוֹלָם מֵהָכִיל / עֱזוּזוֹ לְסַפֵּר כֹּחַ מִי יָכִיל

קהל: מֶלֶךְ כָּל־הָאָרֶץ אֱלֹהִים, זַמְּרוּ מַשְׂכִּיל: תהלים מז

שליח הציבור ואחריו הקהל:

שְׁמוֹ מְפָאֲרִים עֲדַת חֲבָלוֹ

וְנַעֲרָץ בְּאֶרְאֶלֵּי קֹדֶשׁ הִלּוּלוֹ

וּבְהֵיכָלוֹ כָּבוֹד אֹמֵר כֻּלּוֹ / קָדוֹשׁ.

ש״ץ: דַּעַ יָשִׂימוּ כָּל בְּרִיּוֹתָיו / וְיֵדְעוּ כִּי גָדְלוּ גְּבוּרוֹתָיו

קהל: זֵכֶר עָשָׂה לְנִפְלְאוֹתָיו: תהלים קיא

ש״ץ: הִצִּיב וְיָרָה אֶבֶן פִּנָּתוֹ / נַחֲלִיאֵל עֲבוּר לְשַׁעֲשֵׁעַ בְּאֻמָּתוֹ

קהל: זָכַר לְעוֹלָם בְּרִיתוֹ: תהלים קה

ש״ץ: וְרָשַׁם בְּחֹק דָּת הֶגְיוֹנַי / בְּכָל שָׁנָה וְשָׁנָה לִזְכֹּר זִכְרוֹנַי

קהל: לְזִכָּרוֹן בְּהֵיכַל יהוה: זכריה ו

שליח הציבור ואחריו הקהל:

שׁוֹמְרֵי מִצְוֹתָיו עוֹד יְשׁוּבוּן לְבִצָּרוֹן

נִדְבָּרִים יְרֵאָיו בְּהֶכְשֵׁר וְיִתְרוֹן

וַיַּקְשֵׁב יהוה וַיִּשְׁמָע, וַיִּכָּתֵב סֵפֶר זִכָּרוֹן: / קָדוֹשׁ. מלאכי ג

ש״ץ: זֶבַח קֹדֶשׁ כְּהֻכְשַׁר אָז בְּעֵינָיו / רֶגֶל תְּמוּרָתוֹ אַיִל לְהַקְרִיב לְפָנָיו
קהל: אַחַר נֶאֱחַז בַּסְּבַךְ בְּקַרְנָיו: בראשית כב

ש״ץ: חִכֵּם חֲנִיטָיו לִתְקֹעַ בְּזֶה חֹדֶשׁ / יוֹם זֶה אִם יִקְרֶה בְּשַׁבַּת קֹדֶשׁ
קהל: זִכְרוֹן תְּרוּעָה מִקְרָא־קֹדֶשׁ: ויקרא כג

ש״ץ: טִבְעוּ אִם בְּחוּל יְבוֹאֲכֶם / צִוּוּ לִתְקֹעַ בְּכָל גְּבוּלְכֶם
קהל: יוֹם תְּרוּעָה יִהְיֶה לָכֶם: במדבר כט

שליח הציבור ואחריו הקהל:

שַׁפְּרוּ מַעֲשֵׂיכֶם, וּבְרִית לֹא תוּפַר
נַאֲקַתְכֶם יַאֲזִין, שְׁחָקִים שִׁפֵּר
וְתִיטַב לַיהוה מִשּׁוֹר פָּר: / קָדוֹשׁ. תהלים סט

ש״ץ: יָרוּם צוּר יִשְׁעִי בְּפִי כָּל אֻמִּים / חֲשׂף זְרוֹעֲךָ לְהוֹשִׁיעַ מִמִּתְקוֹמְמִים
קהל: מַלְכוּתְךָ מַלְכוּת כָּל־עֹלָמִים: תהלים קמה

ש״ץ: כְּהִגָּלוֹתְךָ לְעֵין כֹּל שִׁכְנְךָ לְהִוָּעֵד / קְהִלּוֹת וּרְבָבוֹת בְּפִימוֹ לְהָעֵד
קהל: יהוה יִמְלֹךְ לְעֹלָם וָעֶד: שמות טו

ש״ץ: לְךָ יָאֲתָה כָּבוֹד וָעֹז הַגּוֹיִים / חֶלֶד וְשׁוֹכְנֶיהָ וְכָל הָאִיִּים
קהל: מִי לֹא יִרָאֲךָ מֶלֶךְ הַגּוֹיִם: ירמיה י

שליח הציבור ואחריו הקהל:

שִׁבְטֵי מִקְרָאֲךָ עֲלֵה וְהַמְשֵׁל
נְטִישׁוֹת צָרִים בְּהִתָּזְךָ לְנַשֵּׁל
כִּי לַיהוה הַמְּלוּכָה, וּמשֵׁל: / קָדוֹשׁ. תהלים כב

ש״ץ: מוֹטַת צָרִים שַׁבֵּר וְהַכְחִידֵם / זְרוּיֶיךָ קַבֵּץ וְחִנָּם תִּפְדֵּם
קהל: זְכֹר עֲדָתְךָ קָנִיתָ קֶּדֶם: תהלים עד

ש״ץ: נְדִיבֵי עַמִּים יֶנְחָמוּ בְּכִפְלַיִם / קָמֵיהֶם עַל פָּנֵימוֹ גַּלֵּה שׁוּלַיִם
קהל: זְכֹר יהוה לִבְנֵי אֱדוֹם אֵת יוֹם יְרוּשָׁלָיִם: תהלים קלז

ש״ץ: סְלוּל מְסִלָּתֵנוּ יַשֵּׁר לְצַעֵד / וּבֵן יַקִּירְךָ קַרְסֹל לֹא יִמְעַד
קהל: כִּנַּמְתָּ, זָכֹר אֶזְכְּרֶנּוּ עוֹד: ירמיה לא

שליח הציבור ואחריו הקהל:

שְׁבוּתֵנוּ מִמֶּרְחָק, עֲלוֹת לְהַר קָדְשׁוֹ

וּנְפָאֲרֵנוּ תָמִיד בִּדְבִיר מִקְדָּשׁוֹ

כִּי־זָכַר אֶת־דְּבַר קָדְשׁוֹ: / קָדוֹשׁ. תהלים קה

בשבת אין אומרים בית זה,
וממשיכים ׳קִרְיַת מָשׂוֹשׂ, הֵיכָל וְאוּלָם׳ למטה.

ש״ץ: עֲמוּסֶיךָ תּוֹקְעִים וּמְרִיעִים בַּשּׁוֹפָר / אֲמִרָתְךָ לְקַיֵּם כַּחֹק הַמְסֻפָּר

קהל: תִּקְעוּ בַחֹדֶשׁ שׁוֹפָר: תהלים פא

ש״ץ: פִּשְׁעָם הַעֲבֵר וַעֲוֹנָם יְכֻפַּר / מַעֲנָם יֶעֱרַב כְּהַקְרָבַת כְּבָשִׂים וָפָר

קהל: בַּחֲצֹצְרוֹת וְקוֹל שׁוֹפָר: תהלים צח

ש״ץ: צִמְחֵיהֶם יִרְבּוּ כַּחוֹל אֵין מִסְפָּר / צְבָרֵיהֶם יְעוֹרְרוּ וְיַעֲלוּ מֵעָפָר

קהל: כִּנְשֹׂא־נֵס הָרִים תִּרְאוּ, וְכִתְקֹעַ שׁוֹפָר: ישעיה יח

שליח הציבור ואחריו הקהל:

שֶׁבַח מִגְדַּל עֹז, שֵׁם הַגָּדוֹל

נֵצַח בִּתְתוֹ לְמַלְכּוֹ עֹז וּמִגְדּוֹל

בַּיּוֹם הַהוּא יִתָּקַע בְּשׁוֹפָר גָּדוֹל: קָדוֹשׁ. ישעיה כז

ש״ץ: קִרְיַת מָשׂוֹשׂ, הֵיכָל וְאוּלָם

מִזְבֵּחַ יָשִׁיב, וּכְלֵי שָׁרֵת כֻּלָּם קהל: יהוה יִמְלֹךְ לְעֹלָם וָעֶד: שמות טו

ש״ץ: שָׁמַיִם וָאָרֶץ יְרַנְּנוּ לִשְׁמוֹ

יְעָרוֹת יִמְחֲאוּ כַף לְהַנְעִימוֹ קהל: כִּי־פָקַד יהוה אֶת־עַמּוֹ: רות א

ש״ץ: תֹּקֶף אֶרְאֶלִּים וְכוֹכְבֵי צֶפֶר

תְּהִלּוֹת יִתְּנוּ שֶׁבַח לְהַשְׁפֵּר קהל: הַלְלוּהוּ בְּתֵקַע שׁוֹפָר: תהלים קנ

שליח הציבור ואחריו הקהל:

כָּל־יֹשְׁבֵי תֵבֵל וְשֹׁכְנֵי אָרֶץ: ישעיה יח

יֹאמְרוּ תָמִיד, הִגְדִּיל יהוה לַעֲשׂוֹת בָּאָרֶץ

וְהָיָה יהוה לְמֶלֶךְ עַל־כָּל־הָאָרֶץ: / קָדוֹשׁ. זכריה יד

שליח הציבור ואחריו הקהל:

יִשְׁפֹּט תֵּבֵל בְּצֶדֶק
וּלְאֻמִּים בְּמֵישָׁרִים
הָאֵל קָדוֹשׁ.

שליח הציבור ואחריו הקהל:

וְהוּא בְאֶחָד וּמִי יְשִׁיבֶנּוּ איוב כג
וְנַפְשׁוֹ אִוְּתָה וַיָּעַשׂ:
נוֹרָא וְקָדוֹשׁ.

הכול:

סימן א״ב שמעון בר יצחק חזק

אֶתֵּן לְפֹעֲלִי צֶדֶק / בְּיוֹם הַנִּבְחָר מֵעַשׂ לְהִבָּדֵק.
גַּאֲוָתוֹ מְאֹד גָּדְלָה / דֶּרֶךְ עֲנָוָתוֹ לְפִי הַגְּדֻלָּה.
הוּא אֲדוֹן הָעוֹלָם / וּמִי־הִקְשָׁה אֵלָיו, וַיִּשְׁלָם: איוב ט
זוֹכֵר הוֹלֵךְ בְּתֹם / חוֹנֵן וְעוֹשֶׂה דִּין יָתוֹם.
טָהוֹר מָרוֹם וְנִשָּׂא / יָפֶה בְעִתּוֹ הַכֹּל עָשָׂה.
כַּבִּיר לֹא יִמְאַס / לְנִבְזֶה בְּעֵינָיו, נִמְאָס.
מְפֹאָר רֹכֵב עֲרָבוֹת / נֹגַהּ נֶגְדּוֹ, וְאֵשׁ לֶהָבוֹת.
סוֹעֵף בְּחַרְבוֹת שְׁנוּנוֹת / עֲבוּר יְתוֹמִים וְאַלְמָנוֹת.
פֹּעַל אָדָם יְשַׁלֵּם / צָר פֶּה וּמֵשִׂים אִלֵּם.
קֹנֵה הַכֹּל בְּרַחֲמִים / רָם וּמַשְׁפִּיל רָמִים.
שׁוֹפֵט יְצוּרָיו בַּחֲנִינָה / תְּמִים פֹּעַל, אֵל אֱמוּנָה.
שֹׁפְטֵי אֶרֶץ כַּתֹּהוּ / מִפַּחְדּוֹ יִבָּהֲלוּ וְיִתְמָהוּ. ישעיה מ
עוֹשֶׂה מִשְׁפַּט עַמּוֹ / וּתְחִלָּה מְקַדְּמָם מִפְּנֵי זַעְמוֹ.
נְדִיבִים בְּדִקְדּוּקָם יָחִילוּ / בַּאֲשֶׁר מִשְׁפָּטוֹ פָּעֲלוּ.
רוֹאֶה כָּל תַּעֲלוּמוֹת / יוֹשֵׁב בְּגָבְהֵי מְרוֹמוֹת.
צוֹפֶה כָּל נוֹלָדוֹת / חוֹפֵשׂ כָּל הָעֲתִידוֹת.
קֹרֵא הַדֹּרוֹת מֵרֹאשׁ / חִקְרֵי לֵב לָתוּר וְלִדְרֹשׁ. ישעיה מא
◂ זוֹכֵר בְּרִית רִאשׁוֹנִים / קַיֵּם שְׁבוּעָה לָאַחֲרוֹנִים.

הקיקלר׳ השלישי שאומרים ביום ב׳ של ראש השנה,
הוא תמיד ׳שַׁבְתִּי וְרָאֹה תַחַת־הַשֶּׁמֶשׁ׳ (למטה).

שליח הציבור ואחריו הקהל:

אָדוֹן, אִם מַעֲשִׂים אֵין בָּנוּ / שִׁמְךָ הַגָּדוֹל יַעֲמָד לָנוּ
וְאַל תָּבוֹא בְמִשְׁפָּט עִמָּנוּ / קָדוֹשׁ.

שליח הציבור ואחריו הקהל:

הֵן לֹא יַאֲמִין בִּקְדֹשָׁיו / וּתְהִלָּה יָשִׂים בְּאֵלֵי תַרְשִׁישָׁיו
וְאֵיךְ יִצְדְּקוּ קְרוּצֵי גוּשָׁיו / קָדוֹשׁ.

כמו בפיוט הקודם גם בפיוט זה במקור הקהל אמר אחרי כל בית
אחד משני הפזמונים לסירוגין. אך במרוצת הדורות פשט המנהג לאומרו הכול יחד.

הכול:

סימן א״ב שמעון בר יצחק (כפול) הקטן חזק

שַׁבְתִּי וְרָאֹה תַחַת־הַשֶּׁמֶשׁ: / אֵין טוֹב לֶאֱנוֹשׁ מֵהִתְחַמֵּשׁ קהלת ט
בְּיִרְאַת מָעֻזּוֹ לְהִתְחַזֵּק, וְלֹא לְהָמֵשׁ.
שׁוּרַת הַדִּין רָאֲתָה עֵינִי / נָבִין תְּחִלָּה מֵאָדָם הַקַּדְמוֹנִי
בְּצֶלֶם אֱלֹהִים נִבְרָא, בְּעֵדֶן גַּנִּי.
מֵעֵת הֵפֵר פִּי מַמְלֶכֶת / בִּיקָר לֹא לָן, וְנִגְרַשׁ בְּשַׁלֶּכֶת
וְאֵת לַהַט הַחֶרֶב הַמִּתְהַפֶּכֶת: בראשית ג

אָדוֹן, אִם מַעֲשִׂים אֵין בָּנוּ / שִׁמְךָ הַגָּדוֹל יַעֲמָד לָנוּ
וְאַל תָּבוֹא בְמִשְׁפָּט עִמָּנוּ / קָדוֹשׁ.

מִדְרָךְ בְּדֶרֶךְ טוֹבִים לְהוֹעִילוֹ / מִמִּזְרָח הֵאִיר עֶלֶט מַאֲפֵלוֹ
צֶדֶק יִקְרָאֵהוּ לְרַגְלוֹ: ישעיה מא
עַל נַסּוֹתוֹ מְבַטִּיחוֹ בִּבְחִינָה / וּפָץ לְהוֹדִיעוֹ אִם יִירָשֶׁנָּה
נִגְרְרוּ גְזָעָיו גֵּרוּת אַרְבַּע מֵאוֹת שָׁנָה.
עוּרוּ נְדִיבִים וְהִתְאוֹשְׁשׁוּ לְתַאֲוָה / בַּקְּשׁוּ צֶדֶק, בַּקְּשׁוּ עֲנָוָה: צפניה ב
אוּלַי יֵשׁ תִּקְוָה: איכה ג

הֵן לֹא יַאֲמִין בִּקְדֹשָׁיו / וּתְהִלָּה יָשִׂים בְּאֵלֵי תַרְשִׁישָׁיו
וְאֵיךְ יִצְדְּקוּ קְרוּצֵי גוּשָׁיו / קָדוֹשׁ.

וָתִיק הַנַּעֲלָה בְּאַחַד הֶהָרִים / לִשְׁמוֹנָה קִיֵּם בְּרִית בְּשָׂרִים
וְזָרַע וּמָצָא מֵאָה שְׁעָרִים.
וּלְשִׁשִּׁים נֶחֱנַט בְּמֵצִיק וּמְשַׁעֲשֵׁעַ / וּלְשֵׁיבָה כֵּהָה מְאוֹרוֹ לְהָשַׁע
עֲבוּר שֶׁאָתוֹ פְּנֵי הָרָשָׁע.
נָא שִׂימוּ עַל לֵב מוֹרָאוֹת / וְהָשִׁיבוּ יָד מֵעָוֶל לְהִמָּלֵט מִתְּלָאוֹת
אוּלַי יֶחֱנַן יהוה אֱלֹהֵי־צְבָאוֹת: עמוס ה

אָדוֹן, אִם מַעֲשִׂים אֵין בָּנוּ / שִׁמְךָ הַגָּדוֹל יַעֲמָד לָנוּ
וְאַל תָּבוֹא בְמִשְׁפָּט עִמָּנוּ / קָדוֹשׁ.

נָעִים אֲשֶׁר טֹבוּ אֹהָלָיו / וְתָאֲרוֹ חָקוּק בְּכֵס זְבוּלָיו
וְהִנֵּה יהוה נִצָּב עָלָיו: בראשית כח
בְּשׁוּבוֹ מִפַּדָּן וְנֶחֱלַץ מִתְּלָאָה / וְנֵדֶרוֹ אִחַר לָאֵל לוֹ נִרְאָה
נִכְשַׁל בְּדִינָה בַּת לֵאָה.
בִּינוּ יְצוּרִים לְרַחֲמָיו לִשְׁאַף / גּוּרוּ לָכֶם מִפְּנֵי סַעֲרַת חֲרוֹן אַף
אוּלַי תִּסָּתְרוּ בְּיוֹם אַף: צפניה ב

הֵן לֹא יַאֲמִין בִּקְדֹשָׁיו / וְתָהֳלָה יָשִׂים בְּאֵלֵי תַרְשִׁישָׁיו
וְאֵיךְ יִצְדְּקוּ קְרוּצֵי גוּשָׁיו / קָדוֹשׁ.

רֵעִים וְאַחִים, בְּנֵי הַיִּצְהָר / אֲשֶׁר אָצוּ בְּמִשְׁלַחְתָּם כִּצְבִי לְמַהֵר
וְהִגְבִּילוּ סְגֻלָּה בְּתַחְתִּית הָהָר.
רִבֵּי תוֹרָה כָּתְבוּ לָעָם / וְהוֹרוּם דַּרְכֵי יֹשֶׁר וּמִשְׁפְּטֵי נֹעַם
וּבְמֵי מְרִיבָה הָפְקְדוּ בְזַעַם.
יֵדְעוּ זֹאת כָּל יוֹשְׁבֵי אֲדָמָה / אִם כֵּן בִּתְמִימֵי חָכְמָה דָּמְמָה
מַה יַּעֲשׂוּ מְלֵאֵי מִרְמָה.

אָדוֹן, אִם מַעֲשִׂים אֵין בָּנוּ / שִׁמְךָ הַגָּדוֹל יַעֲמָד לָנוּ
וְאַל תָּבוֹא בְמִשְׁפָּט עִמָּנוּ / קָדוֹשׁ.

יְדִיד יהוה אֲשֶׁר מָלַךְ תְּחִלָּה / כְּבֶן שָׁנָה נָקִי מִכָּל עַוְלָה
וְלֹא נֶעֱצַל מִמִּלְחֶמֶת עֲבוּר הַצָּלָה.

צִוָּה עַל מְחִיַּת הַמְזַנֵּב / שָׁנָה מִפְקָד וְהוֹבִישׁ כְּגוֹנֵב
בְּחָמְלוֹ מַעֲדַנּוֹת בִּכְשָׁפָיו מִתְגַּנֵּב.

צוּר נִחַם כִּי הִמְלִיכוֹ / וּבְיַד אֹיְבָיו הִפִּילוֹ לְדָעְכוֹ
וּמַה יַּעֲשׂוּ מְפִירֵי דִין כְּעֶרְכּוֹ.

הֵן לֹא יַאֲמִין בִּקְדֹשָׁיו / וְתָהֳלָה יָשִׂים בְּאֶלֵי תַרְשִׁישָׁיו
וְאֵיךְ יִצְדְּקוּ קְרוּצֵי גוּשָׁיו / קָדוֹשׁ.

חָסִיד הַמְּנַעִים זְמִירוֹת לְקוֹנוֹ / וְהוּכַן בַּחֶסֶד כִּסֵּא גְאוֹנוֹ
וְעָשָׂה מִשְׁפָּט וּצְדָקָה לַהֲמוֹנוֹ.

חָתַף לִבְרֹחַ מִפְּנֵי פְרִי בִטְנוֹ / וְהִקְדִּימוֹ רָכִיל, מְשַׁקֵּר עַל אֲדוֹנוֹ
וְחִלֵּק לוֹ שָׂדֶה בְּחֵלֶק לְשׁוֹנוֹ.

קוֹל הַחִלּוּק כְּהִסְכִּית מִמְּעוֹנוֹ / חִלֵּק מַלְכוּתוֹ בֵּין עַבְדּוֹ וּבֵין בְּנוֹ
וּמַה יַּעֲשֶׂה מְלָשְׁנִי כִּפְקַד עָלָיו חֲרוֹנוֹ.

אָדוֹן, אִם מַעֲשִׂים אֵין בָּנוּ / שִׁמְךָ הַגָּדוֹל יַעֲמָד לָנוּ
וְאַל תָּבוֹא בְמִשְׁפָּט עִמָּנוּ / קָדוֹשׁ.

קְהִלּוֹת וּרְבָבוֹת וַאֲלָפִים / אֲשֶׁר לְפָנֵינוּ עָבְרוּ חֲלוּפִים
וְלֹא יָכְלוּ לְהִצְטַדֵּק הֱיוֹת חַפִּים.

הֵן שָׁמַיִם בְּעֵינָיו לֹא זַכּוּ / וְכָל לְגִיוֹנֵי שַׁחַק כְּפִשְׁתָּה דָּעֲכוּ
וְנִתְעָב וְנֶאֱלָח מַה יִּזְכּוּ.

קוֹבֵץ מִרְמָה וּמִסְתַּתֵּר בְּעִנְיָנָיו / אִם יֹאמַר בְּלִבּוֹ מִי יְעִידֵנִי לְפָנָיו
קוֹרוֹתָיו וְרָהִיטָיו עֵצָיו וַאֲבָנָיו.

הֵן לֹא יַאֲמִין בִּקְדֹשָׁיו / וְתָהֳלָה יָשִׂים בְּאֶלֵי תַרְשִׁישָׁיו
וְאֵיךְ יִצְדְּקוּ קְרוּצֵי גוּשָׁיו / קָדוֹשׁ.

טְהוֹר עֵינַיִם בְּרַע מֵרְאוֹת / הַצְלֵל חֲטָאֵינוּ בְּעִמְקֵי מַחֲבוֹאוֹת
וַעֲשֵׂה עִמָּנוּ לְטוֹבָה אוֹת.

נַחְנוּ אִם פָּשַׁעְנוּ מֵאַחֲרֶיךָ / הִזָּכֵר לַאֲבוֹת הָעוֹלָם בְּחִירֶיךָ
וְאַל תִּתְעַלַּם מִתַּחַן מְשַׁחֲרֶיךָ.

שליח הציבור:

חֵלֶף פָּרִים וּמִנְחָה הֲגוּנָה / זְכֹר הֶגְיוֹנֵנוּ וְתֵן לָנוּ חֲנִינָה
קַיְּמֵנוּ לְחַיִּים טוֹבִים בְּזֶה רֹאשׁ הַשָּׁנָה.

אָדוֹן, אִם מַעֲשִׂים אֵין בָּנוּ / שִׁמְךָ הַגָּדוֹל יַעֲמָד לָנוּ
וְאַל תָּבוֹא בְמִשְׁפָּט עִמָּנוּ / קָדוֹשׁ.

ממשיכים ׳וּבְכֵן, וַיְהִי בִישֻׁרוּן מֶלֶךְ׳ בעמ׳ 264.
הגרסה המלאה לפיוט ׳מֶלֶךְ עֶלְיוֹן׳ למטה.

וּבְכֵן, וַיְהִי בִישֻׁרוּן מֶלֶךְ

מֶלֶךְ עֶלְיוֹן
אַמִּיץ הַמְּנֻשָּׂא / לְכֹל לְרֹאשׁ מִתְנַשֵּׂא
אוֹמֵר וְעוֹשֶׂה / מָעוֹז וּמַחְסֶה
נִשָּׂא וְנוֹשֵׂא / מוֹשִׁיב מְלָכִים לַכִּסֵּא
לַעֲדֵי עַד יִמְלֹךְ.

מֶלֶךְ אֶבְיוֹן
בָּזוּי וּמְשֻׁסֶּה / פְּשָׁעָיו מְכַסֶּה
בָּהוּל וּמְתֻשֶּׁה / עָוֹן פּוֹשֶׂה
נִבְחָן בְּכָל מַעֲשֶׂה / וְאוֹצָרוֹ יְשֻׁסֶּה
וְאֵיךְ יִמְלֹךְ.

מֶלֶךְ עֶלְיוֹן
גִּבּוֹר בִּגְבוּרוֹת / קֹרֵא הַדּוֹרוֹת
גּוֹלֶה נִסְתָּרוֹת / אֲמָרוֹתָיו טְהוֹרוֹת
יוֹדֵעַ סְפוּרוֹת / לְתוֹצָאוֹת מַזָּרוֹת
לַעֲדֵי עַד יִמְלֹךְ.

מֶלֶךְ אֶבְיוֹן
דָּגוּר מֵעֲפָרוֹת / נִכְשָׁל בַּעֲבֵרוֹת
יוּבַל לִקְבָרוֹת / נִסְגָּר בְּמַסְגֵּרוֹת
נוֹפֵל בְּמַהֲמֹרוֹת / וְגָזוּר בִּגְזֵרוֹת
וְאֵיךְ יִמְלֹךְ.

מֶלֶךְ עֶלְיוֹן
הַמְפֹאָר בְּפִי כֹל / וְהוּא כֹּל יָכוֹל
הַמְרַחֵם אֶת הַכֹּל / וְנוֹתֵן מִחְיָה לַכֹּל
וְנֶעְלָם מֵעֵין כֹּל / וְעֵינָיו מְשׁוֹטְטוֹת בַּכֹּל
לַעֲדֵי עַד יִמְלֹךְ.

מֶלֶךְ אֶבְיוֹן
וְנִכְאָב בְּחָלְיוֹ / וְנִגְרָע תֶּלְיוֹ
וְנוֹסָף בִּכְיוֹ / וְיָגֵעַ וְאִיוֹ
וְלֹא דַיּוֹ / לַמִּשְׁפָּט יְבִיאוֹ
וְאֵיךְ יִמְלֹךְ.

מֶלֶךְ עֶלְיוֹן
זוֹכֵר נִשְׁכָּחוֹת / חוֹקֵר טֻחוֹת
עֵינָיו פְּקֻחוֹת / מַגִּיד שֵׂחוֹת
אֱלֹהֵי הָרוּחוֹת / אִמְרוֹתָיו נְכֹחוֹת
לַעֲדֵי עַד יִמְלֹךְ.

מֶלֶךְ אֶבְיוֹן
חוֹנֵף וְתוֹעֶה / אֱוִילִי רוֹעֶה
סוֹעֵר וְסוֹעֶה / לְטַרְפּוֹ גּוֹעֶה
בִּסְגוֹר צוֹעֶה / כַּיּוֹלֵדָה יִפְעֶה
וְאֵיךְ יִמְלֹךְ.

מֶלֶךְ עֶלְיוֹן
טָהוֹר בִּזְבוּלָיו / אוֹת הוּא בְּאֶרְאֶלָּיו
אֵין עֲרֹךְ אֵלָיו / לִפְעֹל כְּמִפְעָלָיו
חוֹל שָׂם גְּבוּלָיו / כַּהֲמוֹת יָם לְגַלָּיו
לַעֲדֵי עַד יִמְלֹךְ.

מֶלֶךְ אֶבְיוֹן
יָהִיר בְּזָדוֹן / מְגָרֶה מָדוֹן
בְּחַיָּיו נִדּוֹן / בְּמוֹתוֹ לַאֲבַדּוֹן
רוּחוֹ יָדוֹן / וְיֵדַע שַׁדּוּן
וְאֵיךְ יִמְלֹךְ.

מֶלֶךְ עֶלְיוֹן
כּוֹנֵס מֵי הַיָּם / רֹגַע גַּלֵּי יָם
סוֹעֵר שְׁאוֹן דָּכְיָם / מְלֹא הָעוֹלָם דַּיָּם
מַשְׁבִּיחָם בְּעָיָם / וְשָׁבִים אָחוֹר וְאַיָּם
לַעֲדֵי עַד יִמְלֹךְ.

מֶלֶךְ אֶבְיוֹן
לִבּוֹ יִמַּס / זוֹעֵק חָמָס
חֶסֶד לָמָּס / עָל נֶעֱמָס
כְּטִיט נִרְמָס / וְכַדּוֹנַג נָמָס
וְאֵיךְ יִמְלֹךְ.

מֶלֶךְ עֶלְיוֹן
מוֹשֵׁל בִּגְבוּרָה / דְּרָכוֹ סוּפָה וּסְעָרָה
עוֹטֶה אוֹרָה / לַיְלָה כַּיּוֹם לְהָאִירָה
עֲרָפֶל לוֹ סִתְרָה / וְעִמֵּהּ שְׁרֵא נְהוֹרָא
לַעֲדֵי עַד יִמְלֹךְ.

מֶלֶךְ אֶבְיוֹן
נְשׁוּי טוֹבָה / בְּעֶצֶב לְהַעֲצִיבָה
תַּחֲרוּת וְאֵיבָה / אֵלָיו קְרוֹבָה
בְּרֹב חוֹבָה / יִהְיֶה לְחָרְבָּה
וְאֵיךְ יִמְלֹךְ.

מֶלֶךְ עֶלְיוֹן
סִתְרוֹ עָבִים / סְבִיבָיו לְהָבִים
רְכוּבוֹ כְּרוּבִים / מְשָׁרְתָיו שְׁבִיבִים
מַזָּרוֹת וְכוֹכָבִים / הִלּוּלוֹ מַרְבִּים
לַעֲדֵי עַד יִמְלֹךְ.

מֶלֶךְ אֶבְיוֹן
עָלוּב וְשָׁפָל / בְּחֹשֶׁךְ מְאֻפָּל
עֲוֹנוֹ מְכֻפָּל / חֶטְאוֹ מְטֻפָּל
בְּגְלָלוֹ יְשֻׁפָּל / מִגָּבְהוֹ נָפָל
וְאֵיךְ יִמְלֹךְ.

מֶלֶךְ עֶלְיוֹן
פּוֹתֵחַ יָד וּמַשְׂבִּיעַ / צוֹרֵר מַיִם וּמַנְבִּיעַ
יַבֶּשֶׁת לְהַטְבִּיעַ / לְשַׁלִּישׁ וְלְרַבִּיעַ
יוֹם לְיוֹם יַבִּיעַ / שִׁבְחוֹ לְהַבִּיעַ
לַעֲדֵי עַד יִמְלֹךְ.

מֶלֶךְ אֶבְיוֹן
צָפוּי אֱלֵי חֶרֶב / בַּבֹּקֶר וּבָעֶרֶב
מִקֹּר וּמֵחֹרֶב / יְזֹרַב וְיִשְׁתָּרֵב
נִכְרַת מִקֶּרֶב / מָוֶת לוֹ מְאָרֵב
וְאֵיךְ יִמְלֹךְ.

מֶֽלֶךְ עֶלְיוֹן
קָדוֹשׁ וְנוֹרָא / בְּמוֹפֵת וּבְמוֹרָא
מְמַדֵּי אֶֽרֶץ קָרָא / וְאֶֽבֶן פִּנָּתָהּ יָרָה
וְכָל הַנִּבְרָא / לִכְבוֹדוֹ בָּרָא
לַעֲדֵי עַד יִמְלֹךְ.

מֶֽלֶךְ אֶבְיוֹן
רַחֲמָיו שְׁחוּתִים / מִדּוֹתָיו פְּחוּתִים
דְּרָכָיו תַּחְתִּיִּים / פְּשָׁעָיו חֲרוּתִים
וְחִיָּתוֹ לַמְמִיתִים / כְּבִקְרֵי רְפָתִים
וְאֵיךְ יִמְלֹךְ.

מֶֽלֶךְ עֶלְיוֹן
שׁוֹמֵֽעַ אֶל אֶבְיוֹנִים / וּמַאֲזִין חִנּוּנִים
מַאֲרִיךְ רְצוֹנִים / וּמְקַצֵּר חֲרוֹנִים
רִאשׁוֹן לָרִאשׁוֹנִים / וְאַחֲרוֹן לָאַחֲרוֹנִים
לַעֲדֵי עַד יִמְלֹךְ.

מֶֽלֶךְ אֶבְיוֹן
תּוֹחַלְתּוֹ נִכְזָבָה / תִּקְוָתוֹ נֶעֱלָבָה
גְּוִיָּתוֹ נִרְקָבָה / נִשְׁמָתוֹ נִכְאָבָה
נִשְׁבָּר וְנִשְׁבָּה / מִלַּהַט הַיּוֹם הַבָּא
וְאֵיךְ יִמְלֹךְ.

אֲבָל מֶֽלֶךְ עֶלְיוֹן
שׁוֹפֵט הָאֱמֶת / מַעְבָּדָיו אֱמֶת
עוֹשֶׂה חֶֽסֶד וֶאֱמֶת / וְרַב חֶֽסֶד וֶאֱמֶת
נְתִיבָתוֹ אֱמֶת / וְחוֹתָמוֹ אֱמֶת
לַעֲדֵי עַד יִמְלֹךְ.

ממשיכים ׳יהוה מֶֽלֶךְ׳ בעמ׳ 268.

סילוק לשחרית ליום א׳ של ראש השנה

ה׳סילוק׳ (ראה עמ׳ 208) הוא שיא ה׳קרובה׳ מבחינה ספרותית, אך דווקא משום כך, בהרבה קהילות אין אומרים אותו, שכן הוא מורכב וקשה במיוחד. כיום מקובל לומר רק את ה׳סילוקים׳ למוסף, ואף בו אומרים את ׳וּנְתַנֶּה תֹּקֶף׳ במקום ה׳סילוק׳ המקורי. בגלל מורכבותו, נהגו בקהילות שבהן אמרו אותו שהקהל אומר את רובו בלחש, ושליח הציבור אומר רק את הקטעים המסומנים.

הכול:

מֶלֶךְ בְּמִשְׁפָּט יַעֲמִיד אָרֶץ: / עֶלְיוֹן עַל־כָּל־הָאָרֶץ: משלי כט תהלים צו
יָכִּירוּ וְיֵדְעוּ כָּל הָאָרֶץ / כָּל־יֹשְׁבֵי תֵבֵל וְשֹׁכְנֵי אָרֶץ: ישעיה יח
מִקְצֵה הָאָרֶץ וְעַד־קְצֵה הָאָרֶץ: / כִּי הוּא בּוֹרֵא קְצוֹת כָּל הָאָרֶץ דברים יג
עֹשֶׂה מִשְׁפָּט וּצְדָקָה בָּאָרֶץ: / בְּקוּמוֹ לַמִּשְׁפָּט יַשְׁקִיט הָאָרֶץ ירמיה ט
לְהוֹשִׁיעַ כָּל עַנְוֵי הָאָרֶץ / לַעֲשׂוֹת כִּתְּהוּ שׁוֹפְטֵי הָאָרֶץ
לֶאֱחוֹז בְּאַרְבַּע כַּנְפוֹת הָאָרֶץ / לְנַעֵר כָּל רִשְׁעֵי אָרֶץ
וְקוֹל יַשְׁמִיעוּ בַּשָּׁמַיִם וּבָאָרֶץ / מָה־אַדִּיר שִׁמְךָ בְּכָל־הָאָרֶץ: תהלים ח
וּבְמָלְכוֹ עַל כָּל הָאָרֶץ / אָז יָרִיעוּ תַּחְתִּיּוֹת אָרֶץ
יִשְׂמְחוּ הַשָּׁמַיִם וְתָגֵל הָאָרֶץ: / וַאֲשֶׁר בַּשָּׁמַיִם מִמַּעַל לָאָרֶץ תהלים צו
וַאֲשֶׁר בַּמַּיִם מִתַּחַת לָאָרֶץ: / וְאָז יִפְצְחוּ רֶנֶן בָּאָרֶץ שמות כ
כְּבוֹדוֹ מְלֹא כָּל הָאָרֶץ / יהוה מָלָךְ תָּגֵל הָאָרֶץ: תהלים צו
וּבְכֵן יְשַׁלֵּשׁ שׁוֹפְרוֹת עָרֶץ / וְיַפְחִיד חוֹרֵי יוֹשְׁבֵי הָאָרֶץ
וְיַהֲפֹךְ כִּסֵּא מַמְלְכוֹת הָאָרֶץ / וְיֹאמַר כָּל אֲשֶׁר נְשָׁמָה בְּאַפּוֹ בָּאָרֶץ

שליח הציבור:

מָה־אַדִּיר שִׁמְךָ בְּכָל־הָאָרֶץ: / וִיכוֹנֵן מְשׂוֹשׂ כָּל הָאָרֶץ תהלים ח
וִיעוֹרֵר כָּל יְשֵׁנֵי אָרֶץ / וְיַעֲלוּ זְמִירוֹת מִכְּנַף הָאָרֶץ
שִׁירוּ לַיהוה כָּל־הָאָרֶץ: תהלים צו

הכול:

אֶרֶץ וְדָרֶיהָ יְצַפּוּ לַדִּין / וְיֵחַתּוּ וְיֶחֶרְדוּ מֵאֵימַת הַדִּין
כִּי גָדוֹל יוֹם הַדִּין / וּמִי יְכִילֶנּוּ, לְהִצְטַדֵּק בַּדִּין
וְכָל יוֹשְׁבֵי עַל מִדִּין / וְכָל יוֹדְעֵי דָּת וָדִין
וְכָל שֶׁנַּעֲשָׂה בּוֹ דִין / אוּלַי יֵחָנֵן בִּשְׁעַת הַדִּין
כִּי אֵין רַחֲמִים בַּדִּין / וְלֹא יִשָּׂא פָנִים בַּדִּין

וְהוּא עֵד וּבַעַל דִּין / לָדַעַת בָּאָרֶץ מַעֲשֵׂהוּ בַּדִּין
וּבְיַד כָּל אָדָם יַחְתֹּם דִּין / וּלְפִי מִשְׁטָרוֹ יַעֲשֶׂה לוֹ דִּין
וּכְפָעֳלוֹ יִפְעַל לוֹ דִּין / וּמַעֲשָׂיו יוֹכִיחוּ אוֹתוֹ בַּדִּין
וְאֶבֶן מִקִּיר תִּזְעַק בַּדִּין / וְכָפִיס מֵעֵץ יַעֲנֶנָּה בַּדִּין
הַכֹּל בֶּאֱמֶת וְהַכֹּל בַּדִּין / בְּמִדַּת רַחֲמִים וּבְמִדַּת הַדִּין
וְהַיּוֹם הוּכַן עַמִּים בּוֹ לָדִין / לַעֲשׂוֹת אוֹת לְיוֹם הַדִּין
וְכָל נְפָשׁוֹת בּוֹ יָדִין.

וְהוּא עָשׂוּי חֹק זִכָּרוֹן / לְיוֹם רִאשׁוֹן וּלְיוֹם אַחֲרוֹן
לְהִזָּכֵר בּוֹ יְשֵׁנֵי חֶבְרוֹן / בְּצִלָּם לְהִתְחַבְּאוֹת חֲבַצֶּלֶת הַשָּׁרוֹן
בָּם לְהַצְדִּיק שָׁבִים לְבִצָּרוֹן / תּוֹקְעֵי בְשׁוֹפָר וְקוֹרְאֵי בְגָרוֹן
לִמְצֹא בְצִדְקָם מַעֲשֵׂה כִשְׁרוֹן / בָּם לְהִנָּצֵל מֵאַף וְחָרוֹן.

וּכְשָׁמַר אָב דֶּרֶךְ מִשְׁפָּט וּצְדָקָה / יַעֲשֶׂה לְנִינָיו מִשְׁפָּט וּצְדָקָה
וּכְיוֹנַת אֵלֶם זֶרַע לִצְדָקָה / יִקְצְרוּ נִינָיו אֱמֶת וּצְדָקָה
וּכְנִתַּן לַתָּם בֶּאֱמֶת צְדָקָה / יִנָּתֵן לְנִינָיו אֱמֶת וּצְדָקָה
וְכִסֵּא כָבוֹד מְתֻקָּן בִּצְדָקָה / לְפָנָיו יַעֲמֹד מֵלִיץ וִילַמֵּד צְדָקָה
וְכַעֲלוֹת שׁוֹפָר מִדַּלֵּי צְדָקָה / יְחַנְּנוּ וְיַפְגִּיעוּ אָבוֹת הַצְּדָקָה
וְיֹאמְרוּ לִפְנֵי אוֹהֵב צְדָקָה / חָלִילָה לְךָ מְדַבֵּר בִּצְדָקָה
מֵעֲשׂוֹת מִשְׁפָּט בְּלֹא צְדָקָה / וּבִמְקוֹם מִשְׁפָּט אֵין צְדָקָה
וּבְאֵין מִשְׁפָּט יֵשׁ צְדָקָה / וְאַתָּה בְּמִשְׁפָּט תַּעֲשֶׂה צְדָקָה
לִשְׁפֹּט תֵּבֵל בְּמַעֲשֵׂה הַצְּדָקָה / וּמְכוֹן כִּסְאֲךָ מִשְׁפָּט וּצְדָקָה

שליח הציבור:

וּבְחַפְּשְׂךָ מַעֲשִׂים מִבְּלִי צְדָקָה / הִזָּכֵר לְטוֹב מְעַט בִּצְדָקָה
וּבְמַתְּנַת חִנָּם תַּעֲשֶׂה צְדָקָה / לִפְתֹּחַ לָמוֹ אוֹצְרוֹת הַצְּדָקָה.

הכול:

וְאִם יָצְאָה גְזֵרָה דְחוּקָה / לְחַבֵּל יוֹשְׁבֵי אַרְקָא
בְּבוּקָה וּמְבוּקָה וּמְבֻלָּקָה / הִסְתַּכֵּל בְּתַבְנִית אֲשֶׁר בְּכִסֵּא חֲקוּקָה
וּבַתֵּבָה אֲשֶׁר תַּחְתָּיו פְּקוּקָה / וְנַפְשׁוֹת צוּרִים בְּתוֹכָהּ נְקוּקָה
וּבָעֲטָרָה אֲשֶׁר בְּרֹאשְׁךָ זְקוּקָה / וּבְשֵׁם יִשְׂרָאֵל בְּכִנּוּי מְחֻקָּקָה

וּבִדְמוּת שְׁבָטִים מְעֻזָּקָה / וּבֵין כְּתֵפָיו שָׁכֵן בַּחֲזָקָה
בָּם אֶשָּׁעֵנָה, וּבָם אֶתְחַזָּקָה.

כִּי בְּשִׁבְתּוֹ בְּכִסֵּא לִשְׁפֹּטִי / יַעַמְדוּ כֻלָּם לִפְנֵי שׁוֹפְטִי
לְהַדְמִים בְּשׁוֹפָר בַּעַל מִשְׁפָּטִי / לְהָלִיץ בַּעֲדִי וְלִזְכוּת יִשְׁפְּטִי
וּבְמִשְׁפְּטֵי הַגּוֹיִם בְּלִי לִשְׁפֹּטִי / כִּי לָאוֹר יוֹצִיא מִשְׁפָּטִי
וְנֹגַהּ כָּאוֹר תִּהְיֶה בְּהִשָּׁפְטִי.

רֹאשׁוֹ כֶּתֶם פָּז לְצַדְּקִי / לְבוּשֵׁהּ כִּתְלַג חִוָּר לְנַקִּי
וּשְׂעַר רֵאשֵׁהּ כַּעֲמַר נְקֵי / בְּנַקֵּה לֹא יְנַקֶּה לְנַקִּי
בְּאֹמֶר יְמַלֵּט אִי נָקִי / וְהוּא רוֹכֵב בָּעֲרָבוֹת מַבְהִיקִי
וְיוֹשֵׁב בְּחַדְרֵי תֵימָן כְּבָקִי / בִּגְבוּל בִּנְיָמִין בְּצֶלְצַח לְנַקִּי.

וְרַגְלֵי הַחַיּוֹת אֲשֶׁר בְּמִישׁוֹר עֲרָבוֹת / וְעַד לְמַעְלָה לְמַעְלָה רָבוֹת
וְסִלְסוּל לְבָרוּךְ מִמְּקוֹמוֹ מַרְבּוֹת / וּפוֹרְדוֹת וּמַשִּׁיקוֹת סְלִיחָה לְהַרְבּוֹת
לְהַצְדִּיק בְּמִשְׁפָּט אַלְפֵי רְבָבוֹת / כְּמַרְאֵה בָזָק רָצוֹת וָשָׁבוֹת
וּמַרְאוֹת תְּמוּנַת דִּמְיוֹן מִתְחַבְּאוֹת / וּמַטִּיפוֹת כְּנֹפֶת רִשְׁפֵּי שַׁלְהָבוֹת
לְהֵעָשׂוֹת נְהַר דִּינוּר אֵשׁ וְלֶהָבוֹת.

וְעַל רָאשֵׁיהֶם נָטוּי בְּמוֹרָא / דְּמוּת רָקִיעַ כְּקֶרַח הַנּוֹרָא
וּשְׁמֵי מְעוֹנָה מְקוֹם מַה נּוֹרָא / וְשָׁם אִתּוֹ שְׁרֵא נְהוֹרָא
וּמִמַּעַל לָרָקִיעַ כְּאֶבֶן יְקָרָה / כְּמַרְאֵה סַפִּיר כֵּס תִּפְאָרָה
וּבוֹ יוֹשֵׁב עוֹטֶה אוֹרָה / חוֹצֵב מִפִּיו תַּלְמוּד תּוֹרָה
וּמִשָּׁם שׁוֹמֵעַ שַׁוְעַת עֲתִירָה / וּמִימִינוֹ אֵשׁ דָּת כְּתוּרָה.

וְשָׁם בְּיָמִין יֵשׁ חַלּוֹנוֹת / בְּצַד רָאשֵׁי הַכְּרוּבִים בִּמְעוֹנוֹת
כִּי דֶרֶךְ אוֹתָן הַחַלּוֹנוֹת / יַאֲזִין תְּפִלּוֹת וְיַקְשִׁיב תְּחִנּוֹת
פְּעָמִים פְּתוּחוֹת וּפְעָמִים צְפוּנוֹת / בְּכֵן עִתִּים הֵם לְהִתְעַנּוֹת
בְּעֵת רָצוֹן לְהִפָּתֵחַ וּלְהֵעָנוֹת / וּכְשֶׁיַּחְפֹּץ רַחוּם לִשְׁעוֹת וְלַעֲנוֹת
יִגְזֹר וְיִפָּתְחוּ אוֹתָן הַחַלּוֹנוֹת.

וְיֵצְאוּ בָם אֶלֶף וּשְׁמוֹנֶה מֵאוֹת / הַמְּלִיצִים יֹשֶׁר מִשְׁפָּט לְנָאוֹת
וִיקַבְּלוּ תְּפִלּוֹת מִלְּבּוֹת בָּאוֹת / וְיִתְּנוּם בְּרֹאשׁ אֱלֹהֵי צְבָאוֹת

בְּכֶתֶר וָנֵזֶר בְּרֹאשׁוֹ לְהֵרָאוֹת / עָשׂוּת בָּמוֹ לְטוֹבָה אוֹת
בְּיוֹם תְּרוּעָה מוֹפֵת לְהֵרָאוֹת.

שליח הציבור:

וְאָז אֵלִים יְשַׁלְּשׁוּ קְדֻשּׁוֹת / שְׁתַּיִם לְעַם קָדוֹשׁ מִתְפָּרְשׁוֹת
וְאַחַת בְּרֹאשׁ קָדוֹשׁ מַקְדִּישׁוֹת / קָדוֹשׁ בְּכָל מִינֵי קְדֻשּׁוֹת
וּמִיָּדוֹ נָתַן שְׁתֵּי קְדֻשּׁוֹת / וַיְקַדֵּשׁ בְּאַחַת בְּשִׁלּוּשׁ קְדֻשּׁוֹת
וַיְעָרֵב לוֹ מִלְּמַטָּה שִׁלּוּשׁ תְּקִיעוֹת / כְּמוֹ מִלְּמַעְלָה שִׁלּוּשׁ קְדֻשּׁוֹת.

כַּכָּתוּב עַל יַד נְבִיאֶךָ: וְקָרָא זֶה אֶל־זֶה וְאָמַר ישעיה ו

קהל ואחריו שליח הציבור:

קָדוֹשׁ, קָדוֹשׁ, קָדוֹשׁ, יהוה צְבָאוֹת, מְלֹא כָל־הָאָרֶץ כְּבוֹדוֹ:

ממשיכים ׳אָז בְּקוֹל רַעַשׁ גָּדוֹל׳ בעמ׳ 149,
ובקהילות שבהן אומרים פיוטי קדושה, ממשיכים בעמ׳ 449.

סילוק לשחרית ליום ב׳ של ראש השנה

הכול:

אֲשֶׁר מִי יַעֲשֶׂה כְמַעֲשֶׂיךָ וְכִגְבוּרוֹתֶיךָ / וּמִי יְהַרְהֵר אַחַר מִדּוֹתֶיךָ
וּמִי יְמַלֵּל קְצָת תִּפְאַרְתֶּךָ / וּמִי יַשְׁמִיעַ כָּל תְּהִלָּתֶךָ
וּמִי יַעֲרִיץ הוֹד קְדֻשָּׁתֶךָ / שָׁמַיִם וּשְׁמֵי הַשָּׁמַיִם לֹא יְכַלְכְּלוּ אֵימָתֶךָ
הָאָרֶץ וְעַמּוּדֶיהָ יִתְפַּלָּצוּן מִגַּעֲרָתֶךָ / אֵין כָּמוֹךָ וְאֵין כְּעֶרְכְּךָ וְאֵין בִּלְתֶּךָ
אַתָּה רִאשׁוֹן וְאַתָּה אַחֲרוֹן וְאֶפֶס זוּלָתֶךָ / אֵין קֵץ וְחֵקֶר וְסוֹף לִתְבוּנָתֶךָ
צָפוּן וְנֶעְלָם וְנִסְתָּר, גְּלוּיִם לְעֻמָּתֶךָ / לְךָ הַהוֹד וְהַתִּפְאֶרֶת וְהַנֵּצַח הֲדָרָתֶךָ
לְךָ הַגְּדֻלָּה וְהַגְּבוּרָה, וּכְיִרְאָתְךָ עֶבְרָתֶךָ
מֵאֵין כָּמוֹךָ יהוה גָּדוֹל אַתָּה וְגָדוֹל שִׁמְךָ בִּגְדֻלָּתֶךָ
לְךָ הַשָּׁמַיִם, וְכָל צְבָאָם נִבְרְאוּ לְשָׁרְתֶךָ
לְךָ הָאָרֶץ וּמְלוֹאָהּ, הֲדֹם מַרְגְּלוֹתֶיךָ
לְךָ הַיָּם וְהַיַּבָּשָׁה, וְהַכֹּל כּוֹנְנוּ אֶצְבְּעוֹתֶיךָ
לְךָ הַכֶּסֶף וְהַזָּהָב, וְכָל שְׂכִיּוֹת חֶמְדָּתֶךָ
לְךָ כָּל הַנְּפָשׁוֹת יַחַד מְפֻקָּדוֹת בְּאוֹצְרוֹתֶיךָ
לְךָ הַחָכְמָה וְהַתְּבוּנָה וְהַשֶּׂכֶל מִבִּינָתֶךָ
חֲכַם לֵבָב וְאַמִּיץ כֹּחַ, וְתִתְנַהֵג בַּחֲסִידוּתֶךָ / כִּי מִי בַשַּׁחַק יַעֲרָךְ לְךָ לְדַמּוֹתֶךָ
מִי כָמוֹךָ חֲסִין יָהּ, אוֹת בִּצְבָאוֹתֶיךָ
אֵל נַעֲרָץ בְּסוֹד קְדֹשִׁים רַבָּה, וְנוֹרָא עַל כָּל סְבִיבוֹתֶיךָ
חֹשֶׁךְ סִתְרְךָ, וַעֲרָפֶל סֻכָּתֶךָ / מִנֹּגַהּ נֶגְדְּךָ, בָּרָד וְאֵשׁ גַּחֲלָתֶךָ
הָאֵל הַנֶּאֱמָן, שֹׁמֵר הַבְּרִית וְהַחֶסֶד בְּמִשְׁמַרְתֶּךָ
לָתֵת לְאִישׁ כִּדְרָכָיו, בְּשַׁלֶּמְךָ מַשְׂכֻּרְתֶּךָ
הַצּוּר תָּמִים פָּעֳלוֹ, וְאֵין עָוֶל, אֱמֶת פְּעֻלָּתֶךָ
מִשְׁפָּטֶיךָ תְּהוֹם רַבָּה, וּכְהַרְרֵי אֵל צִדְקָתֶךָ
עוֹזֵר וְסוֹמֵךְ לְכָל מְהִירֵי מְלַאכְתֶּךָ / אֶת הַכֹּל עָשִׂיתָ יָפֶה בְעִתּוֹ בְּחָכְמָתֶךָ
בְּטֶרֶם הָרִים יֻלָּדוּ, וַתְּחוֹלֵל אַדְמָתֶךָ / בָּרָאתָ תְּשׁוּבָה לְמַרְפֵּא אֲרוּכָתֶךָ
וְעַד לֹא מַכָּה, הִקְדַּמְתָּ תְּעָלָתֶךָ / וְעַד לֹא מָזוֹר, הִגְהֵיתָ רְפוּאָתֶךָ
כִּי גָלוּי וְצָפוּי לִפְנֵי כֵס שְׁכִינָתֶךָ / כִּי אָדָם אֵין צַדִּיק בָּאָרֶץ, לְהִזָּהֵר מִגַּחַלְתֶּךָ

אֲשֶׁר יַעֲשֶׂה טוֹב, וְלֹא יַעֲבֹר מִתּוֹרָתֶךָ / כִּי לֹא תַאֲמִין בַּעֲבָדֶיךָ וּבִמְשָׁרְתֶיךָ
וְתָהֳלָה תָשִׂים בִּגְדוּדֵי מַחֲנוֹתֶיךָ / אַף שֹׁכְנֵי בָתֵּי חֹמֶר עֲפָרוֹתֶיךָ
הַגְּדֵלִים בְּעָוֹן, וְעוֹבְרִים עַל מִצְוֹתֶיךָ / וְתָשֶׂם בַּסַּד רַגְלָם, כִּי יָסוּרוּ מֵאָרְחוֹתֶיךָ
וּבְיַד כָּל אָדָם יַחְתֹּם בִּגְזֵרוֹתֶיךָ / וְתַגֵּד לָהֶם פִּשְׁעָם בְּתוֹכְחוֹתֶיךָ
וְהִתְוַדּוּ אֶת עֲוֹנָם, וְיַצְדִּיקוּ דִּין אֲמִתֶּךָ / וְלָכֵן הִקְדַּמְתָּ צֳרִי לִטְרִיָּתֶךָ
כִּי יָשׁוּבוּן מֵאָוֶן, וִיבַקְשׁוּ מְחִילָתֶךָ

וְאַתָּה קָרוֹב לְקוֹרְאֶיךָ, לְהָשִׁיב מֵהֶם חֲמָתֶךָ

וְיוֹם זֶה בָּחַרְתָּ, לֵישֵׁב בְּמִשְׁפָּט עַל בְּרִיּוֹתֶיךָ

וּכְבְנֵי מָרוֹן יַעַבְרוּן לְפָנֶיךָ בְּסִפְרָתֶךָ

וְכֻלָּם נִסְקָרִין בִּסְקִירַת צְפִיָּתֶךָ / וְתִרְאֶה יַחַד לִבָּם בִּרְאִיָּתֶךָ
וְתִגְזֹר עֲלֵיהֶם כָּל גְּזֵרוֹתֶיךָ / וְתִקְצֹב מְזוֹנוֹתֵיהֶם וּפַרְנָסָתָם בְּאִמְרָתֶךָ
וְעַמְּךָ בְּחִנּוּנָם מִתְוַעֲדִים לְחַלּוֹתֶךָ / וְתוֹקְעִים וּמְרִיעִים, כָּאָמוּר בְּתוֹרָתֶךָ
וּמְעַרְבְּבִים קַטֵּגוֹר, בְּלִי לְהַשְׂטִינָם לִקְרָאתֶךָ

וְתִזְכֹּר לָמוֹ עֲקֵדַת יִצְחָק כִּשְׁבוּעָתֶךָ

שליח הציבור:

וְתַהֲפֹךְ מִדַּת הַדִּין לְרַחֲמִים, כִּי כֵן מִדָּתֶךָ / וּתְרַחֵם עֲלֵיהֶם בְּרֹב חֶמְלָתֶךָ
כִּי הֵם בָּנֶיךָ וְצֹאן מַרְעִיתֶךָ.

הכול:

וְהַיּוֹם יִפָּתְחוּ שְׁלֹשָׁה סְפָרִים מְנֻקָּדִים / שֶׁל צַדִּיקִים שׁוֹמְרֵי פִקּוּדִים
שֶׁל בֵּינוֹנִים, וְשֶׁל זֵדִים / צַדִּיקִים נִכְתָּבִים לְחַיֵּי עַד שְׁקוּדִים
וּרְשָׁעִים נִכְתָּבִים לְתַבְעֵרַת יְקוּדִים

וּבֵינוֹנִים עַד יוֹם כִּפּוּר תְּלוּיִים וְעוֹמְדִים

אִם יָשׁוּבוּ מִמַּעֲשֵׂיהֶם הָרָעִים, וְיִהְיוּ חֲרֵדִים

וִיתַקְּנוּ מַעַלְלֵיהֶם וְיֵיטִיבוּ צְעָדִים

חֶלְקָם בַּחַיִּים יִזְכּוּ נֶחֱמָדִים / וְאִם לֹא זָכוּ, לְמִיתָה יִהְיוּ נֶאֱחָדִים
וּכְמוֹ כֵן יַעֲשֶׂה לְיוֹם הַדִּין / וְיָבֹאוּ מַעֲשֵׂיהֶם לְהָעִיד כְּעֵדִים
וּבְמֹאזְנַיִם יַעֲלוּ מִשְּׁנֵי צְדָדִים

אִם יַכְרִיעוּ טוֹבִים עַל הָרָעִים, לִהְיוֹת כְּבֵדִים
בְּעָלִים יִהְיוּ בְטוּחִים, וְלֹא פְחוּדִים / וְאִם מֶחֱצָה עַל מֶחֱצָה יִהְיוּ אֲגוּדִים

וְרַב חֶסֶד מַטֶּה כְּלַפֵּי חֲסָדִים / יָשׁוּב יְרַחֵם, יִכְבֹּשׁ עָוֹן מוֹרְדִים
וְיִשָּׂא עָוֹן, וְיַגְבִּיהַּ מְרָדִים / וְיַכְרִיעוּ נְעִימִים וַעֲנוּדִים
וְיַעֲבִיר רִאשׁוֹן רִאשׁוֹן אֲחָדִים / כִּי צַדִּיק יהוה בְּכָל דְּרָכָיו, וּמַעֲשָׂיו חֲסָדִים
רוֹצֶה בִתְשׁוּבָה מִכָּל עוֹלוֹת וּתְמִידִים
הַתְּשׁוּבָה וּמַעֲשֶׂה הַטּוֹב כִּתְרִיס בִּפְנֵי שׁוֹדְדִים.

אָנָּא אָדוֹן מָלֵא רַחֲמִים / בְּקוּמְךָ לְמִשְׁפָּט עַל יְצוּרֵי עוֹלָמִים
רְגֶז בַּל תָּעִיר עַל מְעוּטֵי עַמִּים / הַמְּיַחֲדִים שִׁמְךָ לֵילוֹת וְיָמִים
וּלְנַצֵּחַ תָּמִיד מַעֲרִיבִים וּמַשְׁכִּימִים / וּכְאָב עַל בֵּן, יִכָּמְרוּ רַחֲמֶיךָ בְּנִחוּמִים
לְנַקּוֹתָם מִכֹּבֶד עָוֹן וַאֲשָׁמִים / וְהִזָּכֵר לִבְרִית שְׁלֹשֶׁת תְּמִימִים
וּלְאַב הָמוֹן, אֲשֶׁר הָיָה תָמִים / וְנִתְנַסָּה בַּעֲשָׂרָה נִסְיוֹנוֹת עֲצוּמִים
וְנִמְצָא שָׁלֵם בְּכָל פְּעָמִים.

הַנֵּס הָרִאשׁוֹן, בְּהִוָּלְדוֹ נִתְיָעֲצוּ הַחַרְטֻמִּים
וּבִקְשׁוּ לְהָרְגוֹ גְּדוֹלֵי הַמַּלְכוּת וְהַקּוֹסְמִים
וְנֶחְבָּא בָּאָרֶץ שָׁלֹשׁ עֶשְׂרֵה שָׁנָה שְׁלֵמִים
וְלֹא רָאָה שֶׁמֶשׁ וְיָרֵחַ וְכוֹכְבֵי מְרוֹמִים
וּלְאַחַר שָׁלֹשׁ עֶשְׂרֵה שָׁנָה יָצָא מְחֻכָּם בַּחֲכוּמִים
וּמָאַס אֱלִילִים וְשִׁקֵּץ צְלָמִים
וּבָטַח בְּיוֹצְרוֹ, וְנָפַל חֶבְלוֹ בַּנְּעִימִים.

הַשֵּׁנִי, הִשְׁלִיכוּהוּ לְכִבְשַׁן אֵשׁ פְּחָמִים
וּמֶלֶךְ הַכָּבוֹד פָּשַׁט יְמִינוֹ וְהִצִּילוֹ בְּרַחֲמִים
וְנָם, אֲנִי יהוה אֲשֶׁר הוֹצֵאתִיךָ מֵאוּר כַּשְׂדִּים, בִּנְאוּמִים.

הַשְּׁלִישִׁי, הֶגְלָהוּ מִמּוֹלַדְתּוֹ הָגְלַת שְׁלוֹמִים.

הָרְבִיעִי, הֵבִיא רָעָב בְּאוֹתָן הַיָּמִים
הוּא הָרָעָב הָרִאשׁוֹן אֲשֶׁר בָּא לְעוֹלָמִים
וְלֹא בְּכָל הָאֲרָצוֹת וּבְכָל הַתְּחוּמִים
כִּי אִם בְּאֶרֶץ כְּנַעַן, לְנַסּוֹתוֹ וּלְהוֹרִידוֹ לְאַדְמַת עֲנָמִים.

הַחֲמִישִׁי, נִלְקְחָה שָׂרָה לְמוֹשֵׁל עַמִּים
בְּלֵיל שִׁמֻּרִים, הַנִּשְׁמָר לִבְכוֹרֵי חָמִים
וַיְנַגַּע יהוה אֶת פַּרְעֹה נְגָעִים גְּדֹלִים וְאֵימִים
וַיָּגָר בְּאֶרֶץ פְּלִשְׁתִּים רַבִּים יָמִים
וְשָׁלַח מֶלֶךְ גְּרָר, וְלָקַח יְפַת פְּעָמִים / וְנַעֲשָׂה הוּא וְכָל בְּנֵי בֵיתוֹ טְמְטוּמִים
וַיֵּרֶד מִיכָאֵל הַמַּלְאָךְ לְהָרְגוֹ בִזְעָמִים
וְזָעַק, הֲגוֹי גַּם צַדִּיק תַּהֲרֹג, וְתִשְׁפֹּךְ דָּמִים
וְאָמַר לוֹ, הָשֵׁב אֵשֶׁת הָאִישׁ, כִּי נָבִיא הוּא וְאָב לַחֲכָמִים
וְלָקַח צֹאן וּבָקָר וַעֲבָדִים וּשְׁפָחוֹת, וְהֵשִׁיב לוֹ תַּשְׁלוּמִים
וַיִּתְפַּלֵּל אַבְרָהָם אֶל הָאֱלֹהִים, וַיֵּעָתֶר לוֹ מִמְּרוֹמִים
וַיִּרְפָּא אֹתָם מֵעֲצִירַת רְחָמִים.

הַשִּׁשִּׁי, בְּבוֹא עָלָיו הַמְּלָכִים הַקְּדוּמִים / עִם כְּדָרְלָעֹמֶר מֶלֶךְ עֵילָמִים
וּבְבֶן אָחִיו הִתְחִילוּ תְּחִלָּה שׁוֹטְמִים
וּבִשְׁבִילוֹ לָקְחוּ אֶת כָּל רְכוּשׁ סְדוֹמִים
וַיָּבֹא הַפָּלִיט, וְהִגִּיד מֶה עָשׂוּ קָמִים / וַיָּרֶק אֶת חֲנִיכָיו יְלִידֵי בֵיתוֹ רְשׁוּמִים
הֵם עָנֵר, אֶשְׁכֹּל וּמַמְרֵא, וֶאֱלִיעֶזֶר מְסֻיָּמִים
וַיֵּחָלֵק עֲלֵיהֶם לַיְלָה, וַיַּכֵּם בְּמַהֲלֻמִּים
הוּא הַלַּיְלָה אֲשֶׁר הָיָה מִקְּדוּמִים
וַיָּשֶׁב אֶת כָּל הָרְכֻשׁ, בְּעֶזְרַת מַשְׁפִּיל רָמִים.

הַשְּׁבִיעִי, כְּשֶׁנִּדְבַּר עִמּוֹ בֵּין הַבְּתָרִים / וְהֶרְאָהוּ אַרְבַּע מַלְכֻיּוֹת כַּבִּירִים
שֶׁמּוֹשְׁלִים בִּזְמַנָּם, וְיֹאבְדוּ לְדוֹר דּוֹרִים
עֶגְלָה מְשֻׁלֶּשֶׁת, זוֹ מַלְכוּת אֲדוֹמִים אֲרוּרִים
אֲשֶׁר הִיא כְּעֶגְלָה דָשָׁה, וְכַחֲזִירֵי יְעָרִים
וְעֵז מְשֻׁלֶּשֶׁת אֵלּוּ יְוָנִים, שֶׁנִּמְשְׁלוּ לִצְפִירִים
וְאַיִל מְשֻׁלָּשׁ, זוֹ מַלְכוּת מָדַי וּפָרַס חֲבֵרִים
כְּעִנְיָן שֶׁנֶּאֱמַר, הָאַיִל אֲשֶׁר רָאִיתָ בִּבְרוּרִים
וְתוֹר אֵלּוּ בְּנֵי יִשְׁמָעֵאל, שֶׁנִּמְשְׁלוּ לְשָׁוְרִים
וְגוֹזָל אֵלּוּ יִשְׂרָאֵל, שֶׁנִּמְשְׁלוּ לְיוֹנִים וְתֹרִים

כְּעִנְיָן שֶׁנֶּאֱמַר, יוֹנָתִי בְּחַגְוֵי הַסֶּלַע וּבַסְּתָרִים / וְלָקַח וּבִתְּרָם לִשְׁנֵי בְתָרִים
כְּדֵי לְהַתִּישׁ כֹּחָם, וְזִכְרָם לְהַחֲרִים
וַיֵּרֶד הָעַיִט לְאַבְּדָם, זֶה דָּוִד רֹאשׁ הַגִּבּוֹרִים
כְּצֵאת הַשֶּׁמֶשׁ הָיָה מֵנִיף עֲלֵיהֶם בְּסוּדָרִים
שֶׁלֹּא יִמְשֹׁל בָּהֶם הָעַיִט עַד הָעֶרֶב, כְּסוֹד מוֹרִים
לְהוֹדִיעַ שֶׁאֵין מוֹשְׁלִים, אֶלָּא יוֹם אֶחָד מִיּוֹמוֹ שֶׁל יוֹצֵר הָרִים
חוּץ מִשְּׁתֵּי יָדוֹת שָׁעָה בְּשִׁעוּרִים
כְּשֶׁהַחַמָּה נוֹטָה לַמַּעֲרָב, שְׁתֵּי יָדוֹת שָׁעָה מַכְהָה אוֹרִים
כֵּן עַד שֶׁלֹּא יָבֹא הָעֶרֶב יִצְמַח אוֹר לַיְשָׁרִים
וְהָיָה לְעֵת עֶרֶב יִהְיֶה אוֹר לַהֲדוּרִים.

הַשְּׁמִינִי, בְּהִמּוֹלוֹ עָרְלַת בְּשָׂרִים / בֶּעָשׂוֹר לַחֹדֶשׁ, בְּיוֹם הַכִּפּוּרִים
וּבְכָל שָׁנָה נִרְאֵית דַּם מִילָתוֹ, כְּדַם פָּרִים וְאֵמוּרִים
וּמְכַפֵּר עֲוֹנוֹת עַמּוֹ, לְהַצְדִּיקָם כִּישָׁרִים.

הַתְּשִׁיעִי, בְּשַׁלְּחוֹ יִשְׁמָעֵאל וְאִמּוֹ לַמִּדְבָּרִים
מֵעַל יָחִיד, הַנֶּעֱלָה בְּאַחַד הֶהָרִים
מִזֶּה וְלַבָּא לְדוֹר דּוֹרִים.

הָעֲשִׂירִי הָיָה אַחַר הַדְּבָרִים הָאֵלֶּה בְּמִלָּה
וְנִסָּהוּ, קַח נָא אֶת בִּנְךָ, וְהַעֲלֵהוּ לִי לְעֹלָה
וֶהֱשִׁיבוֹ, לְאֵיזֶה בֵּן, לְבֶן הָעָרְלָה אוֹ לְבֶן הַמִּילָה
אֶת יְחִידְךָ, אֲשֶׁר אָהַבְתָּ בְּחֶמְלָה / עַל הָהָר אֲשֶׁר עָלָיו שְׁכִינָה מְכֻלָּלָה
וְהִשְׁכִּים בַּבֹּקֶר וְלֹא נִתְעַצֵּל בְּעַצְלָה / וְחָבַשׁ הַחֲמוֹר בְּעַצְמוֹ, בְּגִילָה
הוּא הַחֲמוֹר אֲשֶׁר רָכַב עָלָיו דָּלָה דָלָה
וְהוּא שֶׁעָתִיד עָנִי לִרְכֹּב עָלָיו בְּעֵת הַגְּאֻלָּה
וְהָלְכוּ לְדַרְכָּם בְּיֹשֶׁר מְסִלָּה
כְּשֶׁהִגִּיעוּ לְצוֹפִים, רָאוּ שַׁלְהֶבֶת תְּלוּלָה / וְהֵבִין, כִּי הוּא הָהָר לְתִלְּלָה
וּבְאֶצְבַּע הֶרְאָהוּ הַמִּזְבֵּחַ שֶׁל שׁוֹכֵן מַעְלָה / הוּא הַמִּזְבֵּחַ אֲשֶׁר הָיָה מִתְּחִלָּה
וְצִוָּה יָחִיד לִקְשֹׁר יָדָיו וְרַגְלָיו לְרַגְלָה / שֶׁלֹּא יִבְעַט, מִצְוַת כַּבֵּד לְחַלְּלָה

וַעֲקָדוֹ עַל הַמִּזְבֵּחַ כְּטָלֵה עוֹלָה / וְעָרַךְ הָאֵשׁ, וְהָעֵצִים הֶעֱלָה
וְלָקַח הַמַּאֲכֶלֶת לְשָׁחֲטוֹ בְּחַלְחָלָה / וּכְכֹהֵן גָּדוֹל הִגִּישׁ מִנְחָה בְלוּלָה.

וְיוֹשֵׁב וְרוֹאֶה נוֹרָא עֲלִילָה / הָאָב מַעֲקִיד וְהַבֵּן נֶעֱקָד בְּחִילָה
הֵן אֶרְאֶלָּם צָעֲקוּ חֻצָה בִּילָלָה
וְהַשְׁמַע, אַל תִּשְׁלַח יָדְךָ אֶל הַנַּעַר לַעֲשׂוֹתוֹ כָלָה
וְהָאַיִל אֲשֶׁר הַצָּפוּן מִשֵּׁשֶׁת יְמֵי בְרֵאשִׁית לְעוֹלָה
נִתַּן כָּפְרוֹ, וְהֻחְשַׁב לוֹ לְשֵׁם וְלִתְהִלָּה
וְנִשְׁבַּע לְבָרְכוֹ בִּבְרָכָה מְעֻלָּה

שליח הציבור:

וְלִזְכֹּר עֲקֵדָתוֹ לְאֹם נִדְגָּלָה
לְמַלְּטָם מִכָּל עָוֺן וְעַוְלָה / וְלִקְנוֹתָם, לִהְיוֹת לוֹ לְעַם סְגֻלָּה
לִהְיוֹת יְשׁוּעָתֵנוּ וְעֶזְרָתֵנוּ, סֶלָה.

וְהַיּוֹם הַזֶּה, לְפָנֶיךָ יִפָּקֵד / כְּשֵׁר מִפְעֲלוֹת עוֹקֵד וְנֶעֱקָד
וִישִׁיבַת הַתָּם, אָהֳלֶיךָ שָׁקַד / זְכֹר אָדוֹן בְּרַחֲמִים לִפְקֹד
וְתַרְשִׁישֵׁי חַשְׁמַל, חֲשָׁשֵׁי יְקַד / יִכְרְעוּ וְיִשְׁתַּחֲווּ לְפָנֶיךָ לִקֹּד.

וְזֶה אֶל זֶה יַעֲרִיצוּ / וְזֶה אֶל זֶה יַקְדִּישׁוּ
וְשִׁלּוּשׁ קְדֻשָּׁה לַקָּדוֹשׁ מַקְדִּישִׁים.

כַּכָּתוּב עַל יַד נְבִיאֶךָ: וְקָרָא זֶה אֶל־זֶה וְאָמַר ישעיה ו

קהל ואחריו שליח הציבור:

קָדוֹשׁ, קָדוֹשׁ, קָדוֹשׁ, יהוה צְבָאוֹת, מְלֹא כָל־הָאָרֶץ כְּבוֹדוֹ:

ממשיכים 'אָז בְּקוֹל רַעַשׁ גָּדוֹל' בעמ' 271,
ובקהילות שבהן אומרים פיוטי קדושה, ממשיכים בעמוד הבא.

פיוטי קדושה לשחרית (בשני הימים)

פיוטים אלה נכתבו להחליף את פיסקאות המעבר הקצרות בין פסוקי הקדושה. יש קהילות שבהן אומרים אותם בסוף הקדושה, כדי שלא לוותר על אמירת הקדושה ופסקאות המעבר שבה (׳מעשה רב׳ רה). בקהילות אלה ממשיכים ׳אָז בְּקוֹל רַעַשׁ גָּדוֹל׳ ובסוף הקדושה חוזרים לכאן.

אם אומרים פיוטים בתוך הקדושה, הקהל אומר בלחש:

אָז בְּקוֹל רַעַשׁ גָּדוֹל אַדִּיר וְחָזָק, מַשְׁמִיעִים קוֹל מִתְנַשְּׂאִים לְעֻמַּת שְׂרָפִים לְעֻמָּתָם בָּרוּךְ יֹאמֵרוּ

הקהל ממשיך:

סימן בנימין בר שמואל אמן (כפול)

וְחַיּוֹת בּוֹעֲרוֹת, מַרְאֵיהֶן כְּגַחֲלֵי אֵשׁ
בְּזַחַל סוֹבְלוֹת כֵּס אֵשׁ אוֹכְלָה אֵשׁ.
נִסְתָּמוֹת גְּוִיּוֹתֵיהֶן בְּרִשְׁפֵּי לַבַּת אֵשׁ
נְאֻם הַדִּבּוּר, מִשְׁמָע הַנִּתָּן בָּאֵשׁ.
יִסְבְּלוּ סֵבֶל נוֹזְלִים עַל רָאשֵׁיהֶם אֵשׁ
יָעִיר לָז לָלָז, וְלֹא נִשְׁקַעַת הָאֵשׁ.
מְשַׁלְּחִים יָד שְׂרָפִים תַּחַת כַּנְפֵי אֵשׁ
מַשְׁלְכִים בְּכַנְפֵיהֶם גַּחֲלֵי לַהֲבוֹת אֵשׁ.
נִפְזָרוֹת לִמְקוֹם רְשָׁעִים, לְהַכְנִיעָם בָּאֵשׁ
נֶאֱלָחִים בְּמוֹ כַּדּוֹנַג מִפְּנֵי הָאֵשׁ.
בֵּית לַחַשְׁמַלָּה, מַרְאֶה כְּמַרְאִית אֵשׁ
בְּנֹגַהּ סָבִיב, כְּקֶשֶׁת בֶּעָנָן אֵשׁ.
רָצוֹא וָשׁוֹב הַחַיּוֹת דָּאוֹת בְּאַגַּפֵּי אֵשׁ
רוֹחֲשׁוֹת בָּרוּךְ כְּבוֹדוֹ, בְּלַהַק יְקוֹדֵי אֵשׁ.
שְׁעוּנוֹת בְּמַאֲמַצֵּי רָם שְׁכִינָתוֹ בָּאֵשׁ
שׁוֹאֲגוֹת כַּאֲרִי בְּלַהַב אֵשׁ.

מְאֻחָד כֶּתֶר בְּפֶלֶל בֵּית יַעֲקֹב אֵשׁ
מַשְׁבִּיעוֹ שָׂרָף לוֹהֵט שְׁבִיב אֵשׁ.
וּמִזְדַּעְזְעִים חֵילֵי מָרוֹם, מִשַּׁלְהֲבֵי אֵשׁ
וּמֵרַעַשׁ מִתְגַּלְגְּלִים גַּלְגַּלֵּי כֵּס אֵשׁ.
אַף רְקִיעִים, אֲחָזָתַם חֶרְדַּת אֵשׁ

אָז יְשַׁלְּשׁוּ בְּקֹדֶשׁ לְנִשְׁפַּט בָּאֵשׁ.
לִשְׂמֹאל וּלְיָמִין שְׁנֵי שַׂרְפֵי אֵשׁ
לוֹאֲטִים הָרֶגֶל, מִלְּהַזְכִּיר עֵגֶל אֵשׁ.
אָנָּא עִזּוּז וְגִבּוֹר, נַעֲרָץ בְּכִתֵּי אֵשׁ
אֵלֶיךָ הַעַל שֶׁוַע לוֹקְחֵי דָּת אֵשׁ.
מִפְּעַל הַר מוֹר עָקוּד עֲלֵי עֵצִים וָאֵשׁ
מְצוּקָה נִצָּל, מִמְּדוּרַת עֵצִים וָאֵשׁ.

שליח הציבור:

נָא אִם חָטְאָה נִמְשְׁכָה וּבָעֲרָה כָּאֵשׁ
נִחוּמֶיךָ יִגָּלוּ בְּשִׁבְתְּךָ עַל כִּסֵּא אֵשׁ.
וְהַכִּסֵּא יַפְגִּיעַ לְרוֹכְבוֹ בְּמִרְכֶּבֶת אֵשׁ
וְיֹשֶׁר יָלִיצוּ בַּעֲדֵנוּ חַיּוֹת אֵשׁ.

במקור שליח הציבור הוסיף רק ׳לְעֻמָּתָם בָּרוּךְ יֹאמֵרוּ׳.
היום בקהילות שבהן אומרים פיוטים בתוך הקדושה, הוא חוזר ואומר ׳אָז בְּקוֹל׳:

אָז בְּקוֹל רַעַשׁ גָּדוֹל אַדִּיר וְחָזָק, מַשְׁמִיעִים קוֹל
מִתְנַשְּׂאִים לְעֻמַּת שְׂרָפִים לְעֻמָּתָם בָּרוּךְ יֹאמֵרוּ

קהל ואחריו שליח הציבור:

יחזקאל ג ׳בָּרוּךְ כְּבוֹד־יהוה מִמְּקוֹמוֹ:

אם אומרים פיוטים בתוך הקדושה, הקהל אומר בלחש:

מִמְּקוֹמְךָ מַלְכֵּנוּ תוֹפִיעַ וְתִמְלֹךְ עָלֵינוּ, כִּי מְחַכִּים אֲנַחְנוּ לָךְ.
מָתַי תִּמְלֹךְ בְּצִיּוֹן, בְּקָרוֹב בְּיָמֵינוּ לְעוֹלָם וָעֶד תִּשְׁכֹּן
תִּתְגַּדַּל וְתִתְקַדַּשׁ בְּתוֹךְ יְרוּשָׁלַיִם עִירְךָ, לְדוֹר וָדוֹר וּלְנֵצַח נְצָחִים.
וְעֵינֵינוּ תִרְאֶינָה מַלְכוּתֶךָ
כַּדָּבָר הָאָמוּר בְּשִׁירֵי עֻזֶּךָ עַל יְדֵי דָוִד מְשִׁיחַ צִדְקֶךָ.

סימן א״ב הקהל ממשיך:

אֶחָד קָדוֹשׁ, אֵשׁ אוֹכְלָה אֵשׁ.
בּוֹעֲרוֹת טוֹעֲנוֹת כִּסְאֶךָ, מַרְאֵיהֶן כְּגַחֲלֵי אֵשׁ.

גְּאוּתְךָ בְּמַחֲנֵה רַעַשׁ, וְאַחַר הָרַעַשׁ אֵשׁ.
דְּגֻמַּת שִׁכְנְךָ כְּעֵין הַחַשְׁמַל מִתּוֹךְ הָאֵשׁ.
הֲלֹא בְּהֵרָאוֹתְךָ נַחַת זְרוֹעֲךָ בָּאֵשׁ.
וַיֵּחַתּוּ וְיִמַּסּוּ מְשַׂנְאֶיךָ כַּדּוֹנַג מִפְּנֵי הָאֵשׁ.
זָעוּ מִיּוֹם תֶּקַע חֲרֵדֵי דְּבָרְךָ כָּאֵשׁ.
חָלִים וְרוֹעֲדִים מִדִּינֶךָ, נִשְׁפָּט בָּאֵשׁ.

טַעֲמָם יִכּוֹן כִּקְטֹרֶת נְתוּנָה עַל אֵשׁ.
יֵחָשֵׁב שִׂיחַ מַעֲנָם כְּנִיחֹחַ מִן הָאֵשׁ.
כְּשֶׁר מַעַשׂ אֵיתָן מֻצָּל מֵאֵשׁ.
לְיוֹם צָרָה יַעֲמֹד לְבָאֵי בַמַּיִם וּבָאֵשׁ.
מַעֲרֶכֶת עָרַךְ, וּבְיָדוֹ מַאֲכֶלֶת וָאֵשׁ.
נִינָיו בָּהּ יִנָּצְלוּ מִמְּדוּרַת עֵצִים וָאֵשׁ.
סָעוּ אַחֲרֶיךָ בַּמִּדְבָּר בְּנַחַיַת עַמּוּד אֵשׁ.
עֻזָּהּ אַהֲבָתָם תִּזְכֹּר, רְשָׁפֶיהָ רִשְׁפֵּי אֵשׁ.
פְּלָאֶיךָ יַדַּע תִּשְׁבִּי, וְיִחֲדְךָ בַּעֲנִיַּת אֵשׁ.

צוֹעֲקֶיךָ גַּם הַיּוֹם תַּעֲנֶה, הוֹגֵי דָּת אֵשׁ.
קַנֵּא לְעִירְךָ אֲשֶׁר הָיְתָה לִשְׂרֵפַת אֵשׁ.
רַצֵּף שִׁכְנְךָ בְּתוֹכָהּ, לְכָבוֹד סְבִיבָהּ חוֹמַת אֵשׁ.

שליח הציבור:

שְׁעֵה שַׁוְעַת עַמְּךָ, בֵּית יַעֲקֹב אֵשׁ.
שַׁכְלֵל הֵיכַל קָדְשְׁךָ וְאַל תִּתְיָאֵשׁ.
תְּמִימֶיךָ יַמְלִיכוּךָ כְּמַלְאֲכֵי רוּחַ מְשָׁרְתֵי אֵשׁ.

במקור שליח הציבור אמר כאן ׳וּבְדִבְרֵי קָדְשְׁךָ כָּתוּב לֵאמֹר׳.
היום בקהילות שבהן אומרים פיוטים בתוך הקדושה, הוא חוזר ואומר ׳מִמְּקוֹמְךָ׳:

מִמְּקוֹמְךָ מַלְכֵּנוּ תוֹפִיעַ וְתִמְלֹךְ עָלֵינוּ
כִּי מְחַכִּים אֲנַחְנוּ לָךְ.
מָתַי תִּמְלֹךְ בְּצִיּוֹן, בְּקָרוֹב בְּיָמֵינוּ לְעוֹלָם וָעֶד תִּשְׁכֹּן

תִּתְגַּדַּל וְתִתְקַדַּשׁ בְּתוֹךְ יְרוּשָׁלַיִם עִירְךָ, לְדוֹר וָדוֹר וּלְנֵצַח נְצָחִים.
וְעֵינֵינוּ תִרְאֶינָה מַלְכוּתֶךָ
כַּדָּבָר הָאָמוּר בְּשִׁירֵי עֻזֶּךָ עַל יְדֵי דָוִד מְשִׁיחַ צִדְקֶךָ.

וממשיכים ׳יִמְלֹךְ׳.

אם אומרים פיוטים לאחר הקדושה, שליח הציבור אומר:

(וּבְדִבְרֵי קָדְשְׁךָ כָּתוּב לֵאמֹר)

קהל ואחריו שליח הציבור:

תהלים קמו **יִמְלֹךְ יהוה לְעוֹלָם, אֱלֹהַיִךְ צִיּוֹן לְדֹר וָדֹר, הַלְלוּיָהּ:**

ממשיכים ׳לְדוֹר וָדוֹר נַגִּיד גָּדְלֶךָ׳ –
ביום א׳ של ראש השנה בעמ׳ 149 וביום ב׳ בעמ׳ 271.

פיוטים לתפילות מוסף

פזמון למוסף ליום א׳ של ראש השנה

במקור לאחר כל שורה אי־זוגית הקהל אמר את השורה ׳אֵל אֱמוּנָה, בְּעָרְכְּךָ דִּין׳,
ולאחר כל שורה זוגית את השורה ׳אִם לֹא לְמַעֲנוֹ יַעַשׂ׳. היום גם
בקהילות שבהן אומרים את הפיוט במלואו, הקהל אומר אותו
יחד ושליח הציבור חוזר רק על השורה האחרונה.
הכול:

סימן אלעזר בירבי קליר (כפול ובסוף משולש)

אֹמֶץ אַדִּירֵי כָל חֵפֶץ / בְּהִתְבַּקְּרָם בְּדִין חָיְבוּ לְנַפֵּץ
כְּלֹא נִמְצָא בָהֶם חֵפֶץ.
אָדָם יְצִיר עָפָר מֵאֲדָמָה / לְאֵילֵי מָרוֹם אוֹתוֹ דִּמָּה
לֹא בָן וְלַהֶבֶל דָּמָה.
לַעֲבֹד וְלִשְׁמֹר גַּן, הִפְרִישׁוֹ / וְעָבַר עַל צִוּוּיוֹ וַיְגָרְשׁוֹ
וְיוֹם זֶה לְיֹשֶׁר דְּרָשׁוֹ.

אֵל אֱמוּנָה, בְּעָרְכְּךָ דִּין / אִם תְּמַצֶּה עֹמֶק הַדִּין / מִי יִצְדַּק לְפָנֶיךָ בַּדִּין / קָדוֹשׁ.

לְעֵת הֵעִיר אֶזְרָח מִמַּאְפֵּל / עוֹלָם הָיָה תֹהוּ וּמְאֻפָּל
עֶשְׂרִים דּוֹר בָּזוּי וְשָׁפָל.
עִקְּשִׁים לְמִישׁוֹר מַסְלוּל יָדַע / וְעַל נְאָמוֹ, בַּמָּה אֵדַע
נִדּוֹן בְּקַו, יָדֹעַ תֵּדַע.
עוֹבְרֵי בְּעֵמֶק הַבָּכָא לְהִבָּדֵק / אִם כְּפָעֳלָם בְּרִיב יְדַקְדֵּק
לִפְנֵי שׁוֹפֵט מִי יִצְטַדָּק.

אִם לֹא לְמַעֲנוֹ יַעַשׂ / וְיָסִיר חֲרוֹן אַף וָכַעַס / אֵין לְבַקֵּר וְלִמְצֹא מַעַשׂ / קָדוֹשׁ.

זָךְ הַמַּשְׁלִים בְּעֵקֶד נֶפֶשׁ / בְּזֹקֶן לֹא מָצָא נֹפֶשׁ
וַתִּכְהֶין עֵינָיו בְּעֹשֶׁן טֹפֶשׂ.
זַרְעוֹ רֶגֶל בְּאָהֳלֵי תוֹרָה / וְעַל אָמְרוֹ דַּרְכִּי נִסְתְּרָה
נִכְסָה מֶנּוּ פּוֹרַת בִּסְתִירָה.
רָשָׁע אֲשֶׁר בְּמַחְבֵּא יַחְתֵּר / צֶדֶק לְפָנָיו יְהַלֵּךְ וְיִנָּתֵר
אוּלַי בְּיוֹם אַף יִסָּתֵר.

אֵל אֱמוּנָה, בְּעָרְכְּךָ דִּין / אִם תְּמַצֶּה עֹמֶק הַדִּין / מִי יִצְדַּק לְפָנֶיךָ בַּדִּין / קָדוֹשׁ.

רֵעִים שְׁנֵים עָשָׂר כְּהִבְדִּיק / בְּרִיב אוֹתָם לֹא הִצְדִּיק
עַל־מִכְרָם בַּכֶּסֶף צַדִּיק: עמוס ב
בְּנֵי בְלִי שֵׁם, בְּמָכְרָם עֲמוּסִים / בְּזוֹנָה וּבְיַיִן וּבְשֹׁד חֲמָסִים
אֵיךְ בַּדִּין יִהְיוּ נֶעֱמָסִים.
בְּהִתְיַצְּבוֹ לָרִיב, בְּעָמְדוֹ לָדִין / עַל זֹאת אוֹתָם יָדִין
לְמַעַן יֵדְעוּן שַׁדּוּן בַּדִּין.

אִם לֹא לְמַעֲנוֹ יַעַשׂ / וְיָסִיר חֲרוֹן אַף וָכַעַס / אֵין לְבַקֵּר וְלִמְצֹא מַעַשׂ / קָדוֹשׁ.

יֶרֶד אֲשֶׁר הוֹרִיד אֲמָרִים / וְהִדְרִיר בְּכוֹר שׁוֹר מֵחֲמוֹרִים
וְנֶעֱנַשׁ בְּשִׁמְעוּ־נָא הַמּוֹרִים: במדבר כ
יַעַן אֲשֶׁר נוֹקַשׁ בְּעֶשֶׂר / נֶחֶרְתוּ בוֹ מִיתוֹת עֶשֶׂר
וּכְגַע גְּבוּל, כְּבַל בְּאֹסֶר.
רָאשֶׁיהָ אֲשֶׁר בְּשֹׁחַד יִשְׁפֹּטוּ / אֵיךְ בְּקַו צֶדֶק יִשָּׁפֵטוּ
כִּי אִם כְּמוֹ שָׁפָטוּ.

אֵל אֱמוּנָה, בְּעָרְכְּךָ דִּין / אִם תְּמַצֶּה עֹמֶק הַדִּין / מִי יִצְדַּק לְפָנֶיךָ בַּדִּין / קָדוֹשׁ.

רוֹבִים עָלַי אֵשׁ זָרָה / פָּגְעָה בָם בְּאַף גְּזֵרָה
לְלַמֵּד בָּם פּוֹשְׁעֵי פְזוּרָה.
בָּעַר חָמַד מִן הַחֵרֶם / וְנִלְכַּד הוּא וְכָל אֲשֶׁר לוֹ בַּחֵרֶם
מִגָּדִישׁ וְעַד קָמָה וָכָרֶם.
בּוֹגֵד וְשׁוֹדֵד מַה מּוֹעִיל / וְהוֹן בְּעֶבְרָה לֹא יוֹעִיל
לְחַלּוֹת פְּנֵי מְלַמֵּד לְהוֹעִיל.

אִם לֹא לְמַעֲנוֹ יַעַשׂ / וְיָסִיר חֲרוֹן אַף וָכַעַס / אֵין לְבַקֵּר וְלִמְצֹא מַעַשׂ / קָדוֹשׁ.

יָד שָׁלַח אֶחָז בָּאָרוֹן / וְנַעֲשָׂה בוֹ מִשְׁפָּט וְחָרוֹן
מַה יַּעֲשׂוּ עוֹבְרֵי כִּבְנֵי מָרוֹן.
יוֹדֵעַ נַגֵּן כְּפֶץ בְּחָנְנִי / נִבְחַן וְנָם חָנֵּם חָנֵּנִי
וְאַל תָּבֹא בְמִשְׁפָּט לְדִינֵנִי.
קוֹרְאֵי בְגָרוֹן וְקוֹל שׁוֹפָר / אִם פִּשְׁעָם בַּדִּין יְסֻפָּר
בְּמַתְּנַת חִנָּם הַיּוֹם יְכֻפָּר.

אֵל אֱמוּנָה, בְּעָרְכְּךָ דִּין / אִם תְּמַצֶּה עֹמֶק הַדִּין / מִי יִצְדַּק לְפָנֶיךָ בַּדִּין / קָדוֹשׁ.

קָצִין כְּגָאָה לְקַטֵּר לַשֵּׁם / נֶגַע בְּמִצְחוֹ זָרַח לְהָרֵשׁ
וְנִשְׁפַּט בְּלֹא יָדַע וְאָשֵׁם.
לְעֵת תָּמוּט רֶגֶל זֵדִים / אֲשֶׁר בָּאוּ לְהֵיכַל מְזִידִים
יִשָּׁפְטוּ בְּמַכְנִיעַ עִם זֵדִים.
לְעֵת יְבַקְּרוּ פּוֹעֲלֵי שֶׁקֶר / לְהִשָּׁפֵט בְּוִכּוּחַ אַף וָחֵקֶר
יִסָּכֵר פִּי דּוֹבְרֵי שָׁקֶר: תהלים סג

אִם לֹא לְמַעֲנוֹ יַעַשׂ / וְיָסִיר חֲרוֹן אַף וָכַעַס / אֵין לְבַקֵּר וְלִמְצֹא מַעַשׂ / קָדוֹשׁ.

יָשָׁר מִתְהַלֵּךְ לְפָנָיו בֶּאֱמֶת / אֵיךְ אַחֲרֵי הַדְּבָרִים וְהָאֱמֶת
חִשֵּׁב פָּעֳלוֹ אֱלֹהִים אֱמֶת.
יְדִיד אֲשֶׁר לְפָנָיו וְאַחֲרָיו / לֹא קָם כָּמוֹהוּ בִּבְחִירָיו
וְאַחֲרֵי כָּל זֹאת דִּקְדֵּק אַחֲרָיו.
יָבִינוּ כָּל יְצוּרֵי אֶרֶץ / אִם כֵּן בִּמְצוּקֵי אֶרֶץ
מַה יַּעֲשׂוּ רִשְׁעֵי אָרֶץ.

אֵל אֱמוּנָה, בְּעָרְכְּךָ דִּין / אִם תְּמַצֶּה עֹמֶק הַדִּין / מִי יִצְדַּק לְפָנֶיךָ בַּדִּין / קָדוֹשׁ.

רָאֹה יִרְאוּ יַעֲרֵי שִׂיחִים / אִם אֵשׁ אָחֲזָה בַּלַּחִים
אָז יָנוּעוּ יְבֵשִׁים כְּסוּחִים.
רְאֵה כִּי אֵין אִישׁ / לְהַפְגִּיעַ בְּעַד בְּנֵי אִישׁ
וְאַתָּה אֵל וְלֹא אִישׁ.

שליח הציבור:

רָשׁוּם בִּכְתָב אֱמֶת אֲשַׁנְּנָה / מַעֲשֵׂה כָּל יְמוֹת הַשָּׁנָה
לִרְצוֹתְךָ בְּשׁוֹפָר (בשבת: בְּזִכְרוֹן שׁוֹפָר) בְּזֶה רֹאשׁ הַשָּׁנָה.

אִם לֹא לְמַעֲנוֹ יַעַשׂ / וְיָסִיר חֲרוֹן אַף וָכַעַס / אֵין לְבַקֵּר וְלִמְצֹא מַעַשׂ / קָדוֹשׁ.

ממשיכים ׳וּבְכֵן, וַיְהִי בִישֻׁרוּן מֶלֶךְ׳ בעמ׳ 205.
הגרסה המלאה לפיוט ׳מֶלֶךְ עֶלְיוֹן׳ בעמוד הבא.

למוסף של א׳ של ראש השנה

זו הגרסה המלאה של הפיוט המובא בעמ׳ 207-205.

וּבְכֵן, וַיְהִי בִישֻׁרוּן מֶלֶךְ

מֶלֶךְ עֶלְיוֹן
אֵל דָּר בַּמָּרוֹם / אַדִּיר בַּמָּרוֹם / אֹמֶץ יָדוֹ תָּרוֹם
לַעֲדֵי עַד יִמְלֹךְ.

מֶלֶךְ אֶבְיוֹן
בָּלֶה וְרֵד שַׁחַת / בִּשְׁאוֹל וּבְתַחַת / בְּלֵאוּת בְּלִי נַחַת
עַד מָתַי יִמְלֹךְ.

מֶלֶךְ עֶלְיוֹן
גִּבּוֹר לְהָקִים / גּוֹזֵר וּמֵקִים / גּוֹלֶה עֲמֻקִּים
לַעֲדֵי עַד יִמְלֹךְ.

מֶלֶךְ אֶבְיוֹן
דָּוֶה כַּדֹּבֶר / דּוֹבֵר וְעוֹבֵר / דּוֹמֶה לְעִוֵּר
עַד מָתַי יִמְלֹךְ.

מֶלֶךְ עֶלְיוֹן
הַמְדַבֵּר בִּצְדָקָה / הַלּוֹבֵשׁ צְדָקָה / הַמַּאֲזִין צְעָקָה
לַעֲדֵי עַד יִמְלֹךְ.

מֶלֶךְ אֶבְיוֹן
וְחָפֵץ בְּרֶשַׁע / וְעוֹשֶׂה רֶשַׁע / וּמוּכָן לְפֶשַׁע
עַד מָתַי יִמְלֹךְ.

מֶלֶךְ עֶלְיוֹן
זוֹכֵר צוּרִים / זְכוּת יְצוּרִים / זוֹעֵם צָרִים
לַעֲדֵי עַד יִמְלֹךְ.

מֶֽלֶךְ אֶבְיוֹן
חוֹשֵׁב וְשׁוֹכֵחַ / חָשׁ וּמִשְׁתַּכֵּחַ / חָב וּמִתְוַכֵּחַ
עַד מָתַי יִמְלֹךְ.

מֶֽלֶךְ עֶלְיוֹן
טוֹב שׁוֹכֵן עַד / טוּבוֹ לָעַד / טִפַּח שְׁמֵי עַד
לַעֲדֵי עַד יִמְלֹךְ.

מֶֽלֶךְ אֶבְיוֹן
יָמָיו טְפָחוֹת / יוֹמוֹ לְמַפָּחוֹת / יְחוּם טְפוּחוֹת
עַד מָתַי יִמְלֹךְ.

מֶֽלֶךְ עֶלְיוֹן
כִּשַׂלְמָה עוֹטֶה אוֹר / כָּל מְאוֹרֵי אוֹר / כַּבִּיר וְנָאוֹר
לַעֲדֵי עַד יִמְלֹךְ.

מֶֽלֶךְ אֶבְיוֹן
לְצַלְמָוֶת יִשָּׁפֵל / לְרֶגֶב יְאֻפַּל / לְאַשְׁמַן יְקֻפַּל
עַד מָתַי יִמְלֹךְ.

מֶֽלֶךְ עֶלְיוֹן
מֶֽלֶךְ עוֹלָמִים / מְפַעְנֵחַ נֶעֱלָמִים / מֵשִׂיחַ אִלְּמִים
לַעֲדֵי עַד יִמְלֹךְ.

מֶֽלֶךְ אֶבְיוֹן
נָע לִרְגָעִים / נֶחְפָּז מִפְּגָעִים / נִבְהָל בְּשִׁגּוּעִים
עַד מָתַי יִמְלֹךְ.

מֶֽלֶךְ עֶלְיוֹן
סוֹבֵל כֹּל / סָב וּמְבַלֶּה כֹּל / סוֹקֵר בַּכֹּל
לַעֲדֵי עַד יִמְלֹךְ.

מֶלֶךְ אֶבְיוֹן
עוֹבֵר וּמִתְעַבֵּר / עַפְעַפָּיו מְעוֵּר / עֲפָרוֹ צוֹבֵר
עַד מָתַי יִמְלֹךְ.

מֶלֶךְ עֶלְיוֹן
פְּאֵרוֹ עֹז / פֹּעַל יְמִינוֹ תָּעֹז / פּוֹדֶה וּמָעוֹז
לַעֲדֵי עַד יִמְלֹךְ.

מֶלֶךְ אֶבְיוֹן
צַחֲנָה תְבִאִישֶׁנּוּ / צוֹאָה תַלְבִּישֶׁנּוּ / צִיָּה תִירָשֶׁנּוּ
עַד מָתַי יִמְלֹךְ.

מֶלֶךְ עֶלְיוֹן
קְדוֹשָׁיו לַהַב / קוֹרֵא מֵי רַהַב / קָרוֹב לְקוֹרְאָיו בְּאַהַב
לַעֲדֵי עַד יִמְלֹךְ.

מֶלֶךְ אֶבְיוֹן
רִמָּה לוֹבֵשׁ / רָטֹב וְיָבֵשׁ / רָשׁוּף בְּמַיִם וּבְאֵשׁ
עַד מָתַי יִמְלֹךְ.

מֶלֶךְ עֶלְיוֹן
שֵׁנָה אֵין לְפָנָיו / שֶׁקֶט בִּפְנִינָיו / שֶׁבַח טוֹב בְּמַצְפּוּנָיו
לַעֲדֵי עַד יִמְלֹךְ.

מֶלֶךְ אֶבְיוֹן
תְּנוּמָה תְעוּפֶנּוּ / תַּרְדֵּמָה תְעוֹפְפֶנּוּ / תֹּהוּ יְשׁוּפֶנּוּ
עַד מָתַי יִמְלֹךְ.

אֲבָל מֶלֶךְ עֶלְיוֹן
תָּקְפּוֹ לָעַד / תִּפְאַרְתּוֹ עֲדֵי עַד / תְּהִלָּתוֹ עוֹמֶדֶת לָעַד
לַעֲדֵי עַד יִמְלֹךְ.

ממשיכים ׳וּבְכֵן לְךָ תַעֲלֶה קְדֻשָּׁה׳ בעמ׳ 208.

פיוטי קדושה למוסף (בשני הימים)

פיוטים אלה נכתבו כדי להחליף את פיסקאות המעבר הקצרות בין פסוקי הקדושה. יש קהילות שבהן אומרים אותם בסוף הקדושה, כדי שלא לוותר על אמירת הקדושה ופסקאות המעבר שבה (׳מעשה רב׳ רה). בקהילות אלה ממשיכים ׳כְּבוֹדוֹ מָלֵא עוֹלָם׳ ובסוף הקדושה חוזרים לכאן.

אם אומרים פיוטים בתוך הקדושה, הקהל אומר בלחש:

כְּבוֹדוֹ מָלֵא עוֹלָם, מְשָׁרְתָיו שׁוֹאֲלִים זֶה לָזֶה, אַיֵּה מְקוֹם כְּבוֹדוֹ.
לְעֻמָּתָם בָּרוּךְ יֹאמֵרוּ

סימן א״ב אלעזר

הקהל ממשיך:

וְחַיּוֹת אֲשֶׁר הֵנָּה מְרֻבָּעוֹת כִּסֵּא
בְּמָאתַיִם וַחֲמִשִּׁים וָשֵׁשׁ מְכַנִּיפוֹת כִּסֵּא
גּוֹעֲשׁוֹת בּוֹ בְּסוֹבְבָם פָּנִים בְּפָנִים לַכִּסֵּא
דְּמוּת רָקִיעַ בְּרֹאשָׁם נָטוּי לַכִּסֵּא
הוּא כְּעֵין הַקֶּרַח, וּבוֹ שְׁבִיב כִּסֵּא
וּמִמַּעַל לָרָקִיעַ כְּמַרְאֵה דְמוּת כִּסֵּא
זָעוֹת בְּלִי לֵאוֹת מַחִיל כִּסֵּא
חָשׁוֹת בְּרָצוֹא וָשׁוֹב מַרְעִישׁוֹת כִּסֵּא
טָסוֹת כַּבָּזָק, וְלֹא מְזִיזוֹת הוֹד כִּסֵּא
יוֹדְעוֹת כִּי כָל מָקוֹם לֹא יָכִיל מְקוֹם כִּסֵּא
כַּף רֶגֶל חֲמֵשׁ מֵאוֹת וַחֲמֵשׁ עֶשְׂרֵה, יְשָׁרָה לַכִּסֵּא
לְעֵת תַּרְשִׁישָׁה לְפָאֵר, קוֹפְצוֹת מִתַּחַת לַכִּסֵּא
מִתְעַלְּפוֹת מִפַּחַד רָם יוֹשֵׁב עַל הַכִּסֵּא
נְרְאוֹת נוֹשְׂאוֹת, וְהֵם נְשׂוּאוֹת עִם כִּסֵּא
סְבָלוֹת מִתַּחַת זְרוֹעוֹת עוֹלָם לַכִּסֵּא
עֲתִירַת זוֹ כְּתַעַל, תְּרַפֶּינָה כְּנַף כִּסֵּא
פְּשָׁעִים אִם עָצְמוּ, מַשִּׁיקוֹת כִּסֵּא
צוֹרֵר כִּי יַשְׂטִין, יְפַרְשֵׁז עֲנָן כִּסֵּא
קוֹל שׁוֹפָר לְעֵת יַעַל, מְאַחֵז פְּנֵי כִסֵּא
רַחֲמִים יָלִיץ בְּעַד רְשׁוּמִים בַּכִּסֵּא
שׁוֹפֵט אִם יִרְצֶה שֶׁבֶת בְּאוּלָם הַכִּסֵּא
תַּבְנִית תָּם יָפֶן, חֲקוּקָה בַּכִּסֵּא

אַרְבַּע חַיּוֹת נוֹשְׂאוֹת וּמִנֻשָּׂאוֹת עִם כִּסֵּא
לְבִלְתִּי לְנַבֵּל לְמַעֲנוֹ כִּסֵּא
עוֹד יִפְצֶה פֶּה וְיַפְגִּיעַ כִּסֵּא
זְכֹר לְיוֹשְׁבֵי נְטָעִים אֲשֶׁר עִמְּךָ בַּכִּסֵּא

שליח הציבור:

רַחֵם מְצוּקִים אֲשֶׁר עֲלֵיהֶם שַׁתָּ הֲדוֹם וְכִסֵּא
וְאָז יִתְרַעֵם הַגַּלְגַּל וְיִתְרַעֵשׁ הַכִּסֵּא
וְאוֹפַן לְאוֹפַן, וְחַיָּה לְחַיָּה, וּכְרוּב לִכְרוּב לְעֻמַּת כִּסֵּא.

במקור שליח הציבור הוסיף רק ׳לְעֻמָּתָם בָּרוּךְ יֹאמֵרוּ׳.
היום בקהילות שבהן אומרים פיוטים בתוך הקדושה, הוא חוזר ואומר ׳כְּבוֹדוֹ מָלֵא עוֹלָם׳:

כְּבוֹדוֹ מָלֵא עוֹלָם, מְשָׁרְתָיו שׁוֹאֲלִים זֶה לָזֶה, אַיֵּה מְקוֹם כְּבוֹדוֹ.
לְעֻמָּתָם בָּרוּךְ יֹאמֵרוּ

קהל ואחריו שליח הציבור:

יחזקאל ג ·בָּרוּךְ כְּבוֹד־יהוה מִמְּקוֹמוֹ:

אם אומרים פיוטים בתוך הקדושה, הקהל אומר בלחש:

מִמְּקוֹמוֹ הוּא יִפֶן בְּרַחֲמִים, וְיָחֹן עַם הַמְיַחֲדִים שְׁמוֹ
עֶרֶב וָבֹקֶר בְּכָל יוֹם תָּמִיד, פַּעֲמַיִם בְּאַהֲבָה שְׁמַע אוֹמְרִים.

סימן תשר״ק אלעזר — הקהל ממשיך:

וְעַמְּךָ תְּלוּאִים בִּתְשׁוּבָה לְהִתְיַחֵד
שְׁנֵי לְבָבוֹת לְךָ כְּאַחַד לְאֶחָד
רַחַץ בְּנִקְיוֹן כַּפַּיִם, נְשֹׂא לֵב אֶחָד
קוֹל שׁוֹפָר כָּפוּף, כְּפֹף לֵב אֶחָד
צִיּוּן שׁוֹפָר פָּשׁוּט, פְּשֹׁט לֵב אֶחָד
פּוּר יָמִים יוּצְרוּ בָּם לָבוֹר אֶחָד
עוֹבְרִים בּוֹ לְהַקְבִּיל פְּנֵי יוֹצֵר אֶחָד

שליח הציבור:

סְמוּכִים בְּצִדְקַת אָב, הָיָה אֶחָד
נִשְׁעָנִים בְּסִבְךְ יָחִיד וּמְיֻחָד
מְבַטְּחִים בְּתֹם וּבְיֹשֶׁר אָב אֶחָד

הכול:

לְהַזְכִּיר לָמוֹ עֲנִיַּת קוֹל אֶחָד
כְּשִׁבְתּוֹ בְּכִסֵּא, שְׁפֹט גּוֹי אֶחָד
יַעֲמִיד מֵלִיץ יֹשֶׁר, מִנִּי אֶלֶף אֶחָד
טוֹבוֹת לְהַגִּיד בַּשְּׁבִיעִי בְּאֶחָד
חָשׁוּב גֵּר וְאֶזְרָח לְמִשְׁפָּט אֶחָד
זַךְ וָרָע, מֵהַיּוֹם מוֹדַע דִּינָם לְאֶחָד
וַאֲשֶׁר מַעֲשָׂיו שְׁקוּלִים, עַד עָשׂוֹר יְאֻחַד
הוּא כְּחָפֵץ לְהַצְדִּיק, עֲשֶׂרֶת יְמֵי תְשׁוּבָה יִחַד
דֶּלֶת פְּתוּחָה לַשָּׁבִים, תֵּת צֳרִי לְכָל אֶחָד וְאֶחָד
גּוֹלֶה זְכוּת וָרֶשַׁע, לְהַגִּישׁ אֶחָד בְּאֶחָד
בְּקוֹר חֶשְׁבּוֹן לִמְצֹא אֶחָד לְאֶחָד
אִם יַשְׁקִיט, וּמִי יַרְשִׁיעַ לַהֲשִׁיבֵנוּ, וְהוּא בְאֶחָד
אֱמֶת חוֹתָמוֹ, לְהוֹדִיעַ כִּי הוּא אֶחָד
לְעֵת תָּמוּט, וּבְכָל יָד עִם אֶחָד.

שליח הציבור:

עוֹד יִזְכֹּר לָמוֹ מַטַּת שְׁכֶם אֶחָד
זֹאת הַמִּתְמֶדֶת שְׁמַע פֶּה אֶחָד
רוֹגֶשֶׁת נֶשֶׁף וָשַׁחַר לְיַחֵד לְאֶחָד.

במקור שליח הציבור הוסיף רק ׳פַּעֲמַיִם בְּאַהֲבָה שְׁמַע אוֹמְרִים׳.
היום בקהילות שבהן אומרים פיוטים בתוך הקדושה, הוא חוזר ואומר ׳מִמְּקוֹמוֹ הוּא יִפֶן׳:

מִמְּקוֹמוֹ הוּא יִפֶן בְּרַחֲמִים, וְיָחֹן עַם הַמְיַחֲדִים שְׁמוֹ
עֶרֶב וָבֹקֶר בְּכָל יוֹם תָּמִיד
פַּעֲמַיִם בְּאַהֲבָה שְׁמַע אוֹמְרִים

קהל ואחריו שליח הציבור:

שְׁמַע יִשְׂרָאֵל, יהוה אֱלֹהֵינוּ, יהוה אֶחָד: דברים ו

אם אומרים פיוטים בתוך הקדושה, הקהל אומר בלחש:

הוּא אֱלֹהֵינוּ, הוּא אָבִינוּ, הוּא מַלְכֵּנוּ, הוּא מוֹשִׁיעֵנוּ
וְהוּא יַשְׁמִיעֵנוּ בְּרַחֲמָיו שֵׁנִית לְעֵינֵי כָּל חָי, לִהְיוֹת לָכֶם לֵאלֹהִים.

כאן הקליר פונה ישירות אל הקב"ה ומבקש ממנו שישמע ויקבל את תפילות ישראל. הוא מפרט באריכות כיצד פרטי התפילה מכוונים כנגד איברי גוף האדם (על פי הפירוט במשנה, אהלות א, ח), בתפיסה שכל הפרטים האלה מכוונים במיוחד לכפר על האדם. עניין זה מבואר כבר בשורה הראשונה 'ואתה אזן קול מפאריך בכל אבריהם', על פי תהלים לה, י: "כל עצמתי תאמרנה, ה' מי כמוך".

הקהל ממשיך:

סימן א"ת ב"ש

ואתה אזן קול מפאריך בכל אבריהם

תכן מצות מעשיהם במאתים וארבעים ושמנה אבריהם

בזה חדש, תקע שלשים כמו שלשים בכף רגליהם

שי מוספי יום עשרה כמו עשרה בקרסליהם

גשים פני תיבה שחרית שתים כמו שתים בשוקיהם

רשומים קרות בו חמשה כמו חמשה על ברכיהם

דרושים תקע בכסא באחד כמו אחד בירכותיהם

קרן ימשכו לשלש שלשה כמו שלשה בקוטליהם

הן מוספי חדש עשתי עשרה כמו עשתי עשרה צלעותיהם

צקון לחשם ברכות תשע כמו תשעה שבזרועותיהם

ומלכיות וזכרונות ושופרות שלשים כמו שלשים בפסת ידיהם

פלול תמידים שמונה עשרה כמו שמונה עשרה חליות שזרותיהם

זבחי תמידים תקיעות תשע כמו תשעה שבראשיהם

עתירות שתים, שחח בם שמונה כמו שמונה שבצואריהם

חק דתם ספרים חמשה כמו חמשה שבנקביהם

שם הליכות עולם ששה כמו ששה בלבביהם

טוחות וכסל ושכוי וסרעף, ובטן וקרב ועשתונותיהם

נפש, רוח, נשמה, יחידה, חיה, עור ובשר וגיד ועצמותיהם

שליח הציבור:

ישאו עין ויכרו אזן, ויפצו פה ולשון וניב שפתותיהם

מכף רגל ועד ראש נתוכחו פרט מעשיהם

כתקע שופר בקול, יחפרו שוטניהם

להצדיקם ביום דין, שמע שנית מאלהיהם

במקור שליח הציבור התחיל בתיבות ׳לִהְיוֹת לָכֶם לֵאלֹהִים׳.
היום בקהילות שבהן אומרים פיוטים בתוך הקדושה, הוא חוזר ואומר ׳הוּא אֱלֹהֵינוּ׳:

הוּא אֱלֹהֵינוּ, הוּא אָבִינוּ, הוּא מַלְכֵּנוּ, הוּא מוֹשִׁיעֵנוּ
וְהוּא יַשְׁמִיעֵנוּ בְּרַחֲמָיו שֵׁנִית לְעֵינֵי כָּל חָי
לִהְיוֹת לָכֶם לֵאלֹהִים, אֲנִי יהוה אֱלֹהֵיכֶם:

אם אומרים פיוטים בתוך הקדושה, הקהל אומר בלחש:

אַדִּיר אַדִּירֵנוּ, יהוה אֲדֹנֵינוּ, מָה־אַדִּיר שִׁמְךָ בְּכָל־הָאָרֶץ: תהלים ח
וְהָיָה יהוה לְמֶלֶךְ עַל־כָּל־הָאָרֶץ זכריה יד
בַּיּוֹם הַהוּא יִהְיֶה יהוה אֶחָד וּשְׁמוֹ אֶחָד:

סימן ת״א ש״ב
הקהל ממשיך:

תְּהִלּוֹת כְּבוֹדְךָ אָמְצְךָ מְלֹא כָל הָאָרֶץ
שִׁמְעֲךָ דִּין מִשָּׁמַיִם בְּכֵן יָרְאָה וְשָׁקְטָה הָאָרֶץ
רַעַשׁ יוֹם מִשְׁפָּט גַּעַשׁ תְּהוֹמוֹת הָאָרֶץ
קוֹל שׁוֹפָר חָזָק דַּבֵּר וַיִּקְרָא אָרֶץ
צְבִי לַצַּדִּיק בְּזֶמֶר הִשְׁמִיעָה כְּנַף הָאָרֶץ
פַּחַד וָפַחַת וָפַח וּפַלָּצוּת יְבַעִיתוּ אָרֶץ
עֵת תָּקוּם לַמִּשְׁפָּט זַעַם כָּל אַפְסֵי אָרֶץ
סֹלּוּ פְּנוּ דֶרֶךְ, יְנוֹבְבוּ חֲרֵדִים מֶחֶרְדַּת הָאָרֶץ.
נָאוֹר וְאַדִּיר טַעַם תָּשִׁיב לָאָרֶץ
מַה תִּירְאִי אֲדָמָה יָרִיעוּ תַּחְתִּיּוֹת אָרֶץ

שליח הציבור:

לְהִתְוַדַּע וּלְהִגָּלוֹת כִּי הוּא מֶלֶךְ עַל כָּל הָאָרֶץ
כְּמוֹ פֵּאֲרוּהוּ מֵאָז בַּשַּׁחַק יוֹרְשׁוּ בְּחוּנָיו לְפָאֲרוֹ בָּאָרֶץ.

במקור שליח הציבור אמר כאן ׳וּבְדִבְרֵי קָדְשְׁךָ כָּתוּב לֵאמֹר׳.
היום בקהילות שבהן אומרים פיוטים בתוך הקדושה, הוא חוזר ואומר ׳אַדִּיר אַדִּירֵנוּ׳:

אַדִּיר אַדִּירֵנוּ, יהוה אֲדֹנֵינוּ תהלים ח
מָה־אַדִּיר שִׁמְךָ בְּכָל־הָאָרֶץ:

וְהָיָה יהוה לְמֶלֶךְ עַל־כָּל־הָאָרֶץ זכריה יד
בַּיּוֹם הַהוּא יִהְיֶה יהוה אֶחָד וּשְׁמוֹ אֶחָד:

שליח הציבור:

וּבְדִבְרֵי קָדְשְׁךָ כָּתוּב לֵאמֹר

קהל ואחריו שליח הציבור:

יִמְלֹךְ יהוה לְעוֹלָם, אֱלֹהַיִךְ צִיּוֹן לְדֹר וָדֹר, הַלְלוּיָהּ: תהלים קמו

ממשיכים 'לְדוֹר וָדוֹר נַגִּיד גָּדְלֶךָ' –
ביום א' של ראש השנה בעמ' 211, וביום ב' בעמ' 324.

תקיעתא למלכיות ליום א׳ של ראש השנה (או ליום ב׳, אם חל ביום ראשון)

עיקר תפילות המוסף של ראש השנה הוא שלוש הברכות המרכזיות: מלכיות, זיכרונות ושופרות (ראש השנה טז ע״א; שם לד ע״ב). כבר מימות הקדמונים נהגו לעטר את שלוש הברכות האלה בפיוטים המכונים תקיעתות. ביום א׳ אומרים מערכת של שלושה פיוטים לר׳ אלעזר הקליר, וביום ב׳, את מערכת הפיוטים ליוסי בן יוסי. אם ראש השנה חל בשבת, מחליפים בין מערכות הפיוטים: את המערכת שחיבר יוסי בן יוסי אומרים ביום א׳, ואת של הקליר, ביום ב׳. היום ברוב הקהילות נוהגים להשמיט את התקיעתות.

סימן א״ב מרובע הכול:

אֲנַסִּיכָה מַלְכִּי / לְפָנָיו בְּהִתְהַלְּכִי אָמְצוֹ בְּהַמְלִיכִי / יֶאֱזוֹר עֹז וְיִמְלֹךְ.
אֱלִיל בְּהַשְׁלִיכִי / לִפְנֵי בּוֹא יוֹם מַלְכִּי אִישׁ מַלְאָכִי / יִשְׁלַח, וְאָז יִמְלֹךְ.

בְּבוֹאוֹ לַהֲלֹךְ / נָתַשׁ חָנֵף מִמְּלֹךְ בֵּית גֵּאִים בְּלִי מֶלֶךְ / יִסַּח, לְבַל יִמְלֹךְ.
בְּתוֹכִי יְהַלֵּךְ / בְּהוֹפִיעוֹ לִמְלֹךְ בְּמַלְכוּתוֹ אַמְלִךְ / וְאָז יִמְלֹךְ.

גְּבֶרֶת מַמְלָכוֹת / בְּמִגְרוֹ מַמְלָכוֹת גּוֹיִם וּמַמְלָכוֹת / יָהֹם, וְהוּא יִמְלֹךְ.
גִּלְיוֹן הֲלִיכוֹת / וְסֵפֶר תַּהֲלוּכוֹת גַּל הַיּוֹם לִזְכּוֹת / חוֹכָיו לִמְלֹךְ.

דּוֹרֶכֶת נְסִיכוֹת / בְּחִנּוּן קוֹל בָּכוֹת דִּבְּרָה, אֲנִי בְּמַלְכוּת / וּמִי יוּכַל לִמְלֹךְ.
דַּכְּאֵי רוּחַ נְמִיכוֹת / מְחַפְּשֵׂי בְּיוֹם דִּין זְכוּת
דָּשָׁה בַּעַל מְלוּכוֹת / עַד צוּר יִמְלֹךְ.

הִלּוּךְ מַהֲלָךְ / חֲמֵשׁ מֵאוֹת הֲלָךְ הָדוּר עַד הַמֶּלֶךְ / בְּעֻזּוֹ לִמְלֹךְ.
הֲבֵל הַמְמַלֵּךְ / עַל מָה מָלַךְ הֲלֹא בְּמִי נִמְלַךְ / כִּי אָץ לִמְלֹךְ.

וּמִלִּפְנֵי מֶלֶךְ מֶלֶךְ / חַי מִלְּפָנִים מֶלֶךְ וְעַד תֶּהֶל כָּל מֶלֶךְ / הוּא לְבַד יִמְלֹךְ.
וּמַה יָּעֹז מֶלֶךְ / בְּעֹז מִשְׁפַּט מֶלֶךְ וְכַעֲבוֹר סוּפָה בְּהֵלֶךְ / יַחֲלֹף מִמְּלֹךְ.

זָךְ, דִּין בְּעָרְכוֹ / יֹאחֵז דַּרְכּוֹ זֵדִים בְּדָרְכוֹ / נָקָם יָעַט, וְיִמְלֹךְ.
זֵר זָד בְּשָׁלְכוֹ / יִתֵּן עֹז לְמַלְכּוֹ זַכִּים בְּהַמְלִיכוֹ / עַל כֹּל יִמְלֹךְ.

חִדְּשׁוּ מְלוּכָה / כַּדָּת וְכַהֲלָכָה חֹטֶר מַמְלָכָה / בְּמִישׁוֹר יִמְלֹךְ.
חֹבֶשׁ אֲרוּכָה / לְאֹרֶךְ יוֹם מְבוּכָה חֲתֻלָּה לְמַכָּה / יָעַל בְּעֵת יִמְלֹךְ.

טֹרַח מַלְכִיּוֹת / עוֹבְדֵי מַשְׂכִּיּוֹת טִמְּאוּ חֶמֶד שְׂכִיּוֹת / בְּגַאֲוָה לִמְלֹךְ.
טֹהַר זָכִיּוֹת / וְשַׁאַג קוֹל בְּכִיּוֹת טֶבַע צוּל דָּכִיּוֹת / יָפֶן, וּבָם יִמְלֹךְ.

יָהַב מַשְׁלִיכִים / עָלָיו בְּנֵי מְלָכִים יוֹם זֶה לוֹ מְחַכִּים / בֹּא יָבֹא לִמְלֹךְ.
יַעַבְרוּ, מִתְהַלְּכִים / לְפָנָיו כְּמַלְאָכִים יַחַד מַמְלִיכִים / יהוה יִמְלֹךְ.

כְּתִים בְּכִתְּתוֹ / אִיִּים בְּהַכּוֹתוֹ כֵּס מַמְלַכְתּוֹ / יִכּוֹן וְיִמְלֹךְ.
כְּבוֹד מַלְכוּתוֹ / וְקִדּוּשׁ הֲלִיכָתוֹ כְּגָמְרוֹ מְלַאכְתּוֹ / לְעֵין כֹּל יִמְלֹךְ.

לְכָל גֹּבַהּ יַפִּיל / וְהַר וָגֶבַע יַשְׁפִּיל לְכָל אֹם יַאְפִּיל / וּכְאוֹר זָרוּעַ יִמְלֹךְ.
לְרְאִי יַקְפִּיל / וַחֲדָשִׁים יַכְפִּיל לְיוֹם זֶה פּוּר הִפִּיל / מִצִּיּוֹן לִמְלֹךְ.

מָטוּ גוֹיִם / הָמוּ גֵּאִים מָעֲדוּ מִתְגָּאִים / גֵּאֶה בְּבֹאוֹ לִמְלֹךְ.
מָלְכוּ דְגוּיִם / נִטְּלוּ סְגוּיִם מֶלֶךְ הַגּוֹיִם / עֵת אָתָא לִמְלֹךְ.

נְדִיבֵי עַמִּים / יֵאָסְפוּ מֵעַמִּים נִשָּׂא מְעוּטֵי עַמִּים / אֵל מְקוֹמָם לִמְלֹךְ.
נִגּוּן נְעִימִים / לְמוּלָם מַנְעִימִים נִשָּׂאָם מֵעֲמָמִים / עֲלֵיהֶם לִמְלֹךְ.

סִכּוּת אֱלִילִים / כִּיּוּן גִּלּוּלִים סָחֹב כְּמוֹ חֲלָלִים / יַשְׁלְכוּ בְּלִי לִמְלֹךְ.
סוֹד אֵל אֵלִים / הָבוּ בְּנֵי אֵלִים שְׂאוּ זִמְרָה וְהִלּוּלִים / לְאָדוֹן, כִּי יִמְלֹךְ.

עִזּוּז יָד בְּהַשִּׂיאוֹ / לְהָרִים נְשִׂיאוֹ עֲמוּסָיו בְּנַשְּׂאוֹ / יָעֹז וְיִמְלֹךְ.
עַל רוּם מַשָּׂאוֹ / יְדֵיהוּ בְּנָשְׂאוֹ עַל הוֹד כִּסְאוֹ / יֵשֵׁב וְיִמְלֹךְ.

פּוּר תְּפוֹרַר אֶרֶץ / בְּכִלָּיוֹן וְחָרֶץ פַּח בְּיוֹשְׁבֵי הָאָרֶץ / יַרְגִּיז וְיִמְלֹךְ.
פַּחַד שׁוֹפָרוֹת עֶרֶץ / יְשַׁלֵּשׁ, וּבָם יָרֶץ פְּאֵר מִכְּנַף הָאָרֶץ / יַעֲלוּ, כִּי יִמְלֹךְ.

צְבִי מֵהֲדוֹם יַעַל / וְאֶדֶר מִשָּׁעַל צָהַל מִשְּׁמֵי מַעַל / יְרַנְּנוּ, כִּי יִמְלֹךְ.
צְבָאוֹת כָּל פֹּעַל / לְצַלְעָם יַרְטִי תַעַל צְפִירַת פְּאֵר לְהַעַל / הֵן לְצֶדֶק יִמְלֹךְ.

קְצִינִים אֲשֶׁר מָלְכוּ / אַדֶּרֶת יַשְׁלִיכוּ קוֹל יִתְּנוּ, וְיַמְלִיכוּ /לַמֶּלֶךְ, כִּי יִמְלֹךְ.
קְרוּאִים יִמְלֹכוּ / וְאַחֲרָיו יְהַלֵּכוּ קוֹמְמִיּוּת יֵלֵכוּ / וּבְרֹאשָׁם יִמְלֹךְ.

רָז הַמְכֻמָּן / לְיוֹם זֶה מְזֻמָּן רָשׁוּם לְמוֹעֵד וּזְמָן / וּבוֹ נוֹקֵם יִמְלֹךְ.
רוֹעֶה נֶאֱמָן / בְּבֹאוֹ מִתֵּימָן רוּחַ יַסְעִיר בְּתֵימָן / בְּגִלְעָד יִמְלֹךְ.

שִׁנְאַן עֲלִיּוֹת / וְסוֹד פְּלִיאִיּוֹת שִׁיר מִתַּלְתַּלִּיּוֹת / יִפְצְחוּ, כִּי יִמְלֹךְ.
שְׁאִיּוֹת תַּחְתִּיּוֹת / וְהוֹד אוֹתִיּוֹת שְׁאוֹן הֲמוֹן בְּרִיּוֹת / יָרִיעוּ, כִּי יִמְלֹךְ.

תְּכַן כֵּס כַּשֶּׁמֶשׁ / שְׁמוֹ לִפְנֵי שֶׁמֶשׁ תָּאֳרוֹ כְּצֵאת הַשֶּׁמֶשׁ / בְּמָלְכוֹ יִמְלֹךְ.

שליח הציבור:

תּוֹמֵךְ מִמִּזְרַח שֶׁמֶשׁ / וְעַד מְבוֹאַת שֶׁמֶשׁ
תַּמָּה, בָּרָה כַּשֶּׁמֶשׁ / יְרוֹמֵם וְיִמְלֹךְ.

ממשיכים ׳עַל כֵּן נְקַוֶּה לְּךָ׳ בעמ׳ 222, ואם אומרים פיוט זה ביום ראשון, ממשיכים בעמ׳ 333.

תקיעתא למלכיות ליום ב׳ של ראש השנה (או ליום א׳, אם חל בשבת)

הכול:

סימן א״ב כפול

אֲהַלְלָה אֱלֹהַי / אָשִׁירָה עֻזּוֹ / אֲסַפְּרָה כְבוֹדוֹ / אֲאַפְּדֶנּוּ מְלוּכָה.
אֲשַׂגֵּב לְפוֹעֵל / אֲשֶׁר שָׂח וּפָעַל / אֲנַוֵּהוּ כִּי לוֹ / יָאֲתָה מְלוּכָה.

בְּעֻזּוֹ נֶצַח אֲשַׁנֵּן / כִּי צְבָאוֹ אֲנִי / וְלוֹ נָאֶה שִׂיחַ / גֹּדֶל הַמְּלוּכָה.
בִּקְהַל אֲבַשֵּׂר / בְּרֹב עַם אֲדַבֵּר / לְמִי שְׂאֵת וְיֶתֶר עָז / וּלְמִי הַמְּלוּכָה.

גְּשׁוּ גוֹיִם / וּבוֹאוּ מַמְלָכוֹת / רְאוּ מַה נֶּהְדָּר / בְּמֵזַח הַמְּלוּכָה.
גַּדְּלוּהוּ אִתִּי / וּנְרוֹמְמֶנְהוּ יַחַד / וְאַל תִּתְגָּאוּ / בְּנֵזֶר הַמְּלוּכָה.

דְּרָכִים בְּעֵת / נַעֲשְׂתָה מְצוּלָה / הִתְבּוֹנְנוּ יַחַד / לְמִי נֶזְרְקָה הַמְּלוּכָה.
דָּרַךְ סוּס בַּיָּם / כְּנֶגֶד שֵׁשׁ מֵאוֹת רֶכֶב / וּמָה יוֹעִיל גֶּבֶר / עֹז בִּמְלוּכָה.

הֶאֱזִינוּ רוֹזְנִים / אָז, וַיִּרְגְּזוּ / הִבִּיטוּ חִתַּת / וּמָאֲסוּ מְלוּכָה.
הִגִּידוּ כֹּחוֹ / לְאֻמִּים, וְדַבְּרוּ / לָזֶה יִכָּתֵב / שֵׁם הַמְּלוּכָה.

וְנִלְחַם רֵאשִׁית / גּוֹיִם, וְאִבַּד / כִּי נִשְׁבַּע חַי / בְּכִסֵּא מְלוּכָה.
וַיְּלַעַג בְּכָל דּוֹר / כִּי לֹא לָמַד / מִי נִלְחַם בַּיָּם / וְעָטָה מְלוּכָה.

זָד עַל אֲדוֹנָיו / עֶבֶד יוֹשֵׁב נֶגֶב / בְּזֹאת תִּרְגַּז אֶרֶץ / בְּשֵׂאת עֶבֶד מְלוּכָה.
זֶרַע בְּרוּכִים / הֶחֱרִימוּ אֲרוּרִים / כִּי נָתְנוּ קוֹל / לְאַדִּיר הַמְּלוּכָה.

חֶשְׁבּוֹן וּבָשָׁן / עוֹרְרוּ מִלְחָמָה / בְּלִי לָתֵת דֶּרֶךְ / לְצִבְאוֹת מְלוּכָה.
חֵילָם נִשְׁמַד / וְאַרְצָם חֻלְּקָה / וּמֵעַל זְרוֹעָם / נָפְלָה מְלוּכָה.

טָפְשׁוּ בְּנֵי כְנַעַן / כִּי נָכְרִים הֵם / בְּאַדְמַת בְּנֵי שֵׁם / זֶרַע הַמְּלוּכָה.
טְבָחָם בִּן נוּן / עַד פִּנָּה אֶרֶץ / לִפְנֵי אֲרוֹן הַבְּרִית / אֲדוֹן הַמְּלוּכָה.

יוֹשְׁבֵי חֲרֹשֶׁת / אָז הִקְשָׁה לַחַץ / עֲזָרוּהוּ בְּלִי בֶצַע / אַפְסֵי מְלוּכָה.
יָהּ הִלְחִים בָּם / צָבָא בְּלִי בֶצַע / כֵּן יֹאבְדוּ שְׁאָר / וְלַיהוָה הַמְּלוּכָה.

כְּאֶרֶז בַּלְּבָנוֹן / אַשּׁוּר גָּדַל / וְחֵרֵף, אוֹרִיד / כַּבִּיר מְלוּכָה.
כְּלִיל אֵשׁ הֲמָמָם / בְּלֵיל שִׁמּוּרִים / וְאָז יָדְעוּ כֹל / כִּי לָאֵל הַמְּלוּכָה.

לְשַׁחַת כָּרַע בֵּל / כְּחָשְׁבוֹ עֲלוֹת לַשַּׁחַק / וְסָר מֶנּוּ לְבַב אֱנוֹשׁ / וְיָרַד מִמְּלוּכָה.
לְכַנּוֹ הוּשַׁב / וְכֹחַ אֵל הִכִּיר / לְמֵרִים וּמַשְׁפִּיל / הִשְׁלִים מְלוּכָה.

מְגֻרָה צֹאן לַטֶּבַח / וְנִתְכְּנוּ עֲלִילוֹת / בִּלְבוּשׁ צָעִיר / רוֹדֵם הַמְּלוּכָה.
מְכוּרֵי בְלֹא הוֹן / פְּדוּיֵי בְלֹא כֶסֶף / סִלּוּ לְמַטֵּה כַּמַּיִם / לֵב הַמְּלוּכָה.

נִמְכְּרוּ יוֹנִים / לִבְנֵי יְוָנִים / וְרִחֲקוּם מֵעַל / גְּבוּל הַמְּלוּכָה.
נֵאֲרוּ בְּרִית וָדָת / וְהִמְרִידוּ עִם בְּאֵל / וּמִגְּרוּם בְּלֹא כֹחַ / מְכַהֲנֵי מְלוּכָה.

שָׂעִיר הֶחֱנִיף / לְהוֹרֵהוּ בְּצֵידוֹ / וַיִּירַשׁ בְּקוֹל בֶּכִי / חֶרֶב וּמְלוּכָה.
שְׂגַב חֵלֶק / הֱיוֹת גְּבִיר לְאֶחָיו / וְעוֹד תִּסֹּב / לִישֻׁרוּן הַמְּלוּכָה.

עֲשֵׂה לְךָ בְּצִיּוֹן / שֵׁם נוֹרָאוֹת / כְּאָז תַּצְלִיחֶנָּה / בְּכִסֵּא מְלוּכָה.
עוֹרֵר וְהָקֵץ / מְשׂוֹשׂ כָּל הָאָרֶץ / וְכוֹנֵן כִּסְאֲךָ / בְּקִרְיַת מְלוּכָה.

פְּנֵי מְאוֹר לְבָנָה / וְחַמָּה תַחְפִּיר / וְיֵבוֹשׁוּ עוֹבְדֵימוֹ / בְּשְׂאֵתְךָ מְלוּכָה.
פָּאֵר עִיר יְפִי / לְבָרָה כַּחַמָּה / וְגַלֵּה לְנֶגְדֵּנוּ / כְּבוֹד מְלוּכָה.

צִבְאוֹת גְּאוּלֵי צֹעַן / שׁוֹרְרוּ בְּלֵיל חָג / וְהוּא לַיְלָה נִשְׁמָר / לְסַחֵף מְלוּכָה.
צָעֲדוּ בְּמֵי שֹׁעַל / צָפוּ בְּרוּחַ שֶׂכֶל / אָנָה יְנֻטָּעוּ / וִיקַבְּלוּ מְלוּכָה.

קָמְטוּ שַׁעֲרֵי זְבוּל / בֵּית עוֹלָמִים / כִּי מִבֵּינֵימוֹ / שָׁבְתָה מְלוּכָה.
קָדוֹשׁ יָבוֹא בָם / לְעוֹלָמִים / וְאָז יִשְׂאוּ רֹאשׁ / בְּחַדְּשׁוֹ מְלוּכָה.

רָבְצָה עֲדִינָה / שָׁקְטָה מֵאַלְמוֹן / כִּי אָרַךְ לָהּ / קֵץ הַמְּלוּכָה.
רִיבוּ מוֹשִׁיעִים / שְׂאוּ אֶדֶר מֵאֱדוֹם / וְשִׁיתוּ עַל אָדוֹן / הוֹד הַמְּלוּכָה.

שָׁוְא שָׂנֵא אֵל / וְהוּא עַל לְשׁוֹנֵנוּ / בַּקֵּשׁ אֱמֶת וָאַיִן / וְרָחֲקָה מְלוּכָה.
שַׁדַּי הָסֵר / אָוֶן מִצְּבָאֶיךָ / וְיָרִיעוּ לְךָ / תְּרוּעַת מְלוּכָה.

תַּחְגֹּר גֵּאוּת / תִּתְאַזָּר עֹז / לְבַל יִשְׂתָּרֵר / זָר בִּמְלוּכָה.
תִּכּוֹן תֵּבֵל / כִּי יִנָּעֵר רָשָׁע / וְשָׂם צֶדֶק לְרַגְלָיו / וְיִצְנֹף מְלוּכָה.

תָּקֹם גּוֹיִם / תּוֹכִיחַ לְאֻמִּים / תִּשְׁבֹּר מַטֵּה רֶשַׁע / מוֹשֵׁל הַמְּלוּכָה.

שליח הציבור:

תַּחֲלִיף אֱלִילִים / תִּשָּׂגֵב לְבַדֶּךָ / תִּקָּרֵא נֶצַח / יָחִיד בִּמְלוּכָה.

ממשיכים 'עַל כֵּן נְקַוֶּה לְךָ' בעמ' 333,
ואם אומרים פיוט זה בשבת, ממשיכים בעמ' 222.

תקיעתא לזיכרונות ליום א׳ של ראש השנה (או ליום ב׳, אם חל ביום ראשון)

הכול:

סימן תשר״ק מרובע

זְכֹר תְּחִלַּת כָּל מַעַשׂ / אֲשֶׁר בְּכָל שָׁנָה נַעַשׂ
תּוֹחַלְתָּם לִמְאֹס / יוֹצֵר כֹּל יִזְכֹּר.
תּוֹכַחַת מַעַשׂ / אִם יָצְאָה בְּכַעַס   תּוֹמֵךְ לְמַעֲנוֹ יַעַשׂ / וִיצוּרִים יִזְכֹּר.

זְכֹר שֶׁמִּבְּרֵאשִׁית / תְּבוּאַת רֵאשִׁית   שֹׁרֶשׁ בִּכּוּר רֵאשִׁית / יָרֵא וְיִזְכֹּר.
שֶׁצֶף חֲרִישִׁית / אִם חָר לְהָשִׁית
שׁוּבָה אֲשֶׁר הֵשִׁית / לַשּׁוֹבָבִים יִזְכֹּר.

זְכֹר רֹאשׁ עֲפָרוֹת / וְתוֹלְדוֹת סְפוּרוֹת   רִשּׁוּם סְפוּרוֹת / לְמִסְפַּר חוֹל יִזְכֹּר.
רֹבַע מִסְפָּרוֹת / מַחֲנֵי לְכַפָּרוֹת   רֶגֶשׁ שׁוֹפָרוֹת / לְשַׁפְּרָם יִזְכֹּר.

זְכֹר קְרִיאַת סֵפֶר / אֲשֶׁר גָּלְמִי שֶׁפֶר   קָצַב לוֹ בַּסֵּפֶר / בְּכָל דּוֹר וָדוֹר לִזְכֹּר.
קֶצֶף אִם הֶחֱרַט בַּסֵּפֶר / לְבִלְתִּי מְצֹא כֹּפֶר
קִיּוּם זִכְרוֹן זֶה סֵפֶר / לְפָנָיו יִזְכֹּר.

זְכֹר צְפוּן מוֹרְדֵי אוֹר / תְּמִים דּוֹר כָּאוֹר   צִיָּה כְּחָר לָאוֹר / קְנוּיָיו יִזְכֹּר.
צְפוּפִים פְּנֵי נָאוֹר / מִשְׁפָּטָם תֵּת לָאוֹר   צַחַן רֹעַ שְׂאוֹר / בְּרִיב כֹּל יִזְכֹּר.

זְכֹר פְּעֻלַּת אֶזְרָח / הֶעֱרִתָהּ מִמִּזְרָח   פָּעֳלוֹ יִזְרָח / בְּקֶרֶב שָׁנִים יִזְכֹּר.
פַּח אִם הֻטְרַח / פְּרָחָיו לִמְרֹחַ   פִּלּוּלוֹ יִצְרַח / בַּעֲדָם יִזְכֹּר.

זְכֹר עֲקֵדַת מוֹרִיָּה / כְּהָיִית רְאִיָּה   עֲדֵי עֵרֹם וְעֶרְיָה / סְבוּכוֹ יִזְכֹּר.
עֶצֶב טְרִיָּה / אִם כּוֹאֲבָה פּוֹרִיָּה   עֲתָרוֹ לִרְאִיָּה / וְלִזְכוּת יִזְכֹּר.

זְכֹר סֻלָּם חָלַם / וְעָלָיו מְחוֹלְלָם   שָׂרֵי אַרְבַּע וְעָלָם / בּוֹ כְּמֵאָז יִזְכֹּר.
שְׂרִיגָיו בְּמַעֲלָם / וְיֹאמַר לְגָאֳלָם   שִׂיחוֹ יוֹעִילָם / בְּרִית לִזְכֹּר.

זְכֹר נְקוּבֵי מַטּוֹת / שְׁבוּעוֹת מַטּוֹת   נְדִידוֹת הַמִּטּוֹת / לְאַמְּצָם יִזְכֹּר.
נוֹשְׂאֵי עַל מוֹטוֹת / אִם פָּץ לְהַמְטוֹת   נֶפֶץ חֲדַר הַמִּטּוֹת / לְכִפּוּר יִזְכֹּר.

זְכֹר מְצוּקִים / יְסוֹד מוּצָקִים   מִפְּעָלָם לְצוֹעֲקִים / בְּפוּט חָשׁ לִזְכֹּר.
מִפִּי יוֹנְקִים / אֲשֶׁר בַּסּוּף נוֹאֲקִים
מַאֲמַר בְּרִית וְחֻקִּים / דְּבַר קָדְשׁוֹ יִזְכֹּר.

זֵכֶר לִין כְּפָרִים / וְאִמְרֵי שְׁפָרִים   לִמְשַׁלְּמֵי פָרִים / בְּשָׂפָה יִזְכֹּר.
לְעֵת בִּקּוּר סְפָרִים / סְתָרִים מְסַפְּרִים   לִשְׁנֵי עֳפָרִים / לְצֶדֶק יִזְכֹּר.

זֵכֶר כְּבוֹד מִשְׁכָּן / מְקוֹם דּוֹד שָׁכַן   כְּרוּבִים בּוֹ שָׁכַן / חֶסֶד נְעוּרִים יִזְכֹּר.
כִּיּוֹר עִם כַּן / וְנֹעַם קוֹל דּוֹכָן   כַּבִּיר בְּיוֹם מוּכָן / לַנְּבוֹנִים יִזְכֹּר.

זֵכֶר יְלִיד נוּן / וּמִשְׁפְּטֵי אוּרֵי אֶפְנוּן   יִזָּכְרוּ בְרִנּוּן / פִּלְאָם לִזְכֹּר.
יָקֵשׁ בְּרַק הַשָּׁנוּן / אִם הֻשְׁלַךְ לְתַאֲנוּן   יַקְשִׁיב תַּחֲנוּן / חֲנוּנָיו לִזְכֹּר.

זֵכֶר טַעַם שׁוֹפְטִים / וְאוֹת קְצִיר חִטִּים   טֶפֶשׁ שׁוֹטִים / יְחַתֵּל מִלִּזְכֹּר.
טֹרַח אַרְבַּעַת שְׁפָטִים / אִם נֶעֶנְשׁוּ נִשְׁפָּטִים
טֶבַע מִשְׁפָּטִים / אֲשֶׁר שָׂם יִזְכֹּר.

זֵכֶר חֲצוֹת לַיְלָה / וְתוֹדוֹת מִשְׁפְּטֵי לַיְלָה   חֹשֶׁךְ בְּאִישׁוֹן לַיְלָה / נִגּוּנוֹ יִזְכֹּר.
חֵקֶר מִפְקַד לַיְלָה / יְגִיָּה בְּלַהַב לַיְלָה
חֹק הָגֶה יוֹמָם וָלַיְלָה / לְגִיהֶם יִזְכֹּר.

זֵכֶר זֶה זְבוּל / אֲשֶׁר בִּבְצְעֵי חָבוּל   זְדוֹנוֹת סְבוּל / עוֹד בַּל יִזְכֹּר.
זַעַם כַּמַּבּוּל / אִם יָצָא לַחֲבוּל   זִכְרוֹן יֶרַח בּוּל / לְחֶמְלָה יִזְכֹּר.

זֵכֶר וְכֹחַ כָּל פֹּעַל / בְּקַו וָפֶלֶס יַעַל   וְאִם בְּמֶרֶד וְאִם בְּמַעַל / רַב חֶסֶד יִזְכֹּר.
וְאִם טוֹב וְאִם רַע / אֲשֶׁר בּוֹ יֶאֱרַע   וְסִתּוֹ יִפָּרַע / בְּסַאסְאָה מִלִּזְכֹּר.

זֵכֶר הַחַיִּים / עַד כַּמָּה הֵם חַיִּים   הֵן אִם לַמָּוֶת אִם לַחַיִּים / חַי חַי יִזְכֹּר.
הֲמוֹן שָׁאוֹן בְּרוּאִים / יַעַבְרוּ לְפָנָיו כִּמְרִיאִים
הֲלֹא כְּמוֹ רְאוּיִים / לְכָל אֶחָד יִזְכֹּר.

זֵכֶר דַּלּוּת וָעֹשֶׁר / בַּצָּרֹת וָחֹשֶׁר   דָּפִי וְגַם יֹשֶׁר / בְּדִין הוּא יִזְכֹּר.
דְּבַר גָּלוּי וָסֵתֶר / בֵּינוֹנוֹת וְסוֹתֵר   דֵּי חָסֵר וְיָתֵר / לְקֶצֶב יִזְכֹּר.

זֵכֶר גְּנוּנִים לְיֵשֵׁב / בַּמִּדְבָּר וְיוֹשֵׁב   גֶּשֶׁם וָרוּחַ לְנַשֵּׁב / מֵהַיּוֹם יִזְכֹּר.
גָּרוֹן לְהַקְשֵׁב / מֵעַם שְׁמוֹ חוֹשֵׁב   גָּלֻיּוֹת לְהָשֵׁב / בְּיוֹם תֵּקַע יִזְכֹּר.

זֵכֶר בַּהַל וְחֵמָה / קְרָב וּמִלְחָמָה   בְּקוֹעַ חוֹמָה / לְחוֹמַת יָם יִזְכֹּר.
בְּאָדָם וּבַבְּהֵמָה / אִם הֻקְנַס מְהוּמָה   בְּצוּר קוֹל הוֹמָה / לַאֲדָמָה יִזְכֹּר.

אוֹת פְּקֻדַּת בֹּקֶר / לִרְגָעִים יִזְכֹּר. זֵכֶר אֱמוּנָה וָשֶׁקֶר / אִזּוּן שִׂיחַ וָסֶקֶר

שליח הציבור:

אִם לְזוּל אִם לְיֹקֶר / אִם לְטָעַת אִם לְעָקֵר

אֱנוֹשׁ בְּדִקְדּוּק וְחֵקֶר / לְמִשְׁפָּט יִזְכֹּר.

יש נוהגים להוסיף שורות אלה, שחוברו לזכר הנרצחים על קידוש השם:

זֵכֶר בְּחוּנֵי שְׁמַד / טֶבַח זֵד מְשַׁמֵּד / בְּיוֹם תַּעַן וּמַעֲמָד

זִכְרוֹנָם לְפָנֶיךָ יַעֲמֹד לִזְכֹּר.

כְּמָלֵא גְוִיּוֹת בְּנֵי נֵכָר / דָּמָם הֱיוֹת מֻנְכָּר / בְּהַבְדִּילוֹ בְּנֵי נֵכָר

דּוֹרֵשׁ דָּמִים אוֹתָם זָכַר וְיִזְכֹּר.

זֵכֶר בָּאֵי בָאֵשׁ וּבַמַּיִם / נוֹשְׂאֵי לְךָ עַיִן לַשָּׁמַיִם / בְּיוֹם מְיֻמִּים

זִכְרוֹן פְּגִיעַת פְּעָמִים יִזְכֹּר.

בְּרַחֲמֵי מִדָּתֶךָ / תִּשְׁפֹּט יְחִידָתֶךָ / בִּרְצוֹן עֲבוֹדָתֶךָ

קִנְיַן עֲדָתֶךָ זָכוֹר תִּזְכֹּר.

ממשיכים ׳אַתָּה זוֹכֵר מַעֲשֵׂה עוֹלָם׳ בעמ׳ 225,
ואם אומרים פיוט זה ביום ראשון, ממשיכים בעמ׳ 336.

תקיעתא לזיכרונות ליום ב׳ של ראש השנה (או ליום א׳, אם חל בשבת)

סימן א״ב כפול

הכול:

אֶפְחַד בְּמַעֲשַׂי / אֶדְאַג בְּכָל עֵת / אִירָא מִיּוֹם דִּין / בְּבוֹאִי לְזִכָּרוֹן.
אֶדְרֹשׁ לְחַנּוּן / אֲחַלֶּה לְרַחוּם / אֶתְחַנֵּן לְחֹק לִי / יוֹם זִכָּרוֹן.
בְּבוֹאִי לַמִּשְׁפָּט / בְּמִי אֶשָּׁעֵן / וּמִי יְחַפֵּשׂ לִי / צֶדֶק לְזִכָּרוֹן.
בָּאָבוֹת בָּטַחְתִּי / וּפָעֳלָם אָכַלְתִּי / וְהֵם הָיוּ לִי / קֶדֶם לְזִכָּרוֹן.
גָּבְרָה זְרוֹעִי / כְּשֶׁת מְחַיֵּנִי נָא / לְבַל יִמַּח מֶנִּי / שֵׁם וְזִכָּרוֹן.
גֶּבֶר אִם יַעֲמֹד / לְפָנָיו, הֲיוֹעִיל / בְּעֵת יְבַקֵּשׁ מֶנִּי / זְכוּת לְזִכָּרוֹן.
דַּעְתִּי בְּלוֹבֵשׁ אֵפוֹד / וְחֹשֶׁן הַמִּשְׁפָּט / אֲשֶׁר בָּם הוּחַק / שְׁמִי לְזִכָּרוֹן.
דִּלֵּג בְּמַחְתָּה / עַד יֵעָצֵר נֶגֶף / בְּגֶשֶׁת זָר מְכַהֵן / יָקוּד לְזִכָּרוֹן.
הַבִּיטָה אֵל / בְּעָמְדִי לְפָנֶיךָ / אֵין בְּקִרְבִּי אֱנוֹשׁ / תָּוִי לְזִכָּרוֹן.
הֲיֵשׁ מִי יְפַלֵּל / וְיָשִׁיב חֵמָה / וְיוּחַק לְדוֹרוֹת / שְׁמוֹ לְזִכָּרוֹן.
וּמִי שׂוֹנֵא בֶצַע / יְדַבֵּר עָנוּ בִי / וְיַעַן וְיֹאמַר עֵד / אֲדוֹן לְזִכָּרוֹן.
וּבִטְלֵה חָלָב / יְכַפֵּר בַּעֲדֵנוּ / וּכְנֶגֶד שְׁנֵי עֳפָרִים / יַעַל לְזִכָּרוֹן.
זַעַף יָרֵא, וַיֹּאמַר / תְּהִי יָדְךָ בִּי / אֲשֶׁר כְּלֵב אֱלֹהָיו / הוּא לְזִכָּרוֹן.
זָעַק, וְהֵשִׁיב / חֶרֶב אֵל נְדָנָהּ / וְהוּשַׁת לוֹ כַשֶּׁמֶשׁ / כֵּס לְזִכָּרוֹן.
חִכִּיתִי בְּעֵת עֹצֶר / לְפוֹתֵחַ וּמַמְטִיר / כְּמַשִּׁיב רוּחַ לַיֶּלֶד / אָבוֹד מִזִּכָּרוֹן.
חַי לִרְאוֹת בְּרִית / בְּדַבְּרוֹ קִנֵּאתִי / כִּי עָזְבוּ עָם / בְּרִית וְזִכָּרוֹן.
טֶרֶם הָיָה לִי / מְכַפֵּר פָּנִים / מִנְחָה הוֹלֶכֶת / כְּשֹׁחַד לְזִכָּרוֹן.
טֶרֶף נֵרְדְּ וְסַמִּים / לְמֵסַב חֲדָרָיו / דָּם וְחֵלֶב לְנִיחוֹחַ / וְלֶחֶם לְזִכָּרוֹן.
יָצַגְתִּי וְהוּשַׁמְתִּי / עַל גֶּחָלַי רַקָּה / כִּי לֹא אַלְמָן / שַׁתִּי לְזִכָּרוֹן.
יָהּ אֶבְטַח בָּךְ / וְלֹא בִנְדִיבִים / כִּי הֵם בַּקֶּבֶר / וְלָנֶצַח שִׁמְךָ לְזִכָּרוֹן.
כָּל אֵלֶּה סְמָכוּנִי / וְרַחֲמֶיךָ בִקַּשְׁתִּי / לוּלֵי הֵם תַּמְתִּי / וְאֵינִי לְזִכָּרוֹן.
כִּי הֵם בִּזְרוֹעַ / עָדֶיךָ לֹא בָאוּ / רוֹמְמוֹתֶיךָ בְּפִיהֶם / שָׂמוּ לְזִכָּרוֹן.
לְיוֹם זֶה נִכְמַס / סֵכֶם חֶשְׁבּוֹנוֹת / תְּחִלָּה לְיָמִים / וְרֹאשׁ לְזִכָּרוֹן.
לְהִקָּרֵא בוֹ / כְּתָב עֵט וְשָׁמִיר / גָּלוּי וּבָאֵר / וְיָדוּעַ לְזִכָּרוֹן.
מָוֶת וְחַיִּים / שָׁלוֹם וּמִלְחָמָה / צַחְצָחוֹת וְשֹׂבַע / בָּאוּ לְזִכָּרוֹן.
מַעְגְּלֵי גֶבֶר / וּמִסְפַּר צְעָדָיו / נִשְׁכָּחוּ מֵאֱנוֹשׁ / וְלָאֵל לְזִכָּרוֹן.

נִסְתְּרָה דַּרְכִּי / מִי יוּכַל שִׂיחַ / לַשָּׁוְא נִכְתַּב לִי / חֵטְא לְזִכָּרוֹן.
נֶגֶד פְּנֵי גֶבֶר / מַעֲשָׂיו יוֹכִיחוּ / וְיַעֲנֶה בּוֹ כַּחְשׁוֹ / עֵד לְזִכָּרוֹן.
שִׂיחוּ מְזִמּוֹת אֵל / יַחַד כָּל בְּנֵי אִישׁ / עוֹבְרֵי תַּחַת שֵׁבֶט / כַּצֹּאן לְזִכָּרוֹן.
סוֹגֵר דֶּלֶת / בְּעַד תְּמִימִים בְּזַעַם / עַד בּוֹא קֵצָם / צֵאת לְזִכָּרוֹן.
עֲשֵׂה פֶלֶא לַחַיִּים / לְבַל יִהְיוּ כַּמֵּתִים / הֲיֵשׁ אֲמִתֶּךָ / בַּקֶּבֶר לְזִכָּרוֹן.
עוֹרַרְתָּ אָז בְּפֹעַל / עוֹרְרֵנוּ בְּלֹא פֹעַל / הֲלֹא לְנִפְלְאוֹתֶיךָ / תַּעַשׂ זִכָּרוֹן.
פְּנֵה אֱלֹהִים / בְּיוֹשְׁבֵי גַנִּים / מַקְשִׁיב לְנִדְבָּרֵימוֹ / בְּדַת לְזִכָּרוֹן.
פְּעָלָם לְפָנֶיךָ / וּשְׂכָרָם אִתָּךְ / אוֹכְלֵי לֶחֶם הָעֲצָבִים / בְּסֵפֶר לְזִכָּרוֹן.
צַצוּ שׁוּעָלִים / מְחַבְּלִים כְּרָמִים / לְהַכְרִית מִגֶּפֶן / שֹׁרֶשׁ וְזִכָּרוֹן.
צְרוּרִים בְּפֶרֶךְ / נָאֲקוּ וְנוֹשָׁעוּ / בְּכֹשֶׁר הַרְרֵי קֶדֶם / הוּחַק לְזִכָּרוֹן.
קֶדֶם בְּנִתָּה לַדּוֹרוֹת / נַמְתָּה אֵין בָּהֶם חֵפֶץ / חֲלַפְתָּם וְאִבַּדְתָּם /
מִהְיוֹת לְזִכָּרוֹן.
קָחְתָּה דוֹר מֵאֶלֶף / אֲמָרֶיךָ הִנְחַלְתָּם / לְמַעַנָם בְּכָל דּוֹר / חַקְתָּ לְזִכָּרוֹן.
רָם חָשַׁק מְאֹד / בְּכַלַּת נְעוּרִים / הֲרוּגָה וַעֲנִיָּה / תְּתָה לְזִכָּרוֹן.
רָצָה אַחֲרֶיךָ / בְּגֵיא צִיָּה וְצַלְמָוֶת / אַהֲבַת כְּלוּלוֹתֶיהָ / תַּעַשׂ לְזִכָּרוֹן.
שִׁחֲתוּ עַם / שְׂאֵת שִׁמְצָה בְּקָמֵיהֶם / שָׂם פֶּסֶל וְלֹא אֵל / שָׁתוּ לְזִכָּרוֹן.
שְׂכָלוּ כִּמְעַט רֶגַע / לוּלֵא קָם בַּפֶּרֶץ / מְעוֹרֵר שְׁבוּעָה / וּבְרִית לְזִכָּרוֹן.
תִּעַבְתָּ מֵאָז / עֲדַת כָּל לְאֻמִּים / חֲשַׁקְתָּנוּ מֵהֶם / עֵדוּת לְזִכָּרוֹן.
תְּמוּר כֶּסֶף נִמְאָס / דּוֹר נִשְׁכַּח קָחְתָּ / קְנֵנוּ שֵׁנִית / כִּי שְׁכַחְנוּ מִזִּכָּרוֹן.
תָּר אִישׁ תָּם / בְּמִי זַרְעוֹ יְכֻנֶּה / שִׂכֵּל יָדָיו / לְאוֹת וְזִכָּרוֹן.

שליח הציבור:

תְּרַפֵּק מְשׂוֹל אֶפְרַיִם / בְּשַׁעֲשׁוּעַ יֶלֶד / כְּיֶלֶד וּבֵן יַקִּיר / חַקְתָּ לְזִכָּרוֹן.

ממשיכים 'אַתָּה זוֹכֵר מַעֲשֵׂה עוֹלָם' בעמ' 336,
ואם אומרים פיוט זה בשבת, ממשיכים בעמ' 225.

תקיעתא לשופרות ליום א׳ של ראש השנה (או ליום ב׳, אם חל ביום ראשון)

סימן תשר״ק מרובע

הכול:

אֶשָּׂא דֵעִי בְּצֶדֶק / תֵּת לְפוֹעֲלִי צֶדֶק

אֶשְׁאֲלָה מִשְׁפְּטֵי צֶדֶק / קוֹל לְהָרִים כַּשּׁוֹפָר.

אֵין קוֹרֵא בְצֶדֶק / רוֹדֵף צֶדֶק צֶדֶק

אֶקְרָא שִׁמְעָה צֶדֶק / בְּקוֹל בָּלוּל בַּשּׁוֹפָר.

בָּנְתִּי בְּמַדָּעִי / לְמֵרָחוֹק שְׂאֵת דֵּעִי   בִּטּוּי תְּרוּעָה בְּיָדְעִי / בְּקוֹל מַתַּן שׁוֹפָר.

בּוֹ בַּהֲרִיעִי / אֲרַצֶּה לִי רוֹעִי   בְּאַמְּצוֹ זְרוֹעִי / בְּקוֹל כֹּחַ שׁוֹפָר.

גַּשְׁתִּי בְּיוֹם דִּין / לְהִתְוַכֵּחַ בַּדִּין   גּוֹלֶה עֹמֶק הַדִּין / בְּקוֹל קִפָּאוֹן שׁוֹפָר.

גְּזֵרַת דָּת וָדִין / אִם חָיַבְתִּי בַּדִּין   גְּרוֹנִי יְעַכֵּב מוֹרַע דִּין / בְּקוֹל עִם שׁוֹפָר.

דְּרֹשׁ וְהַעַל רְטִיָּה / לִפְנֵי טְרִיָּה   דַּעַת לִטְרוּיָה / בְּקוֹל חֹבֵשׁ שׁוֹפָר.

דָּחוּי לִכְרוּיָה / בְּעַד נְכָרִיָּה   דְּרוֹר לְכָל בְּרִיָּה / בְּקוֹל עֲבָרַת שׁוֹפָר.

הַכְשֵׁל בְּנַאֲפוּף / בְּזָרַת גִּפּוּף   הַצֵּג בְּרִיב צִפּוּף / בְּקוֹל חֶרְדַּת שׁוֹפָר.

הָעֲנֵשׁ בְּאִפּוּף / וְשַׁב הֱיוֹת חָפוּף   הוֹעִילוּ לֵב כָּפוּף / בְּקוֹל כְּפִיפַת שׁוֹפָר.

וְאִם שׁוֹד יַעֲלְזוּ / וּבַדִּין יְלִיזוּ   וְצֶדֶק יָרוּץ לְאָחְזוּ / בְּקוֹל חִיל שׁוֹפָר.

וּכְמוֹ מַכְנִיס בְּזוֹ / וּמוֹצִיא בְּזוֹ   וְכֵן מֵנוּ יְגִיזוּ / בְּקוֹל רוּחַ שׁוֹפָר.

זֶה מִכָּל קוֹלוֹת / אֲשֶׁר בְּמַקְהֵלוֹת   זִקֵּק לִקְהִלּוֹת / קוֹל תֵּקַע שׁוֹפָר.

זְמָמֵי עֲקַלְקַלּוֹת / מְחַיְּבֵי סְקִילוֹת   זָעוּ בְּגִדּוּעַ מַקְלוֹת / בְּקוֹל שֵׁמַע שׁוֹפָר.

חַי מִכָּל שָׁנָה / יוֹם זֶה שָׁנָה   חָקוּק לְשׁוֹשַׁנָּה / בְּקוֹל חֵרוּת שׁוֹפָר.

חִבַּתּוֹ מִשְׁנָה / שְׁנִיָּה מֵרִאשׁוֹנָה   חֵטְא כָּל הַשָּׁנָה / דְּחוֹת בְּקוֹל שׁוֹפָר.

טֶבַע בְּרָכוֹת תֵּשַׁע / מוּל שׁוֹפָרוֹת תֵּשַׁע

טָהוֹר מֵהֶם יֵשַׁע / בְּקוֹל דָּת שׁוֹפָר.

טֶנֶף צַחוּנֵי רֶשַׁע / בְּשׁוּבָם מִפֶּשַׁע   טְרִיָּתָם תְּשַׁעֲשַׁע / בְּקוֹל שֶׁוַע שׁוֹפָר.

יוֹטֵב מִשּׁוֹר פָּר / וּמֵאִיל הַמְשֻׁפָּר   יוֹם הַמְסֻפָּר / לְקוֹל חִדּוּשׁ שׁוֹפָר.
יְקֶשׁ יוּפַר / וְסוֹטֵן יְחֻפַּר   יֹשֶׁר לֵב יְשֻׁפַּר / בְּקוֹל שִׁפּוּר שׁוֹפָר.

כְּעֵת הֵם תּוֹקְעִים / גַּיְא מְבַקְּעִים   כְּרַכִּים מַשְׁקִיעִים / בְּקוֹל שְׁאוֹן שׁוֹפָר.
כָּל הֲמוֹן מְרֵעִים / בְּחִילוֹ מִתְרוֹעֲעִים
כַּאֲשֶׁר הֵם מַתְרִיעִים / קוֹל יָרִיעַ כַּשּׁוֹפָר.

לְקוֹלוֹ כְּיֻקְשַׁב / יְבְעַת כָּל מוֹשָׁב
לְאֻמִּים בְּסַעַר יְנֻשַּׁב / בְּקוֹל סַעֲרַת שׁוֹפָר.
לְיוֹדְעָיו יוֹשֵׁב / לְאוֹת טוֹב יִתְחַשֵּׁב   לְעֵת יִתְיַשֵּׁב / בְּקוֹל טַעַם שׁוֹפָר.

מוֹאֲסָיו לְהַבְקִיעַ / בּוֹגְדָיו לְקַעְקֵעַ   מוֹרְדָיו לְהַשְׁקִיעַ / בְּקוֹל חִזּוּק שׁוֹפָר.
מַאֲרִיךְ בְּהִתָּקַע / מְקַצֵּר בְּהִבָּקַע   מֵרִיעַ וְתוֹקֵעַ / בְּקוֹל שִׁלּוּשׁ שׁוֹפָר.

נוֹתֵן אֵימוֹת / מַחְפִּיז אֻמּוֹת   נוֹסוּ נוֹאֲמוֹת / מִקּוֹל בּוּךְ שׁוֹפָר.
נוֹתֵן חוֹמוֹת / מַשְׁבִּית מִלְחָמוֹת   נוֹהֵם כַּהֲמוֹת / בְּקוֹל שַׁאַג שׁוֹפָר.

סוֹדוֹ כְּגִלָּה / בְּסִין לִסְגֻלָּה   סִיּוּם מְגִלָּה / בְּקוֹל הִלּוּךְ שׁוֹפָר.
סוֹד יוֹם גְּאֻלָּה / בְּחָסְפּוֹ לַדְּגוּלָה   שָׂשׂוֹן וְגִילָה / בְּקוֹל יַשְׁמִיעַ שׁוֹפָר.

עָשׁוֹר דּוֹחֶה / עֹנֶג מַדְחֶה   עֲבֵרוֹת מַמְחֶה / בְּקוֹל צֶרַח שׁוֹפָר.
עֲוֹנוֹת מוֹחֶה / עַבְדוּת מַנְחֶה   עֲבוֹדוֹת מְאַחֶה / קוֹל חִצּוּר שׁוֹפָר.

פֵּגֶר וְהַסְעִיר / מַמְלְכוּת שָׂעִיר   פִּשְׁעָהּ תָּעִיר / בְּקוֹל קוֹלוֹת שׁוֹפָר.
פִּתְחֵי הָעִיר / תַּשְׁקִיעַ וְתַבְעִיר   פַּחַד רַב וְצָעִיר / מִקּוֹל הֲמִית שׁוֹפָר.

צִיּוֹן רֶמֶז אוֹת / שׁוֹפָרוֹת שְׁלֹשׁ מֵאוֹת
צָוְחָה בְּמִדְיָן דְּאוֹת / בְּקוֹל שִׁתּוּף שׁוֹפָר.
צִפְצְפוּ צְבָאוֹת / כְּשָׁרוּ פְּלָאוֹת   צוּר כְּעֵשׂ נִפְלָאוֹת / בְּקוֹל עֵרֶב שׁוֹפָר.

קוֹל חֲלוּשָׁה / בְּאַרְקָא חֲלָשָׁה   קוֹלוֹת מַתַּן שְׁלֹשָׁה / קוֹלוֹת כְּנִתְּנוּ בַּשּׁוֹפָר.
קֶרֶן מְשֻׁלָּשָׁה / הַיּוֹם לִזְכֹּר אֲשַׁלֵּשָׁה   קְרָא עוֹד שְׁלֹשָׁה / בְּקוֹל עִתּוּד שׁוֹפָר.

רָחַשְׁתִּי לַעֲלִיּוֹת / וְעֵינַי תְּלוּיוֹת / רְאוֹת כִּנּוּס גָּלֻיּוֹת / בְּקוֹל גֹּדֶל שׁוֹפָר.
רְבִיעִית חַיּוֹת / לִיקוֹד לִהְיוֹת / רֶשֶׁף שַׁלְהֲבִיּוֹת / בְּקוֹל לַהַב שׁוֹפָר.

שֵׁנָה תְעוֹרֵר / לְשַׁלֵּם גְּמוּל לְצוֹרֵר / שְׁאוֹנוֹ תְּפוֹרֵר / בְּקוֹל גְּבוּרוֹת שׁוֹפָר.
שׁוֹשָׁן תַּדְרֵר / גְּאֻלָּה תְבָרֵר / שׁוֹכְנִים תְּזוֹרֵר / בְּקוֹל הֲעָרַת שׁוֹפָר.

תְּיַשֵּׁר מֵחֶרְמוֹן / לְרוֹעֵעַ אַדְמוֹן / תַּשְׁלֵג בְּצַלְמוֹן / בְּקוֹל הֲמוֹן שׁוֹפָר.

שליח הציבור:

תִּצְעַד כְּבִישִׁימוֹן / בְּמַתַּן אָמוֹן / תַּשְׁמִיעַ בְּאַרְמוֹן / קוֹל קוֹרֵא כַּשּׁוֹפָר.

ממשיכים ׳אַתָּה נִגְלֵיתָ׳ בעמ׳ 229,
ואם אומרים פיוט זה ביום ראשון, ממשיכים בעמ׳ 340.

תקיעתא לשופרות ליום ב׳ של ראש השנה (או ליום א׳, אם חל בשבת)

סימן א״ב כפול

הכול:

אָנוּסָה לְעֶזְרָה / אֶמְצָא נֶגְדִּי / אֵל קָרוֹב לִי / בְּעֵת קָרְאִי בְקוֹל.
אֲשֶׁר בַּעֲדַת אֵל / בְּקִרְבִּי נִצָּב / פֹּה בְּמִקְדַּשׁ מְעַט / אֲצַפְצֵף לוֹ בְקוֹל.

בִּקְרָנִי, דְּרָשַׁנִי / שֶׂה פְזוּרָה אֲנִי / נִגְזַזְתִּי וְנֶאֱלַמְתִּי / בְּלִי לְהָרִים קוֹל.
בְּאֱמֹר גּוֹזְזַי / נִדָּחָה הִיא / שׁוֹמְרָה וְצִלָּהּ / לֹא יִשְׁאַג בְּקוֹל.

גִּלֵּיתִי שִׂיחַ בְּחֻקָּיו / וְחִכִּי עָרֵב / כְּהִטָּה אֹזֶן, וְשָׁח / הַשְׁמִיעֵנִי קוֹל.
גָּז וּבָרַח מִנִּי / כְּעֹפֶר עַל הָרֵי בָתֶר / בְּבַקְשׁוּ דָּת וָאוֹת /
בְּמִשְׁכְּנוֹתַי, וְאֵין קוֹל.

דִּלֵּג מִבֶּתֶר לְבֶתֶר / הֲשִׁיבֵהוּ אֵלַי / אוּלַי יִשָּׂא פָנֶיךָ / עֵקֶב שָׁמֵעַ בְּקוֹל.
דְּרוֹשׁ טוֹבָה לַמּוֹרָאָה / וּרְאֵה שֶׂה מוֹרִיָּה / אֱלֶם פִּיהוּ יְהִי צֶדֶק /
לְלֹא שָׁמְעָה בְקוֹל.

הָסֵר מְחַלֵּק / יָדַיִם שְׂעִירוֹת / הוֹגֶה בְתַחֲנוּנִים / כִּי לְךָ הַקּוֹל.
הוֹשַׁע אֲשֶׁר / לֹא תִשָּׁכַח עֵדוּת / וּמִפִּי זַרְעוֹ / לֹא יָסוּף קוֹל.

וְחוֹזַי וּמְלִיצַי / הֵם בְּנֵי אִמִּי / אָז נִחֲרוּ בִי / לְמַעַן אֶשְׁמַע קוֹל.
וְעַל מִשְׁמַרְתָּם / יַעַמְדוּ וְיִזְעֲקוּ / וְגַל לָהֶם סוֹד / וְהוּא יַעֲנֵם בְּקוֹל.

זֶה חָמַק מִנִּי / אֲסוֹבְבָה וַאֲבַקְשֶׁנּוּ / בְּכָל מָקוֹם הוּא / אָנָה אֶשָּׂא קוֹל.
זֵכֶר דּוֹדִי לְמַטָּה / אַדִּיר בַּמָּרוֹם / מְלֹא כָל הָאָרֶץ כְּבוֹדוֹ /
לְמַעְלָה קוֹרְאִים בְּקוֹל.

חֵילֵי מַיִם / אֲשֶׁר בָּם תִּכֵּן שְׁבִילוֹ / דִּבְּרוּ, תְּמוּנָה לֹא שָׁרוּ / זוּלָתִי קוֹל.
חִפַּשְׂתִּי יְשִׁימוֹן הַיֵּשׁ / וְאָמַר אַיִן / קֶדֶם תִּתּוֹ עֹז / בְּעָתְנִי קוֹל.

טָהוֹר דִּלֵּג / הָרִים, וְעָבַר / וּמִמְּעוֹן הַר מוֹר / אָז נָתַן קוֹל.
טִמֵּאתִי יְדִידוּת / שִׁכְנוֹ, וְעָלָה / לְיוֹם כֶּסֶא יָבוֹא / בְּאָזְנַי קוֹל.

יְקָרְתִּי בְּעֵינָיו / וְנִלְוָה לִי בַּשֶּׁבִי / עִמּוֹ אָנֹכִי / הִבְטִיחַנִי בְקוֹל.
יָרַד לְשִׁנְעָר / וְשָׂם כֵּס בְּעֵילָם / הִשְׁמִיעַ כַּאֲרִי / וּכְנָחָשׁ קוֹל.

כִּלָּה מִנִּי דֹּב / כְּהִתְרַפָּה מִמְּלָאכֶת / אֲשֶׁר חָק בְּמִכְתָּב / וַיַּעֲבֶר קוֹל.
כָּבַשׁ לִי אַרְבָּעָה / רָאשֵׁי נָמֵר / וְגַם אֲנִי בְּהוֹדָיוֹת סֶלָה / אַשְׁמִיעַ לוֹ קוֹל.

לְחַיַּת קָנֶה / אָז מָכַר אֶרֶץ / מִי לִי בַשָּׁמַיִם / אָז הֵרִימָה קוֹל.
לֵאלֹהֵי יִשְׁעִי / מִשִּׁנֵּי בַרְזֶל שַׁוְעָתִי / וּמֵרֶגֶל עַבְטִיט / הִצְרַחְתִּי בְקוֹל.

מִדַּת קִצִּי / לֹא הוֹדִיעֻנִי / מָתַי בְּאַרְצִי / תּוֹר יַשְׁמִיעַ קוֹל.
מִיּוֹדְעֵי סֵפֶר / חָתַם קִצִּי / לְבַל דַּעַת צוֹפַי / עֵת יִשְׂאוּ קוֹל.

נָא הַבֵּט וּרְאֵה / עָנְיִי וּמְרוּדִי / אֵין לִי מַכִּיר / לְמִי אֶשָּׂא קוֹל.
נֶצַח אֲקַוֶּה / כִּי לֹא יִפֹּל דָּבָר / מִמַּקְשִׁיבַי / דְּמָמָה וָקוֹל.

שׂוֹשׂ יָשִׂישׂ / לִבִּי בְקִרְבִּי / (בְּשָׁמְעִי) דּוֹדִי דוֹפֵק / עַל פִּתְחִי בְקוֹל.
סֶלָה יְשִׁימֵנִי / כַּחוֹתָם עַל לֵב / כְּאָז תַּחַת הַתַּפּוּחַ / עוֹרַרְנִי בְקוֹל.

עִלִּיתַנִי אֵל / עַל כָּל בָּנוֹת / כִּי בַעֲבוּרִי / בְּחוֹרֵב תַּתָּה קוֹל.
עַל כָּל אֱלֹהִים / מְאֹד נַעֲלֵיתָה / וְנֶצַח תִּתְעַלֶּה / בִּתְרוּעַת קוֹל.

פָּעָה מִמִּדְבָּר / צִפּוֹר מִמִּצְרַיִם / וְיוֹנָה הִשְׁמִיעָה / מֵאַשּׁוּר קוֹל.
פְּקֹד צִפּוֹר בַּיִת / דְּרֹשׁ יוֹנַת אֵלֶם / תְּקַע לָמוֹ בַשּׁוֹפָר / וּשְׁרֹק לָמוֹ בְקוֹל.

צוּר חֻקִּים מֶנִּי / בַּל יָעוּפוּ כַּנֶּשֶׁר / וּבַל יִכָּנְפוּ / מַשְׁמִיעֵי קוֹל.
צְרוּפָה אֶלְמַד / וְעֵינַי לְמוֹרַי / כְּאָז צִיר מְדַבֵּר / וְאֵל מְשִׁיבוֹ בְקוֹל.

קָרֵב קֵץ / בָּא עֵת מִשְׁפָּט / קָם מֵלִיץ יֹשֶׁר / לְהִתְחַנֵּן בְּקוֹל.
קַדֵּשׁ חֹדֶשׁ / וְהוּכַן מוֹעֵד / אֶתְקַע בַּשּׁוֹפָר / וְיַעֲנֶה לִי בְקוֹל.

רֶגֶשׁ מִקֶּבֶר / צָוְחָה מִסֶּלַע / בְּעֵת יִבְשֵׁי עֶצֶם / מֵעָפָר קוֹל.
רְאוּ נֵס בֶּהָרִים / וְקוֹל שׁוֹפָר בָּאָרֶץ / לְהַשְׁמִיעַ רֶנֶן / מִדְּמוּמֵי קוֹל.

שֶׁגֶּג לֵב הוֹתֵל / עוֹד בַּל יְתַנּוּ / בְּלִי לְהַכְבִּיד אֹזֶן / מִשְּׁמֹעַ קוֹל.
שׁוֹבֵב לִי כְּקֶדֶם / דַּת מוֹרָשָׁה / אֲשֶׁר בָּהּ עִלַּפְתַּנִי / בְּלַפִּידִים וְקוֹל.

תְּבוּנָה הֵפִיק / אִישׁ נְבוֹן דָּבָר / וְחֵק נֹעַם זְמִירוֹת / בִּנְעִימוֹת קוֹל.
תְּהִלָּה יִתְּנוּ / אָז לְכֹל הַשְׁמִיעַ / לָאֵל מוֹשֵׁל בַּכֹּל / יַמְתִּיקוּ קוֹל.

תַּחַת בְּנֵי צִיּוֹן / בְּנֵי יָוָן שַׁחוּ / הִבְרַקְתָּ חִצִּים / וַתְּהֻמֵּם בְּקוֹל.

שליח הציבור:

תַּרְעֵם לְבוֹזְזַי / תִּתְקַע בַּשּׁוֹפָר / בְּסַעֲרוֹת תֵּימָן / אָז יֵלֵךְ קוֹל.

ממשיכים 'אַתָּה נִגְלֵיתָ' בעמ' 340,
ואם אומרים פיוט זה בשבת, ממשיכים בעמ' 229.

למוסף בשני הימים

זו הגרסה המלאה של הפיוט המובא בעמ׳ 236 ובעמ׳ 347.

הַיּוֹם תְּאַמְּצֵנוּ. הַיּוֹם תְּבָרְכֵנוּ.
הַיּוֹם תְּגַדְּלֵנוּ. הַיּוֹם תִּדְרְשֵׁנוּ לְטוֹבָה.
הַיּוֹם תְּהַדְּרֵנוּ. הַיּוֹם תְּוַעֲדֵנוּ.
הַיּוֹם תִּזְכְּרֵנוּ בְּרַחֲמֶיךָ. הַיּוֹם תְּחָסְנֵנוּ.
הַיּוֹם תְּטַהֲרֵנוּ מִכָּל חֵטְא. הַיּוֹם תְּיַשְּׁרֵנוּ לְפָנֶיךָ.
הַיּוֹם תְּכַבְּדֵנוּ. הַיּוֹם תְּלַבְּבֵנוּ.
הַיּוֹם תְּמַלְּטֵנוּ מִכָּל רָע. הַיּוֹם תְּנַקֵּנוּ מֵעָוֹן.
הַיּוֹם תִּסְמְכֵנוּ. הַיּוֹם תַּעֲנֵנוּ.
הַיּוֹם תִּפְקְדֵנוּ לְחַיִּים וְלִבְרָכָה. הַיּוֹם תְּצַדְּקֵנוּ.
הַיּוֹם תְּקוֹמְמֵנוּ. הַיּוֹם תְּרַחֲמֵנוּ.
הַיּוֹם תִּשְׁמַע שַׁוְעָתֵנוּ. הַיּוֹם תִּתְמְכֵנוּ.

שיר הייחוד

ליום ראשון

תהלים קד בראשית מח ש״ץ: אָשִׁירָה וַאֲזַמְּרָה לֵאלֹהַי בְּעוֹדִי: / הָאֱלֹהִים הָרֹעֶה אֹתִי מֵעוֹדִי:

איוב י קהל: עַד הַיּוֹם הַזֶּה הֶחֱזַקְתָּ בְּיָדִי / חַיִּים וָחֶסֶד עָשִׂיתָ עִמָּדִי:

ש״ץ: בָּרוּךְ יהוה וּבָרוּךְ שֵׁם כְּבוֹדוֹ / כִּי עַל עֲבָדָו הִפְלִיא חַסְדּוֹ.

קהל: אֱלֹהֵי מָרוֹם בַּמֶּה אֲקַדֵּם / וּבַמֶּה אִכַּף לֵאלֹהֵי קֶדֶם.

ש״ץ: אִלּוּ הָרִים הֵם לְמַעֲרָכָה / וְכָל עֲצֵי לְבָנוֹן, בְּכָל עֲרוּכָה.

קהל: וְאִם כָּל בְּהֵמוֹת וְחַיּוֹת קְרוּצִים / נְתָחִים עֲרוּכִים עַל הָעֵצִים.

ישעיה יא ש״ץ: וְאַף זָוִיּוֹת מִזְבֵּחַ מְבוּסִּים / דָּם, כְּמֵיִם לַיָּם מְכַסִּים:

מיכה ו קהל: וְכַחוֹל סֹלֶת דָּשֵׁן וְשָׁמֵן / בָּלוּל בְּרִבְבוֹת נַחֲלֵי שָׁמֶן:

ש״ץ: וּלְאַזְכָּרָה לְבוֹנָה וְסַמִּים / לִקְטֹרֶת וְכָל רָאשֵׁי בְשָׂמִים.

קהל: וְאִלּוּ נֵרוֹת עַל הַמְּנוֹרוֹת / יִהְיוּ מְאִירוֹת כִּשְׁנֵי הַמְּאוֹרוֹת.

ש״ץ: וּכְהַרְרֵי אֵל, לֶחֶם הַפָּנִים / עַל שֻׁלְחָנוֹת עֲרוּכִים בִּפְנִים.

קהל: וְיַיִן כְּמוֹ מְטַר הַשָּׁמַיִם / וְשֵׁכָר לְנֶסֶךְ כְּעֵינוֹת מָיִם.

ש״ץ: וְאִלּוּ כָּל בְּנֵי אָדָם כֹּהֲנִים / לְוִיִּם מְשׁוֹרְרִים כִּכְנַף רְנָנִים.

קהל: וְכָל עֲצֵי עֵדֶן, וְכָל עֲצֵי יְעָרִים / כִּנּוֹרוֹת וּנְבָלִים לַשָּׁרִים.

ש״ץ: וְכָל בְּנֵי אֱלֹהִים בְּקוֹל תְּרוּעָתָם / וְהַכּוֹכָבִים מִמְּסִלּוֹתָם.

קהל: וְכָל הַלְּבָנוֹן וְחַיָּה כֻלָּהּ / אֵין דֵּי בָעֵר, וְאֵין דֵּי עוֹלָה.

ש״ץ: הֵן בְּכָל אֵלֶּה אֵין דֵּי לַעֲבֹד / וְאֵין דֵּי לְקַדֵּם אֶל הַכָּבוֹד.

קהל: כִּי נִכְבַּדְתָּ מְאֹד מַלְכֵּנוּ / וּבַמֶּה נִכַּף לַאֲדוֹנֵנוּ.

ש״ץ: אָמְנָם לֹא יוּכְלוּ כַּבְּדֶךָ / כָּל חַי, אַף כִּי אֲנִי עַבְדֶּךָ.

קהל: וַאֲנִי נִבְזֶה וַחֲדַל אִישִׁים / נִמְאָס בְּעֵינַי וּשְׁפַל אֲנָשִׁים.

ש״ץ: וְאֵין לְעַבְדְּךָ כֹּל לְכַבְּדֶךָ / לְהָשִׁיב לְךָ גְּמוּל עַל חֲסָדֶיךָ.

קהל: כִּי הִרְבֵּיתָ טוֹבוֹת אֵלַי / כִּי הִגְדַּלְתָּ חַסְדְּךָ עָלָי.

ש״ץ: וְרַב שִׁלּוּמִים, לְךָ חֻיַּבְתִּי / כִּי עָשִׂיתָ טוֹבוֹת אִתִּי.

קהל: וְלֹא חֻיַּבְתָּ לִי גְּמוּלֶיךָ / כָּל טוֹבָתִי בַּל עָלֶיךָ.

ש״ץ: עַל הַטּוֹבוֹת לֹא עֲבַדְתִּיךָ / אַחַת לְרִבֹּא לֹא גְמַלְתִּיךָ.

קהל: אִם אָמַרְתִּי אֲסַפְּרָה נָּא, כְּמוֹ / לֹא יָדַעְתִּי סְפֹרוֹת לָמוֹ.

ש״ץ: וּמָה אָשִׁיב לְךָ, וְהַכֹּל שֶׁלָּךְ / לְךָ שָׁמַיִם, אַף אֶרֶץ לָךְ.

קהל: יַמִּים וְכָל אֲשֶׁר בָּם, בְּיָדֶךָ / וְכֻלָּם יִשְׂבְּעוּן מִיָּדֶךָ.

ש״ץ: וַאֲנַחְנוּ עַמְּךָ וְצֹאנֶךָ / וַחֲפֵצִים לַעֲשׂוֹת רְצוֹנֶךָ.

קהל: וְאֵיךְ נַעֲבֹד וְאֵין לְאֵל יָדֵנוּ / וְלִשְׂרֵפַת אֵשׁ, בֵּית קָדְשֵׁנוּ.

ש״ץ: וְאֵיךְ נַעֲבֹד, וְאֵין זֶבַח וּמִנְחָה / כִּי לֹא בָאנוּ אֶל הַמְּנוּחָה.

קהל: וּמַיִם אַיִן לְהַעֲבִיר טֻמְאָה / וַאֲנַחְנוּ עַל אֲדָמָה טְמֵאָה.

ש״ץ: שָׂשׂ אָנֹכִי עַל אֲמָרֶיךָ / וַאֲנִי בָּאתִי בִּדְבָרֶיךָ.

קהל: כִּי כָתוּב, לֹא עַל זְבָחֶיךָ / וְעוֹלֹתֶיךָ אוֹכִיחֶךָ. תהלים נ

ש״ץ: עַל דְּבַר זֶבַח, וְעוֹלוֹתֵיכֶם / לֹא צִוִּיתִי אֶת אֲבוֹתֵיכֶם.

קהל: מַה שָּׁאַלְתִּי וּמַה דָּרַשְׁתִּי / מִמְּךָ, כִּי אִם לְיִרְאָה אוֹתִי.

ש״ץ: לַעֲבוֹד בְּשִׂמְחָה וּבְלֵבָב טוֹב / הִנֵּה שְׁמֹעַ מִזֶּבַח טוֹב: שמואל א׳ טו

קהל: וְלֵב נִשְׁבָּר, מִמִּנְחָה טְהוֹרָה / זִבְחֵי אֱלֹהִים רוּחַ נִשְׁבָּרָה: תהלים נא

ש״ץ: זֶבַח וּמִנְחָה לֹא־חָפַצְתָּ: / חַטָּאת וְעוֹלָה לֹא שָׁאָלְתָּ. תהלים מ

קהל: מִזְבֵּחַ אֶבְנֶה בְּשִׁבְרוֹן לִבִּי / וַאֲשַׁבְּרָה אַף רוּחִי בְּקִרְבִּי.

ש״ץ: רוּם לֵב אַשְׁפִּיל, וְאֶת רוּם עֵינַי / וְאֶקְרַע לְבָבִי לְמַעַן אֲדֹנָי.

קהל: שִׁבְרֵי רוּחִי הֵם זְבָחֶיךָ / יַעֲלוּ לְרָצוֹן עַל מִזְבְּחֶךָ.

ש״ץ: וְאַשְׁמִיעַ בְּקוֹל הוֹדְיוֹתֶיךָ / וַאֲסַפְּרָה כָּל נִפְלְאוֹתֶיךָ.

קהל: אֲשֶׁר יָדְעָה נַפְשִׁי אַחְבִּירָה / אֲמַלֵּל גְּבוּרוֹת וַאֲדַבֵּרָה.

ש״ץ: וּמָה אֶעֱרֹךְ, וְלֹא יָדַעְתִּי מָה / הֲיָכֹל אוּכַל דַּבֵּר מְאוּמָה: במדבר כב

קהל: כִּי אֵין חֵקֶר לִגְדֻלָּתוֹ / וְגַם אֵין מִסְפָּר לִתְבוּנָתוֹ.

איוב לו ש״ץ: חֲכַם לֵבָב הוּא, מִי כָמוֹהוּ / שַׂגִּיא כֹחַ, לֹא מְצָאנֻהוּ.
תהלים פו קהל: עוֹשֶׂה גְדוֹלוֹת וְרַב נוֹרָאוֹת / גָּדוֹל אַתָּה וְעֹשֵׂה נִפְלָאוֹת:

ש״ץ: עַד אֵין מִסְפָּר וְעַד אֵין חֵקֶר / וְלֹא נוֹדַע כִּי לֹא יֵחָקֵר.
קהל: אֵיזוֹ עַיִן אֲשֶׁר תְּעִידֶךָ / וְאֵיזֶה פֶּה אֲשֶׁר יַגִּידֶךָ.

ש״ץ: חַי לֹא רָאֲךָ וְלֵב לֹא יְדָעֲךָ / וְאֵיזֶה שֶׁבַח אֲשֶׁר יַגִּיעֲךָ.
קהל: גַּם מְשָׁרְתֶיךָ לֹא רָאוּךָ / וְכָל חַכְמֵי לֵב לֹא מְצָאוּךָ.

ש״ץ: אַתָּה לְבַדְּךָ מַכִּיר שִׁבְחֶךָ / וְאֵין זוּלָתְךָ יוֹדֵעַ כֹּחֶךָ.
קהל: וְאֵין יוֹדֵעַ בִּלְעָדֶיךָ / שְׁבָחוֹת רְאוּיוֹת לִכְבוֹדֶךָ.

ש״ץ: עַל כֵּן תְּבֹרַךְ כָּרָאוּי לָךְ / כְּפִי קָדְשְׁךָ, כְּבוֹדְךָ וְגָדְלָךְ.
קהל: וּמִפִּי הַכֹּל, בְּכָל אֱיָלוּתָם / כְּפִי מַדָּע אֲשֶׁר אַתָּה חֲנַנְתָּם.

ש״ץ: יוֹדוּ פִלְאֲךָ הַשָּׁמַיִם / וִיאַדְּרוּךָ קוֹלוֹת מַיִם.
קהל: וְיִרְיְעוּ לְךָ כָּל הָאָרֶץ / יוֹדוּךָ כָּל מַלְכֵי אָרֶץ.

ש״ץ: אַף יוֹדוּךָ כָּל הָעַמִּים / וִישַׁבְּחוּךָ כָּל הָאֻמִּים.
קהל: כָּל זֶרַע יַעֲקֹב עֲבָדֶיךָ / כִּי עֲלֵיהֶם גָּבְרוּ חֲסָדֶיךָ.

ש״ץ: אֶת שֵׁם יהוה יְהַלְלוּ כֻלָּם / אֵל אֱלֹהִים אֱמֶת, וּמֶלֶךְ עוֹלָם.
זכריה יד קהל: בָּרוּךְ אַתָּה יָחִיד וּמְיֻחָד / יהוה אֶחָד וּשְׁמוֹ אֶחָד:

ליום שני

ש״ץ: וַאֲנִי עַבְדְּךָ בֶּן אֲמָתֶךָ / אֲדַבֵּר, אֲמַלֵּל גְּבוּרוֹתֶיךָ.
קהל: דַּרְכֵי שִׁבְחֲךָ, קְצָתָם אֲסַפְּרָה / מַעֲשֶׂיךָ מַה נּוֹרָא, אוֹמְרָה.

ש״ץ: אֵין אֵלֶיךָ עֲרֹךְ בְּסֵפֶר / אַגִּידָה, עָצְמוּ מִסַּפֵּר.
קהל: חֵקֶר אֱלוֹהַּ לֹא יִמָּצֵא / וְתַכְלִית שַׁדַּי לֹא תִקָּצֵה.

ש״ץ: וְלִתְבוּנָתוֹ הֲלֹא אֵין חֵקֶר / וּמִסְפַּר שָׁנָיו לֹא יֵחָקֵר.
קהל: וְגַם אֵין מִסְפָּר לִגְדוּדֶיךָ / בִּצְבָאוֹתֶיךָ, אוֹת כְּבוֹדֶךָ.

ש״ץ: אֵיזוֹ עַיִן אֲשֶׁר תְּעִידֶךָ / וְחַי לֹא רָאָה פְּנֵי כְבוֹדֶךָ.
קהל: נָבוֹן וְחָכָם הֵן לֹא יֵדַע / וְאֵיךְ אֶעֱרֹךְ, עַל אֲשֶׁר לֹא אֵדָע.

ש״ץ: וְאִם יֹאמַר אִישׁ, עַד תַּכְלִיתוֹ / אֶעֱרֹךְ אֵלָיו, וּבְמַתְכֻּנְתּוֹ.
קהל: אָבֹא וְאֶמְצָא תַּכְלִית שִׁבְחוֹ / לֹא־נֶאֶמְנָה אֶת־אֵל רוּחוֹ: תהלים עח

ש״ץ: יְבֻלַּע כִּי לֹא יָדַע עֶרְכּוֹ / אַחֲרִית פִּיהוּ רֵאשִׁית דַּרְכּוֹ.
קהל: וְעִמָּדִי לֹא כֵן אָנֹכִי / וּפִי לֹא אֶתֵּן לַחֲטֹא, וְחִכִּי.

ש״ץ: אֲסַפְּרָה לְאֶחָי קְצוֹת דַּרְכֵי אֵל / וּלְיִשְׂרָאֵל מַה־פָּעַל אֵל: במדבר כג
קהל: כַּכָּתוּב, אִמְרוּ לֵאלֹהִים / מַה־נּוֹרָא מַעֲשֶׂיךָ, אֱלֹהִים. תהלים סו

ש״ץ: וְאָמַרְתָּ, עַם־זוּ יָצַרְתִּי לִי: / יְסַפְּרוּ שְׁמִי וּתְהִלָּתִי. ישעיה מג
קהל: בְּמִצְרַיִם שַׂמְתִּי עֲלִילוֹתַי / לְמַעַן תְּסַפֵּר אֶת אוֹתוֹתָי.

ש״ץ: וַאֲנִי עַבְדְּךָ, עַל כֵּן אֲסַפֵּר / כַּאֲשֶׁר אֶדְרֹשׁ מֵעַל סֵפֶר.
קהל: תְּהַלֵּל נַפְשִׁי כֹּחַ מַעֲשֶׂיךָ / וְכָל קְרָבַי אֶת שֵׁם קָדְשֶׁךָ.

ש״ץ: וַאֲבָרְכָה בְּכָל עִנְיָנַי / וּבְכָל לְבָבִי אוֹדֶה אֶת אֲדֹנָי.
קהל: גַּם בִּגְרוֹנִי רוֹמְמוֹתֶיךָ / וְאֶת פִּי אֲמַלֵּא תְּהִלָּתֶךָ.

ש״ץ: כִּי פִי יַגִּיד תְּהִלָּתֶךָ / כָּל הַיּוֹם אֶת תִּפְאַרְתֶּךָ.
קהל: וְאֹמְרָה נָּא עֱזוּז נוֹרְאוֹתֶיךָ / וְאָשִׂיחָה דִּבְרֵי נִפְלְאוֹתֶיךָ.

ש״ץ: וְאַזְכִּיר טוּבְךָ וְצִדְקוֹתֶיךָ / חֲסָדֶיךָ וּגְבוּרוֹתֶיךָ.
קהל: יָדַעְתִּי כִּי גָדוֹל אַתָּה / עַל כָּל אֱלֹהִים, מְאֹד גָּדַלְתָּ.

ש״ץ: כִּי כָל אֱלֹהֵי הָעַמִּים הֵם / אֱלִילִים אִלְּמִים, רוּחַ אֵין בָּהֶם.
קהל: הֵן לְעוֹבְדֵיהֶם גְּמוּל אֵין מְשִׁיבִים / וְלָמָּה לָהֶם, הֵמָּה מֵיטִיבִים.

ש״ץ: וּבְעֵת צָרָה אָז יִתְפַּלְּלוּ / וְלֹא יַעֲנוּם, כִּי לֹא יוֹעִילוּ.
קהל: דּוֹרְשִׁים בְּכָל לֵב לְרוּחַ אֵין בּוֹ / וְקָרוֹב יהוה אֶל עַם קְרוֹבוֹ.

ש״ץ: הַיּוֹצֵר כֹּל הוּא אֱלֹהֵינוּ / הוּא עָשָׂנוּ, וְלוֹ לְבַד אֲנָחְנוּ.
קהל: עַם מַרְעִיתוֹ וְצֹאן יָדוֹ / נְבָרֵךְ שְׁמוֹ כִּי לְעוֹלָם חַסְדּוֹ.

ש״ץ: בַּצַּר לָנוּ מְאֹד נִמְצֵאתָ / כִּי דוֹרְשֶׁיךָ לֹא עָזָבְתָּ.

קהל: וְתָמִיד בְּפִינוּ תְּהִלָּתֶךָ / וּמְהַלְלִים לְשֵׁם תִּפְאַרְתֶּךָ: (דברי הימים א׳ כט)

ש״ץ: עַד אַתָּה בְּךָ וּבִכְבוֹדֶךָ / וּמְשָׁרְתֶיךָ אַף עֲבָדֶיךָ.

קהל: אֲשֶׁר כְּבוֹדְךָ מְלֹא כָל הָאָרֶץ / וּכְבוֹדְךָ עַל כָּל הָאָרֶץ.

ש״ץ: וַאֲבוֹתֵינוּ בָּחֲרוּ אוֹתְךָ / לְבַדְּךָ לַעֲבֹד, וְאֵין לְזָר אִתָּךְ.

קהל: גַּם אֲנַחְנוּ אוֹתְךָ לְבַדֶּךָ / נַעֲבֹד, כְּבֵן אֶת אָב נְכַבְּדֶךָ.

ש״ץ: וְהִנֶּנּוּ עַל יִחוּדֶךָ / יוֹמָם וָלַיְלָה עֵדֶיךָ.

קהל: בְּפִי כֻלָּנוּ וּבִלְבָבֵנוּ / שֶׁאַתָּה לְבַדְּךָ אֱלֹהֵינוּ.

ש״ץ: אֱלֹהֵינוּ עַל יִחוּדֶךָ / עֵדִים אֲנַחְנוּ וַעֲבָדֶיךָ.

קהל: אֵין תְּחִלָּה אֶל רֵאשִׁיתֶךָ / וְאֵין קֵץ וְתִכְלָה לְאַחֲרִיתֶךָ.

ש״ץ: רִאשׁוֹן וְאַחֲרוֹן מִבְּלִי רֵאשִׁית / וּמִבְּלִי אַחֲרִית, וְאֵין לֵב לְהָשִׁית.

קהל: אֵין קָצֶה אֶל גַּבְהוּתֶךָ / וְאֵין סוֹף לְעֹמֶק מִדּוֹתֶיךָ.

ש״ץ: אֵין לְךָ סוֹבֵב וְאֵין לְךָ פֵּאָה / עַל כֵּן אוֹתְךָ, חַי לֹא רָאָה.

קהל: אֵין צַד וְצֵלָע יַצְלִיעוּךָ / וְרֹחַב וְאֹרֶךְ לֹא יִמְצָעוּךָ.

ש״ץ: אֵין פֵּאָה לִסְבִיבוֹתֶיךָ / וְאֵין תּוֹךְ מַבְדִּיל בֵּינוֹתֶיךָ.

קהל: אֵין חָכְמָה אֲשֶׁר תֵּדָעֶךָ / וְאֵין מַדָּע אֲשֶׁר יַגִּיעֶךָ.

ש״ץ: וְלֹא יַשִּׂיג אוֹתְךָ כָּל מַדָּע / וְאֵין שֵׂכֶל אֲשֶׁר יָבִין וְיֵדַע.

קהל: מִמְּךָ מְאוּמָה וְאֵיכָה אַתָּה / וְאֵיךְ בְּלִי מְאוּמָה כֹּל בָּרָאתָ.

ליום שלישי

ש״ץ: אָמְנָם יָדַעְתִּי, כִּי אַתָּה / אֱלֹהֵי יַעֲקֹב, כֹּל יָצַרְתָּ.

קהל: אַתָּה בוֹרֵא וְלֹא נִבְרֵאתָ / אַתָּה יוֹצֵר וְלֹא נוֹצַרְתָּ.

ש״ץ: אַתָּה מֵמִית, וְאֶת כֹּל תְּבַלֶּה / אַתָּה מוֹרִיד שְׁאוֹל וְאַף תַּעֲלֶה.

קהל: וְנֶאֱמָן לְהַחֲיוֹת מֵתִים אָתָּה / וְעַל יְדֵי נְבִיאֶךָ כֵּן הוֹדַעְתָּ.

ש״ץ: וְלֹא תָמוּת אֵל חַי, וְלֹא מֵתָה / מֵעוֹלָם וְעַד עוֹלָם אָתָּה.
קהל: מַשְׁבִּיר וּמוֹלִיד וְלֹא נוֹלַדְתָּ / מוֹחֵץ וְרוֹפֵא וְלֹא חָלִיתָ.

ש״ץ: מָוֶת וּמַדְוֶה אֵין לְפָנֶיךָ / תְּנוּמָה וְשֵׁנָה אֵין לְעֵינֶיךָ.
קהל: הֲלֹא מִקֶּדֶם, אֵל חַי אַתָּה / מֵאֲשֶׁר בְּךָ לֹא נִשְׁתַּנֵּיתָ.

ש״ץ: וְעַד הָעוֹלָם לֹא תִשְׁתַּנֶּה / מֵאֱלָהוּתְךָ לֹא תִתְגַּנֶּה.
קהל: חָדָשׁ וְנוֹשָׁן לֹא נִמְצֵאתָ / חִדַּשְׁתָּ כֹּל וְלֹא חֻדַּשְׁתָּ.

ש״ץ: לֹא יָחוּלוּ זִקְנָה וּבַחֲרוּת / עָלֶיךָ, גַּם שֵׂיבָה וְשַׁחֲרוּת.
קהל: וְלֹא חָלוּ בְךָ שִׂמְחָה וָעֶצֶב / וְדִמְיוֹן נוֹצָר, וְכָל דָּבָר קֶצֶב.

ש״ץ: כִּי לֹא יְסוֹבֵב אוֹתְךָ גֹּשֶׁם / אַף לֹא תִדְמֶה אֶל כָּל נֹשֶׁם.
קהל: כָּל הַיְצוּרִים גְּבוּל סִבָּתָם / אֶל רֵאשִׁיתָם וּלְאַחֲרִיתָם.

ש״ץ: כִּי הַבְּרוּאִים בִּגְבוּל שְׁמֹתָם / וְלִימֵי צְבָאָם, גְּבוּל הַקָּפָתָם.
קהל: וּלְךָ אֵין גְּבוּל וּלְיָמֶיךָ / וְלִשְׁנוֹתֶיךָ וּלְעָצְמֶךָ.

ש״ץ: עַל כֵּן אֵינְךָ צָרִיךְ לַכֹּל / לְיָדְךָ וּלְחַסְדְּךָ צְרִיכִים הַכֹּל.
קהל: הַכֹּל צְרִיכִים לְצִדְקוֹתֶיךָ / וְאֵינְךָ צָרִיךְ לִבְרִיּוֹתֶיךָ.

ש״ץ: כִּי טֶרֶם כָּל יְצִיר הָיִיתָ / לְבַדְּךָ, מְאוּמָה לֹא נִצְרַכְתָּ.
קהל: רֵאשִׁית וְאַחֲרִית, בְּיָדְךָ עֲרוּכִים / אַתָּה בָם, וְהֵם בְּרוּחֲךָ שְׂרוּכִים.

ש״ץ: כֹּל אֲשֶׁר הָיָה בָּרִאשׁוֹנָה / וַאֲשֶׁר יִהְיֶה בָּאַחֲרוֹנָה.
קהל: כָּל הַיְצוּרִים וְכָל מַעֲשֵׂיהֶם / וְכָל דִּבְרֵיהֶם וּמַחְשְׁבוֹתֵיהֶם.

ש״ץ: מֵרֹאשׁ וְעַד סוֹף תֵּדַע כֻּלָּם / וְלֹא תִשְׁכַּח, כִּי אַתָּה אֶצְלָם.
קהל: אַתָּה בְרָאתָם וּלְבַדְּךָ עֲרַכְתָּם / לְבַדְּךָ תֵּדַע מְקוֹמָם וְדַרְכָּם.

ש״ץ: הֵן אֵין דָּבָר מִמְּךָ נֶעְלָם / כִּי לְפָנֶיךָ נְכוֹנִים כֻּלָּם.
קהל: אֵין חֹשֶׁךְ וְאֵין מָנוֹס וָסֵתֶר / לָנוּס שָׁמָּה וּלְהִסָּתֵר.

ש״ץ: אֵת אֲשֶׁר תְּבַקֵּשׁ אַתָּה מוֹצֵא /
בְּלִי נְטוֹת אֲלֵיהֶם בְּעֵת שֶׁתִּרְצֶה.
קהל: כִּי אֶת הַכֹּל כְּאַחַת תִּרְאֶה / לְבַדְּךָ תַּעֲשֶׂה וְאֵינְךָ נִלְאֶה.

ש״ץ: כִּי עַל גּוֹי וְעַל אָדָם יָחַד / עַל כֹּל תְּדַבֵּר בְּרֶגַע אֶחָד.
קהל: תִּשְׁמַע בְּרֶגַע כָּל הַקּוֹלוֹת / זַעַק וְלַחַשׁ וְכָל הַתְּפִלּוֹת.

ש״ץ: אַף תָּבִין אֶל כָּל מַעֲשֵׂיהֶם / בְּרֶגַע תַּחְקֹר כָּל לְבָבֵיהֶם.
קהל: וְלֹא תַאֲרִיךְ עַל מַחְשְׁבוֹתֶיךָ / וְלֹא תִתְמַהְמַהּ עַל עֲצָתֶךָ.

ש״ץ: אֵצֶל עֲצָתְךָ גְּזֵרָתֶךָ / לְקֵץ וּלְמוֹעֵד קְרִיאָתֶךָ.
קהל: וְכֻלָּם בֶּאֱמֶת בְּתֹם וּבְיֹשֶׁר / מִבְּלִי עֹדֶף וּמִבְּלִי חֹסֶר.

ש״ץ: מִמְּךָ דָּבָר לֹא יֹאבַד / וְדָבָר מִמְּךָ לֹא יִכָּבֵד.
קהל: כֹּל אֲשֶׁר תַּחְפֹּץ תּוּכַל לַעֲשׂוֹת / וְאֵין מִי מוֹחֶה בְּיָדְךָ מֵעֲשׂוֹת.

ש״ץ: יְכֹלֶת יהוה בְּחֶפְצוֹ קְשׁוּרָה / וּבִרְצוֹת יהוה לֹא אֻחֲרָה.
קהל: אֵין דָּבָר סֵתֶר מִמְּךָ נִכְחָד / עֲתִידוֹת וְעוֹבְרוֹת לְךָ הֵם יַחַד.

ש״ץ: אֲשֶׁר מֵעוֹלָם וְעַד הָעוֹלָם / הֵם כֻּלָּם בָּךְ, וְאַתָּה בְּכֻלָּם.
קהל: חֲדָשׁוֹת תַּגִּיד וְסוֹד דְּרָכֶיךָ / אֶל עֲבָדֶיךָ וּמַלְאָכֶיךָ.

ש״ץ: וְאֵינְךָ צָרִיךְ לְהַשְׁמִיעֶךָ / דְּבַר סוֹד וְסֵתֶר לְהוֹדִיעֶךָ.
קהל: כִּי מִמְּךָ כָּל סוֹד יִגָּלֶה / בְּטֶרֶם עַל לֵב כָּל יְצִיר יַעֲלֶה.

ש״ץ: בְּלֵב כָּל נִבְרָא לֹא תִמָּצֵא / מִפִּינוּ עָתָק לֹא יֵצֵא.
קהל: בְּאֵין לוֹ קָצֶה וְלֹא יֵחָצֶה / לֵב לֹא יָתוּר וְאֵין פֶּה פּוֹצֶה.

ש״ץ: בְּאֵין לוֹ רוּחוֹת וְאֵין בּוֹ רְוָחוֹת / אֵין לוֹ שִׂיחוֹת, בּוֹ מוֹכִיחוֹת.
קהל: לְמֵרָחוֹק מִי יִשָּׂא דֵעוֹ / לְלֹא תְחִלָּה וְלֹא סוֹף לְהַגִּיעוֹ.

ש״ץ: אֲגוּדִים אֲחוּדִים תּוֹךְ וָסוֹף וָרֹאשׁ /
פֶּה וָלֵב אֶבְלֹם מִדְּרֹשׁ וּמֵחֲרֹשׁ.
קהל: גֹּבַהּ וְעֹמֶק נְעוּצִים כְּסוֹבֵב / חֲכַם לֵב וְנָבוֹן לֹא יְלַבֵּב.
ש״ץ: סוֹבֵב הַכֹּל וּמָלֵא אֶת כֹּל / וּבִהְיוֹת הַכֹּל אַתָּה בַכֹּל.
קהל: אֵין עָלֶיךָ וְאֵין תַּחְתֶּיךָ / אֵין חוּץ וְאֵין בֵּינוֹתֶיךָ.

ש״ץ: אֵין מַרְאֶה וָגַב לְאַחוּדֶךָ / וְאֵין גּוּף לְעֶצֶם יִחוּדֶךָ.
קהל: וְאֵין בַּתָּוֶךְ מִמְּךָ נִבְדָּל / וְאֵין מָקוֹם דַּק, מִמְּךָ נֶחְדָּל.

ש״ץ: וְאֵינְךָ נֶאֱצָל מִכֹּל וְנִבְדָּל / וְאֵין מָקוֹם רֵיק מִמְּךָ וְנֶחְדָּל.

קהל: מִקְרֶה וְשִׁנּוּי אֵין בְּךָ נִמְצָא / וְלֹא זְמַן וְעֵרְעֵר, וְלֹא כָל שִׁמְצָה.

ש״ץ: כָּל זְמַן וְכָל עֵת אַתָּה מְכִינָם / אַתָּה עוֹרְכָם וְאַתָּה מְשַׁנָּם.

קהל: כָּל מַדָּע לֹא יַשִּׂיג אוֹתְךָ / אֵין שֵׂכֶל אֲשֶׁר יִמְצָא אוֹתָךְ.

ש״ץ: כְּמִדָּתְךָ כֵּן חָכְמָתֶךָ / כִּגְדֻלָּתְךָ תְּבוּנָתֶךָ.

קהל: חָכָם אַתָּה מֵאֵלֶיךָ / חַי מֵעַצְמְךָ, וְאֵין כְּגִילֶךָ.

ש״ץ: זוּלַת חָכְמָתְךָ אֵין חָכְמָה / בִּלְתִּי בִינָתְךָ אֵין מְזִמָּה.

קהל: חָלַקְתָּ בְּלֵב חֲכָמִים שֵׂכֶל / וְרוּחֲךָ תְּמַלְּאֵם וְדַעְתָּם תַּשְׂכֵּל.

ש״ץ: מִבַּלְעֲדֵי כֹחֲךָ אֵין גְּבוּרָה / וּמִבַּלְעֲדֵי עֻזְּךָ אֵין עֶזְרָה.

קהל: אֵין נִכְבָּד כִּי אִם כִּבַּדְתּוֹ / וְאֵין גָּדוֹל כִּי אִם גִּדַּלְתּוֹ.

ש״ץ: כָּל יְקָר וְכָל טוּב מִיָּדֶךָ / לַאֲשֶׁר תַּחְפֹּץ לַעֲשׂוֹת חֲסָדֶיךָ.

קהל: אֵין חֵקֶר לִגְדֻלָּתֶךָ / וְאֵין מִסְפָּר לִתְבוּנָתֶךָ.

ש״ץ: אֵין עוֹד זוּלַת הֲוָיָתֶךָ / חַי וְכֹל תּוּכַל, וְאֵין בִּלְתֶּךָ.

קהל: וְלִפְנֵי הַכֹּל כֹּל הָיִיתָ / וּבִהְיוֹת הַכֹּל, כֹּל מִלֵּאתָ.

ש״ץ: לֹא לְחָצוּךָ וְלֹא הֱטוּךָ / יְצוּרֶיךָ, אַף לֹא מִעֲטוּךָ.

קהל: בַּעֲשׂוֹתְךָ כֹּל לֹא נִבְדַּלְתָּ / מִתּוֹךְ מְלַאכְתְּךָ לֹא נֶחְדַּלְתָּ.

ש״ץ: בַּעֲשׂוֹתְךָ אֶת הַשָּׁמַיִם / וְאֶת הָאָרֶץ וְאֶת הַמָּיִם.

קהל: לֹא קֵרְבוּךָ וְלֹא רִחֲקוּךָ / כִּי כָל קִירוֹת לֹא יְחַלְּקוּךָ.

ש״ץ: זֶרֶם מַיִם לֹא יִשְׁטְפֶךָ / וְרוּחַ כַּבִּיר לֹא יֶהְדְּפֶךָ.

קהל: אַף כָּל טִנֹּפֶת לֹא תְטַנְּפֶךָ / אֵשׁ אֹכְלָה, אֵשׁ לֹא תִשְׂרְפֶךָ.

ש״ץ: לַהֲוָיָתְךָ אֵין חִסָּרוֹן / וְלִיחוּדְךָ אֵין יִתְרוֹן.

קהל: כְּמוֹ הָיִיתָ לְעוֹלָם תִּהְיֶה / חָסֵר וְעֹדֶף בְּךָ לֹא יִהְיֶה.

ש״ץ: וְשִׁמְךָ מְעִידְךָ כִּי הָיִיתָ / וְהֹוֶה וְתִהְיֶה וּבַכֹּל אָתָּה.

קהל: הֹוֶה לְעוֹלָם וְכֵן נוֹדַעְתָּ / נְעִידְךָ וְכֵן בְּךָ הָעֵדוּת.

ש״ץ: שָׁאַתָּה הוּא, וְהֹוֶה בַּכֹּל / שֶׁלְּךָ הַכֹּל וּמִמְּךָ הַכֹּל.

קהל: שְׁמוֹת יְקָרְךָ יַעֲנוּ וְיָעִידוּ / בְּתֹקֶף יְקָרְךָ בְּךָ יְסַהֵידוּ.

ליום רביעי

ש״ץ: אֲרוֹמֵם אֱלֹהֵי אָבִי, וְאֵלִי / אֲנַוֵּה אֱלֹהַי, צוּרִי וְגֹאֲלִי.

קהל: אֵיחֵד אֱלֹהֵי הַשָּׁמַיִם / וְהָאָרֶץ, בְּכָל יוֹם פַּעֲמַיִם.

ש״ץ: אֵל חַי אֶחָד הוּא בְּרָאָנוּ / אֲבִיר יִשְׂרָאֵל אָב לְכֻלָּנוּ.

קהל: אֲדוֹנֵינוּ, אֲדוֹן כָּל הָאָרֶץ / אַדִּיר שִׁמְךָ בְּכָל־הָאָרֶץ: תהלים ח

ש״ץ: אֵין כָּאֵל אֵשׁ אֹכְלָה וְקַנָּא / לְעוֹלָם יהוה אֱמֶת, אֵל אֱמוּנָה.

קהל: אוֹרִי וְיִשְׁעִי, מָעוֹז חַיַּי / עָלָיו תְּלוּיִים כָּל מַאֲוַיַּי.

ש״ץ: אֱלֹהִים אֱמֶת הוּא, אֱלֹהִים חַיִּים / לֹא יָכִילוּ זַעְמוֹ גּוֹיִם.

קהל: אַדִּיר וְאַמִּיץ כֹּחַ וְרַב אוֹנִים / אֱלֹהֵי הָאֱלֹהִים וַאֲדֹנֵי הָאֲדֹנִים: דברים י

ש״ץ: אֱלוֹהַּ עוֹשִׂי, אִישִׁי וּבוֹעֲלִי / אַלּוּף נְעוּרַי, שׁוֹמְרִי וְצִלִּי.

קהל: בּוֹרֵא כֹל, וְיִשְׂרָאֵל גּוֹאֵל / בָּרוּךְ אֱלֹהִים אֱלֹהֵי יִשְׂרָאֵל: תהלים עב

ש״ץ: בּוֹרֵא רוּחַ, הָרִים יוֹצֵר / מִמְּךָ מְזִמָּה לֹא יִבָּצֵר.

קהל: גֵּאֶה, מֵשִׁיב גְּמוּל עַל גֵּאִים / עַל הָרָמִים וְעַל הַנִּשָּׂאִים.

ש״ץ: גִּבּוֹר בְּקוּמוֹ לַעֲרֹץ בְּעֶבְרָה / מֵהֲדַר גְּאוֹנוֹ, מִי לֹא יִירָא.

קהל: גָּבֹהַּ, כָּל אֲשֶׁר תַּחְתָּיו נוֹשָׂא / וּגְדָל כֹּחַ, גְּדוֹלוֹת עוֹשֶׂה.

ש״ץ: גָּדוֹל הוּא וּשְׁמוֹ בִּגְבוּרָה / אַרְיֵה שָׁאָג, מִי לֹא יִירָא: עמוס ג

קהל: דּוֹדִי, דָּגוּל הוּא מֵרְבָבָה / אֵל נַעֲרָץ בְּסוֹד־קְדֹשִׁים רַבָּה: שיר השירים ה תהלים פט

ש״ץ: דַּיָּן, יָתִיב כְּעַתִּיק יוֹמִין / וּצְבָאוֹ עַל שְׂמֹאל וְעַל יָמִין.

קהל: הֲדָרוֹ וְהוֹדוֹ עַל בְּנֵי עֲבָדָיו / הָדוּר, הָדָר הוּא לְכָל חֲסִידָיו.

ש״ץ: הוּא אֵל אֱלֹהֵי הָרוּחוֹת לְכָל / בָּשָׂר, שׁוֹמֵעַ תְּפִלָּה מִכֹּל.

קהל: וַדַּאי, וָתִיק, יוֹדֵעַ וָעֵד / יהוה יִמְלֹךְ לְעֹלָם וָעֶד: שמות טו

ש״ץ: וַאֲשֶׁר חָרֵב גַּאֲוָתֵנוּ / עֶזְרֵנוּ וּמָגִנֵּנוּ.

קהל: זוֹכֵר לְעוֹלָם בְּרִית רִאשׁוֹנִים / כְּיוֹם אֶתְמוֹל לוֹ, אֶלֶף שָׁנִים.

ש״ץ: זֶה אֱלֹהֵינוּ וְלוֹ קִוִּינוּ / וְזִמְרָת יָהּ, הוּא יוֹשִׁיעֵנוּ.

קהל: חֵלֶק יַעֲקֹב, יוֹצֵר הַכֹּל / חַנּוּן יהוה וְחָסִיד בַּכֹּל.

ש״ץ: חֵי הָעוֹלָם יהוה חֶלְקִי / חֲכַם הָרָזִים יהוה חִזְקִי.

קהל: טוֹב וּמֵטִיב, הַמְלַמֵּד דֵּעָה / טְהוֹר עֵינַיִם מֵרְאוֹת בְּרָעָה.

ש״ץ: יָשָׁר יהוה וְיָשָׁר דְּבָרוֹ / יְדִידֵי יְדִידוּת, מִשְׁכְּנוֹת דְּבִירוֹ.

קהל: יוֹעֵץ וְגוֹזֵר, מִי יְפִירֶנָּה / וְיַחְתֹּף וְיִפְעַל, מִי יְשִׁיבֶנָּה.

ש״ץ: יָפֶה דוֹדִי, יָפְיוֹ וְטוּבוֹ / יִרְאוּ, וְיֶחֱזוּ צִיּוֹן בְּשׁוּבוֹ.

קהל: כַּגִּבּוֹר יֵצֵא כְּאִישׁ מִלְחָמוֹת / יָעִיר קִנְאָה לַעֲשׂוֹת נְקָמוֹת.

ש״ץ: כְּנֶשֶׁר, עַל כַּנְפֵי נְשָׁרִים / נָשָׂא עֲבָדָיו, וְיִשֵּׁר הֲדוּרִים.

קהל: כְּדֹב שַׁכּוּל וּכְנָמֵר שַׁחַל / כְּרָקָב וּכְעָשׁ, וְרוּחוֹ כְּנַחַל.

ש״ץ: כְּדֹב שַׁכּוּל וּכְנָמֵר שׁוֹקֵד / דְּבָרוֹ לַעֲשׂוֹת כְּמַקֵּל שָׁקֵד.

קהל: כַּבִּיר כֹּחַ, לֵב כְּמוֹ שַׁחַל / כְּלָבִיא וְכַאֲרִי, וְרוּחוֹ כְּנַחַל.

ש״ץ: כְּאֶרֶז בָּחוּר בְּגַדְלוּתוֹ / כִּבְרוֹשׁ רַעֲנָן עֲנָוְתָנוּתוֹ.

קהל: כְּתַפּוּחַ בְּרֵיחוֹ, עֹז אַהֲבָתוֹ / עַל עַם יִשְׂרָאֵל גַּאֲוָתוֹ.

ש״ץ: כְּתַפּוּחַ בַּעֲצֵי הַיַּעַר / כֵּן דּוֹדִי עִם יוֹשְׁבֵי שָׁעַר. שיר השירים ב

קהל: כַּבִּיר כֹּחַ, לְמַרְגִּיזֵי אֵל / נוֹקֵם, וְכַטַּל הוּא לְיִשְׂרָאֵל.

ש״ץ: כּוֹסִי, מְנָת חֶלְקִי וְגוֹרָלִי / אֲנִי לְדוֹדִי נַחֲלָה וְדוֹדִי לִי.

קהל: כְּבוֹדִי יהוה לֹא אֲמִירֵנוּ / הֶאֱמַרְנוּהוּ וְהֶאֱמִירָנוּ.

ש״ץ: כְּאַרְיֵה יִשְׁאַג וְכַכְּפִיר יִנְהֹם / אַל יִהְיֶה כְּגֵר, וּכְאִישׁ נִדְהָם.

קהל: כְּרוֹעֶה גִּבּוֹר, אֲשֶׁר לֹא יוּכַל / צֹאנוֹ לְהַצִּיל, וְהָיָה לְמַאֲכָל.

ש״ץ: כְּגִבּוֹר אֵין אֱיָל, וּכְאוֹרֵחַ / נָס וּבוֹרֵחַ, מַר צוֹרֵחַ.

קהל: כְּאַרְיֵה מַשְׁחִית וְכַכְּפִיר לְעוֹזְבָיו / כְּרָקָב גַּם כָּעָשׁ לְאוֹיְבָיו.

ש״ץ: כַּבִּיר כֹּחַ כְּשָׁמִיר וָשַׁיִת / וְלֹא יַשְׁאִיר כְּנֹקֶף זָיִת.
קהל: כְּשָׁמִיר וָשַׁיִת, צָרִים יְמַגֵּן / כְּצִפֳּרִים עָפוֹת לְעִירוֹ יָגֵן.

ש״ץ: כְּגִשְׁמֵי נְדָבָה לָנוּ יָבֹא / כְּמַלְקוֹשׁ וְכַטַּל לַדְּבֵקִים בּוֹ.
קהל: כְּנֶשֶׁר יְרַחֵף עַל גּוֹזָלָיו / וּבְצֵל כְּנָפָיו יֶחֱסוּ מְיַחֲלָיו.

ש״ץ: כְּצִפֳּרִים, עַל עִירוֹ יָגֵן / וּבְצֵל כְּנָפָיו רְנָנוֹת נְנַגֵּן.
קהל: לְבַדּוֹ הוּא, וְנִפְלָאוֹת גְּדוֹלוֹת / עוֹשֶׂה אֵל נוֹרָא עֲלִילוֹת.

ש״ץ: לִצְבִי וְעֹפֶר דּוֹמֶה דוֹדִי / כִּי יְקַדְּמֵנִי אֱלֹהֵי חַסְדִּי.
קהל: לִפְנֵי עַמּוֹ יְיַשֵּׁר הֲדוּרִים / וַיִּנַּשְּׂאֵם עַל כַּנְפֵי נְשָׁרִים.

ש״ץ: לְעוֹלָם חֶלְקִי הוּא, וְצוּר לְבָבִי / כָּלָה שְׁאֵרִי לְךָ וּלְבָבִי.
קהל: לְבַדּוֹ יהוה הוּא, וְנִפְלָאוֹת / גְּדוֹלוֹת עוֹשֶׂה, וְרַב נוֹרָאוֹת.

ש״ץ: מָקוֹם וּמָעוֹן לְעוֹלָמֶךָ / וְאֵין יוֹדֵעַ אֶת מְקוֹמֶךָ.
קהל: מוֹרָאִי, אֵל רוֹעִי וְיוֹצְרִי / צוּר יְלָדַנִי, מְחוֹלְלִי וְצוּרִי.

ש״ץ: מָרוֹם וּמָעוֹז הוּא לִי, וּמַחְסִי / מִגְדַּל עֹז שֵׁם יהוה, מְנוּסִי.
קהל: מֶלֶךְ יַעֲקֹב, מִשְׂגָּב לָנוּ / הוּא מְחוֹקְקֵנוּ וּמוֹשִׁיעֵנוּ.

ש״ץ: מִגְדּוֹל יְשׁוּעוֹת, מִשְׁעָן יְהִי לִי / מִבְטָח, אֱלֹהִים יהוה חֵילִי.
קהל: מוֹשֵׁל עוֹלָם מַלְכוּתֶךָ / בְּכָל דּוֹר וָדוֹר מֶמְשַׁלְתֶּךָ.

ש״ץ: מִי יִתֶּנְךָ כְּאָח לִי, לְצָרָה / הוֹשַׁע, כִּי יָדְךָ לֹא קָצְרָה.
קהל: מְקוֹר חַיִּים, מִקְוֵה יִשְׂרָאֵל / לֹא אֶעֱזֹב כִּי מָעֻזִּי אֵל.

ש״ץ: מָגֵן יִשְׁעִי, וְחֶרֶב גַּאֲוָה / לְשִׁמְךָ וּלְזִכְרְךָ נֶפֶשׁ תַּאֲוָה.
קהל: מָגֵן הוּא לְכֹל הַחוֹסִים בּוֹ: / אַשְׁרֵי אָדָם אֲשֶׁר עוֹז לוֹ בוֹ. תהלים יח

ש״ץ: נָבָר וְנָעִים, נָאוֹר וְנוֹרָא / נֶאְדָּר וְנֶאְזָר שְׁמוֹ בִּגְבוּרָה.
קהל: נֶאֱמָן, נֵצַח יִשְׂרָאֵל וְגוֹאֲלוֹ / לֹא יְשַׁקֵּר, אַשְׁרֵי כָּל־חוֹכֵי לוֹ: ישעיה ל

ש״ץ: נֵצַח יְשֻׁרוּן, הָאֵל הַנֶּאֱמָן / מֵאֱלֹהָיו יְהוּדָה לֹא אַלְמָן.
קהל: נִפְלָא עַל כָּל הַנִּפְלָאִים / וּמִתְנַשֵּׂא לְכָל הַנִּשָּׂאִים.

ש״ץ: נִקְדָּשׁ וְנַעֲרָץ, אֱלֹהֵי קְדוֹשִׁי / נָכוֹן וְנִשְׂגָּב, יהוה נִסִּי.

קהל: נוֹקֵם וְנוֹטֵר וּבַעַל חֵמָה / לְצָרָיו, לְאוֹיְבָיו אִישׁ מִלְחָמָה.

ש״ץ: נֵרִי יהוה, בְּהִלּוֹ נֵרוֹ / עֲלֵי רֹאשִׁי, וְנֵר לְרַגְלִי דְּבָרוֹ.

קהל: סוֹמֵךְ וְסוֹעֵד, יהוה סַלְעִי / סוֹבֵל וְסוֹלֵחַ וְנוֹשֵׂא פִשְׁעִי.

ש״ץ: סַהֲדִי יהוה, סַלְעִי וְסִתְרִי / סוֹלֵחַ וְסוֹבֵל, סַעֲדִי וְסִבְרִי.

קהל: סַלְעֵנוּ וּמְצוּדָתֵנוּ / עֶזְרָתֵנוּ וּמְפַלְטֵנוּ.

ש״ץ: עִזּוּז וְגִבּוֹר, עֻזִּי וְעֶזְרִי / עֶלְיוֹן, עֹז לִי, אַל יְהִי עָרִי.

קהל: עִיר וְקַדִּישׁ שָׁת סְבִיבָיו סֵתֶר / אָכֵן אַתָּה אֵל מִסְתַּתֵּר: ישעיה מה

ש״ץ: עַד מְמַהֵר לְשַׁלֵּם גְּמוּל לְאוֹיְבָיו / שֹׁמֵר הַבְּרִית וְהַחֶסֶד לְאֹהֲבָיו.

קהל: פָּדָה אֶת אַבְרָהָם יְדִידוֹ / הוּא יִפְדֶּה יִשְׂרָאֵל עַבְדּוֹ.

ש״ץ: פַּחַד יִצְחָק יִתֵּן פַּחְדּוֹ / עַל צָרֵי בְּנֵי יַעֲקֹב עַבְדּוֹ.

קהל: פּוֹעֲלֵי חוֹקֵר וְדוֹרֵשׁ וּבוֹדֵק / כָּל לְבָבוֹת, לוֹ אֶתֵּן צֶדֶק.

ש״ץ: צְרוֹר הַמֹּר, אֶשְׁכּוֹל הַכֹּפֶר / נוֹתֵן לְעַמּוֹ צָרָיו כֹּפֶר.

קהל: צַח וְאָדוֹם, דּוֹד בְּצִבְאָיו אוֹת / עַל כֵּן נִקְרָא יהוה צְבָאוֹת.

ש״ץ: צַדִּיק יהוה הַצּוּר תָּמִים / אֶבְטַח עֲדֵי עַד בְּצוּר עוֹלָמִים.

קהל: צְבָא הַשָּׁמַיִם מִשְׁתַּחֲוִים לוֹ / שְׂרָפִים עֹמְדִים מִמַּעַל לוֹ: ישעיה ו

ש״ץ: קָדוֹשׁ הוּא בְּכָל מִינֵי קְדֻשּׁוֹת / כִּתּוֹת שָׁלֹשׁ, קָדוֹשׁ מְשַׁלְּשׁוֹת.

קהל: קַיָּם לְעָלְמִין אֱלָהָא חַיָּא / מָרֵא דִי אַרְעָא וְדִי שְׁמַיָּא.

ש״ץ: קוֹנִי מְרַחֵם, מְקַנֵּא לְשׂוֹנְאָיו / קֶרֶן יִשְׁעִי, קָרוֹב לְקוֹרְאָיו.

קהל: רָחוֹק מִכֹּל, וְאֶת כֹּל רוֹאֶה / כִּי רָם יהוה וְשָׁפָל יִרְאֶה.

ש״ץ: רוֹעִי יהוה, לֹא אֶחְסַר כֹּל / וְרַב כֹּחַ וְרַב חֶסֶד לַכֹּל.

קהל: רַחוּם יהוה, רוֹפֵא וּמְחַבֵּשׁ / לִשְׁבוּרֵי לֵב, וְעָוֹן כּוֹבֵשׁ.

ש״ץ: רֵעִי כֻּלּוֹ הוּא מַחֲמַדִּים / מִשְׁפָּטָיו אֱמֶת, מְתוּקִים וַחֲמוּדִים.

קהל: רִאשׁוֹן וְאַחֲרוֹן, מֵעוֹלָם וָעַד / עוֹלָם, אַתָּה אֵל שׁוֹכֵן עַד.

ש״ץ: שַׁלִּיט, מֶלֶךְ שְׁמַיָּא, בְּכָל דָּר וְדָר /
לָהּ אֲנָא מְשַׁבַּח, מְרוֹמֵם וּמְהַדֵּר.
תהלים פד קהל: שֶׁמֶשׁ וּמָגֵן יהוה אֱלֹהִים: / שׁוֹפֵט צֶדֶק וּמַשְׁפִּיל גְּבוֹהִים.

ש״ץ: שַׂגִּיא כֹחַ, לֹא מְצָאנֻהוּ / יַשְׂגִּיב בְּכֹחוֹ, וּמִי כָמוֹהוּ.
קהל: שְׁלֹמֹה שְׁמוֹ, כִּי שֶׁלּוֹ שָׁלוֹם / כִּי יְדַבֵּר אֶל חֲסִידָיו שָׁלוֹם.

ש״ץ: שֵׁם יהוה אֶהְיֶה אֲשֶׁר אֶהְיֶה /
כְּתוֹעֲפֹת רְאֵם לוֹ, כִּכְפִיר וּכְאַרְיֵה.
קהל: שַׁדַּי מְאוֹרִי, מַלְכִּי וְאֵלִי / הַלְלוּיָהּ שְׁמוֹ נַפְשִׁי הַלְלִי.

ש״ץ: תִּתַּמָּם עִם יוֹשְׁבֵי נְטָעִים / הַשָּׂרִיגִים שְׁלֹשֶׁת הָרוֹעִים.
קהל: תִּתְחַסָּד, תִּתָּבַר עִמָּם / וְעִם עִקְּשִׁים תִּתַּפָּל לְהֻמָּם.

ש״ץ: תָּמִים דַּרְכְּךָ, תַּקִּיף מִכֹּל / תּוּכַל לְבַדְּךָ לַעֲשׂוֹת אֶת כֹּל.
קהל: תּוֹחַלְתִּי וְסִבְרִי וְתִקְוָתִי / תַּאֲוַת נַפְשִׁי וּתְשׁוּקָתִי.

ש״ץ: תְּהִלָּתִי וְתִפְאַרְתִּי וְעֻזִּי / מִמְּעֵי אִמִּי גוֹחִי וְגוֹזִי.
קהל: תְּמִים דֵּעִים, אֵל דֵּעוֹת אֶחָד / כָּל הַלְּבָבוֹת דּוֹרֵשׁ יָחַד.

ליום חמישי

ש״ץ: מִי כָמוֹךָ, דֵּעָה מוֹרֶה / נִיב שְׂפָתַיִם אַתָּה בוֹרֵא.
תהלים קב קהל: מַחְשְׁבֹתֶיךָ עָמְקוּ וָרָמוּ / וּשְׁנוֹתֶיךָ לֹא יִתָּמּוּ:

ש״ץ: לֹא לְמַדְּוּךָ חָכְמָתֶךָ / וְלֹא הֱבִינוּךָ תְּבוּנָתֶךָ.
קהל: לֹא קִבַּלְתָּ מַלְכוּתֶךָ / וְלֹא יָרַשְׁתָּ מֶמְשַׁלְתֶּךָ.

ש״ץ: לְעוֹלָם יְהִי לְךָ לְבַדֶּךָ / וְלֹא לַאֲחֵרִים, כְּבוֹד הוֹדֶךָ.
קהל: וְלֹא תִתֵּן לֵאלֹהִים אֲחֵרִים / תְּהִלָּתְךָ, לִפְסִילִים וְזָרִים.

ש״ץ: וְכָבוֹד וְגַם כָּל יְקָר מֵאִתָּךְ / וּכְבוֹדְךָ לֹא לְזָרִים אִתָּךְ.
קהל: אַתָּה תָעִיד בְּיִחוּדֶךָ / וְתוֹרָתְךָ וַעֲבָדֶיךָ.

ש״ץ: אֱלֹהֵינוּ, עַל יִחוּדֶךָ / אַתָּה עֵד אֱמֶת, וַאֲנַחְנוּ עֲבָדֶיךָ.
קהל: לְפָנֶיךָ, לֹא אֵל הִקְדִּימְךָ / וּבִמְלַאכְתְּךָ אֵין זָר עִמָּךְ.

ש״ץ: לֹא נוֹעַצְתָּ וְלֹא לָמַדְתָּ / בְּחַדֶּשְׁךָ בְּרִיּוֹת, כִּי נְבוֹנוֹתָ.
קהל: מִמַּעֲמַקֵּי מַחְשְׁבוֹתֶיךָ / וּמִלִּבְּךָ, כָּל פְּעֻלּוֹתֶיךָ.

ש״ץ: קְצוֹת דְּרָכֶיךָ הֲלֹא הִכַּרְנוּ / וּמִמַּעֲשֶׂיךָ הֵן יְדַעְנוּ.
קהל: שֶׁאַתָּה אֵל, כֹּל יָצַרְתָּ / לְבַדְּךָ, מְאוּמָה לֹא נִגְרַעְתָּ.

ש״ץ: לַעֲשׂוֹת מְלַאכְתְּךָ, לֹא לְחַצְתָּ / וְגַם לְעֵזֶר לֹא נִצְרַכְתָּ.
קהל: כִּי הָיִיתָ לִפְנֵי הַכֹּל / וְאָז בְּאֵין כֹּל, לֹא נִצְרַכְתָּ כֹּל.

ש״ץ: כִּי מֵאַהֲבָתְךָ עֲבָדֶיךָ / כֹּל בָּרָאתָ לִכְבוֹדֶךָ.
קהל: וְלֹא נוֹדַע אֵל זוּלָתֶךָ / וְאֵין כָּמוֹךָ וְאֵין בִּלְתֶּךָ.

ש״ץ: וְלֹא נִשְׁמַע מִן אָז וְהָלְאָה / וְלֹא קָם וְלֹא נִהְיָה וְלֹא נִרְאָה.
קהל: וְגַם אַחֲרֶיךָ לֹא יִהְיֶה אֵל / רִאשׁוֹן וְאַחֲרוֹן, אֵל יִשְׂרָאֵל.

ש״ץ: בָּרוּךְ אַתָּה, יָחִיד וּמְיֻחָד / יהוה אֶחָד וּשְׁמוֹ אֶחָד: זכריה יד
קהל: אֲשֶׁר מִי יַעֲשֶׂה כִּמְלַאכְתֶּךָ / כְּמַעֲשֶׂיךָ וְכִגְבוּרֹתֶךָ.

ש״ץ: אֵין יְצִיר זוּלַת יְצִירָתֶךָ / וְאֵין בְּרִיאָה כִּי אִם בְּרִיאָתֶךָ.
קהל: כָּל אֲשֶׁר תַּחְפֹּץ, תַּעֲשֶׂה בַכֹּל / כִּי אַתָּה נַעֲלֵיתָ עַל כֹּל.

ש״ץ: אֵין כָּמוֹךָ וְאֵין בִּלְתֶּךָ / כִּי אֵין אֱלֹהִים זוּלָתֶךָ.
קהל: אַתָּה הָאֵל עֹשֵׂה פֶלֶא: / וְדָבָר מִמְּךָ לֹא יִפָּלֵא. תהלים עז

ש״ץ: מִי כָמוֹךָ נוֹרָא תְהִלּוֹת / אֱלֹהִים לְבַדְּךָ עוֹשֶׂה גְדוֹלוֹת.
קהל: אֵין אוֹתוֹת כְּמוֹ אוֹתוֹתֶיךָ / אַף אֵין מוֹפֵת כְּמוֹ מוֹפְתֶיךָ.

ש״ץ: אֵין תְּבוּנָה כִּתְבוּנָתֶךָ / אֵין גְּדֻלָּה כִּגְדֻלָּתֶךָ.
קהל: כִּי מְאֹד עָמְקוּ מַחְשְׁבוֹתֶיךָ / וְגָבְהוּ דַּרְכֵי אָרְחוֹתֶיךָ.

ש״ץ: אֵין גַּאֲוָה כְּמוֹ גַאֲוָתֶךָ / אַף אֵין עֲנָוָה כְּעַנְוָתֶךָ.
קהל: אֵין קְדֻשָּׁה כִּקְדֻשָּׁתֶךָ / אֵין קְרֵבוּת כְּמוֹ קְרֵבוּתֶךָ.

ש״ץ: אֵין צְדָקָה כְּמוֹ צִדְקָתֶךָ / אֵין תְּשׁוּעָה כִּתְשׁוּעָתֶךָ.
קהל: אֵין זְרוֹעַ כִּזְרוֹעוֹתֶיךָ / אֵין קוֹל כְּרַעַם גְּבוּרוֹתֶיךָ.

ש״ץ: אֵין רַחֲמִים כְּרַחֲמָנוּתֶךָ / אֵין חֲנִינוּת כַּחֲנִינוּתֶךָ.
קהל: אֵין אֱלָהוּת כֵּאלָהוּתֶךָ / וְאֵין מַפְלִיא כְּשֵׁם תִּפְאַרְתֶּךָ.

ש״ץ: כִּי שְׁמוּעוֹתֶיךָ אֵלִים מְרוּצִים / בְּזָכְרְךָ לְחוּצִים, לְהַפְלִיא נְחוּצִים.
קהל: וְאַשָּׁף וְחַרְטֹם לֹא יְלַחֲצוּךָ / וְכָל שֵׁם וְלַהַט לֹא יְנַצְּחוּךָ.

ש״ץ: לֹא יְנַצְּחוּךָ כָּל הַחֲכָמִים / כָּל הַקּוֹסְמִים וְהַחַרְטֻמִּים.
קהל: אַתָּה מֵשִׁיב לְאָחוֹר חֲכָמִים / לֹא יוּכְלוּ לְךָ עֲרוּמִים וְקוֹסְמִים.

ש״ץ: לְהָשִׁיב לְאָחוֹר מְזִמּוֹתֶיךָ / לְהָפֵר עֲצַת סוֹד גְּזֵרָתֶךָ.
קהל: מֵרְצוֹנְךָ לֹא יַעֲבִירוּךָ / לֹא יְמַהֲרוּךָ וְלֹא יְאַחֲרוּךָ.

ש״ץ: עֲצָתְךָ תָּפֵר עֲצַת כָּל יוֹעֲצִים / וְעֻזְּךָ מַחֲלִישׁ לֵב אַמִּיצִים.
קהל: אַתָּה מְצַוֶּה, וּפַחְדְּךָ מַשְׁוֶה / וְאֵין עָלֶיךָ פָּקִיד וּמְצַוֶּה.

ש״ץ: אַתָּה מִקְוֶה וְאֵינְךָ מְקַוֶּה / לְךָ כָּל מְקַוֶּה נֶפֶשׁ תִּרְוֶה.
קהל: וְכָל הַיְּצוּרִים וְכָל עִנְיָנָם / וְכָל יְקָר אֲשֶׁר בָּךְ, אֵין דִּמְיוֹנָם.

ש״ץ: לֹא מַחְשְׁבוֹתָם מַחְשְׁבוֹתֶיךָ / כִּי אֵין בּוֹרֵא זוּלָתֶךָ.
קהל: לְאֵין דִּמְיוֹן, נִפְלָא אֱלֹהֵינוּ / לְאֵין חֵקֶר, נִשְׂגָּב אֲדוֹנֵינוּ.

ש״ץ: סָתוּר מִכָּל סָתוּר, וְעָמוּס / מִכָּל עָמוּס, וּמִכָּל כָּמוּס.
קהל: דַּק מִכָּל דַּק, וְצָפוּן מִכָּל / צָפוּן, וְיָכוֹל מִכָּל יָכוֹל.

ש״ץ: נִשְׂגָּב מִכָּל נִשְׂגָּב, וְנֶעְלָם / מִכָּל נֶעְלָם, וּשְׁמוֹ לְעוֹלָם.
קהל: גָּבוֹהַּ מִכָּל גָּבוֹהַּ, וְעֶלְיוֹן / מִכָּל עֶלְיוֹן וּמִכָּל חֶבְיוֹן.

ש״ץ: חָבוּי וְעָמוּק מִכָּל עָמוּק / לֵב כָּל דַּעַת עָלָיו חָמוּק.
קהל: שֶׁאֵין שֵׂכֶל וּמַדָּע וְחָכְמָה / יְכוֹלִים לְהַשְׁווֹת לוֹ כָּל מְאוּמָה.

ש״ץ: לֹא מַשִּׂיגִים לוֹ אֵיךְ וְכַמָּה / לֹא מוֹצְאִים לוֹ דָּבָר דּוֹמֶה.
קהל: מִקְרֶה וְעַרְעֵר וְשִׁנּוּי וְטָפֵל / וְחֵבֶר וּמִסְמָךְ, אוֹר וְגַם אֹפֶל.

ש״ץ: וְלֹא מוֹצְאִים לוֹ מַרְאֶה וְצֶבַע / וְלֹא כָל טֶבַע אֲשֶׁר שֵׁשׁ וָשֶׁבַע.
קהל: לָכֵן נְבוֹכוֹת כָּל עֶשְׁתּוֹנוֹת / וְנִבְהָלוֹת כָּל הַחֶשְׁבּוֹנוֹת.

ש״ץ: וְכָל שְׂרְעַפִּים וְכָל הִרְהוּרִים / נִלְאִים לָשׂוּם בּוֹ שִׁעוּרִים.
קהל: מִלְּשַׁעֲרֵהוּ וּמִלְּהַגְבִּילֵהוּ / מִלְּתָאֲרֵהוּ וּמִלְּפַרְסְמֵהוּ.

ש״ץ: בְּכָל שִׂכְלֵנוּ חִפַּשְׂנוּהוּ / בְּמַדָּעֵנוּ, לִמְצֹא מַה הוּא.
קהל: לֹא מְצָאנוּהוּ וְלֹא יְדַעְנוּהוּ / אַךְ מִמַּעֲשָׂיו הִכַּרְנוּהוּ.

ש״ץ: שֶׁהוּא לְבַדּוֹ יוֹצֵר אֶחָד / חַי וְכֹל יוֹכַל וְחָכָם מְיֻחָד.
קהל: כִּי הוּא הָיָה לַכֹּל קֹדֶם / עַל כֵּן נִקְרָא אֱלֹהֵי קֶדֶם.

ש״ץ: בַּעֲשׂוֹתוֹ בְּלִי כֹל אֶת הַכֹּל / יָדַעְנוּ כִּי הוּא כֹּל יָכוֹל.
קהל: בַּאֲשֶׁר מַעֲשָׂיו, בְּחָכְמָה כֻּלָּם / יָדַעְנוּ כִּי בְּבִינָה פְעָלָם.

ש״ץ: בְּכָל יוֹם וָיוֹם, בְּחַדְּשׁוֹ כֻּלָּם / יָדַעְנוּ כִּי הוּא אֱלֹהֵי עוֹלָם.
קהל: בַּאֲשֶׁר הָיָה קֹדֶם לְכֻלָּם / יָדַעְנוּ כִּי הוּא חַי לְעוֹלָם.

ש״ץ: וְאֵין לְהִרְהֵר אַחַר יוֹצְרֵנוּ / בְּלִבֵּנוּ, וְלֹא בְּסִפּוּרֵנוּ.
קהל: לְמַמָּשׁ וְגֹדֶשׁ לֹא נְשַׁעֲרֵהוּ / לְטָפֵל וְתֹאַר לֹא נְדַמֵּהוּ.

ש״ץ: וְלֹא נַחְשְׁבֵהוּ לְעִקָּר וְנִצָּב / וְלֹא לְמִין וְכָל אוֹן, וּלְכָל נִקְצָב.
קהל: כָּל הַנִּרְאִים וְהַנִּשְׂכָּלִים / וְהַמַּדָּעִים בְּעֶשֶׂר כְּלוּלִים.

ש״ץ: וְשֶׁבַע כַּמָּיוֹת וְשֵׁשֶׁת נְדוֹת / וְשָׁלֹשׁ גְּזֵרוֹת וְעִתּוֹת וּמִדּוֹת.
קהל: הֵן בַּבּוֹרֵא אֵין גַּם אֶחָד / כִּי הוּא בְרָאָם כֻּלָּם יָחַד.

ש״ץ: כֻּלָּם יִבְלוּ, אַף יַחֲלוֹפוּ / הֵם יֹאבֵדוּ וְאַף יָסוּפוּ.
קהל: וְאַתָּה תַעֲמֹד וּתְבַלֶּה כֻּלָּם / כִּי חַי וְקַיָּם אַתָּה לְעוֹלָם.

ליום ששי

ש״ץ: אַתָּה לְבַדְּךָ, יוֹצֵר כֹּל הוּא / וְלֹא יִדְמֶה מַעֲשֶׂה לְעוֹשֵׂהוּ.

קהל: כָּל הָאֲרָצוֹת לֹא יְכִילוּךָ / וְאַף שָׁמַיִם לֹא יְכַלְכְּלוּךָ.

ש״ץ: אָז יְחִילוּ מַיִם חַיִּים / מִפָּנֶיךָ אֱלֹהִים חַיִּים.

קהל: רָעֲשָׁה אֶרֶץ, וְנָסוּ מַיִם / וְנָטְפוּ מַיִם אַף שָׁמַיִם.

תהלים קלו ש״ץ: נוֹטֶה לְבַדְּךָ הַשָּׁמַיִם / רֹקַע הָאָרֶץ עַל־הַמָּיִם:

קהל: עָשִׂיתָ כָּל חֶפְצְךָ לְבַדֶּךָ / וְלֹא נִצְרַכְתָּ עֵזֶר כְּנֶגְדֶּךָ.

ש״ץ: סוֹעֵד, אֵין מִי יִסְעָדֶךָ / הַכֹּל מִמְּךָ וּמִיָּדֶךָ.

קהל: כְּכֹחֲךָ אָז כֵּן עַתָּה, וְדַעְתְּךָ / וּלְעוֹלָם כָּל כְּבוֹדְךָ אִתָּךְ.

ש״ץ: וְלֹא יָעַפְתָּ וְלֹא יָגַעְתָּ / כִּי בִמְלַאכְתְּךָ לֹא עָמָלְתָּ.

קהל: כִּי בִדְבָרְךָ כָּל יְצוּרֶיךָ / וּמַעֲשֵׂה חֶפְצְךָ בְּמַאֲמָרֶיךָ.

ש״ץ: וְלֹא אֵחַרְתּוֹ וְלֹא מִהַרְתּוֹ / הַכֹּל עֲשִׂיתוֹ יָפֶה בְעִתּוֹ.

קהל: מִבְּלִי מְאוּמָה כֹּל חִדַּשְׁתָּ / וְאֶת הַכֹּל בְּלִי כְלִי פָּעָלְתָּ.

ש״ץ: וְעַל לֹא יְסוֹד, הַכֹּל יָסַדְתָּ / בִּרְצוֹן רוּחֲךָ כֹּל תָּלִיתָ.

קהל: זְרוֹעוֹת עוֹלָם אֶת כֹּל נוֹשְׂאוֹת / מֵרֹאשׁ וְעַד סוֹף וְאֵינָם נִלְאוֹת.

ש״ץ: בְּעֵינֶיךָ לֹא דָבָר הַקָּשֶׁה / רְצוֹנְךָ כָּל דָּבָר, רוּחֲךָ עוֹשֶׂה.

קהל: לְפָעָלָתְךָ לֹא דָמִיתָ / אֶל כָּל תֹּאַר לֹא שָׁוִיתָ.

ש״ץ: וְלֹא קָדְמָה לִמְלַאכְתְּךָ מְלָאכָה / חָכְמָתְךָ הִיא הַכֹּל עָרְכָה.

קהל: לִרְצוֹנְךָ לֹא קִדְּמוּ וְאֵחֲרוּ / וְעַל חֶפְצְךָ לֹא נוֹסְפוּ וְחָסֵרוּ.

ש״ץ: מִכָּל חֶפְצְךָ לֹא שָׁכַחְתָּ / וְדָבָר אֶחָד לֹא חִסַּרְתָּ.

קהל: לֹא הֶחְסַרְתָּ וְלֹא הֶעְדַּפְתָּ / וְדָבָר רֵיק בָּם לֹא פָעָלְתָּ.

ש״ץ: אַתָּה תְשַׁבְּחֵם וּמִי הִתְעִיבָם / וְשֶׁמֶץ דָּבָר לֹא נִמְצָא בָם.

קהל: הַחִלּוֹתָ בְחָכְמָה, עֲשִׂיתָם / בִּתְבוּנָה, וּבְדַעַת כִּלִּיתָם.

ש״ץ: מֵרֵאשִׁית וְעַד אַחֲרִית עֲשׂוּיִים / בֶּאֱמֶת וּבְיֹשֶׁר, וְטוֹב רְאוּיִים.

קהל: הִקְדַּמְתָּ בְּמַעֲשֵׂי יָדֶיךָ / רֹב רַחֲמֶיךָ וַחֲסָדֶיךָ.

ש״ץ: כִּי רַחֲמֶיךָ וַחֲסָדֶיךָ / הֲלֹא מֵעוֹלָם עַל עֲבָדֶיךָ.
קהל: וְעַד לֹא כָּל חַי הוּכַן לְכַלְכֵּל / לִפְנֵי אוֹכֵל תִּתֵּן אֹכֶל.

ש״ץ: וּמָזוֹן וּמָכוֹן תַּעֲשֶׂה בְּפִי כֹל / צָרְכֵי הַכֹּל, כַּאֲשֶׁר לַכֹּל.
קהל: שְׁלֹשֶׁת יָמִים הָרִאשׁוֹנִים / אָז הֱכִינוֹתָם לָאַחֲרוֹנִים.

ש״ץ: אָז עָטִיתָ אוֹר כַּשַּׂלְמָה / אֶדֶר מְאוֹרוֹת מִמּוּל שְׁלֵמָה.
קהל: בְּטֶרֶם כָּל יְצוּר, מְאֹד גָּדַלְתָּ / וְאַחַר כֹּל, מְאֹד נִתְגַּדַּלְתָּ.

ש״ץ: אָז בְּאֵין לְבוּשׁ, הוֹד וְהָדָר לוֹבֵשׁ / עַד לֹא אֹרֶג, גֵּאוּת לָבֵשׁ.
קהל: אוֹר כַּשַּׂלְמָה וְכִמְעִיל עֹטֶה / שָׁמַיִם כַּיְרִיעָה נוֹטֶה.

ש״ץ: עָשִׂיתָ בָּם לְאוֹרִים דְּרָכִים / וְרָצוֹא וָשׁוֹב בְּנַחַת מַהֲלָכִים.
קהל: הִבְדַּלְתָּ בֵּין מַיִם לָמָיִם / בְּמִתִיחַת רְקִיעַ הַשָּׁמָיִם.

ש״ץ: מְזוֹנוֹת מְעוֹנוֹת לְשֶׁרֶץ מַיִם / וְעוֹף יְעוֹפֵף עַל הַשָּׁמָיִם.
קהל: עֵשֶׂב וְחָצִיר לְבֶשֶׂה אֲדָמָה / מַאֲכָל לְחַיָּה וּלְכָל בְּהֵמָה.

ש״ץ: בְּקֶרֶן שֶׁמֶן גַּן נָטַעְתָּ / אֶל הָאָדָם אֲשֶׁר עָשִׂיתָ.
קהל: עֵזֶר כְּנֶגְדּוֹ עָשִׂיתָ לוֹ / דֵּי מַחְסֹרוֹ אֲשֶׁר יֶחְסַר לוֹ.

ש״ץ: כָּל מַעֲשֶׂיךָ, בְּיָדוֹ תַּתָּה / וְתַחַת רַגְלָיו הַכֹּל שַׁתָּה.
קהל: לְהַעֲלוֹת מֵהֶם בָּקָר וָצֹאן / עַל מִזְבַּחֲךָ יַעֲלוּ לְרָצוֹן.

ש״ץ: עָשִׂיתָ לוֹ כְּתֹנֶת לְשָׁרֵת / לְהַדְרַת קֹדֶשׁ וּלְתִפְאָרֶת.
קהל: שַׂמְתָּ בְקִרְבּוֹ חָכְמַת אֱלֹהִים / כִּי יְצַרְתּוֹ לְךָ בְּצֶלֶם אֱלֹהִים.

ש״ץ: לֹא מָנַעְתָּ עַל פְּנֵי אֲדָמָה / צָרְכֵי אָדָם, וְכֻלָּם בְּחָכְמָה.
קהל: מַעֲשֶׂיךָ מְאֹד רַבּוּ וְגָדְלוּ / וְשִׁמְךָ יהוה, כֻּלָּם יְהַלְלוּ.

ש״ץ: רַבּוּ וְגָדְלוּ מְאֹד מַעֲשֶׂיךָ / יוֹדוּךָ יהוה כָּל־מַעֲשֶׂיךָ: תהלים קמה
קהל: כֹּל פָּעַלְתָּ לְמַעֲנֶךָ / וְלִכְבוֹדְךָ כָּל קִנְיָנֶךָ.

לשבת

ש״ץ: אָז בַּיּוֹם הַשְּׁבִיעִי נַחְתָּ / יוֹם הַשַּׁבָּת, עַל כֵּן בֵּרַכְתָּ.
קהל: וְעַל כָּל פֹּעַל תְּהִלָּה עֲרוּכָה / חֲסִידֶיךָ בְּכָל עֵת יְבָרְכוּכָה.

ירמיה י ש״ץ: בָּרוּךְ יהוה יוֹצֵר כֻּלָּם / אֱלֹהִים חַיִּים וּמֶלֶךְ עוֹלָם:
קהל: כִּי מֵעוֹלָם עַל עֲבָדֶיךָ / רֹב רַחֲמֶיךָ וַחֲסָדֶיךָ.

ש״ץ: וּבְמִצְרַיִם הַחִלּוֹתָ / לְהוֹדִיעַ, כִּי מְאֹד נַעֲלֵיתָ.
קהל: עַל כָּל אֱלֹהִים, בַּעֲשׂוֹת בָּהֶם / שְׁפָטִים גְּדֹלִים, וּבֵאלֹהֵיהֶם.

ש״ץ: בְּבָקְעֲךָ יַם סוּף, עַמְּךָ רָאוּ / הַיָּד הַגְּדוֹלָה, וַיִּירָאוּ.
קהל: נִהַגְתָּ עַמְּךָ, לַעֲשׂוֹת לְךָ / שֵׁם תִּפְאֶרֶת, לְהַרְאוֹת גָּדְלֶךָ.

ש״ץ: וְדִבַּרְתָּ עִמָּם מִן הַשָּׁמַיִם / וְגַם הֶעָבִים נָטְפוּ מָיִם.
קהל: יְדַעְתָּ לְכַתָּם הַמִּדְבָּר / בְּאֶרֶץ צִיָּה, אִישׁ לֹא עָבָר.

ש״ץ: תַּתָּה לְעַמְּךָ דְּגַן שָׁמַיִם / וְכֶעָפָר שְׁאֵר, וּמִצּוּר מָיִם.
קהל: תְּגָרֵשׁ גּוֹיִם רַבִּים, עַמִּים / יִירְשׁוּ אַרְצָם, וַעֲמַל לְאֻמִּים.

תהלים יב ש״ץ: בַּעֲבוּר יִשְׁמְרוּ חֻקִּים וְתוֹרוֹת / אִמְרוֹת יהוה אֲמָרוֹת טְהֹרוֹת:
קהל: וַיִּתְעַדְּנוּ בְּמִרְעֶה שָׁמֵן / וּמֵחַלָּמִישׁ צוּר פַּלְגֵי שָׁמֶן.

ש״ץ: בְּנוּחָם בָּנוּ עִיר קָדְשֶׁךָ / וַיְפָאֲרוּ בֵּית מִקְדָּשֶׁךָ.
תהלים קלב קהל: וַתֹּאמֶר, פֹּה אֵשֵׁב לְאֹרֶךְ / יָמִים, צֵידָהּ בָּרֵךְ אֲבָרֵךְ:

ש״ץ: כִּי שָׁם יִזְבְּחוּ זִבְחֵי צֶדֶק / אַף כֹּהֲנֶיךָ יִלְבְּשׁוּ צֶדֶק.
קהל: וּבֵית הַלֵּוִי נְעִימוֹת יְזַמֵּרוּ / לְךָ יִתְרוֹעֲעוּ אַף יָשִׁירוּ.

ש״ץ: בֵּית יִשְׂרָאֵל וְיִרְאֵי יהוה / יְכַבְּדוּ וְיוֹדוּ שִׁמְךָ יהוה.
קהל: הֲטִיבוֹתָ מְאֹד לָרִאשׁוֹנִים / כֵּן תֵּיטִיב גַּם לָאַחֲרוֹנִים.

ש״ץ: יהוה תָּשִׂישׂ נָא עָלֵינוּ / כַּאֲשֶׁר שַׂשְׂתָּ עַל אֲבוֹתֵינוּ.
קהל: אוֹתָנוּ לְהַרְבּוֹת וּלְהֵיטִיב / וְנוֹדֶה לְךָ לְעוֹלָם כִּי תֵיטִיב.

ש״ץ: יהוה תִּבְנֶה עִירְךָ מְהֵרָה / כִּי עָלֶיהָ שִׁמְךָ נִקְרָא.
קהל: וְקֶרֶן דָּוִד תַּצְמִיחַ בָּהּ / וְתִשְׁכֹּן לְעוֹלָם יהוה בְּקִרְבָּהּ.

ש״ץ: זִבְחֵי צֶדֶק שָׁמָּה נִזְבְּחָה / וְכִימֵי קֶדֶם תֶּעֱרַב מִנְחָה.
קהל: וּבָרֵךְ עַמְּךָ בְּאוֹר פָּנֶיךָ / כִּי חֲפֵצִים לַעֲשׂוֹת רְצוֹנֶךָ.

ש״ץ: וּבִרְצוֹנְךָ תַּעֲשֶׂה חֶפְצֵנוּ / הַבֶּט־נָא עַמְּךָ כֻלָּנוּ: ישעיה סד
קהל: בְּחַרְתָּנוּ הֱיוֹת לְךָ לְעַם סְגֻלָּה / עַל־עַמְּךָ בִרְכָתֶךָ סֶּלָה: תהלים ג

ש״ץ: וְתָמִיד נְסַפֵּר תְּהִלָּתֶךָ / וּנְהַלֵּל לְשֵׁם תִּפְאַרְתֶּךָ.
קהל: וּמִבִּרְכָתְךָ עַמְּךָ יְבֹרָךְ / כִּי אֵת כֹּל אֲשֶׁר תְּבָרֵךְ מְבֹרָךְ.

ש״ץ: וַאֲנִי בְּעוֹדִי אֲהַלְלָה בּוֹרְאִי / וַאֲבָרְכֵהוּ כָּל יְמֵי צְבָאִי.
קהל: יְהִי שֵׁם יהוה מְבֹרָךְ לְעוֹלָם / מִן־הָעוֹלָם וְעַד הָעוֹלָם: תהלים קו

כַּכָּתוּב
בָּרוּךְ יהוה אֱלֹהֵי יִשְׂרָאֵל מִן־הָעוֹלָם וְעַד־הָעֹלָם דברי הימים א׳ טז
וַיֹּאמְרוּ כָל־הָעָם אָמֵן, וְהַלֵּל לַיהוה:
עָנֵה דָנִיֵּאל וְאָמַר דניאל ב
לֶהֱוֵא שְׁמֵהּ דִּי־אֱלָהָא מְבָרַךְ מִן־עָלְמָא וְעַד־עָלְמָא
דִּי חָכְמְתָא וּגְבוּרְתָא דִּי־לֵהּ הִיא:

וְנֶאֱמַר
וַיֹּאמְרוּ הַלְוִיִּם נחמיה ט
יֵשׁוּעַ וְקַדְמִיאֵל בָּנִי חֲשַׁבְנְיָה שֵׁרֵבְיָה הוֹדִיָּה שְׁבַנְיָה פְתַחְיָה
קוּמוּ בָּרְכוּ אֶת־יהוה אֱלֹהֵיכֶם מִן־הָעוֹלָם עַד־הָעוֹלָם
וִיבָרְכוּ שֵׁם כְּבֹדֶךָ, וּמְרוֹמַם עַל־כָּל־בְּרָכָה וּתְהִלָּה:

וְנֶאֱמַר
בָּרוּךְ יהוה אֱלֹהֵי יִשְׂרָאֵל מִן־הָעוֹלָם וְעַד הָעוֹלָם תהלים קו
וְאָמַר כָּל־הָעָם אָמֵן, הַלְלוּיָהּ:

וְנֶאֱמַר
וַיְבָרֶךְ דָּוִיד אֶת־יהוה לְעֵינֵי כָּל־הַקָּהָל דברי הימים א׳ כט
וַיֹּאמֶר דָּוִיד
בָּרוּךְ אַתָּה יהוה אֱלֹהֵי יִשְׂרָאֵל אָבִינוּ, מֵעוֹלָם וְעַד־עוֹלָם:

קדיש יתום (עמ׳ 407).

ירושלים

ק

קורן ירושלים